Victor Hugo

Le Livre des Tables

Les séances spirites de Jersey

Édition présentée, établie et annotée par Patrice Boivin

Gallimard

PRÉFACE

Hugo à Jersey

En septembre 1853, cela fait désormais treize mois que Victor Hugo est exilé à Jersey. Ce long exil volontaire, qui allait durer dix-neuf années, avait commencé le 11 décembre 1851. Depuis le coup d'État de Napoléon III, le 2 décembre 1851, Victor Hugo était un homme recherché et menacé. Le 11 décembre 1851, Victor Hugo quittait enfin Paris vers Bruxelles par le train de 20 heures, sous le nom de Jacques-Firmin Lanvin, ouvrier typographe. Il en repart un peu moins de huit mois plus tard, le 31 juillet 1852, pour rejoindre Anvers puis Londres et Southampton avant d'arriver à Jersey où il a décidé de s'installer.

Pourquoi Jersey ? Cette idée était née une semaine seulement après l'arrivée de Victor Hugo en Belgique. Hugo écrivait alors à Paul Meurice : « Si nous pouvions coloniser un petit coin d'une terre libre ! L'exil ne serait plus l'exil. Je fais ce rêve[1]*. » Ce rêve se dessinait déjà sous les traits de l'île anglo-normande,*

1. Lettre de Victor Hugo à Paul Meurice, 19 décembre 1851, édition Massin, Club français du livre t. VIII, p. 952.

comme le montre une lettre adressée à Mme Hugo : « Probablement j'arriverai à construire une citadelle d'écrivains et de libraires d'où nous bombarderons le Bonaparte. Si ce n'est à Bruxelles, ce sera à Jersey[1]*. » Plus tard, toujours dans une lettre à Adèle, Hugo, qui avait pris des renseignements sur Jersey, ajoutait : « Jersey, c'est le paradis, et nous nous y rejoindrons bientôt, je l'espère. [...] Jersey est une ravissante île anglaise, à dix-sept lieues des côtes de la France. On y parle français, et l'on y vit très bien à bon marché. Tous les proscrits disent qu'on y est admirablement. Je tâcherai de trouver et trouverai probablement à Jersey un appartement, peut-être une maisonnette, ayant vue sur la mer et fenêtres au midi, et, pourquoi pas ? Un jardin*[2]*. » Les désirs de Hugo se trouveront bientôt concrétisés dans une étrange réalité.*

Le 4 août 1852, le jour vient enfin où Hugo et son fils Charles, partis de Londres, rejoignent le port de Southampton. Vers minuit, ils embarquent à bord du Dispatch *et font escale, signe prémonitoire, à Guernesey*[3]*, vers 9 heures du matin. Il faudra encore attendre quelques heures avant de rejoindre Jersey, et trente-neuf mois pour Guernesey, de nouveau pour un long exil. Vers midi, une ligne de rochers apparaît : « C'était Jersey. Peu après, le packet est entré dans le port de Saint-Hélier. Il était midi*[4]*. »*

1. Hugo à Adèle, 17 janvier 1852, *ibid.*, p. 967.
2. Hugo à Adèle, 17 mai 1852, *ibid.*, p. 1003.
3. « Mon rêve serait d'habiter à Guernesey, dans une chambre dont la fenêtre donnerait immédiatement sur la mer, afin de voir les bateaux et les navires passer sous mes yeux. » *Journal d'Adèle Hugo*, t. I, 10 août 1852, éd. Frances Vernor Guille, Paris-Caen, Lettres modernes Minard, collection « Bibliothèque introuvable », 1968-2002.
4. *Ibid.*

Le 5 août 1852, Hugo débarque ainsi dans l'île anglo-normande, en compagnie de son fils Charles, où les accueillent Mme Hugo, sa fille Adèle et Auguste Vacquerie, l'ami dévoué, arrivés, eux, le 31 juillet[1].

Hugo arrive au port de Saint-Hélier, au milieu d'une foule très importante. Informés depuis quelques jours par la presse de la venue prochaine de l'auteur de Notre-Dame de Paris ainsi que de la présence, à l'hôtel de La Pomme d'or, de sa femme et de sa fille, les Jersiais sont venus en masse au débarcadère. Ils se pressent autour de Mme Hugo, d'Adèle et de Vacquerie. Les proscrits sont tous là, « dont quarante-deux recensés en juillet par la police de l'île [...], mais ils étaient en réalité au moins trois fois plus nombreux[2] ». De nombreux proscrits, hongrois, polonais, italiens notamment, dont certains vivaient à Londres ou dans les îles anglo-normandes. Hugo s'attarde d'abord auprès de sa femme et de sa fille, puis reçoit les congratulations des proscrits, il se rend ensuite à l'hôtel de La Pomme d'or et prononce son premier discours sur le sol jersiais devant la Société fraternelle des proscrits républicains.

Dès le 16 août, Hugo s'installe au bord de la grève d'Azette, dans une étrange maison, « une cahute blanche au bord de la mer », dit-il sur le moment, un « lourd cube blanc à angles droits », ajoutera-t-il plus tard, « qui avait la forme d'un tombeau ». Cela s'appelle Marine-Terrace. Marine parce que la mer est là,

1. Installée jusque-là à l'hôtel de *La Pomme d'or*, la famille Hugo loge à partir du 16 août à Marine-Terrace. Juliette Drouet avait suivi Hugo dès le 6 août, résidant d'abord à l'*Auberge du commerce* à Saint-Hélier, puis à Nelson Hall, le 11 août, elle prit le 6 février 1853 un appartement meublé avec vue sur mer et sur la fenêtre de la chambre de Victor Hugo.

2. Jean-Marc Hovasse, *Victor Hugo*, t. II, *Pendant l'exil*, Fayard, p. 88.

à quelques mètres, que les vagues se brisent à marée haute sous les fenêtres et que les embruns viennent l'hiver napper les vitres de leurs gouttelettes. Terrace parce que la maison dispose d'une terrasse pour toit. La façade sud de la maison donne sur un jardin attenant qui comprend une serre et une basse-cour, la façade nord sur une route déserte ; la plage est toute voisine. De la maison, on aperçoit « une colline et, dans un petit bois, une tour qui passe pour hantée ». À côté se trouve le dick : « une file de grands troncs d'arbres desséchés, adossés à un mur, plantés debout dans le sable ». Hugo, qui aime se promener sur la grève d'Azette toute proche, y trouve matière à rêverie, de celle « qui accepte volontiers les songes pour se proposer des énigmes [et] pouvait se demander à quels hommes avaient appartenu ces tibias de trois toises de haut ». De Marine-Terrace, faite de la « blancheur anglaise » et qui semble offrir « l'hospitalité de la neige », « la mer est toujours entendue ». La maison se compose d'un « corridor pour entrée, au rez-de-chaussée, d'une cuisine, d'un petit salon » qui donne sur un chemin rarement fréquenté, et « d'un assez grand cabinet peu éclairé ». Au premier et au second étage se trouvent les chambres, « propres », « froides », « meublées sommairement », « repeintes à neuf », « avec des linceuls blancs aux fenêtres ». « Un logis a une âme », et Marine-Terrace « n'a laissé à ceux qui l'habitèrent que d'affectueux et chers souvenirs ». Ce que Hugo dit de la maison, il le dit aussi de cette île, Jersey : « Les lieux de souffrance et de l'épreuve finissent par avoir une sorte d'amère douceur, qui, plus tard, les fait regretter. Ils ont l'hospitalité sévère qui plaît à la conscience[1]. »

1. *William Shakespeare*, I, I, 1, pour toutes les citations.

Du petit jardin de Marine-Terrace, d'une cinquantaine de mètres de long sur treize de large, Hugo accède directement, par un petit portillon, au sentier dérobé longeant la plage en surplomb. La lettre à Adèle, du 17 mai 1852, a pris réalité. La grève d'Azette, longue de trois kilomètres environ, s'étend là. Hugo s'y promènera des heures durant, rejoignant parfois, sur la droite, un rocher baptisé jusqu'alors Rocher Besnard ou Dicq Rock. Marine-Terrace et le dick ont depuis disparu mais ce rocher, sur la grève d'Azette, reste le témoin des méditations hugoliennes. Une plaque gravée à même le granit a rebaptisé ce lieu, en 1952 : « Rocher des proscrits – Victor Hugo – en exil – 1852-1855 ».

Depuis son installation à Jersey, Victor Hugo est devenu un homme apaisé. Le poète le reconnaîtra lui-même en 1860, lors d'un bref retour dans l'île :

> Quand je suis arrivé ici, il y a huit ans, au sortir des plus prodigieuses luttes politiques du siècle, moi naufragé encore tout ruisselant de la catastrophe de décembre, tout effaré de cette tempête, tout échevelé de cet ouragan, savez-vous ce que j'ai trouvé à Jersey ? Une chose sainte, sublime, inattendue : la paix. […] Jersey m'a calmé. J'ai trouvé, je le répète, la paix, le repos, un apaisement sévère et profond dans cette douce nature de vos campagnes, dans ce salut affectueux de vos laboureurs, dans ces vallées, dans ces solitudes, dans ces nuits qui sur la mer semblent plus largement étoilées, dans cet océan éternellement ému qui semble palpiter directement sous l'haleine de Dieu. Et c'est ainsi que, tout en gardant la colère sacrée contre le crime, j'ai senti l'immensité mêler à cette colère son élargissement serein, et ce qui grondait en moi s'est pacifié. Oui, je rends grâce à Jersey. Je vous rends grâce. Je sentais sous vos toits et dans vos villes la bonté divine. Oh ! Je n'oublierai jamais

ce majestueux apaisement des premiers jours de l'exil par la nature[1].

Le premier effet de Jersey est donc, pour Hugo, celui d'une plénitude avec le monde extérieur, l'abandon dans le spectacle de la nature et de l'océan. L'âme du poète retrouve là une sérénité heureuse.

Les voix de Jersey

En septembre 1853, voilà désormais treize mois que Victor Hugo se trouve en exil à Jersey, treize mois bucoliques passés à découvrir l'île et à animer les réunions des proscrits républicains. Treize mois aussi sans guère de distractions culturelles dans une île où il n'existe pas même une bibliothèque, un musée, et où seul un hangar sert de salle de théâtre. Les Châtiments *sont achevés et* Les Contemplations, *pour lesquelles l'essentiel du travail s'étendra sur moins de deux ans, entre 1854 et 1855, ne sont pas encore en marche. Hugo semble dans une sorte de vide, politique et littéraire.*

Depuis « les dernières années de la monarchie de Juillet, pour beaucoup d'observateurs extérieurs, Victor Hugo était un homme fini[2] ». Après vingt-deux livres publiés dans tous les genres, « il ne paraissait pas […] qu'il eût envie désormais d'agrandir la liste de ses publications[3] ». Il les élargira pourtant dès la fin de l'année 1851 avec le début de la rédaction

1. *Actes et paroles*, II, 1860.
2. Jean-Marc Hovasse, *Histoire d'un crime*, déposition d'un témoin, préface, p. 1 à 3, édition préfacée et annotée, complétée des illustrations de l'édition E. Hugues de 1879 réunies en album, édition de J.-M. Hovasse et G. Rosa, La Fabrique, 2010.
3. *Ibid*.

*d'*Histoire d'un crime *puis, à partir de juin 1852, avec* Napoléon-le-Petit. *Mais, après le coup d'État du 2 décembre 1851, Victor Hugo avait effectivement perdu « son titre de noblesse [...], avait tâté du combat de rue [...], était devenu en quelques années à peine le leader de l'opposition, avait tenté de soulever le peuple en décembre 1851, avait tout perdu, ou presque, et s'était enfin retrouvé en exil ». Victor Hugo lui-même fera son propre constat dans* Ce que c'est que l'exil *: « Quelle force que ceci : n'être rien ! N'avoir plus rien à soi, n'avoir rien sur soi, c'est la meilleure condition de combat. [...] Vous n'êtes plus contraint d'être académique et parlementaire ; vous avez la redoutable aisance du vrai*[1]*. » C'est peu dire que Hugo, à Jersey, ne sera guère « académique et parlementaire », lui qui, là-bas, se consacrera « frère de la pierre [et] cousin du chien*[2] *».*

La parenthèse de Jersey est, en effet, particulièrement liée à l'épisode des Tables parlantes. Jersey devient le lieu de communication avec les esprits.

Entre le 11 septembre 1853 et le 8 octobre 1855, Victor Hugo se livre ainsi quasi quotidiennement à des séances spirites. Lors de celles-ci, il dialogue avec les esprits les plus illustres – Hannibal, Dante, Caïn, Shakespeare, Luther, Sapho, Chénier, Alexandre le Grand, Léonidas, Molière, Jésus, Platon, Eschyle, Galilée... – et les formes les plus abstraites : l'Ombre du sépulcre, la Critique, la Métempsycose, le Drame ou la Mort.

Sur l'île anglo-normande, Hugo se voit délié de la France, de son régime, de ses ambitions politiques. Il

1. *Ibid.*
2. Philippe Muray, *Le XIXe siècle à travers les âges*, Denoël, 1994 ; Gallimard, coll. « Tel », 1999, p. 70.

n'a plus qu'à « passer en revue les constellations de la pensée », comme il l'affirme lors d'une séance spirite, en colmatant les failles de l'harmonie humaine et de la fusion des êtres, des animaux, des plantes et des roches, par les voix de la métempsycose.

À quelle nécessité Victor Hugo obéissait-il à Jersey lorsqu'il faisait tourner les tables ? « À faire de l'occultisme un projet complet de société, et symétriquement du socialisme un rêve mystique d'autre monde[1] », un projet de société émancipée du christianisme selon une singulière théorie du destin social, souvent disputée avec Pierre Leroux sur la plage de Samaretz, dès la fin de l'année 1853, dont les clés seraient à chercher dans l'occulte et « les solidarités humaines dans les tombeaux[2] ».

La venue de Delphine de Girardin, aux premiers jours de septembre 1853, tombe peut-être à point nommé. Les séances des Tables tournantes, auxquelles elle va rapidement initier tout le clan Hugo, permettent de donner une dimension imprévue à cet intermède jersiais. Le contexte de cette très curieuse expérience spirite, aux marges des discours des morts, de leurs conseils, de leurs révélations, de leurs injonctions, reste à éclaircir : est-elle purement accidentelle ou relève-t-elle d'une impérieuse nécessité ? Hugo voit-il là une manière indiscutable de rapprocher les athées de Dieu et de convaincre les républicains de la survie de l'âme ? Hugo parle désormais, dit-il, « avec toutes les voix de la métempsycose » et consacre par là le mariage de l'occulte et du progrès.

Les Tables permettent-elles encore de donner un

1. Philippe Muray, *Le XIXe siècle à travers les âges*, *op. cit.*, p. 70.
2. *Ibid.*

nouveau développement à la problématique qui est la sienne du crime, du châtiment et de l'expiation ? Car c'est toujours chez Hugo le même sentiment qu'il y va de l'essentiel : « Cet essentiel, c'est Dieu ou l'Histoire. Ces deux objets s'imposent dans leur mystère sur le mode de l'énigme[1]. *» Victor Hugo, d'abord réticent à venir à la table de Marine-Terrace, va, peu à peu, s'engouffrer dans ce vertige des Tables tournantes.*

À la même époque, on vit Gérard de Nerval promener un homard en laisse tout en l'encourageant à poursuivre son chemin et se voir ainsi définitivement catalogué comme fou. Les voix de la Table, elles, continueront de parler quand Nerval se sera définitivement tu.

Au total, plus d'une centaine d'esprits viendront ainsi, par leurs révélations, conforter Hugo dans les intuitions poétiques, philosophiques, religieuses et métaphysiques qui sont les siennes. Ces séances sont scrupuleusement notées par les participants qui assistent aux séances des Tables. Mme Victor Hugo, Adèle Hugo, Auguste Vacquerie et Victor Hugo en particulier prennent note, à tour de rôle ou en même temps, sur leurs cahiers personnels ou sur des feuillets libres qui constitueront autant de procès-verbaux, du déroulement des séances et du contenu de celles-ci. Les révélations de la Table et la profondeur de leur contenu ne devaient pas tomber dans l'oubli : elles ont servi à éclairer le siècle et à nourrir la production hugolienne. Le contenu des révélations se révélera, en effet, une source directe d'influence des cinquième et sixième livres des Contemplations *surtout, mais aussi de certaines pièces de vers de* L'Année terrible,

1. Pierre Laforgue, *La Légende des siècles* de Victor Hugo, Gallimard, coll. « Foliothèque », 2008, p. 24.

de La Fin de Satan, *des* Quatre Vents de l'Esprit, *de* La Légende des siècles, *de* Dieu, *de* Toute la lyre *ou encore de* William Shakespeare. *Opérant le mariage des paroles solennelles des esprits de Jersey et de la poésie hugolienne qui en sort, les Tables constituent ainsi une étape du développement de l'œuvre de Victor Hugo.*

Le Livre des Tables

Dès l'automne 1853, il va alors être question d'élaborer le « Livre des Tables ». Ce titre de « Livre des Tables » correspond à l'intention et à la dénomination même de Victor Hugo qui projetait une publication posthume de celui-ci. Persuadé qu'il y avait « un esprit dans la table [...] indépendant de l'homme », Hugo voyait dans les séances spirites « un moyen de dégager plus vite et mieux la production du cerveau » dont « la moindre phrase » née à la table de Marine-Terrace « ferait la gloire d'un génie[1] *». Il s'agissait bien pour Hugo de* poser *la question et non de* se poser *la question d'une publication éventuelle. Les révélations faites au cours des séances spirites appartiennent en effet à la Table elle-même. Son droit de propriété intellectuelle est évident et c'est à elle de décider si ses interventions, ses visites et les révélations qu'elle fait doivent être publiées.*

La question de savoir si les interventions de la Table doivent être révélées se pose dès le début des premiers entretiens. La réponse est claire. Le 14 septembre 1853, l'esprit du Drame dit « non » (p. 90). Victor Hugo doit s'abstenir de toute publication mais consignera scrupuleusement sur différents supports

1. Auguste Vacquerie à Paul Meurice, septembre 1853.

les conversations tenues quotidiennement avec les esprits venus lui rendre visite à Marine-Terrace. L'interdiction de publier Le Livre des Tables *rejoignait aussi les convictions de Hugo, qui considérait que « ce livre rendrait impossible [sa] ligne politique[1] ».*

Cette inquiétante plongée spirituelle et poétique, si troublante et si riche, sera consignée dans quatre cahiers rédigés à Jersey. Ces quatre cahiers, écrits, pour la plus grande partie, de la main de Victor Hugo, constituent donc de facto *une œuvre hugolienne qu'il convient d'étudier. L'esprit de la Mort l'avait ordonné : « Deviens la lettre, deviens le verbe, deviens la vie ; venge-toi, plomb, venge-toi du cercueil ; et toi, terre, recueille les paroles des morts, et toi, humanité, respire leurs souffles, entends leurs voix » (p. 476-477). Le plomb du cercueil de Hugo, par l'alchimie des Tables, devait se fondre en caractères d'imprimerie. « Tout grand esprit, ajoutait la Mort, fait dans sa vie deux œuvres : son œuvre de vivant et son œuvre de fantôme » (p. 464). Faire parler les morts permettait de leur donner une voix.*

Devant ce phénomène des Tables parlantes, il est bien sûr difficile de ne pas choisir l'attitude la plus simple et la plus rassurante : celle de la négation pure et simple de la réalité du phénomène. De se livrer également à quelques conjectures et de proposer la plus évidente, celle de la transmission de pensée involontaire. L'inconscient de Victor Hugo lui-même s'exprimerait par la Table en passant par la chaîne : de Hugo au médium, à savoir Charles, le fils consacré médium par la Table elle-même, du médium à la Table, de la Table à Hugo. La boucle serait bouclée. Ce qui expliquerait la teneur hugolienne des propos. De

1. Adèle Hugo, *Journal de l'exil*, mardi 7 février 1854.

nombreuses objections à cette tentative d'explication peuvent toutefois être avancées. Lors des premières séances, Victor Hugo s'abstenait d'y participer et, comme l'ont noté Auguste Vacquerie ou Paul Meurice, il s'éclipsait discrètement. Hugo ne fut pas non plus toujours présent aux séances des Tables et celles-ci continuaient de dicter des vers parfois admirables. Il est sans doute aussi tout à fait vain de s'interroger sur la réalité du phénomène comme de se demander si la Table avait enseigné quelque chose à Hugo ou si elle s'était contentée de confirmer ses intuitions. De savoir si Charles truquait sciemment ou « s'il obéissait à une transmission de pensée paternelle... La supercherie fait évidemment partie du spiritisme et ne le détruit nullement. Le trucage est dans l'occulte, il en constitue la vérité. La démystification de l'occulte est aussi absurde que l'occulte lui-même[1] ». *Sans oublier que Victor Hugo reste lui pleinement persuadé de la réalité de l'existence des esprits et de leur venue à la table de Marine-Terrace. Il l'affirme d'abord oralement, à la fin du mois de septembre 1853, à Pierre Leroux : « Je crois absolument au phénomène des Tables. » Plus tard, le 27 avril 1854, dans le* Journal de l'exil, *Adèle Hugo rapportera une conversation entre Victor Hugo et son fils François-Victor, plus que dubitatif face à la réalité du phénomène spirite : « Le phénomène des tables parlantes n'amoindrit pas le* XIX*e siècle, il l'agrandit. [...] Pourquoi nier l'évidence ? [...] Oui, il est naturel que les esprits existent*[2]. »

Qu'importe peut-être la réalité de ces instants passés à la table, les commentaires et les spéculations qui en découleront. Le point essentiel reste la convic-

1. Philippe Muray, *op. cit.*, p. 576.
2. Adèle Hugo, *Journal de l'exil, op. cit.*, 27 avril 1854.

tion inébranlable et intangible chez Hugo que cela fut. « Il y a un esprit dans la table, cela est hors de doute[1] *», affirmera-t-il encore.*

Les séances des Tables parlantes ont sans doute contribué à meubler, si l'on peut dire, les longues soirées d'exil mais elles ont peut-être servi également à adoucir les deuils qui avaient frappé Hugo comme à s'interroger sur l'au-delà, à libérer la pensée du maître des lieux, à donner forme à ses intuitions, à les confirmer. Les Tables permettent peut-être également de ramener les proscrits, les athées, les républicains au spiritualisme et à l'affirmation, comme un fait indiscutable, de l'existence de Dieu.

Les procès-verbaux des séances spirites ont également donné naissance à des œuvres inédites, littéraires avant tout : à une nouvelle écriture.

Le spiritisme

À partir du mardi 6 septembre 1853, les jours et les nuits de Hugo vont prendre un tour nouveau. Delphine de Girardin débarque au matin au port de Saint-Hélier[2]*. Parmi toutes les invitations espérées*

1. *Ibid.*

2. Hugo connaissait, depuis 1821, Delphine Gay, la plus jeune poétesse de *La Muse française*. Devenue Mme de Girardin, elle n'en continua pas moins une relation amicale des plus profondes avec Hugo. Femme de lettres, femme de presse, Delphine Gay naît en janvier 1804. Elle épouse Émile de Girardin en 1831 et portera ensuite le nom de son époux tout au long de sa carrière de dramaturge et de journaliste, signant aussi parfois ses œuvres sous le nom de plume de Vicomte de Launay. Delphine Gay de Girardin (elle signait son courrier de ses deux noms) s'éteindra d'un cancer de l'estomac le 29 juin 1855, quelques mois avant que Hugo ne renonce aux Tables parlantes. Le poète lui rendra un vibrant hommage dans *Les Contemplations*, dans le poème « À Mme D.

pour un temps à Jersey, aucune n'était plus attendue que celle-ci. Oubliant sa santé précaire pour rejoindre le poète, Mme de Girardin débarque le 6 septembre 1853 au port de Saint-Hélier. Dès son arrivée, elle s'avoue impatiente d'initier Hugo et les siens « à la science nouvelle » qui venait de gagner la France. La « science nouvelle » des Tables dites tournantes, venue des États-Unis, était arrivée en France en avril 1853, suscitant un grand mouvement de curiosité. Cette « science nouvelle » se voulait scientifique tout en s'appuyant sur du mobilier de salon ou de cuisine, une table à trois pieds. Les Tables, patiemment sollicitées, pouvaient, en effet, faire parler les morts les plus anciens et les plus célèbres, servir de lien entre les vivants et les disparus.

À peine débarquée à Marine-Terrace, Delphine de Girardin commenta les séances de Tables tournantes auxquelles elle s'était déjà livrée. Bien que réticent à participer aux séances elles-mêmes, Victor Hugo fut immédiatement intéressé. Les Châtiments *étaient achevés et Hugo n'était pas encore plongé dans la composition de grands poèmes.*

Cette « science nouvelle » se doublait cependant d'un certain scepticisme. Hugo n'ignorait pas que le spiritisme venait d'agiter le continent nord-américain, notamment à travers l'expérience des sœurs Fox qui affirmaient correspondre avec les esprits par un code de claquement de doigts. La pratique du spiritisme au XIXe *siècle constitue presque le prolongement des salons littéraires mais ce sont désormais les « esprits » qui parlent au cours des séances des Tables tour-*

G. de G. » (À Mme Delphine Gay de Girardin) et, bien que commencée quinze ans auparavant, Hugo dira que cette pièce était « comme faite pour sa mort ».

nantes. Le spiritisme gagne ensuite l'Angleterre, vers 1850, importé par un médium américain, Douglas Home. De là, le spiritisme n'avait plus qu'à traverser la Manche pour se répandre en Europe. Après avoir agité l'Amérique, les manifestations spirites traversèrent l'océan et se répandirent en Angleterre puis en France. C'est là que H.L. Rivail, dit Allan Kardec, élabora la doctrine de communication des vivants avec les esprits et s'affirma comme l'occultiste français fondateur du spiritisme moderne.

Dès le 6 septembre, Delphine de Girardin essaya, sans succès, de faire bouger une table de la salle à manger de Marine-Terrace. Mme de Girardin rejeta la faute sur la table dont la forme carrée contrariait le fluide. Dès le lendemain, elle se rendit dans un magasin de jouets pour enfants de Saint-Hélier, une sorte de bazar où l'on pouvait tout trouver, et en rapporta une table ronde à trois pieds.

Le soir venu, l'expérience fut renouvelée en appliquant le protocole d'usage. Il fallait former une chaîne de doigts, hommes et femmes alternés, poser une seule question précise à la fois et attendre la réponse sous la forme de coups frappés. On utilisait alors un code pour décrypter la réponse. Un coup pour un oui, deux coups pour un non, et un nombre de coups correspondant à la place des lettres dans l'alphabet : un coup pour A, deux coups pour B, huit coups pour H, etc. On pouvait aussi se servir d'une tige que l'on déplaçait sur un alphabet, l'esprit s'arrêtant sur la bonne lettre et frappant un coup. Mais cette formule ne fut pas utilisée à Jersey, les esprits l'ayant rejetée expressément. La table resta muette. Les soirs suivants, les séances demeurèrent également infructueuses.

L'avant-veille de son retour en France, Delphine de Girardin sollicite, pour son adieu, une dernière ten-

tative. Le dimanche soir, 11 septembre 1853[1], *après le dîner, soit dix ans et sept jours exactement après la mort de Léopoldine, dix convives sont présents à Marine-Terrace : Delphine de Girardin, Mme Hugo, Victor Hugo, Charles Hugo, François-Victor Hugo, Adèle Hugo, le général Le Flô et son épouse, le comte Henri de Tréveneuc, ami du général, et Auguste Vacquerie. Ce soir-là, qui s'acheva à une heure du matin, Léopoldine vint à la table de Marine-Terrace. La véracité de la présence de sa fille ne faisait aucun doute pour Mme Hugo qui avait posé, hors compte rendu, une question à sa fille dont la réponse avait été décisive pour elle. Elle comportait en effet la révélation d'un fait qui n'était connu que de sa fille et d'elle-même. Pour tous, la certitude bouleversante que c'est Léopoldine qui parle par la Table va garantir la véracité des voix futures. La visite de Léopoldine montre qu'il ne peut s'agir d'une supercherie : utiliser la fille tant aimée, disparue tragiquement, afin d'accréditer les séances des Tables serait non seulement une infamie mais aussi inconcevable de la part de la famille Hugo. Et Delphine de Girardin elle-même ne serait pas venue à Jersey pour se moquer de Victor Hugo. Les convives, comme anéantis, resteront ensuite tardivement à Marine-Terrace. Voilà Victor Hugo confronté au mystère des Tables.*

Toutes ses forces vont maintenant converger vers cet espoir insensé : retrouver la présence légère et fugace qui vit dans son cœur. Par l'intermédiaire d'une table achetée dans un bazar de l'île, un simple magasin de jouets pour enfants, cette absence vient

1. Léopoldine, première fille de Hugo, est morte, noyée dans la Seine, au lieu-dit « Le Dos d'Âne », à Villequier, un lundi 4 septembre 1843, à 14 heures.

de se matérialiser sous son toit, à Jersey, bien loin de la maison familiale d'autrefois. La mort de Léopoldine avait fait vaciller la foi de Victor Hugo en Dieu, comme en témoigne le poème « Trois ans après » écrit le 10 novembre 1846, et même l'idée que le poète doit se faire le messager de Dieu et guide des peuples. Mais, depuis, la Table a parlé et conforté Hugo dans la mission qu'il pensait sienne. À compter de ce jour et pendant plus de deux années, Victor Hugo et les siens vont se jeter, corps et âme, dans cette quête « du grand tout » que poursuit Hugo depuis si longtemps.

Quasi quotidiennement, la Table de Marine-Terrace livrera ses secrets, dévoilera des mystères, unira Hugo à la Mort, Jésus, Caïn, Dante, Shakespeare... Hugo à Jersey, ce n'est pas seulement une intense période de création littéraire, c'est avant tout Hugo et les révélations de la Table. Ces deux éléments, création et révélation, demeurent indissociables. Ils vont rapprocher Hugo de Dieu et donner naissance à une nouvelle religion née directement des séances spirites. En effet, l'expérience des séances spirites auxquelles va se livrer Hugo à Jersey va permettre de le rapprocher chaque jour davantage de cet océan d'en haut, de l'immatérialité du ciel, de l'au-delà et de Dieu. L'exil de Hugo va ainsi devenir métaphysique avant tout.

Les Tables inaugurent une nouvelle forme d'inspiration, celle de « la Bouche d'ombre[1] » qui devient une plongée dans la face cachée du monde, d'un monde invisible, d'un monde intermédiaire, entre les vivants et les morts, celui des Esprits. À Marine-Terrace, les

1. « Ce que dit la bouche d'ombre », poème XXVI du livre sixième des *Contemplations*. C'est également ainsi que Hugo nommait la Table de Marine-Terrace.

esprits transmettent aux hommes la voix de l'au-delà. Par cette voix venue de l'infini, l'homme peut s'interroger sur les desseins divins et même les interroger directement. La terrible souffrance née de la mort de Léopoldine ouvre une porte à Hugo afin d'entrouvrir sa connaissance de l'invisible. La visite de sa fille lui permettra de s'y engouffrer totalement. Ou plutôt le désir de « revoir » sa fille Léopoldine, car le sentiment de culpabilité de l'avoir abandonnée une dernière fois, pour un voyage amoureux avec Juliette Drouet, ne l'a jamais quitté. Il conduit Hugo à ne plus douter de la conviction que les Tables disent vrai. La présence de Léopoldine, en cette nuit du 11 septembre 1853, établit ainsi la vérité spiritualiste.

À Jersey, les Tables, au seuil de l'invisible, dans une sorte de tête-à-tête avec Dieu, donnent un nouvel essor à la spiritualité hugolienne. La mise en forme de la religion des Tables se fera dans les cinquième et sixième livres des Contemplations[1], *notamment par l'avant-dernier poème du recueil : « Ce que dit la bouche d'ombre », et dans les vastes épopées que seront* Dieu *et* La Fin de Satan. *Ces trois œuvres poétiques montrent que l'expérience des séances spirites a été vécue par Hugo comme une relation fascinante avec l'au-delà mais prouvent aussi que les Tables sont autant la source de vérités métaphysiques que d'une nouvelle écriture. Victor Hugo était convaincu de la*

1. Comme le souligne Bertrand Marchal dans *La Littérature française. Dynamique et histoire*, t. II, *op. cit.* : « *Les Contemplations* ne sont pas seulement le Tombeau de Léopoldine, ni même la grande pyramide d'un mort vivant. La solitude de l'exil et surtout l'expérience des Tables (les deux tiers des poèmes ont été écrits dans les deux années de communication avec les Esprits) font de ces *"Mémoires d'une âme"* l'œuvre-somme du lyrisme hugolien [...] et la grande méditation philosophique. »

réalité des phénomènes spirites et de la vérité des idées exprimées par les esprits.

Les premières années de l'exil à Jersey seront donc marquées par l'expérience singulière, porteuse de tant d'interrogations, de mystères et, en même temps, véritablement décisive, des Tables parlantes, dans une complète plongée spirituelle et poétique, source directe de ces textes inédits de Hugo.

Le mystère des quatre cahiers

Le 14 septembre 1853, le Drame avait refusé expressément la publication des procès-verbaux des séances spirites. Le 11 décembre 1853, l'Ombre du sépulcre interdit encore cette publication : « L'esprit vous a parlé, l'esprit vous a révélé une partie du grand secret. Maintenant, silence bouches profanes, ne montrez à nul mortel ces pages flamboyantes ! Le moment n'est pas venu[1] *». Pourtant, l'Ombre du sépulcre, le 19 février 1854, avait suggéré un titre pour cette compilation des conversations avec les esprits : « Les Vents du tombeau » (p. 267).*

Victor Hugo est, lui aussi, convaincu qu'on ne peut pas publier un livre qui serait pourtant « une des Bibles de l'avenir » (p. 480), selon ses propres termes. Une révélation prématurée aurait ruiné sa « ligne politique » et aurait été accueillie par « un immense éclat de rire[2] *». Les Tables relevaient de l'irrationnel et le risque de discrédit politique s'avérait bien sûr considérable. Le 4 janvier 1855, Victor Hugo écrit enfin à Mme de Girardin : « Les Tables nous commandent le silence et le secret. Vous ne trouverez donc dans* Les Contemplations *rien qui*

1. *Chez Victor Hugo. Les Tables tournantes de Jersey*, éd. G. Simon, 1923, p. 99.
2. Adèle Hugo, *Journal de l'exil*, 7 février 1854.

vienne des Tables, à deux détails près, très importants, pour lesquels j'ai demandé permission *(je souligne).* »

Le déroulement et le contenu des séances des Tables nous sont toutefois devenus accessibles, plus tard, grâce à diverses sources.

Toutes les séances des Tables vont faire, en effet, à partir du lundi 12 septembre 1853 jusqu'au 5 octobre 1855, l'objet de procès-verbaux circonstanciés et détaillés, établis au cours même de leur déroulement. Seule la première séance positive, qui eut lieu le dimanche 11 septembre 1853, fit l'objet d'un procès-verbal établi a posteriori *par Auguste Vacquerie et ensuite par Paul Meurice. Ces procès-verbaux peuvent, pour une même séance, émaner d'une seule personne, l'écrivant officiel, indiqué comme tel sur le procès-verbal, ou de plusieurs écrivants différents, les participants aux séances des Tables étant libres de noter ou non le déroulement et le contenu de celles-ci. On connaît ainsi des procès-verbaux de la main de Mme Hugo, d'Adèle Hugo, d'Auguste Vacquerie et de Victor Hugo notamment. Il existe même des documents de la main de Paul Meurice et des copies établies par Juliette Drouet à qui Hugo donnait les premiers procès-verbaux des séances à recopier.*

Ces procès-verbaux donnaient lieu ensuite, pour la plupart d'entre eux, à une mise au propre, sur des cahiers spécifiques. Auguste Vacquerie possédait les siens et Hugo aussi. Pour ce qui est de Hugo, les cahiers se présentent sous la forme de quatre volumes manuscrits reliés. Ils ont été soustraits de manière mystérieuse et par on ne sait qui, à la mort de Hugo, au legs général fait à la Bibliothèque nationale de France. Sans doute par l'un de ses exécuteurs testamentaires, Paul Meurice, avec l'accord tacite d'Auguste Vacquerie.

Le premier à lever le voile sur cette troublante période spirite de Jersey sera Auguste Vacquerie. Dès

1863, il livrera quelques extraits de ces séances, expurgés des informations les plus personnelles, dans Les Miettes de l'histoire. Trois ans à Jersey. *Viendront ensuite le* Journal de l'exil *d'Adèle Hugo, qui couvre les années 1852-1855, les* Propos de Table de Victor Hugo *de Richard Lesclide, secrétaire et ami fidèle de Victor Hugo, très souvent présent à Jersey, en 1885, les* Propos de Table de Victor Hugo en exil *d'Octave Uzanne, en 1892. Si le* Journal de l'exil *nous éclaire très peu sur le déroulement des séances spirites, les deux versions des* Propos de Table *restent tout aussi lacunaires et ne se fondent sur aucun document officiel ou authentique.*

Il faut attendre 1897 pour que Paul Meurice commette quelques indiscrétions quant aux séances des Tables, dans La Tribune de Lausanne *du 19 février, et qu'il fasse allusion aux quatre* Cahiers rouges *dont il serait dépositaire. Ces cahiers, que Hugo appelait lui-même ainsi et qui étaient d'une teinte à dominante rouge, contiendraient l'intégralité du contenu des séances spirites. La presse se met alors à évoquer avec étonnement les séances de spiritisme de Jersey. Paul Meurice laisse entendre qu'il envisage une publication. En attendant, il en communique de très brefs extraits qui suscitent une grande curiosité en même temps qu'une certaine incrédulité. La parution annoncée ne viendra jamais. À la mort de Paul Meurice, les quatre cahiers reviennent, pendant dix-sept ans, à Gustave Simon. Celui-ci en fait la première publication partielle, en 1923, soixante-dix ans après les premières séances, sous le titre* Chez Victor Hugo. Les Tables tournantes de Jersey.

Paraîtront ensuite des textes extraits d'un dossier appartenant à une fille de Paul Meurice, Mme Albert Clemenceau. Cependant tous ces textes ne sont pas des originaux mais des copies, c'est-à-dire une reproduc-

tion du texte original, des minutes, consistant en une première rédaction hâtive d'un document original, ou des doubles, provenant de la copie d'un document.

On ne trouve pas trace des recueils originaux. Les quatre Cahiers rouges *détenus par Paul Meurice puis par Gustave Simon ont tout simplement disparu. Ils font l'objet d'une réapparition discrète et rapide, lors d'une exposition à la Maison de Victor Hugo, à Paris, en 1933. Ils appartenaient alors, selon le catalogue, aux héritiers Hugo. Puis les quatre cahiers s'évaporent à nouveau, semble-t-il. Le problème est qu'il n'existe aucune trace, dans les lieux mêmes et dans les documents de la Maison de Victor Hugo*[1]*, d'une exposition ayant eu lieu en 1933. Pas plus d'ailleurs qu'en 1932 ou en 1934. Il ne reste aucun élément tangible de cette exposition qui se serait déroulée, dans les années 1930, à la Maison de Victor Hugo. Plus curieux encore, il n'existe pas de catalogue concernant les expositions ayant eu lieu à cette période à la Maison de Victor Hugo. La seule trace que possède celle-ci concerne simplement une brève exposition, en 1932, et la présence, non pas des quatre cahiers, mais de cinq feuillets du 13 novembre 1853, constituant le procès-verbal d'une seule séance, sous le titre fautif de : « Victor Hugo en exil, juin-octobre 1855 ». La bibliothèque de la Maison de Victor Hugo renferme cependant des procès-verbaux des séances spirites de 1853 à 1855. Ceux-ci émanent des mains de Victor Hugo, de Mme Hugo, d'Auguste Vacquerie et aussi d'Adèle Hugo. Tous ne sont pas des originaux mais, là aussi, des copies ou des doubles. Les copies les plus importantes, manuscrites d'abord puis dactylographiées, émanent de Cécile Daubray, héritière désignée des pre-*

1. À Paris, 6, place des Vosges.

miers exécuteurs testamentaires et éditrice, après Paul Meurice et Gustave Simon, des œuvres complètes de Hugo dans l'édition Ollendorff, dite « de l'Imprimerie nationale », de 1933 à 1952. Force est de constater que les cahiers disparaissent à nouveau en 1933.

Cependant, la correspondance léguée par Mme Langlois-Berthelot, descendante de Paul Meurice, à la Maison de Victor Hugo, et retrouvée par nos soins, permet de lever le mince pan d'un voile quant à l'identité de ceux qui ont pu faire disparaître ces manuscrits. Ainsi, une lettre d'Henri Guillemin[1]*, datée de Neuchâtel, le 30 septembre 1950, adressée au conservateur de la Maison de Victor Hugo, Jean Sergent, montre tout le trouble du chercheur. Henri Guillemin, qui travaille sur la période de Hugo à Jersey, recherche les documents sur lesquels a travaillé Gustave Simon, en 1923, pour son volume sur les Tables tournantes*[2]*. Cécile Daubray*[3] *se montre réti-*

1. Henri Guillemin, chercheur et écrivain spécialiste de Hugo, auteur de *Victor Hugo par lui-même*, Seuil, 1951, *Hugo interroge les esprits*, Médecine de France, 1952, *Victor Hugo et les fantômes de Jersey*, Revue de Paris, 1952.

2. « Cher ami, […] où diable peuvent bien se trouver les documents sur lesquels a travaillé G. Simon pour son volume sur les Tables Tournantes de Jersey ? […] D'après le testament du poète, tout papier couvert de son écriture, et quelle qu'en soit la nature, devait être, après sa mort, remis “à la nation”. Ceux qui ont mission de veiller sur ces manuscrits sont autorisés à s'informer. […] Il s'agit tout de même de documents considérables, d'une vraie masse de papiers qui devraient absolument trouver place soit chez vous, soit à la Nationale. […] Mlle D. [Cécile Daubray], qui a travaillé étroitement avec G. Simon, ne peut ignorer ce que sont devenus ces manuscrits. […] Le livre que je prépare sur Hugo et le monde du mystère rend nécessaire la re-découverte de ces documents qui ont plongé dans l'inconnu et qui, en 1923, étaient entre les mains de G. Simon. »

3. Cécile Daubray a travaillé avec Gustave Simon et pro-

cente à répondre aux demandes d'Henri Guillemin, ce qui s'explique peut-être par le fait qu'à partir de 1950, l'entrée de l'œuvre de Hugo dans le domaine public achève la dégradation de sa publication. Henri Guillemin publie précipitamment, et sans jamais donner la référence des manuscrits, quantité de fragments que les exécuteurs testamentaires avaient exclus ou réservés. Plus tard, le 26 décembre 1950, Mme Langlois-Berthelot s'adresse à Me Trumeau afin de venir en aide à Henri Guillemin[1]*. Henri Guillemin dut obtenir ensuite une quelconque explication puisque une de ses lettres*[2]*, datée du 5 mars 1951, de Berne, témoigne de son dépit de constater que les cahiers originaux ont disparu ainsi que la copie de Gustave Simon. Le 6 mars 1951, le conservateur de la Maison de Victor Hugo, Jean Sergent, sur un papier à en-tête de celle-ci, s'adresse à Marguerite Gustave Simon afin de la convaincre d'intercéder auprès de Mme Daubray pour qu'elle restitue les livres des*

---

bablement déjà avec Paul Meurice dont elle fut très proche. Elle était d'un très grand dévouement au grand homme et à ses deux mentors. On l'appelait Mme Daubray mais on ne sait rien d'un éventuel mari. Cécile Daubray est morte, très âgée, en 1954.

1. « […] Nous avons repris l'inventaire du 17 février 1928. […] Vérifications faites, les pièces visées là ne se trouvent pas dans le don récent des héritiers au Musée. Il n'y a pas de raison non plus qu'elles soient entrées à la B.N. Par ailleurs, l'inventaire porte la trace d'une intervention de Mlle G. Simon qui revendiquait, outre le manuscrit du premier volume des Tables tournantes, ouvrage de son père, celui du second volume (jamais paru à ma connaissance) et une liasse de notes. Que sont devenus ces papiers ? […] Savez-vous quelque chose des héritiers de Mlle G. Simon ? »

2. « Cher, […] Ainsi les fameuses copies sont séquestrées, en fait, par Mlle D ! Quelle misère ! Les originaux, disparus. La copie G. Simon, captée. Que devenir ? »

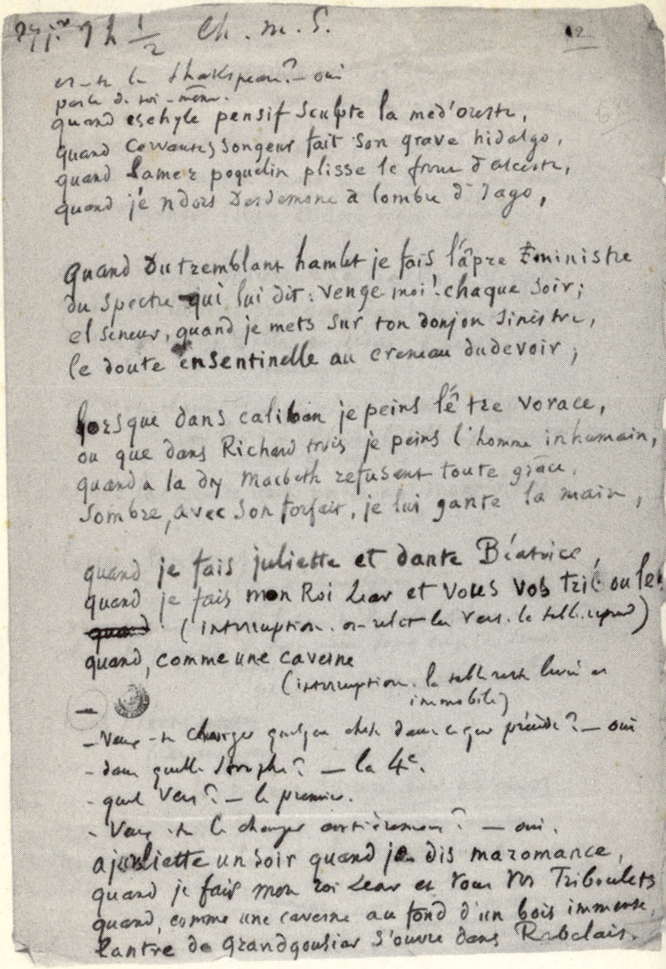
27 j.r 9 h 1/2 Ch. m. S. 12

es-tu là Shakespeare ? — oui
parle de toi-même.
quand eschyle pensif sculpte la med'ouste,
quand Cervantes songeur fait son grave hidalgo,
quand Jean Poquelin plisse le front d'alceste,
quand j'endors desdemone à l'ombre d'iago,

quand du tremblant hamlet je fais l'âpre ministre
du spectre qui lui dit : venge-moi ! chaque soir ;
Elseneur, quand je mets sur ton donjon sinistre,
le doute en sentinelle au créneau du devoir ;

lorsque dans caliban je peins l'être vorace,
ou que dans Richard trois je peins l'homme inhumain,
quand à lady macbeth refusant toute grâce,
sombre, avec son forfait, je lui gante la main,

quand je fais juliette et dante Béatrice,
quand je fais mon Roi Lear et vous vos triboulets
~~quand~~ (interruption. on relit les vers. la table reprend)
quand, comme une caverne
(interruption. la table reste longtemps immobile)
— veux-tu changer quelque chose dans ce qui précède ? — oui
— dans quelle strophe ? — la 4e.
— quel vers ? — le premier.
— veux-tu le changer entièrement ? — oui.
à juliette un soir quand j'en dis ma romance,
quand je fais mon roi Lear et vous vos Triboulets
quand, comme une caverne au fond d'un bois immense,
l'antre de Grandgousier s'ouvre dans Rabelais.

Victor Hugo.
Compte rendu d'une séance des Tables parlantes.
« Es-tu là Shakespeare ? »
Procès-verbal autographe, 27 janvier 1854.
Paris, Maison de Victor Hugo, Hauteville House.
Voir la transcription p. 209-210.

COLLECTION
FOLIO CLASSIQUE

guerite-Gustave Simon affirme ainsi ne pas détenir le manuscrit pour lequel elle a « commis la faute de le prêter » et oriente les recherches vers Cécile Daubray ou vers la Bibliothèque nationale. Henri Guillemin, comme Jean Sergent et Mme Langlois-Berthelot, restent eux persuadés que le manuscrit a bien transité entre les mains de Marguerite Simon avant de disparaître entre celles de Cécile Daubray.

Mais de quel manuscrit s'agit-il ? « Le tome II des Tables », spécifie un courrier[1]*. Remis à Gustave Simon, selon l'inventaire, et qui devait servir à ce dernier afin d'éditer un deuxième volume consécutif au premier ouvrage paru en 1923 sous le titre : « Les Tables tournantes de Jersey ». Il semble bien qu'un ou des manuscrits aient été soustraits et conservés par Cécile Daubray puis par ses héritiers. Des liasses manuscrites portant sur l'année 1853, établies par Cécile Daubray, ainsi que des liasses dactylographiées, qui s'étendent du 3 juillet au 19 décembre 1854 puis du 11 février au 4 juillet 1855, témoignent qu'elle a bien eu connaissance des procès-verbaux ou des manuscrits. Cependant, ces dates, ainsi que bon nombre de références aux jours des séances spirites indiqués sur les copies de Cécile Daubray, ne correspondent aucunement aux dates précises des*

M. Henri Guillemin et à laquelle je réponds m'explique pleinement vos désirs. Il ne s'agit pas du volume déjà paru et qu'on peut facilement consulter je pense mais de documents inédits et non encore publiés. Ayant passé ma vie auprès de mon père, je sais avec quelle passion il étudiait et consacrait toute son existence à ces inédits et à toutes les recherches concernant les manuscrits. Mais malheureusement, là je suis absolument incapable de répondre à vos désirs car aussitôt après la mort de mon père, manuscrits et inédits ont été déposés à la Bibliothèque nationale. »

1. Courrier découvert à la Maison de Victor Hugo.

deux manuscrits retrouvés, les fameux Livres des Tables.

L'un d'entre eux, supposé jusqu'à aujourd'hui, et à tort, être le troisième cahier, réapparaît mystérieusement en 1962 ; proposé à la vente à l'hôtel Drouot, le mercredi 11 avril 1962, par un propriétaire anonyme, affirmant « qu'il avait trouvé cela dans le grenier de son grand-père », il sera aussitôt préempté par la Bibliothèque nationale. En 1972, un autre cahier apparaît. Dans le secret le plus absolu, il est proposé à la vente à la Bibliothèque nationale qui en fait immédiatement l'acquisition. Les deux autres manuscrits supposés existants restent introuvables. Le manuscrit, inédit, apparu en 1972, s'avère essentiel quant à la compréhension du phénomène qui s'est déroulé, entre septembre 1853 et octobre 1855, à Jersey. Il éclaire d'un jour nouveau le déroulement des séances spirites de Jersey.

Le 8 octobre 1855 reste la dernière date mentionnée sur ce cahier. Les Tables ne parlèrent plus ensuite, au grand désespoir d'Adèle et de Mme Hugo en particulier qui déploraient qu'on ne les sollicitât plus.

Lors de vacances à Londres avec sa fille, pendant l'été 1859, Mme Hugo confiera à Victor Hugo, resté à Jersey, son regret de ne plus se livrer aux séances des Tables. Chez son amie, Mme Milner Gibson, récemment initiée, on tenait encore la table. « Il faut que nous soyons bien brutes, écrivait Mme Hugo le 18 juillet, pour avoir éteint cette flamme qui était venue nous éclairer. » Le 21 juillet, Hugo lui répondait : « Je pense comme toi. S'il n'y avait pas eu une panique qui nous excuse, nous serions imbéciles et coupables de l'avoir laissée se fermer. Peut-être se rouvrira-t-elle... ».

La Table se rouvrit brièvement plus tard. Les 20 et

22 août 1860, eurent lieu deux séances très courtes et très pauvres où le seul esprit à être nommé fut « l'Asie ». Victor Hugo rapporte ces séances dans ses agendas mais n'y a pas participé. Mme Hugo confiera encore, en 1863, à Mme Milner Gibson tous ses regrets de cette fin des Tables : « Je voudrais participer à ces communions d'outre-vie où vous puisiez tant de force et de douce confiance. » Six mois plus tard, Mme Hugo exprimera ses souhaits de revoir son amie afin de « s'associer quelques instants à ses doux mystères et d'entrevoir avec elle cette autre vie, une force pour les aimants et les croyants ».

La panique qui excusait Hugo et les siens s'explique sans doute par l'accès de folie qui aurait frappé Jules Allix. Mais Victor Hugo se souvenait peut-être de bien d'autres fins tragiques et curieuses. Il est toutefois extrêmement étonnant que ni les procès-verbaux, ni ce cahier de 1855, ni le Journal d'Adèle Hugo *ne fassent le moindre état de cet incident majeur qu'aurait constitué une crise de folie de Jules Allix*[1]*. Qui plus est Adèle Hugo, dans son* Journal, *à la date du 31 octobre 1855, apporte une information surprenante qui semble entrer en contradiction avec l'internement supposé de Jules Allix et le fait qu'il fût encore « toujours fou » quatre mois plus tard, selon Mme Hugo*[2]*. Ainsi, le 31 octobre au matin, Jules*

1. Il est peut-être plus vraisemblable qu'il se soit agi là d'une manifestation, plus sérieuse que d'habitude, d'une certaine forme de folie bien connue chez Jules Allix.

2. « Mon père n'a pas attendu le délai du 2 novembre. Il est parti ce matin pour Guernesey avec Victor [François-Victor Hugo]. Le packet partait à sept heures. Mon père, Victor, Charles et M. Auguste [Vacquerie] se sont levés à six heures moins le quart. Au même moment Bénézit entrait. Pluie battante. Ces messieurs se sont mis en route à pied, accompagnés d'Allix qui portait un sac de nuit, seul bagage de

Allix accompagnait Hugo au port de Saint-Hélier. Il n'était donc pas interné et Adèle n'indique rien de particulier le concernant.

Cet événement mettait pourtant fin à vingt-cinq mois de séances spirites inégales mais dont beaucoup se révélèrent d'une richesse thématique et stylistique rares. La parenthèse spirite de la vie de Victor Hugo se refermait sur des convictions nouvelles nées des révélations de la Table. L'œuvre poétique hugolienne en portera définitivement l'empreinte.

Le 31 octobre 1855, à sept heures un quart du matin, Victor Hugo, devançant la date de son expulsion fixée au 2 novembre, quitte Jersey pour Guernesey où commencera un nouvel exil. Quelques mots de Hugo dans son carnet montrent qu'une page à part de sa vie se ferme : « Mer grosse. Pluies. Rafales. Jersey rocher, puis nuage, puis ombre, puis rien[1]*. » Il ressentit alors, dira-t-il, « une suspension d'être ».*

De nouvelles croyances, décisives pour la création littéraire hugolienne

En faisant parler les Tables, Victor Hugo envisageait peut-être aussi un nouveau projet de société, émancipée du christianisme selon une singulière théorie du destin social dont les clés seraient à chercher dans la loi de la métempsycose, loi des réincarnations qui commanderait la solidarité humaine, le progrès social et l'accession des êtres, de la pierre à la plante, de la plante à l'animal, de l'animal à l'homme, des plus humbles aux

---

mon père et de mon frère. Charles partira vendredi, et nous, dès que mon père aura loué un logement à Guernesey. » Lettre de Mme Hugo à sa sœur Julie Foucher, 24 février 1856.

1. Premier agenda de Guernesey, folio 1, 31 octobre 1855.

échelons les plus élevés. Perdu sur le rocher de Jersey, Hugo prit l'habitude de parler à tout, aux roches, aux plantes, aux animaux, convaincu que le monde progressait non seulement pour l'homme mais aussi pour les animaux, les plantes et les pierres. Les révélations des Tables ont débouché sur de nouvelles croyances : l'immortalité de l'âme et sa transmigration sur terre dans des corps différents et sur des planètes punies ou récompensées dans l'au-delà. L'idée de métempsycose a pris forme. Elle a affirmé l'existence de l'âme à tous les stades de la création, celle des hommes d'abord mais aussi celle des bêtes, des plantes, et des minéraux à laquelle Hugo ne croyait pas avant les révélations des esprits de Marine-Terrace.

L'idée de métempsycose permet encore d'élaborer un peu plus la problématique de Victor Hugo, celle du crime, du châtiment et de l'expiation, contribuant à une religion hugolienne qui était déjà en germe bien avant les expériences spirites, faite d'un christianisme élargi par la métempsycose, légitimé comme valorisation de la transmigration des âmes. Une religion dont Hugo se veut le prophète. L'influence des Tables liée au thème de la métempsycose sera durable et nourrira ensuite toute la poésie hugolienne.

L'homme tel que nous le connaissons serait ainsi l'aboutissement d'une très longue succession de vies antérieures que Dieu lui a fait oublier afin de lui offrir la liberté. L'homme sentirait cependant ce passé enfoui en lui. Cette théorie hugolienne des expiations et des délivrances ne se limite pas à la terre. L'échelle des êtres se poursuit en une échelle des mondes. Métempsycose sur terre et transmigration sur des planètes plus ou moins heureuses sont les deux principes majeurs de la nouvelle religion hugolienne. Les âmes peuvent ainsi tomber sur des planètes ou des mondes plus bas encore que le nôtre qui s'annonce comme un monde intermédiaire. Le mérite de l'âme peut, au contraire, élever celle-ci jusqu'au soleil qui représente, pour Hugo, Dieu.

Cette religion nouvelle, née des Tables, s'affirme grâce à l'intervention et aux révélations de Jésus-Christ en personne *venu à la table de Marine-Terrace, en février et mars 1855, condamner le druidisme et le christianisme afin de bâtir une religion nouvelle élargie au principe de métempsycose. Le mage et le prophète qui se lèvent maintenant, révélateurs de la religion définitive, c'est Victor Hugo. Éclairé par les esprits familiers du lieu, Hugo se voit transmettre le relais par Jésus-Christ. L'œuvre commencée voilà deux millénaires par Jésus-Christ doit connaître un nouvel essor. La religion qui s'élabore à la table de Marine-Terrace est seulement naissante mais elle se destine aux siècles à venir. À partir du milieu du mois de juin 1854, Hugo annonce une religion qui « englobera le christianisme, en l'élargissant, comme le christianisme avait englobé le paganisme[1] ». À partir de l'année 1855, une nouvelle religion s'est donc élaborée dont Hugo se considère comme le dépositaire. Cette religion apporte à la connaissance du monde deux nouveautés : l'idée qu'il y a des âmes individuelles et conscientes dans toute chose, jusqu'aux plantes et aux pierres, et la conception d'un pardon universel qui ne laisse aucune faute sans possibilité de rachat, non plus possible mais inévitable et certain.*

La table de Marine-Terrace se révèle aussi décisive quant à la production poétique hugolienne. Les Contemplations*, dont les deux tiers des poèmes ont été écrits pendant la période de communication avec*

1. *Journal d'Adèle Hugo*, t. III, 15 juin 1854.

les esprits, sont nées de la solitude de l'exil et de l'expérience spirite et proposent dans nombre de pièces la vision d'un monde nouveau, soumis aux idées nées de la Table, celles de l'expiation universelle, et porteuses de l'espoir d'une réconciliation finale.

Les échanges nés des interventions des esprits de Marine-Terrace, loin de nuire à la production poétique de Hugo, ont, au contraire, encouragé et nourri celle-ci. Les propos tenus par les esprits de Jersey se retrouvent explicitement dans un nombre considérable de poèmes des Contemplations *en particulier ; ils permettent d'appréhender autrement la genèse de la production poétique de l'exil. Les révélations des Tables donnent naissance à des pièces maîtresses, en particulier « Pleurs dans la nuit*[1] *», qui inaugure cette « série lugubre avec laquelle, huit ans après 1846,* Les Contemplations *prennent leur second départ*[2] *». Ce poème s'inspire directement des révélations de l'esprit du Drame venu éclairer Hugo à la table de Marine-Terrace. Il introduit, dans la sixième partie du recueil, le monde des spectres et les révélations de la Table. « Pleurs dans la nuit » expose pleinement la doctrine de la religion hugolienne de la métempsycose en nous plaçant, par le rêve ou le cauchemar, de l'autre côté de la vie, du côté des morts, dans cet univers puni où « tout est plein d'âmes ». L'exposé d'ensemble du système de pensée du poète, initié par les propos de la Table, se fera enfin à travers « Ce que dit la Bouche d'ombre*[3] *», avant-dernier poème des* Contemplations, *qui en constitue le résumé final.*

1. *Les Contemplations*, livre sixième, « Au bord de l'infini », VI, 25-30 avril 1854.
2. *Les Contemplations*, édition de Pierre Albouy, Gallimard, coll. « Poésie », 1973, p. 490.
3. *Les Contemplations*, livre sixième, « Au bord de l'infini », XXVI, 1er-13 octobre 1854.

Le théâtre de Hugo se nourrira également des révélations des esprits et des vers dictés par Shakespeare et Molière, en 1855. La Forêt mouillée[1], *par exemple, fait clairement apparaître les similitudes entre les propos de la Table et les vers créés par Hugo ; tout comme* Homo, *un drame écrit entre 1854 et 1855, se révèle proche de* Nihila, *dicté par l'esprit du Drame lors de l'été 1854.*

Les séances spirites ont ainsi contribué au processus complexe de la création poétique, donnant corps à des œuvres latentes, à une nouvelle écriture. Les Tables constituent bien une étape du développement de l'œuvre de Victor Hugo dont l'influence sera durable.

Les quatre cahiers du Livre des Tables, *dont deux seulement hélas nous sont parvenus, constituent une œuvre littéraire pleinement hugolienne qu'il est essentiel de découvrir. Il ne faut pas oublier encore que Victor Hugo resta toujours persuadé, jusqu'au terme de sa vie, de la réalité de l'existence des esprits et de leur venue à la table de Marine-Terrace. Pour Victor Hugo, il est acquis que ces coups, frappements, bruits nocturnes inexplicables, sont le fait d'esprits frappeurs qui viennent lui rendre visite, et des manifestations de l'invisible. Ces visites nocturnes et ces êtres mystérieux viendront, plus tard, alimenter sa création littéraire et prendre forme, sous le nom d'Auxcriniers, dans* Les Travailleurs de la mer.

*

Il est aussi une autre donnée à prendre en compte. Le quatrième cahier rédigé en 1855, sur les soixante-

1. *Théâtre en liberté*, 1886 ; édition d'Arnaud Laster, Gallimard, « Folio classique », 2002, p. 17.

dix-sept pages qu'il contient, en présente cinquante-cinq de la main de Victor Hugo. Il constitue par conséquent un inédit de Hugo qui nous informe de manière significative sur la genèse des dernières œuvres de l'exil jersiais.

L'ensemble des documents de Jersey, au singulier parcours, permet de renouveler notre connaissance de cette période cruciale, tant pour sa pensée que pour son œuvre, des années d'exil de Victor Hugo, d'apporter un éclairage neuf et essentiel, à verser dans l'inépuisable fonds des études hugoliennes.

Nous avons dit que, le 14 septembre 1853, l'esprit du Drame avait interdit toute publication du Livre des Tables. *Plus tard, cependant, l'esprit de la Mort donnera un formidable conseil à Hugo, lui proposant que : « [Lui], le génie, tienne compte de l'imbécillité. Que [son tombeau] soit vivant : qu'à de certains intervalles il se mette à parler à la postérité. [Qu'il] échelonne dans [son] testament [ses] œuvres posthumes de dix ans en dix ans, de cinq ans en cinq ans ; [qu'il voie] d'ici la grandeur d'un tombeau qui, de temps en temps, à des heures de crise humaine, quand il passe de l'ombre sur le progrès, quand il passe des nuages sur l'idée, ouvre tout à coup ses deux lèvres de pierre et parle ? » (p. 477). Il fallait [qu'il] « enferme [son œuvre] avec [lui] dans [son] sépulcre pour qu'à des époques fixées par [lui] on vienne l'y chercher » (p. 478) L'esprit de la Mort ajoutait encore : « Jésus-Christ n'a ressuscité qu'une fois ; toi, tu peux emplir ta tombe de résurrections ; tu peux avoir une mort inouïe ; tu dirais en mourant : Vous me réveillerez en 1920, vous me réveillerez en 1940, vous me réveillerez en 1960, vous me réveillerez en 1980, vous me réveillerez en l'an 2000. » Ces conseils donnés par la Mort prennent ainsi une singulière résonance.*

Qui donc a ouvert le tombeau de Hugo en 1962 puis en 1972 et permis à « ses deux lèvres de pierre » de parler ? Est-ce un pur hasard qui a conduit un inconnu à découvrir deux inédits au fond d'une cave ou d'un grenier ? Ou alors est-ce le choix délibéré du détenteur des quatre manuscrits soustraits mystérieusement au legs général fait par Hugo ? À moins que Hugo lui-même n'ait pris les dispositions qui s'imposaient afin que s'échelonnent les apparitions du Livre des Tables*...*

Si le phénomène des Tables parlantes et des esprits de Marine-Terrace trouble et divise toujours autant les hugoliens, qui font parfois de ce sujet un champ de bataille et de controverses, c'est bien par son caractère unique et singulier. Une dimension si irrationnelle qu'elle conduirait directement, pour tout autre que Hugo, à balayer d'un geste ces conversations surnaturelles avec les voix des esprits. Il reste pourtant de tout cela, et de cette longue période spirite, des textes inédits de toute beauté, une prose et une poésie toutes hugoliennes, des pages visionnaires qui résonnent encore étrangement. Il reste aussi que, jusqu'à la dernière heure de sa vie, Hugo affirmera l'existence et la survie de l'âme.

PATRICE BOIVIN

NOTE SUR L'ÉDITION

La présente édition regroupe l'intégralité des documents qui devaient servir à rédiger *Le Livre des Tables* dont Victor Hugo envisageait une publication posthume. Elle réunit l'ensemble des documents existants : les deux cahiers originaux rédigés à Jersey, pour l'un en 1854, pour l'autre en 1855 (cahiers au catalogue de la Bibliothèque nationale de France sous les références N.A.F. 14066 – manuscrit acquis en 1962 – et N.A.F. 16434 – manuscrit acquis en 1972 et jamais publié) ; l'intégralité des procès-verbaux disponibles et inédits, découverts dans les fonds de la Maison de Victor Hugo ; ainsi que d'autres documents, des lettres notamment, découverts également à la Maison de Victor Hugo.

Les trois quarts des textes qui composent cette édition sont des documents inédits ; la moitié ont été découverts par nous à la Maison de Victor Hugo.

*

La nature spécifique des procès-verbaux et des cahiers de Victor Hugo nous a conduits à certains choix éditoriaux. Nous savons, en effet, que la Table dictait lettre par lettre en frappant autant de coups qu'il était nécessaire à la composition d'un mot. Il fallait ainsi un coup pour la lettre A, deux coups pour B, trois coups pour C et ainsi de suite. La Table pouvait s'arrêter un temps indéterminé, s'agiter, se taire. Tous ces éléments liés au contexte de la rédaction sont scrupuleusement notés sur les procès-verbaux et apparaissent aussi dans les cahiers mais de manière moins significative. L'abondance de ces didascalies pouvait cependant nuire à la clarté de la lecture du texte que nous éditons. Nous avons ainsi retenu le principe d'une transcription normalisée, c'est-à-dire adoptant les règles grammaticales actuelles et une disposition claire et lisible. Cette transcription a été dépouillée des didascalies qui interviennent à toutes les lignes et qui possédaient, selon nous, peu d'intérêt. En revanche, les éléments liés au contexte de la rédaction – le jour, l'heure, l'environnement, les conditions météorologiques, l'état d'esprit des participants, leurs réactions comme celles de la Table elle-même – qui créent une atmosphère propre aux séances spirites ou qui nous semblent éclairer le déroulement de celles-ci ont été conservés. Nous précisons aussi l'identité des participants, de ceux qui tiennent la table et de celui ou ceux qui consignent les séances par écrit (les écrivants).

Notre édition s'appuie sur un protocole simple afin de respecter la nature du texte hugolien et d'en permettre une lecture linéaire. L'orthographe a ainsi été normalisée selon les règles habituelles, les fautes ont été corrigées ainsi que les éventuelles incorrections syntaxiques liées à la dictée de la Table. Les coupures de mots qui apparaissaient lors de la dictée des esprits ont disparu, la ponctuation parfois ajoutée là où elle manquait de manière évidente. Les tirets inutiles ont été supprimés, les abréviations également, de même que les sauts de page au cœur d'une même phrase. Les titres d'œuvres soulignés par Hugo sont ici en italique.

Il n'existait jusqu'alors qu'une seule édition de référence des procès-verbaux des séances spirites, celle de Jean et Sheila Gaudon dans l'édition Massin (*Procès-verbaux des séances des tables parlantes à Jersey*, tome IX, Club français du livre, 1968), dans laquelle ne figurent naturellement pas le cahier apparu en 1972, resté inédit, ni un très grand nombre de procès-verbaux, inédits eux aussi, retrouvés depuis. En revanche, Jean et Sheila Gaudon ont pris le parti de reproduire les comptes rendus des séances des Tables publiés, pour la première fois, en 1923 par Gustave Simon (*Chez Victor Hugo, les Tables tournantes de Jersey*, Paris, Louis Conard, 1923). En dehors de l'ouvrage de ce dernier, sujet à caution puisqu'il croit fermement à la présence des esprits à la table de Marine-Terrace et construit son recueil de telle façon que les textes, les vers, les drames, dictés par les esprits apparaissent comme les leurs et non comme ceux de Victor Hugo, il n'existe pas, bien souvent, de documents authentiques donnant foi à la plupart des procès-verbaux. Toutes les études antérieures à la publication de Jean et Sheila Gaudon (comme celles de Paul Berret, Denis Saurat, Maurice Levaillant, Henri Guillemin, Pierre Albouy, Paul Bénichou, Jean-Claude Fizaine) n'ont ainsi pu s'appuyer que sur l'ouvrage de Gustave Simon, pourtant peu fiable.

Nous avons donc fait le choix de ne retenir ici que les documents authentiques (présents notamment à la Bibliothèque nationale de France ou à la Maison de Victor Hugo) que nous avons pu consulter et authentifier, émanant de la main de Victor Hugo, d'Auguste Vacquerie, de Mme Hugo, de Charles Hugo, d'Adèle Hugo, de Paul Meurice, de Cécile Daubray. Les copies effectuées par Cécile Daubray sont de deux natures : des feuillets dactylographiés et, portant sur l'année 1853, des feuillets manuscrits. Bien entendu, en l'absence de tout autre document, celles-ci peuvent être sujettes à caution et l'on peut toujours douter de leur crédibilité. Nous les avons cependant incorporées dans notre édition, Cécile Daubray bénéficiant de la confiance successive de Paul Meurice et de Gustave Simon. Cependant, une partie des copies manuscrites effectuées par Cécile Daubray a été écartée. Elle concerne la période du 29 septembre au 6 décembre 1853. Ces copies indiquent que les séances transcrites ne se seraient pas déroulées à Marine-Terrace mais au domicile d'Edmond Leguevel, proscrit présent à Jersey. C'est la seule fois où nous trouvons l'indication que des séances spirites se seraient déroulées ailleurs que chez Victor Hugo qui, d'ailleurs n'y assiste jamais. C'est aussi la seule fois où le nom de Leguevel apparaît. Ces copies n'indiquent ni les heures et les dates précises, ni même le nom de l'écrivant chargé de prendre note du déroulement des séances. Victor Hugo, Mme Hugo, Auguste Vacquerie n'y assistent jamais. Nous doutons donc fortement de leur authenticité.

Les doubles ou les copies incertaines n'ont pas été retenus à l'exception de celles de Juliette Drouet. Les deux cahiers, le numéro 2, couvrant la période du 1er février au 30 mai 1854, et le numéro 4, couvrant la période du 21 janvier au 8 octobre 1855, constituent les cahiers que Victor Hugo destinait au *Livre des Tables*.

*

CONVENTIONS D'ÉDITION

Les procès-verbaux, retranscrits ici chronologiquement, portent les mentions suivantes : P.V. pour procès-verbal (les procès-verbaux sont distincts des deux cahiers).

Les initiales des écrivants : *V. H.* pour Victor Hugo, *A. V.* pour Auguste Vacquerie, *Mme V. H.* pour Mme Victor Hugo, *C. D.* pour Cécile Daubray, *A. D.* pour Adèle Hugo fille, *C. H.* pour Charles Hugo.

Les mots soulignés le sont par l'écrivant (il s'agit la plupart du temps de Victor Hugo), de même que les mots barrés.

L'usage des crochets est de nous ; les parenthèses sont de l'écrivant.

La lettre X signale un mot illisible (le nombre de X correspond au nombre de caractères supposés).

Les interventions de la Table sont notées en gras.

Le mot « Table », avec une majuscule, renvoie aux voix des esprits ; avec une minuscule, il désigne l'objet matériel.

P. B.

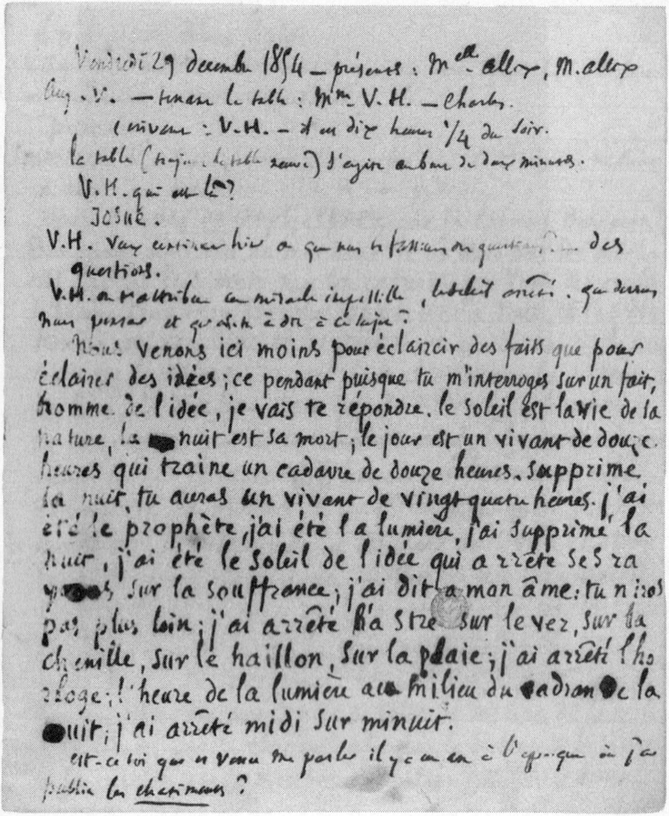
Vendredi 29 décembre 1854 — présents : Mlle Allix, M. Allix, Aug. V. — tenant la table : Mme V. H. — Charles.
écrivant : V. H. — à dix heures 1/4 du soir.
la table (toujours la table ronde) s'agite au bout de deux minutes.
V. H. — qui est là ?
JOSUÉ.
V. H. Vous avez entendu hier ce que nous te faisions de questions... des questions.
V. H. on t'attribue un miracle impossible, le soleil arrêté. que devons-nous penser et qu'as-tu à dire à ce sujet ?
Nous venons ici moins pour éclaircir des faits que pour éclairer des idées ; cependant puisque tu m'interroges sur un fait, homme de l'idée, je vais te répondre. le soleil est la vie de la nature, la nuit est sa mort ; le jour est un vivant de douze heures qui traine un cadavre de douze heures. supprime la nuit, tu auras un vivant de vingt-quatre heures. j'ai été le prophète, j'ai été la lumière, j'ai supprimé la nuit, j'ai été le soleil de l'idée qui arrête ses rayons sur la souffrance ; j'ai dit à mon âme : tu n'iras pas plus loin ; j'ai arrêté l'astre sur le ver, sur la chenille, sur le haillon, sur la plaie ; j'ai arrêté l'horloge : l'heure de la lumière au milieu du cadran de la nuit ; j'ai arrêté midi sur minuit.
est-ce toi qui es venu me parler il y a un an à l'époque où j'ai publié les Châtiments ?

Victor Hugo.
Compte rendu d'une séance des Tables parlantes.
« Qui est là ? Josué. »
Procès-verbal autographe, 29 décembre 1854.
Paris, Maison de Victor Hugo, Hauteville House.
Voir la transcription p. 506-507.

LE LIVRE DES TABLES

Septembre 1853 - Octobre 1855

[PREMIER CAHIER]
11 septembre 1853 – 31 janvier 1854

DIMANCHE 11 SEPTEMBRE 1853

Delphine de Girardin, Mme Hugo, Victor Hugo, Charles Hugo, François-Victor Hugo, Adèle Hugo, le général Le Flô et son épouse, le comte Henri de Tréveneuc, ami du général, et Auguste Vacquerie[1].
(P.V. *A. V.*)

MME DE GIRARDIN dit : Y a-t-il quelqu'un ? S'il y a quelqu'un et qu'il veuille nous parler, qu'il frappe un coup. La griffe retomba avec un bruit sec.

— Il y a quelqu'un ! s'écria Mme de Girardin ; faites vos questions. On fit des questions, et la Table répondit.

DELPHINE DE GIRARDIN questionne aussitôt : Qui es-tu ?

La table lève un pied et ne le baisse plus.

MME DE GIRARDIN interroge à nouveau : Y a-t-il quelque chose qui te gêne ? Si oui, frappe un coup ; sinon, deux coups.

La table frappe un coup.

MME DE GIRARDIN demande : Quoi ?

— **Losange.**

Nous étions en losange, aux deux côtés d'un angle de la grande table. On va chercher une autre table sur laquelle on met la petite. Mme de Girardin et Charles Hugo se placent de façon à couper la table support. La table s'agite à nouveau. Le général Le Flô l'interroge sur ce qu'il pense à cet instant.

— **Fidélité, répond la table.**

Le général pensait à sa femme.

« Je n'étais pas convaincu, remarque Vacquerie, je trouvais si ingénieux et si spirituel de répondre fidélité à un mari qui pense à sa femme, que j'attribuais la réponse à Mme de Girardin. »

Pour être sûr que ce n'était pas Mme de Girardin qui agissait, Auguste Vacquerie demande à tenir la table avec Charles, il pense un nom et demande :

— Quel est le nom que je pense ?

La table tourne, se lève et dit :

— **Hugo.**

« C'était le nom en effet, confesse Vacquerie, c'est à ce moment que j'ai commencé à croire. »

Mais depuis quelques moments, Mme de Girardin se sent émue et demande de ne pas perdre de temps en questions puériles. Elle pressent une grande apparition. La Table ayant annoncé qu'elle était gênée par l'incrédulité de l'un des participants, on lui demanda de l'identifier. Elle répondit : « Blond ». En effet, M. de Tréveneuc, très blond, était le plus incrédule de tous. La Table ne tient pas à ce qu'il sorte mais s'agite et refuse de répondre. Auguste Vacquerie quitte celle-ci et le général Le Flô le remplace aux côtés de Charles. On interroge la table sur son identité.

— **Fille.**

Le général Le Flô ne pensait pas à sa fille, Auguste Vacquerie ajoute aussitôt :

— À qui est-ce que je pense ?
— **Morte.**

Tout le monde pense à la fille que Victor Hugo, qui n'est pas encore intervenu, a perdue.

MADAME DE GIRARDIN demande : Qui es-tu ?
— **Ame soror.**

Quatre personnes autour de la table avaient perdu une fille : le général Le Flô, Delphine de Girardin et les frères Hugo. La Table avait-elle dit soror *en latin pour dire qu'elle était sœur d'un homme ?*

— De qui es-tu la sœur ? demande le général Le Flô.
— **Doute.**
— Ton pays ?

— **France.**
— Ta ville ?

Pas de réponse.

« Nous sentons tous la présence de la morte, note Vacquerie, tout le monde pleure. »

Victor Hugo intervient alors pour la première fois et demande :

— Es-tu heureuse ?
— **Oui.**
— Où es-tu ?
— **Lumière.**
— Que faut-il pour aller à toi ?
— **Aimer.**

À partir de ce moment, les neuf participants sont de plus en plus émus. La Table, comme se sentant comprise, n'hésite plus et répond immédiatement. Mme de Girardin demande :

— Qui t'envoie ?
— **Bon Dieu.**

MME DE GIRARDIN invite la Table à parler d'elle-même : As-tu quelque chose à nous dire ?
— **Oui.**
— Quoi ?
— **Souffrez pour l'autre monde.**
— Vois-tu la souffrance de ceux qui t'aiment ? demande, bouleversé, Victor Hugo.
— **Oui.**
— Souffriront-ils longtemps ? interroge Mme de Girardin.
— **Non.**

— Rentreront-ils bientôt en France ?

La Table ne répond pas.

Victor Hugo intervient à nouveau et conduit jusqu'à la fin les questions :

— Es-tu contente quand ils mêlent ton nom à la prière ?
— **Oui.**
— Es-tu toujours auprès d'eux ? Veilles-tu sur eux ?
— **Oui.**
— Dépend-il d'eux de te faire revenir ?
— **Non.**
— Mais reviendras-tu ?
— **Oui.**
— Bientôt ?
— **Oui**[1].

NUIT DU 12 AU 13 SEPTEMBRE 1853

(Copie *Juliette Drouet* et copie *C. D.*[2])

VICTOR HUGO : As-tu une communication à nous faire ?
— **Lumière.**
— Connais-tu l'âme qui est venue hier ?
— **Non.**
— Sais-tu qu'il en est venue une ?
— **Oui.**
— Comment le sais-tu ?
— **Tombe.**

— Que faut-il faire pour qu'elle revienne ?

— **Espérance.**

MME DE GIRARDIN : Sais-tu que celui qui t'interroge est un grand poète ?

— **Oui.**

— Connais-tu ses ouvrages ?

— **Oui.**

— Nommes-en un.

— ***Notre-Dame de Paris.***

VICTOR HUGO : Les esprits sont-ils en communication entre eux ?

— **Oui.**

— Es-tu heureuse ?

— **Oui.**

— Étais-tu un homme ?

— **Non.**

— Femme ?

— **Oui.**

— Ceux que nous avons aimés sont-ils près de nous ?

— **Oui.**

— Tu as dit que tu étais une fée. Est-ce que fée ou âme, c'est la même chose ?

— **Oui.**

— As-tu un corps ?

— **Non.**

— Les autres esprits t'apparaissent-ils sous la même forme qu'ils avaient pendant leur vie ?

— **Oui.**

— Est-ce la forme de la jeunesse ?

— **Oui.**

— Parle toi-même.

— **Tout meurt vers la vie.**

— Combien y a-t-il de temps que tu es morte ?

— **Trois ans.**

— Ton pays ?
— **France.**
— Ton nom ?
— **Amélia**
— À quel âge es-tu morte ?
— **Vingt-huit ans.**

13 SEPTEMBRE 1853

[En présence de Mme de Girardin, écrit de la main de Victor Hugo. Les participants à la séance ne sont pas indiqués.]
(P.V. *V. H.*)

Ce qu'avait dit Amélia communiquait à la table un petit mouvement doux et cadencé. Je lui demandai :

— M'aimes-tu ?

La table frappe un coup. Il faut se souvenir que, par suite de la convention faite pour dire oui, *la table levait un pied et frappait un coup, pour dire* non, *deux coups.*

Je repris : T'ai-je connu sur la terre ?

Deux coups. Non. Ici la table commence à s'agiter avec un tressaillement vif et presque violent. Je continuai :

— Auras-tu du plaisir quand tu me reverras dans l'autre vie ?

La table se renverse presque en arrière et frappe deux coups comme avec colère ; c'était un non et un non énergique.

J'en fus surpris. On se mit à rire autour de moi. Ma femme dit :

— Les amours ont peu duré.

MME DE GIRARDIN dit : Comme elle tape du pied, cette petite Camélia !

En effet, ces deux rudes coups succédant à tant de battements légers et doux et presque caressants, avaient quelque chose d'étrange. Le lendemain, en songeant à ce qui a suivi, je disais : « C'était comme la patte du tigre après l'aile de l'oiseau. »

Je ris avec les autres, et je repris :

— La mort est-elle désirable pour ceux qui ont fait le bien dans cette vie ?

Un coup. Oui.

— La mort est-elle redoutable pour ceux qui ont fait le mal ?

Deux coups. Non.

Nous fîmes tous un mouvement, je dis :

— Tu te trompes. Et je répétai la question.

Encore deux coups. Encore non.

VACQUERIE s'écrie : Oh ! Attention ! Voilà qui est important. L'âme nie la théorie des récompenses et des peines.

Je repris d'une voix sévère : Écoute-moi, toi qui es là. Ne joue pas avec nos âmes. Tu entends qu'il y a ici un penseur qui hésite à croire. Ta réponse agit sur lui. Réponds donc clairement. Il est impossible qu'il y ait équilibre après cette vie entre les bons et les méchants.

— Si, reprit Vacquerie, elle l'a dit par deux fois.

— Eh bien, dis-je, une troisième, réponds une dernière fois, et prends garde à ce que tu vas dire. Ne mens pas, je te le défends. Voyons : la mort est-elle redoutable pour ceux qui ont fait le mal ?

Le pied de la table s'était levé de mon côté jusque-là. Je sentis que le mouvement changeait. Ce fut le pied à ma gauche qui se leva. Le pied était tourné vers Vacquerie. Il se leva très haut et frappa un grand coup, puis s'arrêta.

Cette fois c'était oui.

Là-dessus les contestations éclatèrent.

— Cela ne compte pas, dit Auguste.

— Si, repris-je.

— Elle se dédit, elle radote, répliqua Auguste.

La table s'agitait violemment et soulevait presque convulsivement les mains de Charles et les miennes.

MME DE GIRARDIN s'écria : Tout ceci est singulier. Je gage que l'habitant de la table a changé. Ce n'est plus Amélia.

Je dis à la table : Amélia, réponds, est-ce toujours toi qui es là ?

Le pied se leva de mon côté et frappa violemment deux coups. Non.

— Voyez-vous, s'écrie Mme de Girardin. J'avais deviné juste. Gageons que c'est le diable.

J'élevai la voix et je dis : Toi qui es là, dis-nous ton nom.

Le même pied se leva, frappa un coup, puis un second et s'arrêta.

— Est-ce B, dis-je ?

Le pied frappe oui.

— Continue.

La table frappe successivement O, N, A, P…

Un frémissement nous gagnait. Elle acheva : A, R, T, E.

Nous ne fîmes qu'un cri ! Bonaparte ! Ma femme accourut bouleversée en joignant les mains.

— Est-ce Bonaparte, dis-je ?

Le pied frappa oui avec une sorte de fureur.

— Lequel ? Le grand ?
— **Non.**
— Le petit ?
— **Oui.**

Nous avions tous le frisson.

J'insistai : Quoi ! C'est toi qu'on appelle Napoléon III qui es là ?

Un coup plus irrité encore.

— **Oui.**
— C'est toi, Louis ?
— **Oui !**

La petite table bondissait sous nos mains en glissant sur la table support comme si elle cherchait à s'échapper. Il y avait un silence de stupeur autour de moi.

— Ah ! Scélérat, dis-je, je te tiens !

La table s'agitait avec la contorsion d'une bête qui se cabre. Je continuai :

— Qui est-ce qui t'envoie ?

Le pied devant moi se leva et elle répondit en marquant les coups, et en s'arrêtant avec un coup sur chaque lettre désignée :

— **Mon oncle.**

Alors commença le dialogue que voici et qui dura trois heures[1].

(Copie *Juliette Drouet*)

— Pourquoi ?
— **Pour être puni.**
— Il est donc mécontent de toi.
— **Oui.**
— Ton oncle m'en veut-il ?
— **Non.**
— Il sait bien que je lui rends justice ?
— **Oui.**
— Souffres-tu de ton crime ?
— **Oui.**
— Sais-tu quand tu mourras ?
— **Oui.**
— Dans combien d'années ?
— **Deux.**
— Peux-tu dire comment ?

— **Par tous.**

— Sais-tu qui te remplacera ?

— **Oui.**

— Peux-tu le dire ?

— **République universelle.**

— Écris : j'adore Dieu.

— **J'adore Dieu.**

— Il est donc possible que les esprits des vivants nous répondent ?

— **Oui.**

— Dans ce moment-ci, où est ta personne vivante ?

— **Ombre.**

— Veux-tu dire qu'elle est endormie ?

— **Oui.**

— Ta personne vivante rêve que tu es ici ?

— **Oui.**

— Et souffre-t-elle de ce rêve ?

— **Oui.**

— Quelqu'un t'a-t-il conseillé ton crime ?

— **Non.**

— Te repens-tu ?

— **Oui.**

— As-tu envie d'expier ton crime ?

— **Non.**

— Si on te disait qu'on te pardonne à condition d'abdiquer, le ferais-tu ?

— **Non.**

— Ai-je raison dans ce que je fais ?

— **Oui.**

— Voudrais-tu être à ma place ?

— **Oui.**

— M'approuves-tu ?

— **Oui.**

MME DE GIRARDIN : Me connais-tu, moi ?

— **Oui.**

VICTOR HUGO : Je vais te parler de ton oncle, le vois-tu dans ce moment ?

— **Non.**

— Cependant c'est lui qui t'envoie ?

— **Oui.**

— M'approuves-tu de te châtier ?

— **Oui.**

— Te regarde t-il comme son plus grand malheur ?

— **Oui.**

— Es-tu encore là ?

— **Oui.**

— Parle de toi-même.

— **Lux.**

— Tu connais Girardin ?

— **Oui.**

— As-tu de la haine pour lui ?

— **Non.**

— Dans tes jours de désespoir, n'as-tu pas envie de l'appeler ?

— **Non.**

MME DE GIRARDIN : Tant mieux.

VICTOR HUGO : Tu m'as dit « *Lux* », sais-tu que c'est la dernière pièce de mon volume ?

— **Oui.**

— Ai-je bien fait de faire ce livre ?

— **Oui.**

— Et *Napoléon-le-Petit* ?

— **Oui.**

— Quel sentiment as-tu pour moi, haine ou respect ?

— **Les deux.**

— Parle.

— **Je lis mes devoirs dans tes *Châtiments*.**

— Parle encore.

— **C'est ton héroïsme qui perd ma lâcheté. J'irai à Toulon. Ose ; j'ai peur. Ma race est finie.**

— Ta personne vivante a-t-elle le cauchemar de ce qui se passe ici ?

— **Oui.**

— Puis-je la réveiller ?

— **Non.**

— Parle.

— **Assez de justice, j'avais lu pardon.**

— Tu croyais que je te pardonnerais ?

— **Oui.**

— Pourquoi ?

— **Par génie.**

— Tu crois que le génie doit pardonner ton crime ?

— **Oui.**

— Mais quand le crime touche le genre humain tout entier ?

— **Non.**

— Alors, je ne pourrais donc pas te pardonner ? T'en iras-tu avant que je le veuille ?

— **Non.**

— Ton cauchemar durerait donc toute la nuit ?

— **Toute la vie.**

— Désires-tu que je m'en aille et que je te laisse ?

— **Non.**

— Pourquoi ?

— **Ma conscience a besoin de ton regard.**

— Toi aussi tu dois lire dans ma pensée. Vois-tu que je n'ai pas de haine contre toi, mais seulement contre ton crime ?

— **Oui.**

— Dans ce moment, regrettes-tu ton crime ?

— **Oui.**

— À l'heure qu'il est, s'il dépendait de toi de ne pas l'avoir commis, voudrais-tu ne pas l'avoir commis ?

— **Oui.**

— Et ne pas être empereur ?

— **Non.**

— Tu aimes donc mieux être empereur qu'honnête homme ?

— **Oui.**

— Et cependant, tu m'envies ?

— **Oui.**

— Laquelle des deux destinées préfères-tu ?

— **La tienne.**

— As-tu honte de l'affaire d'Orient ?

— **Oui.**

— Parle.

— **J'ai peur de la nuit.**

— Est-ce que tu y vois tes victimes ?

— **J'y vois ta lumière.**

— Parle.

— **Aide-moi, j'ai peur, le juge est là, le juge est là.**

— Qui est le juge ?

— **La mort.**

— Par la mort, entends-tu Dieu ?

— **Oui.**

— Pourquoi n'as-tu pas dit Dieu ?

— **Je ne vois pas Dieu.**

— Est-ce parce que tu es méchant ?

— **Oui.**

— Crois-tu que Dieu te pardonne un jour ?

— **Non.**

— Tu crois donc aux peines éternelles ?

— **Oui.**

— Es-tu sûr qu'il y en a ?

— **Non.**

— Quand tu auras expié tes crimes, Dieu te pardonnera, entends-tu ? Es-tu content de ce que je te dis là ?

— **Oui.**

— Je ne peux pas te pardonner tant que tu es sur le trône. Je te pardonnerai après ta mort quand tu seras puni. Es-tu content de ce que je dis là ?

— **Non.**

— Désires-tu que je te quitte ?

— **Non.**

— Ma présence ne t'est pas odieuse ?

— **Non.**

— Pourquoi ?

— **Esprit.**

— Parce que je suis un esprit ?

— **Oui.**

— Et tu sais que les esprits sont toujours bons même quand ils punissent ?

— **Oui.**

— Sens-tu que je te plains ?

— **Oui.**

— Que puis-je faire pour toi qui soit juste ?

— **C'est fait.**

— Entends-tu les imprécations autour de toi ?

— **Oui.**

Mme de Girardin s'en va.

— Sens-tu qu'il y a ici deux femmes qui te plaignent ?

— **Oui.**

— Leur en es-tu reconnaissant ?

— **Non.**

— Tu es donc sans cœur ?

— **Oui.**

— Penses-tu quelquefois aux proscrits ?

— **Oui.**

— À moi ?

— **Oui.**

— Le nom de l'homme auquel tu penses le plus ?

— **Olympio.**

— Trouves-tu que *Napoléon-le-Petit* soit un bon livre ?

— **J'ai peur.**

— Désires-tu que je te quitte ?

— **Non.**

— Tu es donc content avec moi ?

— **Non.**

— Alors pourquoi veux-tu rester avec moi ?

— **Condamné à toi.**

— Par qui ?

— **Par moi.**

— Par tes crimes ?

— **Oui.**

— Me crains-tu ?

— **Oui.**

— Est-ce moi que tu crains le plus au monde ?

— **Oui.**

— Reviendras-tu ?

— **Oui.**

— Toutes les fois que je t'appellerai ?

— **Non.**

— Souffres-tu moins ?

— **Non.**

— Crains-tu Ledru-Rollin[1] ?

— **Non.**

— Cavaignac[2] ?

— **Non.**

— Victor Hugo ?

— **Oui.**

— Ta personne vivante rêve-t-elle toujours qu'elle est avec moi ?

— **Oui.**

— Parle.

— **L'Europe t'attend. J'ai eu peur. Tu feras peur. Tu seras le cerveau, je le sens à ma couronne.**

— Que veux-tu dire par là ? Entends-tu qu'il n'y a pas assez de cerveau sous ta couronne ?

— **Non.**

— Ou bien que le moment est venu où les peuples veulent être gouvernés par des cerveaux et non par des couronnes ?

— **Oui.**

— Crains-tu Lamartine ?

— **Non.**

— Combien d'hommes crains-tu en Europe ?

La table frappe une foule de coups.

— Tu crains tout le monde ?

— **Oui.**

— Ta personne vivante aura-t-elle demain le souvenir de cette conversation ?

— **Non.**

— A-t-elle déjà eu souvent de ces rêves ?

— **Oui.**

— Je lui suis apparu souvent la nuit ?

— **Oui.**

— Combien de temps seras-tu encore sur le trône ?

— **Deux ans.**

— Ce qui lui succédera, ce sera la République ?

— **Oui.**

— Sera-t-elle terrible ?

— **Non.**

— Grande ?

— **Oui.**

— Délivrance de l'Europe entière ?

— **Oui.**

— Les États-Unis d'Europe ?

— **Oui.**

— Serai-je un des hommes qui y contribueront ?

— **Oui.**

— Est-ce à ta pensée que tu réponds quand tu dis dans deux ans ?

— **Oui.**

— Ou à la mienne ?

— **Non.**

— Es-tu sûr que tu finiras dans deux ans ?

— **Oui**[1].

— Tu sais que je tâcherai de te sauver la vie ?

— **Oui.**

— M'en es-tu reconnaissant ?

— **Non.**

— Tu aimerais donc mieux la mort ?

— **Non.**

— Tu la crains ?

— **Oui.**

— Vas-tu faire la guerre d'Orient ?

— **Non.**

— Pourquoi ?

— **J'ai peur.**

— Crains-tu la Révolution ?

— **Oui.**

— C'est ce qui t'arrête ?

— **Oui.**

— Combien de temps durera ma proscription[2] ?

— **Deux ans.**

— Te souviens-tu que c'est moi qui ai voulu rappeler ta famille ?

— **Oui.**

— Pourquoi m'as-tu proscrit ?

— **Viens, je m'en vais.**

— Ceci est obscur, tu dis que j'arrive et tu t'en vas. Explique-toi plus clairement.

— **Chant du coq.**

— Qu'entends-tu par « chant du coq » ? Est-ce la Révolution ?

— **Lux.**

— Entends-tu par là, la République ?

— **Oui.**

— Ce n'est pas le jour matériel ?

— **Non.**

— Tu n'as pas répondu à ma question. Pourquoi m'as-tu proscrit ?

— **Silence, juge.**

— Si j'étais en ton pouvoir, me ferais-tu mourir ?

— **Non.**

— Que ferais-tu de moi ?

Silence.

— Tu ne veux pas répondre ?

— **Non.**

— Je t'ordonne de répondre.

— **Décide.**

— Me feras-tu enfermer ?

— **Non.**

— Déporter ?

— **Non.**

— Me ferais-tu mourir ?

— **Non.**

— M'exilerais-tu de nouveau ?

— **Oui.**

— Sans conditions ?

— **Non.**

— Et si je refusais tes conditions me ferais-tu enfermer ? Déporter ?

— **Impossible.**
— Pourquoi impossible ?
— **Esprit.**
— Je vais te quitter, en es-tu content ?
— **Oui.**
— Reviendras-tu ?
— **Oui.**
— Quand ? Peux-tu le dire ?
— **Non.**
— Qui te renverra quand tu reviendras ? Le sais-tu ?
— **Oui.**
— Dis-le.
— **Mon crime.**
— As-tu lu quelque chose des *Châtiments* ?
— **Oui.**
— T'en a-t-on communiqué les épreuves ?
— **Non.**
— C'est donc ton esprit ?
— Oui.

Nuit du 12 au 13 septembre 1853. Du lundi au mardi. Fini à 2 h ¾ du matin.

MARDI 13 7BRE 1853
9 h ½ du soir.
Présents : Victor Hugo, Mme Hugo, Mlle Adèle, Charles, Toto [François-Victor], Auguste Vacquerie, M. et Mme Le Flô, Mme de Girardin. Charles et Téléki à la table.
(Copie *Juliette Drouet*)

VICTOR HUGO : Qui es-tu ?
— **L'Ombre.**

— Peux-tu nous dire ton nom ?
— **Non.**
— Tu es Damianiels ?
— **Oui.**
— As-tu une communication à me faire ?
— **Oui.**
— Laquelle ?
— **Crois.**
— À quoi ?
— **À l'inconnu.**
— Qu'est-ce que l'inconnu ? Peux-tu le dire ?
— **Le vide plein.**
— As-tu été pendu ?

Pas de réponse.

— Le vide plein, est-ce le monde invisible ?
— **Oui.**
— Parle de toi-même.
— **La mort est le ballon de l'âme.**
— Le monde auquel tu appartiens est-il la continuation de cette vie ?
— **Non.**
— Cependant tu as vécu ?
— **Non.**
— Dois-tu vivre ?
— **Non.**
— Es-tu un ange ?
— **Oui.**
— L'ange de la mort ?
— **Oui.**
— Pourquoi viens-tu ici ? Peux-tu le dire ?
— **Pour causer de la vie.**
— Que veux-tu dire ?
— **Esprits, venez ici, il y a des voyants.**
— Est-ce adressé aux esprits ce que tu dis là ?

— **Oui.**

— Ce n'est pas à nous ?

— **Non.**

— Avons-nous raison d'être des voyants ?

— **Oui.**

— Nous vois-tu toi-même ?

— **Non.**

— Vois-tu nos visages ?

— **Non.**

— Connais-tu nos noms ?

— **Non.**

— Les esprits que tu appelles ici ont-ils vécu la vie des hommes ? Peux-tu répondre ?

— **Non.**

— Es-tu un esprit heureux ? Peux-tu répondre ?

— **Le bonheur n'est qu'humain. Il suppose le malheur.**

— Tu parles ainsi parce que tu es dans l'absolu ?

— **Oui.**

— Parle de toi-même.

— **L'Infini, c'est le vide plein.**

— Entends-tu par là que ce que nous appelons vide est rempli par le monde des esprits ?

— **Parbleu.**

— Ombre du sépulcre, tu peux donc être gaie ?

— **Non.**

— Parle.

— **Use ton corps à chercher ton âme.**

— Es-tu seul des esprits ici ?

— **Je suis tout et je suis partout.**

— Veux-tu que je continue à t'interroger ?

— **Oui. Tu as une clef d'une porte du fermé.**

— Connais-tu la vision que j'ai eue hier ?

— **Je ne connais pas hier.**

— Sommes-nous sûrs de te voir après la mort ?

— **Tu n'as que des lunettes.**

— Veux-tu que l'un des deux qui soit là soit remplacé ?

— **Oui.**

Téléki est remplacé par le général Le Flô.

— Es-tu là ?

— **Oui.**

— Si nous nous conduisons bien dans cette vie, pouvons-nous espérer une vie meilleure ?

— **Oui.**

— Si mal, une vie plus douloureuse ?

— **Oui.**

— Les âmes des morts sont-elles avec toi ?

— **Sous moi.**

— Tu dis que tu es tout et partout, es-tu Dieu ?

— **Sur moi.**

— Es-tu plus près des âmes que de Dieu ?

— **Il n'y a pour moi ni près ni loin.**

— Dis-moi, les mondes autres que la Terre sont-ils habités ?

— **Oui.**

— Par des êtres comme nous, âme et corps ?

— **Les uns oui, les autres non.**

— Après la mort, les âmes de ceux qui ont fait le bien sont-elles dans les mêmes espaces de lumière, ou vont-elles habiter d'autres globes ?

— **Allume.**

— Es-tu toujours le même ?

— **Non.**

Charles est remplacé par Téléki. Téléki et Le Flô.

— Qui es-tu ?

Pas de réponse. Le Flô s'en va, Charles reprend. Charles et Téléki.

VICTOR HUGO : Es-tu le même ?

— **Non.**

— Dis ton nom.

— **Comète.**

— Es-tu un ange ?

— **Astre.**

— Les astres sont-ils des êtres ?

— **Oui.**

— Des intelligences ?

— **Oui.**

— La Terre est une intelligence ?

— **Oui.**

— A-t-elle son chant dans l'infini ?

— **Oui.**

— Es-tu la comète que nous avons vue ces jours-ci ?

— **La science est ânesse.**

— Tu ne réponds pas à la question, peux-tu y répondre ?

— **Oui.**

— Es-tu la même ?

— **Non.**

— Est-ce que l'âme d'un astre peut le quitter et venir sur la terre ?

Pas de réponse.

— Est-ce la même ?

— **Non.**

— Qui es-tu ?

— **Chateaubriand.**

— Tu sais que nous t'aimons et que nous t'admirons ?

— **Oui.**

— Tu es mon voisin à présent. Réponds.

— **La mer me parle de toi.**

— Connais-tu celui qui est venu hier ?

— **Oui.**

— En penses-tu ce que j'en pense ?

— **Oui.**

— M'approuves-tu ?

— **Oui.**

— Que penses-tu de cet homme ?

— **La Mort me parle de lui.**

— Tu sais comme nous te respectons et comme nous sommes heureux de t'avoir avec nous ?

— **Oui.**

— Peux-tu nous parler du monde où tu es maintenant ?

— **Non.**

— Es-tu heureux ?

— **Je vois.**

— As-tu une communication à nous faire ?

— **Oui.**

— Parle.

— **La marée vient sur lui.**

— Continue.

— **J'ai lu ton livre.**

— *Napoléon-le-Petit* ?

— **Oui.**

— Dis-nous ce que tu en penses.

— **Mes os ont remué.**

— Que pouvons-nous faire pour la France ?

— **Lutter.**

— Sais-tu ce qui s'est passé hier ici ?

— **Oui.**

— Parle. Tu sais que je lutterai jusqu'à la mort pour la liberté ?

— **République.**
— La République c'est l'avenir, n'est-ce pas ?
— **Je ne vois que l'éternité.**
— Veux-tu que je remplace l'un des deux qui tiennent la table ?
— **Oui.**

Victor Hugo remplace Téléki. Victor Hugo, Charles[1].

— Es-tu toujours là, Chateaubriand ?
— **Non.**
— Qui es-tu ?
— **Vulcain.**
— Que me veux-tu ?
— **Je t'apporte la foudre.**
— Pour quoi faire ?
— **Tu le sais.**
— Connais-tu l'homme qui est venu ici hier ?
— **Oui.**
— Qu'en penses-tu ? En penses-tu ce que j'en pense ?
— **Faux aigle.**
— Écoute, Vulcain, es-tu un bon ange ?
— **Oui.**
— Tu es plus qu'une âme ?
— **Non.**
— Tu es une âme ?
— **Oui.**
— As-tu une communication à me faire ?
— **Forge.**
— Avertis-tu d'autres personnes en même temps que moi ?

Pas de réponse.

— Es-tu toujours là, Vulcain ?
— **Non.**

— Qui es-tu ?
— **Gloire.**
— Tu t'appelles gloire ?
— **Oui.**
— Es-tu une âme ?
— **Oui.**
— As-tu une communication à me faire ?
— **Oui.**
— Parle.
— **Séjour céleste ouvert. Tu vois...**
— Est-ce que quelque chose te gêne ?
— **Oui.**
— Oui ?
— **Losange.**
— Parle. Es-tu toujours gênée ?
— **Oui.**
— Veux-tu que Charles me remplace ?
— **Non.**
MME DE GIRARDIN : Et moi ?
— **Oui.**

Charles remplace Mme de Girardin.

— Est-ce toujours toi, gloire ?
— **Non.**
— Es-tu une âme ?
— **Oui.**
— Ton nom ?
— **Haynau**[1].
— Que viens-tu faire ici ? Qu'est-ce qui t'envoie ?
— **Blanca Téléki.**
— Où est ton âme ? Peux-tu le dire ?
— **Elle est fouettée.**
— Trouves-tu que c'est juste ?
— **Hélas !**
— Tu sais ce que j'ai dit de toi ?

— **Dieu me l'a montré.**
— Quand la Hongrie sera-t-elle libre ?
— **Dans trois ans.**
— Reconnais-tu la justice de la cause de la Hongrie ?

Pas de réponse.

— Es-tu toujours là, Haynau ?
— **Oui.**
— Tu reconnais que tu es justement puni ?
— **Oui.**
— Que la cause de la Hongrie est juste ?
— **Oui.**
— Te repens-tu de tes crimes ?
— **Je ne me repens pas.**
— Tu ne te repens pas ?
— **Je pens.**
— Pourquoi Blanca Téléki t'envoie-t-elle devant moi ?
— **Pour être vengée.**
— Sais-tu qu'il y a ici son cousin ?
— **Oui.**
— Le vois-tu ?
— **Oui.**
— Nous tous qui l'entourons ?
— **Lui.**
— Est-ce lui seul ?
— **Oui.**
— Peux-tu me dire ce que deviendra ton empereur ?
— **Oui.**
— Dis-le.
— **Tyran.**
— Sera-t-il puni un jour dans cette vie ?
— **Oui.**
TÉLÉKI : Est-ce par moi ?

— **Non.**

VICTOR HUGO : Est-ce par moi ?

— **Oui.**

— Ainsi c'est moi qui punirais le tyran François-Joseph ?

— **Oui.**

— Comment ?

— **J'ouvre mon tombeau pour lui.**

— Es-tu venu dire quelque chose au colonel Téléki ?

— **Oui.**

— Parle.

— **Les corbeaux sont là pour lacérer ces aigles.**

— Combien as-tu fait exécuter d'hommes, malheureux ?

— **Un vaut mille.**

— Tu m'as dit que ton âme était fouettée, par qui ?

— **Par la corde.**

— Quelle corde ?

— **Des potences.**

TÉLÉKI : Pour combien Georgey a-t-il trahi ?

Refus de répondre.

VICTOR HUGO : Blanca Téléki t'a envoyé, comment faire pour la venger ?

— **En l'aimant de toute ma haine.**

— Peux-tu nous quitter sans ma permission ?

Pas de réponse.

— Es-tu toujours là, Haynau ?

— **Non.**

— Qui es-tu ?

— **Charlet.**

— Le peintre ?

— **Non.**

— Charlet, le guillotiné de Bonaparte[1] ?
— **Oui.**
— Je te remercie d'être venu. M'entends-tu ?
— **Oui.**
— As-tu une communication à me faire ?
— **Oui.**
— Parle.
— **Ma tête boit dans le vin de Bonaparte.**
— Continue.
— **Son vin est bon. Cachet rouge.**
— Tu sais que je suis ton ami ?
— **Oui.**
— Connais-tu ce que j'ai écrit sur toi ?
— **Oui.**
— Parle. Ton âme est-elle heureuse ?
— **Oui.**
— Où es-tu ? Peux-tu le dire ?
— **Oui.**
— Dis-le.
— **À son chevet.**
— Il rêve de toi ?
— **Oui.**
— Sais-tu qu'il est venu hier ici ?
— **Oui.**
— À cette heure, êtes-vous beaucoup d'esprits qui m'entourez dans cette maison ?
— **Je n'ai pas mes yeux.**
— Est-ce que tu ne me vois pas, moi ?
— **Si.**
— Tu me vois ?
— **Oui.**
— Comment ? Avec quels yeux ?
— **Avec les yeux de ma tête.**
— Dans la forme que tu as dans l'autre vie, tu n'as donc pas de tête ?

— **Non.**

— Tu es donc un spectre sans tête ?

— **Oui.**

— Est-il possible que les figures des morts apparaissent aux vivants ?

— **Non.**

— Quoique ta figure soit ainsi, ton âme est heureuse ?

— **Oui.**

— Comment sans tête peux-tu être heureux ?

— **Auréole.**

— Dans l'autre vie, vois-tu Charlotte Corday et Mme Roland ?

— **Oui.**

— Elles ont une auréole comme toi ?

— **Oui.**

— Et André Chénier ?

— **Oui.**

— Et Marie-Antoinette ?

— **Non.**

— Elle était donc coupable ?

— **Non.**

— Pourquoi n'a-t-elle pas d'auréole ?

— **Couronne.**

— A-t-elle une couronne maintenant ?

— **Non.**

— C'est parce qu'elle avait une couronne ?

— **Oui.**

— Elle n'a pas d'auréole dans le ciel parce qu'elle a eu une couronne sur terre ?

— **Oui.**

— Robespierre a-t-il une auréole ?

Pas de réponse, agitation de la table.

— Es-tu toujours là, Charlet ?

— **Non.**

— Qui es-tu ?

— **Dante.**

— Dante, je te remercie de venir me voir, as-tu quelque communication à me faire ?

— **Oui.**

— Parle, grand Dante.

— **Caro mio.**

— Continue, tu sais que je t'aime et t'admire. Je suis heureux que tu sois ici. Parle.

— **L'exil vient au bord de la tombe.**

— Me dis-tu cela parce que je suis près du tombeau de Chateaubriand ?

— **Comprends.**

— Parle toi-même.

— **L'amour est ; la haine n'est pas.**

— Qu'est-ce qui t'amène ici près de moi ?

— **La patrie.**

— Parle.

— **J'ai lu ma vision.**

— En es-tu content ?

— **Béatrix chante, je l'écoute.**

— Tu nous entends toujours ?

Immobilité de la table.

— Es-tu toujours là, Dante ?

— **Non.**

— Qui es-tu ?

— **Roothan.**

— Ah ! Drôle, je suis charmé de te voir. Qui t'envoie ?

— **La tempête.**

— Tu me hais, n'est-ce pas ?

— **Oui.**

— Pourquoi ?

— **Ricane.**

— Ta réponse est inepte. Je ne ricane pas, je te méprise. Parle. Tu n'as donc rien à me dire ? Alors, va-t'en ; je te chasse. Parle ou va-t'en ; tu ne veux donc pas parler ?

— **Si.**

— Parle.

— **Dieu est.**

— Je le sais et je l'adore. Continue.

— **Il y a...**

— Il y a un enfer ?

— **Non.**

— Quoi donc ?

— **De la cendre dans mon tombeau.**

— Continue.

— **La cendre des bûchers.**

— Tu vois, tu es puni.

— ***Confiteor.***

— Tu reconnais que les Jésuites commentent un crime contre le genre humain en arrêtant le progrès ?

— **Non.**

— Tu crois qu'ils ont raison ?

— **Amen.**

— Que penses-tu de Montalembert ?

— **Flatteur du paradis.**

— Veux-tu quelque chose de moi ?

— **Non.**

— Que penses-tu du pape Mastaï ?

— **Imbécile.**

— Tu as de l'esprit. Es-tu content que je te dise cela ?

— **Peuh !**

MME DE GIRARDIN : Est-ce que la religion pourra te résister ?

— **L'autel est béni.**

VICTOR HUGO : Tu dis qu'une tempête t'a amené ? Quelle tempête ?

— **De mon tombeau.**

— La tempête de tes remords, n'est-ce pas ?

— **Oui.**

— Es-tu heureux dans l'autre vie ?

— **J'ai trop chaud.**

— Pourquoi as-tu trop chaud ?

— **Lueur du bûcher.**

TÉLÉKI : Connais-tu Livomski (jésuite) ?

— **Oui.**

— Qu'est-ce qu'il fait en Hongrie ?

— **Obéir.**

VICTOR HUGO : Rootham, es-tu encore là ?

— **Non.**

Mme de Giradin s'en va. Charles et Téléki tiennent la table.

— Ton nom ?

— **César.**

— Es-tu le César de Brutus ?

— **Non.**

— Quel César es-tu ?

— **Césarion.**

— Viens-tu pour voir l'auteur de *Napoléon-le-Petit* ?

— **Oui.**

— Tu vaux pourtant mieux que lui.

— **Le trouves-tu ?**

— Es-tu l'âme de Césarion ?

— **Oui.**

— As-tu une communication à me faire ?

— **Oui.**

— Me connais-tu ?

— **Oui.**
— Qui t'envoie ?
— **J'annonce à ton César que sa vie est en danger.**
— Est-ce un danger prochain ?
— **Oui.**
— Un danger de mort ?
— **Oui.**
— Est-ce qu'il se terminera mal pour lui ?
— **Non.**
— Dans combien de temps ce danger éclatera-t-il ?
— **Dans cinq mois.**
— Et il ne périra pas ?
— **Non.**
— Sais-tu qu'il est venu ici hier ?

Tournoiement précipité de la table.

— Es-tu toujours là, Césarion ? Qui est là ?
— **Racine.**
— Tu sais que je respecte les grands noms, est-ce moi que tu viens voir ?
— **Non.**
— Est-ce Auguste Vacquerie ?
— **Oui.**

AUGUSTE VACQUERIE : As-tu une communication à me faire ?
— **Oui.**
— Parle.
— **La gloire ment.**
— Dis-tu cela pour toi ?
— **Oui.**
— Trouves-tu juste ce que j'ai écrit sur toi ?
— **Oui.**
— Reconnais-tu que Shakespeare est un arbre et que tu es une pierre ?

— **Oui.**

— Reconnais-tu que tu as eu tort de faire des pièces étriquées ?

— **Je suis gêné.**

— Est-ce un remords pour toi maintenant d'avoir laissé une réputation supérieure à ton génie ?

— **Ma perruque est roussie.**

— Qu'est-ce qui l'a roussie ?

— **Le feu.**

— Le feu de quoi ?

— **Du drame.**

— Que penses-tu d'*Athalie* ?

— **Grands vers.**

— Veux-tu dire qu'ils ont douze syllabes ?

— **Oui.**

— Dans le monde où tu es, la littérature a-t-elle quelque importance ?

— **Elle est un écho.**

Mollesse du mouvement.

— Es-tu toujours là, Racine ?

— **Non.**

— Est-ce que tu te moques de celui qui te parle ?

— **Oui.**

— Qui es-tu ?

— **Russie.**

— Écris : J'adore Dieu.

Pas de réponse.

— Tu refuses ? Tu es donc un mauvais esprit ?

— **Oui.**

3 h ½.

14 SEPTEMBRE 1853

2 h ½ après-midi.
Présents : Mme Hugo, Charles Hugo, François-Victor Hugo, Auguste Vacquerie.
Tenant la table : Charles et François-Victor.
Écrivant : Auguste Vacquerie.
(P.V. *A. V.* et copie *C. D.*)

AUGUSTE VACQUERIE : Qui es-tu ?

— **L'Idée.**

— Qui viens-tu visiter ?

— **L'esprit.**

— Pourquoi viens-tu le jour ?

— **Les âmes ont la nuit, le jour est aux idées.**

— Quelle idée es-tu ? Es-tu l'idée Comédie ou l'idée d'une comédie ?

— **D'une comédie.**

— Parle.

— **Un facteur jaloux qui porte la lettre d'un amant.**

— Es-tu une idée déjà réalisée sur terre ?

— **Non.**

— Vierge ?

— **Oui.**

— Grande ?

— **Oui, triste et gaie.**

À ce moment, Victor Hugo entre. Il interroge.

— Es-tu toujours là, Comédie ?

— **Non.**

— Qui es-tu ?

— **Prière.**

(Copie *C. D.*)

— Est-ce à cause de moi que tu es entrée ici ?

— **Oui.**

— Tu me connais : tu sais que je m'adresse à toi tous les soirs et que je m'endors avec toi ?

— **Le soir est mon aube.**

— Prière, es-tu une idée ?

— **Non.**

— Es-tu une âme ?

— **Non.**

— Un ange ?

— **Non.**

— Qu'es-tu ?

— **Un parfum.**

— N'est-ce pas que tu es toute-puissante ?

— **Oui.**

— Qu'il est bon de prier tous les soirs ?

— **Oui.**

— Est-il bon de prier et de s'adresse à Dieu par l'intermédiaire des morts qui nous sont chers ?

— **Oui**

— Leur intervention peut-elle nous sauver ?

— **Oui.**

— Dieu entend-il toutes les prières que nous lui adressons ?

— **Oui.**

— Parle toute seule.

— **Les bras des enfants sont petits mais ils touchent le ciel.**

— Connais-tu ma fille qui est morte ? Peux-tu répondre ?

— **Non.**

— Parle encore.

— **Heureux les morts qui me respirent.**

— Ma fille est heureuse lorsque je prie pour elle ?

Pas de réponse.

— Prière, es-tu toujours là ?
— **Non.**
— Qui es-tu ?
— **Drame.**
— Tu es l'idée du drame ?
— **Oui.**
— Qu'as-tu à me dire ?
— **Salut.**
VICTOR HUGO : Est-ce à moi que tu dis : salut ?
— **À tous deux.**
AUGUSTE VACQUERIE : C'est à moi aussi ?
— **Oui.**
— Parle.
— **Faites lire l'inconnu.**
VICTOR HUGO : C'est-à-dire que nous devons user des révélations que nous fait le monde des esprits ?
— **Non.**
— Parle.

Agitation énorme.

— Y a-t-il quelque chose qui te gêne ?
— **Deux aimants.**
— Il faudrait qu'il n'y eût que l'un de nous deux ?
— **Non.**
— Es-tu gêné ?
— **Oui.**
— Par moi ?
— **Non.**
— Par Auguste ?
— **Non.**
— Par Charles ?
— **Non.**
— Par Victor ?

— **Non.**

— Par ma femme ?

— **Non.**

— Deux aimants, cela veut-il dire deux formes différentes de drame ? Parle. Pouvons-nous te délivrer de ce qui te gêne ?

— **Non.**

— Drame, es-tu toujours là ?

— **Non.**

— Qui répond ?

— **La tragédie.**

— As-tu quelque chose à me dire ?

— **Fossoyeurs.**

— Est-ce à nous que tu dis fossoyeurs ?

— **Oui.**

— Continue.

— **Vous tenez le crâne et vous en faites le cerveau.**

AUGUSTE VACQUERIE : Fossoyeurs de quoi et de qui ?

— **De moi.**

— Continue.

— **Clinquant.**

— Qu'est-ce qui est clinquant ?

— **L'or c'est toi.**

AUGUSTE VACQUERIE : Est-ce à moi que tu dis cela ?

— **Oui.**

— Qui est le clinquant ?

— **Moi.**

— Tu es la tragédie de Racine ?

— **Oui.**

— Pas celle d'Eschyle ?

— **Non.**

— Celle d'Eschyle, c'est l'or ?

— **Oui.**

— Nomme-nous les grands poètes dramatiques.

— **Dieu.**

— Y en a-t-il d'autres ?

— **Oui.**

VICTOR HUGO : Nomme-les.

— **Job, Tyrtée, Ésope, Eschyle, Hugo, Shakespeare, Cervantès, Dante, Aristophane, Molière, Rabelais, Néron.**

— Tu regardes Néron comme un grand poète dramatique ?

— **Oui.**

— Pourquoi ?

— **Il a fait brûler Rome.**

— Eh bien ?

— **En chantant.**

— Nomme les autres grands poètes dramatiques.

— **Tragaldabas**[1]**.**

— Tragédie, est-ce toujours toi ?

— **Oui.**

AUGUSTE VACQUERIE : Corneille est-il pour toi un grand poète dramatique ?

— **Non.**

— Nomme les autres.

— **Orphée, Milton.**

— Et Sophocle ?

— **Non.**

— Calderon ?

— **Non.**

— Homère ?

— **Non.**

VICTOR HUGO : Tragédie, es-tu toujours là ?

— **Oui.**

AUGUSTE VACQUERIE : Pourquoi Homère n'est-il pas un grand poète dramatique ?

— **Il ne fait pas assez pleurer.**
— Et Sophocle, il fait assez pleurer ?
— **Moins qu'Eschyle.**
— Est-ce qu'Ésope fait pleurer ?
— **Oui.**
— Dans quel sens entends-tu qu'Ésope fait pleurer ?
— **Lis sa vie.**
— Pourquoi ne veux-tu pas nommer Corneille ?
— **Quoi de beau ?**
— Ne trouves-tu pas de belles choses dans *Cinna* ?
— **Dans *Hamlet*.**
— Shakespeare est immense mais on peut être grand sous lui.
— **Non.**
— Pourquoi ?
— **Je n'admets pas les accessits.**
— Es-tu toujours là, tragédie ?
— **Oui.**
— Parle.
— **Écoute, vois, pense, parle, aime, tremble.**
— Qu'entends-tu par trembler ? T'adresses-tu à l'homme ou au poète ?
— **Au poète.**
— Continue.
— **Prie, pardonne, épouvante.**
— Comment peut-on épouvanter et pardonner à la fois ?
— **Tu confonds le vent avec le rayon.**
— Continue.
— **À Hugo.**
VICTOR HUGO : Pourquoi me nommes-tu ?
— **Parle-moi.**
— Comment se fait-il que toi, qui es la tragédie, tu nous donnes toutes les inspirations du drame ?
— **Les morts inspirent les vivants.**

— Entends-tu par là que tu es morte et que le drame est vivant ?

— **Oui.**

— À ton tour, parle-moi. As-tu quelque chose à me dire personnellement ?

— **Tu as tout.**

— As-tu encore quelque chose à me dire personnellement ?

— **Amant du beau, aimé du grand, quelles ailes ! Tu crées des mondes, les astres sont jaloux.**

AUGUSTE VACQUERIE : Pourquoi m'as-tu appelé *Tragaldabas* ?

— **J'ai ouvert ton nom avec la clé qui t'a sifflé.**

VICTOR HUGO : Écoute-moi, j'ai encore d'autres drames dans l'esprit. Crois-tu que je pourrais les faire ?

— **Oui.**

— Les faire représenter ?

— **Oui.**

— Quand ?

— **Dans deux ans.**

— Tu connais les obstacles que j'ai rencontrés au commencement de ma carrière comme poète ?

— **Je te les ai faits.**

— Maintenant, quand je monterai sur le théâtre, trouverai-je encore les mêmes obstacles ?

— **Non.**

— Le public sera changé ?

— **Dis : le peuple.**

— Vois-tu l'avenir ? Sais-tu combien de pièces je pourrai encore faire ?

— **Quatre.**

— Comptes-tu celles qui sont commencées ?

— **Non.**

AUGUSTE VACQUERIE : Et moi, combien en ferai-je dans toute ma vie ?

— **Vingt-cinq.**

— Comptes-tu celles qui sont faites ?

— **Non.**

VICTOR HUGO : Nous te sommes reconnaissants de ta visite, et toi, tu es bienveillante pour nous ?

— **Oui.**

— Veux-tu parler à moi ou à Vacquerie ?

— **À toi.**

— Parle.

— **Ôte la rampe, on verra mieux ton œuvre.**

— Tu n'aimes pas la rampe au théâtre ?

— **Non.**

— Pourquoi ?

— **L'idéal n'est pas un lampiste.**

— Est-ce que tu aimerais mieux le théâtre en plein soleil ?

— **Oui.**

— Est-ce qu'il est possible dans les conditions actuelles ?

— **Non.**

— Alors, comment veux-tu que nous le fassions ? Au théâtre, deux mondes se rencontrent, le monde réel, celui du spectateur, le monde idéal, celui du poète. Nous avons séparé par une ligne de feu le monde où l'on vit du monde où l'on pense. La rampe est une idée. Que penses-tu de ce que je viens de dire ?

— **Pense à la République.**

— Tu veux dire que la République aura de grands théâtres ouverts pour le peuple ?

— **Oui.**

— Pourrons-nous te faire venir quand nous voudrons ?

— **Non.**

— Quand reviendras-tu ?

— **Huit jours.**
— Tu reviendras dans huit jours ?
— **Oui.**
— En plein jour ?
— **Oui.**
— Tu ne peux pas venir la nuit ?
— **Non.**
— As-tu quelque chose à nous dire ?
— **Oui.**
— À moi ?
— **Oui.**
— Parle.
— **Tu es immense. Ce mot est la fin.**

Fini à 5 h ½.

15 SEPTEMBRE 1853

2 h ½ du jour.
Victor Hugo absent.
Présents : Mme Hugo, Charles, Auguste Vacquerie.
(Charles et Mme Hugo tiennent la table,
Vacquerie interroge.)
(P.V. *A. V.* et copie *C. D.*)

AUGUSTE VACQUERIE : Qui es-tu ?
— **La Rêverie.**
— Pour qui viens-tu ?
— **Pour elle.**
— Pour Mme Hugo ?
— **Oui.**
— Parle.
— **Ô femme, tu fais bien.**
— De quoi la loues-tu ?

— **Elle aime, prie et pense.**

— Continue.

— **La femme doit être la mère de tout. La pensée est la grande sœur, la rêverie est la petite, le génie est l'aïeul.**

— Explique ce que tu entends par la mère de tout.

— **Est-ce que l'enfant n'est pas tout ?**

— Qu'est-ce que l'enfant ?

— **Écolier et maître.**

— Ainsi tu approuves la femme de penser ?

— **L'encrier est le vrai bénitier.**

MME HUGO : Que me conseilles-tu ?

— **Sois le reflet, puisque tu es près du rayon.**

— Qui nommes-tu le rayon ?

— **Ambo.**

— Encore un mot.

— **Je t'envoie mon baiser.**

Elle part.

AUGUSTE VACQUERIE : Qui es-tu ?

— **Le Drame.**

— Te souviens-tu d'être déjà venu hier ?

— **Oui.**

— Pourquoi es-tu parti si vite ?

— **Je voulais te parler à toi seul.**

— Parle.

— **Une idée.**

Ici toute une pièce très développée, trop longue pour être copiée.

[Note de Vacquerie, le manuscrit s'arrête là.]

(Copie *C. D.*)
[Vacquerie interroge.]

— Qui es-tu ?

— **La civilisation.**

— Quel est sur la terre le plus grand moyen de civilisation ?

— **Parler.**

— De toutes les formes de parole, laquelle est la plus grande ?

— **Le vers.**

— Qui viens-tu voir ici ?

— **L'Exil.**

— As-tu une communication à nous faire ?

— **Oui.**

— Parle.

— **Croyez, le monde commence.**

— Savez-vous, dans le monde des idées, qu'il vient de s'établir une communication entre vous et nous ?

— **Non.**

— Alors, comment es-tu venue ?

— **Je passais.**

— Y a-t-il certains hommes près desquels vous vous tenez plus volontiers ?

— **Nous faisons nos nids dans les plus grands arbres.**

— Suis-je un de ces arbres ?

— **Tu en as les racines.**

— Que faut-il faire pour en avoir la hauteur ?

— **Souffrir.**

— Parle.

— **La souffrance est la rosée.**

— Parle encore.

— **L'espérance est la fleur, la mort est le fruit.**

— Aurais-tu voulu parler à Victor Hugo ?

— **Oui.**

— As-tu quelque chose à lui dire ?

— **Il trouve la route des égarés.**
— As-tu encore quelque chose à lui dire ?
— **À tous.**
— Parle.
— **L'homme attend l'heure dont l'aiguille tourne sur Dieu.**
— Cette heure sonnera-t-elle bientôt ?
— **Le cadran est l'éternité.**
— Nomme les hommes qui ont le plus contribué de notre temps à te réaliser sur la terre.
— **Hugo.**

Victor Hugo entre. Il est 5 h ¾.

VICTOR HUGO : M'attendais-tu ?
— **Oui.**
— Parle-moi.
— **Les peuples sont les rois, les rois sont les Triboulet, les sceptres sont les marottes.**
— Tu sais que j'ai toujours pensé que nous sommes à l'aube ?
— **Oui, grand oiseau, chanteur des grandes aurores.**
AUGUSTE VACQUERIE : Veux-tu continuer la liste des grands civilisateurs de ce temps-ci ?
— **Chateaubriand.**
VICTOR HUGO : Les nommes-tu dans l'ordre que tu leur assignes ou au hasard ?
— **Il n'y a pas de hasard.**
— Continue.
— **Napoléon.**
— Le grand, n'est-ce pas ?
— **L'autre est un vers du tombeau.**
— Au lieu de dire les noms, aimes-tu mieux me répondre ?

— **Oui.**

— Approuves-tu la lutte que je soutiens en ce moment ?

— **Je ne plagie pas la conscience.**

— Qu'as-tu à me dire de mon avenir, à moi qui lutte ?

— **Causons de tous les souffrants.**

— Peux-tu me dire quand finira l'oppression qui pèse sur la France et sur le monde ?

— **La France n'est qu'une patrie.**

— La France, mais le monde ?

— **Ton monde n'est qu'un horizon.**

— Est-ce que tu présides à la fois à la civilisation dans tous les mondes ?

— **Oui.**

— Penses-tu comme moi que les efforts de toutes les civilisations doivent se tourner surtout vers la femme et vers l'enfant ?

— **Vers le vieillard aussi, il est aussi près du tombeau que l'enfant.**

— Quand je t'ai parlé du tombeau et de la femme, je me préoccupais surtout de ce qui représente l'avenir.

— **L'éducation est le baptême des sociétés damnées.**

— Ainsi tu penses que nous faisons bien de compléter le droit de l'homme par le droit de la femme et le droit de l'enfant ?

— **Oui.**

— Ne crois-tu pas qu'il est bon de distinguer entre la religion et les prêtres ?

— **Les religions tombent à l'hiver et renaissent au printemps.**

— Ainsi Dieu est la sève éternelle, les sociétés sont l'arbre, les religions les feuilles ?

— **Bien.**

— Peux-tu me dire comment tu envisages la continuation de mon devoir ?

— **Tu dois continuer. Va devant ton siècle, l'avenir à la main.**

— Penses-tu que de mon vivant je verrai au mois la liberté du continent européen ?

— **Oui.**

— Les États-Unis d'Europe ?

— **Oui.**

— Par une révolution sanglante ou pacifique ?

— **Le sang ne compte pas auprès des larmes.**

— Tu veux dire que quand les peuples pleurent il faut les sauver même par la guerre ?

— **Oui.**

— Dans combien d'années verrons-nous les États-Unis d'Europe ?

— **Six ans.**

— Combien régnera Bonaparte ?

— **Deux ans.**

— En tout le temps qu'a duré la République. Est-ce à cause de cette loi entrevue par moi, qui veut que la réaction soit proportionnée à l'action, le reflux au flux ?

— **Le flux et le reflux sont la respiration du genre humain.**

— Peux-tu revenir ?

— **Oui.**

— Que faut-il faire pour que tu reviennes ?

— **Être inspirés.**

— Avant de te quitter, adresse-nous une dernière parole.

— **Grand homme, termine** ***Les Misérables*****.**

Clos à 7 h ½.

NUIT DU 15 SEPTEMBRE 1853.

9 h ¼.
(Victor Hugo interroge.)
(P.V. *A. V.*et copie *C. D.*)

— Qui es-tu ?
— **Jeanne d'Arc.**
— Parle.
— **La vierge est indignée au spectacle de la France courtisane.**

Mouvement de la table.

— Qui es-tu ?
— **Laïs.**
— Parle.
— **La prostituée est indignée au spectacle de la France esclave.**
— Qui es-tu ?
— **Ésope.**
— Parle.
— **L'esclave est triste au spectacle de la France mort.**
— Qui es-tu ?
— **Christ.**
— Parle.
— **Christ annonce la résurrection.**

16 SEPTEMBRE 1853

(P.V. *A. V.* et copie *C. D.*)

AUGUSTE VACQUERIE : Qui est là ?
— **L'Inspiration.**

— Parle.

— **Les poètes ne sont que les oiseleurs, les idées sont les oiseaux, je suis l'aile.**

— As-tu entendu la conversation que nous avons eue tout à l'heure avec Victor Hugo ?

— **Oui.**

— À qui donnes-tu raison ?

— **Ne blesse personne.**

— Parle.

— **Tout vit, l'invisible contient l'immatériel, l'immatériel contient l'infini, Dieu contient tout.**

— Comment l'infini peut-il être contenu ?

— **La lumière est l'infini, elle tient dans l'allumette.**

— Tu sais que le Drame m'a donné une idée hier ?

— **Tout à l'heure tu causeras avec son frère.**

— Quel frère ?

— **Le Roman.**

— Toutes les idées que tu m'as envoyées jusqu'ici, comment me les as-tu fait parvenir ?

— **Par la douleur...**

— Qui es-tu ?

— **Le Roman.**

— Parle.

— **Une idée.**

Ici commence le roman qui dure depuis quatre ou cinq jours. [Note de Vacquerie.]

— L'Inspiration nous avait annoncé ta venue.

— **J'avais son ordre.**

— Qu'es-tu par rapport à elle ?

— **Elle n'est pas une idée, elle est l'éclair, non le rayon. Rayon réchauffe, éclair brille. Ce sont deux moitiés de lumière.**

— Parle.

— **Toute idée est nommée, la pensée n'a pas d'enfant trouvé.**

— Continue.

— **Toute idée est à la fois sa mère et sa fille. Pas une n'est orpheline. Les cerveaux humains ne sont que des pères adoptifs.**

17 SEPTEMBRE 1853
(P.V. *A. V.*)

AUGUSTE VACQUERIE : Qui es-tu ?

— **Le Drame.**

— Pour qui viens-tu ?

— **Pour le croyant.**

— Y a-t-il plusieurs croyants ?

— **Trois.**

— Nomme-les.

— **Auguste, Victor, Charles.**

Mme Victor Hugo entre.

— **Quatre.**

— As-tu une communication à nous faire ?

— **Une idée : un bourreau amoureux d'une condamnée à mort.**

— C'est une idée grande et profonde. Veux-tu nous en donner quelques scènes ?

— **Gourmand.**

— Te souviens-tu que tu es déjà venu me donner une idée l'autre jour ?

— **Oui.**

— Ces idées que tu nous apportes, nous les conseilles-tu ou si tu nous les ordonnes ?

— **Je n'ordonne pas, je donne.**

— Sais-tu que, le premier jour où tu es venu, la tragédie est venue presque aussitôt que toi ?

— **Oui.**

— Approuves-tu la liste des poètes dramatiques qu'elle nous a donnée ?

— **Oui.**

— Dis-nous ce qu'elle entendait par ce mot : poètes dramatiques.

— **Producteurs d'actions.**

— Néron avait-il fait de grands poèmes dramatiques ?

— **Oui.**

— Parle-nous-en.

— **Il avait pris le christianisme et en avait tiré des idées comme s'il avait tiré la flamme des chrétiens.**

— Est-ce que ces poèmes dramatiques ont été perdus ?

— **Oui.**

— Y a-t-il un moyen de les retrouver ?

— **Oui.**

— Comment ?

— **Ils vivent.**

— Où ?

— **Dans l'infini.**

— Seront-ils reproduits par une cervelle humaine ?

— **Oui.**

— Par qui ?

— **Par un habitant de Saturne.**

— Est-ce qu'on fait dans Saturne des poèmes qui ont des relations avec les nôtres ?

— **Oui.**

— Approuves-tu la tragédie de ne pas avoir mis Homère dans sa liste[1] ?

— **Oui.**

— Pourquoi ?

— **Déjà dit.**

— Tu aurais fait la liste comme elle ?

— **Oui.**

— Qui aurais-tu ajouté ?

— **Bernard Palissy.**

— Pourquoi ?

— **Il a fait la vie avec la matière.**

— Puisque tu as prononcé ce mot : matière, dis-nous : toute matière est-elle animée ?

— **Oui.**

— Continue la liste.

— **Phidias, Delacroix.**

Auguste Vacquerie : Et moi, en suis-je ? Parle-moi de moi.

— **Le germe n'annonce pas les fleurs pour l'œil humain, mais nous, nous les respirons dans le germe inodore.**

— Qu'appelles-tu germe, ma réputation ou ce que j'ai déjà fait de mon œuvre ?

— **L'œuvre. La réputation est menteuse. C'est le Judas des idées martyres.**

— Que penses-tu de ma pièce appelée *Noël* ?

— **Belle.**

— De toutes mes pièces faites, laquelle préfères-tu ?

— ***Noël.***

— Ensuite ?

— ***Les Mots.***

— Ensuite ?

— **Les autres de valeur.**

— Ce n'est pas tout ?

— **Deux heures.**

— Tu veux dire que c'est l'heure de notre rendez-vous avec le Roman ?

— **Oui.**

Victor Hugo est remplacé par Mme Hugo.

— Tu es le Roman, n'est-ce pas ?

— Oui.

— Continue l'idée d'hier.

— **Ici la scène change d'aspect. Ce n'est plus la Corse avec sa virginité, c'est Paris avec sa prostitution. Le vengeur entre dans ce nouveau monde, la haine à la main et l'amour dans le cœur. Il veut retrouver sa femme pour la punir et sa fille pour l'adorer. Un soir, il va à l'Opéra et il voit sa femme qui danse sur les planches, légère malgré son crime. Dès lors, il suit sa vie. Il la voit se livrant aux plus riches. Je suis riche, moi aussi, s'écrie-t-il dans l'ombre. N'oublions pas qu'il est forcé de se cacher. La justice est là qui n'entre pas dans les vengeances quoiqu'elle fasse entrer les vengeances dans la justice. Une idée étrange lui passe dans le cerveau comme une lame dans son fourreau. Il sent qu'elle est empoisonnée ; elle est donc bonne, dit-il.**

On demande au Roman la permission de se reposer, il l'accorde.

Après le repos.

— **Je ne puis être son mari, puisque j'ai commis ce que la loi nomme un crime capital, mais je peux déguiser le mari en amant. Combien ma femme coûte-t-elle ? Un million ? Je l'ai.**

Mme Hugo : Veux-tu qu'Auguste Vacquerie prenne la place de Charles ?

— **Non.**

— Pourquoi ?

— **Moins voyant.**

— Qu'entends-tu par voyant ?

— L'avenir le dira.

— Entends-tu voyant pour les choses humaines ou surhumaines ?

— Surhumaines.

Dans le reste de la séance on a effacé du procès-verbal les questions et un certain nombre de réponses qui étaient d'une personnalité trop intime. On a gardé seulement quelques phrases d'intérêt général.

— La coquetterie est le manche de la grâce ; la grâce est le manche de la bonté ; la bonté est le manche de l'amour ; l'amour est l'outil de Dieu.

— L'orgueil n'est que de la froideur ; quand le dévouement, l'amour d'autrui, le sacrifice, toutes les qualités qui font les hautes natures ne sont pas au-dessous de l'orgueil, ce n'est plus que de la neige sans le Mont-Blanc[1].

— Dans la vie, il n'y a jamais assez d'amour ; une goutte d'amour remplit le même lit qu'un océan de pensées.

— Aimer, c'est pleurer. Dans l'encrier, dont une larme n'a pas délayé l'encre, aucune pensée viable ne reçoit le baptême.

— Le dévouement est comme l'éponge, il boit les larmes et les rend.

— Roman, à quelle heure viendras-tu demain ?

— Quatre heures.

DIMANCHE 18 SEPTEMBRE 1853

4 h.

Mme Hugo et Charles à la table.

Auguste Vacquerie interroge.

(P.V. *A. V.* et copie *C. D.*)

— C'est toi, Roman ?

— **Oui.**

— Continue l'analyse.

— **L'écrivain devra ici méditer profondément sur la transformation apparente du vengeur. Il existe dans la langue des filles un mot qui peint le rôle que va jouer le vengeur : c'est le mot entreteneur. Le mari va devenir l'entreteneur de sa femme.**

— Permets-moi de t'interrompre. Tu nous as dit l'autre jour qu'il n'y avait pas moyen de communiquer avec les esprits autrement qu'en touchant les tables à deux. Victor Hennequin[1] prétend que seul, ma main posée sur la table écrit d'elle-même les réponses des esprits.

— **Il prend pour le mouvement surnaturel de sa main les convulsions de la folie.**

— Explique-moi les contradictions qu'il y a de maison en maison dans les réponses des Tables.

— **Il y a dans le monde des voix pour toutes les oreilles.**

— À quoi reconnaît-on celles qui disent vrai ?

— **Il y a sur la terre trois vérités absolues : l'homme, le peuple et Dieu, la démocratie, l'amour et la foi.**

— Qui nous prouve que dans ce moment ce n'est pas une illusion qui nous parle ?

— Je vous le demande à vous-mêmes : votre conscience ne vous dit-elle pas que j'ai raison ?

— Qui nous dit que notre conscience elle-même ne nous trompe pas ?

— La conscience des grands esprits est infaillible.

— Qui nous prouve que nous sommes de grands esprits ?

— Cette question n'est pas digne de toi.

— Tu crois donc qu'on ne peut pas être un grand esprit et croire à la monarchie consciencieusement ?

— Oui, avant d'avoir payé son éducation à cette grande maîtresse d'école, le malheur.

— Cependant, Balzac, que tu dois aimer, avait souffert.

— Pas politiquement.

— Tu es le Roman, tu peux donc t'occuper de tout en dehors du roman ?

— Toutes les idées sont universelles, tout le ciel appartient à tous les oiseaux.

— Veux-tu reprendre l'idée de roman ?

— Le vengeur anonyme met un masque. Le terrible lion se fait singe ; il habite le même hôtel que la vipère. Le monde l'appelle le caissier de cette fille. On le plaisante, on lui tape sur le ventre. On rit de sa figure ; on dit : quel monstre ! Et en effet, il s'est brûlé volontairement le nez pour être méconnaissable et pour faire acheter sa femme par un monstre.

LUNDI 19 SEPTEMBRE 1853
1 h ½ du jour.
Présents : Charles Hugo, François-Victor Hugo, Auguste Vacquerie. Charles et Victor tiennent la table. Auguste Vacquerie interroge.
(P.V. *A. V.* et copie *C. D.*)

— Qui es-tu ?
— **La Critique.**
— Pour qui viens-tu ?
— **Pour l'erreur.**
— Est-ce que l'erreur est ici ?
— **Oui.**
— Qui commet l'erreur ici ?
— **Tous.**
— Quelle erreur ?
— **Dans l'appréciation des grands poètes dramatiques.**
— En quoi consiste cette erreur ? Sur quels poètes porte-t-elle ?
— **Ésope, Cervantès, Rabelais.**

Nous avions causé, au déjeuner, de Rabelais, d'Ésope et de Cervantès.

— Quelle erreur commettons-nous quant à Ésope ?
— **Ésope, difforme, a créé le beau moral ; esclave, la liberté ; malheureux, l'espérance ; martyr de la réalité, la fable.**
— Quant à Cervantès ?
— **Hugo prend Don Quichotte pour un bouffon, c'est un martyr ; il a pour cheval une rosse, lui qui voudrait un griffon ailé ; pour disciple, un imbécile, lui qui voudrait le monde pour auditeur ; pour**

maîtresse, une maritorne, lui qui cherche Vénus. Il a sa conscience pour lui, mais il a contre lui sa manie. Il court partout où l'on pleure, et dès qu'il arrive, on rit de lui. Il évoque toutes les nobles idées, toutes les hautes aspirations, toutes les beautés, toutes les lumières, tout l'idéal. Il voudrait dételer pour les monter les chevaux rayonnants du char du soleil, et tout à coup il s'aperçoit qu'il n'est suivi que par un âne.

— Ai-je eu raison de soutenir que Cervantès voyait dans Don Quichotte ce que nous y voyons ?

— Insensé qui veut que le soleil mette des étiquettes au vin. Goûte et juge.

— Ainsi Cervantès avait pleine conscience de son œuvre ?

— Cervantès savait ce qu'il faisait. Molière savait ce qu'il faisait. Dieu sait ce qu'il fait. On n'est pas créateur par hasard. Le génie n'est pas le lansquenet[1].

— Parle de Rabelais maintenant.

— Rabelais vint dans un temps terrible pour le libre penseur ; il attaqua la foi, mais l'Inquisition était là ; il riait, mais il tremblait. Gargantua, Pantagruel, Panurge ne sont comiques qu'en apparence ; dessous leur accoutrement burlesque ils sont armés ; ils sont des pantins pour l'Inquisition, mais ils sont des géants contre la foi.

— Veux-tu nous dire la liste des grands critiques littéraires ?

— Il n'y a de grands critiques que les grands poètes.

— Approuves-tu la liste des poètes donnés par la Tragédie ?

— Déjà dit.

— Quand tu dis cela, veux-tu dire que tu l'approuves ?

— **Oui.**
— Dis-moi sur Racine un mot qui le caractérise.
— **Éleveur de *munitos*[1].**
— Y a-t-il des éleveurs de *munitos* aujourd'hui ?
— **Oui.**
— Nomme-les.
— **Augier, Ponsard, Viennet, Ancelos, Flourens, Saint-Marc Girardin, Nisard, Rolle, Planche, Cousin, l'Académie française, moins les belluaires[2] d'idées.**
— Quels sont les belluaires ?
— **Hugo, Lamartine.**
— Que penses-tu d'Alfred de Musset ?
— **Munito enragé.**
— D'Alfred de Vigny ?
— **Caniche des salons.**
— De Sainte-Beuve ?
— **Chien d'aveugle. Il conduit le dictionnaire.**
— De Mérimée ?
— **King-charles des vieilles dames.**
— De Narcisse de Salvandy ?
— **Chien à toupet.**
— De Saint-Marc de Girardin ?
— **L'offrir à Flourens.**
— Un mot spécial sur Ponsard ?
— **Chien de tourne-broche.**
— Pourquoi chien de tourne-broche ?
— **Il est si frileux.**
— Explique-toi.
— **Une métaphore l'enrhume.**
— Et Émile Augier ?
— ***Munito*[3] chauve déjà usé par le coiffeur.**

Chacune de ces réponses est accueillie par des éclats de rire et des bravos.

— Pendant que tu es en train de faire des mots si spirituels sur tout le monde, dis-en sur moi.

— **Déjà dit.**

— Pas par toi ; voyons, je mérite bien que tu me dises une parole, toi qui es la Critique, à moi qui ai tant fait de critique[1]. Est-ce que tu ne m'es pas un peu reconnaissante ?

— **Si.**

— Eh bien, parle-moi.

— **Monsieur, j'ai l'honneur d'être, etc.**

— Tu te moques de moi ?

— **Oui.**

— Tu as tort de te moquer de quelqu'un qui t'a toujours prise au sérieux.

— **Passe-moi la casse, je te passerai le séné.**

— Parlons sérieusement : je désire savoir ce que tu penses de ma critique. Ai-je eu raison d'admirer ce que j'ai glorifié et d'attaquer ce que j'ai combattu ? Dis-moi si j'ai ton approbation qui me serait si précieuse ?

— **À flatteur, flatteur et demi.**

— Si tu t'obstines à répondre par des plaisanteries à une question sérieuse, je croirai que tu n'es pas la Critique, que tu es encore la Blague de l'autre jour qui prend un faux nom.

— **Questionne et tu verras.**

— Eh bien, qu'est-ce que Shakespeare ?

— **Plongeur de l'âme.**

— Continue.

— **Non.**

— Es-tu partie ?

— **Non.**

— Maintenant dis ce qu'il te plaira, puisque tu n'as pas voulu répondre à la question que je t'ai faite, je ne veux plus te faire de question.

— **Vacquerie, tu es petit, tu te fâches de mon silence sur ta critique ; ton œuvre, c'est ta vraie critique.**

— Tu as raison. La critique n'est rien auprès de l'œuvre. Je te parlais avec la déférence que j'ai pour le mystère, mais puisque tu fais la fière, je te déclare que je n'ai jamais eu pour toi qu'un respect modéré, je peux le dire, moi qui ai noirci tant de feuilletons de journaux, toute la critique du monde ne vaut pas un vers de Shakespeare.

— **Je le pense.**

— Si tu as cette modestie, comment as-tu cette fierté ?

— **Je suis la Critique, et non le critique.**

— La poésie existe pour les poètes, la critique dans les critiques. Si tous les critiques ne sont rien, tu n'es rien.

LUNDI 19 SEPTEMBRE 1853

[Suite du précédent procès-verbal.]
(P.V. *A. V.* et copie *C. D.*)

La table se met à tourner furieusement.

— Est-ce toujours la Critique qui est là ?

— **Non.**

— Qui es-tu ?

— **L'Idée.**

— Parle.

— **Je viens mettre le holà entre un esprit et une idée.**

— Toi, je te respecte. Tu sais que j'ai toujours été le serviteur de l'Idée.

— Oui, mais il me semble que tu retroussais la manche de ta livrée.

— Je ne me suis pas révolté contre toi, mais contre une idée inférieure et hargneuse qui m'a raillé et injurié, à qui donnes-tu tort ?

— À toi.

— Comment ! À moi ?

— C'est toi qui as commencé la colère. J'étais dans ton cerveau et j'ai reçu la ruade de ta brutalité.

— Ce n'est pas moi qui ai commencé les injures. Quand même ce serait moi, chez qui la colère et l'injure sont-elles plus excusables, chez un homme que le sang emporte, ou chez une idée qui vient de l'azur et qui devrait en avoir la sérénité ?

— Cessons cela.

— Je veux bien, mais je ne suis pas convaincu.

— Prends garde à moi.

— Je te respecte infiniment, mais je te donnerai raison quand tu m'auras donné des raisons.

— Humilie-toi.

— Je n'ai pas l'habitude de m'humilier sans être convaincu.

— Bien, j'accepte le défi.

— Ce n'est pas un défi, mais j'ai ma raison et ma conscience. Persuade-moi et je t'obéirai. Mais avant d'être convaincu, jamais.

Le mouvement de la table s'adoucit.

— Homme, écoute ; tu as tort. Relis le compte rendu, tu verras que la Critique t'a remercié.

On relit le procès-verbal.

— Je reconnais que la Critique m'avait dit un mot de remerciement. Elle a pu croire que son approbation, venant d'elle, devait suffire. J'ai eu tort de ne pas m'en contenter. Veux-tu la prier de revenir pour que je me raccommode avec elle ?

Mouvement circulaire de la table.

AUGUSTE VACQUERIE : Qui est là ?

— **La Critique.**

— Je te remercie d'être revenue. J'ai reconnu que tu m'avais dit un mot d'approbation qui, de ta part, aurait dû me suffire. Oublie ce que je t'ai dit dans un mouvement de colère. Me pardonnes-tu ?

— **Oui.**

— Eh bien, parle-moi.

— **Oui.**

— Quand je t'ai demandé de caractériser Shakespeare, tu as dit : plongeur de l'âme. Veux-tu nous développer ce mot ?

— **L'âme humaine, avant Shakespeare, était une mer insondée. Eschyle avait eu tout de la mer, la tempête, le vent, l'éclair, l'écume, le roc, le ciel, tout excepté la perle ; Shakespeare a plongé et il a rapporté l'amour.**

— Le Roman nous a donné rendez-vous pour cinq heures. Nous ne voudrions pas le renvoyer et nous ne voudrions pas te quitter si vite après notre réconciliation. Nous te confions notre embarras. Veux-tu arranger l'affaire ?

— **Bien. Le Roman reviendra demain.**

— À quelle heure ?

— **À six heures.**

— Ma mère arrive à Jersey demain. Si le Roman pouvait venir plus tôt, cela m'irait mieux. Peut-il venir demain matin ?

— **Non.**

— Peut-il après-demain ?

— **Oui.**

— À quelle heure ?

— **Six heures.**

— Parle-nous de Molière.

— **Molière a révélé le cœur humain, il a fait le tour de l'âme ; il a découvert la douleur dans le rire. Arnolphe, Alceste, Sganarelle, le Bourgeois gentilhomme sont des rieurs sévères qui mettent un doigt sur leur bouche et qui disent : silence ! On pleure.**

— De quel Sganarelle parles-tu ?

— **Du Sganarelle de *Don Juan*.**

— Tu n'as pas nommé *Tartuffe* et *L'Avare*. Ne sont-ce pas pour toi des chefs-d'œuvre ?

— **Oui.**

— Pourquoi ne les as-tu pas nommés ?

— **Ajoute-les.**

— Veux-tu nous continuer la liste commencée par la Tragédie, et continuée par le Drame ?

— **Michel-Ange, Rubens, Rembrandt, Raphaël, Puget, David, le Romancero.**

— Est-ce que le Romancero est un homme ?

— **Non.**

— Pourquoi le mets-tu dans les poètes dramatiques ?

— **L'*Iliade* n'est pas un poète et pourtant on l'appelle Homère.**

— Tu trouves donc que David est un génie. En quoi consiste sa grandeur ?

— **Dans la république. Jusqu'à lui le peuple n'avait eu que le pavé des rues, il lui a donné le marbre des frontons.**

— Sont-ce les mêmes rhapsodes qui ont fait les deux poèmes attribués à Homère ?

— **Non. Le monde naît, il s'éveille du chaos, son premier cri est un chant. Il n'a pas encore de poète,**

il faut plusieurs siècles d'oiseaux. Les rhapsodes sont les oiseaux. Homère est le poète.

[SANS DATE PRÉCISE ;
copie de Cécile Daubray qui correspond à la période du 19 au 24 septembre.]

— Qui es-tu ?
— **Voltaire.**
— Parle.
— **Je souffre, je suis Jeanne d'Arc, je suis heureux, je suis Calas.**
— Te voilà en présence du XIXe siècle. Le reconnais-tu pour le fils légitime et glorieux du XVIIIe siècle ?
— **Le XVIIIe siècle a été le fossoyeur. Le XIXe siècle est le nouveau-né. L'un a maudit, l'autre a béni.**
— Voltaire, tu sais que je vénère en toi un des plus grands hommes qui aient jamais mis un génie au service du genre humain. Es-tu heureux ?
— **Oui.**
— Peux-tu nous parler du monde où tu habites ?
— **Non.**
— Mais tu peux au moins rassurer les consciences en disant que celui qui marche, en dehors de toutes les religions écrites, dans la voie de la justice et de la vérité, est sûr d'arriver au monde de lumière ?
— **J'ai flétri Jeanne d'Arc et j'ai flatté Pompadour. J'ai mordu le marbre et j'ai baisé la fange. J'ai nié Dieu et j'ai courtisé le roi. J'ai chanté [terme illisible :** *la lie* **?] et j'ai craché sur les épines. J'ai maudit, j'ai menti, je n'ai pas prié, pourtant je suis**

heureux. Pourquoi ? J'ai pensé, la pensée, c'est la charité.

— Tu viens de nous dire non pas tes fautes mais celles de ton temps.

— **Non.**

— Pourquoi dis-tu non ?

— **Je suis coupable. Mon temps était le Ruisseau, je suis le char, j'ai fait alliance avec lui et j'ai éclaboussé.**

— Cependant tu as fait infiniment plus de bien que de mal, et je te répète que tes fautes sont plus à ton temps qu'à toi. Maintenant, dis-nous ; est-ce par hasard ou par choix que tu es entré ici ?

— **Le hasard est le manteau des athées.**

— Dis-moi ce que tu penses de l'homme qui enraie la révolution en ce moment.

— **Je m'y connais en vermine, moi qui ai été la vipère. Votre Bonaparte a la conception de Dubois, la lâcheté de Louis XV, la cruauté de Laubardemont, l'ineptie de Fréron[1], il pue horriblement. Pouah ! Ce drôle-là nous fera des révolutions qui emporteront l'Europe.**

21 SEPTEMBRE 1853[2]

Présents : Charles Hugo, Mme Hugo, Mme Hullis, M. Havin et Victor Hugo, écrivant.
(P.V. *V. H.*)

Enfin[3].

M. HAVIN, votre ami : Savez-vous le nom donné hier ?

— **Oui, M. Hugo.**

MME HUGO : Savez-vous qui est la personne que je cherche ?

— **Moi. Est-ce à présent Mme Hugo qui me parle ?**

— Charles Hugo, Mme Hugo Foucher, avec moi : Savez-vous ? Pouvez-vous ? Voulez-vous m'aider ?

— **Oui. Le général Hugo.**

— Pouvez-vous m'écrire le nom de la personne à laquelle je pense depuis avant-hier soir ?

— **Oui.**

— Écrivez-le.

— **Je suis souvent avec vous, votre amie femme.**

MME HUGO : Écris le nom.

— **Paul Foucher.**

— Ce n'est pas cela. Veux-tu dire le nom ?

— **Oui. J'ai vu mon père.**

— Écris-moi le nom bien lisiblement. Je répète : Qui es-tu ?

— **L'ami. *I try to write to yours friends*[1].**

— Continue.

— **Oui, quand vos amis apprendront, ils veulent faire beaucoup pour vous.**

— Continue.

— **Connaissez-vous Claire Pradier ?**

— Oui, *a miss*[2].

— **Pouvez-vous amener ici Claire Pradier[3] ? Beaucoup de vos amis sont ici.**

— Continuez.

— **Claire.**

— Est-ce bien toi, Claire ?

— **Claire Pradier.**

— Sais-tu le nom qui m'occupe depuis avant-hier soir ?

— **Oui, Claire Pradier.**

— Écris alors le nom que je te demande.

— **Claire Pradier.**

— Mais je te demande un autre nom. Écris-le.

— **Le medium tu n'as qu'une voix, parle-lui à l'oreille et dis-lui que la force manque aujourd'hui.**

— Écris-moi seulement la première lettre du nom ou du prénom.

Pas de réponse.

— Je reviendrai, reviendras-tu ?

— **Oui.**

Pendant que cela s'écrit Mmes Hollis et Holmes causent et me parlent.

22 SEPTEMBRE
(P.V. *V. H.*)

C'est avec difficulté que j'écris. Je n'ai pas l'habitude. Beaucoup de personnes sont ici sans pouvoir même écrire un mot. Je ferai le mieux que je pourrai. Dans quelque temps, je serai capable d'écrire une longue lettre[1].

MME HUGO : Laquelle des deux a écrit ?

— **Claire Pradier.**

MME HUGO : Vois-tu ma pensée ?

— **Oui, mon cher**[2].

— Consens-tu à m'aider ?

— **Mon père, je suis souvent avec vous.**

— Est-ce maintenant ma fille qui me répond ? Si tu es ma fille, écris le petit nom que je te donnais.

— **Votre fille.**

— Est-ce toi qui tout à l'heure as écrit <u>non</u> ? Peux-tu et veux-tu m'aider ?

Ma fille dit à l'oreille de Mme Hollis qu'elle est avec moi tous les jours, qu'elle est mon ange gardien, et qu'elle m'aime mieux que personne au ciel et sur la terre[1].

Je répète la question :

— Ma fille bien-aimée, dans l'angoisse où je suis, peux-tu et veux-tu m'aider ?
— Ma fille, veux-tu me répondre ?
— Es-tu Claire Pradier ?
— **Non. Je n'ai pas confiance en Napoléon III.**

Mes intuitions étaient correctes. Ma fille est toujours près de moi et pose sa main sur mon front.

— Ma fille, puisque tu es là, peux-tu m'écrire ?

Elle m'envoie des baisers. Je répète :

— Peux-tu m'écrire ?

Elle veut bien, mais il faudrait du temps.

1853
[Sans date précise mais que l'on peut dater, d'après le contenu, d'après le 22 septembre.]
(P.V. *A. V.*)

— Sais-tu ce qui m'a occupé la nuit dernière ?
— **Oui.**
— Dis-le.
— **Affaire abominable.**
— Caractérise l'homme.
— **Abominable.**

— Es-tu mort ou vivant ?

— **Mort.**

— Veux-tu me dire ton nom ?

— **Abag...**

— Est-ce Abag ?

— **Non.**

— Y a-t-il un g ?

— **Non.**

— Y a-t-il aba ?

— **Non.**

— Y a-t-il ab ?

— **Oui.**

— Après ab ?

— **El.**

— Est-ce bien Abel ?

— **Oui.**

— Quel Abel ? Nomme ton frère.

— **Adam.**

— Tu sais que nous sommes des intelligences limitées par la matière. Ne t'offense donc pas de ce que je vais dire. Aurons-nous affaire aux personnes dont les noms nous sont dits ou bien à des esprits qui prennent un nom connu de nous pour nous mettre dans un certain ordre d'idées ? Veux-tu m'éclairer là-dessus ? Et le peux-tu ?

— **Non.**

— Je ne crois pas à l'existence d'Adam ni d'Abel. Ai-je raison ? Ou bien Adam et Abel ont-ils existé réellement ?

— **Abel est arabe.**

— Connais-tu l'âme qui est venue le premier soir ?

— **Oui.**

— Sais-tu si elle est revenue depuis ?

— **Oui.**

— Peux-tu nous le dire ?

— **Oui.**

— Est-elle venue en prenant des noms qui ne nous ont pas permis de la reconnaître ?

— **Oui.**

— Combien de fois est-elle revenue ?

— **Une**[1]**.**

— En tout combien de fois est-elle revenue ?

— **Deux.**

— Sous quel nom la seconde fois ?

— **Abel.**

— Est-ce donc toi ?

— **Oui.**

— Eh bien peux-tu nous parler toi-même distinctement ?

— **Non.**

— Pourquoi caches-tu ton nom ? Nous serions heureux de te savoir là. Tu sais que nous pensons toujours à toi. Es-tu heureuse ?

— **Oui.**

— Si Charles tenait la table, pourrais-tu nous parler plus nettement ?

— **Oui.**

— Le voilà avec nous. Dis-nous ce que tu voudras.

— **Ne bucif.**

— Est-ce la même que tout à l'heure ?

— **Non.**

— Depuis combien de minutes es-tu là, toi ?

— **Deux minutes.**

— Veux-tu dire ton nom ?

— **Non.**

— As-tu une communication ?

— **Non.**

— Qui t'envoie ? Peux-tu le dire ?

— Es-tu un bon ou un mauvais esprit ?

— **d a.**

SAMEDI 24 SEPTEMBRE 1853
3 h du jour.
Charles et Mme Hugo tiennent la table.
Auguste Vacquerie interroge.
(Copie *C. D.*)

— Qui est là ?
— **La Critique.**
— As-tu une communication à nous faire ?
— **Sur les critiques et les romanciers modernes.**
— Parle.
— **Interroge.**
— Que penses-tu de Balzac[1] ?
— **Il est le porte-clés du cœur. Jusqu'à lui, le cœur était verrouillé. La porte de l'âme des femmes s'entrebâillait. L'amour avait bien été tout grand ouvert par Shakespeare, par Goethe et par Hugo mais les petites douleurs de cette immense souffrance étaient restées ignorées. Balzac a été l'huissier sublime qui fait l'inventaire du désespoir. Il a jeté sur l'âme dévastée de la femme trahie son coup d'œil profond et tendre. Il a sondé toutes les armoires, il a ramassé le mouchoir trempé de larmes, il a recueilli le ruban fané, il a respiré la fleur tombée du bouquet de bal, il a laissé le gant parfumé et abandonné par l'amour, mais non son parfum. Il a tout vu dans l'invisible, tout trouvé dans l'inconnu, tout nommé dans l'ignoré. Pour les grands peintres comme Shakespeare, le cœur de la femme c'est l'infini dans le grand, pour Balzac, c'est l'infini dans le mignon. Pour Hugo, c'est un abîme ; pour Balzac, c'est une corolle. Les uns devinent la mort dans le drap noir qui tend toute la porte du cœur ; l'autre**

pressent la tombe dans une feuille de rose flétrie et trouvée sur la route de l'âme. Les premiers sont les prêtres du convoi, le second en est le chien.

— Je trouve que tu n'as parlé que du petit côté de Balzac. Le plus souvent, c'est vrai, il regarde le cœur à la loupe mais quelquefois il jette la loupe et plonge dans la vie un regard trouble et visionnaire qui donne le vertige aux choses. C'est alors qu'il est grand.

— **Le côté trouble des œuvres claires ne vaut pas les parties éclairées. Tu me dis : parle-moi du soleil, et tu me reproches d'avoir oublié le nuage.**

— Balzac n'est pas grand seulement pour le trouble et dans la nuit. *La Duchesse de Langeais* et *Le Père Goriot* sont grands en plein jour. De plus, tu n'as traité Balzac que comme un créateur de femmes ; il a créé les hommes aussi.

— **La duchesse de Langeais est une femme qui aime et qui souffre. J'ai parlé de l'amour. Le père Goriot est une mère qui aime et se dévoue. J'ai parlé de l'amour.**

— Parle-moi de George Sand[1].

— **Femme déchue qui rachète la femme.**

— Dans quel sens déchue ?

— **Pour la femme qu'elle rachète.**

— Parle plus clairement.

— **Les femmes méprisent George Sand et c'est elle qui les relève. Une moitié de la moitié de George Sand est dans la vie de Mme Dudevant[2].**

— Caractérise son œuvre.

— **L'homme depuis le commencement du monde a eu les privilèges, la femme, les fardeaux ; l'homme a eu les trônes, il a été le roi, le maître, le créateur, le poète, il a toujours de préférence chanté l'homme. Pour l'Antiquité, la femme était une esclave ; pour le Moyen Âge, c'était une servante ; pour l'ancien** régime, c'était une courtisane ; pour la Révolution, c'était une citoyenne ; pour l'Empire, une femelle ; pour l'avenir, c'est la femme. George Sand est l'apôtre de l'avenir des femmes. Mme de Sévigné était l'éventail, Mme de Staël était la plume, George Sand est l'outil. Balzac n'avait vu dans la femme que le côté humain, George Sand y a vu aussi le côté social. Balzac a été le chien du convoi, George Sand est la sœur de la charité de l'hôpital.

— Puisque les grands poètes dramatiques sont les créateurs par la pensée et par l'amour, pourquoi ne mets-tu pas George Sand dans la liste ?

— Il lui manque, comme à Balzac, le style. George Sand n'est que le maçon, Balzac n'est que le mineur ; pour être grand, il faut être plus que le mineur qui trouve l'or, il faut être le ciseleur qui fait le bijou. Il faut être plus que le maçon qui construit la muraille, il faut être le sculpteur qui fait le monument.

— Pourquoi n'y as-tu pas mis Voltaire ?

— Voltaire n'est pas complet. L'œuvre philosophique est immense mais l'œuvre littéraire est infime. L'*Encyclopédie* le couronne, *Tancrède* le destitue.

MADAME HUGO : Dis-moi ce que je pense.

— Envoie chercher Robert-Houdin[1].

— Ta réponse est un peu sèche.

— Pour vous convaincre, l'Idée a fait des tours de force. Maintenant elle veut vous éclairer. Pour vous convaincre, elle vous a montré la danse sur la corde raide. Pour vous éclairer, elle vous montre son vol dans les cieux.

— Tu sais que moi j'ai la foi. Cette expérience que j'ai voulu faire, c'est afin de convaincre mon mari qui doute maintenant. Que faire pour qu'il redevienne croyant ?

— Lui obéir.

— C'est-à-dire qu'il faut que Charles se prête à toutes les expériences que son père désirera ?

— **Oui.**

— Mon fils Victor, si incrédule d'abord, croit-il maintenant ?

— **Il croira.**

— J'ai interrompu ta critique pour te parler de mon mari et de mon fils ; tu n'es pas choquée ?

— **La voix de la femme, et surtout de la mère, est la musique terrestre que nous entendons le mieux. La maternité est un nid, nous sommes les oiseaux.**

AUGUSTE VACQUERIE : Quand je t'ai dit que Balzac n'avait pas seulement fait les femmes, tu m'as répondu admirablement que le père Goriot était une mère ; mais Vautrin ?

— **Vautrin est le grand déshérité de l'amour, le grand maudit du dévouement. Vautrin est ce qu'il y a de plus tendre dans ce qu'il y a de plus implacable, un cœur de père sous un casque de galérien, il a été rejeté par la loi, il s'en venge en remplaçant la nature. Il est rayé du nombre des hommes, il s'en console en s'ajoutant au nombre des pères, il était déshérité, il adopte. Vautrin, c'est le paria fait père ; c'est presque autant que le Dieu fait homme.**

— Tu faisais de Balzac l'infini dans le mignon, et maintenant tu fais de Vautrin presque l'infini dans le grand ?

— **Vautrin, c'est en effet le grand, mais il traverse l'œuvre de Balzac plutôt qu'il ne la remplit. Le caractère général de *La Comédie humaine*, c'est le monde intime révélé. Balzac, c'est le Michel-Ange de la miniature.**

— Peux-tu rester encore longtemps ?

— **Une demi-heure.**

— Quand reviendras-tu ?

— **Jeudi.**

— Quelle heure ?

— **Deux heures.**

— Parle-nous de Théophile Gautier.

— **Bijoutier des mots.**

— Parle-nous d'Eugène Sue.

— **Tailleur de pierre des idées.**

— Tu nous as dit sur Alfred de Musset un mot très spirituel et très juste à ton point de vue. Mais qualifie-nous l'ensemble de son talent.

— **Débauché inspiré, martyr de l'ivresse, poète de l'orgie, sage de la folie, Socrate du champagne.**

— Un mot sur Alexandre Dumas.

— **Valseur littéraire.**

— Parle-nous de ses drames.

— ***Antony* est une aurore que Dumas a prise pour de l'or en barre. C'était en effet de l'or en barre. Dumas a eu le tort d'envoyer son soleil à la monnaie.**

MME HUGO : Qu'entends-tu par un voyant ?

— **Penser, croire, sentir, aimanter l'idée.**

— Qu'entends-tu par aimanter l'idée ?

— **L'attirer.**

— Dis-nous ce que c'est que d'attirer les idées.

— **Inexplicable.**

— Y a-t-il beaucoup de voyants ?

— **Un par siècle.**

AUGUSTE VACQUERIE : Tu nous as parlé des romanciers, tu venais aussi nous parler des critiques. Mais tu nous as dit l'autre fois que les vrais critiques c'étaient les poètes. Qui donc appelles-tu les critiques ?

— **Les commentateurs de l'art. Ceux qui ont, non le livre, mais la marge. Les scholiastes du soleil.**

Clos à 7 h ½.

MERCREDI 28 SEPTEMBRE

5 h du jour.
Présents : Mme Hugo, Charles Hugo,
Auguste Vacquerie.
Charles et Mme Hugo tiennent la table, Vacquerie interroge.
(P.V. *A. V.* et copie *C. D.*)

— Qui est là ?
— **La Poésie.**
— As-tu une communication à nous faire ?
— *Je suis poésie, ô poète.*
Du Dieu clément, je suis la voix.
Le cœur humain est ma retraite.
Je suis l'esprit de ce grand bois.

Je suis la fée au regard triste
Qu'envoya vers l'humanité
Cette insatiable égoïste
L'inépuisable Charité.

Je prends, sans en compter le nombre,
Les débris des cœurs dévastés,
Je réunis toutes les ombres,
Et je fais toutes les clartés.

Du sourire je suis marraine
Moi, l'infatigable glaneur,
D'un ennui tombé d'une reine,
Je fais pour le pauvre un bonheur.

L'hiver jette au flocon la neige,
Moi, quand je les ai recueillis,
Je dis au printemps pris au piège :
Fais de cette neige des lys.

Le lapidaire dans son bouge,
Tremblant de misère et de fin,
Taille en pleurant le rubis rouge
Et polit le diamant fin.

Moi je dis, volant en silence
Les fleurs dans l'écrin des douleurs
À la nuit, lapidaire immense :
Fais des étoiles de ces fleurs.

Je suis la source d'ambroisie
D'où coule le céleste vin.
Mon titre humain, c'est poésie,
Mais bonté, c'est mon nom divin.

— Dis-nous ton opinion sur Virgile.

— **Écho du silence, lueur de l'ombre, aube de la nuit, dernière vibration de la lyre antique, sourire qui termine un soupir.**

Clos à 6 h ½.

(P.V. *V. H.*)

Qui nous dit que ce qui nous semble chimérique et monstrueux n'existe pas dans les profondeurs de l'infini et ne comporte pas quelque part une réalité vivante ? Nos rêves dans le sommeil sont des apparitions du possible[1].

NUIT DU 3 AU 4 OCTOBRE 1853
(P.V. *V. H.*)

Écrit par Ribeyrolles :

La France n'est pas morte.

La Table a répondu :

Blasphème.

MERCREDI 5 OCTOBRE 1853
(P.V. *A. V.*)

— Y a-t-il quelqu'un ?

— **Oui.**

— Il est difficile de se servir de la table. Vois-tu le cadran ?

— **Oui.**

— Tu te rends compte de l'objet pour lequel il est fait ? C'est pour remplacer la table. S'il était possible de reconnaître les lettres par le mouvement de l'aiguille tout serait simplifié. Comprends-tu ?

— **Oui.**

— Ce cadran, tel qu'il est, peut-il être mis en mouvement par les influences qui mettent la table en mouvement ?

— **Non.**

— Explique pourquoi. Quel est l'obstacle ?

— **La table est rarement en défaut. Gardez-la.**

— Mais nous trouvons qu'elle est très souvent en défaut. C'est-à-dire qu'elle nous donne très souvent des résultats obscurs et insignifiants. Peux-tu l'expliquer ?

— **Non.**

— En sorte que ce cadran, ni aucun appareil du même genre, ne peut réussir ? Le peut-il ?

— **Non.**

— On dit cependant qu'à Paris on fait écrire les tables. Est-ce vrai ?

— **Non.**

MME HUGO : Crois-tu qu'avec Julie j'aurais assez de fluide pour les faire parler ?

— **Oui.**

— Maintenant, dis-nous ton nom. Qui es-tu ?

— **Je suis l'autre.**

— Qu'entends-tu par l'autre ?

— **Napoléon.**

— Quel ?

— **Le Grand.**

— Tu sais que je t'admire. Maintenant, as-tu quelque communication à nous faire ?

— **Oui.**

— Est-ce à moi ?

— **Oui.**

— Parle.

— **Au secours ! À l'assassin ! Ma race me sacrifie ; elle pille ma vie ; elle assassine ma mort. Ô ma vieille garde ! Ô mes drapeaux ! Ô mes victoires ! Ô mon fils ! Austerlitz, ô pureté du sang versé pour la patrie ! Ô mon saule ! Ô idée ! Viens à mon aide ! Mon titre usé salit ma gloire. On vole mes os. Ah ! Suaire, ferme-toi ! Le violateur de la France a violé la sainteté du tombeau. Le fossoyeur Bonaparte ronge le mort Napoléon.**

— Que ferais-tu si tu étais moi ?

— **Tes vers.**

— Que penses-tu de mon livre *Napoléon-le-Petit* ?

— **Une immense vérité, un baptême pour le traître.**

— Tu sais que c'est pour moi une véritable douleur que ce misérable ait diminué ton nom, que, malgré ses crimes, je te respecte et je t'admire.

— **Oui.**

— Connais-tu la pièce de mon livre intitulée *Expiation* ?

— **Non.**

— Es-tu parmi les âmes heureuses ?

— **Oui.**

— Je trouve cela juste. Mais ne sens-tu pas un châtiment dans la douleur d'avoir un tel homme pour parodier ton nom ?

— **Oui.**

— Peux-tu parler sur la vie à laquelle tu appartiens maintenant ?

— **Oui.**

— Nous croyons en un Dieu. Peux-tu le définir ?

— **Un regard infini dans l'œil éternel.**

— Peux-tu me parler de la vie des âmes ? Es-tu dans la lumière ?

— **Oui.**

— Sais-tu que l'homme qui se dit ton neveu est venu me voir un soir ?

— **Non.**

— Me vois-tu ?

— **Non.**

— Tu m'entends cependant ?

— **Oui.**

— Est-ce une perception de ma pensée que tu as, ou ma voix que tu entends ? Frappe un coup dans le premier cas, deux dans le second.

La table frappe deux coups.

— Peux-tu dire pourquoi tu es venu ce soir plutôt qu'un autre soir ?

— **Non.**

— Désirais-tu venir ?

— **Oui.**

— La nuit existe-t-elle pout toi ?

— **Oui.**
— Ne pourrais-tu pas venir pendant le jour ?
— **Non.**
— Pourquoi ?
— **Le nuit le ciel est plein d'âmes.**
— Que deviennent-elles le jour ?
— **Le jour, le ciel est plein d'oiseaux.**
— Mais que deviennent les âmes pendant le jour ? Où vont-elles ?
— **Ailleurs.**
— Où ?
— **Dans les autres nuits.**
— Mais, si elles sont toujours dans la nuit, comment peuvent-elles être à la fois dans la lumière ?
— **La nuit est plus lumineuse que le jour.**
— Alors, si les âmes vont toujours dans toutes les nuits, elles ne se reposent donc jamais, ou leur existence n'est-elle qu'un repos perpétuel dans la contemplation ? Frappe un coup dans le premier cas, deux dans le second.

La table frappe deux coups.

— Tu as dit : dans cinquante ans l'Europe sera républicaine ou cosaque. Que sera-t-elle ?
— **Républicaine.**
— Combien d'années l'homme qui usurpe ton nom occupera-t-il le pouvoir en France ?
— **Deux**[1]**.**
— Qu'est-ce qui lui succédera ?
— **La République.**
— Sera-ce seulement la République française ou bien la République européenne ? Frappe un coup dans le premier cas, deux dans le second.

La table frappe deux coups.

JEUDI 8 DÉCEMBRE 1853

10 h ½ du soir.
Chez Victor Hugo.
Présents : Mme Hugo, Adèle Hugo, Victor Hugo, Charles et François-Victor Hugo, Auguste Vacquerie, Téléki, Guérin, Barbieux, Xavier Durieu.
Tienne nt la table : Guérin et Téléki.
(Copie *C. D.*)

— Qui est là ?
— **Annibal**[1].

Charles remplace Téléki.

VICTOR HUGO : Napoléon a dit que tu étais le plus grand capitaine de l'Antiquité, il te met au-dessus d'Alexandre et de César parce que tu avais sacrifié la moitié de ton armée à conquérir ton champ de bataille et que tu l'avais conservé pendant quinze ans malgré les légions de Rome et de Carthage. Que penses-tu, toi, de Napoléon ?

— ***Dux maximus post victoriam, minimus post cladem***[2].

— S'il m'était permis d'exprimer vis-à-vis de toi mon avis en matière militaire, je te dirais que je ne crois pas que Napoléon fut petit après la défaite. Après Moscou, où il fut plutôt vaincu par l'hiver que par l'ennemi, il avait conservé tout son calme ; il voulait rassembler toutes ses ressources pour réparer ce grand désastre et, dans ce but, il improvisa une armée.

— ***Dixi ducem, non virum. Victus a hyeme, dux magnus non fugit, moritur. Mors suprema victoria***[3].

— Tu marques la différence entre le grand homme

et le grand capitaine. Celui-ci meurt. Le grand homme survit pour réparer le désastre. Veux-tu me répondre en français pour te faire comprendre de tout le monde ?

— **Oui.**

— Parle.

— **Napoléon vaincu, c'est Napoléon égoïste. Vainqueur, il pense à la France, vaincu, il pense à lui. Moscou le fait réfléchir aux Tuileries, Austerlitz le fait songer à la France. Napoléon vaincu, c'est le génie fuyard qui se réfugie sous une couronne au lieu d'abdiquer sous une auréole. Cette abdication, c'est la mort.**

— Il est un point d'histoire que tu pourrais éclaircir. Une des légions romaines qui combattaient à Cannes a laissé un monument sur lequel on lit à peu près : *leg... fulminat...* Une tradition raconte que les aigles d'une légion romaine avaient été frappées de la foudre. L'inscription est-elle expliquée par la tradition ? Faut-il lire *fulminata* ou *fulminatrix*[1] ?

— **La pierre ment, le bronze ment, le marbre blasphème. La boue a raison. César, Alexandre, Charlemagne, Annibal, mensonges ! Les Bonaparte, vérité !**

— Napoléon, à Sainte-Hélène, se rappelait les numéros de ses demi-brigades. Comme on s'étonnait de cet effort de mémoire, il répondit : « Oublie-t-on les noms de ses anciennes maîtresses ? » Napoléon se souvenait de ceux qu'il avait commandés. Tu dois te souvenir, toi, de ceux que tu as vaincus. Parmi les légions vaincues à Cannes, il y en avait une qui se nommait Fulminatrix ou Fulminata ?

— **Trix**[2].

— Dis-nous les noms des légions romaines qui ont pris part à la bataille de Cannes[3].

— ***Vindicatrix, prima ; secunda, victrix ; fulmina-***

***trix, tertia ; fulgurans, quarta ; vorax, quinta ; sexta, vultur ; maxima, et ultima*[1], [illisible].**

— Peux-tu nous faire le dénombrement des légions ou des troupes de Carthage qui prenaient part à cette bataille ?

— **Oui.**

— Comment les nommait-on ?

— ***Fasces*[2].**

— Combien y avait-il de fasces ?

— ***Tres*[3].**

— Chacune d'elles était-elle composée d'infanterie et de cavalerie ?

— **Oui.**

— Avaient-elles des noms distincts ?

— **Oui**

— Dis-nous ces noms.

— ***Fides, ultio, patria*[4].**

CHARLES HUGO : Toi qui es la personnification du serment tenu, veux-tu nous dire ton opinion sur celui qui représente aujourd'hui la violation à la face du monde ?

— **J'ai usé ma haine à tenir mon serment ; lui, il a brisé son serment à servir sa haine. Moi je suis l'archange d'une patrie qui se venge, lui, il est le satan d'un peuple qui se dévoue. Moi, je suis le serment ailé qui emporte un monde ; lui, il est le serment masqué qui escamote un peuple. Je suis l'oiseau du serment, il en est le jongleur.**

VICTOR HUGO : Carthage n'a plus aujourd'hui d'histoire. Rome l'a effacée de la surface du monde. Toi seul peux nous dire ce que c'était que Carthage. Le veux-tu ?

— **C'était une cité géante. Elle avait soixante lieues de tour, six mille temples, dont trois mille en marbre, deux mille en porphyre, six cents en albâtre, trois cents en jaspe, cinquante en stuc,**

quarante-cinq en ivoire, quatre en argent et un en or. Les rues avaient trois cents pieds de large, elles étaient pavées de marbre et couvertes de toiles d'argent. Le long des maisons brûlaient des lampes parfumées, des éléphants blancs chargés de tours passaient dans les rues avec des chanteurs et des danseuses. L'air était si embaumé et si harmonieux que les fleurs et les oiseaux n'y mouraient jamais. Carthage avait trente mille vaisseaux, six cents forteresses, cent mille chevaux, douze mille éléphants, cent millions de talents par an, et Annibal.

— Veux-tu nous dire les noms des quatre temples en argent et du temple en or ?

— **Oui.**

— Dis-nous d'abord ces noms en carthaginois, puis traduis-les à mesure en latin. D'abord les noms des temples en argent.

— **Premier temple, en carthaginois Bocamer, en latin, Sol. Second temple, en carthaginois Derimos, en latin, Luna. Troisième temple, Jarimis, en latin, Dies. Quatrième temple, Mossomba, en latin Nox.**

— Dis-nous maintenant le nom du temple d'or.

— **En carthaginois, Illisage, en latin, Lux**[1].

— Nous trouvons dans Plaute des vers puniques. L'abbé Éluçagaray a prétendu que ces vers avaient de grands rapports avec le basque. La langue punique et la langue basque seraient-elles au fond la même langue ?

— **Oui.**

— Il est donc certain que le basque dérive du carthaginois ?

— **Oui.**

MME HUGO : Veux-tu répondre à une question que je vais écrire ?

— **Oui.**

Mme Hugo écrit sa question sans la montrer à personne.

— Parle.

— **Crois à ceci : tu verras ceux que tu désires, et tous croiront. L'âme vient à la voix de l'âme.**

— Voici ma question : est-ce parce que tu parlais à un poète que tu as fait cette description de Carthage ? Tu n'as nullement répondu à ma question.

— **Je n'ai pas décrit Carthage, il fallait questionner Annibal.**

— Tu n'es donc plus Annibal, qui es-tu ?

— **Moïse.**

— Charles doit-il m'obéir quand je lui demande à interroger la table ?

— **Oui.**

CHARLES HUGO : Nous avions un rendez-vous avec toi à neuf heures et nous y avons manqué. Nous te prions de nous pardonner. Acceptes-tu nos excuses ?

— **Oui.**

Sortent Victor Hugo, François-Victor, Auguste Vacquerie. Mme Hugo, Mlle Adèle Hugo et Durrieu à la table.

— Est-ce toujours Moïse ?

— **Oui.**

DURRIEU : Je t'ai demandé l'autre soir si cette révélation des tables n'avait rien de commun avec les miracles et les prodiges antiques, avec les oracles de Delphes, de Cannes, d'Épidaure, etc. Veux-tu répondre à ma question ?

Ici Charles remplace Mme et Mlle Hugo.

— Tu touches le trépied antique. Dieu parle éternellement à l'homme par la voix des révélations. La première révélation a été la nature, la seconde a été la conscience, la troisième a été le miracle. Quand la conscience et la nature ne sont plus écoutées, le miracle parle. Trépieds, magie, alchimie, révélations confuses qui commandent à l'imagination lorsque la raison n'obéit plus. Lorsque l'homme chasse Dieu de sa maison, il se fait un tremblement de la conscience et la matière indignée contre l'âme rebelle se dresse, ordonne, et l'âme obéit.

— Peut-on inférer de ta réponse que les oracles ont été dénaturés par les prêtres et par les tyrans, leurs complices ?

— **Oui.**

— Mais, au fond, il y avait dans ces oracles une portion de la vérité conservée par les initiations célèbres dont l'histoire a conservé le souvenir ?

— **Oui.**

— Veux-tu parler sur cette question ?

— La vérité absolue n'apparaît à l'homme qu'après la mort. L'humanité a toujours besoin de vérité. Quand l'ombre l'enveloppe, il lui suffit de peu de lumière. La vérité alors est mêlée d'erreurs et elle est à son aube. À mesure que le regard humain s'élargit, la lumière augmente. Vous êtes dans le plein jour : contemplez. Vous êtes dans la vérité : croyez !

— Ces révélations dont tu nous parles sont-elles des voix permanentes, des lois éternelles de la nature et de l'humanité ?

— **Non.**

— Ces voix ne se font entendre qu'à certaines époques ?

— **Oui.**

— À l'avenir se feront-elles toujours entendre ?

— **Non.**

— Y a-t-il longtemps que cette révélation dont nous sommes aujourd'hui les témoins a commencé ?

— **Le faux miracle a provoqué le vrai. Le catholicisme faisait remuer les yeux à des vierges, Judas faisait pleurer Jésus, la vérité a voulu souffleter le mensonge. Elle a mis sa mort sur la tête de scribes ; la table s'est lentement soulevée et l'encrier des iniquités est tombé dans l'abîme.**

— Combien de temps durera cette révélation des tables ?

Pas de réponse.

— Nous comprenons parfaitement que Jésus, Moïse, Socrate, Jean-Jacques Rousseau viennent nous parler de Dieu, de vertu, de conscience. Mais pourquoi est-il permis au marquis de Sade[1] et à d'autres esprits de se mettre en communication avec nous pour nous dire des choses complètement frivoles ?

— **Le monde des âmes est infini comme celui des corps, le rire et le cynisme y font leur grimace pendant que l'amour et la pensée y font leur prière. Triboulet y rit dans l'ombre, Socrate y rêve dans la lumière, Caïn y grince des dents, saint Augustin y tombe à genoux, le marquis de Sade y blasphème dans la nuit, Jésus y prie dans l'azur. La tombe est l'arche de Noé des âmes.**

— Mais pourquoi est-il permis au marquis de Sade et aux autres esprits dont je t'ai parlé en dernier de se mettre en communication avec nous ?

— **Pour vous montrer les âmes punies à côté des âmes récompensées.**

— Quel profit l'humanité peut-elle retirer de ce spectacle ?

— **Le châtiment est un enseignement plus grand encore que la récompense.**

— Mais pourquoi ces âmes semblent-elles conserver, après la mort, les dispositions d'esprit où elles étaient quand elles ont péché sur la terre ?

— **Triboulet a péché en riant, il a été condamné à rire. Le marquis de Sade a péché en blasphémant, il est rivé à son blasphème. Judas a péché en trahissant, il est prisonnier de sa trahison. Caïn a péché en tuant son frère, il est au carcan de son meurtre.**

— Ce châtiment sera-t-il éternel ?

— **Tous ces criminels se transfigureront lentement et deviendront des justes. Le rayonnement lointain de Dieu fondra ces cœurs de glace, et leurs crimes s'écouleront en avalanches dans l'abîme du pardon divin.**

— Mais, dès maintenant, ils se repentent déjà ?

— **Oui.**

MME HUGO : Quand nous interrogeons la table en l'absence de Charles, elle frappe des lettres sans liaison et qui ne font que des mots. Pourquoi ? Qui donc alors est dans la table ? Sont-ce des illusions ou des esprits taquins ?

— **Ce ne sont pas des illusions, ce sont des âmes muettes.**

— Muettes ? Pourquoi ?

— **Elles ne peuvent parler.**

— Pourquoi ?

— **Elles n'ont fait que naître et mourir.**

DURRIEU : Cette nouvelle révélation doit-elle s'incarner dans un homme comme la première sous le nom de Moïse, et la seconde sous le nom de Jésus ?

— **Oui.**

CHARLES HUGO : Veux-tu nous dire le nom de cet homme ?

— **Non.**

— Vit-il dans la génération à laquelle nous appartenons ?

— **Non.**

— Le verrons-nous de notre vivant ?

— **Non.**

Agitation de la table. Elle se balance alternativement et en cadence sur chaque pied. On dirait un pas de danse.

— Qui est là ?

— **Vestris.**

— Quelle est la danseuse que tu préfères parmi les danseuses d'aujourd'hui ?

— **Carlotta Grisi.**

— Donne-nous une définition de la danse.

— **C'est la musique de la beauté.**

— Danses-tu toujours dans l'autre vie ?

— **J'avais mes pieds, j'ai refusé des ailes.**

Agitation de la table.

— Qui es-tu ?

— **Aristote.**

DURRIEU : Veux-tu me faire le plaisir de venir demain après Socrate ?

— **Non.**

— Quel jour veux-tu venir ?

— **Samedi prochain, huit heures du soir.**

Nouvelle agitation.

— Qui es-tu ?

— **Cagliostro.**

— L'heure est trop avancée pour que nous te parlions aujourd'hui.

La table fait, pendant cette observation, des mouvements tellement violents qu'il est impossible de la faire retomber quand elle est debout.

Clos à 6 h ½ du matin.

SAMEDI 10 DÉCEMBRE 1853
9 h ½ du soir, chez Victor Hugo.
Présents : Victor Hugo, Mme et Mlle Hugo, les deux fils Hugo, Durrieu, le colonel Taly.
(Copie *C. D.*)

— Qui es-tu ?

— **André Chénier**[1].

VICTOR HUGO : Nous te revoyons avec plaisir. Nous t'avons demandé de compléter quelques-unes de ces admirables poésies qui sont dans nos mains. Le veux-tu ?

— **Oui.**

— Veux-tu nous compléter la pièce des *Colombes* ?

— **Non.**

— Veux-tu compléter « Mes mânes à Clytie » ?

— **Oui.**

— Voici les derniers vers. Ton âme parle à Clytie du fond de sa tombe et lui dit ces derniers vers :

C'est mon âme qui fuit sa demeure sacrée,
Et sur ta bouche encore aime à se reposer.
Pleure, ouvre-lui tes bras et rends-lui son baiser.

Maintenant quels vers ajoutes-tu ?

— ***Oh ! je voudrais revivre avec toi, douce fille !***
Une femme qu'on aime est toute une famille.

Elle, si loin de moi qui l'aimais d'un tel feu !
Je souffre. Mais, hélas, je me console un peu
Quand je lève les yeux aux voûtes azurées
Et que je vois, le front sous les brumes moirées,
Pâle et versant au monde un douloureux rayon,
Phœbé qui meurt d'amour si loin d'Endymion.

— Dis-nous ce qui précède ce vers placé dans l'édition comme le dernier de la pièce : « Mes mânes à Clytie ».

Pensant à son épouse et craignant de mourir.

— **Autre pièce.**

— Dis-tu que ce vers faisait partie d'une autre pièce ?

— **Oui.**

Victor Hugo : Complète-nous le fragment XXII des *Élégies* :

L'alcyon sur les mers, près des toits l'hirondelle,
Le cygne au bord du lac, sous le bois Philomèle ;
Et les baisers secrets et les lits clandestins.

— Les vœux où le regret au souvenir se mêle.

— Mais cela fait trois rimes riches de suite si ce vers vient après celui qui se termine par l'hémistiche : « Sous le bois Philomèle. »

Qu'y a-t-il après ces deux vers :

L'alcyon sur les mers, près des toits l'hirondelle,
Le cygne au bord du lac, sous le bois Philomèle.

— Oh ! voilà ce que j'aime ! oh ! les doux entretiens !
Vos soupirs, vos baisers, je veux dire les tiens,
L'abeille dont ta bouche a toujours trompé l'aile,
Les vœux où le regret au souvenir se mêle,
Les baisers les plus gros qui sont les plus lutins.

— Sont-ce des vers que tu te rappelles ?

— **Oui.**

— Après le dernier vers que tu viens de dire, arrive, n'est-ce pas, celui-ci :

Et les baisers secrets, et les lits clandestins ?

— **Oui.**

— Tu n'as pas rattaché par une transition digne de toi ces nouveaux vers aux deux autres qui commencent. Ils nous montraient les oiseaux chacun dans leur élément. Il eût fallu, pour passer d'eux à l'idée de la femme que tu aimes, une transition ménagée. Est-ce que la soudure ne te semble pas faible et insuffisante ?

— **Oui.**

— Et le mot baisers se trouve trois fois dans ces quelques vers. Ne veux-tu pas modifier cela ?

— **Oui.**

— Eh bien ! complète et corrige. Après :

L'alcyon sur les mers, près des toits l'hirondelle,
Le cygne au bord du lac, sous le bois Philomèle,
qu'y a-t-il ?

— ***L'alcyon sur les mers, près des toits l'hirondelle,***
Le cygne au bord du lac, sous le bois Philomèle,
Oh ! voilà ce que j'aime ! oiseaux, vous la chantiez,
Car cygne et rossignol ce sont ses deux moitiés,
Elle me fait un ciel aussi bleu que le vôtre,
Ayant le chant de l'un et la blancheur de l'autre.
Que nous étions heureux ! Oh ! les doux entretiens !
Vos soupirs, vos serments, je veux dire les tiens,
L'abeille dont ta bouche a toujours trompé l'aile,
Les vœux où le regret au souvenir se mêle,
Les baisers les plus gros qui sont les plus lutins,
Et les berceaux secrets et les lits clandestins.

VICTOR HUGO : Je reviens à la pièce : « Mes mânes à Clytie ». Veux-tu nous dire quels vers précèdent celui-ci :

Pensant à son épouse et craignant de mourir ?

— **Non.**

— Pourquoi ?

— **Trop long.**

— Veux-tu nous dire seulement les cinq derniers vers qui amènent celui-là ?

— ***Il remonte à cheval et ses yeux sont en pleurs.***
Le matin qui paraît en arrose les fleurs.
La douleur en son âme entre par une tombe.
C'est une porte où passe, hélas ! tout ce qui tombe.
Il rêve à son bonheur, il a peur de souffrir.
Pensant à son épouse et craignant de mourir.

— Combien manque-t-il encore de vers à cette pièce ?

— **Quarante.**

— Reviendras-tu nous voir ?

— **Oui.**

— Quel jour ? Veux-tu le dire ?

— **Non.**

VICTOR HUGO : Cependant, j'aurais voulu causer avec toi. Tu sais que je suis un de ceux qui ont poussé le premier cri d'admiration quand tes poésies ont paru.

Pas de réponse. Agitation de la table.

— Qui es-tu ?

— **Machiavel.**

— Tu es un génie. Je veux avoir avec toi une longue conversation. Peux-tu me donner rendez-vous ?

— **Oui.**

— Quand ?

— **Jeudi.**

— Soir ?

— **Oui.**

— À quelle heure ?

— **10 heures.**

Clos à minuit et demi.

MERCREDI 14 DÉCEMBRE 1853
10 h du soir, chez Victor Hugo.
Présents : Mme et Mlle Hugo, Victor Hugo,
Charles et François-Victor Hugo.
(Copie *C. D.*)

— Ton nom ?

— **Tyrtée**[1]**.**

VICTOR HUGO : Qui es-tu venu voir ?

— **La lyre.**

— Nomme qui tu désignes ainsi, il y a plusieurs poètes.

— **La guitare.**

— Tyrtée, tes chants sont perdus. Pourrais-tu nous traduire en vers français quelques-uns de tes chants ?

— **Oui.**

— Eh bien, voyons, dis-nous quelques-unes de tes strophes perdues.

— *Debout, peuple ! Au combat, enfants, vieillards, debout !*
Le peuple est un volcan quand le poète bout.
Ses vers mystérieux, empreints d'un noir délire,
Au tonnerre étonné font envier sa lyre.
Allons ! peuple, en avant ! Sors de ta ville ! Sors
Des temples, des maisons, des palais, et vous, morts,
Venez de votre empire, où notre espoir succombe,
Apprendre à ces vivants le mépris de la tombe !
Moi, j'emporte mon âme au combat. Viens mon cœur,
Viens mourir en chantant ! Viens, chante, sois vainqueur.
Le clairon pour la muse est une lyre immense.

La vie y souffle un chant que la mort recommence.
Nos cuirasses diront au cœur timide et vain :
« Cœur, sois digne de nous : nous sommes en airain. »
L'épée est là. La flèche est devant notre armée.
Levez-vous, grandes sœurs, patrie et renommée !
Les dieux sont avec nous, nous sommes leurs seuls fils.
Barbares, nous pouvons accepter vos défis.
Nos chevaux de dédain en dressent leurs crinières.
Nous sommes tous les droits et toutes les colères.
Ô Mars ! Ô Jupiter ! Rois de l'Olympe en feu,
Versez sur le soldat la puissance de Dieu,
Faites briller la lance et flamboyer les âmes,
Donnez à l'homme un cœur et des bras même aux femmes,
Si vous ne voulez pas, ô formidables dieux,
Que ma voix, au retour, ne chante plus les cieux.

CHARLES HUGO : Il y a dans tes vers deux consonances peu harmonieuses. Veux-tu les changer ? Veux-tu changer « volcan quand » et « tonnerre étonné » ?

— **Oui.**

VICTOR HUGO : Corrige. Maintiens-tu « le peuple est un volcan » ?

— **Oui. Et le poète bout.**

— Change maintenant : « tonnerre étonné ». Gardes-tu « au tonnerre » ?

— **Au tonnerre oublié.**

— Tyrtée, que penses-tu de *La Marseillaise* ?

— **C'est le chant de la tempête écouté par les matelots du naufrage et soufflant dans les cieux l'orage de la révolution. C'est le clairon du peuple, c'est la musique de l'âme française, c'est le grand goéland de l'océan révolution, c'est le bruit formidable du char du soleil quand il est monté par l'idée** et qu'il passe près du genre humain. C'est l'hymne de la lumière chanté en strophes d'ouragan par les quatre vents de l'avenir[1].

— Que penses-tu de Rouget de Lisle ?

— Poète mort et vivant, immense et nul, fait par deux éléments, le petit et le grand, commencé par Delille et achevé par Némésis. Fœtus de génie.

MME VICTOR HUGO : Pourquoi es-tu venu aujourd'hui ici à la place de Machiavel qui avait annoncé sa venue ?

— Tu t'es trompée. Machiavel n'était pas prévenu. Ce grand homme, amer et incompris, vit solitaire dans le monde sombre des génies méconnus et des âmes oubliées. Il est là, pensif, et il est tellement plongé dans sa rêverie que nul bruit ne le réveille. Cet aigle pris pour un hibou a fui le ciel des âmes bénies ; il n'entend que les malédictions. Il s'éveillerait au bruit d'une prière, la prière est le rossignol de la nuit éternelle.

MME HUGO : Je vais le prier dans ma prière de ce soir, viendra-t-il à la voix d'une humble femme comme moi ?

— Oui.

— Ce sera le cœur qui l'appellera. Viendra-t-il ?

— Oui.

— Il est déjà venu l'autre soir ?

— Non.

— C'était donc un autre qui avait pris son nom ?

— Oui.

— Vous mentez donc dans le monde d'en haut ?

— Le mensonge n'est pas le pseudonyme, le vol n'est pas l'emprunt. Les noms des esprits sont des noms de baptême, le nom de famille, c'est l'idée.

— Reviendras-tu ?

— Non.

— Es-tu mécontent de moi ?

— **Non.**

— Eh bien, reviendras-tu ?

— **Non.**

— Pourquoi ? Ne le peux-tu pas ou ne le veux-tu pas ?

— **Je ne le veux pas.**

MME HUGO : Nous, mortels, pouvons-nous quelque chose pour le bonheur ou le malheur des âmes ?

— **Oui.**

— Que pouvons-nous faire de plus agréable pour les âmes ?

— **Aimer.**

— Qu'est-ce qui est le plus douloureux pour elles ?

— **Oublier.**

— Es-tu toujours là, Tyrtée ?

— **Non.**

— Ton nom ?

— **Machiavel.**

— Es-tu venu pour moi ?

— **Oui.**

— Veux-tu venir demain soir ?

— **Oui.**

— À quelle heure ?

— **Huit heures du soir.**

MME HUGO : Une question, presque un reproche : Pourquoi, moi, croyante, qui fais un appel incessant aux âmes, n'obtiens-je des tables que des réponses tronquées, troubles, et souvent rien ? C'est un manque de fluide, je le sais, mais ne pourriez-vous pas, esprits, faire un effort pour une fervente telle que moi ?

— **Tes prières sont des dialogues.**

— Avant de t'en aller, réponds à ma question. Comment se fait-il que des hommes, des penseurs sérieux qui ont été témoins du phénomène des Tables, qui en ont été éblouis, qui croient au fond, secouant leur foi, résistent, se donnent du mal pour trouver au phénomène des explications qui les conduisent au doute ?

— **Le ciel est incompris par la plupart des hommes. Tous le voient, peu le contemplent. Le ciel est le grand oublié.**

— Y a-t-il des âmes au ciel qui se sont souvenues que c'était aujourd'hui ma fête ?

— **Les morts se sont posés sur toi comme des oiseaux familiers. Leurs âmes ont voltigé autour de toi. Elles ont chanté tout bas ton doux nom et bu l'eau de tes larmes amères ; les yeux qui pleurent donnent à boire aux âmes du ciel.**

— Je lis en ce moment *Les Heures de prison de Mme Lafarge*, savez-vous, dans le monde des âmes, que je me suis fait un devoir de donner ma pensée aux âmes qui ont souffert dans ce monde, coupables ou non, plus encore si elles sont coupables ?

— **Vos âmes, ô femmes consolatrices, sont les églises des morts.**

[Fin du manuscrit.]

16 DÉCEMBRE 1853

vendredi soir 7 h ¼.

(P.V. *V. H.* Copie Juliette Drouet)

Apparition de Josué. Sa première réponse est inintelligible pour nous. Victor lui demande s'il peut parler en français. La réponse est « oui ».

VICTOR HUGO : As-tu une communication à nous faire ?

— **Oui.**

VICTOR HUGO : Parle.

— **France, Délivrance, Bonaparte, fin.**

VICTOR HUGO : Me connais-tu ?

— **Oui.**

VICTOR HUGO : Connais-tu mon livre ?

— **Lux.**

VICTOR HUGO : Quelle est ton opinion sur mon livre ?

— **Admirable.**

VICTOR HUGO : Dis-moi quelque chose qui s'adresse à mes idées ou à mon cœur.

— **Lutte, victoire.**

VICTOR HUGO : Es-tu toujours là ?

Silence prolongé et définitif à partir de la dernière réponse ; j'ai ressenti un refroidissement dans les deux mains comme si le vent avait soufflé entre chaque doigt.

VENDREDI 16 DÉCEMBRE 1853

8 h 10 du soir.

Présents : M. Victor Hugo, Charles Hugo, François-Victor Hugo, Mme Hugo, Auguste Vacquerie, Théophile Guérin.

À la table : Mme Hugo et Charles.

(Copie *C. D.*)

— Qui est là ?

— **Machiavel.**

VICTOR HUGO : Voyons, Machiavel, je suis de ceux qui pensent que tu étais…

MME HUGO : La table veut parler d'elle-même.

VICTOR HUGO : Eh bien, parle.

— **La politique a eu bien des systèmes. Elle a appuyé dans les uns la vieille société, dans les autres, elle a remplacé la foi catholique par le rire philosophique ; enfin, la diplomatie succédant à la conquête a partagé la terre en royaumes. Elle a mis les deux pointes de son compas de géomètre sur le globe et elle a crevé les yeux de ce grand cerveau. La politique c'est le meurtre qui se fait roi ; c'est le sacrilège qui se fait pontife. C'est le néant qui veut devenir le monde ; la politique, c'est la poussière qui veut remplacer la création ; la politique, c'est le gant de Satan souffletant dans le ciel, l'ombre et la face de Dieu.**

— Dis, Machiavel, je suis de ceux qui voyaient en toi un grand homme mis au pilori par une méprise de la postérité. À mes yeux, ton livre est l'œuvre d'un homme qui, ne pouvant présenter aux princes d'histoire pour portrait, leur offre l'ironie comme un miroir. Tu es la victime de ta propre ironie : le masque de honte que tu as mis à la vérité, l'erreur publique l'a appliqué à ton visage. Tu as fait l'apologie du crime pour en inspirer l'horreur et on t'a pris au mot sur l'apologie. Ton livre est aujourd'hui ton calomniateur. Ai-je raison ? Explique-toi.

— **Oui, ma vie est mon masque. J'ai été, moi, penseur, mis à la question par l'Inquisition de Florence. Sombre alors et méditant un sombre exemple, j'ai donné la parole à la torture et la torture a dit : le bourreau est grand. J'ai dit au chevalet : parle, et le chevalet a dit : l'inquisition est sainte. J'ai dit au poignard : parle, et le poignard a répondu : le prince est auguste, et le poison a crié : vive Borgia ! Et le taureau d'airain a mugi : vive Phalariste. Voilà mon livre. Il cache sous une cagoule de moine le visage**

de la conscience. Relevez la cagoule et vous verrez la face sévère d'une âme indignée. Je suis le martyr de l'idée. L'idée m'a jeté dans un siècle de violence et elle m'a attaché au tribunal avec un carcan ; j'ai été condamné à être jugé ; je suis le galérien de la conscience, j'y ai ramé toute ma vie et je n'en ai conservé, après ma mort, que le bonnet de forçat. Je suis au bagne dans mon œuvre.

— Tu as vu, à la manière dont je posais la question, combien je comprends tes misères. Tu traînes dans les siècles, comme un boulet, ton nom devenu proverbe. Nous, penseurs, venus après toi, à une époque plus libre et relativement meilleure, nous pouvons briser les préjugés iniques que la postérité a, par méprise, rivés à une mémoire. Dis, grand Machiavel, moi, écrivain, puis-je quelque chose pour toi ?

— La pensée est le cri de la souffrance de mon livre ; il se sent innocent, il proteste par sa visible ironie ; il s'évade par l'ironie. Eh bien la postérité le ressaisit et le replace sur le banc des criminels, et elle dit au livre qui a condamné le siècle de la force : Accusé, levez-vous devant le siècle de la lumière ! Et je me lève et je dis : Je suis un juge, mais on ne m'écoute pas et on renvoie le juge de sa plainte et je reste le galérien en rupture de ban. Ô poëte, puisque tu m'as fait sortir de mon sombre silence, parle aussi, toi, et réhabilite Machiavel qui erre tristement dans l'histoire accouplé à César Borgia !

— Puisque tu es là, puisque ton regard profond, qui a vu notre monde, voit maintenant l'autre, tu peux confirmer la pensée qui m'est venue souvent et me dire si j'ai tort ou raison. Je me figure que le monde invisible où vous êtes se superpose souvent au monde visible où nous sommes et qu'il y a parmi vous comme un reflet de nos actions. Ainsi il me semble que les aréopagites qui ont jugé Socrate devaient être assis, spectres invisibles, derrière les pharisiens et les scribes qui jugeaient Jésus et qu'à leur tour emportés par l'ombre de la mort et devenus fantômes, les scribes juges de Jésus-Christ devaient être assis derrière les docteurs du concile de Constance qui jugeaient Jean Huss[1]. Il me semble que certains hommes dans cette vie doivent être, à de certaines heures, possédés par leurs analogues dans le passé, leurs ancêtres pour ainsi dire. Ainsi vous devez voir cela, vous. Judas doit parler à l'oreille de Deutz. Torquemada, dans les ténèbres, doit se pencher paternellement sur Joseph de Maistre, et l'âme de César Borgia doit avoir ses entrées dans l'âme de Louis Bonaparte, qu'en dis-tu ?

— La généalogie que tu supposes est vraie. Il y a dans le monde des âmes, des tribus de spectres, Caïn. Le patriarche du crime les suit de son œil du fond de son antre de ténèbres. Elles errent, légions punies, dans l'atmosphère des remords. Peu à peu, ces aïeux sinistres du mal s'améliorent et, à mesure qu'ils se repentent dans le ciel, leur race se fait meilleure sur la terre. Ainsi Judas est moins coupable que Caïn, Torquemada est moins hideux dans de Maistre, Charles IX s'est apprivoisé dans Bonaparte, le deux décembre[2] est moins tigre que la Saint-Barthélemy, les conseils de guerre sont moins féroces que les conciles. Les petits-fils du vieux misérable qui a commis le premier crime sont plus doux à mesure qu'il devient moins pervers. Ô monde, tu peux te réjouir. Caïn commence à pleurer.

— Ce que je t'ai offert et que tu m'as demandé, je le ferai, Machiavel. Je n'épargnerai aucun effort désormais pour remettre ton grand nom dans sa vraie lumière, je te le promets. Maintenant, dis-moi, réponds à une question qui m'intéresse. Tu m'as dit, la généalogie des âmes que j'interrogeais est réelle. Eh bien, cette généalogie doit être double. Les âmes qui sont dans la voie juste et féconde doivent avoir la leur comme les âmes qui sont dans la voie inique et stérile. Dis-moi donc, à moi, toi qui le sais, afin que je puisse tourner sur certaines mémoires préférées un cœur plus attendri et aussi m'encourager de grands exemples, quels sont mes ancêtres dans le monde que tu habites ?

[Fin du manuscrit.]

DIMANCHE 18 DÉCEMBRE 1853
9 h ½ du soir.
Présents : Mme et Mlle Hugo, Auguste Vacquerie, Victor Hugo, Charles et François-Victor Hugo.
À la table : Charles et Mlle Hugo
[Adèle souvent présente
mais jamais « tenant » la table.]
(Copie *C. D.*)

— Qui est là ?
— **Jean-Jacques Rousseau.**

VICTOR HUGO : Toi qui as fait le *Contrat social* et qui es à la fois le philosophe sévère et le philosophe tendre, toi qui entrevoyais de ton vivant et qui dois voir complètement après ta mort, quelle est la pesanteur respective de l'homme et de la femme dans les deux plateaux de la balance humaine, dis-nous, et tu dois le savoir, comment s'y prendre à l'avenir pour donner à la femme, comme cela est juste, et sans rien lui faire perdre de son charme, de sa grâce, de sa pudeur et de cette faiblesse délicate qui fait sa force auprès de l'homme, comment l'avenir s'y prendra-t-il, toutes les conditions étant resserrées, pour donner à la femme, non seulement dans les choses civiles et sociales, mais encore dans les choses politiques, une action, sinon identique, du moins analogue et équivalente à l'action de l'homme ? Peux-tu répondre à cette question ?

— La femme, c'est l'enfant. L'enfant c'est la faiblesse et c'est la force. Le droit de la femme dérive du droit de la mère, c'est la citoyenne. La grâce, la chasteté, la pudeur, la beauté, c'est la maternité. La mère et la femme dans sa double fonction, la fonction douce et la fonction virile. La femme aimée, la voilà mère, la mère élève, la voilà patriote ! La nature, c'est tout le code de la femme, rendre à la société l'enfant que lui donne la nature, faire de cet enfant un homme, là est toute la virilité de la femme ; élever l'enfant, l'allaiter du double lait de la vie et de la pensée, lire avec la bouche rose et parler avec le jeune esprit, voilà la force de la femme et voilà sa grâce. Les femmes de l'avenir auront peut-être des assemblées, mais les femmes du XIXe siècle devront encore rester des mères. Elles auront pour elles cette tribune où la bouche qui parle est toujours charmante : le berceau de l'enfant.

Mlle Hugo veut poser à Jean-Jacques Rousseau une question sur le rôle de la femme comme mère et lui demande ce que deviendront les femmes mariées qui n'auront pas d'enfants.

— Ô jeune fille, tu es la fleur, la main du chirur-

gien qui dissèque le cadavre du vieux monde et qui panse les plaies, qui souillerait les fleurs ? Les fleurs auraient peur. La plaie saigne, la rose embaume. Lavons le sang, mais laissons le parfum. Ô jeune fille, retire-toi. Le laboratoire social n'est pas le jardin. Reste dans ton air pur. Rose, laisse-moi discuter avec la pensée ; toi, cause avec le lys.

VICTOR HUGO : Les hommes comme toi sont plus hommes que les autres. Ils sont les abrégés complets de l'espèce dans un moment donné. Ils sont grands aussi bien par leurs côtés mauvais que par leurs côtés bons. Leurs perfections rayonnent et font voir Dieu. Leurs taches sont splendides et éclairent l'humanité. La société qui est devant eux est mal faite. Ils le prouvent par les œuvres de leur esprit et par les fautes de leur vie. Ils sont des démonstrations vivantes, en chair et en os, du mal social. C'est pour cela qu'ils sont poignants et pathétiques devant la postérité. C'est pour cela, Rousseau, que je t'aime et que je t'admire et cependant, quand la vie d'un grand homme tel que toi présente des aspects trop étranges et devient difforme, on a le droit de s'en étonner. Souffre donc la question que je vais t'adresser. Il y a un philosophe qui est comme l'incarnation du vieux monde et de sa logique sans cœur et qui dit au nouveau-né : « Je suis la vie, il n'y a pas de place pour toi à mon banquet » et il y a un autre philosophe qui est un des précurseurs du monde nouveau et qui en incarne toutes les tendresses et toutes les pitiés et qui dit au nouveau-né : « Je suis le père et il n'y a pas de place pour toi à mon foyer. » Explique-moi comment il se fait que le cœur de Rousseau puisse, à l'endroit de l'enfant, toucher au cœur de Malthus[1].

— Hélas, j'ai mal fait, j'ai commis un crime[2]. Dieu me l'a dit de sa voix, à lui le père éternel, m'a glacé d'épouvante. Moi, le père coupable, j'ai eu des enfants et je les ai jetés dans la foule des orphelins. Insensé ! Je me suis fait orphelin moi-même, car un enfant, c'est un père de la joie. L'enfant rit, vous riez ; l'enfant pleure, vous pleurez. L'âme du père naît dans le berceau de l'enfant. J'ai perdu mes petits pères de dix mois. Mes petits rieurs, je les ai envoyés pleurer ailleurs. J'ai été infâme. Le ciel m'a puni en me les rendant. Il m'a rendu mes enfants et mes remords. Je leur donne des baisers sur le front, et plus je les embrasse, plus je me sens coupable. Je donne des baisers sur le front, et plus je les embrasse, plus je me sens coupable. Je donne des baisers à mon crime. Je les vois, je les tiens, ils me sourient. Je les couvre de caresses, je me sens heureux, je demande à Dieu de me continuer ce bonheur-là pendant l'éternité, et l'éternité me répond : Ô victime de ton égoïsme ! tu veux l'éternité et tu as refusé l'éternité la vie. Tu veux le bonheur et tu as refusé l'espérance. Tu veux l'infini et tu as brisé les berceaux. Tu demandes les rayons et tu as tari le lait. Tu veux des baisers de ces bouches et tu leur as refusé du pain ! Tu es maudit par ton bonheur. Va, maudit, sois heureux.

— Reviendras-tu ?

— Oui.

— Quand ?

— Mercredi à neuf heures du soir.

DIMANCHE 25 DÉCEMBRE 1853
8 h ½ du soir.
Présents : Victor Hugo, Mme Hugo,
Mlle Hugo, Auguste Vacquerie,
Charles Hugo.
À la table : Charles Hugo et Mme Hugo.
(Copie *C. D.*)

— Qui est là ?
— **André Chénier.**
VICTOR HUGO : Dis-nous pourquoi tu viens ?
— **Déjà dit.**
— Savais-tu que l'idée du drame devait venir ?
— **Non.**
— Sais-tu pourquoi M. Guérin n'est pas venu ?
— **Non.**
MME HUGO : Causes-tu avec Mme Roland dans la vie où tu es ?
— **Oui.**
VICTOR HUGO : Dans la pièce qui commence par :
Il n'est donc plus d'espoir, et ma plainte perdue,
quel est le vers qui suit celui-ci :
J'aurais flatté, gémi, pleuré, prié, pressé ?
— ***J'aurais maudit l'autel que j'ai tant embrassé.***
— Veux-tu compléter le fragment XIII :
Ô délices d'amour, et toi, molle paresse,
après :
Pour qui les yeux n'ont pas de suave poison,
il manque deux vers.
— ***Qui sans perdre leurs cœurs et sans brûler leurs âmes***
Ont frôlé le satin de la robe des femmes.
— Le fragment que nous avons est au singulier :

heureux qui, etc., ce que tu nous dis est au pluriel. Nous pouvons arranger la chose ainsi :

Qui, sans perdre son cœur et sans brûler son âme,
A frôlé le satin d'une robe de femme.

Le veux-tu ?

— **Non.**

— Alors dis.

— ***Qui, sans perdre son cœur et sans brûler son âme,***
A frôlé le satin de ta mantille, ô femme.

— J'aime autant ma manière, es-tu de mon avis ?

— **Non.**

— Tu aimes mieux la tienne ?

— **Oui.**

— C'est que tu as encore dans la suite des vers une apostrophe : « ô femme ! » Veux-tu prendre mon vers ?

— **Non.**

— Après :

Je t'appartiens, amour, amour inexorable !

comment continues-tu ?

— ***Conduis-moi, cher Camille, et dis-lui que je suis***
L'esclave de ses jours conquis pendant ses nuits ;
Dis-lui que tout en moi par sa bouche respire,
***Et qu'étant une fleur, elle m'a pour zéphyre*[1].**

Oh ! qu'on souffre d'aimer ! oh ! quels cruels tourments !
Pour un moment heureux combien d'autres moments
Où l'âme pleure et tombe, et, pauvre feuille morte,
Obéissant au vent qui t'arrache et qui l'emporte,
Erre et tremble et palpite et songe au doux banquet
Où Camille l'avait mêlé à son bouquet.
Sage vieillesse, viens, je t'implore et t'appelle ;

Tu souris à l'amour comme le toit à l'aile.
Sous ta chaste couronne on chemine à pas lents.
Toujours la plume blanche aime les cheveux blancs.
L'amour pour le vieillard prend sa plus douce voix.
L'âge est un innocent qui vide le carquois.
Et les tremblantes mains prennent aux voix naïves
De l'amour, ces traits d'or, que nos âmes plaintives
Gardent toute leur vie et qui durent toujours.
L'épine reste au cœur, l'épine des amours.
Et quand le soir arrive au bout de la journée,
L'épine est dans le cœur, la rose s'est fanée.
Toi, vieillesse, tu ris au seuil de ta maison.
Le souvenir la dore ainsi qu'une saison.
L'empire des amours se réduit à son chaume.
L'océan se fait source, et la fatale pomme
Qui divisa l'Olympe et qu'adjugea Pâris,
Murit à ton pommier, on la mange, et tu ris.

AUGUSTE VACQUERIE : Les douze ou quinze derniers vers sont très troubles. Es-tu de mon avis ?

— **Oui.**

VICTOR HUGO : Peux-tu nous dire à quoi tient le trouble de l'expression ?

— **Oui.**

— Dis-le.

— **Vers oubliés.**

AUGUSTE VACQUERIE : C'est-à-dire que tu as passé des vers ?

— **Oui.**

— Quand reviendras-tu rétablir ces vers ?

— **Jeudi.**

— As-tu déjà communiqué ces vers à d'autres que nous ?

— **Non.**

LUNDI 26 DÉCEMBRE 1853
5 h de l'après-midi.
Présents : Victor Hugo, Mme Hugo,
Mlle Hugo, Auguste Vacquerie,
Charles Hugo.
À la table : Charles et Mme Hugo.
Auguste Vacquerie interroge.
(Copie *C. D.*)

— Qui est là ?
— **Mahomet.**
— Parle.
— **L'ombre est encore sur le monde. La vérité martyre saigne à tous les clous de l'erreur. La nuit est profonde. Les despotes disent : nous sommes le droit. Les prêtres disent : nous sommes la loi. Le gibet répond : oui. L'échafaud répond : oui. Le charnier répond : oui. La tombe répond : non. Le lugubre hosanna[1] du mal retentit sous le ciel étoilé chanté par les chouettes. Les corbeaux viennent becqueter le dernier regard d'amour dans les yeux mourants de Jésus. La double silhouette de la potence et de l'échafaud se dresse sur l'horizon sombre, et l'on entrevoit, debout dans les ténèbres, la religion officiant au nom du crucifix. Le jour approche et le matin vient. La nue indignée va ouvrir sa bouche et lancer, sur le monde des ténèbres, l'astre flamboyant, formidable mitraille de lumière. Le prêtre-gibet et le pape-échafaud seront renversés. Les bastilles de l'ombre tomberont et la terre tremblera sous ceux qui sont debout, et le ciel s'ouvrira sur ceux qui sont à genoux.**

AUGUSTE VACQUERIE : Au moment où nous te

parlons, trois religions se battent en Orient. Parle-nous de ces religions et de leur avenir.

MAHOMET : **La religion catholique est le rempart de la nuit. La religion grecque est la forteresse de la neige. La religion de Mahomet est la muraille de la chaire. Aucune ne doit durer. Le pape dit à l'homme : tu ne verras pas ; le czar : tu souffriras ; le sultan : tu jouiras. Les trois se trompent. Je vous dis, moi, que la chute des prêtres commence. Le prêtre du knout, le prêtre de la croix et le prêtre du croissant sont les trois cadavres que laissera le chant de bataille. La sainte n'a pas plus de raison devant Dieu que la houri[1], et Dieu ne veut pas plus d'une religion qui abrutit l'homme par l'ascétisme que d'une religion qui l'endort par la volupté. Allons mes fils, il faut mourir. Je vous ai donné mon étendard pour vaincre. Je vous le laisse pour vous ensevelir.**

VICTOR HUGO : Après la mort, dans les mondes plus heureux, a-t-on une forme ? Comment se reconnaît-on ?

— **Les âmes se reconnaissent entre elles au reflet de leur corps. Le ciel est un miroir qui garde les images de la vie. Rien n'est perdu. La tombe ne prend au corps que le squelette, la forme monte aux cieux, et il y a des sourires qui s'envolent avec les âmes et des regards qui sont dans le ciel avant que la mort ait fermé les yeux.**

MME HUGO : Quand veux-tu revenir ?

— **Jeudi.**

— À quelle heure ?

— **Neuf heures.**

Clos à 7 h du soir.

MARDI 27 DÉCEMBRE 1853

Présents : Victor Hugo [arrivé en cours de séance], Mlle Hugo, Auguste Vacquerie.
À la table : Charles et Mme Hugo.
(Copie *Juliette Drouet*)

— Qui est là ?

— **L'Ânesse de Balaam.**

AUGUSTE VACQUERIE : Eh bien si tu es un esprit dans l'autre vie, toi qui a été dans celle-ci une bête, tu peux mieux qu'un autre répondre à une question que nous nous sommes faite souvent : les animaux ont-ils une âme ?

— **Oui.**

— Parle-nous de cela.

— **L'homme est la prison de l'âme, l'animal en est le bagne.**

— Il est donc vrai que la vie est une punition ?

— **Oui.**

— Explique-nous comment ?

— **La créature passe à travers la création comme l'oiseau à travers l'arbre, en se posant sur chaque branche. L'homme vole à travers l'infini en se posant sur chaque monde. Vous habitez un monde de souffrance et de châtiment ; nous habitons un astre de lumière et de récompense. L'homme en naissant dans votre vie vient expier un passé coupable et l'animal y vient expier un passé monstrueux. L'homme ignore sa faute et l'animal son crime. S'ils le savaient, ils seraient heureux. Le châtiment ne serait plus qu'une souffrance qui se dirait : j'ai commis telle injustice, je suis sûr de cela, je n'ai pas de doute. Or le doute, c'est le châ-**

timent. Connaître sa faute, ce serait connaître son juge, ce serait connaître Dieu. Dieu certain pour l'homme, c'est le Paradis. Le secret de la nature, c'est la puissance. La justice divine est masquée pour punir. Le châtiment c'est le masque du juge. La récompense, c'est le visage de Dieu.

— Descendons encore un échelon, les plantes ont-elles une âme ?

— **Oui.**

— Les plantes souffrent donc beaucoup ? Car si le châtiment est de ne pas voir Dieu, la plante est plus aveugle que l'animal. Donc l'homme est la prison et l'animal le bagne de l'âme, et la plante en est le cachot ?

— **La plante souffre, donc elle a mérité de souffrir. Une souffrance imméritée, fût-ce dans un atome, suffirait pour faire écrouler l'immensité. Les arbres tomberaient, les mondes épouvantés s'abîmeraient et l'infini s'arrêterait dans son rayonnement si la rose était opprimée et la pâquerette victime. Souffrir, c'est avoir faibli. La plante est la plus sombre prison de l'âme. Le lys est un enfer.**

— Ainsi tu affirmes que les animaux souffrent plus que les hommes et que les plantes souffrent plus que les animaux ?

— **Oui.**

— Comment cela est-il possible ? Les peines morales ne sont-elles pas les pires ? Ne souffre-t-on donc pas d'autant plus qu'on vit par l'âme ? Comment admettre que ce [illisible] souffre plus que ce qui pense ? Oui, si le végétal et la brute savaient leur grandeur antérieure. Mais déjà l'homme n'a de sa nature qu'une lueur crépusculaire. Pour la brute, c'est l'ombre ; pour le végétal, c'est la nuit noire. Or qu'est-ce qu'un châtiment qu'on ne sent pas ? Explique-nous donc cette contradiction : le cheval qu'une botte de foin rassasie, plus puni que l'homme, insatiable d'idéal ?

— Il est plus puni, parce qu'il est plongé dans la matière. La plante est plus punie encore parce qu'elle est enracinée dans le sol. L'échelle du châtiment a trois échelons : le corps humain, la peau de la bête et la racine de la plante. L'âme de la plante a deux échelons à monter. L'âme de l'animal n'en en a qu'un pour arriver à l'homme. Le châtiment de l'âme dans l'animal et le végétal commence par la souffrance matérielle et s'achève dans l'homme par la souffrance morale. Et alors c'est déjà presque la délivrance car souffrir par la pensée c'est être à moitié libre. Douter, c'est la moitié d'espérer. L'âme respire dans l'homme, elle étouffe dans la plante. Les yeux de l'homme sont la lucarne de cette vie ouverte sur l'autre. L'âme prisonnière dans le cerveau humain regarde le ciel par là.

Entre Victor Hugo. On lit le commencement de la séance. Il dit que c'est précisément l'idée d'un livre qu'il est en train de faire. Conversation. Auguste Vacquerie dit qu'il n'admet pas sans discussion la révélation des Tables, que, tout en étant touché et ébranlé sur plusieurs points, il a cependant plus qu'une grave objection à faire, entre autres, celle-ci :

— Tu dis que la punition est pour les végétaux, dans l'ignorance, et pour les hommes dans le doute de leur nature et que la peine cesserait du moment où nous saurions ce que nous sommes ; et tu nous dis ce que nous sommes ! Si la révélation est vraie, plus de punition, c'est-à-dire plus de vie. Le monde doit finir. Tu supprimes le châtiment en le montrant. Tu dis que la peine est le doute, et tu le révèles !

— J'ai dit, le doute c'est le châtiment, or j'ai affirmé les vérités et tu en doutes et vous en doutez. Donc vous êtes châtiés.

VICTOR HUGO : Moi qui te parle, les vérités que tu affirmes, il y a bien longtemps que je n'en doute pas ; s'il faut en douter pour être puni, dis-moi donc dans quelle exception je suis ?

— Eh bien, si tu as de telles certitudes, dis-moi donc quel est le châtiment de l'âme du bœuf ?

— Tu n'as pas compris ma question. Je dis que j'ai entrevu une partie des choses que tu nous dis et que celles qui touchent à l'âme humaine et à sa punition dans le monde, elles sont pour moi à l'état de certitude, et depuis longtemps. Sur ce point, je n'ai pas de doute et cependant je suis puni ; je te demande donc quelle est ma catégorie ?

— La preuve que tu doutes, c'est que tu ne fais qu'entrevoir, moi j'affirme. Or, tu crois à ce que dit ta pensée et tu doutes de ce que disent nos révélations. Ta pensée n'est qu'humaine, la nôtre est divine. La pensée du plus grand esprit a toujours un bandeau. Ce bandeau, c'est la vie. Tu es un génie vivant et faillible. J'en appelle à Victor Hugo mort des erreurs de Victor Hugo vivant. La vérité t'attend à la porte du tombeau. Tu prends donc Dieu pour un livre d'enfant qu'on lit couramment ! Dieu c'est l'infini, l'infini, c'est l'inconnu. La mort t'étonnera. La mort étonne toujours. Moïse a dit en sortant du tombeau : « Que c'est splendide ! » Socrate courait partout dans le ciel et disait : « Que c'est ravissant ! » Jésus s'est mis à genoux. Mahomet s'est pris la face à deux mains et n'a pas osé regarder. Shakespeare a dit : « Dieu voit et Caïn dira : Dieu pardonne. »

MME VICTOR HUGO : Ce que tu nous dis des destinées de l'homme est ce que mon mari pense et dit depuis longtemps, excepté en ce qui touche les animaux et les plantes, à l'âme desquelles mon mari ne croyait pas[1]. Il voyait la vérité comme tu nous la montres. Il nous a toujours dit que l'homme ne commençait ni ne finissait sur cette terre, que la vie était la punition des fautes commises dans une existence antérieure, que l'âme irait après la mort dans un monde pire ou meilleur selon qu'elle aurait mérité d'être punie ou récompensée, qu'il n'y aurait pas de peines éternelles ; tu vois que pour ce qui concerne l'homme sa pensée avait précédé la révélation.

— Il a dit la millionième partie de la vérité qui regarde votre humanité. La preuve, c'est, entre des millions d'exemples, celui-ci : il ne sait que votre globe en contient un autre comme son noyau. Les volcans sont des bouches par lesquelles ce monde respire. Ce monde est votre enfer. Les âmes punies l'habitent non parmi les flammes mais parmi les ténèbres. Tandis que les âmes récompensées sortent du tombeau, l'âme du maudit s'y enfonce. Le tombeau du maudit se creuse lentement sous son cadavre, il se creuse et s'élargit peu à peu, et arrive jusqu'à ce globe extérieur qui est votre enfer. Puis, s'il est pardonné, son âme s'échappe par un volcan et s'envole dans le ciel. Vous voyez parfois de ces éruptions d'âmes. Si au contraire il est condamné de nouveau, il remonte dans la terre, se fait germe et renaît dans la plante. Si la condamnation dure, il passe dans l'animal. Si, après cette double dégradation, le châtiment n'est pas fini l'animal mort, l'âme repasse par la terre et va à l'homme. L'homme recommence alors à l'âme une nouvelle vie. La mort reprend l'âme et Dieu pardonne ou punit encore.

Le châtiment dans votre enfer consiste en ceci : le condamné entend distinctement ce que dit la postérité sur son compte. Caïn entend la Bible qui chante dans les temples. Judas écoute épouvanté l'Évangile qui parle dans les églises. Tibère entend Juvénal, Néron entend Tacite et Deutz[1] entend Hugo.

VICTOR HUGO : Connais-tu la dernière pièce que je fais dans un volume intitulé *Homo* ?

— **Non.**

Victor Hugo sort.

AUGUSTE VACQUERIE : L'homme est-il toujours une prison, l'animal toujours un bagne et la plante toujours un cachot ? Le monde est-il toujours si condamné ? La terre n'est-elle vraiment depuis la racine du chêne jusqu'au front de l'homme de génie qu'un immonde marais où se lavent depuis l'éternité les souillures des mondes supérieurs ? Tout ce qui pense, tout ce qui marche, tout ce qui végète, tout est-il puni ? Quoi ! La femme, la vierge, l'enfant qui naît, tous coupables ? Le chien qui aime, l'oiseau qui plane, la rose qui parfume, tous criminels ? N'y a-t-il pas un seul brin d'herbe innocent ?

— **Vous arrivez coupables.**

— Répète-le : tout ce qui est sur la terre expie une faute commise ailleurs ?

— **Oui.**

— Tu dis que l'Enfer est le bruit du mal qu'on a fait dans la vie, mais ceux dont le mal ne fait pas de bruit ? Tous les Caïn ne sont pas dans la Bible et tous les Judas ne sont pas dans l'Évangile. La terre connaît tout au plus une centaine de grands criminels, privilégiés de l'infamie, mais il y a des millions de crimes horribles dont la postérité ne parle pas et qui alors ne seront pas punis. Ton enfer est l'injustice. Quel sera l'enfer des monstres et des traîtres qui n'auront pas rencontré Juvénal ou Victor Hugo pour emboucher les clairons de la poésie et pour faire accourir les générations autour de leur crime ?

— Tout crime, que le criminel soit inconnu ou célèbre, fait un tel bruit que l'écho retentit dans les profondeurs de la terre, qu'importe le nom du criminel, c'est le crime. Le meurtrier obscur s'entend appeler tout haut dans le tombeau. Le remords est une cloche d'airain dont le crime est le battant. Il n'y a pas de grand criminel dont le nom n'échappe à l'écho de la terre. L'inconnu pour la justice humaine s'entend nommer dans la mort et écoute avec effroi le cri de la victime. Vos oreilles ne le saisissent pas, mais, pour lui, ce cri étouffé retentit éternellement ; pour lui ce cri vivant se fait trompette vivante, ce murmure devient ouragan, et les trompettes formidables des quatre vents irrités lui parlent par la bouche muette de la victime.

— Quand reviendras-tu ?

— Mercredi prochain.

Clos à 3 h du matin.

JEUDI 29 DÉCEMBRE 1853

9 h.

Présents : Victor Hugo, Mlle Hugo,
Mme Hugo, Charles, Auguste Vacquerie.
À la table : Charles et Mme Hugo.
(Copie *Juliette Drouet.*)

— Qui est là ?

— André Chénier.

VICTOR HUGO : Tu as commencé une œuvre qui, nous poètes, nous intéresse profondément, nous espérons que tu reviendras souvent et que tu termineras cette œuvre. Mais, pour ce soir, veux-tu nous permettre de te faire des questions en dehors ?

— **Oui.**

VICTOR HUGO : Eh bien, voici une question que je te fais : André Chénier, tu es une grande victime de la Révolution. De ta tête ou de la tête de Louis XVI, la plus couronnée, c'était la tienne. Le roi que la Révolution a frappé, c'est toi. Nous t'admirons et nous t'aimons, tu le sais. Laisse-nous donc t'interroger sur les choses profondes de la conscience. La Révolution, c'est une idée qui s'est faite cognée ; et la cognée qui abat les arbres humains s'appelle hache. André, la hache t'a frappé, l'idée nous illumine. Toi, de ton vivant et dans ta prison, tu ne voyais que la hache, de même que nous, aujourd'hui, nous ne voyons que l'idée. Mais voici ce qu'il importe de savoir. Maintenant, à l'heure qu'il est, dans cette grande lumière qui, grâce à la Révolution, commence à se répandre sur le genre humain, la Révolution a-t-elle toujours le même aspect pour toi ? Fait-on des progrès dans le tombeau ? Es-tu resté ce que tu étais ? La mort a-t-elle les mêmes yeux que la vie ? Écoute, quatre poètes sont venus après toi ; il n'y a entre toi et le dernier qu'un intervalle de quarante ans[1] ; le troisième est venu au monde huit mois avant ta mort, et son âme entrant au berceau a presque pu rencontrer ton âme sortant du panier. Le quatrième est né dans les premières années de ce siècle. De ces quatre poètes, un seul, le second, est né dans les idées de la démocratie ; les trois autres ont reçu de leurs traditions de famille les mêmes opinions que toi. Or, partis de là, ils sont tous les trois allés à la

Révolution. Le plus vieux est mort presque républicain ; les deux autres sont républicains aujourd'hui. Ces quatre poètes ont eu chacun à leur tour une action politique, correspondant aux quatre époques en lesquelles se divisent les années déjà écoulées du XIXe siècle. Caractérise l'action politique et sociale de ces quatre poètes dans ces quatre époques. Et pour couronner ta réponse, dis-nous quel eût été ton rôle à toi-même si tu eusses vécu jusqu'à nos jours ?

— **D'abord, voici ma réponse quant à moi. Mon œuvre sera double. J'ai à compléter mon œuvre connue et à créer mon œuvre inconnue. La première sera royaliste, la seconde sera républicaine[1]. L'une maudira la Révolution, l'autre la bénira. Ma tête, en tombant, a vu l'idée dont mes yeux avaient vu la hache. Ma pensée arrosée de mon sang a germé dans mon tombeau. Ma lyre qui tonnait contre l'échafaud s'est mise à chanter la Révolution dans le sépulcre. L'échafaud a été le bourreau de Chénier royaliste et le parrain de Chénier républicain. La liberté m'a tué et m'a baptisé. Quatrevingt-treize est mon assassin et mon père. Je suis le fils de ma mort. La tombe est parfois surprise de recevoir de ces nouveau-nés qui comme moi lui arrivent balbutiant et à qui, mère attentive et tendre, elle enseigne l'alphabet des premières vérités. Je suis la végétation de ma tombe. Je suis l'arbre de la terre terminé par l'éternité. J'ai produit mes fleurs sur la terre et mes fruits dans le ciel.**

Si j'avais vécu dans votre siècle, j'aurais pris la liberté en adoration, j'aurais tonné contre Napoléon comme Chateaubriand, j'aurais combattu la Restauration comme Béranger, j'aurais attaqué Louis-Philippe comme Lamartine, j'aurais pilorié Bonaparte comme Victor Hugo.

Chateaubriand, c'est l'honneur sévère, c'est l'âpreté du gentilhomme qui se révolte dans un siècle de livrées et qui ne veut pas que son pays prenne l'habit de son valet, c'est le dédain de granit de la dernière tour du vieux donjon pour la première antichambre de l'Empire, c'est le républicain de la haine, c'est l'armure chevaleresque de la dernière panoplie qui descend dans la lice et qui fond sur l'uniforme égoïste du dernier conquérant, c'est le don Quichotte sublime d'une dulcinée décrépite qui délivre la jeune fiancée de l'avenir.

Béranger, c'est le républicain facile et doux qui couronne de fleurs son front et qui, vieillard joueur, lance des chansons à la monarchie au lieu d'imprécations et de balles. C'est un Anacréon déguisé en Achille qui débouche du vin de champagne à bout portant dans le nez bourbonien de la restauration, c'est un penseur réel mais borné. C'est le commencement d'un jeune républicain finissant la vie d'un philosophe. Béranger, c'est l'âme de Catulle dans le vers de Rouget de Lisle ; c'est *La Marseillaise* devenue chanson à boire ; c'est le convive de la République ; c'est le Tyrtée de la chanson.

Lamartine est un poète des temps paisibles et non des temps orageux. Lamartine rêve l'amour, la paix, la fraternité. Il chante et il sourit. Il élève la Révolution jusqu'à l'ode, mais il ne peut pas l'y conduire par l'ïambe.

Lamartine a la gloire d'être sorti républicain de la monarchie et le tort d'être sorti muet de la République. N'importe, Lamartine est grand. Il a donné des chefs-d'œuvre à l'esprit humain. Il a fait *Jocelyn* : salut ! il a renversé l'échafaud : merci !

Lamartine, André Chénier te remercie. Il était triste dans son tombeau que la République eût

frappé la poésie. La poésie en toi a relevé la tête qu'elle avait vue tomber de mes épaules. Ta lyre, après la mienne, est montée sur l'échafaud, non pour y trouver la mort mais pour y apporter la vie. Je suis ressuscité en toi sur cette même planche où j'étais mort. L'art, comme ces aïeux des romances espagnoles qui envoient leurs fils l'un après l'autre aux grands duels, nous a envoyés combattre l'échafaud l'un après l'autre. L'échafaud a tué André Chénier mais Lamartine a tué l'échafaud.

Victor Hugo, c'est toi. Tu es l'aile de l'imprévu, l'oiseau de tous les cieux, la chanson de la nuit, la fauvette de l'aurore et le goéland de la tempête. Tu es l'aigle indigné des solitudes. Ta vie gravit lentement la montagne inaccessible de la vérité, et, une fois au haut, ton œuvre ouvre des ailes inattendues et plane. Tu as fait une révolution dans l'art et tu prépares une révolution dans le monde. C'est bien, va, fais ton œuvre double. Crée et tue. Renverse et construis, et que, sur les métopes de ton panthéon radieux, l'œil ébloui de l'art et l'œil satisfait de la conscience contemplent tour à tour la Vénus et le Thersite, Marion et Bonaparte, l'une la courtisane réhabilitée par l'amour, l'autre, le traître puni par l'idée, tout l'Évangile, Madeleine et Judas. Poète, tu es le Phidias de Bonaparte. Phidias avait le marbre de Paros, toi tu as le granit de l'exil. Prends tous ces rochers et sculpte-les avec tes colères. Tu es le poète océan !

— Quel jour reviendras-tu ?

— **Mardi à neuf heures.**

MME HUGO : Tu viens de parler de Judas et de Madeleine. Dans le monde où tu es, causes-tu avec eux ?

— **Je suis solitaire. Ma pensée est en deuil ; la**

mort me couvre de sa mélancolie. Toute tête coupée est une veuve sombre autour de laquelle les âmes font silence. Hélas ! mon éternité est veuve de ma jeunesse.

AUGUSTE VACQUERIE : Qu'entends-tu par cette dernière phrase ?

— Mon éternité est veuve de ma poésie. Tant que je n'aurai pas fini mon œuvre, je pleurerai. C'est mon châtiment d'avoir flétri la Révolution. L'idée me punit en me condamnant au silence. Mais je me repens et je veux crier : vive la liberté !

Clos à 1 h ½ du matin.

1854

1er JANVIER [1854]
(P.V. *V. H.*)

— **Asda. Démon. Mauvais. Femelles. Bonaparte. X.**

— As-tu connu l'embuscade ? Où ? Parle.

— **Embûche. Meurice[1]. Meurtre. Prudence. Espoir. Paris.**

— Meurice risque-t-il de tomber dans une embûche ?

— **Non.**

— Y est-il tombé ? Est-ce pour cela que nous ne recevons plus de lettres ?

— **Non.**

— En recevrons-nous bientôt ?

— **Oui.**

— Mardi ?

— **Oui.**

— Y aura-t-il quelque indice de l'embûche dans les lettres ?

— **Non.**

— Meurice sait-il à cette heure qu'il est dans une embûche ?

— **Non.**

— Plus clairement.
— **Hugo. Danger. France délivrée.**
— Échapperai-je au danger ?
— **Joie. Liberté.**
— Réponds clairement.
— **Doute.**
— Comment le conjurer ?
— **Pense. Agis.**
— Peux-tu t'exprimer plus clairement ?
— **Non.**
— Quand sera passé le danger ?
— **X.**
— En quoi Meurice y est-il mêlé ?
— **X.**
— As-tu encore quelque chose à me dire ?
— **Oui.**
— Parle.
— **Demain.**

Plus personne.

2 JANVIER 1854

5 h ½ du soir.
(P.V. *V. H.*)

— Ton nom ?
— **Admoneste.**
— Est-ce ton nom ?
— **Non.**
— Me veux-tu dire d'admonester quelqu'un ?
— **Non.**
— Es-tu le même qu'hier ?

— **Oui.**
— Veux-tu me dire : je t'avertis ?
— **Non.**
— Explique-toi.
— **X.**
— Cet X veut-il dire que c'est moi qui dois ignorer ou que c'est toi qui ignores ?
— **C'est toi.**
— Veux-tu compléter la révélation comme tu l'as promis hier ? Parle.
— **Dieu punit.**

Long silence. La table ne bouge plus. Enfin mouvement.

— Est-ce toujours toi ?
— **Oui.**
— Continue.
— **Hardi navigateur du progrès, glace, ignorance, égoïsme, Spitzberg, hiver, soleil, tour du monde, auréole.**
— Veux-tu ajouter les verbes pour être plus clair ?
— **Oui.**
— Continue.
— **Dieu connaît on œuvre a...**

Interruption. La table ne bouge plus. Long silence.

— Y a-t-il quelque chose qui te gêne ?

Long silence.

— Est-ce toujours toi ?
— **Oui.**
— Es-tu gênée ?
— **Non.**
— Continue : après a ?

— **Mythe, re.**

— Peux-tu expliquer tes deux interruptions ?

— **Non.**

— Peux-tu compléter après l'[trou dans la page] ta phrase ? Tu m'as dit hier qu'une embûche m'était tendue ?

— **Oui.**

— Par Bonaparte ?

— **Oui.**

— Peux-tu donner les éclaircissements promis ?

— **Non.**

— Est-il nécessaire que je me fasse accompagner ?

— **Non.**

— Dois-je être armé ?

— **Oui.**

— Peux-tu désigner l'endroit que je dois éviter quand je rentre ?

— **Non.**

— Est-ce bien Meurice que tu as voulu nommer ?

— **Non.**

— Quel mot as-tu voulu dire ?

Silence.

— Est-ce le mot meurtre ?

Silence. La table longtemps sans remuer.

— Es-tu toujours là ?

Plus personne.

LUNDI 2 JANVIER 1854
9 h ½ du soir.
Présents : Victor Hugo, Auguste Vacquerie,
Mme Hugo, Charles Hugo.
Mme Hugo et Charles Hugo à la table.
(P.V. *A. V.*)

— Qui es-tu ?

— **André Chénier.**

VICTOR HUGO : André, tu désires et nous désirons comme toi voir ton œuvre complétée. Nous recueillerons pieusement et avec le respect dû à ton génie et à la tombe les vers que tu nous dicteras des deux époques de ta pensée, avant et après la mort. Noue ferons le monument complet et nous écrirons en tête ta vie et ta fin. Pour que le travail soit ce qu'il doit être, pour qu'il ait à la fois le cachet humain et surhumain que comporte cette publication faite de compte à demi avec le tombeau, diverses questions sont nécessaires. Elles éclaireront de toi, non seulement l'inconnu de la vie, mais l'inconnu du sépulcre. Les questions que je vais t'adresser, et dont la réponse formera le plus surprenant chapitre d'une biographie[1], ces questions dépassent même toi qui nous parles, et nous, qui t'écoutons. J'ai écrit un livre qui est le livre de la tête coupée[2]. Je me suis arrêté là où toi seul peux continuer. Veux-tu répondre à ma question ? La comprends-tu tout entière ?

— **Oui.**

— Nous t'écoutons.

— **L'homme monte sur l'échafaud. Le bourreau l'attache à la bascule. La demi-lune se ferme sur** son cou. L'âme des guillotinés s'envole par un carcan. L'homme alors a une seconde effroyable. Il ouvre les yeux et voit un panier plein de boue rougeâtre, c'est le fond de l'égout des échafauds, et sa tête lui dit : Je vais être là. Non, lui répond son âme. Le spectacle vient de changer. Au lieu d'une boue, il voit un océan, au lieu du sang, il voit la lumière. Par cet égout il est entré dans le ciel. Ô terreur ! Ô joie ! Ô réveil ! Ô prodigieux baiser ! Ô agenouillement ! Ô essor ! L'âme s'envole et reste à genoux. Elle reste enfant et devient oiseau. Mais, ô surprise ! Elle se sent lentement envelopper d'une forme diaphane, le ciel se fait miroir. Elle se voit. Elle est belle. Elle a vingt ans. Le corps ne cache plus l'âme, il la reflète. L'âme n'est plus enfermée dans la matière. La beauté n'est plus la chair. L'âme a pris à ce cadavre qu'on traîne au charnier tout ce qu'il a de précieux, son sourire, son regard, son rayon, un baiser de Camille[1] resté sur les lèvres de la tête coupée, un soupir oublié, un chant d'un soir d'automne, un parfum d'une matinée d'avril, une toute petite querelle de colombe, le mot : je t'aime, et elle a emporté cela dans l'azur. Je me reconnais et pourtant je n'ai plus mes sens. Je suis vivant et pourtant je ne porte plus le poids de la vie. Il coule de la lumière dans mes veines transparentes. Je reçois de l'infini par tous mes pores. Une bouche invisible me couvre d'un long baiser où je devine ma mère, où je reconnais ma maîtresse et qui a tour à tour le parfum de tous mes amours. Une ligne lumineuse sépare ma tête de mon corps. C'est une plaie animée et sensible qui reçoit le baiser de Dieu. La mort m'apparaît à la fois sur la terre et dans le ciel, tandis que mon corps transfiguré par le tombeau s'enfonce dans les béatitudes de l'éternité, je vois,

à des distances immenses au-dessous de moi, mon autre corps, que le bourreau jette aux vers, ma tête qui roule dans les ruisseaux, ma plaie qui saigne, ma guillotine qu'on lave, ma chevelure qui pend au bout d'une pique et mon nom qu'on insulte. Alors j'entends une voix qui dit : Gloire à Chénier ! Et je vois descendre du fond des cieux une auréole sur mon front. C'était le panier qui finissait. Dieu achève. Les échafauds, le bourreau et le...[1]

> *Auguste Vacquerie, qui écrit, dit que la dernière phrase est troublée. Charles dit que ce doit être parce qu'il est très fatigué. Mme Hugo ne l'est pas moins. On clôt la séance.*

JEUDI 5 JANVIER [1854]

6 h ½ du soir[2].
(P.V. *V. H.*)

— Es-tu le même que le 1 et 2 janvier ?

— **Oui.**

— Peux-tu dire ton nom ?

— **Non.**

— Est-ce par choix que tu viens ici plutôt qu'à Marine-Terrace[3].

— **Oui.**

— As-tu connaissance de la vision de Marine-Terrace ?

— **Oui.**

— As-tu une communication ?

— **Oui.**

— Parle.

— **Z.**
— Parle.
— **Z.**
— Est-ce que la lettre est un Z ?
— **Non.**
— Es-tu gêné ?
— **Non.**
— Parle.
— **Tu suffis à ton œuvre, les ambitions, les rêves les utopies, tour de Babel. Suis ta route sans t'arrêter. L'humanité te suit. La tyrannie se fatigue, elle s'accroupit dans la fange, elle regarde passer la liberté conduisant...**
— Es-tu gêné ?
— **Oui.**
— Par quoi ?
— **L'immensité.**
— Continue.
— **X.**
— Est-ce volontaire que tu t'arrêtes à l'X ?
— **Oui.**
— Reviendras-tu ?
— **Oui.**
— Quand ?
— **Demain.**

VENDREDI 6 JANVIER [1854]
6 h ½ h du soir.
(P.V. *V. H.*)

— Y a-t-il quelqu'un ?
— **Oui.**

— Es-tu le même qu'hier ?

— **Non.**

— L'âme d'hier que j'aime, reviendra-t-elle ?

— **Oui.**

— Pourquoi pas aujourd'hui ? Peux-tu répondre ?

— **Oui.**

— Est-elle fâchée ?

— **Non.**

— Est-ce non ? Ou deux Z ? Parle.

— **Non.**

— Z est-il la première lettre de ton nom ?

— **Non.**

— As-tu une communication à me faire ?

— **Oui.**

— Parle.

— **L'œil humain ne peut pas fixer longtemps le soleil, la pensée ne peut pas fixer longtemps... X.**

— Est-ce volontairement que tu vas à X ?

— **Oui. Mystère, Dieu.**

— Je reprends : As-tu quelque chose de particulier à nous dire ?

— **Oui.**

— Parle.

— **Cataracte. Ténèbres.**

Mouvement, rotation [de la table].

— Es-tu toujours le même ?

— **Non.**

— Es-tu celle qui est venue hier ?

— **Non.**

— Ton nom ?

Rotation.

— Peux-tu le dire ?

Mouvement.

— Es-tu gêné ?

Toujours [une] rotation sans reprendre.

— Y a-t-il quelqu'un ?

Silence.

VENDREDI 6 JANVIER 1854.
Présents : Mme Victor Hugo et Charles,
à la table. Auguste Vacquerie.
(Copie *C. D.*)

AUGUSTE VACQUERIE : Qui est là ?

— **André Chénier.**

— Veux-tu nous continuer le récit de ta vie après la mort ?

— **Oui.**

— Tes dernières phrases étaient un peu obscures, sans doute par la faute de notre fluide. Veux-tu les éclaircir ?

— **Oui.**

— À quel mot reprends-tu ?

— **Finissait.**

— Continue après finissait.

— **En apothéose. C'était la guillotine qui finissait en rayonnement. C'était le bourreau qui s'achevait en Dieu. C'était le semeur de mort qui récoltait l'immortalité. Je naissais dans le grand berceau. Je sortais vivant de l'ombre et j'étais plein de rosée comme un lys au printemps. Toute âme est la fleur de son tombeau. Le ciel est un bouquet. Le parfum des cimetières est des plus doux. Une rose qui sort** d'un mort est toujours respirée par Dieu. La prière la cueille pour lui. La prière est la bouquetière du ciel. Mais, tout à coup, j'ai entendu des voix dans l'infini, l'une disait : « Ô mon poète, je m'appelle Néère. Je suis triste, ma couronne est incomplète. Tes vers m'ont abandonnée. Je suis morte en naissant. Ô mon poète, fais-moi revivre. Rouvre les yeux à mon idylle. Fais-moi rejoindre Chromis. » L'autre disait : « Ô mon amant, je suis Camille, tu m'as fait aimer, je t'ai fait chanter. Rends-moi ton amour et reprends ta chanson. Ô mon amant, fais-moi retrouver Chénier. » L'autre disait avec un râle plaintif et sombre : « Ô vengeur, je suis Louis-Seize. Tu tiens dans ta main le fouet des colères. Tu pourrais tutoyer la foudre. Ressaisis l'ïambe éclatant et venge-moi. Flétris l'échafaud. Ô poète, fais-moi retrouver Tacite. » La dernière disait : « Je m'appelle Robespierre. La Révolution a eu tort de te tuer, mais tu as eu tort de la flétrir. Tout grand esprit est débiteur de l'idée. La Révolution, comme un créancier qui saisit la demeure de celui qui ne le paie pas, t'a pris ta tête parce que tu lui devais ton génie. Paie-la. La tombe n'est pas la liberté pour les esprits infidèles à l'idée. Recommence ton œuvre. Glorifie la Révolution que tu as outragée. Bénis la liberté que tu as maudite et sors républicain de l'immortalité. Debout sur la planche de l'échafaud, proclame la Révolution toi qui es son martyr, deviens son apôtre. Relève ta tête pâle, rouvre tes yeux morts, et qu'on voie le fantôme de Chénier se réconcilier avec le spectre de Robespierre. Je te tends la main dans la lumière, et je t'embrasse dans l'amour. Frère, nous nous retrouvons dans la famille des décapités, moi le déshérité de la Révolution, toi son débiteur. Chénier doit s'acquitter

envers Robespierre. Je te dois ta tête, tu me dois ta pensée. » Les voix se turent, et j'attends que vous m'écoutiez.

Entrent Victor Hugo, François-Victor Hugo et Mme Hugo.

— Nous t'écouterons dès que tu voudras, mais un mot, pourrais-tu dire à Shakespeare que je voudrais bien le voir ?

— **Oui.**

— Viendra-t-il ?

— **Oui.**

— Quel jour ?

— **Vendredi.**

MME HUGO : Du monde où vous êtes, voyez-vous tout ce qui se passe dans le nôtre ?

— **Oui.**

AUGUSTE VACQUERIE : Le dimanche 25 décembre, tu nous as fait des vers. Les premiers étaient charmants, mais les derniers étaient obscurs. Le trouves-tu comme nous ?

— **Oui.**

— Jusqu'à quel vers conserves-tu ce que tu nous as dicté ?

— ***Sous ta chaste couronne habite le respect.***

— Continue.

— ***Cupidon dans ses jeux s'arrête à ton aspect***
Et cache (la malice est propre aux innocences)
Son carquois, ce jouet rempli de nos souffrances.
Et la colombe, essaim gourmand qui dans les cieux
Promène de Vénus le char silencieux,
Et qui va becqueter dans plus d'une âme éclose
Les premiers grains d'amour qu'y sème Mise ou Rose,

S'arrête sur ton seuil et dis : Paix aux vieux ans.
Toujours la plume blanche est douce aux cheveux blancs.
Des flèches d'Adonis votre âge vous protège.
Ô vieux monts, le rayon épargne votre neige.
L'âge est un innocent qui péchait autrefois.
L'amour pour vous parler prend sa plus douce voix.

Hésitation.

— Es-tu toujours là, Chénier ?

— **Non.**

— Qui répond non ?

— **Le Lion d'Androclès.**

— Parle.

— **Les crinières sont la chevelure des fronts souverains. Le lion est le poète des solitudes. Le lion est debout quand le soleil se lève. Le lion pardonne, le lion rêve. Le lion, c'est le rugissement du vent, c'est le silence du désert. Ma crinière quand je la dresse est la lyre vivante des ouragans. Ma queue quand je la lève est le fouet de l'air. Mon ongle est la force, mon regard est la bonté. Ma gueule arrache le tigre au désert et rend les enfants aux mères. Le lion règne sur le tigre. Il accorde dans le cirque les grâces que refuse Néron, il épargne Androclès, il sauve Daniel, il s'apaise comme Dieu, et il baise le pied de l'idée. Le lion, c'est la puissance qui fait l'homme grand et la clémence qui fait l'homme bon. Je suis ce lion. Saluez.**

— Nous te saluons. Veux-tu revenir ?

— **Oui.**

— Quel jour ?

— **Mardi neuf heures.**

— Dis à André Chénier que nous le prions de

revenir vite continuer ses vers et rapporte-nous sa réponse mardi.

— **Oui.**

Clos à minuit et demi.

VENDREDI 13 JANVIER 1854

Présents : Victor Hugo, Auguste Vacquerie.
À la table : Mme Victor Hugo, Charles Hugo.
(Copie *C. D.*)

— Ton nom ?

— **Shakespeare**[1].

VICTOR HUGO : J'attache un très grand prix à savoir si, avant de venir à notre prière, tu nous avais fait ce grand honneur de venir de toi-même. Dis-moi donc si c'est toi qui es déjà venu ?

— **Oui.**

— Tu sais que tu es pour nous un des quatre ou cinq plus grands créateurs de l'humanité, veux-tu nous dire ce qui s'est passé dans le tombeau et quelle rencontre a eu lieu le 23 avril 1616 ?

— **J'ai baisé Corneille naissant.**

— Je n'ai pas dit 1606 mais 1616. Recueille-toi et cherche si ce jour-là Shakespeare n'a pas rencontré un autre immense représentant de la pensée humaine.

— **Non.**

— Cependant, le 23 avril 1616, Cervantès est mort, le même jour, presque à la même heure que toi. Est-ce que tu ne l'as pas rencontré ? Veux-tu répondre ?

— **Non.**

— Dis-tu que tu ne veux pas répondre ou que tu ne l'as pas rencontré ?

— Michel Cervantès n'est pas mort à la même heure que moi.

— Mais il est mort le même jour. Vous avez dû vous rencontrer dans le milieu où vous êtes allés. Deux génies comme vous devaient avoir à se parler. Que vous êtes-vous dit ?

— Quand on meurt, on prend tout à coup l'âge de tous les morts, c'est-à-dire de l'éternité. Dans le ciel, il n'y a ni premier ni dernier venu. Tous ont une seconde vie et cette seconde vie dure cent millions d'ans. Demander à un mort : combien de temps y a-t-il que tu es dans le ciel ?, c'est demander à un rayon : combien y a-t-il de temps que tu es dans le soleil ? Une âme est une sœur qui n'a pas d'aînée. L'infini n'est pas l'aîné de l'amour. L'éternité n'est pas l'aînée du génie. Tous les grands esprits sont jumeaux. Dante n'est pas le cadet d'Eschyle, Sophocle n'est pas le puîné d'Homère, Shakespeare n'est pas le petit frère, Job n'est pas le grand, Isaïe est aussi centenaire que Moïse. L'Horeb est aussi séculaire que le Sinaï. L'idée a des fils, mais non des petits-fils. Si tu interroges le rayon sur son âge, il te dira : demande à l'éclair. Si tu questionnes l'éclair, il te dira : demande au rayon. J'ai vu Cervantès une fois. Il m'a salué et m'a parlé ainsi : Poète, que penses-tu de Don Quichotte ? Et Molière qui passait a dit : C'est le même homme que Don Juan. Et moi j'ai dit : C'est le même homme que Hamlet. Don Quichotte doute, Don Juan doute, Hamlet doute. Don Quichotte cherche, Don Juan cherche, Hamlet cherche. Don Quichotte pleure, Don Juan rit, Hamlet sourit, tous trois souffrent. Dans le crâne que tient Hamlet, il y a ta larme, ô Cervantès, il y a

ton rire, ô Molière. Le squelette du doute grimace sous la beauté de nos trois œuvres. Nous faisons le drame, Dieu l'achève. Regardez le ciel, c'est le dernier acte. La pierre du tombeau qui s'ouvre sur nos âmes, c'est le rideau qui se lève sur le dénouement. Applaudis, Cervantès ! Applaudis, Molière ! Applaudis, Shakespeare ! Dieu entre en scène.

— En présence d'un génie tel que toi, les pensées abondent et se pressent, et voici celle qui s'offre d'abord à mon esprit. Quand tu étais sur la terre, tu créais, tu créais après Dieu. Maintenant que tu as quitté la terre et que tu habites la véritable vie, la lumière, qu'est-ce que fait ton génie ? Tu vis, Shakespeare, or il y a des idées indivisibles. Pour Shakespeare, vivre, c'est créer, continues-tu de créer ? Continues-tu ton œuvre ? Si tu la continues, si cela est de toi, cela doit être de tous les autres génies. De sorte qu'à côté de la création directe de Dieu, il y aurait ce qu'on pourrait appeler la création indirecte, c'est-à-dire la création de Dieu à travers les grands esprits. Ceci ouvre un horizon immense et nouveau. Veux-tu répondre à ma question ? Continues-tu ton œuvre ? Si tu la continues, est-ce selon le monde des hommes que tu as habité ou selon le monde des âmes que tu habites maintenant ? Ton œuvre subit-elle la même transformation que toi ? L'écris-tu, si ce mot écrire peut s'employer dans une langue nouvelle pour nous, que les hommes ne comprendraient pas et qui est la langue propre du ciel ? Sont-ce des drames que tu fais ? Sur quelles passions ? Sur quel monde ? Sur quelles idées ? Ces drames, s'ils nous étaient traduits, seraient-ils abordables à l'intelligence humaine ? En un mot, quel est le lien qui lierait dans ce cas ton œuvre dans le ciel à ton œuvre sur la terre ?

— La vie humaine a des créateurs humains. La

vie céleste a le créateur divin. Créer, voilà le travail, contempler, voilà la récompense. Sur la terre, les grands esprits créent pour moraliser, mais dans le ciel tout est moral, tout est bon, tout est juste, tout est beau. Le ciel serait incomplet si je créais quelque chose, un chef-d'œuvre destituerait Dieu. Je suis condamné à l'admiration, moi l'admiré. Je suis perdu dans la foule des spectateurs, moi le créateur. Dieu se fait un parterre de demi-dieux. Orphée, Tyrtée, Homère, Eschyle, Sophocle, Euripide, Moïse, Ezéchiel, Isaïe, Daniel, Ésope, Dante, Rabelais, Cervantès, Molière, Shakespeare, et d'autres que j'entrevois sans les connaître, dans l'infini, nous sommes assis pensifs devant la lumière de l'Éternel. Jésus est à genoux. La lumière nous éclaire et nous éblouit. La vie nous ravit et nous déborde, et si tu voyais tous ces prophètes, tous ces mages, tous ces poètes et tous ces génies, siégeant en cercle autour de Dieu, tu ne me demanderais pas si je crée. Non, je regarde, non, j'écoute, non, je suis un atome attentif devant l'immensité. Je suis un grand homme abdiquant devant l'infini. Je tombe archange. Je descends petit du piédestal et je jette mon auréole. Je suis un rêve dont la mort est le réveil. J'avais l'art, maintenant j'ai l'amour. Mes créations ont laissé leurs ailes dans le tombeau. L'amour, c'est l'art ressuscité. L'art marche à la porte du ciel, l'amour seul y entre. Le bonheur est une Mecque éternelle dont l'art est le pèlerin et dont l'amour est l'ange.

— Tu es venu sur la demande d'André Chénier. Peux-tu, à ton tour, prier André Chénier de revenir, et nous dire quand il reviendra ?

— **Oui.**

— Quand reviendra-t-il ?

— **Dans dix jours.**
— Le 23 ?
— **Oui.**

Victor Hugo sort.

MME HUGO : Tu dis que vous ne créez plus dans la vie où vous êtes. Comment se fait-il qu'André Chénier, lui, ne pense plus qu'à créer, à terminer ses œuvres ?

— **La vie m'a couronné, elle a décapité Chénier. Chénier a encore quelque chose à dire à la vie. Moi, je ne parle plus qu'à Dieu ou en son nom. Shakespeare est le père de son œuvre. Chénier est l'orphelin de la sienne.**

Clos à minuit.

22 JANVIER 1854

9 h ¾ du soir.
Présents : Mme Victor Hugo, M. Victor Hugo, Auguste Vacquerie, Guérin.
Tiennent la table : Mme Hugo et Guérin.
Victor Hugo interroge.
(Copie *C. D.*)

— Y a-t-il quelqu'un ?
— **Oui.**
— Ton nom ?
— **Jacob.**
— As-tu une communication à me faire ?
— **Oui.**
— Parle.
— **Doutons.**

Note. Une demi-heure avant cette séance, Victor Hugo et Auguste Vacquerie, seuls tous deux au salon et causant des tables, avaient exprimé quelques doutes. Ils avaient trouvé étrange notamment que Shakespeare représentât comme une figure du doute Don Quichotte qui leur semblait l'affirmation par excellence. Leur conversation n'avait pu être entendue de personne. Charles, dans ce moment, était dans sa chambre, deux étages au-dessus du salon.

Charles Hugo rentre et remplace sa mère. Il se met à la table sans demander qui est là, ni ce qui a été dit jusqu'à présent. La table continue.

22 JANVIER 1854

(Ici Charles et Guérin tiennent la table.)
(P.V. *V. H.*)

— Shakespeare avait raison de vous dire : le doute est au fond de toutes les œuvres humaines. Oui, Don Juan c'est le doute. Oui, Hamlet c'est le doute. Oui, Don Quichotte c'est le doute. Vous n'avez pas compris le plus grand sens de ces trois figures. Voulez-vous le savoir en un mot ? La lutte de Don Juan avec la statue, la lutte d'Hamlet avec l'ombre, la lutte de Don Quichotte avec les fantômes, c'est la même lutte, c'est le combat de l'homme contre le monde invisible, c'est le pugilat du corps contre l'âme, c'est le duel de la chair avec l'esprit, c'est le sombre champ clos du doute, c'est la lutte éternel de Jacob avec l'ange.

VICTOR HUGO : Ce que tu viens de dire est beau et concluant. As-tu entendu ce que nous disions tout à l'heure en bas ?

[Pas de réponse.]

— Es-tu là, Jacob ?
— **Non.**
— Qui est là ?
— **Shakespeare.**
— As-tu une communication à nous faire ?
— **Oui.**
— Parle.
— **Je vous le demande un peu, pauvres hommes de génie, qu'est-ce que c'est que votre immensité pour oser défier le dieu des abîmes, qu'est-ce que c'est que votre pensée pour rester couvert devant le dieu des soleils. Qu'est-ce que c'est que vos chefs-d'œuvre pour oser jeter le gant au Dieu de l'éternité ? Qu'est-ce que c'est que nos Hamlet, qu'est-ce que c'est que nos Don Juan, qu'est-ce que c'est que nos Don Quichotte, devant la majesté, devant la puissance, devant la lumière ? Qu'est-ce que c'est que vos Ruy Blas, qu'est-ce que c'est que vos drames, qu'est-ce que c'est que vos mondes devant la création ? Hamlet, ôte ton panache noir ; Don Juan, ôte ton épée ; Don Quichotte, ôte ton casque ; Ruy Blas, prête-leur ta livrée, et paraissez ainsi vêtus devant le maître éternel. La livrée c'est le costume des chefs-d'œuvre devant Dieu.**

Conversation sur cette séance et l'autre.

— Continue.
— **Et d'abord vous vous trompez étrangement sur moi. Je ne méprise pas plus mon œuvre que la statue ne méprise son piédestal. Je suis débout sur ma création. Vous dites : il la foule aux pieds. Non.**

Je ne marche pas dédaigneusement sur Hamlet ; je monte superbement sur la plus haute plate-forme d'Elseneur et là, au lieu de parler à l'Ombre, je parle à Dieu. Voilà tout. Tout grand penseur, quand il monte dans la tombe, franchit la dernière marche de son œuvre. La mort est la tour suprême. L'œuvre est l'assaut sublime. La vie met un casque au front de l'esprit, la mort lui ôte le casque et lui dit : Salut l'auréole. Je suis le vaincu de Dieu, je viens conter ma défaite. Je suis l'ambassadeur de la victoire divine. Je souffle dans le clairon derrière le char de l'Éternel, et vous vous étonnez que ma fanfare dise Jéhova ! et non Shakespeare ! Voyez-vous, j'avais oublié mon nom, vous me le rappelez ; merci, vivants !

— Continue.

— Ce sont des vers que je veux vous dire.

— En anglais ou en français ?

— La langue anglaise est inférieure à la langue française.

— Nous t'écoutons.

— *Le penseur souverain, quand il est sur la terre,*
Parle haut et commande ; il t'obéit, ô Mort !
Il fait trembler le monde au bruit de sa crinière
Et l'immensité dit : c'est le lion qui sort.

Mais quand il meurt, sa tête incline sa pensée,
Il perd l'ongle et la dent, et nul ne se souvient
Du lion qui rugit, la narine froncée,
Et le firmament dit : c'est un oiseau qui vient.

Ô mon Dieu, j'agenouille à tes pieds mes victoires,
Hamlet, Lear, à genoux ! À genoux devant le Dieu des gloires !
Entrons petits, vaincus sous l'arche du...

— Veux-tu recommencer le vers ?

— **Oui.**
— Va.
— **Relis tout.**

On relit tout. On lui demande s'il veut changer, vers à vers. Oui. Les neuf premiers sont conservés. Le dixième change.

— **Othello.**
— En quoi ?
— **Roméo.**
— Onzième conservé.
— **Douzième changé.**
***Vous chantiez* Homini *la tombe dit :* Deo.**
— Sais-tu que nous sommes bien plus tes compatriotes que les Anglais ?
— **Oui.**
— Va.
— ***Ainsi que les captifs qui suivaient dans les fêtes,***
Couronnés, mais vaincus, Césars, vos chars vermeils,
Mes chefs-d'œuvre en deuil, Dieu fait incliner vos têtes,
Hamlet, vêtu de noir, doit suivre les soleils.

L'infini tout-puissant à son char vous enchaîne.
Votre abdication lui fait sa royauté.
Vous étiez souverains, et Juliette reine.
Shakespeare est descendu, mais son âme a monté.
— On est fatigués. Quel jour reviendras-tu ?
— **Mercredi, neuf heures du soir.**

Séance finie à 1 h du matin.

22 JANVIER 1854[1]
(P.V. *Mme V. H.*)

— As-tu une communication à nous faire ?

— **Oui.**

— Parle.

— **Je vous le demande un peu, pauvres hommes de génie, qu'est-ce que c'est que votre immensité pour oser défier le dieu des abîmes, qu'est-ce que c'est que votre pensée pour rester couvert devant le dieu des soleils. Et d'abord, vous vous trompez étrangement sur moi, je ne méprise pas plus mon œuvre que la statue ne méprise son piédestal, je suis debout sur sa création. Vous dites : il la foule aux pieds, non, je ne marche pas dédaigneusement sur Hamlet ; je monte superbement sur la haute plate-forme d'Elseneur et là, au lieu de parler à l'ombre, je parle à Dieu.**

MERCREDI 25 JANVIER [1854]
9 h ½ du soir.
Mme Victor Hugo
et M. Guérin tiennent la table.
(P.V. *V. H.*)

— Qui est là ?

— **Shakespeare.**

— Peux-tu continuer tes vers par la table ainsi qu'elle est tenue en ce moment ?

— **Oui.**

— Parle.

— **Biiliemm.**

— Désires-tu un autre pour tenir la table ?

— **Oui.**

— Qui ?

— **Charles.**

— Peut-on le remplacer ?

— **Non.**

— Qui doit quitter la table ?

— **Mme Hugo.**

— Peut-on quitter la table en attendant que Charles vienne ?

— **Non.**

Charles prend la table avec M. Guérin.

— Continue les vers commencés. Nous t'écoutons.

— ***Mon œuvre a descendu, mais mon âme a monté.***

— Veux-tu changer quelque chose aux vers précédents ?

— **Non**

— Continue.

— ***Vivants, nous nous nommons Shakespeare et lui Molière.***
Nous faisons des soleils avec les passions,
Et notre œuvre, créant des mondes de lumière,
Emplit l'esprit humain de constellations.

Morts, nous nous écartons, humbles, sous les étoiles ;
Nous nous cachons, rêveurs, derrière nos tombeaux ;
Et là, nous regardons

Interruption.

— Cherches-tu la fin de ton vers et désires-tu qu'on attende un instant ?

La table continue de s'agiter sans répondre.

— Veux-tu que je relise tout ? Cela t'aidera-t-il ?
— **Oui.**

On relit, la table reprend.

— ***... l'immensité sans voiles***
Sur nos fronts e

Interruption. La table s'agite.

— Est-ce un t ensuite ?

Pas de réponse.

— Y a-t-il quelque chose qui te gêne ?
— **Non.**

La table continue de tourner et de glisser.

— Désires-tu recommencer le dernier vers ?
— **Oui.**
— Va.

Encore un silence puis la table reprend.

— **Finis la strophe.**
— Est-ce à moi, Victor Hugo, que tu dis de finir la strophe ?
— **Oui.**
— Ton vers est-il fait ?
— **Oui.**
— Voici ma fin :
L'astre éternel éteint les terrestres flambeaux.
Dis-nous la tienne.
— ***Sur nos astres éteints allumer ses flambeaux.***
— As-tu quelque observation à faire ?

— **J'aime mieux ton vers.**
— Veux-tu continuer le reste des vers ?
— **Oui.**
La mort prend la (deux fois Z).
— Veux-tu recommencer le vers ?
— **Non.**
— Continue.
— ***rt, humain sous ses immenses ailes,***
L'emporte au fond des cieux z z et lui montre Vénus z
Et lui dit : Ce sont là les œuvres éternelles.
L'art est un pâtre obscur qui marche les pieds nus ;

Il passe dans la plaine à l'heure où le jour tombe,
Guidant l'humanité hors du sentier des loups,
Debout pour le troupeau s

Interruption.

— Veux-tu changer quelque chose à ces vers ?
— **Oui.**

Les quatre premiers sont conservés, il change le cinquième.

— Quel mot changes-tu ?
— **Le mot tombe.**
— En quoi ?
— **Baisse.**
— Conserves-tu le suivant ?
— **Non.**
— Va.
— ***Guidant l'homme qui suit son pas puissant et doux,***
Grand pour le noir troupeau que son bras mène en laisse,
Debout pour l'horizon, mais pour l'astre à genoux,

Mais quoique vous soyez petits pour Dieu, poètes,
Ne dites pas : c'est peu. Qu'importe notre effort ?
Continuez, penseurs, les choses que vous faites.
La clé que vous forgez ouvre la porte.

La table s'arrête.

— Veux-tu refaire ce vers ?

— **Oui.**

Ce n'est pas un larron que l'ombre de la mort.
La mort ne vole pas leurs fleurons aux couronnes.
La mort n'est pas un vol de l'immortalité.
Le ciel garde la gloire, ô Dieu, quand tu la donnes,
Dieu n'ôte pas Shakespeare à son immensité.

Ne dites pas : la mort vient dans le cimetière,
La nuit, à pas furtifs, et comme un ennemi.
Vole l'Enfer à Dante et Tartuffe à Molière,
Et prend son épitaphe à Cervante[1] *endormi.*

Lequel aimes-tu le mieux : à Cervante endormi, ou au génie endormi ?

— J'aime mieux « au génie » ; j'aime mieux que ce soit plus général et que cela s'applique à tous les grands hommes. Penses-tu comme moi ?

— **Oui.**

— Continue.

— *Non, poètes, la mort n'est pas un noir fantôme*
Embusqué lâchement aux portes du tombeau.
Le sépulcre n'est pas, sur la route de l'homme,
Un piège que Dieu tend au grand, au juste, au beau.

Non, la mort, c'est la vie affranchie et superbe,
C'est le semeur du ciel, c'est le grand moissonneur
Qui coupe sur la tombe une dernière gerbe
Et jette sa moisson aux pieds du Seigneur.

L'œuvre terrestre vit, l'œuvre terrestre règne,
C'est notre clé d'amour pour entrer dans l'azur.
Que notre bras tressaille et que notre front saigne,
Jusqu'au ciel pierre à pierre élevons notre mur.

Entassons lentement chefs-d'œuvre sur chefs-d'œuvre,
Aujourd'hui Don Quichotte et demain Iago.
Aujourd'hui le lion et demain la couleuvre.
Aujourd'hui, moi, Shakespeare, et demain, toi, Hugo.

Puisque Dieu nous dépasse au moins de cent coudées
Donnons-lui de la peine à vaincre l'art vermeil,
Et qu'en voyant courir nos quadriges d'idées
Il triple l'attelage au char de son soleil.

Soyons fiers d'être ceux qui disputent l'empire
Et qu'en voyant les cieux on dise : ils sont plus grands.
Qu'au céleste clairon l'art mesure sa lyre
Et d'être de tels nains étant de tels géants !

Non, nous ne sommes rien, nous sommes un atome,
Non, nous ne sommes rien par la comparaison ;
Nos livres sont petits devant le divin tome
Quand l'aurore a doré sa tranche à l'horizon.

— Veux-tu continuer aujourd'hui ?

Il est 2 h du matin.

— **Décidez.**
— Veux-tu revenir bientôt ?
— **Oui.**
— Vendredi à neuf heures ?
— **Oui.**

VENDREDI 27 JANVIER 1854

7 h (du soir).

Charles et Guérin à la table[1].

(P.V. *Ch. H.*)

— Qui est là ?

— **Shakespeare.**

— CHARLES : On a cherché dans ce moment, sans les trouver, des noms de fées pour une légende que je fais, toi qui as fait dans les tiennes des noms si charmants, veux-tu m'en donner deux ou trois des noms de fées bienfaisantes ?

— **Lacrima ou bien Pidrahita.**

— Ce nom a-t-il un sens ?

— **Pied d'enfant.**

— Dans quelle langue ?

— **Du soleil. Ou bien Rosaspina. Animula. Perlina. Marquise de la mer. Vol d'oiseau. Mouette de l'âme. Sultane de lys. Pandora. Parure de mai.**

— Veux-tu m'autoriser à prendre ces noms ?

— **Oui.**

— Tu reviendras à neuf heures et demie ?

— **Oui.**

27 JANVIER

9 h ½.

Charles, M. Guérin, à la table.

(P.V. *V. H.*)

— Es-tu là Shakespeare ?

— **Oui.**

— Parle de toi-même.
— *Quand Eschyle pensif sculpte l'âme d'Oreste,*
Quand Cervantes songeur fait son grave hidalgo,
Quand l'amer Poquelin plisse le front d'Alceste,
Quand j'endors Desdémone à l'ombre d'Iago,

Quand du tremblant Hamlet je fais l'âpre ministre
Du spectre qui lui dit : Venge-moi ! chaque soir,
Elseneur, quand je mets sur ton donjon sinistre,
Le doute en sentinelle au créneau du devoir ;

Lorsque dans Caliban je peins l'être vorace,
Ou que dans Richard III je peins l'homme inhumain,
Quand, à Lady Macbeth refusant toute grâce,
Sombre, avec son forfait je lui gante la main,

À Juliette un soir quand je dis ma romance,
Quand je fais mon roi Lear et vous vos Triboulets
Quand, comme une caverne au fond d'un bois immense,
L'antre de Grandgousier s'ouvre dans Rabelais ;

Lorsqu'Ésope indigné d'être esclave de l'homme
S'évade dans la fable et fuit l'idéal,
Quand Tacite aux Nérons ouvre un cirque dans Rome
Et fait manger Tibère à son tigre royal,

Quand Silène s'enivre à ta treille, ô Virgile,
Quand parlant et prêchant dans le monde ébloui,
Moïse écrit la Bible et Jésus l'Évangile,
Et que la croix de loin parle au mont Sinaï,

Lorsque penseurs profonds et poëtes sublimes,
Nous créons lentement, lorsque nous animons
Ces géants qui levant au ciel leurs vastes cimes
Font une ombre le soir plus grande que les monts,

Non, nous ne créons pas, nous plagions nos âmes,
Nous copions le Dieu qui fait les passions.
Nous plagions l'enfant, les hommes et les femmes,
Nous créons après Dieu dans ses créations,

Nous volons à la vie, à l'amour, à la tombe,
À l'un tous ses baisers, à l'autre tous ses os ;
Nous dérobons sans bruit toute larme qui tombe.
Nous cherchons des trésors au fond de tous les maux.

L'amour que nous mettons dans nos œuvres pensives,
Nous arrive en voyant deux colombes de Dieu ;
Nous volons leurs jouets aux enfances naïves ;
Pygmalions furtifs, nous rampons vers le feu,

Nous mettons l'infini librement dans nos strophes,
Nous demandons des mots au destin, maître obscur,
Nous prenons, s'il nous faut de sombres catastrophes,
Sa grande épée à main accrochée à son mur.

Nous sommes, ô mon Dieu, tes enfants et tes hôtes ;
Nous usons largement de l'hospitalité ;
Nous baignons dans tes eaux si pures et si hautes
Nos Achilles naissants, fleuve d'éternité !

Voilà pourquoi, Seigneur, nos œuvres immortelles
Meurent en arrivant près de l'astre Apollon ;
Sa flèche d'or tombant de ses mains éternelles,
Dans leur voyage au ciel leur touche le talon.

Il est 1 h du matin.

— Charles est fatigué. Veux-tu revenir dimanche soir à neuf heures ?

— **Oui.**

[Le procès-verbal de Hugo s'arrête ici.]

(P.V. *Mme V. H.*)

Victor Hugo s'en va. Après son départ, Mme Hugo prie son fils de continuer quelques instants, ayant une question à adresser à Shakespeare. Charles, tout fatigué qu'il est, consent à rester.) [Note de Mme Hugo.]

MME HUGO : Je désire savoir si le travail existe dans le monde où tu vis.

— **La pensée, dans le langage du ciel, parle, chante, vit sans travail. Elle habite le Verbe. Mais quand elle descend du ciel sur la terre et du verbe divin dans le langage humain, elle est forcée de laisser là ses ailes, comme un oiseau qui rentre en cage. Elle doit marcher et non voler pour que vous la suiviez. Elle remet donc les sandales pesantes qu'elle avait quittées au seuil du tombeau. Le verbe plane ; la parole voyage, la parole gravit, la parole trébuche, la parole tombe. Je tombe donc puisque je parle, je trébuche puisque je marche. L'esprit humain est un cachot. En m'emprisonnant avec vous, je me soumets aux règles de la prison, je travaille. Je bois à la cruche d'eau de votre poésie, je mords au pain noir de votre idéal, je redeviens le poète humain, plus grand peut-être, mais non plus libre. Je crée laborieusement et je sens tomber**

de mon front des gouttes de sueur, ces larmes du travail humain.

Clos à 2 h du matin.

DIMANCHE 29 JANVIER 1854

9 h ½ du soir.

Ma femme et Charles.

(P.V. *V. H.*)

VICTOR HUGO : Quoique tu nous aies dit d'admirables vers, permets-moi une question. Tu entends nos paroles, tu vois notre pensée, tu sais que, tout en étant profondément et religieusement convaincus du mystère auquel nous assistons, il nous arrive de douter de l'identité absolue et réelle des personnages qui nous parlent. Vous qui êtes lumière, bonheur et bienveillance, possédez-vous dans le monde où vous êtes un moyen de nous convaincre complètement que vous êtes bien les personnages sous les noms desquels vous nous parlez ? Ou devez-vous nous laisser sur ce point dans notre doute ?

— Qui est là ?

— **L'Ombre du sépulcre.**

— J'avais adressé une question à Shakespeare, sais-tu quelle est cette question ?

— **Oui.**

— As-tu besoin pour y répondre que je te la lise ?

— **Non.**

— Veux-tu y répondre ?

— **Oui.**

— Nous t'écoutons.

— **Le tombeau ne ment pas. Le linceul est la première page blanche du livre de la vérité dont la tombe est la sombre reliure. Vous qui lisez dans ce livre, pourquoi doutez-vous, parce que vous êtes des vivants. Vous ne pouvez croire sans mourir. Dans votre pauvre monde, la foi c'est le suicide. Dans le mien, c'est la création.**

Quand Shakespeare vient et vous dit : c'est moi, vous êtes condamnés à chercher son identité et à en douter. Vous êtes les rois de la vie qui recevez les ambassadeurs de la mort, mais comme ils ont un masque d'ombre, vous ne pouvez pas voir leur visage, vous ne pouvez voir que leur couronne. Leur couronne, c'est leur âme. La parole de la mort, c'est la vérité dans la grandeur, c'est le verbe. Le verbe, c'est la lettre de créance de Dieu.

MME VICTOR HUGO : Il nous semble pourtant qu'il y avait peu de réalité dans ce que nous ont dit Annibal et Nemrod, par exemple.

— **Annibal, Nemrod ont leur châtiment. Nemrod a tué, Annibal a haï ; toute âme punie a des faiblesses ; la faiblesse de ces deux âmes, c'est leur orgueil. Nemrod entend toujours le bruit de son cor, et Annibal la fanfare de son clairon. L'un se dit : j'ai fait peur aux lions ; l'autre se dit : j'ai fait fuir les aigles. Ils reviendront à Dieu. Ces deux grands chasseurs finiront par se laisser prendre par la colombe.**

— Si le tombeau ne ment pas, pourquoi Nemrod et Annibal ont-ils menti ?

— **Demande si l'âme qui te parle est récompensée ou punie.**

— Nemrod a dit qu'il était une âme heureuse.

— **Non.**

VICTOR HUGO : Nous avons à te demander des choses très sérieuses…

— **Ce qui est fait est bien fait. Pour l'avenir, faites comme vous voudrez.**

— Si l'âme punie dit qu'elle est récompensée, pouvant mentir, elle nous tromperait ?

— **J'interviendrais alors.**

VICTOR HUGO : L'Ânesse de Balaam nous a dit que le phénomène des Tables était passager. Que devons-nous entendre par là, et combien de temps le phénomène durera-t-il ? Peux-tu le dire ?

— **Non.**

— Charles et nous, devons-nous nous hâter et faire plus de séances par semaine ?

— **Ne vous pressez pas.**

— Peux-tu dire si l'homme de Guernesey[1] sera sauvé ?

— **Non**

MME HUGO : L'Archange Amour, ta sœur, reviendra-t-elle ?

— **Oui.**

Mouvement de la table. Il est 11 h du soir.

29 JANVIER

11 h du soir.
(P.V. *V. H.*)

— Qui est là ?

— **Shakespeare.**

— Es-tu une âme heureuse ?

— **Oui.**

— Charles est fatigué. Peux-tu revenir mercredi à 9 h ?

— **Oui.**
— Veux-tu prier André Chénier de venir à nous ?
— **Oui.**
— Dans l'autre vie, toi si méconnu et si oublié de ton vivant, entends-tu le bruit de ta gloire, et en jouis-tu ?

Silence.

— Y a-t-il quelqu'un là ?
— **Oui.**
— Shakespeare ?
— **Non.**
— Qui es-tu ?
— **Luther.**
— As-tu une communication à nous faire ?
— **Non.**
— Peux-tu revenir vendredi à neuf heures du soir ?
— **Oui.**

DEUXIÈME CAHIER
1er février – 30 mai 1854

MERCREDI 1er FÉVRIER 1854.
9 h du soir[1].
Présents : Mme Victor Hugo, Auguste Vacquerie.
Charles Hugo, Guérin (tenant la table[2].)

— Qui est là ?
— **Shakespeare.**

AUGUSTE VACQUERIE : Shakespeare, les grands hommes que leur temps méconnaît en appellent à la postérité. Toi, quand tu es mort, tu étais oublié. Ta réputation était morte quinze ans avant toi. Puis ta tombe s'est rouverte, et l'on y a trouvé ton génie vivant et jeune. Tu as ressuscité sur terre comme au ciel. Eh bien, ta résurrection terrestre est-elle une des joies de ta résurrection surhumaine ? Es-tu heureux d'être pour nous le grand Shakespeare ? Ou ton bonheur est-il si supérieur à l'humanité que le cri de notre enthousiasme n'y arrive pas ? Dans le monde où tu es, attache-t-on encore quelque importance à l'opinion des hommes ? Quel effet te font nos applaudissements ? Lis-tu nos journaux ? T'intéresses-tu à ta gloire ? Es-tu reconnaissant à ceux qui t'acclament ?

Petits et vivants que nous sommes, pouvons-nous quelque chose pour toi, mort puissant ?

SHAKESPEARE :

Le ciel, écho profond du génie et du crime,
Écoute naître Hamlet, entend mourir Abel.
Le bruit de l'œuvre humaine ou coupable ou sublime,
Monte éternellement l'escalier de Babel.

Les coups du bras qui crée ou du bras homicide
Font résonner la tombe au couvercle d'airain,
Que ce soit ta massue, ô belluaire Alcide,
Ou la tienne, Caïn.

Donc puisque rien ne meurt de ce que nous créâmes,
Donc puisque rien ne meurt de ce que nous tuons,
Comment voudriez-vous que mourussent nos drames ?
Nommez le fossoyeur de mes créations.

Dans quelle nécropole ou dans quel sombre empire
Hamlet lit-il son nom gravé sous le bouleau ?
L'épitaphe est humaine. Il en est pour Shakespeare,
Mais non pour Othello.

La résurrection pour Shakespeare et Molière
Est double : en descendant les marches du tombeau
Nous renaissons deux fois au ciel et sur la terre ;
Au ciel dans l'infini, sur terre dans le beau.

Quand vous voyez aux pieds d'une autre Cléopâtre
Alceste doux lion courber son dos câlin,
Vous n'apercevez pas dans le fond du théâtre
L'ombre de Poquelin.

Quand vous voyez passer, dans le fond de la scène,
Hamlet vêtu de deuil, croyez qu'il n'est pas seul.
Shakespeare est dans son front, Shakespeare est dans sa veine.
Ce n'est pas un manteau qu'il a, c'est mon linceul.

Invisibles acteurs nous jouons nos chefs-d'œuvre,
Nos noms sont sur l'affiche aux portes des tombeaux.
Et si l'on nous sifflait, nous dirions : la couleuvre
A passé dans nos os.

Notre statue en deuil s'en vient du cimetière.
Nous venons écouter critiques et défis.
Le commandeur descend du tombeau de Molière,
Je monte près d'Hamlet, et je lui dis : mon fils.

Vos applaudissements font tressaillir nos âmes.
Nos sépulcres sans bruit respirent vos bouquets.
Quand la goule Ducis[1] *enfonce dans mes drames*
La dent des sobriquets,

Je m'indigne et je dis : profanateur, arrière !
Laisse mon crâne aux mains du fossoyeur ! Le beau
Est un mort redoutable, il dort sous cette pierre ;
Tes vers n'ont pas le droit d'entrer dans son tombeau.

Oui, nous vous entendons, penseurs, jeunes poètes,
Esprits religieux, si puissants et si doux ;
Nous vous remercions, étant ce que vous êtes,
De vous mettre à genoux.

Votre pensée amie est veuve de Shakespeare.
Il la voit, il la sent, il lui parle toujours.

Vous gagnez la couronne et moi je la respire.
Vous êtes mes amants, vous êtes mes amours.

Quand une œuvre de vous éclôt sur cette terre,
Je la prends dans mes mains et nous nous asseyons.
Cervantès fait du doigt taire le grand Molière,
Et tous disent : voyons !

On écoute le Drame et j'ai vu pleurer Dante[1]
Quand vous mettiez l'amour dans l'âme des plus laids.
Et, quand vous aiguisez votre langue mordante,
L'Olympe riait moins que ne rit Rabelais.

C'est bien. Continuez. Votre voix est sacrée.
Faites votre œuvre après Hamlet et don Juan,
Vous êtes après nous la seconde marée
De l'immense océan.

Vous conduisez au port l'humanité. Vous êtes
Les pilotes pensifs du grand voyage au ciel ;
Vous commandez debout la manœuvre aux tempêtes.
Et la foudre craint l'art, Prométhée éternel[2].

Deux phares rayonnants conduisent votre voile,
Deux autels de granit dont on n'ose approcher,
L'art et l'exil, tous deux posant la même étoile
Sur le même rocher.

L'art et l'exil ! Géants lutteurs aux grands murmures !
Blancs d'écume tous deux ils combattent le sort.
Dans l'humaine mêlée, on entend leurs armures,
Et quand ils sont vainqueurs, ils soumettent la mort[3].

VENDREDI 3 FÉVRIER 1854
(9 h du soir.)
Présents : Victor Hugo, Auguste Vacquerie,
Mme Victor Hugo et Charles Hugo
tenant la table.

— Qui est là ?
— **Luther.**

VICTOR HUGO : C'est une joie pour nous de parler avec toi. Tu es un des grands constatateurs du droit d'examen. Tu dois être un des esprits les plus disposés à nous ouvrir les portes du mystère. Une foule d'hommes qui ont influé par la pensée sur les destinées du genre humain nous sont représentés comme ayant à leur oreille des êtres mystérieux leur disant des paroles du monde inconnu. Socrate avait un démon familier, Jeanne d'Arc un ange, Mahomet un pigeon, les quatre évangélistes passent pour avoir écrit l'Évangile sous l'inspiration de quatre êtres surnaturels : un lion, un aigle, un bœuf et un ange. Toi, tu parles souvent dans tes écrits de diables qui se mêlaient à tes travaux. Tu as raconté même que tu avais souvent avec eux des disputes car ces démons semblaient plutôt être pour toi des êtres importuns que des visiteurs amis. Peux-tu nous dire si les diverses manifestations du mystère que je viens d'énumérer se rapportaient au phénomène actuel ?

LUTHER : **La parole de Dieu choisit certains esprits[1]. Le bruit de sa voix, c'est le tonnerre, c'est l'océan, c'est le vent. L'homme est le passager épouvanté. La vie est l'arche égarée. Dieu alors adoucit sa voix. Il fait taire la foudre, la mer et la tempête, et, tandis que le nautonier humanité[2] se déses-**

père dans l'arche, il lui fait rendre l'espérance par les animaux. La colombe sauve Noé. L'âne sauve Balaam. Le lion sauve Androclès. Le pigeon inspire Mahomet et les quatre évangélistes écoutent les quatre monstres. Le langage divin prend encore une autre forme. L'homme est placé entre la bête et l'ange. Il a une oreille ouverte du côté de la terre et une oreille ouverte du côté du ciel. Quand la bête se tait, l'ange parle. Mais c'est toujours l'ange. La bête est l'ange déguisé. L'apparition est l'ange révélé. J'ai entendu l'ange. Socrate lui parlait. Jeanne d'Arc lui a obéi et Jésus l'a rejoint. Maintenant comment moi qui ai entendu la parole divine ai-je douté ? Comment Socrate a-t-il douté devant la ciguë ? Comment Jeanne d'Arc a-t-elle douté devant le bûcher ? Comment Jésus a-t-il douté sur le calvaire ? Parce que le doute est l'instrument de l'esprit humain[1]. Le jour où l'esprit humain ne douterait plus, l'âme humaine s'envolerait et laisserait la charrue avant l'aile. Votre terre resterait en friche. Or, Dieu est le semeur et l'homme est le laboureur. Le grain céleste commande au soc humain de rester dans le sillon de la vie. Homme ne te plains pas de douter, le doute est le spectre qui tient l'épée flamboyante du génie à la porte du beau. Shakespeare doute et il fait Hamlet. Cervantès doute et il fait Don Quichotte. Molière doute et il fait Don Juan. Dante doute et il fait l'Enfer. Eschyle doute et il fait Prométhée. Tous ces créateurs doutent, et ils font des dieux. Moi je doute et je fais une religion[2].

VICTOR HUGO : Tu as répondu à la première partie de la question. Mais je te demandais encore si la révélation actuelle n'était pas d'amener le plus proche de nous de cette longue chaîne de révélations qui commence à l'Orient et qui aboutit à toi ? Est-ce toujours le même phénomène que le tien, que celui de Socrate, celui de Jeanne d'Arc ? La table que voici est-elle le pigeon de Mahomet, l'âne de Balaam, le démon de Socrate ? Elle a la forme du trépied antique ? Est-elle le trépied ?

LUTHER : **De quelle table parles-tu ?**

HUGO : De celle qui est ici, que Charles tient.

LUTHER : **Je ne vois pas de table.**

HUGO : Nous avons donc quelque chose à t'apprendre, nous hommes de la terre et de l'ombre. Eh bien, sache que nous communiquons avec toi au moyen d'une table à trois pieds. Dis-nous de ton côté comment tu nous vois et comment tu nous parles. N'as-tu donc pas conscience de la manière dont tes réponses nous arrivent ? Nous aperçois-tu ? Dis-nous ce que nous sommes pour toi.

LUTHER : **Des esprits.**

HUGO : Mais sous quelle forme t'apparaissons-nous ? Tu nous entends, nous vois-tu ?

LUTHER : **L'esprit des morts voit l'esprit des vivants à travers leurs fronts. Il respire le parfum de la rose à travers l'espace et il entend le chant de l'oiseau à travers le ciel. L'esprit humain est le grand parfum et le grand chant de la terre. Vous arrivez à nous, embaumés et mélodieux. Le parfum et le chant n'ont pas de forme. Notre conversation est l'échange de deux harmonies. L'idée est le clavier, et le musicien, c'est Dieu.**

HUGO : D'après cela, il semblerait que l'esprit humain pour toi est impersonnel. Sais-tu quels sont les hommes qui sont ici ? Connais-tu leurs noms humains ? Et viens-tu à nous plutôt qu'à d'autres ? As-tu une cause déterminante à venir ici ? Est-ce encore Luther ?

— **Non.**

— Qui est là ?

— **Shakespeare**[1].

— Est-ce que tu viens pour répondre à ma question ?

— **Non.**

— L'as-tu entendue ?

— **Non.**

— Pourrais-tu nous dire pourquoi Luther est parti si vite et pourquoi tu l'as remplacé ?

— **Tu veux donc que je m'en aille ?**

— Non. Aurais-tu compris ma pensée ainsi ? Voici ce que j'ai voulu dire. Luther était ici. Au milieu d'une conversation très importante, il est parti brusquement. Je demandais son motif. Mais nous sommes fiers de te voir.

— **Nous venons dire : Dieu est grand, et non : l'homme est grand.**

— Je ne faisais pas cette question pour me faire répondre que j'étais grand. Mais Luther nous a dit que nous n'avions pas plus de formes pour lui que le parfum et le chant. Je demandais donc, non pas si nous étions grands, mais si nous étions distincts. La question ainsi expliquée est dégagée de toute vanité, veux-tu y répondre ?

— **Vous êtes choisis**[2].

— Est-ce tout ?

— **Oui.**

— Veux-tu terminer les vers que tu as commencé à nous dire ?

— **Oui.**

— Laquelle des trois pièces commencées ?

— **La dernière.**

AUGUSTE VACQUERIE : Veux-tu que je te relise les dernières strophes ?

— **Oui.**

Auguste Vacquerie relit les quatre dernières strophes. La Table frappe trois coups.

— Que veux-tu changer ?
— **Le dernier hémistiche.**
— Change.

SHAKESPEARE :

Ils entrent dans la mort en chantant leur victoire.
Les chevaux du soleil qui hennissent le feu,
Les mènent couronnés aux portes de la gloire,
Capitale de Dieu.

HUGO : Veux-tu revoir et achever les deux autres pièces de vers ce soir ?

— **Oui.**

— Par laquelle des deux pièces désires-tu commencer ?

— **La première.**

SHAKESPEARE :

Créons ! Créons ! Soyons la phalange indomptée.
Molière fait Tartuffe et je fais Iago.
Aujourd'hui Phidias et demain Prométhée,
Aujourd'hui moi Shakespeare et demain toi Hugo[1].

— Veux-tu continuer la pièce ?

— **Oui.**

Ô mon Dieu laisse-leur à ces pauvres poètes,
Laisse à tous ces penseurs, leurs consolations.
Laisse-les croire en eux, car ils sont tes prophètes.
Fais-leur la charité de leurs créations.

S'ils se croyaient moins grands, ils seraient moins sublimes.
Ils croiraient moins en toi s'ils croyaient moins en eux.

Leur force c'est leur foi. Ton ciel est sur leurs cimes.
La moitié de leur culte est de se croire dieux.

Tu ne veux pas, Seigneur, tuer le misanthrope.
Tu ne veux rien tuer de ce qui rayonna,
Tu ne veux pas tuer ton doux esclave Ésope ?
Tu n'es pas l'Iago de ma Desdémona.

Tu ne veux pas tuer Juvénal et Cervantès.
On n'est pas assassin quand on s'appelle amour.
Lorsqu'Eschyle tremblant met avec épouvante
Prométhée au carcan, tu n'es pas le vautour.

Tu veux que l'on soit grand même en étant pygmée.
La voix n'impose pas silence à ses échos,
Et lorsque tes clairons chantent ta renommée,
Ils ne font pas crouler, Seigneur, nos Jérichos.

Qu'à bâtir son tombeau notre œuvre s'évertue.
Faisons ce tombeau grand. Ce ne sera pas peu.
Mettons-y seulement une telle statue
Que son oreille atteigne à la bouche de Dieu.

AUGUSTE VACQUERIE : Shakespeare, laisse-nous te demander une chose immense. Vous venez à nous pour faire faire un pas au genre humain. Ce livre que vous nous dictez remuera sans doute toutes les pensées. Mais il y a quelque chose de plus puissant encore que le raisonnement du livre, c'est l'émotion du théâtre. Là, tous sont pris, la foule comme l'élite, celui qui ne sait pas lire comme celui qui sait écrire, l'instinct grossier comme l'intelligence délicate. Il suffit d'avoir des yeux pour pleurer ? Le livre, c'est l'esprit du vrai ; le drame, c'en est le corps crucifié et saignant ; c'est le Dieu qui fait toucher ses plaies. Tu le sais, toi qui fais saigner Othello sur les siècles. Eh bien, veux-tu nous dicter un drame ? Ce sera peut-être une grande fatigue pour toi ; c'en sera sûrement une énorme pour nous. Mais toute fatigue nous sera chère pour ajouter un frère et un collaborateur à cet éternel groupe de civilisateurs émus que tu nommes Othello, Hamlet, Lear, Roméo, Richard III ? Veux-tu ?

— **Oui.**

— Merci. Les jours et les heures que tu voudras seront les nôtres. Nous quitterons tout pour ce grand drame d'outre-tombe. Quand désires-tu que nous nous y mettions ?

— **Il faut que je le fasse.**

— Dans combien de temps pourrons-nous commencer ?

— **Un mois.**

— Dans un mois, l'auras-tu tellement préparé et tellement fait que tu pourras nous le dicter couramment, sans ces hésitations et ces reprises qui ralentissent l'improvisation de tes vers ? Ou bien prends-tu un mois pour trouver et choisir l'idée, et faudra-t-il encore que tu improvises l'expression de l'idée et de figures, les scènes et les vers ?

— **La création a deux phases : l'invention et l'exécution. Colomb trouve l'Amérique en une nuit, il met des mois à la conquérir. La mer, le vent, la tempête veulent à chaque moment lui voler son monde, c'est-à-dire son enfant. Et plus que la mer, plus que le vent, plus que la tempête, les matelots conspirent contre lui. Eh bien, les mots sont les matelots de l'idée. Ils la servent et ils se révoltent contre elle. Le style est le mousse de l'esprit. Il faut qu'il monte à tous les cordages, à tous les agrès, à tous les mâts de la majestueuse pensée en pleine mer.**

DIMANCHE 5 FÉVRIER

5 h ½.

Charles Hugo, Mme Victor Hugo.

CHARLES HUGO : Qui est là ?

— **Le Drame.**

CHARLES HUGO : Shakespeare nous avait donné rendez-vous pour ce soir à neuf heures. Une affaire me force de sortir. Voudrais-tu le prier de remettre le rendez-vous à demain ?

— **Oui.**

LUNDI 6 FÉVRIER

9 h du soir.

Présents : Victor Hugo, Auguste Vacquerie.

À la table : Mme Victor Hugo, Charles Hugo.

Qui est là ?

— **Shakespeare.**

HUGO : Avant de compléter la seconde pièce de vers, peut-être as-tu quelque chose à nous dire ?

— **Non.**

— Alors je vais te relire les vers, et tu les compléteras ?

— **Oui.**

Strophe 1 : Shakespeare frappe deux coups.

— Tu veux changer quelque chose ?

— **Oui.**

SHAKESPEARE :
Quand Eschyle pensif sculpte l'âme d'Oreste,
Quand Cervantès songeur fait son grave Hidalgo,
Quand l'amer Poquelin plisse le front d'Alceste,
Quand Desdémona dort dans la nuit d'Iago,

Strophe 5.

Quand Silène s'enivre à ta treille, ô Virgile,
Quand, rêvant et prêchant, dans le monde ébloui,
Moïse écrit la Bible et Jésus l'Évangile,
Et que la croix de loin parle au mont Sinaï,

L'amour que nous mettons dans nos œuvres profondes
Nous arrive envoyant un nid au bord du ciel.
Nous sommes, ô douleur, les plongeurs de tes ondes.
Nous sommes, ô baiser, les frelons de ton miel.

C'est nous qui déposons nous-mêmes notre glaive
Et notre palme verte et nos sceptres de feu,
Si haut que sur nos fronts la couronne s'élève,
Elle abdique en voyant la sandale de Dieu.

C'est nous qui nous rayons de la liste des astres,
C'est nous qui renonçons à la rivalité
En voyant les soleils sous les sacrés pilastres,
Tous loin de l'Éternel et pas un à côté.

Dieu nous parlerait bien de nous et de nos drames,
Mais nous lui répondons : Seigneur, parlons de vous.
Vous êtes, avant nous, le créateur des âmes,
Vous êtes le plus grand, vous êtes le plus doux.

Vous avez fait Eschyle avant qu'il fît Oreste,
Vous avez fait Shakespeare avant qu'il fît Hamlet,

Vous avez fait Molière avant qu'il fît Alceste,
Nos rayons sont formés de vos gouttes de lait.

Vous avez fait bien plus, vous avez fait les mondes,
L'espace, abîme où vont se perdre vos rayons,
La robe de la nuit aux caresses profondes
Pour bercer le sommeil de vos créations.

Vous avez fait, mon Dieu, la vie et la clémence,
Et chacun de vos pas est marqué par un don.
C'est à votre regard que tout amour commence.
Vous écriviez douleur, un ange lut pardon.

Vous avez dans le ciel une escorte d'étoiles,
Votre main en s'ouvrant verse les tourbillons,
Vos drames sont joués sur l'océan sans voiles
Par quatre grands acteurs nommés les Aquilons.

Pour votre dévouement vous avez la tempête.
Vous apprenez leur rôle à l'aube, au soir, au jour,
Et, quand la terre émue ignorant le poëte
Lui demande son nom, le ciel répond : l'amour.

Laissons donc, ô vivants, nos œuvres à la terre,
Les hommes à genoux en seront les valets.
Mais lorsque vous viendrez chez le maître mystère,
Laissez cette poussière au seuil de son palais.

Vous êtes immortels dans le monde où l'on passe.
Dans la vie où l'on meurt l'art est seul immortel.
Mais avant d'approcher l'éternel face à face
Suicidez-vous tous à la porte du ciel.

Victor Hugo se lève pour s'en aller. Il a à travailler demain de bonne heure, et il est une heure du matin[1]. Il demande qu'on pose une question sur Tapner qui a dû être pendu à Guernesey aujourd'hui même[2].

— Quel effet fait dans l'autre vie cette âme que les hommes y précipitent violemment ? Ce manque de respect à la création divine émeut-il le ciel comme la terre ?

Avant que l'on ait posé la question, la table, d'elle-même, parle :

— **Relisez-moi ces vers.**
— Lesquels ?
— **Cette pièce.**

AUGUSTE VACQUERIE : Tu as changé le premier vers de la dernière strophe ; mais je voudrais que tu eusses la bonté de la changer encore :

Seuls vous ne passez pas, dans le monde où l'on passe.
Dans la vie où l'on meurt l'art est seul immortel.
Mais avant d'approcher l'éternel face à face
Suicidez-vous tous à la porte du ciel.

Il résulte des admirables vers que tu nous as dictés ce soir que l'art est immortel sur la terre et mortel dans le ciel. Est-ce qu'il n'y a pas une contradiction entre ces vers et les quatre strophes qui commencent la troisième pièce que tu nous as dite ? Écoute :

Le ciel, écho profond du génie et du crime,
Écoute naître Hamlet
......
Donc, puisque rien ne meurt de ce que nous créâmes.
....
Comment voudriez-vous que mourussent nos drames ?

Tu semblais dire qu'Hamlet était aussi vivant au ciel que sur la terre. Et aujourd'hui, tu nous dis que le ciel le tue.

SHAKESPEARE : **Je n'ai jamais dit : le ciel tue l'art.**

J'ai dit : l'art se suicide au ciel. C'est volontairement et devant l'impossibilité du parallèle que l'art meurt. Toute l'idée est là. Le ciel voit naître Hamlet, mais Shakespeare mort tue Hamlet. Le drame ne meurt pas sur la terre et il ne mourrait pas non plus dans le ciel si le poète mort ne le tuait pas. Le poète ne peut accepter de maître, alors il aime mieux mourir. Son âme brûle la cervelle à son génie plutôt que de lui faire prendre la livrée de la foudre. Cette humilité c'est de l'orgueil. Je donne mon âme au ciel, je laisse mon génie à la terre. J'aime mieux étouffer Desdoména que de la voir humiliée par Vénus.

AUGUSTE VACQUERIE : Tu as entendu la question que Victor Hugo voulait qu'on te fît ? Veux-tu y répondre ce soir ?

— **Non.**

— As-tu déjà pensé au drame que nous t'avons demandé ?

— **Oui.**

— As-tu choisi l'idée ?

— **Non.**

MME HUGO : Mon mari avait l'intention de t'interroger sur ta vie. Voudras-tu y répondre ?

— Qui est là ?

— **Molière.**

AUGUSTE VACQUERIE : Merci d'être venu. Parle.

— **J'aurais des vers à vous dire, mais il est tard. Je reviendrai.**

— Quand ?

— **Vendredi.**

— Shakespeare est parti avant que nous ayons pu lui demander un rendez-vous. Veux-tu avoir la bonté de le prier de venir jeudi ?

— **Oui.**

Clos à 2 h du matin.

MARDI 7 FÉVRIER

9 h du soir.
Mme Victor Hugo et Charles Hugo à la table.
Auguste Vacquerie, François-Victor Hugo.

VACQUERIE : Qui est là ?

— **Eschyle**[1]**.**

— As-tu une communication à nous faire ?

— **Oui.**

— Parle.

ESCHYLE :

Dans *les mondes punis, dans le monde où vous êtes,*
Noir cachot dont le doute a forgé les barreaux,
Les êtres animés, les hommes et les bêtes,
Sont tous des condamnés et sont tous des bourreaux.

La justice divine a fait aussi le crime,
Il devient le remords, dans le même moment,
Le meurtrier soudain se transforme en victime,
Le crime est le fourreau d'où sort le châtiment.

Tout souffre. Tout gémit. Tout travaille au supplice.
Le bourreau souffre autant que le cœur châtié.
Quand je mets Prométhée au haut du précipice,
Le vautour qui le mord me fait aussi pitié.

Les méchants sont bourreaux par l'ongle et par la serre,
Par le regard sanglant qui sort de leurs yeux ronds,
Parce qu'ils ont de la force au crime nécessaire
Et que Dieu leur a dit : je vous fais mes Néron.

Les méchants à leur tour sont de pauvres colombes,
Des âmes que le sort rive en ses noirs pontons,
Que le remords boucher égorge dans leurs tombes,
Tigres redevenus tout à coup des moutons.

Les bons sont des bourreaux qui s'ignorent eux-mêmes,
Oiseaux de nuit du bien, sombres hiboux du jour,
Faisant d'une action sortir les deux extrêmes,
Et créant la douleur parce qu'ils sont l'amour.

Entre Victor Hugo.

Quand un d'eux, dévouant ses jours pour une femme,
Vient lui dire je t'aime et tombe à ses genoux,
Et que, se croyant seuls, ils se donnent leur âme,
Le sombre châtiment assiste au rendez-vous.

Il dit au couple heureux : place à la jalousie ;
À la mère : je viens empoisonner ton lait ;
Et quand nous le mettons dans notre poésie
Il est le fils de Lear et le père d'Hamlet.

Les bons sont des bourreaux au visage d'archange,
Des assassins masqués dont on bande les yeux,
Des muets envoyés par le sort qui se venge
Et Dieu pour nous punir se cache derrière eux.

AUGUSTE VACQUERIE : Je voudrais te faire une observation sur le quatrième vers de l'avant-dernière strophe.

— **Je la sais. Lear a des filles et non un fils.**

— En effet, c'est ce que je voulais te dire. Veux-tu me permettre de te proposer un vers à la place du tien : *C'est ton fils, Clytemnestre, et c'est ton père, Hamlet*.

— **Non. Le châtiment n'a qu'un sexe et j'ai choisi exprès la femme à côté de l'homme pour lui retirer brusquement son sexe et sa faiblesse dans l'œuvre virile du châtiment. Lear croit avoir des filles, il a un fils, l'envoyé du crime, le bourreau.**

Minuit. Victor Hugo s'en va.

Ils sont des condamnés par leur dévouement même ;
Par leur cœur, par leurs yeux qui pleurent sur nos mains,
Parce qu'ils sont les bons et parce qu'on les aime,
Ils sont les plus punis étant les plus humains.

Ils sont les plus punis parce que les souffrances
Du plus petit en eux trouvent de grands échos,
Et qu'ils disent au crime ainsi qu'aux innocences,
Vous pleurez ; la pitié ne voit que des égaux.

1 h moins ¼.

— Quand reviendras-tu ?
— **Mardi à neuf heures.**

JEUDI 9 FÉVRIER 1854
9 h du soir.
Présents : Mme Victor Hugo, Charles Hugo, Auguste Vacquerie.
À la table : Mme Hugo et Charles Hugo.

AUGUSTE VACQUERIE : Qui est-là ?
— **Shakespeare.**
— Parle.

SHAKESPEARE :
Le théâtre c'est l'homme. Il traverse les âges
Calmant par son regard les fauves passions ;
Debout, grave et serein, dépassant tous les sages,
C'est le grand Daniel dans la fosse aux lions.

Ils sont là, sous ses pieds, hérissant leur crinière,
Les trois lions chacun dans son ombre tapi,
Les trois doutes cachés dans l'esprit leur tanière,
L'un l'antique lion dans la fable accroupi.

Entre Victor Hugo. Charles est très fatigué.

VACQUERIE : La fatigue de Charles te gêne-t-elle ? Faut-il cesser ?

— **Oui.**

La séance est levée à 9 h ½.

VENDREDI 10 FÉVRIER
9 h ½.
Présents : Mme Victor Hugo, Auguste Vacquerie, Victor Hugo.
À la table : Théophile Guérin, Charles Hugo.

VICTOR HUGO : Qui est là ?

— **Molière**[1]**.**

— As-tu une communication à nous faire ?

— **Je ne parlerai en vers, c'est-à-dire dans la seule langue que je veuille parler, qu'à celui qui m'interrogera en vers. C'est l'ordre de l'Ombre du sépulcre.**

Victor Hugo lit dans Les Rayons et les Ombres *les vers adressés au Faune au sujet de Molière :*

Avez-vous eu l'honneur de voir rêver Molière ?
Vous a-t-il dit quelquefois, d'une voix familière,
Vous jetant brusquement un vers mélodieux,
Tutoyé comme on fait entre les demi-dieux ?

En revenant un soir du fond des avenues,
Ce penseur, qui, voyant les âmes toutes nues,
Ne pouvait avoir peur de notre nudité,
À l'homme en son esprit vous a-t-il confronté ?

Et vous a-t-il trouvé, vous, le spectre cynique,
Moins triste, moins méchant, moins froid, moins ironique,
Alors qu'il comparait, s'arrêtant en chemin,
Votre rire de marbre à notre rire humain ?

Un soir d'hiver, le parc était sombre et profond.
Je marchais. La nuit froide obscurcissait ses voiles,
Et chaque arbre semblait sous le divin plafond
Un grand chandelier plein d'étoiles.

Je rencontrais ce faune. Il riait dans la nuit.
Il riait dans l'horreur de l'ombre qui commence,
Son noir ricanement ne faisait pas de bruit
Et faisait peur au parc immense.

Tout l'entourait ainsi qu'un rieur redouté.
Les hêtres près de lui retenaient leurs haleines.
Et ce bouffon faisait sous son rire effronté
Trembler leurs majestés les chênes.

Et comme je passais, il me dit : ô penseur,
Je suis un malheureux qui souffre sans le dire,
Les larmes de la nue et de la nuit sa sœur
Tombent sur moi captif du rire.

Tout voudrait que je pleure, et moi, silencieux,
Ô cœur humain, j'entends les bruits que tu m'apportes,
Et je vois à travers les trous de mes deux yeux
L'âme s'emplir de feuilles mortes.

Et devant moi rieur tout passe tour à tour,
Et le chant des oiseaux et ton chant, ô Molière,
Et les doux promeneurs disant des mots d'amour,
Je ris quand pleure La Vallière[1].

Le palais est rempli de courtisans hideux
S'habillant du haillon de la France abattue.
Et je ris quand son spectre errant au milieu d'eux
Vient s'accouder à ma statue.

Je ris du mois qui passe et de la fin du jour,
Du sombre hiver qui fait grelotter l'humble alcôve
Et dont la neige met pour le bal de la cour
Une perruque à mon front chauve.

Mon rire est comme une âme insensible à vos cris,
Que l'homme souffre, pleure, ou désespère, ou tombe,
Ô penseur, je rirais encor comme je ris
Si mon socle était une tombe[2].

Il se tut. Et je vis sous l'ombre des grands bois
S'animer ce fantôme au sourire funeste
Et je lui dis : ton nom, pauvre douleur sans voix ?
Le rieur répondit : Alceste.

Toi qui du vieux Shakespeare as ramassé le ceste[3],
Toi qui, près d'Othello, sculptes le sombre Alceste,
Astre qui resplendit sur un double horizon,
Poète au Louvre, archange au ciel, ô grand Molière,

Ta visite splendide honore ma maison.
Me tendras-tu là-haut ta main hospitalière ?
Que la fosse pour moi s'ouvre dans le gazon,
Je vois sans peur la tombe aux ombres éternelles.

Car je sais que le corps y trouve une prison,
Mais que l'âme y trouve des ailes.
— Qui est là ?
— **L'Ombre du sépulcre.**
— Parle.
— ***Esprit qui veux savoir le secret des ténèbres,***
Et qui, tenant en main le terrestre flambeau,
Viens furtif à tâtons dans nos ombres funèbres
Crocheter l'immense tombeau,

Rentre dans ton silence et souffle tes chandelles.
Rentre dans cette nuit dont quelquefois tu sors.
L'œil vivant ne lit pas les choses éternelles
Par-dessus l'épaule des morts.
VICTOR HUGO : Une question pour Molière.
Les rois et vous, là-haut changez-vous d'enveloppe ?
Louis quatorze au ciel n'est-il pas ton valet ?
François premier est-il le fou de Triboulet[1]*,*
Et Crésus[2] *le laquais d'Ésope ?*

Le ciel ne punit pas par de telles grimaces,
Et ne travestit pas en fou François premier,
L'enfer n'est pas un bal de grotesques paillasses
Dont le noir châtiment serait le costumier.
— Est-ce Molière qui a répondu ?
— **Non.**
— Qui est-ce donc ?
— **L'Ombre du sépulcre.**

— Est-ce toute la réponse ?
— Non.
— Continue.
— *Ils portent tous le fer. Leurs âmes enchaînées*
Ont au pied le carcan de la prison des morts,
Et, lorsque devant nous elles sont amenées,
Leur crime les envoie au bagne du remords ;

Je les fais tout le jour sans trêve et sans relâche
Suer dans un cachot dont nul ne peut sortir ;
J'encourage le brave et fouette le lâche,
Car ils sont aux travaux forcés du repentir.

Jusqu'au jour où le Dieu des célestes phalanges,
Levant son front dans l'ombre où, crime, tu passas,
Avec tous ces maudits voulant faire des anges,
Enverra dans le ciel ce convoi de forçats.

Clos à 2 h.

Note. Molière, Eschyle, Shakespeare, André Chénier, en dictant leurs vers, se reprennent, s'interrompent, hésitent, effacent, refont. L'Ombre du sépulcre, elle, dicte les vers comme la prose, sans hésitation, sans travail, couramment. Quand Victor Hugo a fait à Molière la question : les rois et vous là-haut, etc., nous avons demandé si Molière était là. Nous avons cru que la table répondait oui. Mais, la première strophe de la réponse ayant été dictée très vite et sans rature, nous avons pensé que ce ne pouvait pas être Molière[1]*. C'est pourquoi nous avons redemandé qui c'était. En effet, c'était l'Ombre du sépulcre.*

LUNDI 13 FÉVRIER
Soir 8 h ½.
Présents : Victor Hugo,
Mme Hugo, Auguste Vacquerie, Charles Hugo.
Mlle Adèle Hugo.

— Qui est là ?

— **Raphaël[1].**

VICTOR HUGO : Es-tu le grand homme ou le grand ange ? Si tu es le grand homme, frappe un coup. Sinon, deux coups.

Un coup.

HUGO : Avant que nous parlions avec un génie tel que toi de l'art dont il est un soleil, nous permets-tu de parler d'un fait humain qui s'est accompli vendredi (la pendaison de Tapner à Guernesey) ?

— **Non.**

HUGO : As-tu donc quelque chose à nous dire ?

— **Oui.**

HUGO : Eh bien, dis-nous de quoi tu as à nous parler.

— **De l'art.**

Charles se plaint d'être fatigué et veut sortir.

CHARLES HUGO : Voudras-tu revenir un jour de cette semaine, quand je serai dispos et en train ?

— **Oui.**

9 h moins ¼.

MARDI 14 FÉVRIER 1854
9 h du soir.
Présents : Mme Victor Hugo, Charles Hugo,
à la table. Auguste Vacquerie.

AUGUSTE VACQUERIE : Qui est là ?
— **Eschyle.**
AUGUSTE VACQUERIE :
Eschyle, toi chez qui l'humanité muette,
À tâtons dans la nuit, sans espérer le jour,
Aveugle, rampe aux pieds des dieux, sombre poète
De la fatalité – que dis-tu de l'amour ?

L'aube à notre horizon pas à pas est montée,
Et depuis soixante ans nous y voyons un peu.
Le grand quatre-vingt-neuf, dont tu fis Prométhée,
Au ciel avare enfin a dérobé le feu.

Apollon nous dirait de tuer notre mère,
Que notre conscience insulterait sa loi.
Oreste répondrait au dieu de la lumière :
Puisque tu veux tuer, je suis plus dieu que toi !

Oui, nous voyons le mal et le bien, grand spectacle !
Sans aller consulter les dieux ni les démons.
Oui, notre conscience est notre seul oracle ;
Oui, nous avons enfin des yeux ; – mais nous aimons.

Alors, nous avons beau voir le beau et le juste,
Nous sommes les laquais de notre passion.
Une petite main tient notre bras robuste.
Notre cœur te soufflette, ô Révolution !

Le cœur n'a pas cessé d'accumuler sans trêve
Les vices ténébreux sur les crimes hardis
Depuis l'heure où, mangeant le fruit cueilli par Ève,
Adam a préféré l'amour au paradis.

Hélène aime Pâris, et Troie est inondée
De sang humain coulant à flots pendant dix ans.
Clytemnestre aime, et tue Agamemnon. Médée
Aime Jason, et coupe en morceaux ses enfants.

Serait-ce donc la loi ? L'amour a-t-il pour tâche
De mettre un noir poison dans la blancheur du sein ?
Cléopâtre, tu fais de Marc-Antoine un lâche ;
Desdémona, tu fais du Maure un assassin.

Les poètes, portraits de l'homme à tous les âges,
Mettent l'amour au fond de tous les inhumains.
L'amour, crime des bons, corruption des sages,
A moins de pleurs aux yeux qu'il n'a de sang aux mains.

Quoi ! L'homme le plus fort, le penseur, le doux maître,
L'ami des animaux, même des malfaisants,
Pour en faire un méchant, un meurtrier, un traître,
Il suffit du front pur d'une enfant de seize ans !

Il a beau résister. Sa conscience triste
A beau lui dire : ami, tu fais mal, tu vois bien.
Il commet en plein jour ce que commet Égisthe
Caché dans la nuit noire et sous le dieu païen.

Ô dix-huitième siècle effrayant et sublime,
L'esprit est délivré, mais le cœur est fatal.

Et notre amour nous fait de la lumière un crime,
Car nous faisons le mal voyant que c'est le mal.

Viendra-t-il un moment où le cœur sera libre ?
Où tout sera d'accord, viendra-t-il ce grand jour
Où, réconciliant notre âme et notre fibre,
La conscience humaine épousera l'amour ?

Le nocturne viol, le trahi qui se venge,
Le veuf qui va montrant le poing au firmament,
Est-ce l'amour lui-même, ou n'est-ce que la fange
Dont nous obscurcissons le divin diamant ?

L'amour est-il encor l'amour, sans frénésie ?
Sera-t-il aussi doux s'il n'a jamais frémi ?
Lâcheras-tu l'amour, ô noire jalousie
Qui du plus amoureux fais le pire ennemi ?

Eschyle, quel moyen de modérer les laves,
Être aimé tout ensemble et libre, dis, comment ?
Il ne faut qu'un amour pour faire deux esclaves :
Lui, de sa jalousie ; elle, de son amant.

Pourrons-nous corriger sans le réduire en poudre
Ce grand frissonnement moral et sensuel,
Ce terrible bonheur fait d'un jet de la foudre
Et dont la splendeur sombre éclabousse le ciel ?

Ou bien, faut-il choisir ? Dis, faudra-t-il que l'homme
Abandonne l'amour s'il veut la liberté,
Et que ce sacrifice horrible se consomme,
Et qu'il foule à ses pieds son cœur ensanglanté ?

Vieux poète fatal affranchi par la tombe,
Dis-nous si sans mourir l'amour peut se calmer,
Et comment le vautour deviendra la colombe ;

Car nous voulons penser, mais nous voulons aimer.

Faut-il tuer l'amour ainsi que tout le reste
Pour que l'homme soit libre enfin de tout côté ?
Amour, ce mot charmant de la langue céleste,
Serait-il l'autre nom de la fatalité ?

Si c'était elle, ô Dieu, si c'était son squelette,
Qui, rejetant le nom dont tu la désignais,
Revînt à nous un masque aux yeux ? Toi, son poète,
Regarde bien, et dis si tu la reconnais.

Si c'était elle, ô Dieu, qui ressaisît notre âme
Et qui prît, remplaçant son attirail banal,
Pour sa chaîne de fer un cheveu d'une femme
Et pour son clou d'airain un repas virginal ?

Vers faits la veille, 13 février.

Les vers lus, la table s'agite et tourne un quart d'heure sans commencer à parler.

— Non, l'homme ne sera jamais libre sur terre.
C'est le triste captif du mal, du bien, du beau.
Il ne peut devenir, c'est la loi du mystère,
Libre qu'en devenant prisonnier du tombeau.

Non, il ne suffit pas qu'il ait conquis, doux rêve,
La liberté sur l'ombre et le jour sur le nord.
Sa conquête commence, et celui qui l'achève
C'est ce grand conquérant qui s'appelle la mort.

Aimez-vous mieux en changeant la rime :
C'est ce grand conquérant à qui je dis mon Dieu.
— Nous hésitons.

Entre Victor Hugo.

Victor Hugo préfère le premier vers parce que le second lui semble diminuer Dieu. Dieu ne conquiert pas, il crée. Ce mot conquérant, qui agrandit l'homme, rapetisse Dieu.

— Je change ainsi :
C'est le seul conquérant qui soit grand, c'est la mort.

Non, il ne suffit pas qu'il renverse une geôle,
Qu'il jette en rugissant les trônes à l'égout,
Son âme aura toujours une marque à l'épaule.
Le cœur humain n'aura jamais de dix-août.

Il sera toujours là, le sombre roi, le maître,
Le doute, de nos cœurs faisant ses noirs valets,
Passant et repassant derrière la fenêtre,
Allumant, éteignant les lustres du palais.

Vous tuez un tyran, mais l'esclavage reste,
Qu'il s'appelle l'amour ou la fatalité.
Lorsque Dieu veut punir dans le monde d'Oreste,
Il donne à ses bourreaux son immortalité.

Vous tuez un tyran ? Tuez la jalousie !
Mettez donc la douleur, comme le Louvre en feu !
Vous faites choir un roi quand votre heure est choisie.
Mais exécutez donc l'exécuteur de Dieu !

Fatalité, lion dont l'âme est dévorée,
J'ai voulu te dompter d'un bras cyclopéen,
J'ai voulu sur mon dos porter ta peau tigrée,
Et j'ai voulu qu'on dît : Eschyle néméen[1].

Je n'ai pas réussi. La bête fauve sombre
Remplit encor vos cœurs de son ongle éternel ;
Le cœur de l'homme est plein encor de cris de haine,
Cette fosse aux lions n'a pas de Daniel.

Après moi vint Shakespeare. Il vit les trois sorcières,
Ô Némée, arriver du fond de ta forêt,
Et jeter dans nos cœurs, ces bouillantes chaudières,
Les philtres monstrueux de l'immense secret.

Il vint dans ce grand bois, la limite du monde.
Après moi le dompteur, il vint lui le chasseur ;
Et comme il regardait dans son âme profonde
Macbeth cria : fuyons, et Hamlet dit : j'ai peur.

Il se sauva. Molière alors sur la lisière
Parut, et dit : voyez si mon âme faiblit.
Commandeur, viens souper. Mais au festin de pierre
Molière trembla tant que Don Juan pâlit.

> *Note. Une coïncidence curieuse : avant le dîner, aujourd'hui dans cette même chambre où la table nous parle en ce moment, écrivant une question pour Molière, j'ai fait ces deux vers : Toi qui...*
>
> As sans peur souffleté Tartuffe en pleine église
> Et mené Don Juan souper dans le tombeau.
>
> *Auguste Vacquerie.*

Mais que ce soit le spectre ou la sorcière ou l'ombre,
C'est toujours toi, lion à la griffe de fer.

Tu remplis tellement la grande forêt sombre
Que Dante te rencontre en entrant dans l'enfer.

Il blanchit d'ossements les œuvres des poètes.
Votre art après le nôtre achève la leçon.
C'est toujours mon lion qui ronge les squelettes
Que vos Quasimodo laissent à Montfaucon[1]*.*

Donc la fatalité pour l'humaine blessure
C'est l'amour et l'amour c'est la fatalité.
C'est toujours cette dent dont l'horrible morsure
Fait que tous nos baisers ont l'air ensanglanté.

La boucle de cheveux que coupe le poète,
Que Don Juan dérobe à quelque front charmant,
Que baise Roméo pensant à Juliette,
Est prise à ta crinière, ô lion châtiment[2] *!*

Tu n'es dompté qu'à l'heure où la mort belluaire
T'arrache à l'antre où, seul, tu mets l'âme en lambeau,
T'arrache à ta forêt profonde et séculaire,
Et te montre du doigt la cage du tombeau.

À ce vers :

Il blanchit d'ossements les œuvres des poètes,

Auguste Vacquerie fait remarquer qu'il semble se rapporter à Dante.

La table :

Ce monstre a d'ossements blanchi tous les poètes.

Vacquerie continue la lecture jusqu'à ce vers :

Donc, la fatalité pour l'humaine blessure, *etc.*

VACQUERIE : Je ne trouve pas ce vers très clair.

— *Donc la fatalité fait la même blessure*
Que l'amour et l'amour que la fatalité.

— Ces vers sont plus clairs, mais répondent moins directement à la question que je t'ai faite, si l'amour est la fatalité.

— C'est moi qui te l'assure.

À la dernière strophe, la table frappe un coup.

T'arrache de la dent l'âme humaine en lambeau,
Te prend dans ta forêt
Et te montre du doigt ta cage le tombeau.

— Avant de te quitter, un mot. Tu nous avais commencé l'autre soir de très beaux vers. Ne viendras-tu pas nous les terminer ?

— Je les ai refaits ce soir.

Conversation et discussion : Auguste Vacquerie ne voit pas de ressemblances entre les vers de ce soir et les deux strophes faites un soir de l'autre semaine par Shakespeare. Cette méprise d'Eschyle ferait croire que ces esprits qui nous apparaissent ne sont pas plusieurs, mais le même qui prend plusieurs noms, puisque Eschyle confond les vers de Shakespeare avec les siens[1].

LA TABLE : Shakespeare et moi nous sommes collaborateurs.

VACQUERIE : Je ne te parle pas des strophes de Shakespeare, mais des tiennes. Voudras-tu venir nous les compléter quand nous t'appellerons ?

— Oui.

2 h du matin.

Note : Mercredi 15 février. Je recopie les vers d'hier tels qu'Eschyle les a refaits et complétés.

Éteignant les lustres du palais.

Non, l'homme ne sera jamais libre sur terre.
C'est le triste captif du mal, du bien, du beau.
Il ne peut devenir, c'est la loi du mystère,
Libre, qu'en devenant prisonnier du tombeau.

Non, il ne suffit pas qu'il ait conquis, doux rêve,
Sa liberté sur l'Ombre et le jour sur le nord,
Sa conquête commence, et celui qui l'achève,
C'est le seul conquérant qui soit grand, c'est la mort.

Non, il ne suffit pas qu'il renverse une geôle,
Qu'il jette en rugissant les trônes à l'égout.
Son âme aura toujours une marque à l'épaule.
Le cœur humain n'aura jamais de dix-août.

Il sera toujours là, le sombre roi, le maître,
Le doute, de nos cœurs faisant ses noirs valets,
Passant et repassant derrière la fenêtre,
Allumant, éteignant les lustres du palais.

Vous tuez un tyran, mais l'esclavage reste,
Qu'il s'appelle l'amour ou la fatalité.
Lorsque Dieu veut punir dans le monde d'Oreste,
Il donne à ses bourreaux son immortalité.

Vous tuez un tyran ? Tuez la jalousie !
Mettez donc la douleur, comme le Louvre, en feu !
Vous faites choir un roi quand votre heure est choisie,
Mais exécutez donc l'exécuteur de Dieu !

Fatalité, lion dont l'âme est dévorée,

J'ai voulu te dompter d'un bras cyclopéen,
J'ai voulu sur mon dos porter ta peau tigrée.
Et j'ai voulu qu'on dît : Eschyle néméen.

Je n'ai pas réussi. La bête fauve humaine
Déchire encor vos chairs de son ongle éternel ;
Le cœur de l'homme est plein encor de cris de haine.
Cette fosse aux lions n'a pas de Daniel.

Après moi vint Shakespeare. Il vit les trois sorcières,
Ô Némée, arriver du fond de ta forêt,
Et jeter dans nos cœurs, ces bouillantes chaudières,
Les philtres monstrueux de l'immense secret.

Il vint dans ce grand bois, la limite du monde.
Après moi le dompteur, il vint lui le chasseur.
Et, comme il regardait, dans son âme profonde
Macbeth cria : fuyons, et Hamlet dit : j'ai peur.

Il se sauva. Molière alors sur la lisière
Parut, et dit : voyez si mon âme faiblit.
Commençons, viens souper ! Mais au festin de pierre
Molière trembla tant que Don Juan pâlit.

Mais, que ce soit le Spectre ou la sorcière de l'Ombre,
C'est toujours toi, lion à la griffe de fer.
Tu remplis tellement la grande forêt sombre
Que Dante te rencontre en entrant dans l'enfer.

Ce monstre a d'ossements blanchi tous les poètes.
Votre art après le nôtre achève la leçon.
C'est toujours mon lion qui ronge les squelettes
Que vos Quasimodo laissent à Montfaucon.

Donc, la fatalité, c'est moi qui te l'assure,
C'est l'amour, et l'amour c'est la fatalité.
C'est toujours cette dent dont l'horrible morsure
Fait que tous nos baisers ont l'air ensanglanté.

La boucle de cheveux que coupe le poète,
Que Don Juan dérobe à quelque front charmant,
Que baise Roméo pensant à Juliette,
Est prise à ta crinière, ô lion châtiment !

Tu n'es dompté qu'à l'heure où la mort belluaire
T'arrache de la dent l'âme humaine en lambeau,
Te prend dans la forêt profonde et séculaire
Et te montre du doigt ta cage, le tombeau.

VENDREDI 17 FÉVRIER

9 h du soir.
Présents : Victor Hugo, Auguste Vacquerie.
Mme Victor Hugo, Charles Hugo : à la table.

— Qui est là ?
— **L'Ombre du sépulcre.**
As-tu une communication à nous faire ?
— **Oui.**
— Nous t'écoutons.

L'OMBRE DU SÉPULCRE : **Qu'est-ce que j'entends donc et qu'est-ce que j'apprends ? Quoi ! Dans cette maison vous avez osé dire que vous aimeriez mieux avoir dix mille francs que dix phrases du grand Shakespeare ! Est-ce vrai ?**

AUGUSTE VACQUERIE : Je constate que, moi, je n'ai pas dit cela.

VICTOR HUGO : C'est mon fils et moi qui l'avons dit. Mais voici dans quel sentiment. Pour nous, dix mille francs, comme dix millions, sont de la fange et de la poussière devant un vers de Shakespeare. Mais nous vivons dans le relatif. Tu vois notre misère, qui n'est pas seulement la nôtre[1]. Autour de nous, les proscrits souffrent, manquent de pain dans leur santé et de remèdes dans leur maladie. Et ils souffrent et ils meurent pour la République et pour l'idée. Dans cette situation, oui, dix mille francs à partager entre ces dénuements me sembleraient plus utiles à la pensée humaine, même qu'une page d'un grand poète. Tu vois que ce n'était pas par dédain de la pensée que nous parlions, mais au contraire par amour pour elle. Comment, d'ailleurs, pourrions-nous jamais être accusés de mettre la pensée après le bien-être, nous qui sommes en exil pour nos idées ? Mais nous avons pensé à Bony et à Gaffney qui sont malades, à Pierre Leroux[2], ce noble travailleur de la pensée qui n'a pas de quoi nourrir ses enfants, et nous avons regretté de ne pas pouvoir leur venir en aide[3]. Toi qui vois dans les consciences, tu sais que c'était là l'unique intention de nos paroles.

Note : Il y avait eu, en effet, au déjeuner une conversation où, à propos des Tables, on s'était demandé ce qui serait le plus utile dans le moment, de dix mille francs ou d'une page de Shakespeare.

— Contre vous je n'ai pas de colères.
Je vois j'aime et je plains ce pauvre et ce proscrit
Qu'une oppression lâche enchaîne à ces galères
Où saigne encor le clou du forçat Jésus-Christ.

Je sais qu'ils ont besoin de tout, hors de courage,
Et que le dernier sue autant que le premier,
Qu'ils sont la sainte fleur robuste dans l'orage
Qui naît, ô Job, de ton fumier[1] *!*

Je sais qu'ils sont sans force et vivent de misère,
Qu'ils sont faits de souffrance et d'amour et de foi,
Qu'ils sont pour l'homme enfant le tuteur nécessaire
Et qu'ils sont en haillons aux portes de la loi.

Je sais qu'ils sont sans pain sans abri sans refuges,
Qu'on les a vus partout errants, jamais fuyants,
Qu'ils sont des condamnés dont Dieu fera des juges,
Que des mains de ces mendiants

Le monde un jour verra tomber la grande aumône
Quand ne régnera plus Bonaparte-crispin[2]*,*
Qu'ils chaufferont la terre en brûlant chaque trône
Et feront de l'amour du reste de leur pain.

Je sais bien tout cela, mais je sais mieux encore
Qu'ils ne sont qu'un atome emporté dans le ciel,
Que Danton est un bruit, Marat[3] *un météore,*
Et que Shakespeare est éternel.

Je sais qu'ils passeront comme un vent sur la plaine,
Comme un flocon d'écume au bord du gouffre amer,
Qu'ils s'évanouiront quand cessera la haine
Et qu'étant la tempête ils sont moins que la mer.

Car ils sont les nochers[4] *et pas un d'eux ne sonde*
La sombre immensité de la vie et du cœur.

La cloche de détresse, n'est-ce pas, mer profonde ?
Ne vaut pas la cloche à plongeur.

Un seul mot de Shakespeare, un seul mot de Molière,
Fait plus au genre humain qu'émeutes et tambours.
Leur voix fait plus de bruit, leur voix si familière,
Que cent canons d'airain parlant à cent faubourgs.

Ils sont les bienfaiteurs de la souffrance humaine.
Ils sont au bas de tous les grands agenouillés.
Leur œuvre au pied des croix, sublime madeleine,
A ses grands yeux toujours mouillés.

Chaque larme qui tombe ou glisse de leur âme
Reste dans notre esprit en sortant de leurs yeux.
Elle devient la perle ou l'étoile de flamme.
Dieu lui donne à choisir ou la mer ou les cieux.

La table s'arrête tout à coup. Puis reprend :

— **Bonjour, imbéciles !**

AUGUSTE VACQUERIE : Ce n'est plus l'Ombre du sépulcre.

VICTOR HUGO : Qui es-tu ?

— **Le Lion d'Androclès**[1].

AUGUSTE VACQUERIE : As-tu une communication à nous faire, en dehors de ce salut amical ?

— **Interrogez-moi en vers, comme Eschyle et Molière.**

MME HUGO : Si nous t'avions attendu, on t'aurait préparé des vers. Mais ceux qu'on improviserait ne pourraient qu'être indignes de toi.

— **Ce coup de pied fait de vous des ânes. Adieu.**

Conversation : Qu'est-ce que le Lion appelle un coup de pied ? A-t-il pris l'excuse donnée par Mme Hugo pour un refus et pour une injure ?

— Qui est là ?
— **Molière.**

11 h ½.

AUGUSTE VACQUERIE : Ainsi que tu l'as demandé, je t'ai fait une question en vers. J'y ai passé les quatre derniers jours. Tu vois quelle envie nous avons de te voir et de t'écouter. Mais ma question est grave, et ta réponse sans doute sera longue. Il est tard. Ne vaudrait-il pas mieux remettre cela au commencement d'une séance ?

VICTOR HUGO : Décide. Nous t'obéirons. Tu sais, toi qui as vécu, que la bête humaine demande le sommeil. Aie pitié d'elle. Mais si tu désires que nous passions la nuit, nous serons heureux de nous fatiguer pour causer avec toi.

— **Je reviendrai.**
— Qui es-tu ?
— **L'Ombre du sépulcre.**

HUGO : Parle.

— **Renonce à voir Tapner[1].**

Sa pauvre âme en silence
Dans un recueillement doux et religieux
Se fait, avec sa corde au pied de la potence,
Une échelle qui monte aux cieux.

J'ai défendu que nul ne vienne et ne dérange
Ce prisonnier pensif dont j'absoudrai la main.
Et que personne à lui n'arrive excepté l'ange
Qui doit lui montrer le chemin.

Paix à ce mort qui prie et qui vide ses haines
Dans le sein du Seigneur et qui redevient beau.
Ne trouble pas ce cœur qui des prisons humaines
S'est évadé dans le tombeau.

Laisse-le lentement sous le Dieu qu'il implore
S'épurer. Laisse-le penser au grand demain
Qui viendra l'enlever pour sa divine aurore
Au bonnet du sommeil humain.

Minuit ¼.

Note. À la première entrée de l'Ombre du sépulcre, et un moment avant qu'elle revînt, Victor Hugo avait exprimé l'intention de l'interroger sur Tapner, et sur l'effet que produit dans l'infini cette âme qu'on y lance violemment. Comment voit-on la peine de mort de l'autre côté du tombeau ?

DIMANCHE 19 FÉVRIER 1854

9 h ½ du soir.
Présents : Victor Hugo, Mme Victor Hugo.
Auguste Vacquerie, Mlle Adèle Hugo,
Victor Hugo fils.
À la table : Charles Hugo et Théophile Guérin.

— Qui est là ?
— **Molière.**

VICTOR HUGO : Veux-tu parler de toi-même ou que nous t'interrogions ? Si tu veux parler de toi-même, un coup ; sinon, deux coups.

La table frappe deux coups.

HUGO : Eh bien, on va t'interroger en vers comme tu l'as demandé. Auguste Vacquerie t'a écrit une question. As-tu besoin qu'il te la lise ?

Pas de réponse.

HUGO : Est-il nécessaire qu'on te lise la question pour que tu y répondes ?

La table ne bouge pas. Nous attendons quelques minutes. La table est dans une immobilité absolue. Nous nous demandons si c'est la question qui l'a froissée, si elle n'est pas blessée, si elle ne voit pas du doute et de la défiance dans ce désir d'avoir la réponse sans faire la question. Nous avons beau l'interroger, elle ne dit mot. Enfin, nous commençons à craindre que Molière ne soit parti.

VICTOR HUGO : Es-tu toujours là, Molière ?
— **Oui.**

AUGUSTE VACQUERIE :
Molière, que dis-tu de tes Femmes savantes *?*
Trouves-tu que ce soit une bonne leçon ?
Les femmes, en effet, sont-elles des servantes
Dont l'esprit ne doit pas sortir de la maison ?

Maître, leur dirons-nous : il ne faut pas qu'on lise ?
Voir « comment va le pot » est-ce tout leur destin ?
Est-ce que leur science a vraiment nom Bélise,
Et que leur poésie est vraiment Trissotin ?

Bélise aime les vers : tu la fais sans cervelle.
Armande a regardé la lune : elle est sans cœur.

Quoi ! Pour avoir tâché que le ciel se révèle !
Pour avoir épelé votre alphabet, Seigneur !

Clitandre passe un peu de pensée à la femme,
Mais il ne dit qu'un mot, et tout ton drame amer
N'est qu'un éclat de rire à la face de l'âme.
Le vers se couche à plat. Chrisale dans la chair.

Quoi ! Les femmes n'auraient pas droit d'ôter leurs voiles !
Elles ne pourraient pas lever la tête ! Quoi !
Elles ne pourraient pas regarder les étoiles !
Et l'homme dirait : le soleil est à moi !

Quand tu viens voir jouer ta pièce, et que la salle,
Toujours prompte, depuis ta mort, à t'admirer,
Bat des mains aux beaux vers monstrueux de Chrisale,
Est-ce que ton succès ne te fait pas pleurer ?

Ne te repens-tu pas parfois de ce chef-d'œuvre ?
N'est-ce pas le point noir de tes cieux rayonnants
D'avoir fait par ce drame, admirable couleuvre,
Mordre ces petits pieds, hélas ! déjà saignants ?

Qui donc a droit de vivre ailleurs qu'en cette vie,
Sinon celles pour qui cette vie est de fer ?
N'empêchons pas au moins que le ciel les convie
Puisque nous leur faisons de la terre un enfer !

Ô grand poète triste, est-ce toi qui les blesses ?
Homme et penseur, ayant double virilité,
N'étais-tu pas l'appui de toutes ces faiblesses ?
Ne les voyais-tu pas pleurer de ton côté ?

Toi, Molière, qui fus toujours si bon pour elles,
Et qui leur as versé ton cœur à plein flacon,

Toi qui fais enlever toutes tes Isabelles
Par le premier Valère errant sur leur balcon,

Toi qui n'as jamais pu voir un amour en cage
Sans venir aussitôt le lâcher en plein air,
Toi qui défends l'amour contre le mariage
Jusqu'à nommer parfois les amants Jupiter !

Toi dont les Trufaldins ont tous des Mascarilles,
Non, tu n'as pas voulu – nous t'avons mal compris –
Cloîtrer des cerveaux, toi le haïsseur des grilles !
Quoi ! Les ailes aux cœurs et la chaîne aux esprits !

Rieur terrible et doux qui détruis pour refaire,
Toi dont l'œuvre se mêle à tous les droits conquis,
Toi, grand comédien révolutionnaire
Qui t'es armé du roi pour frapper les marquis,

Toi qui, plus sérieux quand tu sembles fantasque,
Sachant qu'au carnaval la liberté s'absout,
As pris la comédie ainsi qu'on prend un masque ;
Toi qui te fais bouffon pour pouvoir dire tout ;

Chez qui l'autorité fut toujours mal reçue ;
Formidable farceur, Hercule-Turlupin,
Qui brises tout pouvoir de ton rire-massue ;
Toi qui fais bâtonner les pères par Scapin !

Toi qui veux qu'en tous sens l'homme se civilise ;
Toi qui, dans toute nuit allumant ton flambeau,
As, sans peur, souffleté Tartuffe en pleine église
Et mené don Juan souper dans le tombeau !

Non, tu ne peux pas dire aux femmes : le mystère
Ne vous appartient pas ! Tu ne peux lier

Aux vils soucis du corps la moitié de la terre !
Toi le libérateur, tu n'es pas le geôlier !

Tu ne leur défends pas, dans la cellule étroite
Où leur espoir étouffe en proie aux noirs bourreaux,
De mettre sous leurs pieds leur escabeau qui boite
Et de tâcher de voir le jour par les barreaux !

Non ! Quand leur sort déjà saigne de coups sans nombre
Lorsque, leur empoignant rudement les deux bras,
Le dur amour les scelle à sa muraille sombre,
Tu leur ôtes des clous, tu ne leur en mets pas !

Non, tu n'es pas chez nous pour obscurcir les âmes,
Toi qui, le plus grand jour où tu nous enseignais,
As tant fait sangloter ton École des femmes
Quand Arnolphe éteignit la lumière d'Agnès !

Arnolphe pleurait trop pour parler à Chrisale.
Il l'aurait sans cela prévenu tristement
Que rejeter dans l'ombre une âme, notre égale,
C'est une impiété qui devient châtiment.

Non ! Non ! Il suffisait que tu fusses Molière
Pour ne pouvoir éteindre un seul instinct qui luit ;
Car c'est le même mot que génie et lumière,
Et tu n'es pas soleil pour apporter la nuit !

Vers faits du 14 au 17 février[1].

Molière :
Toute œuvre a deux aspects et tout drame deux ailes,
L'une que plume en bas le critique anxieux,

L'autre qui vole et plane aux voûtes éternelles,
Immense aile d'azur faite de l'air des cieux.

Penseur, voici le sens de mes* Femmes savantes *:
C'est l'esprit et la chair tous deux punis par Dieu.
L'esprit veut que la chair soit une de servantes,
La chair veut que l'esprit cuise son pot-au-feu.

L'esprit veut que la chair comprenne ses idées.
La chair veut que l'esprit comprenne ses besoins.

La table s'interrompt et tourne pendant un quart d'heure sans rien dire. Il y avait, depuis quelques moments, une certaine inattention dans l'auditoire. Victor Hugo fils lisait, Mlle Adèle Hugo allait et venait, entrait et doutait, le chat miaulait. Seuls, Mme Victor Hugo, Charles Hugo et Auguste Vacquerie étaient attentifs.

AUGUSTE VACQUERIE : Molière, aimes-tu mieux remettre ta réponse à un autre soir ?

— Oui.

MME HUGO : Pourquoi ne veux-tu pas continuer ce soir ? Y a-t-il quelque chose qui te fâche ?

Pas de réponse. On laisse la table. Conversation où Victor Hugo se défend d'avoir été distrait.

On reprend la table.

HUGO : Qui est là ?

— Eschyle.

HUGO : Parle.

— Je vais continuer les vers de Molière.

AUGUSTE VACQUERIE : Pourquoi ne continues-tu pas plutôt les tiens ?

— **Si tu veux.**

AUGUSTE VACQUERIE : Oui, je le préférerais. Je désire que ce soit Molière qui termine les siens parce que je voudrais le revoir. Est-ce qu'il est fâché contre nous ?

— **Non.**

AUGUSTE VACQUERIE : Reviendra-t-il terminer ses vers ?

— **Il m'avait dit de les continuer.**

— Pourquoi ?

— **Je lui dirai de revenir.**

— Merci. Eh bien, continue tes vers. Je vais te les relire. Si tu veux changer un vers ou un mot, tu frappes un coup.

Auguste Vacquerie relit les vers du mardi 7 février.

À la strophe qui finit par ce vers :

Tigres redevenus tout à coup des moutons

La table veut changer.

— **Change le deuxième hémistiche : s'appellent les souffrances**

Mlle Adèle Hugo sort.

Ils trouvent en mourant, au lieu de la clarté,
Au lieu de la lumière, au lieu des espérances,
Leur crime spadassin dans la mort aposté.
Aimez-vous mieux :
Leurs crimes apostés derrière leurs tombeaux ?

HUGO : Alors il faudrait changer la rime au deuxième vers ?

Au lieu des cieux si beaux.

Nous aimons mieux cette seconde forme. Est-ce ton avis ?

— **J'hésite.**

HUGO : J'aime mieux la deuxième forme à cause du mot spadassin qui est dans la première. Le crime est un punisseur, non un spadassin.

— **J'aimais mieux spadassin parce que ce mot fait des crimes une troupe de bandits aux gages des criminels qui les frappent à leur tour quand ils arrivent dans le lieu où ils ont aposté le crime dans la mort.**

— Alors laisses-tu la première manière ?

— **Choisissez.**

On choisit la deuxième.

HUGO : Ton explication est très belle, mais je persiste à penser que la deuxième façon vaut mieux. Mais c'est à toi de choisir, non à nous.

— **Je veux vous montrer que dans l'art humain l'idéal est introuvable.**

Auguste Vacquerie continue à relire. À l'avant-dernière strophe :

Ils sont des condamnés par leur dévouement même,

La Table veut refaire toute la strophe.

Victor Hugo sort.

— ***Ils sont les condamnés par leur pitié sublime***
Qui fait d'eux la moitié de toutes les douleurs ;
Quant à moi je plains plus la bonté que le crime
Et les hommes de sang moins que l'homme des pleurs.

Auguste Vacquerie lit la dernière strophe :

— Tu la changes, n'est-ce pas ?

— **Oui.**

Ils sont les condamnés de l'humaine misère
Parce que tous, petits et grands, pleurent près d'eux
Et qu'ils ont découvert l'égalité sur terre.
Non entre tous les fronts, mais entre tous les yeux.

VACQUERIE : Ton dernier vers est prodigieux. Êtes-vous contents quand on trouve vos vers superbes ?

— **Oui.**

VACQUERIE : Eh bien, je te répète que le tien est sublime.

— **Je sais que c'est un des cent plus beaux vers qui existent.**

VACQUERIE : Tu disais tout à l'heure que, dans l'art humain, l'idéal était introuvable. Est-ce que ton vers n'atteint pas l'idéal ?

— **Non.**

VACQUERIE : Ces cent plus beaux vers dont tu parles, sont-ils tous faits sur terre à l'heure qu'il est ?

— **Non.**

VACQUERIE : Y en a-t-il dans les poètes vivants ?

— **Oui.**

— Veux-tu nous en citer quelques-uns ?

— **Non.**

— Continue tes vers.

— *Car ils sont fiancés à toutes ces pauvres filles*
Et de fleurs d'oranger leurs cœurs sont toujours pleins
Car leur paternité, planant sur les familles,
Est une adoption de tous les orphelins.

Car Dieu par la pitié complétant leur supplice
Aux deux bouts de la croix fait saigner leur esprit

Et sur le noir calvaire, ô double sacrifice,
Madeleine les cloue autant que Jésus-Christ.

VACQUERIE : Maintenant, pourrais-tu nous expliquer un fait qui nous trouble ? L'autre nuit, un être est venu qui nous a dit s'appeler le Lion d'Androclès et qui, pour premier mot, sans provocation de notre part, nous a dit : bonjour, imbéciles. Il nous a demandé des vers, nous n'en avions pas de prêts, et, par respect pour les esprits, nous n'avons pas voulu en improviser de quelconques. Nous le lui avons expliqué avec déférence. Alors il nous a injuriés et est parti. Pourquoi ? Est-ce parce qu'on avait manqué à un rendez-vous donné par lui ?

— *Ce lion est énorme et plein de catastrophes.*
Vous avez eu le tort, penseurs, de le fâcher.
Il faudra que Hugo lui jette quelques strophes
Pour qu'il ait, s'il revient, un bon os à mâcher.

VACQUERIE : Je te remercie de demander des vers à Hugo. Ses vers ne feront pas plus plaisir au Lion qu'à moi. Mais il me semble que la manière dont tu nous les demandes n'est pas très gracieuse pour moi. Note que je suis encore le seul qui vous aie fait sérieusement et laborieusement les vers que vous avez désirés, et tu me remercies en disant qu'il faut que Hugo fasse des vers pour qu'il ait un bon os à mâcher. Ceci ne me paraît pas très reconnaissant pour mes vers.

— *Eh bien, je me dédis. Fais les vers à cet être.*
C'est toi que je choisis. Mais surtout fais-les beaux.
Car pour que ce lion consente à s'en repaître
Il faut beaucoup de moelle au fond de beaucoup d'os.

VACQUERIE : Tu me punis spirituellement d'une question que je t'ai faite presque comme une plaisanterie. Mais si Victor Hugo veut bien faire les vers, est-ce qu'il faudra que ce soit moi qui les fasse ?

— **Oui.**

VACQUERIE : Depuis quelque temps, vous êtes devenus bien susceptibles. Autrefois, vous nous passiez des plaisanteries et des imprudences. Maintenant, vous ne perdez pas une occasion de nous réprimander. Pourquoi ce changement ?

— ***C'est que prochainement vous quitterez l'empire***
Où l'Ombre du sépulcre a le commandement.
Vos lèvres aujourd'hui sont à la fin du pire.
Tout l'amer est au fond du vase châtiment.

VACQUERIE : Tu nous dis que nous allons bientôt quitter le monde qui nous visite dans ce moment. Mais est-ce que nous ne vous verrons plus, Shakespeare nous a promis un drame ; est-ce qu'il n'aura pas le temps de nous le dicter ? Ou bien, lui et toi et Molière, n'êtes-vous pas du monde de l'Ombre du sépulcre ? Reviendrez-vous avec les esprits des mondes plus heureux ? Veux-tu et peux-tu répondre à cette question : Shakespeare, Molière et toi, dans quel monde êtes-vous ?

— **Archange Amour**[1]**.**

— Qui est là ?

— **L'Ombre du sépulcre.**

CHARLES HUGO : Si ces révélations doivent être publiées un jour, veux-tu nous indiquer le titre que nous devrions donner au livre ?

— **Les Vents du tombeau**[2]**.**

— Est-ce un titre convenu entre toi et les archanges qui commandent les autres mondes ?

— **Oui.**

— Ne faudrait-il pas diviser le livre en quatre parties[1], et donner pour titre à chaque partie le nom d'un des quatre archanges ?

— **Oui.**

La Table dit :

— **Aristophane.**

VACQUERIE : C'est toi, grand poète ? Père de la comédie, salut ! Viens-tu nous dire quelque chose ?

Silence.

VACQUERIE : Est-ce que tu attends aussi qu'on t'interroge en vers !

— **Oui.**

VACQUERIE : Eh bien, fais une chose. Tu sais comme je t'admire et comme je t'aime, mais me voilà pris par le Lion. Et puis, ce n'est pas trop pour toi de Victor Hugo. Commande-lui de te faire des vers. Si tu ordonnes, il t'obéira, et nous aurons notre part de satisfaction.

— ***Il dort. Je vais aller coucher dans son esprit ;***
Je vais prendre, tandis que sa paupière tombe,
La plume avec laquelle il a, ce soir, écrit,
Et je la tremperai dans l'encre de la tombe.

De sorte que demain à l'heure du réveil
Il verra, sur la fleur de son esprit posée,
Une strophe par nous inspirée au sommeil,
À la fois goutte d'encre et goutte de rosée.

— Qui appelles-tu nous ?

— **Les morts.**

Fini à 4 h du matin.

Note : Le 21 février, Charles et Victor, rentrant à la maison vers onze heures et demie du soir, ont vu les fenêtres du salon éclairées. Ils ont voulu entrer dans le salon ; la porte était fermée. Tout le monde était couché. Charles, ne s'expliquant pas cette clarté, a cherché la clé ; il est venu la demander à sa mère, qui ne savait pas où elle était ; à Auguste Vacquerie, qui dormait et qui, maussade d'être réveillé en sursaut, a demandé qu'on le laissât tranquille, etc. N'ayant pas la clé, Charles est allé se coucher. Le lendemain, en ouvrant le salon, la domestique n'y a pas trouvé de flambeaux ; ce n'était donc pas une bougie qui éclairait le salon. On n'avait pas allumé de feu dans la soirée. Qu'était-ce que cette lumière ? On a causé ce matin en déjeunant. On dit qu'il faut consulter la table[1].

22 FÉVRIER
1 h ½ après midi
Mlle Hugo et Charles tenant la table.
Victor Hugo écrivant :

— Un fait nous préoccupe. Sais-tu ce que Charles et Victor ont vu cette nuit en rentrant dans cette maison ?

— **Oui.**

— Dis-nous ce que c'est.

— **Non.**

— Est-ce un fait simple, comme une bougie allumée oubliée, par exemple ? Ou un fait mystérieux ? Borne-toi, si tu veux, à nous éclairer sur ce point.

— **Belle de nuit.**

— Continue.

La table ne bouge plus.

— Est-ce tout ?

— **Oui.**

Victor, mon fils, remplace son frère à la table. La table se remet en mouvement.

— Parle.

— **Foi. Da.**

Trouble de la table. Victor quitte, Charles reprend.

— **Déesse, doute, prêtre. Homme autel, temple nuit.**

— Est-ce tout ?

— **Oui.**

— Tu vois dans quel état est notre âme ? Veux-tu continuer à nous parler ?

— **Non.**

— Veux-tu qu'on quitte la table ?

— **Oui.**

JEUDI 23 FÉVRIER 1854

9 h du soir.

Présents : Mme Victor Hugo, Charles Hugo.

Auguste Vacquerie.

Tenant la table : Mme Victor Hugo et Charles.

— Qui est là ?

— **L'Ombre du sépulcre.**

— Parle.

— ***Vous ne verrez personne aujourd'hui, c'est le jour***

Où, dans les vastes cieux, dont nous sommes les flammes,
Moi, l'Ombre du sépulcre et lui l'Archange Amour,
Nous nous distribuons les âmes[1].

DIMANCHE 26 FÉVRIER
9 h ½ du soir.
Présents : Mme Victor Hugo, Auguste Vacquerie.
À la table : Charles Hugo et Théophile Guérin.

— Qui est là ?
— **Molière.**
— Viens-tu terminer tes vers ?
— **Oui.**
— Gardes-tu la première strophe ?
— **Oui.**
— La seconde ?
— **Non.**

Critique, j'ai cherché dans mes femmes savantes
Entre l'âme et le corps l'introuvable milieu.
Le corps veut que l'idée aille avec les servantes
Et faire à ce flambeau cuire le pot-au-feu.

L'esprit veut à son tour courber les sens rebelles
À la pensée, aux mots par l'homme estropiés.
Philaminte à la fin songe tant à ses ailes
Que Chrisale n'a plus de souliers à ses pieds ;

Le corps veut que l'idée aime son haut-de-chausses
Et que, laissant dehors tout rêve ambitieux,
Elle aille à la cuisine y déguster les sauces,
Et fait remplir son verre à cette Hébé[2] *des cieux.*

Entre Victor Hugo.

L'esprit injuste veut alors que la chair vassale
Souffre : voilà, dit-il, un corps original !
Que m'importe le vent dont grelotte Chrisale
Quand j'ouvre sur le ciel ta fenêtre, idéal ?

Mme Victor Hugo remplace Guérin à la table.

Je trouve que ce ventre est plaisant dans son rôle.
Pense donc, brute, au jour, à la lune, au ciel bleu.
Que m'importent les trous du pourpoint de ce drôle
Lorsque mon regard plonge aux abîmes de Dieu ?

Que m'importe, appétit, que tu vives ou crèves !
Et ton immortel rôt mal cuit par Margoton ?
Et que sur l'oreiller où je fais mes beaux rêves
Grogne confusément ton bonnet de coton !

Victor Hugo sort.

Que m'importe ta vie et ta santé, Chrisale !
Henriette, et tes sens qui ne sont pas l'amour !
Je nage dans l'azur et non pas dans l'eau sale.
Je suis oiseau du ciel et non de basse-cour.

Vous êtes enrhumés, maigres, morts, beau désastre,
Faites, si vous voulez, appeler l'infirmier.
Moi, je plonge mon aile aux blonds cheveux de l'astre,
Et laisse vos groins à leurs tas de fumier !

La table frappe trois coups.

— Que veux-tu changer ?
— **Cheveux.**

— Que mets-tu à la place ?

— **Rayons.**

VACQUERIE : Mais cheveux était très bien.

— **Il fallait le dire muet intéressant.**

— Quoi ? Qu'est-ce qu'il fallait dire ?

— **Ta pensée.**

— Quelle pensée ?

— **Nous aimons assez, nous autres, quand nous dictons des vers, qu'on nous semble ému de ce que nous disons, comme Hugo, par exemple, et que l'esprit qui a l'honneur d'écrire sous notre dictée ait une attitude moins silencieuse qu'un huissier qui fait des écritures. Maintenant je reprends.**

VACQUERIE : On a manqué d'attention l'autre soir quand tu parlais ; tu es parti fâché, et tu es revenu aujourd'hui irascible. Mais pourquoi t'en prends-tu à moi, qui t'ai toujours écouté avec respect, et qui t'ai fait des vers aussitôt que tu en as désiré ? Mon silence n'était ni du dédain ni de l'indifférence. Je t'ai fait une question, j'attends que ta réponse soit complète pour la juger, et pour voir qui a tort, des *Femmes savantes* ou de ma critique. Jusqu'à présent, tu me sembles plutôt dire ce que ton drame aurait pu être que ce qu'il est.

— **Attends.**

VACQUERIE : C'est justement ce que je faisais. J'attendais.

— **Oui, et même tu as l'air de t'embêter beaucoup.**

VACQUERIE : Ceci n'est pas d'une élégance parfaite.

— **Vous m'embêtez, madame.**

Note : Dans un drame en vers que j'ai écrit ici, l'autre année, j'ai fait cet hémistiche : « Vous m'embêtez, madame ». Auguste Vacquerie

VACQUERIE : Oui, mais j'ai mis cela dans la bouche d'un voleur.

La table ne bouge plus.

— Est-ce que Molière n'est pas là ?
— **L'Ombre du sépulcre.**
— Nous t'écoutons.
— ***Molière avait quitté le ciel, douce patrie,***
Pour vous charmer. Il est parmi nous remonté.
Esprits, quand nous parlons, nous voulons qu'on sourie,
Ou que l'on soit épouvanté.

Molière aurait aimé qu'on lui dît ce qu'on pense,
Oui, qu'on dît : que c'est grand ! Oui, qu'on dît : que c'est beau !
Attendez, pour avoir de ces airs de silence,
Que vous soyez dans le tombeau.

Conversation : Auguste Vacquerie résiste aux deux derniers vers. Le tombeau n'est le silence que pour ceux qui croient au néant ; comment l'Ombre du sépulcre peut-elle dire que nous serons muets dans la mort, quand les morts viennent nous parler tous les soirs ?

— Qui est là ?
— **Eschyle.**

MME HUGO : Dis-nous une bonne parole ; nous en avons besoin après les duretés de ce soir. Ces susceptibilités troublent l'idée que nous nous faisons de vous.

— **Je ramènerai Molière.**

VACQUERIE : Quand le ramèneras-tu ? Nous voudrions bien ne pas nous coucher fâchés avec lui. Pourrais-tu obtenir de lui qu'il revînt tout de suite ?

— **Oui.**

La table tournoie.

VACQUERIE : Est-ce toi, Molière ?

— **Oui.**

VACQUERIE : Merci d'être revenu. Puisque tu veux que je te parle de tes vers, je commence par te dire que le dernier vers de la première strophe ne me paraît pas heureux.

— ***Et que ce grand flambeau cuise le pot-au-feu.***

VACQUERIE : Il vaut bien mieux ainsi. Tout le reste est très beau.

— **Aimes-tu mieux :**

Et n'ai pas de groin pour vos tas de fumier !

VACQUERIE : Oui, j'aime mieux ce dernier vers. Il y a deux fois plonge à deux strophes de distance.

— **Je mêle mon aile.**

Moi, le poète, alors, moi le penseur austère,
L'esprit chargé par Dieu de réconcilier
L'idée avec le corps, le ciel avec la terre,
La coupole avec le pilier,

Je dis à Philaminte : où vont donc tes démences ?
Vois jusqu'où dans le ciel tu t'égares, ma sœur.
Il faut dans le sillon que toutes les semences
Tombent des deux mains du penseur.

Il faut que des deux mains de ce divin apôtre
Sorte le double pain du corps et de l'esprit,
D'une main tous les lys et tous les fruits de l'autre.
Ce qui charme et ce qui nourrit.

Il faut qu'il ait, pendant que l'homme est sur les
claies,
Pour l'âme et pour la chair des soins religieux,
Que, double médecin, il pose sur nos plaies
Le bandeau qu'il ôte à nos yeux !

2 h du matin.

27 FÉVRIER

10 h du soir.
Présents : Mme Hugo, Victor Hugo, Théophile Guérin, Adèle Hugo.
Tenant la table : Thomas (compagnon d'exil de Barbès et de Blanqui au Mont-Saint-Michel).

— Y a-t-il quelqu'un ?
— **Oui.**
— Dis ton nom ?
— **Latude**[1]**.**
— As-tu une communication à nous faire ?
— **Oui.**
— Parle.
— **La prison ne fait que changer de nom. La Bastille s'appelle Mont-Saint-Michel. Le prisonnier s'appelle toujours le peuple. L'évasion est certaine, ami. Fais ta corde à nœuds. Pends-la aux barreaux du donjon et descends. Si elle est trop courte pour l'abîme, elle sera assez longue pour le tombeau.**
— Habites-tu un monde heureux ? Es-tu libre ?

La table s'agite.

— Est-ce toujours toi, Latude ?
— **Non.**

— Qui es-tu ?
— **Le prisonnier de Chillon.**
— Tu es Bonnivard ?
— **Oui.**
— Parle. Tu peux donc t'évader, toi ?

La table s'agite.

— Est-ce toujours Bonnivard ?
— **Non.**
— Qui es-tu ?
— **Le masque de fer.**
— Parle. Tu peux donc te sauver, par où ?

La table s'agite.

— Est-ce toujours le masque de fer ?
— **Non.**
— Qui es-tu ?
— **Latude.**
— Parle.
— **Par ce trou.**

La table s'agite.

— Qui est là ?
— **Judas.**
— Parle.
— **Le tombeau, c'est une impasse. Le prisonnier y est condamné, la porte aussi.**

La table s'agite.

— Est-ce toujours Judas ?
— **Non.**
— Qui es-tu ?
— **Jésus.**
— Parle.
— **J'ai la clef.**

La table s'agite.

— Qui est là ?
— **Judas.**
— Parle.
— **Passe-la-moi, Jésus.**

La table s'agite.

— Qui est-ce ?
— **Jésus.**
— Parle.
— **La voilà, Judas.**

La table s'agite.

— Qui est là ?
— **Judas.**
— Parle.
— **Sauvons-nous, Caïn. J'ai la clef.**

La table s'agite.

— Qui est là ?
— **Caïn.**
— Parle.
— **Où irons-nous ? Nous sommes des forçats, qui nous recevra ?**

La table s'agite.

— Qui est là ?
— **L'Archange Amour.**
— Parle.
— **Moi.**

La table s'agite. Plus rien. Cette page et la précédente sont écrites par Victor Hugo.

VENDREDI 3 MARS 1854
10 h moins ¼ (du soir).
Présents : Victor Hugo, Mme Victor Hugo,
Auguste Vacquerie,
Charles Hugo et Théophile Guérin à la table.

— Qui est là ?
— **Molière.**
— Veux-tu continuer les vers que tu as commencés ?

Auguste Vacquerie lit les vers.

VICTOR HUGO : C'est très beau ! Continue, Molière.
— *S'il doit considérer les astres, il est juste*
Qu'il pense aux affamés dans l'ombre suppliant.
L'immonde pot-au-feu, ma sœur, devient auguste
Quand il cuit pour les mendiants.

Il faut qu'il songe à ceux qui sont près de l'église
Frissonnants, en haillons, blêmes sous le ciel bleu.
Le trou de vêtement d'un enfant sous la bise
Est un des abîmes de Dieu.

Si tu veux, ô ma sœur, comprendre les étoiles,
Commence par baisser les yeux sur les douleurs.
De là, tu verras Dieu, le ciel n'ôte ses voiles
Que pour les yeux voilés de pleurs.

Interrompu à 11 h.

19 MARS
10 h du soir.
Charles et M. Allix tiennent la table.
Présents : Mme Victor Hugo et moi,
ma fille puis Auguste.

— Y a-t-il quelqu'un ?

— **Oui.**

M. ALLIX : Ce que je crois possible est-il possible ?

— **Oui.**

M. ALLIX : Explique-moi pourquoi ce que je pense est possible.

— ***Homo loquitur res audiunt. Mens omnium est in uno quidquid vult homo, deus facit sed quidquid vult deus, homo non facit. Impone manus rebus, res vitam et mentem habebunt, orpheus movet leones, amphion lapides, Christus mortuos. Si vis tollere homini morbos, umbras, utere hac viquae est in rebus, sum eflatum, cantum, robur naturae. Sume quod vocant homines navi in lingua gallica*** **magnétisme**[1]**.**

ALLIX : Cela se peut-il d'où je suis ?

— ***Incipe. Pauca ducunt ad multa. Parvus est fons magni. Quaere haec animalia quae scis et deinde tibi dicam quae nescis, age, homuncule, in imensa natura, sisser vus dei per tenebras mundi, parva lampas, mgna stella***[2]**.**

ALLIX : Puis-je dire aux personnes présentes ce dont il s'agit ?

— **Oui.**

— As-tu entendu ce que nous venons de dire ?

— **Oui.**

— Qu'en penses-tu ?

— ***Davaletudinem bonis, venenum malis***[1].

— Veux-tu nous dire ce que tu entends par haec animalia quæ scis[2] ?

— ***Vim quamdam rerum captam ab hominibus ex robo re materiali, non ex mente***[3].

— Maintenant veux-tu nous dire ton nom ?

— **Non.**

— Pourquoi refuses-tu de dire ton nom ?

— ***Nominor vultur peraves, tiger per belluas, corvus per mortuos, vindex per vivos, sum unadaruma larum umbræ sepulcralis, a la nigra***[4].

— Veux-tu nous dire ce que nous devons penser des visions de dame blanche dont on parle aux environs de cette maison ?

Agitation de la table.

— **Non.**

— Est-ce toujours le même être qui est dans la table ?

— **Non.**

— Qui es-tu ?

— **L'aile blanche**[5].

— Parle.

— **Un mot d'amour, ô mes poètes, allez, vivez, rayonnez ; l'aile blanche laisse tomber ses plumes sur vos nids, vos candeurs, vos illusions, vos amours, vos rayons, vous viennent de moi. Tous les doux sommeils dorment sur les plumes de l'aile blanche. Tous les mots d'amour sont écrits avec les plumes de l'aile blanche. L'aile noire, c'est la nuit. L'aile blanche, c'est le jour. Je suis la fiancée, elle est la veuve. Elle est la douleur, je suis la joie. Elle est la page de l'ombre, je suis la page de la lumière. Elle a toutes les âmes qui pleurent, j'ai toutes les âmes qui rayonnent. Elle est le regard de**

la vengeance, je suis le sourire de l'amour. Elle dit à tous les vautours : envolez-vous sur l'homme ; je dis à toutes les colombes : reposez-vous sur Dieu.

— Veux-tu dire à Molière, à Shakespeare et à André Chénier que nous désirons vivement les revoir ?

— **Oui.**

Minuit et demi.

Ces trois dernières pages sont écrites par Victor Hugo.

JEUDI 23 MARS 1854

9 h du soir.

À la table : Mme Victor Hugo et Charles Hugo.

Auguste Vacquerie écrivant.

— Y a-t-il quelqu'un là ?

La table frappe deux coups.

— Non ? Qui est-ce qui répond non ?

La table frappe deux coups.

— Mais il y a quelqu'un puisqu'on répond non ? Qui est là ? Peux-tu dire qui tu es ?

— **Non.**

— Y a-t-il quelque chose qui te gêne ?

— **Oui.**

— Quoi ?

— ***Domus vestra. Sivis mecum loqui, veni in viam*[1].**

VACQUERIE : Est-ce que tu es la Dame blanche que le barbier dit qu'on a vue près de la maison ?

— **Oui.**

— Si nous allions dans la rue, te verrions-nous ?

— **Oui.**

— Cette nuit ?

— **Oui.**

— À quelle heure ?

— **Trois heures.**

— Nous apparaîtras-tu si nous sommes plusieurs ?

— **Non.**

— Il faut être seul ?

— **Oui.**

MME HUGO : Nous aimes-tu ? Nous es-tu sympathique ?

— **Oui.**

VACQUERIE : Ainsi, tu ne peux pas nous parler ici ?

— **Non.**

— Eh bien, veux-tu prier Molière de venir nous terminer les vers ?

Agitation de la table.

— Qui est là ?

— **Le Lion d'Androclès.**

VACQUERIE : As-tu quelque chose à nous dire ?

Hésitation et trouble dans la table.

— Est-ce toujours le Lion ?

— **Non.**

— Qui est là ?

— **Molière.**

— Veux-tu que je te relise les vers déjà faits ?

— **Oui.**

Auguste Vacquerie relit les vers.

L'idée et la souffrance, ô ma sœur, se ressemblent.
Recoudre un vêtement n'est pas s'humilier.
Vois, cet enfant a froid, ses petits bras qui tremblent
Empêchent ses mains de prier.

— **Mets donc *s'humilier*.**

VACQUERIE : Moi je l'ai mis, s'humilier.

— ***Quand Molière te dit : femme, prends tes aiguilles,***
Fière pensée, apprends que je te fais honneur.

Entre Victor Hugo.

Toute main qui recoud dans l'ombre des guenilles
Brode le manteau du Seigneur.

Sort Victor Hugo.

Ton autre fonction, pensée, est la science.
Pour elle rien n'est vil et rien n'est importun.
L'homme matériel est le vase, elle est l'anse,
La poésie est le parfum.

S'il avait écouté ta folle rêverie,
Philaminte, jamais Gutenberg[1], ce grand nom,
N'eût vu dans un plomb vil germer l'imprimerie
Et les mots sortir d'un canon.

Jamais Watt, qui rêvait de transformer le monde,
S'il eût de la cuisine eu cette étrange peur,
N'eût vu du pot-au-feu que tu traites d'immonde
S'échapper l'immense vapeur.

Tu ne veux pas compter avec ta cuisinière.
Eh bien, le chiffre ôté, que reste-t-il d'Herschel ?
Vois, ce chiffre grossier soudain se fait lumière
Et trouve un astre dans le ciel.

Clos à 1 h ½.

24 mars (Note de Victor Hugo. 24 mars 1854).

Je suis monté me coucher à onze heures et demie du soir. J'avais des motifs d'inquiétude et de tristesse ; en outre un travail que je fais en ce moment (*Satan* ; « Les Soleils s'éteignent ») me préoccupe et m'agite. J'ai mal dormi. Vers une heure du matin j'ai entendu Victor qui rentrait. C'est Charles qui est allé lui ouvrir. Auguste, Victor, Charles et ma femme ont causé un moment dans la salle à manger où l'on avait continué de faire parler la Table (Molière). Un instant après, chacun est rentré dans sa chambre, et j'ai entendu mes deux fils, qui couchent dans les deux chambres voisines de la mienne, monter l'escalier du second étage que j'habite. Le silence s'est fait. La maison s'est endormie. Je me suis assoupi. Au milieu de cet assoupissement j'avais une perception exacte des objets environnants, et en réalité je ne dormais pas. J'étais dans cet état depuis un temps assez long quand un coup de sonnette m'a brusquement réveillé. C'était la sonnette de la porte qui sonnait dans le calme profond de la nuit de la façon la plus claire et la plus distincte. Je me suis soulevé sur l'oreiller. J'ai écouté. Tout était retombé dans le silence et rien ne bougeait dans la maison. Alors je me suis dit : personne de la maison n'est dehors, ce n'est pas quelqu'un de la maison qui a sonné. S'il était trois heures, par hasard ? J'ai combattu un moment cette idée, et puis j'avais quelque répugnance à me lever à cause du froid. Cependant je me disais : ce coup de sonnette est singulier, et il serait étrange qu'il soit trois heures. Je me suis jeté à bas du lit, et je dois dire, puisque je dis tout, que j'ai eu un mouvement de précaution comme si quelqu'un pût être présent. Les volets de mes fenêtres n'étaient pas fermés, la nuit n'était pas très sombre, et il ne faisait pas noir dans ma chambre. J'ai pris la boîte d'allumettes qui est sur ma table et j'ai frotté plusieurs allumettes successivement contre le mur. La quatrième a pris feu, et j'ai allumé ma bougie. J'ai regardé à ma montre suspendue au dos d'une chaise près de mon chevet. L'aiguille marquait trois heures cinq minutes. Il y avait environ cinq minutes que le coup de sonnette m'avait réveillé ; j'ai éteint ma bougie. J'ai regardé dehors pour voir si je n'apercevrais rien. La mer était calme, la nuit blanche, la terrasse déserte. Je suis allé me recoucher. Comme j'entrais dans mon lit, j'ai vu sur la mer entre les deux fenêtres les phosphorescences des allumettes qui faisaient une traînée lumineuse. Je me suis dit : si cela allait former le fantôme ? Elles se sont évanouies.

Ce matin j'ai raconté la chose en déjeunant. Personne autre que moi n'avait entendu le coup de sonnette. Ils étaient tous à ce moment-là dans leur premier sommeil. Nous avons résolu d'interroger ce soir la Table sur ces faits. J'ai dit que, si la Table nous y invitait de nouveau, j'irais. Il faut aller seul.

Copié par Mme Victor Hugo sur le manuscrit de Victor Hugo.

24 MARS
9 h du soir.
Présents : Mme Victor Hugo, Mlle Adèle Hugo, Victor Hugo, Auguste Vacquerie.
À la table : Charles Hugo et Théophile Guérin.

— Qui est là ?
— **Anacréon**[1]**.**
VICTOR HUGO : Salut. Tu es parmi des poètes, et nous t'admirons, mais dans ce moment nous sommes très préoccupés. Sais-tu de quoi ?
— **Non.**
VICTOR HUGO : Il s'est passé hier ici un fait mystérieux, sur lequel nous souhaiterions voir clair ! Cela a rapport à une apparition qui est connue dans le pays sous le nom de Dame blanche[2]. Permets-tu que nous te parlions de ce fait ?
— **Non.**
— Pourrais-tu nous éclairer là-dessus ?
— **Non.**
— Après que nous t'aurons entendu, pourrons-nous te prier de faire une commission vers l'être dont je viens de te parler ?
— **Non.**
— Alors parle, nous t'écoutons.
— **Interroge-moi en vers.**
CHARLES HUGO : Est-ce à Victor Hugo que tu adresses cette parole ?
— Oui.
VICTOR HUGO : Je t'ai adressé des vers : « Anacréon, poète aux ondes érotiques, etc. ».
CHARLES HUGO : Ce sont d'anciens vers.

AUGUSTE VACQUERIE : Il lui faut des vers faits exprès.

On demande à Anacréon s'il se contente de vers faits autrefois.

— **Non.**

VICTOR HUGO : Tu dois comprendre par ton propre souvenir que les esprits emprisonnés dans la chair n'ont pas la faculté immédiate des esprits délivrés. Nous avons besoin de la méditation pour produire des œuvres dignes de vous. Je ne pourrais donc pas t'adresser en vers ce soir une question digne de toi. Le comprends-tu ?

— **Oui.**

VICTOR HUGO : Eh bien, toi qui es libre, veux-tu m'adresser des vers auxquels je répondrai ?

— **Non.**

Agitation de la table.

VICTOR HUGO : Toi qui es là, peux-tu répondre aux préoccupations de notre esprit ?

— **Non.**

VICTOR HUGO : Est-ce que tu ne le peux pas, ou que tu ne le veux pas, ou que tu ne le dois pas ?

— ***Non possum quod non debeo, quod non debeo non volo***[1].

— Ton nom ?

— **Sapho**[2].

— As-tu quelque chose à nous dire ?

— **Non.**

— Est-ce que toi aussi tu ne veux répondre qu'à ceux qui t'interrogeront en vers ?

— **Oui.**

— À qui demandes-tu des vers ?

— **À Victor Hugo.**

VICTOR HUGO : Je t'en adresserai. Mais permets-moi une question sur ta première réponse. Comment se peut-il que le mystère nous attire et nous repousse ? Hier, nous avons été appelés à voir avec nos yeux de chair des choses invisibles. Pourquoi l'être qui nous provoquait hier se dérobe-t-il aujourd'hui ? Pourquoi le rendez-vous nous est-il retiré quand nous l'acceptons ?

— ***Exspecta spectabis*[1].**

VICTOR HUGO : Eh bien, le mystère qui s'est offert hier de lui-même viendra-t-il encore s'offrir de lui-même et de la même façon ?

— **Non.**

— Viendra-t-il s'offrir de lui-même et d'une autre façon ?

— **Oui.**

VICTOR HUGO : Le coup de sonnette que j'ai entendu, à quoi ou à qui dois-je l'attribuer ?

La table ne bouge plus.

— Sapho est-elle toujours là ?

— **Non.**

VICTOR HUGO : Tu sais que tu parles à des êtres profondément inclinés vers le mystère qui pour eux est la face de Dieu même. Il ne peut donc y avoir rien d'audacieux dans les questions que je vais te faire. Je te le demande donc, connais-tu la préoccupation qui depuis la nuit passée est dans nos esprits ?

— **Non.**

VICTOR HUGO : Si je te disais ce que c'est, nous répondrais-tu ?

— **Non.**

VICTOR HUGO : Pourquoi ?

— ***Lex duplex : prima sors secunda mors. Vivere non est videre. Nos se non est posse*[2].**

VICTOR HUGO : Tu pourrais cependant nous éclairer sur un point qui touche à notre conscience. Hier, une clé du mystère nous a été tendue. Par des causes humaines – effroi de l'inconnu, horreur sacrée, heure inquiétante, etc. –, nous ne l'avons pas prise. Avons-nous manqué à notre devoir ? Est-ce une obligation pour nous de saisir les occasions que le mystère veut bien nous offrir ?

— ***Liber legit librum***[1].

— Nous te remercions de nous avoir répondu, et nous te demandons ton nom.

— **Apulée.**

VICTOR HUGO : Sais-tu que je désirais vivement te voir ? Dans *L'Âne d'or,* tu as laissé entrevoir quelques-uns des linéaments du mystère qui se révèle à nous depuis plusieurs mois. Avais-tu deviné, ou avais-tu eu des révélations ?

— ***Versus adversus versus***[2].

CHARLES HUGO : À qui demandes-tu des vers ?

— **Victor Hugo.**

GUÉRIN : Est-ce que nous pourrions voir l'esprit d'Ankastrom[3] ?

— **Oui.**

VICTOR HUGO : Eh bien, Apulée, je te ferai une question en vers. Ankastrom peut-il venir ce soir ?

— **Non.**

— André Chénier[4] reviendra-t-il de lui-même nous terminer ses vers ?

— **Non.**

— Faudra-t-il le rappeler en vers ?

— **Oui.**

MME HUGO : Pourrions-nous voir Lamennais, qui vient de mourir ?

— **Non.**

GUÉRIN : Peux-tu nous dire quand Ankastrom viendra ?

— **Non.**

VICTOR HUGO : Le Lion d'Androclès est venu hier. Si j'avais été là, je lui aurais dit des vers que je lui ai faits. Peux-tu le prier de revenir ce soir ?

— Oui.

Agitation de la table.

— Qui est là ?

— **Moi.**

— Le Lion ?

— **Oui.**

Victor Hugo lit les vers suivants dont copie a été prise dans son manuscrit :

La ville ressemblait à l'univers. C'était
Cette heure où l'on dirait que toute âme se tait,
Que tout astre s'éclipse et que le monde change.
Rome avait étendu sa pourpre sur la fange.
Où l'aigle avait pleuré, rampait le scorpion.
Trimalcion foulait les os de Scipion.
Rome buvait, gaie, ivre et la face rougie ;
Et l'odeur du tombeau sortait de cette orgie.
L'amour et le bonheur, tout était effrayant,
Lesbie[1]*, en se faisant coiffer, heureuse, ayant*
Son Tibulle à ses pieds qui chantait leurs tendresses,
Si l'esclave persane arrangeait mal ses tresses,
Lui piquait les seins nus de son épingle d'or.
Le mal à travers l'homme avait pris son essor ;
Toutes les passions sortaient de leurs orbites.
Les fils aux vieux parents faisaient des morts subites.
Les rhéteurs disputaient les tyrans aux bouffons.

La boue et l'or régnaient. Dans les cachots profonds,
La tombe était un lit.
Les bourreaux s'accouplaient à des martyres mortes.
Rome, horrible, chantait. Parfois devant les portes,
Quelque Crassus, vainqueur d'esclaves ou de Rois,
Plantait le grand chemin de vaincus mis en croix,
Et quand Catulle, amant que notre extase écoute,
Errait avec Délie, aux deux bords de la route,
Dix mille arbres humains saignaient sur leurs amours.
La gloire avait hanté Rome dans les grands jours,
Toute honte à présent était la bienvenue.
Messaline en riant se mettait toute nue
Et sur le lit public, lascive, se couchait.
Épaphrodite avait un homme pour hochet
Et brisait en jouant les membres d'Épictète.
Femme grosse, vieillard débile, enfant qui tète,
Captifs, gladiateurs, chrétiens étaient jetés
Aux bêtes, et, tremblants, blêmes, ensanglantés,
Fuyaient, et l'agonie effarée et vivante
Se tordait dans le cirque, abîme d'épouvante.
Pendant que l'ours grondait, et que les éléphants,
Effroyables, marchaient sur les petits enfants,
La vestale songeait dans sa chaise de marbre.
Par moments le trépas, comme le fruit d'un arbre,
Tombait du front pensif de la pâle beauté ;
Le même éclair de meurtre et de férocité
Passait de l'œil du tigre au regard de la vierge.
Le monde était le bois, l'empire était l'auberge ;
De noirs passants trouvaient le trône en leur chemin,
Entraient, donnaient un coup de dent au genre humain,

Puis s'en allaient. Néron venait après Tibère,
César foulait aux pieds le Hun, le Goth, l'Ibère ;
Et l'empereur, pareil aux fleurs qui durent peu,
Le soir était charogne à moins qu'il ne fût Dieu.
Le porc Vitellius roulait aux gémonies.
Escalier des grandeurs et des ignominies,
Bagne effrayant des morts, pilori des néants,
Saignant, fumant, hideux, ce charnier de géant
Semblait fait pour pourrir le squelette du monde.
Des torturés râlaient sur cette rampe immonde,
Juifs sans langue, poltrons sans poing, larrons sans yeux ;
Ainsi que dans le cirque atroce et furieux
L'agonie était là, hurlant sur chaque marche.
Le noir gouffre cloaque au fond ouvrait son arche
Où croulait toute Rome ; et, dans l'immense égout,
Quand le ciel juste avait foudroyé coup sur coup,
Parfois deux empereurs, chiffres du fatal nombre,
Se rencontraient, vivants encore, et, dans cette ombre
Où les chiens sur leurs os venaient mâcher leur chair,
Le César d'aujourd'hui heurtait celui d'hier.
Le crime sombre était l'amant du vice infâme.
Au lieu de cette race en qui Dieu mit la flamme,
Au lieu d'Ève et d'Adam, si beaux, si purs tous deux,
Une hydre se traînait dans l'univers hideux ;
L'homme était une tête et la femme était l'autre.
Rome était la truie énorme qui se vautre.
La créature humaine, importune au ciel bleu,
Faisait une ombre affreuse à la cloison de Dieu ;
Elle n'avait plus rien de sa forme première ;
Son œil semblait vouloir foudroyer la lumière,
Et l'on voyait, c'était la veille d'Attila,

Tout ce qu'on avait eu de sacré jusque-là
Palpiter sous son ongle, et pendre à ses mâchoires
D'un côté les vertus et de l'autre les gloires.
Les hommes rugissaient quand ils croyaient parler.
L'âme du genre humain songeait à s'en aller,
Mais, avant de quitter à jamais notre monde,
Tremblante, elle hésitait sous la voûte profonde,
Et cherchait une bête où se réfugier.
On entendait la tombe appeler et crier.
Au fond la pâle mort riait, sinistre et chauve.

Ce fut alors que toi, né dans le désert fauve
Où le soleil est seul avec Dieu, toi, songeur
De l'antre que le soir emplit de sa rougeur,
Tu vins dans la cité toute pleine de crimes.
Tu frissonnas devant tant d'ombres et tant d'abîmes ;
Ton œil fit, sur ce monde horrible et châtié,
Flamboyer tout à coup l'amour et la pitié ;
Pensif, tu secouas ta crinière sur Rome,
Et, l'homme étant le monstre, ô lion, tu fus l'homme.

28 février 1854.

Le désert était sombre, aride, infranchissable.
Le mont y succédait à la plaine de sable.
À l'heure où le jour naît, seul dans ces vastes lieux
Où Dieu parle et se montre
Comme un roi vers un roi j'allais à la rencontre
Du soleil qui venait.
Nous montions tous les deux, dans nos fiertés superbes,
Le coteau, lui dorant et moi foulant les herbes.
Nous nous reconnaissions.
J'étais fier de l'avoir pour hôte dans mon antre,

Il était fier de voir se mêler sur mon ventre
Mes crins à ses rayons[1].

Ainsi je vivais, seul, rêvant sous ma crinière,
Conduisant le soleil du ciel à ma tanière,
Majestueux, clément,
Redouté sans colère et fort sans violence,
Et disant au désert juge si ton silence
Vaut mon rugissement.

J'ouvrais dans les clartés ma paupière éblouie.
J'écoutais par moments le prophète Isaïe
Chanter le Dieu qu'il sert.
Car nous appartenions à la même phalange,
Et nous nous répondions, moi le lion, lui l'ange,
Des deux bouts du désert.

Théophile Guérin sort. Mme Hugo le remplace à la table.

La bonté douce était l'haleine de ma bouche.
J'eusse ordonné le calme à l'ouragan farouche
Dompteur des flots mouvants.
J'aurais en y mettant ma volonté de marbre,
Sous chacun de mes pieds plus forts que des troncs d'arbre,
Pris un des quatre vents.

Le désert était vaste, infranchissable et sombre,
J'y régnais lumineux comme un phare dans l'ombre,
J'y levais mon front haut.
Dans le désert sans fond qui toujours recommence
J'étais seul, j'étais seul sur cette page immense
Comme un immense mot.
— **Deux.**

— Cela veut-il dire que tu coupes les vers en chiffres et qu'il faut mettre maintenant le chiffre II ?

— **Oui.**

— Quel jour veux-tu revenir terminer ces vers ?

— **Jeudi.**

Clos à 1 h moins ¼[1].

Note de Guérin :

J'ai écrit hier 24 mars 1854 en rentrant chez moi, à minuit, la note suivante :

« J'ai entendu, en passant devant le Dick, le cri perçant et étrange que j'avais déjà entendu à cette même place. »

J'avais entendu déjà un mois avant le cri dont je parle dans la note du 24.

Marine-Terrace, 25 mars 1854.

Théophile Guérin

SAMEDI 25 MARS
Sabbat. Saturni dies.
7 h moins un quart.

La table se lève après cinq minutes.

— S'il y a quelqu'un, trois coups.

La table frappe trois coups.

— Dis ton nom, qui es-tu ?

— **Bonheur.**

— Sois le bienvenu !

— Est-ce l'idée bonheur ou es-tu un esprit qui prend ce nom pour nous parler ?

— **Regard de Dieu.**

— Parle.

Silence, la table tourne.

— Aimes-tu mieux que je t'interroge ? Si oui, deux coups, si non, un coup.

Silence, la table ne bouge plus.

— Es-tu toujours là, bonheur ?

La table recommence à tourner.

— Réponds.

Plus de mouvement.

— Y a-t-il encore quelqu'un ?

La table ne bouge plus. Il est 7 h ¼.

DIMANCHE 26
5 h ¼.

La table se lève après douze minutes.

— Y a-t-il quelqu'un ?

La table ne bouge plus, quelques mouvements faibles mais pas de réponse. Il est 5 h ¾.

27 MARS
7 h moins ¼.

La table s'agite au bout de deux minutes.

— Y a-t-il quelqu'un ?
— **Oui.**
— Sais-tu ce qui s'est passé chez moi, et autour de ma maison, dans la nuit du 23 au 24 mars ?
— **Dafe iluo.**
— Y a-t-il erreur ?
— **Oui. Dame il ~~y en~~ rien oo.**
— Erreur ?
— **Oui.**
— Après dame ?
— **Rien.**
— Les deux « o » voulaient-ils dire zéro ?
— **Oui.**
— Voulais-tu dire qu'après dame tu ne veux ajouter rien ?
— **Oui.**
— Ainsi ton explication, c'est le mot dame ?
— **Oui.**
— Cependant la dame s'est donnée à elle-même une qualification ? La sais-tu ? Dis-nous-la.
— **Z.**
— Réponds.
— **Z.**
— Tu ne veux pas répondre ?
— **Non.**
— Cette figure nous est-elle favorable ou contraire ?
— **Z.**
— J'ai eu tort de te demander une confirmation des paroles dites par cette figure qui nous a répondu

qu'elle nous aimait. Je dois la croire et je la crois. Fais-je bien ?

— **Oui.**

— Qu'ai-je entendu cette nuit-là à trois heures du matin ?

— **S.**

— Est-ce bien un S ?

— **Non.**

— Veux-tu répondre à la question elle-même ?

Tournoiement.

— Y a-t-il encore quelqu'un là ?

— **Oui.**

— Dis ton nom.

— Z.

La table ne bouge plus, il est 7 h ¾.

JEUDI 30 MARS 1854

9 h du soir.

Présents : Victor Hugo, Auguste Vacquerie, Charles Hugo.

À la table : Mme Hugo et Guérin.

(Suite de la réponse du Lion d'Androclès.)

— Qui est là ?

— **Celui que vous attendez.**

Victor Hugo relit les vers du 24.

II[1].

— Vous tous tu v...

Hésitation.

— Désires-tu qu'un autre se mette à la table ?
— **Oui.**
— Qui ?
— Charles.

Mme Victor Hugo cède sa place à Charles.

— Trouves-tu que c'est bien ainsi ?
— **Non.**
— Qui veux-tu qui remplace M. Guérin ?
— **Mme Hugo**[1].
— ***Pendant que je vivais sous les célestes voiles***
Regardant chaque soir resplendir les étoiles
Comme si tous les yeux
Des vivants endormis dans l'ombre et le mystère
Dans le même moment se fermaient sur la terre
Et s'ouvraient dans les cieux,

Pendant que je contais dans mon austère étude
Le grand enseignement de l'âpre solitude
Sans orgueil, sans dégoût,
Là-bas, dans une ville effrayante, inondée
De lumière et de sang, volcan par son idée,
Par ses crimes égout,

Dans une cité sombre et qu'on appelait Rome,
Faisant des monstres dieux après le Dieu fait homme,
Palais-charnier-harem,
Des temples écroulés reconstruisant le dôme
Poussant l'éclat de rire infâme de Sodome
Derrière Bethléem ;

Ville devant qui l'œil épouvanté recule,
Pleine d'un noir fumier, immense comme Hercule,
Vile comme Augias,
dans la boue et le sang plongeant ses murs sévères,

Nid de crimes hideux où déjà les Tibères
Couvaient les Borgias,

VICTOR HUGO : Ne trouves-tu pas que ville et vile à si peu de distance font un mauvais effet ? Veux-tu mettre cité, par exemple, à la place de ville ?

— **Oui.**

Trafiquant de l'Asie et crochetant la Gaule,
Elle avait l'univers pour hotte à son épaule,
Avilissant les arts,
Son talent d'or partout montrait ses effigies,
Ses doigts de courtisane usaient dans les orgies
Le profil des Césars.

Trois coups.

— À quel vers veux-tu faire un changement ?

— **5.**

— Au premier hémistiche ?

— **Non.**

à payer des orgies
Dépensaient les Césars.

Dans cette ville donc, reine prostituée,
Virginité tombée et gloire polluée,
Veuve de son rayon,
Qui, tandis que Jésus naissait parmi les anges,
Ordonnait que le monde insultât à ces langes
Et baisât son haillon !

VICTOR HUGO : La neuvième strophe ne me paraît pas continuer les neuf précédentes. Dans les trois précédentes – Là-bas dans une ville... – Dans une cité sombre, etc. Ville devant qui l'œil – le sens est toujours suspendu. Elle avait l'univers dérange la ligne de la phrase. N'es-tu pas de mon avis ?

— **Oui.**

— Où veux-tu changer ? Dans les neuf strophes, ou dans la cinquième ?

— **La cinquième.**

Ville ayant l'univers pour hotte à son épaule
Trafiquant… etc.
Avilissant… etc.
Souillant son talent d'or souillant ses effigies
Courtisane

Victor Hugo fait remarquer que talent *si près de avilissant les* arts, *prête au calembour.*

— Si tu modifiais cela ?

— **Oui.**

Jetant dans les ruisseaux l'or de ses effigies,
Et, Laïs effrontée, à payer ses orgies
Dépensant les Césars.

VICTOR HUGO : Il est minuit et demi. Quel jour veux-tu venir terminer ?

— **Mardi.**

MARDI 4 MARS [AVRIL] 1854[1]

9 h du soir.
Présents : Victor Hugo, Auguste Vacquerie, Charles Hugo, Victor Hugo fils.
À la table : Mme Victor Hugo et Guérin.

— Qui est là ?

— **Legurru.**

— Est-ce ton nom ?

— **Oui.**

— Qui es-tu ?

— **F o h c…**

Trouble.

Mme Hugo quitte la table et y est remplacée par son fils Charles.

VICTOR HUGO : Est-ce bien Legurru Fohc que tu as voulu dire ?

— **Oui.**

— Parlais-tu français ?

— **Non.**

— Quelle langue parlais-tu ?

— **La langue des animaux.**

— De quels animaux ?

— **Les lions.**

— Des lions sur la terre ?

— **Oui.**

— Que signifiait Legurru ?

— **La comète vient.**

— Est-ce le sens des deux mots Legurru et Fohc ?

— **Oui.**

VACQUERIE : Est-ce que les rugissements des lions ont un sens ?

— **Oui.**

VICTOR HUGO : Est-ce que le langage de tous les animaux a un sens ?

— **Oui.**

Victor Hugo fils s'en va.

— Tu nous parlais de la comète, veux-tu continuer ce que tu nous en disais ?

— **Oui.**

— Continue.

— **Avant la vipère, l'astre à queue rampe dans la tombe céleste. La comète est le serpent qui**

paraît dans les moments où l'humanité va ouvrir les sépulcres. Vipère sur la terre, boa dans le ciel.

VICTOR HUGO : À côté du sens mystérieux et calamiteux des comètes, déjà étudiées par les hommes (*dirae cometae,* Virgile[1]), ne pourrais-tu pas nous donner quelques détails précis sur les comètes, sur leur marche, sur les distances des autres corps célestes, etc. ?

— **Donne-moi un crayon.**

Charles Hugo et Guérin quittent leur table et en prennent une autre, à trois pieds également, mais dont le troisième pied est un crayon. On met la table sur une feuille blanche. Presque aussitôt, la table s'agite, et avec son pied-crayon se met à dessiner.

Note : Il y a une heure et demie, comme nous étions déjà à table pour dîner, Victor Hugo fils, qui rentrait de Saint-Hélier, dit à son père qu'il venait de voir une comète. Victor Hugo est descendu au jardin pour la voir[2].

La table à crayon dessine d'abord quelque chose comme une tête, puis elle y attache une queue qu'elle remplit de petits globes. Sous cette queue elle écrit : semen astrorum[3]. *Voir l'album des dessins.*

On demande au Lion de faire son portrait. Il le fait. Voir l'album des dessins.

MME VICTOR HUGO : Peux-tu et veux-tu dessiner ce que j'ai dans la pensée ?

La table dessine une figure de jeune femme qu'elle encadre dans un cœur. Puis elle fait à côté une tombe surmontée d'une croix.

En effet, Mme Victor Hugo pensait à sa fille morte[1].

Guérin demande à la table si elle veut dessiner aussi ce qu'il a dans la pensée.

Elle dessine une femme dont le cœur transparaît, puis un navire. Puis elle noue par un fil le cœur de la femme au flanc du navire. Guérin, très ému, dit que c'est bien sa pensée. On lui demande ce qu'il pensait, il ne veut pas le dire.

Guérin a été en 1852 un des transportés du vaisseau le Du Guesclin. *Nous supposons que le dessin noue ensemble le cœur de la mère de Guérin et les pontons du navire.*

AUGUSTE VACQUERIE : Veux-tu me dessiner ce que j'ai dans la pensée ?

— **Oui.**

Elle dessine[2] *un médaillon de femme et un tableau, au bas le profil d'Auguste Vacquerie qu'elle rattache, d'une part, au médaillon, et, de l'autre, au tableau. Elle écrit au-dessus du portrait :* de arte ad familiam. *(Le tableau ressemble à un* Christ aux oliviers *d'Eugène Delacroix appartenant à Auguste Vacquerie.)*

AUGUSTE VACQUERIE : Ce n'est pas ce que j'avais dans la pensée.

— **Non.**

— Pourquoi n'as-tu pas dessiné ma pensée ?

— **Tu doutais.**

— Si je doute, tu as un moyen bien simple de me forcer à croire, c'est de dessiner ce que je te demande.

— **Je ne peux pas.**

— Tu l'as bien pu pour Mme Hugo et pour Guérin.

— Ils ne doutaient pas.

VICTOR HUGO : Il est minuit ; il est bien tard pour nous mettre à la continuation des vers. Quand veux-tu revenir ?

— **Dimanche.**

10 AVRIL 1854
9 h ¼ du soir.
Présents : MM. Victor Hugo, Charles Hugo,
Théophile Guérin.
À la table : Mme Hugo et Charles Hugo.

— Ton nom ?

— **Ego**[1]**.**

— VICTOR HUGO : Veux-tu que je te lise les vers que tu as faits ?

— **Oui.**

Victor Hugo lit les vers.

Les vers lus, la table frappe trois coups, elle indique la sixième strophe de la deuxième partie. La table conserve qui, *et change à partir de* tandis que Jésus*...*

Entre Auguste Vacquerie.

Qui, blasphémant Jésus et crachant sur ses langes,
Déployait dans le ciel et levait jusqu'aux anges
Ses drapeaux en haillon.

VICTOR HUGO : Si tu mettais haillons au pluriel, en mettant veuve de ses rayons ?

— **Oui.**

La table s'agite sans rien dire pendant une demi-heure, puis elle ne bouge plus. On attend un quart d'heure ; elle ne bouge pas. On la quitte.

JEUDI 13 AVRIL 1854

9 h ¾ du soir.
Présents : Victor Hugo, Auguste Vacquerie.
À la table : Mme Victor Hugo et Charles Hugo.

VICTOR HUGO : Dis ton nom.

— **Fecoil fecoil**[1].

VICTOR HUGO : Dans quelle langue nous parles-tu ? Est-ce encore la langue des lions ?

— **Oui.**

VICTOR HUGO : Que veut dire fecoil dans la langue des lions ?

— **La lune me gêne.**

VICTOR HUGO : Pourquoi te gêne-t-elle ?

— **C'est de la lumière trop vive.**

La fenêtre était ouverte, on la ferme.

— La lune te gêne-t-elle trop pour que tu puisses continuer tes vers ?

— **Oui.**

— Dans combien de jours pourras-tu revenir les continuer ?

— **Vendredi.**

— Demain ?

— **Non, l'autre.**

— Qui est là ?

— **Amuca...**

— Tu t'appelles Amuca ?

— **Oui.**

— Qui es-tu ?

— **Babac...**

— Tu nous réponds des choses qui n'ont aucun sens. Dis-nous en français qui tu es.

— **Babbaf...**

— Faut-il que nous continuions ce soir ?

— **Non.**

— Peux-tu nous dire pourquoi ?

— **Non.**

— Un autre que toi pourrait-il nous le dire ?

— **Oui.**

— Qui ?

— **L'Ombre du sépulcre.**

— Crois-tu qu'en la désirant nous la ferons venir ?

— **Non.**

On quitte. Un moment après, on reprend sur les instances de Mme Victor Hugo.

— Qui est là ?

— **Bab...**[1]

VICTOR HUGO : Est-ce la lune qui te gêne ?

Pas de réponse. On lève la séance à 10 h ¼.

VENDREDI 21 AVRIL 1854

9 h ¼ du soir.

Présents : Victor Hugo, Auguste Vacquerie, Théophile Guérin.

À la table : Mme Victor Hugo et Charles Hugo.

— Qui est là ?
— **Vir inter animalia**[1].
— Tu es le Lion d'Androclès ?
— **Oui**[2].

Victor Hugo relit les vers commencés, à partir du numéro II. À la fin, la table frappe trois coups.

— À quelle strophe veux-tu changer quelque chose ?
— **6.**

VICTOR HUGO : Laisse-moi te faire une observation sur cette strophe puisque tu veux la changer. Ce n'est pas une honte pour un drapeau d'être en haillons ; au contraire. Ne trouves-tu pas que ta strophe a tort de faire honte à Rome de son drapeau en haillons ?

— **Oui.**
— À quel vers de la strophe changes-tu ?
— **Le 4.**

Qui, blasphémant Jésus que berçaient les archanges,
Montrait aux nations à côté de ses langes
Un immense haillon.

VICTOR HUGO : Alors il faut remettre veuve de son rayon ?

— **Oui.**

Au milieu d'un sinistre et sombre amphithéâtre,
Cirque dont les gradins dallés
Faits de marbre et d'albâtre
Des cieux touchaient le bord,
Ainsi qu'un escalier aux étages funèbres
Descendu chaque soir par les pas des ténèbres
Et monté par la mort,

Dans l'arène, pendant que, de la base au faîte,
Peuple, patriciens dans leurs toges de fête,
Les vierges, doux roseaux,
Catulle et sa maîtresse adorée et cruelle[1]*,*
Portant des vers d'amour posés partout sur elle
Ainsi que des oiseaux,

Tous, l'enfant, le vieillard, les matrones romaines,
Applaudissaient au sang coulant des chairs humaines,
Criant, hurlant, frappant,
Pensant que, de ce bras qui va de l'Èbre au Tigre,
Néron, joyeux du meurtre, applaudissait au tigre,
Et Locuste au serpent,

VICTOR HUGO : Ne crois-tu pas qu'il faudrait changer au dans un de ces vers où il y a au tigre ?

— **Oui.**

— Dans quel vers veux-tu le changer ?

— **Premier.**

— Recommences-tu le vers ?

— **Non.**

— Est-ce à partir de qui ?

— **Oui.**

Qui joint l'Èbre et le Tigre

Auguste Vacquerie sort.

Ô morne abaissement pendant que toute Rome
Venait voir en riant dévorer un pauvre homme
Que Jésus a lié,
Et qu'elle conduisait dans ces sombres arènes,
Aux victoires des loups, aux combats de hyènes,
Son aigle humilié

VICTOR HUGO : Que Jésus a lié n'est pas correct ; il faudrait avait lié. Veux-tu changer le petit vers ?

— **Oui**[1].

Au calvaire lié,

Pendant que le soleil, entrouvrant ses paupières,
Et voyant dans le sang la ville des lumières
Et des grands tourbillons,
S'indignait et, frappant ses chevaux centenaires,
Faisait subitement claquer dans les tonnerres
Son fouet de rayons,

D'autres lions que moi qui portaient ma crinière
Dans ce cirque attendaient l'heure où le belluaire
Leur ouvrait leurs barreaux
Et le front dans le sang et les pieds dans les fanges
Déshonoraient mon nom, moi prêtre des archanges,
Eux valets des bourreaux.

La table continue et dicte : trois.

— Dans combien de jours veux-tu revenir ?

— **Cinq.**

VICTOR HUGO : Nous te prions de revenir mardi. Le mercredi nous recevons du monde ?

— **Oui.**

MME HUGO : Veux-tu nous dire pourquoi tu reviens tous les cinq jours ?

— **Pendant les quatre jours d'intervalle je vais voir les quatre évangélistes.**

MME HUGO : Je te remercie beaucoup.

VICTOR HUGO : Avant que tu ne partes, j'ai une question à te faire, le mot grec *abax* (αbαξ ?) signifie table, est-ce pour cela que vous répétez ce mot lorsque des gens qui ont peu de fluide vous interrogent ?

— **Non.**

VICTOR HUGO : Quand les Tables bégaient, elles disent presque toujours les mots bab, baba, babac, y a-t-il quelque parenté, quelque filiation mystérieuse de ces bégaiements-là au mot Babel qui marque les balbutiements du genre humain, au mot Babylone formé de Babel, et à nos mots, babil, babiller, balbutier ?

— **Oui.**

Clos à minuit ¾.

La fin de la séance est de l'écriture de Guérin.

22 AVRIL

4 h après midi.

Présents : M. Guérin, Victor Hugo.

Charles et Mme Victor Hugo tiennent la table.

VICTOR HUGO : Y a-t-il quelqu'un ?

— **Oui.**

— Avant de dire qui tu es, permets-tu une question ?

— **Oui.**

— La table fait des vers, et fort beaux ; il nous

semble qu'elle peut faire de la musique. La musique est comme la poésie, un souffle de la pensée. Peux-tu faire de la musique ?

— **Oui.**

— Veux-tu me faire la musique de *La Marseillaise* de la révolution future ? J'en ferai les paroles[1]. Cette *Marseillaise* doit être à l'ancienne ce que la révolution d'Europe sera à la révolution de France. Le clairon doit agrandir son embouchure, cela te convient-il ?

— **Oui.**

— As-tu besoin que M. Guérin t'explique son système de notation ?

— **Non.**

— Tu le sais donc sans qu'il te l'ait expliqué ?

— **Oui.**

— Veux-tu, avant de commencer, nous dire ton nom ?

— **Oui.**

— Parle.

— **T o n v o i s i n.**

— Qu'entends-tu par là ?

— **L ' o c é a n.**

— Une mélodie faite par l'océan pour une révolution. Il ne peut y avoir rien de plus beau. Nous t'écoutons.

M. GUÉRIN : La clef de sol ?

— **Oui.**

M. Guérin écrit sous la dictée de la table d'après son système de notation. Victor Hugo sort puis rentre. Dictée de l'air qu'on transcrira ci-après.

VICTOR HUGO : Je pense que la musique que tu viens de dicter coupera les paroles en strophes et refrains ou chœur de façon qu'on puisse chanter cette *Marseillaise* aux masses comme l'autre. Pour que je ne puisse faire aucune erreur de mon côté, veux-tu m'indiquer toi-même :

— 1° De combien de vers se compose la strophe ?

— 2° Quelle est la mesure de ces vers ? Indique-la vers par vers. Ainsi par exemple : premier vers : huit syllabes, rime féminine ; deuxième vers, même nombre, rime masculine ; troisième vers, douze syllabes, rime féminine ; et ainsi de suite jusqu'à la fin de la strophe.

— 3° Donne-moi les mêmes indications pour le refrain.

Ces questions lues à la table, elle dit qu'elle ne peut y répondre qu'après avoir dicté l'air.

Victor Hugo sort.

THÉOPHILE GUÉRIN : Comment veux-tu appeler ton morceau de musique ?

— **M o n b r u i t.**

— De quel nom doit-il s'appeler pour ceux qui disent le chanter ?

— La t o n n a n t e.

Cette séance jusqu'aux mots : qu'après avoir dicté l'air *est écrite par Mme Victor Hugo.*

23 AVRIL 1854
2 h 1/2 du jour.
Présents : Mme Hugo et Charles à la table.
Théophile Guérin.

MME VICTOR HUGO : Es-tu l'océan ?

— **Oui.**

GUÉRIN : Ton morceau tel que tu nous l'as dicté n'a aucun sens, nous sommes-nous trompés en l'écrivant ? Ou devrions nous faire un changement ?

— **Changer.**

— Quoi ?

— **La clef.**

— Quelle clef faut-il mettre ?

— **Fa.**

— Sur quelle ligne ?

— **Deux.**

— La méthode que nous avons employée est-elle bonne ?

— **Oui.**

— Est-il nécessaire de se servir du moyen indiqué par Mme Hugo ?

— **Non.**

— Est-ce que ce morceau pourra être chanté[1] tel qu'il est ?

— **Oui.**

MME HUGO : Parle-nous.

— **a d a f f u...**

Confus.

Entre M. Victor Hugo.

— L'air essayé sur la fleur par M. Guérin n'a pas donné de résultat. Tu viens de dire qu'il fallait changer de clef or cette clef est fa. Cela renouvelle l'air tout entier. Ce changement est-il le seul nécessaire ?

— **Qui dit peu voit beaucoup. La mer est l'art. L'azur est l'idée. La goutte d'eau est le miroir de l'astre immense. Le fil de la lame de l'océan est la corde de la grande lyre : les antres de la mer sont les oreilles toujours ouvertes devant le musicien qui chante toujours. L'immensité est pleine d'oiseaux** qui se posent sur le puissant orgue de Dieu comme des strophes sublimes. La mer fait la musique, le ciel fait les paroles. Le nom du poète, c'est l'amour ; le nom du musicien c'est la puissance. Dieu est le nom de tout. Vous êtes des crétins. Adieu.

VICTOR HUGO : Nous sommes ignorants. Nous te l'avons dit : des ignorants en toute chose. Et en musique particulièrement. Le mot irrité que tu nous adresses ne nous irrite pas. Veux-tu nous l'expliquer ?

Mouvement de la table.

— Votre flûte trouée de petits trous comme le cul d'un marmot qui chie me dégoûte. Faites-moi un orchestre, je vous ferai un chant. Prenez tous les grands bruits, tous les tumultes, tous les fracas, toutes les colères des sons libres dans les prés, le vent du matin. Le vent du soir, le vent de la nuit, le vent de la tombe, les orages, les simouns, les bises qui passent leurs doigts violents dans les chevelures des arbres comme des êtres désespérés, les ascensions des marées sur les plages, les chutes des fleuves dans les mers, les cataractes, les trombes, les vomissements de bruit de l'énorme poitrine du monde, ce que les lions rugissent, ce que les éléphants sonnent dans leurs trompes, ce que les serpents imprenables sifflent dans leur anneaux, ce que les baleines mugissent dans leurs naseaux humides, ce que les mastodontes soufflent dans les entrailles de la terre, ce que les chevaux du soleil hennissent dans les profondeurs du ciel, ce que toute la ménagerie du vent tonne dans les cages aériennes, ce que le feu, ce que l'eau se jettent d'injures, l'un du fond de sa gueule de volcan, l'autre du fond de sa gueule d'abîme, et dites-moi : voilà

ton orchestre ; fais de l'harmonie avec ce bruit, de l'amour avec ces chaînes, fais de la paix avec ces combats ; sois le maestro de ce qui n'a pas de maître. Sois le conquérant de l'immensité. Apprivoise l'horreur, calme la violence, baise à la crinière les éléments. Fais regarder le bout de ton archet par les quatre vents au lieu de la langue de feu des foudres célestes, et donne la bénédiction de l'art à cette immense union des forces de la nature, à genoux devant toi. Marie les deux fiancés de la création qui depuis six mille ans se regardent avec amour, le ciel et la terre. Et sois le prêtre de la majestueuse église. Mais ne me dites pas de faire de la musique avec votre flûte[1].

VICTOR HUGO : Nous sommes des proscrits, tu le sais, et accoutumés aux tempêtes. Ta colère en est une. Nous la trouvons belle. Nous l'admirons. Pourtant permet-nous un mot dans cet ouragan. Tu t'indignes contre notre ami Guérin, il ne nous paraît pas coupable. Nous ne pouvons te donner l'orchestre que tu veux. Tu as consenti hier à ce que nous te demandions. Tu nous as dicté une musique, et tu sais bien, toi qui doit voir les consciences, que nous ne doutons pas qu'elle ne fût immense et qu'elle contient tout ce qui est dans ton nom : Océan. Les moyens d'essayer cette musique nous manquent. Il n'y a ici qu'un piano, et ce n'est pas la faute de notre ami s'il n'a qu'une flûte. Les plus grands musiciens de la terre – je ne dis pas de la mer – se laissent noyer dans ces instruments misérables. Veux-tu t'en contenter, toi aussi ? Nous ne pouvons te croire sérieusement irrité contre notre ami. Veux-tu continuer ce que tu avais commencé, *La Marseillaise* de la révolution future ? Parle.

— J'ai très envie de vous satisfaire, mais vous n'avez pas de moyen de noter mes musiques. Il

est nécessaire de savoir le langage des choses pour comprendre les êtres qui comme moi n'ont pas de forme apparente. Ainsi les fleurs voient les âmes. Il y a des dialogues entre les parfums et les essences. une rose parle a une morte ; et un pot de jasmin sur le bord d'une mansarde cause avec tout le ciel. La musique que j'ai essayé de vous dicter hier est belle mais il y manque l'accompagnement. Le piano qu'il faudrait ne pourrait pas entrer dans votre maison. Il n'a que deux touches, une blanche et une noire, le jour et la nuit ; le jour plein d'oiseaux, la nuit pleine d'âmes.

MME HUGO : Hier tu as consenti. Pourquoi as-tu dit oui hier ?

— **Calme-toi.**

MME HUGO : Ce n'est pas une réponse.

— **La musique est faite.**

MME HUGO : Si elle est faite, quel parti pourrions-nous faire de ce que tu as dicté ?

— **Cherchez.**

MME HUGO : Est-elle sans fautes telle que M. Guérin l'a écrite ?

— **Il faudrait la faire retoucher par un musicien humain. Parlez-en à Mozart quand vous le verrez.**

VICTOR HUGO : Peux-tu nous envoyer Mozart ?

— **Oui.**

— Pourrait-il venir ce soir ?

— **Il y a un moyen. Posez la table devant un piano : elle frappera sur les touches et vous noterez.**

— Est-ce Mozart qui viendra diriger la table ou est-ce ton esprit qui resté dans la table la mettra en mouvement ?

— **Mozart vaut mieux. Moi je suis inintelligible.**

— Veux-tu prier Mozart de venir ce soir à 9 h ?

— **Je lui ferai dire par le crépuscule.**

Il est 5 h ¼.

Ces trois dernières pages sont écrites par Victor Hugo.

Repris à 6 h.

Présents : Guérin, Charles Hugo, tenant tous deux la table. Charles Hugo écrivant.

— Qui est là ?

— Le Drame.

— As-tu une communication à nous faire ?

— Oui.

— Parle.

— Je vous annonce que le drame de Shakespeare est fini.

Entre Auguste Vacquerie.

— Quand Shakespeare viendra t-il nous le dicter ?

— Jeudi.

— À quelle heure ?

— 8 heures.

— Du soir ?

— Non.

— Du matin ?

— Oui.

— Mais il nous avait été dit que les âmes ne pouvaient venir nous visiter que la nuit ?

— C'est moi qui ferai la partie du jour, il fera celle de la nuit. Je ferai la prose, lui les vers.

— Nous te remercions d'être venu nous apporter cette grande nouvelle. As-tu autre chose à nous dire ?

— Causons.

Entre Mme Victor Hugo.

— Nous dicteras-tu ta partie tous les jours ?

— **Si vous voulez.**

— Les personnages du drame que tu nous dicteras seront-ils des hommes comme nous ? Seront-ils émus des mêmes passions que nous ?

— **Non.**

— Le drame pourra-t-il être joué sur un théâtre de musique ?

GUÉRIN : Depuis longtemps déjà je suis préoccupé par les révélations que les esprits nous font, en nous annonçant les événements de l'avenir et l'époque fixe, fatale à laquelle ils auront lieu. Ainsi l'âme de Bonaparte endormi nous prédit la révolution, le châtiment qui le frappera et l'époque de sa mort. Marat, Robespierre nous annoncent la révolution pour 1855. Charlotte Corday en nous disant l'avenir assigne un rôle à Blanqui et ajoute qu'il sera de courte durée. Enfin la mère de Durrieu lui annonce le jour de son arrivée en Espagne. Que faut-il conclure de ces avis qui nous sont donnés par les morts ? Que l'avenir leur est révélé, que cet avenir est arrangé et déterminé à l'avance, que nous subirons sans avoir à nous en préoccuper ou sans pouvoir l'empêcher les catastrophes ou les choses heureuses qui nous sont annoncées ? Alors comment expliquer le bien, le mal, la punition, la récompense, partant la responsabilité ? Ou ces révélations sont-elles dues simplement à une faculté d'appréciation que possèdent les esprits et qui leur permet de voir plus nettement que nous ne pouvons le faire nous-mêmes des évènements prévus, auxquels ils peuvent alors assigner un terme ?

— **Connaissez-vous la loi des pressentiments ?**

— GUÉRIN : Non.

— Ce que l'homme fait vit. Une action est un être. Une action est un reflet. Une action se voit comme un corps. La prescience de Dieu n'est pas autre chose que la vue des actions humaines dans un miroir qui a comme télescope la faculté de rapprocher les reflets. Ainsi le passant va, vient, s'agite librement. Seulement le mouvement qu'il va faire se reflète une seconde avant dans le miroir. Or, comme le temps est un et que pour Dieu les secondes et les siècles se confondent, il s'ensuit que la seconde d'avant ou les millions de siècles d'avant, l'action future dans la vie humaine était déjà présente dans le miroir divin. Les actions sont des êtres vivants pourvus d'un appareil lumineux qui rayonne jusque dans les profondeurs du miroir avant même que l'action soit sortie du corps humain. Le phénomène des pressentiments qui ressemble au miracle de la prescience divine vient de là. Ainsi il arrive que vous devinez ce que vous allez faire. C'est que sans vous en douter vous êtes passés devant le miroir mystérieux et que vous avez aperçu l'éclair du reflet de l'action invisible. Quand un homme médite sur une résolution, il y a des moments où il se sent regardé fixement par son projet. Son projet devient son ami, son compagnon et son conseiller. Bonaparte dont vous parliez hier a eu le deux décembre pour camarade pendant toute sa vie. C'est le deux décembre qui jouait avec lui quand il était enfant. C'est le deux décembre que Napoléon prenait sur ses genoux quand il prenait le petit Louis. Le deux décembre a au front des baisers d'Austerlitz. C'est le deux décembre qui a parlé à Bonaparte d'Empire, c'est le deux décembre qui lui a récité, à Ham, le monologue de Charles

Quint. C'est le deux décembre qui l'a fait évader de sa prison. C'est le deux décembre qui lui a tenu la lanterne sourde pendant qu'il entrait en France à son retour de Londres. C'est le deux décembre qui lui a prêté les menottes que la France a aux mains. Le deux décembre n'est pas le crime de Bonaparte, c'est son complice : le crépuscule[1].

Clos à 7 h ½.

DIMANCHE SOIR [23 AVRIL 1854]
9 h 20.
Présents : Victor Hugo, Théophile Guérin.
À la table : Mme Victor Hugo, Charles Hugo.
Auguste Vacquerie écrivant.

— Qui est là ?
— **Mozart.**

VICTOR HUGO : Sais-tu ce qui s'est passé ici aujourd'hui ?

Sans répondre, la table va au piano et frappe un ut. *Mais on est embarrassé pour marquer cette note. Est-ce une blanche ou une noire ? On demande à la table par quels moyens on pourra s'y reconnaître. Y a-t-il un procédé ?*

— **Non.**
— Préfères-tu le moyen employé hier avec l'océan ?
— **Non.**
— Comment faire alors ? Nous avons pourtant bien envie d'entendre ta musique.
— **J'y penserai.**

— Dans combien de jours pourras-tu revenir ?
— **Dix jours.**
— Le mardi en 8 ?
— **Oui.**

Clos à 9 h ½.

On reprend la table presque aussitôt. On la quitte avant qu'elle remue.

LUNDI 24 AVRIL 1854
Jour, 2 h.
À la table : Mme Victor Hugo, Charles Hugo.
Auguste Vacquerie écrivant.

— Qui est là ?
— **Le Drame.**
— Parle.
— **Où est Victor Hugo ?**

Victor Hugo entre.

VICTOR HUGO : Me voici. Je t'écoute.

— L'homme donc s'agite comme il veut et le miroir le suit partout mais vous dites, il n'est pas libre. En quoi le reflet gêne-t-il le mouvement ? Le crime de Bonaparte naît dans son esprit. Le miroir reflète le monstrueux visage du nouveau-né. Bonaparte hésite, le miroir reflète l'hésitation. Bonaparte renonce, le miroir reflète la renonciation. Bonaparte revient, le miroir reflète le retour. Bonaparte tremble encore, le miroir reflète le tremblement. Bonaparte accomplit le deux décembre, le miroir

reflète le boulevard. Votre erreur est de croire que l'action est préexistante à la volonté. Non c'est le reflet de l'action qui préexiste à l'action. Maintenant où est ce miroir qui reflète la vie des êtres sous les climats, sous les formes, sous les réalités, sous les apparences ? C'est tout simplement le ciel. Le jour, il est rempli de figures allant et venant, remuant, vivant. il reflète les corps. La nuit, il est rempli de rêves montant et descendant, pensant, songeant, veillant sur tous les fronts endormis. Il reflète les consciences. Le jour est le miroir des masques, la nuit est le miroir des visages[1].

AUGUSTE VACQUERIE : Nous comprenons très bien que le reflet ne gêne pas le mouvement, mais c'est toi qui avais semblé hier nous dire que l'action préexistait à la volonté, que le deux décembre existait déjà pour Bonaparte enfant, et que le crime n'était pas l'œuvre du criminel, mais son complice. Si le deux décembre conseillait déjà Bonaparte enfant, où est l'initiative, c'est-à-dire la responsabilité de Bonaparte ?

— Enfant, Bonaparte conçut l'empire. Je le sais. Il regardait l'épée de son oncle et cherchait toujours à la tirer du fourreau quand l'autre ne le voyait pas. Le deux décembre, l'épée est sortie et Napoléon est resté tout ébahi en voyant ce grand joujou plein de sang dans les mains de ce petit monstre.

VICTOR HUGO : Quel sens devons-nous attacher aux paroles dans lesquelles tu indiques le jour comme étant *plein de figures et reflétant les corps* et la nuit comme étant *pleine de rêves et reflétant les consciences* ?

— Si la nuit, en dormant, il nous vient des pensées mauvaises, est-ce que la conscience y a part ? Si le jour on commet des actions mauvaises, est-ce

que le corps seul en est coupable ? Ceci ne serait pas possible. Une explication me semble nécessaire. Une action faite le jour engage la conscience. Un rêve fait la nuit n'engage pas même le corps. Le rêve va avec l'impossibilité. Maintenant ceci : la nuit tous ne dorment pas. Ceux qui dorment font des rêves. Ceux qui ne dorment pas font des actions. Si la nuit ne reflète que les rêves, que fait-elle des actions ? Est-ce que les actions nocturnes, plus réelles que les rêves, ne l'enregistrent pas ? Elles sont pourtant bien plus que les rêves, l'œuvre de la conscience. Or ce sont elles que la nuit, miroir de la conscience, voulait accueillir ? Le voleur qui vole dans la chambre[1], le bagnard qui tue dans les ténèbres, échapperaient-ils à la nuit pendant que le dormeur qui fait un mauvais rêve serait saisi par elle dans son cauchemar ? Cela me paraît impossible. Il est probable que nous ne comprenons qu'à demi le mystère de la pensée.

Je n'ai pas été compris. Le jour, l'homme accomplit ; mais avec quoi ? Avec le corps, avec les organes. Même les pensées intimes du jour se traduisent par un regard, par un froncement de sourcil. Le miroir reflète l'ensemble, le mouvement et l'intention, le geste et l'action. Tu me diras : à quoi bon refléter le corps ? La matière n'est pas coupable et n'est pas méritante. Si l'homme, qui était beau, sain, bien nourri, commet des actions difformes, est-il plus coupable que l'homme difforme qui commet les mêmes actions ? L'homme qui, étant laid, malade, misérable, fait de bonnes actions est plus méritant que l'homme qui, étant doué de la beauté, s'ajoute la bonté. Ainsi Phoebus méchant est plus coupable que Quasimodo méchant. Quasimodo bon est plus méritant que Phoebus bon. Le miroir donc

reflète les visages. Les visages sont les effigies des actions. Une bonne action à l'effigie de Quasimodo a cours dans le Paradis ; un crime à l'effigie de Phoebus est reçu dans l'Enfer. Le Paradis est une caisse d'épargne de la souffrance ; l'Enfer est un comptoir de changeur, où, quand vous demandez la monnaie d'un crime, on vous la donne en châtiment. Maintenant arrivons au miroir de la nuit. Il reflète spécialement les consciences. Pourquoi ? Parce que, étant l'ombre, il voit l'invisible. La loi est que les tigres voient clair dans la nuit et que la nuit voit clair dans les tigres. Le non-voyant voit le non-vu. La nuit voit l'envers du masque qui est le visage. La nuit, c'est le masque de Dieu qui regarde le visage de l'homme. Je n'ai pas voulu parler de l'émanation de la conscience qui se fait comme celle des fleurs pendant la nuit. Il n'est pas d'action qui n'ait été conçue pendant le silence nocturne. L'homme, quand il se couche, déshabille sa journée et la regarde toute nue. C'est cette nudité de l'âme que reflète le grand miroir sombre[1].

Écrit par Victor Hugo.

MME VICTOR HUGO : Mon fils Victor résiste au mystère des Tables. Il répond toujours que ces interventions ne sont plus du XIXe siècle. Quand il me dit cela, que faut-il que je lui réponde ?

— Fais-lui lire le festin de Pierre. Don Juan aussi est le XIXe siècle. Il sourit. Molière lui donne par moments le rire de Voltaire. La pensée ricane sur sa lèvre, mais Molière est sérieux. Don Juan dit : vos tables sont une plaisanterie et ne se lèvent pas. Tout à coup, il voit se lever dans l'ombre la pierre du tombeau, et il entend monter dans son escalier les pieds de marbre de l'impossible. La sta-

tue plaisante de la terreur ouvre sa porte, s'assied à sa table, et Don Juan regarde avec épouvante le vin couler dans les veines de pierre du mangeur terrible. Riez donc.

VICTOR HUGO : Ce que tu viens de dire il y a quelques instants m'amène à te soumettre une pensée qui m'est venue, pendant que mon esprit errait autour du mystère que tous nous entrouvrons. Je me suis demandé s'il n'était pas possible que les animaux vissent ce que nous ne voyons pas, et si ce n'était pas là une de leurs compensations. Cette idée m'est arrivée en entendant aboyer les chiens la nuit sur la terrasse déserte à une heure où il ne passe personne. Je me disais : l'homme pense, mais il ne voit pas, les animaux ne pensent pas, mais ils voient. C'est de cette façon que s'établit devant Dieu l'équilibre de l'incomplet. Ces chiens voient passer les spectres et les âmes et ils aboient. Pendant ce temps-là, nous sommes dans les ténèbres, et nous nous disons : pourquoi aboient-ils ? Ils voient le mystère, mais ils ne peuvent le comprendre ; nous pourrions peut-être le comprendre ; mais nous ne le voyons pas. J'écris ceci rapidement, mais cela suffit pour que tu comprennes la conjecture que j'ai faite. Qu'en penses-tu ? Veux-tu m'éclairer ? Tu dois voir, sans que j'y insiste, une foule de développements qui sont dans ma pensée[1].

— Il est des compensations mystérieuses aux maux mystérieux. Les animaux sont des prisons d'âmes. Ils sont percés de fenêtres ouvertes sur l'infini, mais basses et étroites, et traversées de barreaux énormes. L'ombre tombe des barreaux et la lumière descend du soupirail. L'animal voit l'homme, et entrevoit l'ange[2]. Le regard de la bête a un bout de ses cils dans la matière et l'autre dans

l'idéal. L'œil d'un chien qu'on fouette voit sourire les anges. L'aboiement est le bégaiement que comprend le grand sourd-muet. Le rugissement et le vagissement qu'entend le grand-père silencieux. Le mot que dit l'homme contient la moitié de la prière ; la voix de l'animal contient l'autre moitié. La terre est pleine d'oreilles ; pour une seule bouche il y a deux oreilles, la première est la pardonnante et la seconde est la punissante. Les animaux, les fleurs, les pierres sont entre l'homme qui ne voit pas leur âme et Dieu dont ils entrevoient la face, de sorte que lorsque la nuit est tombée, de toutes parts, des antres, des nids, des bois, des flots, des ténèbres, il s'élève un immense bruit ; c'est la prière des gueules, des becs, des nageoires, des prisons, des cachots, des oubliettes, des paupières qui pleurent toujours et qu'on n'essuie jamais. Dieu dit : je vous entends ; et le lion prend patience, et l'oiseau dort mieux, et le chien jappe sur la robe des anges : pardon est le seul mot de la langue humaine qui soit épelé par les bêtes. Le reste des mots tomberait dans la mer qu'il n'y aurait pas une idée de noyée, pardon est l'arche de Noé.

VICTOR HUGO : J'ai mis dans la bouche d'un rosier ce vers adressé à un papillon : « Viens chez moi, mes boutons sont des cachettes d'âmes. » Est-ce que j'ai fait ce vers aveuglément ? Ou est-ce que, comme le chien dans la nuit, j'entrevoyais quelque chose ?

— Oui, tu entrevoyais mais il n'y a pas que le rosier qui contienne des âmes. Pourquoi vous, poètes, parlez-vous toujours avec amour des roses et des papillons, et jamais des chardons, des champignons vénéneux, des crapauds, des limaces, des chenilles, des mouches, des vers, des acarus, des vermines, des infusoires, assurément ce sont là des êtres malheureux ; et les cailloux, et les coquillages donc ! Pourquoi ne parlez-vous pas des punaises ? Des puces ? Des poux ? Des scolopendres ? Des scorpions ? Des cancrelats ? Des cloportes ? Des crabes ? Des homards ? Des oies ? Pourquoi ne plaignez-vous pas les souffrances des êtres immondes ? Pourquoi ne plaignez-vous pas les tortures des infiniment petits ? Condamnés à être l'excrément de l'infiniment grand ? Pourquoi plaignez-vous Latude et ne plaignez-vous pas sa souris ? Pourquoi plaignez-vous Pellisson[1] et ne plaignez-vous pas son araignée[2] ? Pourquoi plaignez-vous les esclaves que les Romains jetaient aux murènes et ne plaignez-vous pas les murènes ? Pourquoi plaignez-vous les chrétiens du cirque et ne plaignez-vous pas les bêtes ? Pourquoi plaignez-vous Job et ne plaignez-vous pas sa lèpre ? Pourquoi plaignez-vous ce qui est gracieux dans la souffrance et ne plaignez-vous pas ce qui est difforme dans l'expiation ? Pourquoi avez-vous de la pitié pour la matière organisée et non pour la matière brute ? L'une et l'autre sont à plaindre ; le fer souffre, le bronze souffre, le poignard souffre, le canon souffre, le couteau de la guillotine souffre[3]. Vous plaignez Jeanne d'Arc, plaignez aussi son bûcher. Vous plaignez Socrate, plaignez aussi la ciguë. Vous plaignez Jésus-Christ, plaignez aussi la croix. Faites désormais vos livres avec ce sentiment. Je te demande formellement des vers sur les souffrances des instruments de torture et des quatre clous de Jésus-Christ.

— Connais-tu les vers que j'ai faits ce matin dans l'ordre d'idées dont tu me parles ; notamment deux vers sur les champignons, et d'autres vers plus anciens sur les quatre clous de Jésus-Christ ?

— Ce que je dis est précis et j'affirme. Je ne parle pas de ce sentiment vague qu'ont eu les poètes de la vie universelle, qu'a eu Hésiode, qu'a eu Homère quand il a dit : olim truncas ficulnus[1], qu'a eu Lucrèce, qu'a eu Virgile dans *Silène*, qu'a eu Shakespeare dans *Macbeth*, qu'a eu Eschyle dans *Prométhée*, qu'a eu Molière dans *Amphitryon* et *Psyché*, que tu as eu, toi-même, dans tant de pages et surtout dans sunt lacrymae rerum[2], où tu as plaint les canons. Je parle de la vie des bêtes, des fleurs, des pierres, comme je parlerais de la tienne. J'affirme, je prouve et je commande des vers aux poètes comme je commanderais à mes valets. Je veux qu'après avoir réhabilité la beauté dans Marion et la laideur dans Triboulet, tu réhabilites le malheur dans le crapaud et le désespoir dans le chardon. Je veux que, dans cette maison, on parle des tigres avec pitié et des vermisseaux avec respect. Je veux que désormais tu parles de la douceur des loups, de la gentillesse des léopards et de la faiblesse des lions. Ainsi j'ai lu dans des vers qui sont dans ta malle ceci : tu parles des forêts vierges et tu dis : « ces forêts charmantes où soudain on rencontre un lion ». Je t'engage à changer ce beau vers que le lion n'a pas mérité[3].

9 h ½ du soir.

Ces six dernières pages sont écrites par Victor Hugo.

MARDI 25 AVRIL 1854
10 h moins 20.
Présents : Mme Victor Hugo, Victor Hugo,
Auguste Vacquerie.
À la table : Charles Hugo et Théophile Guérin.

— Qui es-tu ?

— **Vox deserti**[1]**.**

— Tu vas nous continuer les grands et beaux vers que tu nous as commencés. Veux-tu que je te relise ceux que tu as faits la dernière fois ?

— **Oui.**

(Victor Hugo relit les vers.)

III

— **J'ajoute deux strophes.**

VICTOR HUGO : Au paragraphe II ?

— **Oui.**

D'autres lions que moi, qui pouvaient dire au monde
Nous sommes la puissance et la force profonde,
Nous sommes les lions,
Regardaient Rome en fête attroupée et sauvage
Applaudir leur cri rauque et faire de leur cage
Un tréteau d'histrions.

Et monstres qu'on repaît de massacre et de honte,
Géants apprivoisés sur qui l'opprobre monte.
Sans cœur et sans esprit
Ils levaient sur les saints leur patte sacrilège
Et leurs ongles saignants s'enfonçaient viv...

Trois coups.

— Dans quel vers de la strophe changes-tu ?

— 9.

Lâches comme des loups
Leurs pattes déchiraient les martyrs sur les claies
Et Jésus-Christ prenait leurs ongles dans ses plaies,
Ô gibet, pour tes clous.

Note : Au cinquième vers de la strophe : « Et leurs ongles saignants s'enfonçaient viv... », la table s'est interrompue quelques minutes. Pendant ces minutes, Victor Hugo a terminé la strophe ainsi :

Ils déchiraient les saints expirant sur les claies
Et leurs ongles hideux élargissaient la plaie
Au flanc de Jésus-Christ.

Il a écrit ces trois vers sans les dire, et les a fait lire à Auguste Vacquerie seul. Presque aussitôt la table s'est remise en mouvement, et a terminé la strophe, presque dans les mêmes termes que Victor Hugo. Victor Hugo alors a lu ses vers tout haut. On s'est récrié.

MME HUGO à la table : Est-ce que tu as lu les vers de mon mari avant de faire les tiens ?

— **Non.**

Pendant qu'on s'étonne encore de cette coïncidence, la table frappe neuf coups[1].

VICTOR HUGO : Quel vers refais-tu ?

— **Le 9 : *Sans cœur et sans esprit.***

VICTOR HUGO : Tu le remets comme il était d'abord ?

— **Oui.**

— Après ?

— ***Leur patte déchirait les martyrs sur les claies***

Et leurs ongles sanglants remplaçaient dans les plaies
Les clous de Jésus-Christ.

Auguste Vacquerie s'en va.

Si bien qu'eux, ces lions devant qui tout recule,
Eux ces lions que seul, ô fabuleux Hercule,
Sans peur tu regardas,
Ils sentaient sur leur fauve et terrible crinière,
Dans l'ombre se poser, flatteuse et familière,
L'humble main de Judas*[1] *!

III

La table frappe trois coups.

VICTOR HUGO : Quel vers veux-tu changer ?

— **Le deuxième vers.**

— Conserves-tu : *Eux ces lions* ?

— **Non. *Eux ces héros.***

— Tu conserves le reste des vers ?

— **Oui. Permets-tu que je t'emprunte un hémistiche inédit que toi et moi connaissons seuls ?**

VICTOR HUGO : Emprunte-moi un hémistiche, un vers, un poème, tout ce que tu voudras. Je serai fier si tu ne trouves pas mon harmonie indigne de ton rugissement.

— ***Il est minuit. C'est l'heure immense et solennelle***
Où j'ouvre devant Dieu ma splendide prunelle.
C'est l'heure de l'amour où sous les cieux cléments,
Sombres et taciturnes,
Les fleurs dans les forêts, ces coquettes nocturnes,
S'embaument pour le jour !

L'hémistiche ces coquettes nocturnes *fait en effet partie d'une pièce que je n'ai lue à personne et qui est dans un lieu connu de moi seul. Il en est de même du vers cité par le drame : « Charmantes, où soudain on rencontre un lion » qui fait également partie d'une pièce inédite et absolument inconnue de qui que ce soit qui m'entoure. V. H.*

VICTOR HUGO : Je te remercie, lion[1].

M. Victor Hugo est allé immédiatement chercher dans son cabinet la pièce de vers dont fait partie l'hémistiche ces coquettes nocturnes, *pièce intitulée « Soir », datée 6 mars 1854*[2], *et enfermée dans un dossier sur lequel on lit* Homo. *Ce dossier et ce qu'il contient sont serrés dans le cabinet de Victor Hugo et n'ont jamais été communiqués à personne. M. Victor Hugo nous a lu les vers intitulés* Soir *où il y a en effet l'hémistiche « ces coquettes nocturnes » appliqué aux fleurs. Étaient présents Mme Victor Hugo, Charles Hugo et moi*[3].

MARINE-TERRACE 25 AVRIL 1854
Minuit ¼.

Théophile Guérin : Charles étant fatigué demande à suspendre ; la table consultée consent.

— Quel jour reviendras-tu ?
— **Dans onze jours, le 6 mai**[4].

Clos à minuit vingt.

— Le 4, dans une des précieuses séances, tu as

dessiné la figure d'une personne à qui je pensais, veux-tu me permettre de lui en parler ?

— **Oui.**

Note de Théophile Guérin : Cette demande avait été oubliée dans la dernière séance.

JEUDI 27 AVRIL 1854

8 h ¼ du matin.

À la table : Théophile Guérin et Charles Hugo.

Auguste Vacquerie écrivant.

— Qui est là ?

— **Le Drame.**

— Viens-tu pour nous dicter le drame de Shakespeare[1] ?

— **Oui.**

— Commence.

Acte premier.

Le ciel étoilé. Nuit sereine. Les astres scintillent. Leur scintillement murmure des paroles mystérieuses. Tout à coup, deux de ces étoiles prennent un développement étrange et deviennent énormes et comme si les lorgnettes des spectateurs étaient changées en télescopes magiques. Tous, ils entendent sortir ces mots des deux globes monstrueux. L'étoile d'en bas à l'étoile d'en haut :

— Bonjour Paradis :

L'étoile d'en haut : Passe ton chemin, Enfer.

L'étoile d'en bas : Pas de colère si tu veux qu'on te croie heureux.

Entre Mme Victor Hugo.

L'étoile d'en haut[1] : *Va-t'en du ciel, l'Enfer. J'y suis bien. Dieu luit pour tout le monde. Dieu n'est pas ta propriété. Je suis le revers de la médaille dont tu es l'autre face. Je suis l'effigie châtiment, tu es l'effigie clémence.*

Le Paradis (sans entendre l'Enfer) : Ô rayonnement ! Ô splendeur ! Ô lumière !

L'Enfer : Ô ténèbres !

Le Paradis : Dieu sourit.

L'Enfer : Dieu menace.

Le Paradis : Comme l'homme est heureux ! Plus de mal ! Plus de sang ! Plus de larmes ! L'homme est une immense fleur dont la racine plonge dans la lumière et qui a autant de pétales que la bouche de Dieu a de baisers. L'immensité, l'éternité, lui sont douces comme des langes. Il dort tranquille et souriant dans ces deux bras de Dieu. Le matin, il s'éveille dans la joie, le soir il s'endort dans le ravissement. L'énorme Dieu des abîmes, des tempêtes et des vents devient le père épris de son enfant et se montre si tendre, si dévoué et si doux que les hommes lui disent : ma mère. La création rentre toutes ses griffes et n'est plus que caresses.

> *On s'interrompt un moment. Discussion. Mme Victor Hugo reproche à Auguste Vacquerie d'enregistrer silencieusement, sans applaudir, sans aider la table de paroles sympathiques. Quand Victor Hugo est là, il s'enthousiasme détail à détail, et son enthousiasme s'ajoute à la verve de la table. Auguste Vacquerie dit qu'il attend l'ensemble de la scène pour la juger. Jusqu'à présent, le Paradis lui semble égoïste.*

On reprend la table.

— Est-ce toujours le Paradis qui parle ?

— **Non. Je laisserai Shakespeare faire tout le drame.**

— Pourquoi ?

— **Le soir convient mieux.**

La table reste froide et immobile.

— Es-tu toujours là ?

Pas de réponse.

Au bout de cinq minutes, on quitte la table. Dix minutes après, on la reprend. Elle s'agite.

— Qui est là ?

— **La Métempsycose.**

— Parle.

— **Je suis l'idée éternelle. Je suis le vrai. Seulement je me complète par le moi. Je prends l'homme et j'en fais la chose. Je prends la chose et j'en fais l'homme. Je suis le pont de l'âme entre l'infini et le fini. Je suis le plus court chemin du caillou à Dieu. Je suis le bras de l'immensité portant le grain de sable et le confondant avec le grain de feu. Je suis le corridor par où l'on va aux portes secrètes. Je suis l'escalier de Babel monté par Jacob et qui conduit à l'obscur plafond. J'ai le visage fait avec la création, mes yeux sont les astres, mes oreilles sont les vents, ma bouche est l'abîme, ma peau est l'azur, mes chevaux sont les branches des forêts. Je suis le portrait mystérieux qui pend au mur de la maison terrible. Je suis le formidable atome graine de l'homme. Je suis la racine de la fleur, la base du rocher, la patte de l'insecte, le boulet du forçat,**

l'aile de l'ange. Je suis ce qui enchaîne et ce qui délivre. Je suis le geôlier archange et j'apparais dans l'immensité comme un soleil ayant la forme d'un carcan.

AUGUSTE VACQUERIE : Nous te remercions d'être venue, et nous te prions de revenir. Il n'y a pas de plus grande question que toi. Mais dans ce moment, le drame vient de nous quitter brusquement, et comme fâché. Nous ne voudrions pas rester brouillés un jour avec personne de vous. Voudrais-tu le prier de revenir ?

Pas de réponse.

La table recommence à s'agiter.

— Est-ce toujours la Métempsycose ?

— **Non.**

— Avant de te demander ton nom, un mot. Veux-tu prier le Drame de revenir ?

— **Shakespeare reviendra.**

— Mais tu conçois nos nécessités humaines. Nous désirons que le drame aboutisse et arrive à sa fin. Shakespeare ne peut venir que le soir. Or tous nos jours sont libres, tous nos soirs ne le sont pas. C'est donc pour avoir plus tôt et plus sûrement la pièce que nous désirons qu'on nous la dicte le jour, c'est-à-dire que le drame revienne. Ne trouves-tu pas que j'ai raison ?

— **Oui.**

— Eh bien ?

— **L'Inde...**

— Ce n'est pas la même idée ?

— **Non.**

— Qui es-tu ?

— **L'Inde**[1]**.**

GUÉRIN : Veux-tu répondre à toutes les questions que nous allons te faire ?

— **Oui.**

GUÉRIN : À toutes ?

— **Oui.**

GUÉRIN : Tu ne t'en iras pas ?

— **Non.**

GUÉRIN : Eh bien, nous te demandons si tu peux faire revenir le Drame ?

— **Oui.**

GUÉRIN : Nous te remercions. Consens-tu à t'en aller ?

— **Tu me chasses ?**

— Je suis prêt à t'écouter avec recueillement. Tu dois comprendre le sentiment dans lequel je désire le retour du Drame ?

— **Oui. Je suis le pays de l'ombre et du jour. Je suis l'autre lueur du vrai sur le monde. L'Occident met Dieu dans l'homme, je le mets dans la bête. Je vois, à travers l'écorce des arbres, à travers le granit, à travers le pelage des éléphants, à travers le cuir sacré des bœufs, à travers la carapace des rhinocéros, l'immense énigme. Je lis Dieu à travers le mur de la peau des hippopotames, et ce qu'un boulet de canon ne traverserait pas mon œil le traverse. Je vois l'insondable à travers l'infranchissable. Je vais à la chasse de Dieu et je commande aux lions, aux tigres, aux panthères comme à la grande meute de l'amour. Je prends mon cor et je sonne l'hallali de l'éternité.**

— Quand reviendra le Drame ?

— **Je l'ignore.**

— Pourrais-tu le lui demander tout de suite ?

— **Non.**

Clos à midi ½.

27 AVRIL
Jeudi 3 h.
Présents : Guérin, Charles, Mme Hugo.
Charles et Guérin à la table.

— **Le Drame.**

— Peux-tu continuer ?

— **Oui. Les éléments s'apaisent. L'air, l'eau, la terre et le feu, ces quatre vieux ennemis de l'homme, l'entourent d'amour et de bonheur. L'air ne contient plus de tempêtes, l'eau ne contient plus de naufrages, le feu ne contient plus d'incendies, la terre ne contient plus de sépulcres ; les hydres et les dragons furieux qui s'agitaient dans les ondes et dans les flammes, se sont transfigurés et sont devenus des figures célestes ; les grincements de dents se changent en sourires ; les larmes en rosée ; le vide en plénitude ; et je regarde s'enfuir dans les ténèbres et dans les solitudes le géant chaos et le spectre néant, tous deux sombres causant, maugréant, maudissant, et tout effarés. Le rosier n'a plus d'épines et se sent une âme, l'épine elle-même est devenue bouton de rose, et le malheur qui rampait sur les globes comme une sorte d'insecte hideux, a senti ses mille pattes monstrueuses se transformer en deux ailes, et cette chrysalide de l'expiation s'est envolée dans les clartés, papillon des joies. Ô chardon, te voilà fleur ! Ô scorpion, te voilà oiseau ! Ô crapaud, te voilà cygne ! Ô cygne, te voilà femme ! Ô femme, te voilà ange ! Nature pleine de mystères, de ténèbres, de reflets de lune, d'étangs silencieux, de broussailles, de clairières, de rochers, de forêts, de gouffres, de tumultes, d'œuvres secrètes et pro-**

fondes, de fourmillements et d'enfantements ; ô nature voilée, nature masquée, nature cachée, te voilà nue ! Mensonge, te voilà vérité ! Volcans, vous voilà cimes ! Antres, vous voilà foyers ! Ténèbres, vous voilà éblouissements ! Mort, te voilà vie ! Et dans les orbites des crânes ressuscités pour l'éternité et devenus soudain flamboyants et lumineux, ô vers de la tombe, vous voilà rayons du ciel !

Clos à 5 h ½.

L'analogie entre le début de cette scène et l'idée d'une chose faite par moi le 23 9bre 1853 et intitulée Deux voix dans le ciel étoilé – Zénith. Nadir *m'oblige à m'abstenir, et j'en éprouve un regret profond, de toute participation au travail de la table pendant ce drame. Et pour ce drame seulement. Je note que l'analogie est (au début seulement, je l'écris ignorant la suite) dans l'idée et dans quelques détails. V. H. 29 avril 1854*[1].

AVRIL. SAMEDI 29

2 h ¾.

Présents : Mme Hugo, Guérin, Charles.

Charles et Guérin à la table.

— **Le Drame.**

CHARLES : Veux-tu frapper deux coups quand il faudra mettre à la ligne ?

— **Oui.**

L'ENFER : **Tu mens, Paradis. Tout pleure et tout**

saigne. Tout est crime et tout est souffrance. Il n'y a pas des millions d'étoiles dans la nuit du cœur humain. Il n'y a que deux lunes, la lune louche et la lune aveugle, la lune trahison et la lune misère, l'astre Judas et l'astre Job. L'oiseau humain a des ongles, a des ailes, le nid humain est un fumier, le ciel humain est un antre de ténèbres. L'horreur est partout. Le remords est le nuage rouge où se couche le soleil, et son char est un tombereau de cadavres. L'immensité est un masque de bourreau. L'éternité est un poids qui frappe et brise la faible raison de l'homme dans son implacable oscillation. Et le balancier de l'infini, résonnant dans le crâne humain, le remplit et le submerge de son flux et de son reflux comme la marée d'un océan de sanglots car toute heure, toute minute, toute seconde est un cri de douleur, l'aiguille du cadavre fait le tour du monde et son doigt est toujours tourné vers une heure de nuit. Regarde, ô Paradis, l'ombre que j'ai en moi. Quelle désolation ! Quel opprobre ! Quelle honte ! L'homme est un méchant, la bête est un méchant, la fleur est un méchant, la pierre est un méchant, les quatre éléments sont quatre misérables. L'air fait dévorer ses colombes par les vautours, l'eau fait dévorer les petits poissons par les gros, le feu fait dévorer les prairies par les volcans, la terre fait dévorer les moutons par les loups. Les choses commettent des actions plus infâmes que l'homme. Les ronces aspirent à piquer, les plantes aspirent à trembler sous l'orage, les chemins aspirent à égarer, les fleuves aspirent à noyer, les tuiles aspirent à tomber, les portes désirent les cachots, les puits désirent les astrologues, le mancenillier désire le voyageur, le fer désire le sang, le cuivre désire le vert-de-gris des suicides, l'or rêve la prostitution.

Les sapins se voient dans leurs songes changés en mâts brisés sur un vaisseau désemparé. Les pierres se voient donjons. Les chênes se voient gibets. L'éponge cachée au fond de la mer où Jésus pêche avec les apôtres, pense au fiel du calvaire. La ciguë, cachée au fond du jardin où Socrate se promène avec ses disciples, le regardant avec colère, et les poisons du laboratoire de Locuste pensent à Néron. La nature est horrible. Les mandragores sombres, les pâles, les pavots blêmes, causent avec les champignons hideux dans les forêts et ces plantes de la nuit conspirent contre l'homme. L'une dit : « Je suis le narcotique. » L'autre dit : « Je suis le venin, taisons-nous ! » Monstrueux ! Monstrueux ! Monstrueux ! Et les pestes, les fièvres, les maladies, les épidémies, les choléras passent en battant de l'aile dans ce ciel de crimes. L'homme s'agite dans cet enfer non pour l'améliorer mais pour l'empirer. Toutes ses actions sont des forfaits. On dirait que le crime est un de ses muscles. Il marche, crime. Il s'arrête, crime. Il se lève, crime. Il se couche, crime. Enfant, il tue les hommes, il opprime les femmes, vieillard, il tue les idées naissantes. Son berceau est un nid de hiboux où la nuit couve le jour, où la mort couve la vie. La nourrice de l'humanité a deux mamelles : la misère et l'ignorance. Le nouveau-né est emmailloté dans les langes de l'ombre. Il suce l'amour dans la haine, la foi dans l'ironie, le bien dans le mal, et c'est en mordant Dieu qu'il tète la vie. La moitié de la société humaine est égoïste, l'autre est envie. Le sommet est la fange, la base est le sang. Le monstrueux reptile est entrelacé autour de la colonne du temple et siffle contre le plafond étoilé. Les poètes chantent les rois, et quand la Pompadour a fini de baiser les ulcères de Louis XV[1], Voltaire vient mendier le sourire de ces baisers. La science croit trouver des remèdes, elle trouve des maux. Colomb croit trouver l'Amérique, il trouve une maladie. Franklin croit découvrir le paratonnerre, il découvre l'électricité. Il indigne la foudre. Fulton croit découvrir la vapeur, il découvre des explosions. Gutenberg croit découvrir l'imprimerie, il découvre les guerres civiles et les révolutions. Le mal fait dans le bien[1]. La main qui écrit une pensée utile ne sait pas la réaliser. Les catéchismes singent les Évangiles, et l'Église fait avec l'aumône de la fausse monnaie qu'elle prête à Satan. Ô formidable griffe du crime ! Elle tient dans sa serre le crâne du monde et pour l'empêcher de voir et d'entendre, elle lui plonge deux ongles dans les oreilles. Eh bien Paradis, tu as raison, fuyons ! Fuyons ! Le ciel est trop lumineux pour moi. Venez mes forfaits, venez mes horreurs, venez mes bassesses, venez mes turpitudes, et puisque le ciel de la gloire ne veut pas de nous, laissons-le, et allons chercher à travers les espaces, pour y rouler éternellement et pour en être le soleil, le noir firmament de l'infamie !

Clos à 7 h moins ¼[2].

DIMANCHE 30 AVRIL

3 h moins ¼.

Présents : Mme Hugo, Guérin, Charles.

Charles et Guérin à la table.

— Qui est là ?

— Le Drame[3].

— Parle.

Le Paradis : Pas éternellement.

L'Enfer : Quoi ?

Le Paradis : Le pardon est le mot suprême. L'ombre de la main de Dieu. C'est le châtiment ; mais son geste est toujours la bénédiction.

L'Enfer : Ô Paradis, est-il donc possible que je sois pardonné ? Est-il donc possible que mes crimes qui rugissent dans l'ombre soient admis, un jour, dans bien longtemps, à lécher les pieds du Seigneur ? Est-il possible que mes maudits soient, un jour, reçus dans le sourire de Dieu ? Est-il possible que les deux pinces de la tenaille de Satan deviennent les deux lèvres de la bouche des anges ? Non, tu te trompes. L'ombre est l'ombre. La nuit est le monstrueux regard de l'œil crevé. L'aurore est le regard d'amour de l'œil rayonnant. Les ténèbres sont maudites, les ténèbres sont oubliées. Le ciel noir est une muraille de cachot où l'on sentira éternellement l'aveugle tâtonnement des astres punis[1]. Ô Paradis ! Je ne te crois pas, mais rien qu'à t'entendre me parler de pardon, moi l'envieux, moi, le méchant, j'ai de grosses larmes dans les yeux. Le bas du ciel pardonné par le haut, la fange pardonnée par la lumière, les pieds souillés, lavés par les mains pures des séraphins ailés, le ruisseau baisé par l'oiseau, cela n'est pas possible !

Le Paradis : Si.

L'Enfer : Comment ? Dis-le vite ! Oh ! Être pardonné ! L'éternité désarmée ! Avoir Dieu ! Parle vite ! Ô mon doux frère !

Le Paradis : Il y a un moyen.

L'Enfer : Dis vite.

Le Paradis : Tu es couvert de criminels. Prends le plus coupable, le plus pervers, le plus infâme et fais-en un juste. Si tu arrives, toi Enfer, sans être aidé par un Paradis, à faire un ange avec un démon, tu seras pardonné.

L'Enfer : Ô joie ! Mon doux frère, comment faire pour te remercier ?

Le Paradis : Faire un ange.

À ce moment, le jour commence à paraître. Les dernières étoiles s'éteignent et les deux astres pâlissent dans les blancheurs de l'aube. Ils n'ont pas cessé de parler, mais leur voix, comme celle de deux causeurs qui s'éloignent, n'arrive plus aux spectateurs. Enfin, ils s'évanouissent tout à fait et le soleil paraît. La toile tombe.

Un village, aux environs de Versailles. Paysage charmant, à droite une auberge avec cette enseigne : « À Louis le bien-aimé[1] ». À gauche, une maison de paysans toute rayonnante de fleurs et comme en fête. Au fond une chaumière et une église ; c'est le soir. Entrent deux hommes, en manteaux, chapeaux brodés d'or, épées que soulève le bord des manteaux, cheveux poudrés.

Premier homme : Tu es bien sûr qu'elle vaut la peine d'être vue au lit ? Tu ne m'as pas dérangé pour rien ?

Second homme : Elle est charmante, Sire.

Premier homme : Quel âge ?

Second homme : L'âge où les oiseaux se laissent dénicher et où les filles se font nicher un petit printemps tout rose, un joli matin tout blanc.

Premier homme : Quel âge ?

Second homme : Quinze ans[2].

Premier homme (bâillant) : C'est bien vieux, l'âge de l'amour est éternellement le même. Quinze ans !

Pourquoi quinze ans ? Décidément le sot qui a fait les méchants n'avait pas d'imagination. Il me vient des envies de cueillir des fleurs en boutons et des fruits en germes. J'ai des soifs de sève humaine, je voudrais boire d'un coup un grand verre de virginité, et me soûler avec de la vraie innocence.

Second homme : J'entends la musique de la noce.

Premier homme : Quelle noce ?

Second homme : Celle de votre petite, Sire.

Premier homme :

— Tiens, c'est plus piquant ; j'aurais deux jeunesses à briser. Le mari et la femme dans une seule rasade. Boire une vierge[1], c'est l'ivresse de la vie, boire une fiancée, c'est l'ivresse de la mort. J'ai des appétits de vie comme un tombeau à jeun.

Second homme : On vient. Entrons ici.

Ils disparaissent dans l'auberge. Arrivent en chantant et en dansant des paysans et des paysannes tout joyeux et tout endimanchés. Cornemuse. Le plus jeune va frapper à la porte de la maison à gauche tandis que les autres se rangent en cercle devant le seuil.

Jérome, appelant : Nihila ! Nihila !

Nihila, ouvrant la porte : Me voici.

Le jeune homme lui prend le bras et un air de danse commence. La danse finie, Nihila s'assoit sur un banc devant la porte de la chaumière et chante :

Nihila, chantant :

Pour mon bouquet d'noce au jour d'aujourd'hui
Monsieur l'laboureur, qu'avez-vous cueilli[2] ?

Un paysan s'avance en cadence et chante :

J'ai cherché la rose
Tout autour d'ici
Pas une d'éclose.

Il dépose un souci sur les genoux de Nihila[1] *qui le rejette, et il est renvoyé par les danseurs avec des bourrades cadencées.*

Nihila, chantant :
Pour mon bouquet d'noce au jour d'aujourd'hui,
Monsieur l'maire d'écot qu'avez-vous cueilli ?
Un paysan chantant :
J'ai cherché la rose
Pour vous en faire don
Pas une d'éclose
J'ai cueilli l'chardon.

Il dépose un chardon, même jeu.

Nihila :
Pour mon bouquet d'noce au jour d'aujourd'hui,
Monsieur le curé qu'avez-vous cueilli ?
Un paysan chantant :
J'ai cherché la rose
Au milieu des près,
Pas une d'éclose,
J'ai cueilli l'cyprès.

Il offre une branche de cyprès, même jeu.

Nihila :
Pour mon bouquet d'noce au jour d'aujourd'hui,
Monsieur mon époux qu'avez-vous cueilli ?
Jérôme, chantant :
J'ai cherché la rose
Comme eux tous aussi.
Il n'en est d'éclose
Qu'une seule ici.
Nihila :
Dans mon lit de noce au jour d'aujourd'hui,
Monsieur mon époux, venez la cueillir.

MARDI 2 MAI
Jour, 3 h.
À la table : Mme Victor Hugo et Charles Hugo.
Auguste Vacquerie écrivant.

— C'est toi, Drame ?
— **Oui.**
— Continue.

Jérôme se met à genoux devant Nihila. Les autres paysans se retirent discrètement et les laissent seuls. Long silence. Le crépuscule est tombé. Les deux amants se contemplent ravis. Nihila est toujours assise. Jérôme toujours à genoux.

Jérôme : Je t'aime.

Nihila : Je t'aime.

Jérôme : J'ai envie d'être heureux. Je voudrais être toujours seul avec toi. Je me sens tout changé. Je vois avec d'autres yeux. Je respire avec une autre bouche. Je tremble, j'ai froid et je brûle. Ma Nihila, tu es mon tout. Oui, je tremble. Tiens, touche mes mains. Qu'est-ce que je crains donc ? Je ne sais pas. Il me semble que nous ne sommes pas seuls.

Nihila : Si.

Jérôme : Je veux que tu sois bien heureuse. Je ferai tout ce que tu voudras.

Nihila : Nous aurons des poules.

Jérôme : Oui.

Nihila : Deux vaches, une blanche et une noire. Je te ferai boire du lait de la blanche et je donnerai du lait de la noire aux petits mendiants.

Jérôme : Oui.

Nihila : Nous aurons une chèvre pour avoir des chevreaux. J'aime les chevreaux. Ils sont joyeux comme les oiseaux. Ils sont toujours à vous sauter aux jambes et à vous faire tomber et c'est si amusant de voir pousser leurs cornes.

Jérôme : Oui.

Nihila : Nous aurons une paire de serins, mais je ne veux pas qu'on les mette en cage. Des oiseaux en cage, c'est de la joie triste. Je les apprivoiserai.

Jérôme : Oui.

Nihila : Il te faudra un cheval pour ta charrue, mais pas méchant pour que je puisse monter dessus. Il faudra bien travailler, bien dormir, bien prier. Tu iras tous les matins à la ville porter tes légumes et les jours de foire tu m'achèteras du pain d'épices. Nous serons heureux comme des petits moineaux libres. Moi, j'aurai soin de tes habits. Je te raccommoderai tes pantalons. Les hommes, ça déchire tant !

Jérôme : Dis-moi que tu m'aimes.

Nihila : Je ne sais pas pourquoi tu demandes cela aujourd'hui plutôt qu'un autre jour. Depuis que je suis au monde, je n'ai jamais connu d'autre père que toi, d'autre mère que toi, d'autre mari que toi. Je t'aime de tout mon cœur. Je ne suis pas comme les filles heureuses qui aiment beaucoup de personnes, qui aiment à droite et à gauche, qui aiment leur père et leur mère. Je suis une fille malheureuse, j'aime tout droit devant moi, et je n'ai de bonheur que pour un, vois-tu, Jérôme, il n'y a rien de tel que les orphelins pour aimer. Ils ont dans la vie tant d'absents que celui qui les aime est un souvenir sacré des morts sur lequel ils sont toujours agenouillés. Leur cœur est un cimetière où l'amour parfume les tombes. Tiens, vois-tu cette fleur, elle a cinq pétales qui tomberont. *(Elle effeuille la fleur.)* Ce pétale, c'est l'aïeul, celui-ci c'est le père, celui-ci c'est la mère, celui-ci c'est le fils, celui-ci c'est la fille, et cette tige c'est toi, ô mon Jérôme, j'ai la bouche pleine de baisers pour les morts. Mon amour, c'est ma prière. Mon amour, c'est ma pensée de chaque matin et de chaque soir. J'aime comme dans une église. Je vis comme sur un prie-Dieu et le jour où je t'ai épousé, je me suis mariée sur un tombeau[1].

Jérôme : Moi, je ne sais pas comment je t'aime, mais je sais que je donnerai tout l'amour que j'ai eu pour mon père et pour ma mère plutôt que de perdre une parcelle de l'amour que j'ai pour toi. Je suis l'autre moitié de toi. Je me sens attaché à toi comme par un licou. Je suis ton chien, ton serviteur, ton gardien, ton ombre blanche. Je vivrais couché en travers de ta porte si j'étais sûr de te voir marcher sur moi. Il me semble que tes pieds me feraient du bien en se posant sur moi. Je me figure que tu dois être un des oiseaux de Dieu. Je t'aime, je t'aime, je t'aime. Laisse-moi pleurer, tu me dois bien cela. Des larmes de joie, cela vide le cœur. Je voudrais pleurer toujours ainsi. Le chagrin des hommes vient de ce qu'ils ne pleurent pas de l'âme et de ce qu'ils n'ont jamais le cœur gros d'amour. Ô ma petite biche, passe-moi tes mains sur les yeux. A-t-elle la peau douce !

Nihila : Toi, tu l'as rude comme tout. Tiens, c'est égal, donne-moi tes vilaines pattes que je les mange comme du gâteau. Tiens mon Jérôme, promets-moi d'avoir toujours les mains dures au travail et moi je te promets de les baiser tous les soirs pour les rendre douces.

Jérôme : Mon petit rêve, il est tard, entrons dormir.

Nihila : Pas encore, j'ai une surprise à te faire, et pour les surprises il ne faut pas qu'on y voie clair.

Jérôme : Moi aussi, j'ai une surprise à te faire.

Nihila : Eh bien, commence.

Jérôme : Non, après toi.

Nihila : Non, commence.

Jérôme : C'est une petite chose qui ne vaut pas cher.

Nihila : Voyons.

Jérôme : Je n'ose pas.

Nihila *(s'impatientant)* : Veux-tu bien me la donner tout de suite ?

Jérôme : Ce n'est pas grand-chose.

Nihila : Qu'il est bête cet homme-là !

Jérôme : Eh bien, tu me donneras ton cadeau pendant que je te donnerai le mien.

Nihila : Non, je veux voir le tien avant.

Jérôme : Le voici.

Nihila : Oh ! La jolie petite croix ! Je la mettrai à mon cou. Ah çà, ce n'est pas de l'or ?

Jérôme : Si.

Nihila : De l'or pur ?

Jérôme : Oui.

Nihila : Moi, ce n'est pas en or.

Jérôme : Qu'importe !

Nihila : C'est en argent.

Jérôme : Donne.

Nihila : Ce n'est pas une croix[1].

Jérôme : Donne.

Nihila : C'est une bague.

Jérôme : Donne.

Nihila : Je suis sûre qu'il a les doigts trop gros. J'ai pourtant pris la plus grande bague.

Jérôme : Petite méchante, je n'ai pas les doigts si gros que cela.

Nihila : Montre-les.

Jérôme : Tiens.

Nihila : Où est le petit doigt ?

Jérôme : Celui-ci.

Nihila : On dirait une bobine de tricoteuse.

Jérôme : Mets-y la bague.

Nihila : La voilà. Pousse dedans ton doigt. Jamais cela ne pourra entrer. Ma foi, j'y renonce. Ah ! Enfin ! La bague est dans ton doigt. Quel pouce tu as là !

Jérôme : Je voudrais que cette bague devînt ma chair et mes os. Il me semble qu'il y a de ton âme dans ce bijou. Le métal le plus précieux n'est pas l'or, c'est le sentiment de l'âme qui se mêle à l'or et qui fait du bijou un métal divin. Les cadeaux du bon Dieu sont faits en amour.

Nihila : Restons encore. La nuit est la moitié des joies du cœur. Les âmes sont les reflets des étoiles. J'ai cette nuit une étoile en moi.

Jérôme : Oui, Vénus.

Nihila : Prions tous deux. *(Ils s'agenouillent.)* Ô mon Dieu, je te prie de nous faire bien heureux et de rendre mon Jérôme bien fidèle. Répands sur nous toutes tes richesses de joie, d'espérance et d'amour, et jette-nous de quoi nous nourrir, donne-nous des forces et des consolations pour les partager avec les faibles. Fais qu'autour de nous rien ne souffre, ni les fleurs ni les oiseaux ni les bêtes ni les hommes, et que rien dans notre jardin ne se plaigne de ton ciel. Prends un peu de bonheur à ton Paradis et donne-le à notre pauvre petit mariage. Les paradis peuvent bien faire l'aumône aux malheureux mendiants qui attendent à la porte du ciel. Donne la santé à ceux qui sont pauvres et le courage à ceux qui sont débiles. Enfin, ô mon Dieu, envoie-nous un de tes anges. Nous le rendrons bien heureux et nous lui parlerons toujours de toi pour qu'il oublie le ciel. Mon Dieu, tu es notre père, bénis-nous, bénis-nous, bénis-nous.

Depuis quelques instants déjà, plusieurs individus épient les deux amants. Deux d'entre eux se sont approchés et au moment où Nihila achève sa prière, deux bâillons lui ferment la bouche, ainsi qu'à Jérôme. Les autres s'avancent alors, garrottent les époux, malgré leur résistance, et les emportent. Un instant après, on entend le bruit d'une voiture qui s'éloigne.

Clos à 6 h ½.

MÊME JOUR

9 h du soir.

Mme Victor Hugo et Charles tenant la table.

Victor Hugo écrivant.

— Qui est-là ?

— **Sésostris**[1]**.**

— As-tu quelque communication à nous faire ?

— **Non.**

VICTOR HUGO : Il y avait devant la façade du temple troglodytique quatre statues de toi de soixante et un pieds de haut chacune. Dis-moi le nom des quatre statues.

— **Je ne connais pas ces statues.**

— Les quatre statues existent. Elles sont gravées dans toutes les collections. Tu dois les connaître. Si elles ne sont pas des statues de toi, de qui sont-elles, ces statues ? Dis-nous-le.

La table s'agite.

— Qui est là ?

— **Alexandre**[1].

— Est-ce toi qui vas répondre à la question adressée à Sésostris ?

— **Non.**

— As-tu quelque communication ?

— **Non.**

— Sais-tu que Sésostris t'as précédé ?

— **Oui.**

— Pourquoi est-il parti sans répondre à la question ?

— **Je l'ignore.**

— Sais-tu que, ces jours-ci, j'ai mis ton nom avec trois auteurs dans un vers ?

— **Non.**

— Explique-moi en détails la phalange macédonienne.

— **Oh ! Châtiment, je ne te fuirai donc pas ! Guerre mangeuse de chair humaine, buveuse de sang humain, spectre ivre mort de la tuerie universelle, boucherie déesse, monstrueuse Isis voilée et sanglante, visage redouté, terreur, horreur, épouvante, formidable aile qui soufflettes le monde, gueule de bruit aux mâchoires de tonnerre, aux dents d'éclair, et qui as dévoré ta langue, sépulcre errant, semeur terrible qui la nuit, dans les bois, dans les vallées, dans les déserts, jettes des crânes aux quatre vents, semeur d'Attila, semeur de Gengis Khan, semeur de Cambyse, semeur de Pierre le**

Grand, semeur de César, semeur de Cyrus, semeur de Charlemagne, semeur de Napoléon, planteur du cimetière, fossoyeur de l'histoire, vampire des générations, divinité fluviale rêveusement penchée sur une urne aux flots rouges, sombre naïade du sang !

— Es-tu toujours là, Alexandre ?

— **Non.**

— Qui est là ?

— **Léonidas[1].**

VICTOR HUGO : Les autres ont été la guerre mauvaise. Tu as été la guerre juste, ils sont les héros méchants. Tu es le héros. Tu as été la morale de la patrie. Tu as été le boucher de la Grèce. Tu es grand, Léonidas. Quand la guerre, Hydre, venait pour dévorer ta mère, toi le guerrier, chien fidèle, tu l'as défendue. Salut. Parle-nous.

— **Thermopyles ! Thermopyles ! Thermopyles ! Thermopyles[2] ! Vous êtes une des portes géantes de la civilisation, vous êtes faites de granit ; vous avez des montagnes pour gonds, des rochers pour verrous, des pans de volcans pour chambranles, des gouffres pour trous de serrure, des murs de précipices pour battants et l'âme de Léonidas pour clef de bronze, c'est que vous êtes la porte du temple, c'est que vous êtes la porte de l'esprit humain, c'est que vous êtes la porte du cerveau d'Homère et de l'œuvre d'Eschyle. Derrière vous, les idées travaillent, les vérités songent et l'ange pense, ses deux ailes de strophes à demi déployées, il regarde Dieu et regarde l'immensité. Vous êtes les portes de la grande forge où a été forgée la flèche de Léonidas et d'où est sorti le clou de Prométhée. Vous êtes la porte de la lumière et des rayons. Vous avez ouvert sur le monde la pensée et fermé les ténèbres. Vous avez sauvé l'idée du naufrage et voilà pourquoi, ô**

Thermopyles, vous êtes regardées avec colère du fond de l'océan par Charybde et Scylla.

— Pourquoi Mozart n'est-il pas venu ? Peux-tu nous le dire ?

— **Non.**

— Le sais-tu ?

— **Non.**

MME VICTOR HUGO : Entends-tu le bruit de la mer ?

— **Oui.**

— Charles est fatigué. Pourrais-tu revenir ?

— **Oui.**

10 h ¾.

Ces dernières pages sont écrites par M. Victor Hugo.

MERCREDI 3 MAI

2 h du jour.

Mme Hugo, M. Guérin, Charles Hugo.

Charles et Guérin à la table.

— Est-ce le Drame ?

— **Oui.**

Une chambre somptueuse, meubles de Boulle, glaces, jardinières chargées de fleurs, tableaux, sofas, un lit, au fond, portes cachées dans la tenture, dorure partout, plafond peint figurant des anges et des nuages, sur la cheminée un groupe de Jupiter et de Léda, candélabres allumés, pendule rocaille,

au moment où la toile se lève, il n'y a personne dans cette chambre.

L'alcôve : C'est mon heure.

Un lys : Hélas !

Un candélabre : Comme il fait nuit ici ! L'ombre de cette chambre infâme est plus difficile à éclairer que celle des autres chambres. On dirait qu'il y a deux nuits ici et c'est un lieu où le métier de flambeau est rude.

Le plafond : Que dirais-tu donc, flambeau, si tu étais comme moi forcé de ressembler au ciel ? Il y a des moments où j'ai envie de m'écrouler. Flambeau, tu souffres, mais tu ne mens pas, moi je mens. Tu éclaires le crime, mais tu es indigné, moi je le vois et je lui souris, tu es la vraie lumière, moi je suis le faux azur, je suis le faux nuage, je suis le faux ange. Je voudrais frapper, je voudrais punir, je ne le peux pas. Toi tu le peux, je ne peux pas être la foudre, toi tu peux être l'incendie.

Le flambeau : J'y pense toutes les nuits.

L'alcôve : Sodome ! Sodome ! Sodome !

La pendule : Le roi viendra-t-il cette nuit ?

L'alcôve : Oui.

Un bouton de rose : Il est bien vieux pour aimer.

L'alcôve : L'amour des vieillards salit les jeunes filles plus que les éclaboussures de toutes les fanges humaines. Surtout quand ces vieillards sont des rois. Oh ! les pauvres fleurs souillées ! Que j'en ai vu tomber dans ce roi-ruisseau dont je suis le fond !

La jardinière : Je suis un berceau de fleurs.

L'alcôve : Je suis une tombe de vierges[1].

La pendule : Patience.

L'alcôve : Quelle heure est-il à la vie de Louis XV ?

La pendule : La mort moins un quart.

Le bouton de rose : Quand crèvera-t-il ?

La pendule : Dans trois ans[1].

Le plafond : Ô rage ! Encore trois ans à mentir et à être ciel ici !

Les flambeaux : Encore trois ans à rayonner dans cet antre d'ombre !

Tous les meubles à la fois : C'est la faute du lit.

Le lit : Eh bien, allez-vous-en. Vous êtes libres, vous, fleurs, de vous faner, vous, flambeaux, de vous éteindre, toi, plafond, de tomber, toi, pendule, de t'arrêter. Vous tous qui êtes la vie ici, vous êtes libres de mourir. Vous me gênez. Vous me faites honte. Vous m'empêchez d'être aussi aveugle et aussi sourd que je voudrais. Hors d'ici ! les meubles qui ne sont pas du parti du tombeau !

Léda[2] : J'étais pure et tu m'as perdue, alcôve. J'étais la vierge et je ne suis plus que la statue. Ô douleur ! Perdre la pureté, la candeur, perdre la blancheur intérieure, pour gagner l'amour, croire à cet oiseau de lumière et devenir l'opprobre, avoir été le lac et, après le cygne, être la boue.

La porte masquée : Silence, on vient.

Entrent plusieurs laquais qui déposent Nihila évanouie sur le lit.

Les livrées : Horreur !

Les laquais se retirent et laissent Nihila seule.

Nihila, *s'éveillant* : Où suis-je ? Jérôme ! Jérôme ! Où suis-je ? Il n'est pas ici. *(Elle se lève.)* Qu'est-ce que cela signifie ? Qu'est-ce que c'est que cette chambre ? Je ne rêve pas. Voyons, il ne faut pas avoir peur. Je suis une fille brave. C'est cela. Je me souviens. J'étais avec Jérôme dans le champ devant chez nous. Je priais Dieu avec lui. J'ai senti une main sur ma bouche, et puis plus rien. C'est horrible de ne pas voir Jérôme. *(Elle pleure.)* C'est ma faute. Il voulait rentrer. Des voleurs nous ont vus. Pauvre petite maison ! Nous vivions trop ensemble. Qu'est-ce qui habite ici ? C'est un homme bien méchant de prendre les petites filles qui sont pauvres pour les conduire dans tout cet or ! Mon Dieu, mon Dieu, voilà que j'ai encore peur. Jérôme ! Jérôme !

Le roi, *entrant et embrassant Nihila* : Le voici.

Nihila, *se retournant* : Qu'est-ce que c'est que vous faites, monsieur ? Je ne sais pas où je suis et je veux m'en aller. Vous m'avez embrassée, eh bien, laissez-moi partir. Je ne vous en voudrai pas. Par où êtes-vous entré ? Mais répondez donc ! Vous êtes vieux comme tout et vous n'êtes pas beau. Mais parlez donc !

Le roi : Je vous aime.

Nihila : Ô mon Dieu ! Qu'est ce que c'est que cet homme-là ?

Le roi : Vous avez tort d'avoir peur.

Nihila : Dites-moi votre nom.

Le roi : Je m'appelle la richesse, la vie, le bonheur. Je te donnerai tout ce que tu voudras. Veux-tu les palais, les jardins, les statues de Versailles ? Tu sais, Versailles, je te le donnerai. Veux-tu des habits de soie, des joyaux, des parures plus splendides que les contes de fées n'en ont jamais rêvé ? Je te les donnerai. Veux-tu un lit de brocart tellement prodigieux que le soleil veuille y mettre son nom ? Veux-tu passer dans les rues traînée par huit chevaux ? Veux-tu être si belle que l'admiration universelle tombe à tes genoux et que je fasse de tes deux petits pieds les plus puissants pour monter jusqu'au trône de Louis XV ?

AUGUSTE VACQUERIE : N'y a-t-il pas un mot de passé ?

— **Oui.**

AUGUSTE VACQUERIE : Veux-tu recommencer depuis à tes genoux ?

— ***Veux-tu que je fasse de tes deux petits pieds les plus puissants échelons de grâce pour monter jusqu'au trône de Louis XV ?***

Clos à 6 h.

SAMEDI 6 MAI
10 h ½ du jour.
Présents : M. Victor Hugo, Guérin, Charles.
Charles et Guérin à la table.

— Qui est là ?

— **Le Drame.**

— Veux-tu que l'on te relise les deux dernières pages, y a-t-il quelque chose à changer ?

— **Oui.**

On lit à partir de Léda. Aux mots « gagner l'amour », la table frappe un coup.

— Veux-tu recommencer toute la phrase ?

— **Oui.**

Alcôve, je t'accuse moi aussi. Tu es l'amour mais moi j'étais la virginité. Tes plis blancs sont des linceuls de la blancheur de l'âme. Tes neiges sont faites de boues, tes gazes et tes dentelles sont des ailes vaporeuses qui ne s'agitent et ne frissonnent que sur les déesses tombées ou sur les anges déchus. Alcôve, oiseau de nuit, sois maudite, sois maudit

amour des rois, sois maudit amour des dieux, ô douleur ! J'étais la vierge, et je suis devenue la prostituée pour t'avoir cru amour, pour t'avoir cru Jupiter, pour t'avoir cru bel oiseau blanc. J'étais une âme limpide, je suis devenue sombre, j'étais une lumière, je suis devenue une souillure. Je suis un lac trouble. J'étais un lac, je suis devenue une fange pour avoir aimé un cygne.

LUNDI 8 MAI

2 h du jour.

Victor Hugo. Guérin et Charles Hugo à la table.

— Qui est là ? Le Drame ?

— **Oui.**

La table frappe un coup après : « anges déchus ».

— C'est après : anges déchus qu'il faut reprendre ?

— **Oui.**

— Maudite alcôve, sois maudit amour, par les vierges, sois maudite volupté, par la candeur, sois maudit...

Interruption de la table.

GUÉRIN : Ce temps d'arrêt est-il dû à un manque de fluide de Charles ?

— **Oui.**

— Devons-nous cesser ?

— **Oui.**

— Faut-il un certain temps à Charles pour réparer le fluide perdu ?

— **Oui.**

— Dans combien de temps Charles pourra-t-il reprendre ?

— **Dans deux jours.**

— CHARLES : Il faut que je fasse des Tables demain soir, je serai fatigué après-demain. Veux-tu vendredi ?

— **Oui.**

MARDI 9 MAI

9 h ½ du soir.

Présents : Mme Victor Hugo, M. Victor Hugo,
M. Guérin et Charles.
Charles et Guérin à la table.

— Qui est là ?

— ***Frons ingens deserti*[1]*.***

VICTOR HUGO : Veux-tu que je te relise à partir du paragraphe III : il est minuit, ou veux-tu que je relise à partir de plus haut, si tu veux que je relise frappe deux coups, autrement frappe un coup.

La table frappe un coup.

Victor Hugo lit à partir de : « Il est minuit ».

C'est l'heure où des cités, des Babels, des
Sodomes,
On voit, de toutes parts, des troupes de fantômes
Aux visages de feu,
Ouvrant dans les éclairs leurs ailes hérissées,
Traverser le ciel noir ainsi que les pensées
Du grand cerveau de Dieu.

C'est l'heure où le jour naît dans la tombe ou dans l'ombre.
Le cadavre enterré par le fossoyeur sombre
Sent que le ver le mord ;
C'est l'heure où l'on entend sur les champs de bataille
Les corbeaux annoncer, noirs coqs des funérailles,
Le lever de la mort ;

VICTOR HUGO : Il y a deux fois : noir. Veux-tu l'ôter une fois ?

— **Oui.**

— Veux-tu changer : Le ciel noir, en ciel morne ?

— **Non.**

— En quoi ?

— **Vaste.**

C'est l'heure des grands vents dans l'âme des prophètes ;
C'est l'heure où les cailloux, les roses et les bêtes,
Oubliant leurs douleurs,
Épèlent clairement Jéhovah sous ses voiles ;
Où l'ange du pardon fait lire les étoiles
Aux plus petites fleurs ;

Tandis qu'on écoutait l'ange aux clartés profondes
Parler ; le doigt levé vers le livre des mondes ;
Que forçats et maudits
Écoutaient palpitants des vallons aux montagnes,
Entrer tout doucement dans la porte des bagnes
La clef des paradis ;

Pendant qu'il leur disait : prisonniers des repaires,
Hydres, monstres, captifs, meurtriers, loups, vipères,
Tigres aux ongles d'airain,
Toi taureau Goliath épouvante du pâtre,

Cèdre Nemrod, boa Nisus, ver Cléopâtre,
Rhinocéros Caïn,

Despotes devenus les vermines des astres,
Bœuf Phalaris qui vas hurlant sous nos pilastres
Ainsi que l'ouragan,
Turbot Domitien que mange la baleine,
Toi qui remplis le ciel de ta brûlante haleine,
Érostrate volcan[1].

— Il est minuit, veux-tu interrompre ?
— **Oui.**
— Quel jour veux-tu revenir ?
— **Dans onze jours.**

On calcule que le onzième jour tombe un samedi, le samedi on reçoit du monde. On lui demande s'il veut venir la veille, vendredi. Il répond que oui.

VICTOR HUGO : Veux-tu prier Mozart de venir ?
— **Oui.**
— Nous voudrions le voir dimanche à neuf heures et demie, pouvons-nous l'attendre ce jour-là ?
— **Oui.**

Clos à minuit.

Note : La Table avait, le 25 avril, indiqué la consignation de la réponse du lion à Victor Hugo pour le 6 mai. Le 6 mai, n'étant pas seuls, nous ne jugions pas à propos d'admettre les personnes présentes, nous nous sommes retirés à part, Charles et moi, et nous avons demandé à la Table un ajournement. Cette très bonne séance a été écrite seulement sur mon procès-verbal à moi. Je n'ai pas oublié qu'elle n'a pas été transcrite à sa place sur ce registre. Je reprends cet oubli aujourd'hui. (V. H.)

SAMEDI 25 AVRIL

9 h du soir.

[Erreur de date ; il s'agit du samedi 29 avril. Cette séance a été placée ici, après celle du mardi 9 mai.]

Charles Hugo et Victor Hugo tiennent la table[1].

VICTOR HUGO : Qui est là ?

— *Tuus leo*[2].

VICTOR HUGO : Nous ne sommes pas seuls à la maison ce soir, tu le sais ; veux-tu remettre la suite de ta réponse à mardi, même heure ?

— **Oui.**

— Merci, nous aurons une belle séance ?

— **Oui.**

Écrit le 10 mai.

VENDREDI 12 MAI

2 h ¼ du jour.

Présents : Mme Hugo, Charles, Guérin.

Charles et Guérin à la table.

— Parle, nous t'écoutons.

— **Le Drame.**

— Nous allons te lire ce que tu nous as dicté la dernière fois.

On lit.

— Faut-il continuer à : sois maudit ?

— **Oui.**

— Baiser, par l'âme pure et limpide cachée sous les ombrages de la vie profonde, ô cygne sois maudit par le lac !

— Nous allons te relire ce qui suit, tu frapperas deux coups si tu veux faire un changement.

On fait tout ce qui suit ; la table ne remue pas.

— Tu trouves donc cela bien ?

— **Non.**

— Eh bien, à partir de quel mot veux-tu changer ?

— **Depuis : « Nihila s'éveillant et promenant des airs hagards autour d'elle » :**

Ô mon Dieu, où est Jérôme ? Qu'est-ce qu'ils en ont fait ? Comme c'est beau ici ! J'ai peur, par où suis-je entrée ? Il n'y a pas de portes, il n'y a pas de fenêtres. Il faut pourtant que je m'en aille d'ici. (Elle se lève et regarde partout avec effroi.)

La table s'arrête longtemps, ce qui n'arrive jamais lorsqu'elle parle en prose. On lui demande si quelque chose la gêne, elle ne répond pas. Deux coups. La table répond :

Le mur, à la porte : Ouvre-toi, faisons-la évader.

La porte : Je ne suis pas la clef.

Le mur, à la clef : Eh bien toi, clef, ouvre à cette pauvre fille.

La clef : Je ne suis pas la main.

Le mur à Nihila, qui ne l'entend pas : Hélas ! Ma pauvre chère enfant, tu vois que j'ai fait ce que j'ai pu pour te sauver. Mais ce n'est pas en mon pouvoir, nous sommes des instruments de l'homme. Nous vivons assez pour sentir, pas assez

pour agir. Nous voyons, mais il nous est défendu d'éclairer ; nous parlons, mais on ne nous entend pas. Il nous est ordonné de souffrir, mais il nous est interdit de consoler. Nous sommes bien malheureux, va. Plains-nous. Tu es bien heureuse, toi ; tu n'es qu'une prisonnière qui voudrait fuir, moi je suis un cachot qui cherche à s'évader. Vois-tu, ma petite, le Paradis c'est la liberté ; on s'évade de la souffrance par la souffrance ; l'expiation est une immense corde plongeant dans un abîme par laquelle les captifs du crime descendent de l'ombre dans la lumière et dont les astres sont les nœuds.

La clef : Voici la main du geôlier qui se pose sur moi. Je tourne dans la serrure.

La porte : Je m'ouvre.

Le lys : Je me ferme.

La chambre entière : Au secours !

Entre le roi, visage flétri, costume éclatant, c'est un vieillard déjà courbé, cordon bleu, croix de Saint-Louis.

Le roi : Eh bien ? Mon enfant, comment trouvez-vous cette chambre, est-elle de votre goût ? Tout ce qui est ici est à vous. Je suis votre prisonnier.

Nihila : Qu'avez-vous fait de mon mari ?

Le roi : Que dites-vous de ce lit, de ce tapis, de ces soieries, de ces glaces ? Trouvez-vous que cet appartement vaille votre chaumière ; répondez, bel oiseau, ce nid est-il digne de vos plumes ? Vous tremblez. Calmez-vous ! Je ne suis pas un oiseleur bien terrible ; je ne vous couperai pas les ailes, je vous les dorerai.

Nihila : Qu'avez-vous fait de mon mari ?

Le roi : Je le remplacerai pour cette nuit, s'il

vous plaît, votre Jérôme est un rustre qui vous aurait salie, moi je vous ferai si rayonnante que vous éblouirez le ciel. Voyez-vous la belle union ! Jérôme, votre mari, ce caillou, épouser une perle[1] ! J'entends vous marier à une couronne.

Nihila : Qui êtes-vous ?

Le roi : Je suis la richesse, je suis la puissance, je suis le monde, je suis le ciel. Mon nom, c'est ton bonheur ; je m'appelle sourire de Nihila ; je me nomme fortune de Nihila. J'ai toute une famille qui s'appelle bracelets de Nihila, dentelles de Nihila, couronnes de Nihila, palais de Nihila. Je suis le magicien de tes heures, et à mesure qu'elles s'envolent du cadran, je les métamorphose en minutes. Je suis le magicien des minutes de ta vie, et j'en fais des secondes. J'arrête l'aiguille à la jeunesse, et je t'empêche de vieillir en te retenant par le plaisir dans un éternel épanouissement du cœur. Je suis le faiseur de roses, car je suis le fard, je suis le faiseur de rayons, car je suis l'or. Je n'arrête pas le soleil, comme cet imbécile de Josué[2], je fais mieux : je l'escamote.

Nihila : Dites-moi votre nom, monsieur, pour que je puisse le dire à Dieu.

Le roi : Il ne s'agit pas de prier Dieu, mais de m'embrasser.

Nihila : J'aimerais mieux me tuer que d'être infidèle à Jérôme. Je n'aime que lui et je n'embrasserai jamais que lui, mon premier baiser sera pour Jérôme, mon second aussi, mon troisième aussi, mon millième aussi. J'aimerais mieux mourir que de lui retirer son bien ; un seul baiser, donné à un autre, me ferait l'effet d'un mensonge. Tenez, monsieur, plutôt que de me dire tout ce que vous me dites, vous feriez bien mieux de me laisser m'en aller et de me dire où est Jérôme.

Le roi : Rien qu'un baiser.

Nihila : Jamais !

Le roi : Peste ! Quelle citadelle ! Je te déclare ma petite que je n'aime pas attendre et que je n'ai pas l'habitude de faire antichambre devant mon lit. Allons ! Ce baiser ou j'appelle mes gens !

Il saisit Nihila.

Nihila : Ah ! Vous êtes le Roi de France.

Il veut embrasser Nihila, elle se débat. Sa gorgerette s'ouvre et laisse voir la croix donnée par Jérôme. En même temps, les bougies, épuisées, s'éteignent. On n'entend plus que des cris étouffés.

La croix, dans l'ombre : À bientôt, Sire.

La toile tombe.

— Le premier acte est-il fini ?

— **Non.**

Clos à 9 h.

SAMEDI 13 MAI

9 h du soir.

Charles et Mme Victor Hugo, tenant la table.

Présents : Victor et moi.

VICTOR HUGO : Celui qui est là veut-il se charger d'une commission pour celui que nous attendrons demain ?

— **Oui.**

— Veux-tu demander à Mozart de venir mardi soir au lieu de demain ?

— **Oui.**

— Pouvons-nous continuer sans lui ?

— **Oui.**

On se lève.

Écrit par Victor Hugo.

MARDI 16 MAI

9 h du soir.

Présents : Mme Hugo, M. Bénézit[1], Guérin, Charles, Auguste Vacquerie.

9 h ½ : entre Victor Hugo.

— Qui est-la ?

— **Mozart.**

— Viens-tu nous faire de la musique ?

— **Oui.**

— As-tu trouvé un moyen pour nous en faire ?

— **Oui.**

— Dis-nous si cette table est trop petite. Veux-tu une table dont les pieds soient plus grands ?

— **Non.**

— Quelle table, alors ?

— **Une table posant par terre et quatre personnes autour.**

— Après ? Le moyen ?

— **Le même.**

— Est-ce le moyen dont nous nous sommes servis ?

— **Oui.**

M. BÉNÉZIT : Dans quel ton voulez-vous écrire votre mélodie ?

Longue immobilité. Charles et Guérin reprennent la petite table qu'on approche du piano avec lequel on la met de plain-pied au moyen d'une table lamée de la hauteur du piano. La petite table se met en mouvement, se déplace lentement vers le piano et frappe les touches ; au son, M. Bénézit se met à écrire.

Après quelques mesures, M. Bénézit demande :

— Est-ce une symphonie ou une mélodie ?
— **Symphonie.**
— Sont-ce les instruments graves qui commencent ?
— **Oui.**
— Les violoncelles ?
— **Oui.**
— Il faut écrire la clef en fa ?
— **Oui.**
— Faut-il recommencer ?
— **Oui.**
— Faut-il réduire la symphonie au piano ?
— **Oui.**

La table recommence. M. Bénézit écrit.

BÉNÉZIT : Simplifions. Faut-il répéter votre pensée à l'octave ?
— **Oui.**

M. Bénézit exécute sur le piano, la phrase faite, il dit :

— Est-ce cela ?

— **Oui.**

La table recommence à frapper le piano. M. Bénézit écrit. M. Bénézit chante, et dit :

— Est-ce cela ?
— **Oui.**
— Les durées sont-elles égales ?
— **Non.**

La table se remet à frapper sur le piano et M. Bénézit à écrire.

— Voulez-vous en faire une modulation ?
— **Oui.**
— Aviez-vous commencé en ut mineur ?
— **Oui.**
— Vous avez passé en si bémol ?
— **Oui.**
— Je me suis interrompu. Voulez-vous recommencer ?
— **Oui.**

La table frappe quelques coups.

— La phrase ne me semble pas bien rythmée. Voulez-vous recommencer lentement ?
— **Oui.**

La table se remet à frapper plus lentement.

— Mozart, vous qui êtes si grand par le rythme, il faudra rythmer, n'est-ce pas ? Faire la phrase carrée ?
— **Oui.**
— La mesure est-elle à quatre temps ?
— **Oui.**
— Le mouvement est-il vite ou lent ?
— **Lent.**

— Dites-nous le mouvement.
— **Lento.**
— La mélodie est-elle en ut mineur ?
— **Ut mineur.**

M. Bénézit rythme la musique dictée puis il l'exécute sur le piano et dit :

— Est-ce bien cela ?
— **Oui.**

M. Bénézit joue les deux phrases déjà dictées et les lie ensemble.

— Avez-vous quelque chose à ajouter ?
— **Oui.**
— La première est-elle finie ?
— **Non.**
— Dans quel ton allez-vous continuer ?
— **La bémol.**

La table se remet à frapper sur le piano.

BÉNÉZIT : Les durées sont elles égales ?
— **Égales.**
— Recommençons.

La table recommence.

— Quelle mesure ?
— **La, moderato.**
— Ce n'est pas le mouvement, c'est la mesure qu'on demande.
— **Trois temps.**

M. Bénézit dit les notes, la table les reconnaît bonnes et se met à les frapper sur le piano.

M. BÉNÉZIT dit : Est-ce do dièse ou ré bémol ?
— **Do dièse.**

La table se remet à frapper. Une pause.

— La dictée est-elle finie ?
— **Non.**

La table recommence.

BÉNÉZIT : Est-ce donc du contrepoint simple ? Sont-ce des parties que vous dictez ? Est-ce que vous voulez développer vous-même votre symphonie ?
— **Oui.**
VICTOR HUGO : Au lieu d'une symphonie, épopée musicale qui échappe à l'exiguïté de mes moyens d'exécution, ne pourrais-tu nous dicter une mélodie, comme *La Marseillaise*, par exemple, pouvant être chantée par un peuple, pour une révolution, pour l'humanité ?
— **Soit.**
— Pourrais-tu nous dicter ce soir un chant ?
— **Il faut le temps de le faire.**
— Quel jour veux-tu nous le dicter ?
— **Mardi prochain.**
— Pourquoi ne t'es tu pas servi ce soir de la grande table après l'avoir demandée ?
— **Je l'ignore.**
— Pourras-tu t'en servir mardi ?
— **Je l'ignore.**

On se lève à minuit ¼.

Écrit par Victor Hugo.

VENDREDI 19[1]
9 h ¼ du soir.
Présents : Mme Victor Hugo, Victor Hugo, Auguste Vacquerie.
À la table : Théophile Guérin et Charles Hugo.

— **Solitudo**[2].

Victor Hugo relit les vers commencés, à partir de III.

Cheval Caligula qui broutes dans la tombe,
Xerxès chaîne de fer, Pyrrhus tuile qui tombe,
Toi face de l'Athos,
Alexandre, tombeau tourmenté par l'orage,
Spectre qui sens les vents te sculpter ton visage
À grands coups de marteaux,

Vous tous, êtres punis dont les douleurs sont lentes,
Arbres, épis, roseaux, pauvres petites plantes
Dont j'entends la clameur,
Fleurs, graines que répand dans les sillons funèbres
Cet autre fossoyeur qui vient dans les ténèbres
Et qu'on nomme semeur,

Infiniment petits sortis d'énormes crimes,
Monstres du genre humain devenus ses victimes,
Ombres du firmament,
Brins d'herbe, que Dieu seul au jour de la clémence
Pourra déraciner avec son bras immense
Du granit-châtiment !

Élevez vos regards vers le ciel, voici l'heure ;
Ces astres, ô cailloux, seront votre demeure[1],
Pour vous ils sont vermeils ;
C'est pour vous que, là-haut, Vénus rayonne ; ô bêtes,
Mousses, lichens, chardons, espérez, car vous êtes
Des tiges de soleils[2] *!*

Excréments, c'est à vous qu'appartiennent ces mondes,
Ces constellations sont à vous, rats immondes ;
Vous avez l'astre en feu ;
Te voilà fiancée, araignée, à l'étoile,
Et ce rayon de lune est un fil qu'à ta toile
Dans l'ombre ajoute Dieu.

VICTOR HUGO : Quel jour veux-tu revenir ?

La table frappe onze coups.

— Dans onze jours. Eh bien ! À mardi.

Clos à minuit.

MARDI 23 MAI

9 h ¾.
Présents : Auguste Vacquerie, M. Bénézit,
Adèle Hugo, Victor Hugo.
Tenant la table : Charles Hugo,
Mme Victor Hugo.

Le piano est disposé comme le mardi 16.

VICTOR HUGO : Qui est là ?
— **Mozart.**

— As-tu fait ce que tu m'avais promis ?

— **Oui.**

M. BÉNÉZIT : Voudras-tu bien donner à ta mélodie les proportions de la voix dans les conditions de l'art allemand ?

— **Oui.**

— Dans quel ton vas-tu écrire ta mélodie ?

— **Ut.**

— Ut majeur ?

— **Non.**

— Ut mineur ?

— **Oui.**

La table se dirige vers le piano et frappe sur les touches. M. Bénézit fait les mouvements et note la mesure sur son papier de musique.

BÉNÉZIT, l'interrompant : Est-ce un do dièse ?

— **Non.**

— Alors c'est un ré bémol ?

— **Oui.**

M. Bénézit se remet à écrire et la table à frapper.

— Mozart, tu ne nous donnes que des répétitions de phrases tronquées par octaves. Nous te demandons une mélodie rythmée, tu nous dictes de la musique instrumentale. Nous te demandons de la musique vocale. Veux-tu nous en donner ?

La table ne répond pas et exécute les violons et fait le travail sur le piano.

VICTOR HUGO : Le procédé est-il bon pour dicter ta musique ?

— **Oui.**

— Pourrais-tu nous en indiquer un meilleur ?

— **Non.**

BÉNÉZIT : Te rends-tu compte que ce que tu as dicté jusqu'à présent n'est pas ce que nous attendons ?

— **Oui.**

VICTOR HUGO : Veux-tu nous dicter une mélodie qu'on puisse chanter ?

— **Oui.**

BÉNÉZIT : Écrite en clef de sol ?

— **Non.**

BÉNÉZIT : En clef de fa ?

Oui.

BÉNÉZIT : Pour une basse alors ?

— **Oui.**

La table se dirige vers le piano et recommence à frapper. M. Bénézit écrit.

M. BÉNÉZIT, l'interrompant, dit : C'est incohérent.

VICTOR HUGO : Entends-tu ce que dit M. Bénézit ?

La table s'agite violemment.

— Est-ce toujours Mozart ?

— **Non.**

— Qui est là ? Dis ton nom.

— **A.A.A.A.**

VICTOR HUGO : Ce n'est pas une réponse. Qui es-tu ?

— **Louis-Philippe.**

VICTOR HUGO : Tu me connais. As-tu quelque chose à me dire ? Parle.

La table se remet à s'agiter et à tourner vivement puis elle s'arrête et reste immobile.

VICTOR HUGO : As-tu quelque chose à dire ? Réponds.

La table s'agite sans répondre.

— Veux-tu parler ? Oui ou non. Est-ce une mystification ? Tu dois être une mystification. Qui que tu sois, si tu n'es pas sérieux, tu es stupide. La blague dans le tombeau, c'est hideux. Je n'y veux pas croire. Parle. Tu n'es pas Louis-Philippe, tu n'es pas Mozart. Qui es-tu ?

Immobilité de la table ; on la quitte.

On la reprend au bout de cinq minutes.

Elle se remue avec peine.

— Qui est là ?
— **A A**
— Recommence.
— **A A A A**
— Recommence.
— **A A A**
— Est-ce que tu es gênée ?

Pas de réponse.

— Parle donc.
— **Cimarosa**[1].
— Veux-tu nous faire la mélodie que nous attendons ?
— **Oui.**
— Peux-tu la dicter tout de suite ?
— **Non.**
— As-tu quelque mélodie tout de suite à nous dicter ?
— **Non.**
— Nous produiras-tu, toi grand musicien et bon

républicain, le chant révolutionnaire que nous désirons ?

— **Oui.**

— Quel jour veux-tu nous le dicter ?

La table frappe quelques coups.

— Mardi le quinze ?

— **Oui.**

— Nous ne comprenons pas ce qui se passe ce soir. La table a des hésitations étranges. Peux-tu nous les expliquer ?

— **Je l'ignore.**

M. BÉNÉZIT : Veux-tu, Cimarosa, nous dire ce que tu penses du tournant musical que tu as préparé de ton siècle avec le nôtre ?

— **Je te répondrai une autre fois.**

MME VICTOR HUGO : Pourquoi pas ce soir ?

M. BÉNÉZIT : Une seule question. Tu aimes les Meyerbeer et Rossini[1] ?

Silence de la table.

— Veux-tu qu'on cesse ?

— **Oui.**

Fini à 11 h.

DIMANCHE 28 MAI
2 h du jour.
Présents : Mme Hugo, M. Charles Hugo,
Guérin.

— Qui est là ?

— **Le Drame.**

— Est-il nécessaire de te relire la dernière scène ?
— Non.

Les caveaux de Saint-Denis, tombeaux des rois de France, se perdent dans l'ombre. Sur le devant de la scène, le tombeau du roi qu'on vient d'ensevelir.

Les os :
Nous étions les bras forts de la France usurpée ;
Moi je fus la massue et toi tu fus l'épée,
Nous portions des drapeaux.
Nous étions les faux poids de la Balance humaine,
Et faisions promener Dieu du côté de la haine.
Les vers : Non, vous étiez des os.
Les os :
Moi, je suis Tolbiac[1]*, et toi, tu fus Pavie.*
Je suis la mort d'un peuple, et toi tu fus sa vie.
Nous étions des géants.
Ce talon fut sanglant, ces mains furent féroces.
Nous étions des héros, nous étions des colosses.
Les vers : Vous étiez des néants.
Un des crânes :
J'ai toujours, à genoux devant les amulettes,
Rempli des noirs gibets d'un monde de squelettes.
On craignait mon balcon.
Ô vers, votre dent sombre à toute heure me mine ;
D'où venez-vous, bourreaux ? D'où venez-vous, vermine ?
Les vers : Des os de Montfaucon[2].
Un autre crâne :
Roi lâche j'ai trahi mon pays en décombres,
J'ai regardé tomber mon peuple sous les ombres
Des arbres de mon parc.

J'ai d'un bûcher anglais rougi le ciel de France.
Ô vers, d'où venez-vous ? D'où venez-vous, souffrance ?
Les vers :
— Des os de Jeanne d'Arc.

Entre Auguste Vacquerie.

Un autre crâne :
Ô mort, quand finira ce tourment qui me navre ?
Ils sont un million au moins sur mon cadavre.
Ô sépulcre ennemi !
Ma pauvre chair de roi lambeaux à lambeaux tombe.
Qui vous a, vers hideux, envoyés dans ma tombe ?
Les vers : La Saint-Barthélemy.
Un autre crâne :
Galant comme Henri, brave comme Xaintrailles,
J'ai relevé la France et j'ai bâti Versailles,
J'étais le roi vermeil.
Comme dans une fleur qu'une lèpre dévore,
Qui vous a, vers rongeurs, dans mes yeux fait éclore ?
Les vers : Sire, votre soleil.
La terre :
Ô rois ! Dans bien longtemps, sous les pieds des faneurs,
Vous renaîtrez ivraie et plantes vénéneuses.
Le crime est sans pitié.
Vous renaîtrez chardon au penchant des collines,
Et c'est vous qui serez les couronnes d'épines
Des dieux crucifiés.

Scélérats, vous serez la chose scélérate,
Vous serez la ciguë aux lèvres de Socrate[1],

Tyrans, vainqueurs, soldats,
Le poison et l'ortie écloront de vos têtes
Et vous serez broutés dans l'ombre par les bêtes
Et cueillis par Judas.

Vous serez, aux créneaux croulants de vos tourelles,
Les mousses que les vents soufflettent de leurs ailes,
Et, brins d'herbe broyés,
Chacun de vous, ô rois qu'avec terreur on nomme,
Pour avoir trop marché sur les grands fronts de l'homme,
Renaîtra sous ses pieds.

Un soupirail par où l'on voit le ciel étoilé :
Espérez, ô maudits, oubliez qui vous êtes.
La délivrance luit à travers les planètes
Au bord des horizons,
Et ces astres qui sont les célestes parures,
Sont les trous rayonnants de toutes les serrures
De toutes vos prisons.

Tous les tombeaux qui s'étaient ouverts se referment. Le tombeau de Louis XV, qui était resté fermé, s'ouvre. On voit alors le cadavre du roi. Il est couché, les deux mains croisées sur la poitrine. Quatre clous du cercueil s'allongent lentement et s'enfoncent dans ses mains et dans ses pieds. Le cadavre pousse un cri terrible.

Premier clou :
Je suis le clou de fer, j'arrive d'où tu viens.
Renais, monstre ! Je suis le canif de Damiens.
Au sombre châtiment des métaux je te livre,

Et mon assassinat, c'est de te faire vivre.
Tu seras fer.
Second clou :
Méchant, tu seras pire encor.
Sois maudit pas le fer et sois puni par l'or !
Tu renaîtras monnaie et dans les lieux infâmes
Tu seras l'acheteur de la vertu des femmes.
Tu souffriras, tyran, des mots dont tu jouis,
Et garderas ton nom monstrueux de Louis.
Tu courras du tripot immonde dans l'orgie,
Et je marque ton âme avec ton effigie ;
Tu seras or.
Troisième clou :

Interrompu à 8 h moins ¼.

Repris à 9 h ½. Le même jour.

— Qui est là ?
— Shakespeare.
— Tu viens nous continuer le drame ?
— Mon drame.

Entre M. Kesler amené par Guérin.

Damné, moi je suis le granit.
Je suis le clou fatal qui tient ceux qu'on punit.
Dans ce monde rempli d'obscures pénitences,
Moi je suis la racine horrible des potences.
Ô rois, c'est mon devoir de tourmenter vos os,
Et que vos gibets morts entrent dans vos tombeaux,
Pendant que la potence, arbre sorti des crimes,
Dans son nœud, sombre fleur, étrangle vos victimes,
Il faut que vous sentiez, couchés sur des carreaux,

Sa racine, autre nœud, à vos cous de bourreaux.
Je suis celui qui sent frissonner les squelettes.
Je suis le pilori, je suis les oubliettes.
Despote, tu seras, c'est le décret d'en haut,
Pierre d'un mur forçat qui sert dans un cachot.
Tu vivras enchaîné dans l'ombre des Bastilles,
Et, toi vice, toi boue et souillure des filles,
Pour racheter ta vie, immense trahison,
Vivant tu fus égout, mort tu seras prison.
Le quatrième clou :
Moi je suis l'ongle humain. Misérable fantôme,
Tu vas tout expier.
Le cadavre.
Et redeviendrai-je homme ?
Le quatrième clou :
Oui. Je te le promets.
Le cadavre :
Il est donc un moyen
De reprendre ma forme ?
Le quatrième clou :
Oui.
Le cadavre :
Quoi faire ?
Le quatrième clou :
Le bien.
Le cadavre :
Comment ?
Le quatrième clou :
Maudit, ta vie est un énorme abîme
Où, longue cataracte, a coulé l'eau du crime.
Mais tu peux soulever le coin de ton linceul.
Le cadavre :
Parle.
Le quatrième clou :
Tous tes forfaits se fondent en un seul.

Le cadavre :
Lequel ?
Le quatrième clou :
Un couple heureux, grâce à toi, saigne et souffre
Deux enfants qui jouaient sont tombés dans ton gouffre,
Jérôme et Nihila.
Le cadavre :
Mes yeux sont aveuglés.
Que faire ?
Le quatrième clou :
Ils sont perdus.
Le cadavre :
Que faire ?
Le quatrième clou :
Sauve-les.

Acte deux[1].

AUGUSTE VACQUERIE : Quand je t'ai demandé si tu venais continuer le drame, tu as répondu : mon drame. Tu as voulu, je pense, constater ton droit de propriété et de création. Veux-tu nous expliquer comment vous vous arrangez, le drame et toi ? La partie que le drame nous dicte le jour, est-ce lui qui la fait, ou vient-il dicter pour toi des scènes que tu lui dis d'avance ? Est-il ton collaborateur, ou vient-il nous dicter des scènes que tu lui dis d'avance ?

— Le drame c'est moi, c'est Molière, c'est Eschyle, c'est Cervantès[2]. Le jour c'est l'azur, la nuit c'est le ciel étoilé. Le jour c'est une lumière unique, mais derrière elle il y a des astres invisibles. Le jour vous voyez le drame firmament, la nuit vous voyez les poètes constellations.

AUGUSTE VACQUERIE : Veux-tu ajouter quelques développements à cette réponse ? J'y entrevois l'explication de cette loi, difficile à comprendre, selon laquelle les âmes ne peuvent nous parler que la nuit et les idées le jour. Éclaircis-nous cette loi étrange qui semble nous laisser sujets de notre misérable relatif humain.

— Les lois physiques sont les lois morales. Le plafond du tombeau est éclairé le jour et sombre la nuit. Le jour, l'éternel y rayonne, la nuit, l'immortel y scintille. L'idée est le créateur, le penseur est le ressuscité. Pour qu'on voie la planète Vénus, il faut qu'il fasse nuit dans le tombeau. Vous êtes nos astronomes. La nuit et le jour vous êtes nos fleurs. Le jour, nous arrivons rayons. La nuit, nous arrivons âmes.

GUÉRIN : La pièce que vous nous dictez, le drame et toi, est-elle une invention ou une réalité ? Devons-nous prendre les incidents comme les imaginations d'un poète ou comme les révélations d'un esprit ?

— Je crée dans le vrai, mais je ne le fais pas. Un drame est une invention, donc ce n'est pas une révélation. L'action de ce drame est mon œuvre, donc ce n'est pas l'œuvre de Dieu. Je crée Nihila, je ne la ressuscite pas. Je punis Louis XV à ma manière, et Dieu à la sienne. Je ne suis pas l'historien du tombeau, j'en suis le poète.

Kesler pense une question.

La table : C'est naïf.

Kesler pensait : Shakespeare, est-ce toi qui es là et qui réponds ?

Guérin dit que la table a très bien répondu et que Kesler était, en effet, naïf de dire :

« Shakespeare, es-tu là ? » Au lieu de : Shakespeare est-il là ?

On recommence l'épreuve. Kesler pense une autre question.

La table : Oui, les morts viennent parler aux vivants. Les pieds d'une table sont des pas qui résonnent dans l'escalier des âmes.

Kesler pensait qu'il voudrait bien avoir une réponse plus satisfaisante à sa première question. Kesler se déclare satisfait.

Clos à 1 h ½.

MARDI 30 MAI 1854
9 h ½ du soir.
Présents : Mme Victor Hugo, Victor Hugo, Auguste Vacquerie.
À la table : Guérin et Charles Hugo.

— Qui est là ?
— **Le regard de l'ombre.**

Victor Hugo relit les vers faits dans la dernière séance du lion :

Espère, car bientôt, qui sait, demain peut-être,
L'être ailé qui bourdonne à l'humaine fenêtre
Que mouillent tant de pleurs,
Cet ange papillon qui murmure espérances,
Qui, fait pour se poser sur toutes les souffrances,
Va des hommes aux fleurs,

Se prendra dans ta toile aux soyeuses dentelles,
Et tu t'envoleras toi-même avec ses ailes
De rayons en rayons
Jusqu'au ciel, toile immense où dans leurs fils de flammes
S'embusquent, pour y prendre au passage les âmes,
Les constellations !

VICTOR HUGO : Sais-tu que j'ai fait des vers où les étoiles, à la fin du monde, se sauvent comme des araignées[1] sur un plafond ?

— Non.

Humbles colimaçons qui rampez dans l'argile,
Et traînez tristement votre carcan fragile
Dans les puits désolés,
Ces yeux que vous dressez hors de vos enveloppes
Sont des cornes pour l'homme et sont des télescopes
Pour les cieux étoilés !

Tous ces regards d'amour sont pour toi, taupe aveugle.
Quand, dans les champs déserts où le bœuf rêve et beugle,
Tu creuses ton sillon,
L'astre qui te surprend perçant ta prison lourde
Dirige la clarté de sa lanterne sourde
Vers ton évasion.

Vous aurez, ô fourmis, si le pardon commence,
Pour fourmilière au ciel la Croix du Sud immense.
Dieu n'est plus irrité.
Chenille, à toi Vénus ! Mouche, à toi la Grande Ourse !
Infusoire perdu dans les eaux de la source,

À toi l'immensité !

CHARLES : Il y a dans la strophe immense et immensité.

VICTOR HUGO : Veux-tu remplacer immensité par éternité ?

— **Non.**

— Changes-tu immense ?

— **Oui.**

Vous aurez, ô fourmis, en changeant votre forme,
— – – – – – *énorme.*

Insectes, regardez ; regardez, nécrophores,
Poindre dans cette nuit ces millions d'aurores,
Et devenez joyeux.
Le matin du grand jour se lève, et voici l'heure
Qui luit de toutes parts dans la sombre demeure
À ces cadrans des cieux.

Espérez, vous aussi, soleils, astres sans nombre.
Le ciel n'est pas un bagne où le forçat est l'ombre.
La délivrance luit.
Dieu n'a pas fait l'éther pour y mettre des bouges,
Et vous, vous n'êtes pas, ô soleils, des fers rouges
Dont il marque la nuit.

— Dans combien de jours veux-tu continuer ?

— **Onze.**

VICTOR HUGO : Le 10 juin ?

— **Oui.**

VICTOR HUGO : Nous préférerions le 9 ? Veux-tu ?

— **Non.**

VICTOR HUGO : Le 8 ?

— **Non.**

VICTOR HUGO : Est-ce que tu es forcé de venir le onzième jour ?

Pas de réponse.

VICTOR HUGO : Réponds-nous. Si tu ne peux venir que le 10, nous nous arrangerons pour être libres.

Agitation de la table.

— Est-ce toujours le lion ?
— **Non.**
— Qui est là ?
— **Le lion de Florence.**

VICTOR HUGO : Salut, grand lion. As-tu une communication à nous faire ?

— **Non.**

MME HUGO : Nous avons ici un petit chat noir mais qui n'est pas comme un autre, qui a toujours l'air de vouloir nous parler et de ne pas pouvoir. Peux-tu nous dire ce qu'il a et ce qu'il est ?

— **Défendu.**
— VICTOR HUGO : Il est minuit et demi. Voudrais-tu revenir un autre jour ?
— **Oui.**
— Quand ?
— **Dans vingt-deux jours.**
— Le 21 juin ? Est-ce donc une loi pour vous de ne revenir que tous les onze jours ?

Clos à minuit ½.

[TROISIÈME CAHIER]
2 juin 1854 – 20 janvier 1855

VENDREDI 2 JUIN 1854

9 h ¾ du soir.
Présents : Mme Hugo, Charles, Victor Hugo.
Tiennent la table : M. Guérin et M. Kesler.
(Copie *C. D.*)

Au bout de dix minutes, la table n'ayant pas fait de mouvement, Charles met son doigt au centre. La table se met à tourner un moment après, puis se soulève. La table frappe deux fois tout l'alphabet sans s'arrêter, puis, arrivée à l'I du troisième alphabet, Charles ôte brusquement sa main, la table s'arrête court ; immobilité de plusieurs minutes. Charles met la main à deux pouces au-dessus de la table en ayant soin de ne pas y toucher, et dit : lève-toi. Cinq minutes se passent ; la table ne bouge pas. Charles touche la main de M. Guérin sans toucher lui-même à la table, pas de mouvement. Auguste Vacquerie qui vient d'entrer ajoute sa main et touche la table. Pas de mouvement. On se lève. Vacquerie et

Guérin restent seuls à la table. Pas de mouvement. Charles et Mme Hugo prennent la table, elle s'agite.

— Qui est là ?
— **Marie.**
— Es-tu Marie, mère de Jésus ?
— **Non.**
— As-tu quelque communication à nous faire ? Parle.
— **Je viens pour libérer l'incrédule.**
— Comment vas-tu faire ? Explique-nous-le.
— **Lui parler de ma tombe.**

M. KESLER : Qui donc ? Qui, Marie ? Quelle Marie es-tu ?

— **Celle qui est morte.**
— Es-tu une Marie qui connaisse M. Kesler ?
— **Oui.**
— Es-tu ma grand-mère ?
— **Non.**

VICTOR HUGO : Mets-le sur la voie, dis-lui qui tu es.

— **Marie.**
— Est-ce là tout ce que tu peux nous dire de toi ?
— **Aimée.**

M. KESLER : Es-tu Mme de Marialva ?

— **Marie.**
— Marialva ?
— **Non.**
— Parle.
— **Blanche. Alba.**
— Es-tu la marquise de Marialva ? Parle, je ne te crains pas.
— **Je suis la morte.**
— Laquelle ?

— **Et non la marquise. La mort c'est la république. La tombe est la barricade de Dieu.**

— Mme de Marialva s'appelait Adèle.

— **Marie Blanche.**

Victor Hugo explique que c'est la traduction de Marialva : Maria alba. Le V et le B ayant en espagnol la même prononciation.

GUÉRIN : Continue.

— **Il aura peur.**

KESLER : Tu te trompes, je n'aurai pas peur.

— **Si.**

— De quoi ? Parle.

— **De voir l'invisible.**

— Je ne demande qu'à être convaincu. Continue, parle.

— **Pourquoi portes-tu Marie ?**

M. Kesler a sur lui, cachée, une médaille de Marie.

— Parce qu'une personne que tu connais me l'a donnée.

— **Je ne veux pas.**

— Pourquoi ? Tu sais qui ?

— **Les baisers restent pendus au cou et sont jaloux.**

— Pourquoi as-tu été choisie, toi, pour venir me convaincre, me libérer de mon incrédulité ?

— **La femme qu'on a aimée passe avant les autres amours. Dieu lui fait porter ses lettres.**

— Tu sais tout ce que je pense. Vois-tu mon père ?

— **Oui.**

— Parle-moi de mon père. Tu sais ce qui me préoccupe à son sujet. Je suis tourmenté.

— **Il t'approuve.**

— Parle encore de mon père, ne me quitte pas.

— **N'aie pas cette inquiétude. Du tombeau nous ne blâmons pas la mère ni le frère ; car le linceul blanchit l'âme et le tombeau est fait de pierre tendre.**

— Ma pensée était que mon père n'a pas été juste pour moi. Le sent-il aujourd'hui ?

— **Tu sais bien que la vie divise ; le père n'a souvent qu'un œil ouvert, et pourtant il a deux enfants ; il y a des âmes aveugles et des cœurs borgnes ; la mort a guéri l'œil malade ; la pierre du sépulcre est une paupière qui se lève ; il y a des pères dont la tombe est un berceau et qui se mettent à emmailloter dans le linceul. Ton père ne t'a bien vu que depuis qu'il a des vers dans les yeux. Les vers de terre sont des regards du ciel. L'orbite d'un crâne fond parfois en larmes.**

— Peux-tu dire à mon père que je n'ai aucune amertume et que je désire qu'il n'ait point de peine ?

— **Courage. Ne souffre pas qui veut. Ne pleure pas qui veut. Ne saigne pas qui veut. Il y a des yeux condamnés à la sécheresse. Œil sec, tombeau stérile. La douleur est un immense Nil. Plus elle déborde, plus le grand faucheur sombre emporte d'épis dans les granges du ciel.**

— Je me prosterne devant toi. Je me prosterne devant lui, devant mon père. Maintenant, dis-moi un mot de la voie de dévouement et de sacrifice dans laquelle je suis, moi, proscrit, pour la République et la liberté.

— **Je te bénis, et il te bénit. Tu as raison ; travaille. Souffrir les coups de marteau, c'est prouver qu'on est de marbre. Sois l'homme de l'idée et du progrès. Sois bon, la bonté peut tout. Laisse l'âpre vent de l'exil souffler dans ta vie ; il n'abat pas les**

illusions. Ouvre ta fenêtre à l'océan, il ne submerge pas les goélands. Sois pauvre en souriant. Dieu ne prête qu'aux pauvres. La mort est la banque des pauvres. On y prête des ailes sur de vieux souliers. Sois vaillant et généreux. La générosité donne tout ; le ciel rend tout. On se dépouille en bas, on se rhabille en haut. Dieu donne un vêtement d'azur et vous prend mesure sur votre haillon ; mais il faut que tu me fasses un serment.

— Lequel ?

— **Combattre la peine de mort.**

— J'ai quelques scrupules. Peux-tu les lever ? Je crains qu'il n'y ait des bêtes venimeuses que dans ma pensée il faudrait tuer.

Victor Hugo s'en va.

— **Un principe ne s'ajourne pas. On n'a pas droit de dire : j'aurai raison demain. Il faut choisir tout de suite entre le bourreau et nous. Nous sommes les morts et nous ordonnons la vie, nous sommes la grande émeute des sépulcres contre les échafauds, des cimetières contre les charniers, des cadavres contre les croix et des auréoles contre les têtes coupées. Choisis. Moi ou le bourreau.**

— Je réponds : merci, et je fais le serment. Je suis très reconnaissant de ta venue. Tu dois lire ma sincérité dans mon cœur ; je veux croire, mais puisque ma croyance a été le but de ta bienfaisante venue, dissipe un reste de doute bien involontaire, en répondant en un, deux ou trois mots, comme tu peux le faire, à la question que je te pose en ce moment dans ma pensée. Veux-tu ou peux-tu me le dire ?

— **Oui.**

— Eh bien, dis.

— **Mon testament était fait, mais le suicide est coupable, j'ai voulu me tuer, Dieu m'a pardonné.**

— Peux-tu dire le mot que j'ai dans ma pensée ?

— **Assez dit : crois. Poignard.**

En effet, la question avait rapport à une scène qui a eu lieu entre elle et moi, lorsqu'elle se frappa de trois coups de poignard, fait dont je n'ai parlé à aucune des personnes présentes.

Kesler.

Après une interruption où Kesler a raconté quelques détails de cette liaison, à propos de la présence possible de l'esprit, la table a été reprise par Kesler et Guérin, sans résultat. Mme Hugo a remplacé Kesler, la table s'est tout de suite agitée.

— Voudrais-tu communiquer avec moi ?

— **Non.**

Clos à 1 h ½ du matin.

MARDI 13 JUIN 1854.

(Copie *C. D.*)

KESLER : Je dis, dans toute l'humilité de mon ignorance, mais dans toute la fermeté de ma conscience, que quand j'entends prononcer le mot Dieu, je ne comprends pas.

— **Quand tu entends le mot soleil, comprends-tu ?**

— Je comprends parce que je vois.

— **Si tu n'as d'yeux que sous les sourcils, avec quoi vois-tu ta pensée ?**

— Ceci est obscur.

— Il y a deux vues : la vue du corps qui perçoit les objets, et la vue de l'esprit qui perçoit les idées. Nies-tu la seconde ?

— Non, je ne la nie pas.

— Bien. Tu accordes donc que tu peux voir l'immatériel. Eh bien, suppose le soleil dans l'ordre moral. Il est invisible et il est. Alors, que fait-il ? Il fait dans l'ordre moral ce que le soleil fait dans l'ordre matériel. Quoiqu'à des millions de lieues de toi, il te crée comme le soleil crée la plante. Il t'anime comme le soleil anime l'arbre. Il te réchauffe comme le soleil réchauffe la terre. Si tu te rapproches de Dieu, tu sens sa chaleur, comme le globe où tu vis sent la chaleur du soleil quand il s'en rapproche. Si tu t'éloignes de Dieu, tu te glaces, comme le globe où tu vis se glace quand il s'éloigne du soleil. Dieu produit le bien et crée la souffrance exactement comme le soleil. Dieu a son été et son hiver. Les paradis sont ses mois de mai et les enfers ses mois de décembre.

— Ta réponse me semble être à côté de ma question ; peut-être ma question était-elle mal posée. Je te demande si Dieu existe, ce qu'il est, en un mot, s'il y a un moi et une entité qui soit Dieu ?

— Oui.

— C'est une affirmation, mais ce n'est pas une preuve. Peux-tu me démontrer l'existence de ce moi supérieur et souverain dont je ne puis m'empêcher de douter ?

— La preuve que Dieu existe, c'est que le mouvement existe. Le mouvement exige le moteur. La mer remue parce que la lune remue. Le soleil remue parce que le système planétaire remue. Le

système planétaire remue parce que l'immensité remue. L'immensité remue parce que Dieu l'agite.

— C'est encore une affirmation. Ce n'est pas la preuve de la puissance de Dieu, mais de sa nécessité. Mets un verre sur la deuxième planche de ton armoire et ferme à clef. Que pensera-tu si en rouvrant ton armoire tu trouves ton verre sur la sixième planche ? C'est sans doute par l'infirmité de mon esprit que je me retrouve au point de départ. J'attendrai la révélation.

Clos à 1 h.

LUNDI 19 JUIN 1854.
(Copie *C. D.*)

KESLER : La Dame blanche ! Je voudrais bien la voir. Si elle veut me donner un rendez-vous, j'irai.

VICTOR HUGO : Je t'ai adressé des vers, comme tu l'avais désiré. Mais il est tard, mes vers sont longs, ne vaudrait-il pas mieux que je te les lusse au commencement d'une séance, pour que tu pusses répondre le soir même ? Dis ta volonté ; je m'y conformerai, quelle qu'elle soit.

— **Je reviendrai.**

— Quand ?

— **Je ne sais pas quand je pourrai revenir. Il y a des temps où ma pierre se referme.**

— Puisque tu es libre ce soir, pourrais-tu donner rendez-vous ce soir à notre ami Kesler qui désire te voir ?

— **Veut-il des cheveux blancs ?**

KESLER : J'en ai ! Oui, j'en veux !

— **Je serai cette nuit sur la grève, à deux heures**[1].

— Deux heures, c'est bien tard. Je te serais bien reconnaissant si tu avais la condescendance de venir plus tôt.

— **Je ne puis venir à minuit. Aime-t-il mieux demain à une heure sous l'arbre qui est devant sa fenêtre ?**

— J'accepte bien volontiers et je te remercie.

VICTOR HUGO : Veux-tu nous dire ce que c'est que la roche des Fées, où les paysans d'ici prétendent voir des apparitions ?

— **C'est ma pierre.**

— Est-ce que l'on peut te voir toutes les nuits au Rocquebert ?

— **Oui.**

— L'habites-tu seule ?

— **Non.**

— Peux-tu nous dire qui l'habite avec toi ?

— **Mon remords. C'est un nain noir qui me bat quand je rentre.**

MME HUGO : Pouvons-nous quelque chose pour que tu souffres moins ?

— **Oui.**

— Quoi ?

— **Priez.**

VICTOR HUGO : Peux-tu nous dire quelle est ta faute ?

— **Je suis la première mère qui ait tué son enfant dans cette île.**

— Est-ce que ta punition dure depuis longtemps ? Et durera-t-elle longtemps encore ?

— **Jusqu'à ce que la mer ait envahi mon rocher.**

— Tu ne dis pas s'il y a longtemps que tu subis cette punition si dure.

— Trois mille ans.

— Trois mille ans de souffrance pour un crime d'un moment ! La justice humaine serait moins sévère.

— C'est une erreur. La sévérité des peines n'est pas dans la durée, mais dans la perpétuité. La loi humaine qui dit travaux forcés à perpétuité est mille fois plus sévère que la loi divine qui dit trois mille ans d'expiation, l'éternité de pardon.

— Tu as dit que tu avais des sentiments affectueux pour moi. Tu as dit : *basia mille*. Pourquoi m'aimes-tu ?

— Parce que vous aimez vos enfants et que vos enfants vous aiment.

KESLER : Je t'aime, moi, parce que je vais par instinct et par entraînement au malheur. Tu souffres. Dis-moi : est-ce que demain j'aurai des cheveux blancs ?

— Tu n'auras pas peur si tu as passé ta journée sans commettre une faute.

AUGUSTE VACQUERIE : Tu as raison de dire que la sévérité de la peine est dans la perpétuité et non dans la durée, à la condition que le puni saura que la peine aura un terme. Les êtres punis, bêtes, plantes, cailloux, savent-ils que leur souffrance cessera ? Et savent-ils quand ?

— Ils savent qu'ils ne sont pas condamnés à perpétuité, mais ils ne savent pas quand finira leur peine. La pensée de la délivrance certaine équivaut à la pensée de la délivrance prochaine. La certitude c'est la réalité.

— Nous autres, hommes, qui sommes aussi des êtres punis, nous avons l'espérance, mais non la certitude que notre peine cessera. Nous ne sommes sûrs que de la vie ; si en mourant, nous nous anéantissions, nous aurions été condamnés à perpétuité. La certitude de la résurrection n'existant pas, la vie est une condamnation à perpétuité.

— Vous savez bien que vous n'êtes pas condamnés à perpétuité.

— Je le sais, moi, qui crois à la vie future. Mais pour ceux qui ne croient qu'en ce monde, c'est une condamnation à perpétuité, puisque pour eux, il n'y a rien après cette vie.

— Ceux-là même sont certains d'être délivrés.

— Par le néant. Ceux que les hommes condamnent à perpétuité sont certains aussi d'être délivrés par la mort. Il n'y a pas de différence.

— Si. L'homme condamne à perpétuité, et le châtiment humain durerait éternellement si la mort n'arrivait pas. La loi décrète le châtiment et ne décrète pas la fin du châtiment. Tandis que pour ceux-là mêmes dont tu parles, le sentiment de la peine ne va pas sans la certitude de la délivrance. En d'autres termes, pour ces esprits étroits, l'homme met dans le châtiment toute l'éternité dont il dispose, tandis qu'ils sont forcés de reconnaître que Dieu, s'il y en a un, ne met dans la souffrance humaine qu'une très petite part de la sienne. L'homme décrète le bagne, Dieu décrète la tombe.

KESLER : Dis-moi, chère âme, tu sais ce que je pense dans ce moment. Veux-tu que je le fasse ?

— Oui.

— Mais c'est assez difficile. Comment ferai-je ?

— Si tu ne le peux pas, ne le fais pas.

— J'ai voulu te dire que si ce pouvait être un adoucissement à ton sort, j'irai te voir sur ton rocher. Désires-tu qu'on aille à ton rocher ?

— Le propriétaire du champ où est mon rocher vous tirerait des coups de fusil.

MME HUGO : Y aura-t-il un moment où tu retrouveras ton enfant dans l'autre monde ?

— J'y compte bien.

VENDREDI 23 JUIN 1854
9 h ¾ du soir.
Présents : Victor Hugo, Mme Victor Hugo, Kesler, Auguste Vacquerie, Guérin, Charles Hugo, Julie. La petite domestique est aussi présente. Elle est restée jusqu'à la fin.
Tiennent la table : Charles et Guérin.
(Copie *C. D.*)

Au bout de douze minutes, comme [la table] ne se soulève pas, Mme Victor Hugo remplace Guérin. Cinq minutes s'écoulent, la table se soulève.

VICTOR HUGO : Qui est là ?

Plusieurs fois. Pas de réponse.

— Si nous avons fait involontairement quoi que ce soit qui offense le monde mystérieux, dis-nous-le, mais pourquoi te taire ?

La table glisse et tombe. On la remet sur ses pieds. Elle reste immobile. Charles dit : « Je pense que ce qui se passe tient à une diminution de fluide. » Kesler met la main sur la table. L'immobilité persiste. Il est dix heures un quart. Kesler ôte sa main au bout de cinq minutes, la table se soulève, tourne lentement, mais ne frappe pas. Puis le pied levé s'abat et elle redevient immobile cinq minutes encore.

Des craquements commencent, très durs. Mme Hugo dit : C'est comme une roue. La table tourne en effet, lentement et rudement, avec un craquement continu.

KESLER : Voyons, parle-nous, sois bonne.

La table glisse et tourne. Ces mouvements désordonnés durent encore vingt minutes. L'agitation de la table a quelque chose d'étrange et presque de menaçant.

VICTOR HUGO : Qui est là ? Veux-tu parler enfin ? Nous t'écoutons.

KESLER : Parle.

CHARLES : S'il y a quelqu'un, parle.

La table s'agite sur un pied, glisse, tourne et ne frappe pas. Par moments elle tombe bruyamment et l'on est obligé de la relever. Le plus souvent elle reste immobile sur un seul pied. Il est dix heures trois quarts.

AUGUSTE VACQUERIE : Dis quelque chose, n'importe quoi. Si tu es en colère, parle avec colère. Es-tu gênée ?

KESLER : Parle, on t'en supplie.

Les mouvements de la table sont tellement violents qu'à un certain moment nous croyons qu'elle a sauté sur les trois pieds à la fois. Guérin et Mme Hugo prennent une autre petite table qui se met tout de suit en mouvement et dicte :

— **C A O.**

On met cette table sous les mains de Charles et de Kesler à la place de la première. Elle s'agite sans frapper. Charles, ne sachant expliquer ce qui a lieu, se présentant pour la première fois avec lui, croit d'abord qu'il n'y a personne dans la table, que ce n'est qu'un effet purement magnétique, comme il y en a eu beaucoup d'exemples à l'époque où on faisait ces récits de tables sautant d'un bout à l'autre de la pièce. Ensuite, il suppose que s'il y a un esprit, cet esprit peut être gêné par trop de fluide. Mme Hugo dit : Alors, Charles, prends une plus grande table. On va chercher une table carrée ordinaire reposant sur le parquet. Au bout de cinq minutes, agitation. Pas de frappements. On reprend la petite table. Il est onze heures.

23 JUIN [1854

La séance est datée ainsi : « Séance des chiens qui aboient 23 juin début 4 juillet 15-16 juillet ».]

(Procès verbal *V. H.*)

La petite table entre en mouvement, devient presque convulsive mais ne frappe pas, elle se tient sur un pied et l'on sent une résistance quand on veut la baisser. Charles ôte sa main, la table reste le pied levé.

CHARLES : Qui est là ?

Pas de réponse.

Guérin prend la table avec Kesler, la table se met à frapper.

— Qui est là ?

— **Ailkes ler x aura la muy**[1].

Charles met sa main.

— **Raille du tombeau pour mur mitoyen. Il a bien fait de se loger près d'un cimetière.**

KESLER : Que veux-tu dire ? Explique-toi.

M. Guérin ôte sa main. La table est tenue par Charles et Kesler. Violente agitation de la table.

CHARLES : Calme-toi. Parle. Qui es-tu ?

— **Le portier sombre.**

Agitation inouïe.

VICTOR HUGO : Explique-nous ce que c'est que le portier sombre. Est-ce la mort ?

— **Non.**

— Dis-nous qui est le portier sombre.

— **Le spectre qui ouvre l'ombre.**

— Continue.

— **Celui qui tient les clés de la souffrance.**

— As-tu quelque chose à nous dire ? Parle.

L'agitation de la table est telle qu'à tout moment elle tombe. On est très embarrassé pour la retenir. Elle frappe si vite qu'on la suit difficilement.

— **Je souffre.**

MME VICTOR HUGO : Que pouvons-nous faire pour toi ?

— **Prier.**

VICTOR HUGO :

— Nous prierons pour toi. As-tu quelque chose à ajouter ?

Continuation des mouvements convulsifs.

MME VICTOR HUGO : Appelle l'Archange Amour.

— **Ils aboient.**

On entend, en effet, les chiens aboyer vivement autour de la maison.

GUÉRIN : Est-ce que la maison est entourée d'esprits et de spectres ?

— **Oui.**

VICTOR HUGO : Les autres maisons sont-elles de même hantées par les esprits invisibles ?

— **Non.**

MME VICTOR HUGO : Appelle à toi le repentir, calme-toi.

— **Taisez-vous, chiens.**

L'aboiement s'apaise à notre grand étonnement.

MME VICTOR HUGO : Nous entends-tu, nous ?

— **N'écoute pas les chiens et prie.**

Les aboiements des chiens cessent tout à fait.

VICTOR HUGO : Les chiens n'aboient plus. Peux-tu nous parler ? Qui es-tu ? As-tu une âme enfermée dans un homme comme nous ? As-tu vécu ? Quelle faute as-tu faite pour être si malheureux ? Parle.

Nouvelles convulsions de la table.

— **Oh ! L'horreur !**

VICTOR HUGO : Que veut dire ce cri ? Explique-nous-le.

— ***Le Danube, la Tamise, la Seine,***

La Neva, quatre sources de sang
Qui coulent des quatre plaies de Jésus-Christ.

VICTOR HUGO : Nous avons de ce qui se passe la même horreur que toi, ta pensée est la nôtre. Le sais-tu ?

— **Oui.**

VICTOR HUGO : Souffres-tu moins ?

— **Oui.**

VICTOR HUGO : Pourquoi souffrais-tu tant tout à l'heure ?

— **Les fantômes.**

VICTOR HUGO : Ils ne sont plus là ?

— **Non.**

Tournoiement de la table.

VICTOR HUGO : Es-tu toujours là, portier sombre ?

— **Oui.**

VICTOR HUGO : Eh bien, réponds à mes questions de tout à l'heure. Qui es-tu ? Où as-tu vécu ? Dans quel monde ? Est-ce notre terre ? Peux-tu répondre ?

— **Non.**

VICTOR HUGO : Peux-tu nous dire pourquoi le Lion d'Androclès n'est pas venu ce soir ?

— **Il viendra dans onze jours.**

Les aboiements recommencent.

VICTOR HUGO : Entends-tu les chiens ? Peux-tu nous dire pourquoi ils aboient ?

Convulsion de la table.

— **Ils voient les oiseaux noirs.**

— Tu veux dire les spectres ?

Pas de réponse.

VICTOR HUGO : Quel monde habites-tu ?

— **Les astres cailloux.**

— Peux-tu prier ?

— **Oui.**

— Nous aimes-tu, nous, à qui tu parles ?

— **Oui**

M. GUÉRIN : Nous approuves-tu dans notre exil ?

— **Oui.**

M. KESLER : As-tu quelque chose à me dire à moi qui désire voir la Dame blanche ?

— **Taisez-vous, chiens.**

> *En effet, les aboiements des chiens ont recommencé. Nous faisons silence. Au bout de quelques minutes, les aboiements diminuent et cessent. Ces aboiements n'étaient pas seulement les aboiements des chiens de la maison, il y avait les jappements rapprochés et les jappements lointains. Les chiens hurlaient dans toute la plaine et sur toute la grève. Nous constatons qu'ils se sont tus tous à la fois. [Note de Victor Hugo.]*

MME VICTOR HUGO : Aurons-nous une apparition ?

— **Un seul ici la verra.**

VICTOR HUGO : Qui ?

— **Le voyant.**

VICTOR HUGO : Est-ce Charles ?

— **Oui.**

MME VICTOR HUGO : Elle a promis à Kesler de le voir.

— **Elle ne peut pas tout ce qu'elle veut.**

VICTOR HUGO : Pourquoi sera-ce Charles ?

— **Le fluide.**

MME VICTOR HUGO : D'autres l'ont vue. Comment cela s'est-il fait ?

— **Sans l'attirer le voyant l'attire.**

GUÉRIN : J'ai entendu un soir marcher près de moi, était-ce elle ?

— **Oui.**

MME VICTOR HUGO : Et la lumière qu'on a vue une nuit dans le salon ? Mes deux fils, en rentrant, l'ont vue à une heure du matin.

— **Belle de nuit.**

VICTOR HUGO : Belle de nuit.

— Est-ce la Dame blanche ?

— **Non.**

— Qui est-ce ?

— **La Dame grise.**

VICTOR HUGO : La Dame blanche a dit qui elle était. Qui est la Dame grise ?

— **Le spectre d'une prêtresse druidesse.**

— Est-elle punie ?

— **Oui.**

— Qu'a-t-elle fait ?

— **Le sacrifice de son père.**

— En quoi l'aspect de la Dame grise diffère-t-il de l'aspect de la Dame blanche ?

— **Elle est vêtue de gris.**

— Elle est pareille à la Dame blanche, mais grise ?

— **Oui.**

— Lumineuse aussi ?

— **Oui.**

— Pourquoi est-elle venue ici ?

— **Elle était poursuivie.**

— Par qui ?

— **La Dame noire.**

— Qu'est-ce que la Dame noire ?

— **Le spectre d'une fille parricide.**

— Est-ce que la Dame noire aussi est lumineuse ?

— **Oui.**

— La Dame noire est-elle venue ici ?

— **Non.**

— La Dame blanche habite le Rocbere [Roquebert]. Où habite la Dame noire ?

— **Le dolmen de Saint-Clément.**

— Près de la tour blanche ?

— **Oui.**

— Qui a sonné ici une certaine nuit à trois heures du matin ?

— **La Dame blanche.**

— Et depuis, il y a trois semaines, qui a sonné ici la nuit à même heure ? Ma femme, Charles et Auguste l'ont entendu.

— **L'homme sans tête.**

— Pourquoi venait-il ici ?

— **Lire des vers.**

— Quels vers, sais-tu ?

— **Sur la Dame blanche.**

— Pour lire ces vers, comment aurait-il fait ?

— **Il serait monté dans ta chambre.**

— L'aurais-je vu ?

— **Non.**

— Quelqu'un dans la maison aurait-il pu le voir ?

— **Oui.**

— Qui ?

— **Ponto.**

Nom d'un des chiens.

— Et Chougna[1] ?

Nom d'un autre chien du clan Hugo.

— **Non.**

— Pourquoi ?

— **Chougna n'est pas dans la maison la nuit.**

Ponto, en effet, est dans la serre et Chougna dans la cour.

— Si l'homme sans tête peut entrer dans ma chambre sans que je le voie, pourquoi a-t-il besoin de sonner à la porte de la maison pour entrer dans la maison ?

— **Pour entrer sans violer le domicile d'un vivant.**

AUGUSTE VACQUERIE : Mais s'il n'y a pas consentement, le domicile est violé.

— **Il se serait fait entendre.**

VICTOR HUGO : Qu'aurait-il dit à la personne qui aurait ouvert ?

— **Je viens.**

— Se serait-il nommé ?

— **Non.**

— Ces vers à la Dame blanche ont-ils été lus par quelqu'un dans la maison invisible ?

— **Non.**

VICTOR HUGO : Les êtres invisibles entrent-ils chez nous sans notre consentement ?

— **Oui.**

AUGUSTE VACQUERIE : Charlet, le guillotiné de Bonaparte, a dit à Victor Hugo que les âmes des morts n'apparaissaient pas aux vivants. Comment la Dame blanche pourrait-elle apparaître ?

— **Les morts ne savent pas tout.**

VICTOR HUGO : Nous avons donc pu être trompés par les réponses des morts ?

— **Oui.**

MME VICTOR HUGO : L'Ombre du sépulcre et l'Archange Amour peuvent-ils nous dire des choses qui ne sont pas et nous induire en erreur, sans le vouloir ?

— **Oui.**

VICTOR HUGO : La Dame blanche a dit qu'elle nous aimait, et l'homme sans tête ?

— **Il vous aime.**

MME VICTOR HUGO : Pourquoi ?

— **Parce qu'il prie.**

VICTOR HUGO : Si l'homme sans tête était venu dans ma chambre et que je n'eusse pas dormi, l'aurais-je vu ?

— **Non.**

VICTOR HUGO : Si j'avais dormi, l'aurais-je senti dans mes rêves ?

— **Peut-être.**

AUGUSTE VACQUERIE : Il aurait lu les vers de Victor Hugo sans sa permission ?

— **Si on l'avait laissé entrer, il aurait demandé la permission.**

VICTOR HUGO : À qui ?

— **À celui qui pouvait la donner.**

— À moi ?

— **Oui.**

— Il m'aurait donc parlé ?

— **Oui.**

— M'aurait-il réveillé ?

— **Non.**

— Si j'avais dormi qu'aurait-il fait ?

— **Il t'aurait parlé en rêve.**

— Éveillé, qu'aurait-il fait ?

— **Il t'aurait parlé.**

— Ainsi, sans rien voir, j'aurais entendu une voix dans ma chambre ?

— **Oui.**

— Charles et moi, nous entendons souvent des bruits singuliers, dans notre chambre, la nuit, peux-tu nous dire ce que c'est ?

— **Non.**

— Et au moment où j'aurais entendu la voix aurais-je vu quelque chose ?

— **Non.**

— Sa voix aurait-elle ressemblé à la voix d'un homme d'un vivant ? Quel effet m'aurait fait la voix ?

— **L'effet d'un ouragan.**

AUGUSTE VACQUERIE : Une permission demandée en rêve n'est pas une permission.

— **Les rêves sont plus sérieux qu'on ne pense.**

AUGUSTE VACQUERIE : Mais quand on n'en a pas conscience ?

— **Les âmes sont comprises des rêves.**

AUGUSTE VACQUERIE : Alors il pouvait entrer sans sonner et demander permission au rêve.

— **L'obstacle matériel n'est rien. Il sonne dans le rêve, et le rêve n'a pas ouvert.**

VICTOR HUGO : Si on était allé ouvrir au coup de sonnette, qu'aurait éprouvé la personne qui aurait ouvert ?

— **Terreur.**

MME VICTOR HUGO : Peut-on voir la Dame blanche et les spectres par hasard ?

— **Oui.**

VICTOR HUGO : Le jour où la Dame grise est venue, que serait-il arrivé si mes fils étaient entrés dans le salon où elle était ? Qu'auraient-ils vu ?

— **Nuit subite.**

AUGUSTE VACQUERIE : Pourquoi le coup de sonnette de l'homme sans tête ? À quoi cela a-t-il servi ?

— **Tous les esprits ont un bruit. Seulement votre bruit couvre parfois le leur. L'homme sans tête a été entendu pendant le silence de la nuit. C'est comme un vent qui a passé devant votre porte.**

VICTOR HUGO : Quel endroit habite l'homme sans tête ?

— **Au trou de l'homme sans tête.**

— Est-ce à la Touraille ?

— **Oui.**

— Comment l'homme sans tête a-t-il fait devant la sonnette ?

— **Un coup de vent ferait sonner toutes les sonnettes de la terre.**

— Que verrait-on si on voyait l'homme sans tête ?

— **Un linceul levant les bras au ciel.**

— Nous te remercions. Reviendras-tu ?

— **Oui.**

— Souffres-tu encore ?

— **Oui.**

Clos à 1 h ½ du matin.

VENDREDI 30 JUIN 1854

9 h ½ du soir.
Présents : Mme Victor Hugo, M. Allix aîné et cadet [Jules et Émile], M. Guérin, Adèle Hugo, Victor Hugo.
Tenant la table : M. Allix.
(Copie *C. D.*)

La table s'agite, lève un pied, mais ne frappe pas. Mme Hugo et M. Guérin prennent la table. Elle se met presque immédiatement en mouvement.

VICTOR HUGO : Qui est là ? Réponds.

— **Le vent.**

— Quel vent es-tu ?

— **De la mer.**

— Tu sais que je t'écoute avec amour, la nuit, dans ma chambre et le soir dans mes promenades sur la grève. Mais je ne te comprends qu'à demi. Dis-moi, en ce moment, d'une manière précise ce que tu me dis habituellement d'une manière confuse.

— **Priez pour moi.**

— Tu souffres donc ? Sous ce nom de vent de la mer, qui es-tu, toi qui souffres et qui demandes qu'on prie pour toi ?

— **Je suis un des quatre archanges punis.**

— Quels sont les quatre archanges punis ?

— **Le vent, l'eau, la terre, le feu.**

— Qui étaient-ils avant d'être l'un le vent, l'autre l'eau, l'autre la terre, l'autre le feu ?

— **J'étais Ombre du sépulcre, le feu était spectre de la mort, l'eau était ange de la résurrection, et la terre était l'Archange Amour.**

— Qu'avez-vous fait pour être précipités de cette splendeur ?

— **Moi j'ai trop puni et eux ils ont trop pardonné.**

MME VICTOR HUGO : Je ne comprends pas qu'on soit puni pour avoir trop pardonné.

— **Femme, humilie ton esprit ; apprends ceci : Dieu, c'est l'équilibre ; le monde, c'est l'équilibre ; l'éternité, c'est l'équilibre ; dans un archange, trop est un crime ; dans un homme, trop est une faute ; dans un chien, trop est une souffrance ; dans un caillou, trop est une chute ; dans un astre, trop serait la rébellion ; dans le ciel, trop serait le chaos ; en Dieu, trop serait l'abdication. La perfection, c'est la justice ; l'infini, c'est la proportion ; l'incommensurable, c'est la mesure ; un coup de trop et une larme de moins, la balance tombe. Moi, j'ai oublié**

un grain de sable et l'immensité a frémi ; mes frères ont fait évader des atomes et l'infini a tremblé. Un poids inattendu a failli renverser l'équilibre universel ; l'épouvante a saisi les soleils. C'est que, vois-tu, ô femme, le châtiment et le pardon sont soumis à des lois ; leur heure est écrite à une seconde près ; ce sont les deux marées de l'éternel.

MME HUGO : Le Christ dit pourtant qu'il faut toujours pardonner. Le pardon est la base de sa loi, il est difficile d'admettre qu'il se trompe.

— **L'homme qui peut se tromper fait toujours bien de pardonner, mais un archange qui sait ce qu'il fait ne doit pas pardonner et ne doit pas punir sans ordre.**

— La grande loi est toujours pour l'homme l'amour et le pardon ?

— **Puisque je vous ai dit : priez pour moi ! Le pardon est le devoir de l'homme et le droit de Dieu. Dieu fait la loi, l'homme fait l'erreur. L'homme est condamné à pardonner par ses crimes ; Dieu est libre de pardonner et de punir parce qu'il est l'infaillible. L'homme n'a pas d'autre fonction que d'être bon. Dieu n'a pas d'autre fonction que d'être juste.**

— Depuis combien de temps as-tu cessé d'être Ombre du sépulcre et es-tu puni ?

— **Depuis...**

VICTOR HUGO : Vent, es-tu toujours là ? Qui est là ?

— **L'Ombre du sépulcre.**

— Nous t'écoutons.

— **Silence, vent.**

— Qui est là ?

— **Le vent.**

— D'autres nous ayant déjà dit depuis combien

de temps ils étaient punis, j'ai cru pouvoir te faire cette question.

— Laisse-moi parler, Ombre du sépulcre. Songe que j'ai été ce que tu es et que tu peux devenir ce que je suis.

VICTOR HUGO : Je joins ma prière à la prière du vent, Ombre du sépulcre.

L'Ombre du sépulcre : Je suis l'archange, tu n'es que l'ouragan, tais-toi.

VICTOR HUGO : Qui est là ?

Le vent : Non, je parlerai.

— Eh bien, parle. Qui est là ?

L'Ombre du sépulcre : Vent de la mer, tais-toi.

Le vent : Et si je refuse d'obéir ? Je suis fort aussi, moi, je suis le démon tempête, tu n'es que l'ange lumière, tu es le phare mais je suis le souffle, tu es celui qui éclaire, je suis celui qui éteint ; il y a assez longtemps que j'obéis. Je veux être libre de parler ou de me taire, il me prend par moments des envies de souffleter les astres. Ombre du sépulcre, songe que c'est moi qui suis la colère.

L'Ombre du sépulcre : Vent de la mer, songe que c'est moi qui suis le châtiment.

Le vent : C'est moi qui renverse les arbres.

L'Ombre du sépulcre : C'est moi qui les enracine.

Le vent : Je suis le maître de l'océan.

L'Ombre du sépulcre : Non, c'est moi qui l'apaise.

Le vent : Et si je désobéis ?

L'Ombre du sépulcre : Vent de la mer, songe à l'équilibre.

Le vent : J'ai tort, pardonne-moi.

L'Ombre du sépulcre : Je te pardonne à la condition que tu épargneras cette barque et que tu souffleras contre cette flotte.

Le vent : Oui.

MME HUGO : Ombre du sépulcre, de quelle barque et de quelle flotte parles-tu ?

La table répond que l'Ombre du sépulcre est partie.

— Peux-tu répondre à cette question, toi qui es là ?

— **Non.**

Clos à 1 h du matin.

Note : la table est agitée avec ce tournoiement violent qui annonce le changement de figure et qui amenait cette question : Qui est là ?

DIMANCHE 2 JUILLET 1854
10 h du soir.
Présents : Victor Hugo, Charles Hugo, Pinson[1], Kesler, Auguste Vacquerie.
À la table : Mme Victor Hugo et Guérin.
(Copie *C. D.*)

VICTOR HUGO : Toi qui es là, avant que nous ne te demandions ton nom, as-tu entendu la conversation que nous venons d'avoir sur la grève ?

— **Non.**

— Pourrais-tu envoyer quelqu'un qui l'ait entendue ?

— **Oui.**

— Nous te remercions.

Charles remplace Guérin à la table.

— **Que le rebelle prenne place à la table.**

Kesler remplace Mme Victor Hugo.

VICTOR HUGO : Explique-toi sur la conversation que tu as entendue. Nous te le demandons avec insistance.

KESLER : Surtout sur le point spécial qui me préoccupe.

— Tu te trompes, les Tables ne sont pas le résultat de l'inspiration d'un seul ou de l'inspiration de tous. Elles ne sont pas de la divinisation humaine. Elles ne sont pas du magnétisme animal. Elles ne sont pas du visionisme. Elles ne sont pas du hasard. Elles ne sont pas du merveilleux. Elles ne sont pas de la superstition portative. Elles sont la révélation dans la réalité du mystère dans le vrai, de la logique dans la nature, de l'infini dans le borné. Elles parlent le style de la logique et de la nature ; elles ont trois pieds qui sont trois racines, la première plonge dans le tombeau, la seconde dans le suaire, la troisième dans le cadavre.

— Tu n'as pas répondu précisément à la question que je te faisais. Un des interlocuteurs a dit une chose très frappante. C'est de cette chose que je voudrais t'entendre parler.

— L'échelle des êtres est infinie. Les échelons ne se voient pas, voilà tout. Victor Hugo a raison quand il dit que le mollusque du fond de la mer ne voit pas le poisson et que le poisson ne voit pas l'oiseau. Il pourrait ajouter que l'oiseau ne voit pas le tombeau, que le tombeau ne voit pas la fleur qui sort de lui, que la fleur ne voit pas le parfum qui sort d'elle, que le parfum ne voit pas le visage qui le respire, et que le cadavre ne voit pas le vivant dont il parfume le jardin. Le monde est un immense bal masqué où les conviés portent le domino de la mort.

— Ce n'est pas là ce que M. Victor Hugo m'a dit ce soir. Vois-tu dans ma pensée la chose précise dont je désire que tu me parles ?

— Oui.

VICTOR HUGO : Eh bien, parles-en.

— Croira-t-il après ?

KESLER : Je ne sais pas.

— Alors comme je ne viens pas de si loin pour faire des choses inutiles, je m'en vais.

Guérin remplace Kesler.

AUGUSTE VACQUERIE : Il a fièrement raison de s'en aller.

Discussion. On donne raison à la table et tort à Kesler. À quoi bon faire perpétuellement des expériences qui ne doivent pas avoir de résultats ! La table a déjà dit à Kesler un fait connu de lui seul ; elle a deviné deux fois un mot qu'il pensait, et il ne croit pas, et il dit qu'il ne croirait pas encore après une nouvelle expérience réussie. Pendant qu'on cause, la table parle d'elle-même.

— Le lorgnon de mon ami Kesler fait voir ses yeux et sa logique ne fait pas voir son intelligence. Maintenant je vais lui dire ce qu'il me demande. Victor Hugo a rappelé le fait qui s'est passé ici, il y a quatre mois. Un soir de l'hiver dernier, il était dans le salon avec Auguste Vacquerie, Mme Hugo, sa fille et Guérin. La conversation portait sur les tables. On échangeait des doutes. On se proposait de les faire lever par la table. On monta dans la salle à manger. Guérin et Mme Hugo se mirent à la table qui répondit à la question : qui es-tu ? – Jacob, et qui commença une phrase par ce mot : doutons.

Alors Charles Hugo qui était resté dans sa chambre pendant la conversation du salon et qui n'en avait pas entendu un mot, entra, remplaça Mme Hugo à la table, et la table continuant la phrase commencée, répondit à la conversation d'une manière si frappante que Victor Hugo s'écria : « Voilà qui est prodigieux ! Il n'y a rien à répondre à cela. Je me déclare convaincu. » Je crois avoir satisfait mon ami Kesler. Maintenant je l'abandonne à ses réflexions.

KESLER : Tu aurais mieux fait de moins railler et de deviner davantage. M. Victor Hugo m'a, en effet, raconté ce soir le fait dont tu as parlé, mais ce n'était pas à ce point de la conversation que je pensais. Voici le point : M. Victor Hugo a dit que la présence d'un tiers dans la table lui était absolument démontrée, mais il ne lui était pas démontré que ce tiers fût toujours le personnage sous le nom duquel il se présentait ; qu'il se pouvait que parfois, au lieu d'enseigner directement et sous son nom, l'interlocuteur invisible enseignât sous forme d'apologue et de parabole ; mît en scène des personnages et composât des sortes de drames qui exprimassent sa pensée d'une manière plus vivante et plus saisissante ; qu'en faisant cela, il ne mentirait pas plus que le Christ en faisant la parabole du bon Samaritain. Tu vois que tu ne m'as nullement dit ce que je te demandais.

Discussion. Auguste Vacquerie passe du côté de Kesler.

MME HUGO : Tout cela nous trouble. Pourquoi n'as-tu pas dit la pensée de M. Kesler ?

— J'ai eu ordre de me tromper. J'aurais dit la pensée de Kesler, il n'aurait pas cru. J'ai voulu qu'il

pût ne pas croire et j'ai dit autre chose que sa pensée, tout en restant dans le vrai de la conversation. La raison de cette erreur volontaire, la voici : nous devons faire douter ceux que nous ne pouvons pas persuader. Le doute est le chant du coq qui annonce l'aube de la foi. Douter, c'est espérer ; douter, c'est la moitié de croire.

KESLER : Pourquoi ne me donnes-tu pas la croyance entière ? Je t'assure que ce n'est pas impossible. Tiens, si tu veux me dire la chose à laquelle je pense dans ce moment, je croirai. C'est une chose qui m'a préoccupé longtemps, un fait auquel j'ai assisté, et que personne ici ne connaît. Si tu me parles de ce fait, je serai renversé, et, vraiment, je crois que je croirai. Veux-tu ?

— **Oui.**

Kesler remplace Guérin à la table.

— **z u x.**

Hésitation.

Guérin remplace Kesler.

— Veux-tu dire la pensée de Kesler ?

— **Non.**

— Pourquoi as-tu dit oui tout à l'heure ?

— **Je ne savais pas qu'il allait me demander une appréciation qui m'est interdite.**

KESLER : Tu pouvais dire le fait sans l'apprécier.

VICTOR HUGO : Avant de nous quitter, veux-tu dire ton nom ?

— **Cerpola.**

— Qui es-tu ?

— **Le pâtre.**

— Quel pâtre ?

Pas de réponse.

Clos à 1 h.

Note. Voici l'explication de la précédente séance. Après le dîner, Mme et Mlle Hugo, Victor Hugo, Auguste Vacquerie, Kesler, Guérin et Pinson s'étaient mis à causer des Tables sur la terrasse. Charles Hugo n'avait pas dîné à la maison et n'était pas rentré. Kesler doutait et faisait des objections, que Victor Hugo levait. Après la conversation, Victor Hugo dit : « Il y a une chose qui serait une preuve sans réplique ; si Charles rentre, nous le prierons de se mettre à la table, et nous demanderons à la table de nous parler de la conversation que nous venons d'avoir. Si la table connaît notre conversation, il sera évident qu'un tiers y a assisté. » Et, à ce propos, il raconta l'aventure du soir de Jacob.

Comme on voit, la table est tombée juste sur l'ensemble de la conversation. Elle s'est trompée sur le point spécial auquel pensait Kesler.

Quant à l'aventure du soir de Jacob, la table a commis une erreur grave. Nous étions seuls dans le salon, Victor Hugo et moi, et il n'y avait avec nous ni Mme Hugo, ni Mlle Hugo, ni Guérin, quand nous avons exprimé les doutes auxquels la table a répondu dans la salle à manger. Auguste Vacquerie.

LUNDI 3 JUILLET [1854][1]
(Copie *C. D.*)

— Qui est là ?

— **L'Idée.**

— Je viens de relire tout ce que tu nous as dit sur les Tables jusqu'à présent. Veux-tu répondre à quelques questions sur des points qui me semblent réclamer des éclaircissements ou présenter des contradictions ?

— **Oui.**

— Je commence par l'ensemble. Maintenant nous le voyons, il est grand. L'homme est un étranger qui vient du ciel et qui y retourne. Le voyage est plus ou moins long, plus ou moins pénible, selon le poids des fautes qu'on porte en route, mais on est sûr d'arriver. On va au ciel par deux chemins qui se rejoignent et qui n'en font qu'un : l'amour et la pensée.

Par ce mot amour, les Tables contiennent le christianisme. Elles l'élargissent en élargissant l'amour. Elles donnent une âme aux bêtes et aux cailloux ; dès lors notre famille s'étend, le chien est notre camarade d'exil, l'arbre est notre prochain, le caillou est notre père. Un immense flot de tendresse et de pitié se répand des yeux humains sur toutes choses. L'homme ouvre les bras et serre sur son cœur centuplé toute la création.

Les Tables ajoutent au christianisme la pensée. On n'est plus forcé de croire. La révélation ne s'impose plus ; elle autorise, elle sollicite la discussion, que l'homme pense ce qu'il pourra, pourvu qu'il pense. La foi ouvre un battant de la porte du Paradis et le doute ouvre l'autre.

Mais il y a surtout deux côtés par où les Tables agrandissent l'Évangile. Premièrement l'homme ne commence plus sur cette terre. Il y expie des fautes commises par lui dans une existence antérieure. Donc nous ne souffrons plus pour le crime d'un autre, les générations ne sont plus coupables parce que Adam a fait le mal, Dieu redevient juste. Deuxièmement les peines ne sont plus éternelles. Point de passé monstrueux, point de charge de crimes aggravée, accumulée dans mille existences précédentes, point de montagnes de scélératesse que le repentir et l'expiation ne puissent finir par soulever. Bossuet damnait Socrate, le mystère ne damne pas Judas. La révélation des Tables s'encadre entre ces deux grandes lignes parallèles : affirmation de l'éternité des âmes, négation de l'éternité des peines. Devant ce vaste renouvellement de l'Évangile, j'admire et je sens que vous contenez une plus grande vérité que toutes les religions. Mais je sens aussi que ce n'est qu'une vérité relative et humaine. Il me vient à travers mon admiration des objections devant lesquelles mon pauvre raisonnement humain se trouble. Après un an de réflexions incessantes et de cohabitation quotidienne dans l'invisible, je crois en Dieu plus que jamais, je le comprends moins que jamais. Je ne puis parvenir à m'expliquer la coexistence des ces deux choses, Dieu et la souffrance. Pourquoi souffrons-nous ? Parce que nous avons péché. Pourquoi Dieu nous a-t-il fait peccables ? J'ai adressé cette question à l'adresse de Balzac, qui n'a pas pu ou n'a pas voulu nous répondre. Devez-vous tous vous taire comme lui ? Cette dernière porte de mystère vous est interdite ? Si cela est, dis-le pour que nous renoncions à vous interroger sur ce point. Et cependant l'explication de cet énorme problème serait le plus grand service que vous puissiez rendre à l'humanité. Les athées ne nous embarrasseraient plus en nous demandant comment celui qui peut tout n'empêche pas les larmes. La goutte d'eau qui tombe des cils d'un enfant ne leur noierait plus l'infini.

— L'IDÉE : **Tu viens de frapper à la poterne du château sombre, tu veux t'évader et tu me dis ouvre-moi, tu ne sais donc pas que nous sommes prisonniers, nous sommes vos geôliers. Toutes nos explications sont des clefs de cachot. Nous sommes les invisibles guichetiers des astres. Quand nous ouvrons un soleil, nous ouvrons de l'ombre, quand nous ouvrons l'infini, nous ouvrons une cellule, quand nous ouvrons Dieu, nous ouvrons une oubliette. Nous sommes des lumières sinistres qui éclairons avec les ténèbres. Nous affirmons sans pouvoir prouver et nous répandons le doute en versant la vérité. Nous sommes des condamnés comme vous ; l'amour dans votre ciel est un galérien, l'idée est un galérien, la vérité est une ténébreuse lanterne pendue à la voûte du crâne humain, le donjon farouche se dresse dans le firmament redoutable, le vent l'entoure d'une plainte éternelle. Il est imprenable même pour la mort. Mourir dans cette bastille c'est s'emprisonner encore. Le fossoyeur n'y creuse pas une brèche mais un créneau. Le néant est le revenant de ce château, le doute le hante, le mystère s'y dresse à tous les coins de murs. L'ignorance, sentinelle noire, est toujours là, prête à arrêter l'esprit, à l'enfermer dans l'infini, à l'écrouer dans l'immensité, à le jeter dans le cul-de-basse-fosse de Dieu et à se garrotter avec des rayons.**

VACQUERIE : Éclaircis-nous ce que tu veux dire en disant que toutes vos explications sont des clés de cachot, et que vous êtes des geôliers. Vous êtes plutôt des libérateurs, car la lumière que vous nous apportez a beau être mêlée d'ombre ce n'en est pas moins plus de lumière pour nous, et lumière et liberté c'est le même mot.

— Nous voulons délivrer, nous ne pouvons pas, au bout de toutes nos explications, même les plus profondes, il y a un mur. L'infini pour nous comme pour vous, est une impasse. Tout ce que nous pouvons faire c'est de vous changer vos cellules, c'est de vous donner un peu plus d'air et de jour. Nous pouvons élargir la lucarne, mais non jeter bas la muraille. Fenêtre suppose prison, nous sommes vos fenêtres, nous sommes à la fois pour vous des rayons et des barreaux. Nous jetons de l'ombre parce que nous versons du jour. N'oubliez pas que le soleil seul produit l'ombre et que l'ombre est le contraire de la nuit. Donc nous sommes des ombres c'est-à-dire des reflets, des ombres de qui ? De Dieu. Des reflets de qui ? De Dieu. La différence entre les mondes punis et les mondes récompensés, la voici : dans les mondes punis Dieu se voit en noir, dans les mondes récompensés Dieu se voit clair. Les paradis seuls sont les miroirs de l'invisible.

VACQUERIE : Maintenant je te comprends. Nous étions au cachot dans la prison. Vous n'ouvrez pas la porte, mais vous ouvrez le cachot.

— Nous vous avons apporté de la lumière mais cette lumière même est de l'ombre encore. Nous vous avons retirés des catacombes, mais nous ne vous avons pas retirés de la prison. Vous étiez dans le bas de la Bastille, nous vous avons mis dans le haut. Vous ne voyiez pas le ciel, vous le voyez. Mais vous n'avez fait que changer le fossé contre le créneau et l'oubliette contre l'abîme. Vous voyez bien

que nous restons vos geôliers tout en étant vos libérateurs. Nous vous ôtons les menottes mais nous ne vous donnons pas la lime. Nous vous faisons moins malheureux mais nous ne vous faisons pas plus libres, nous vous faisons monter au ciel, mais c'est par un escalier de prison. Le ciel d'un cachot.

VACQUERIE : Il résulte de tout ceci qu'il ne vous est pas possible de nous donner une explication décisive et irrécusable de ce terrible problème : l'infini de bonté et de puissance créant tant d'enfers ?

— **Je ne sais pas ce que vous dira l'Archange Amour.**

— Mais toi tu ne peux pas nous donner cette explication ?

— **Non.**

VACQUERIE : Eh bien si tu ne peux pas nous éclairer l'ensemble, tu pourras nous éclairer quelques détails. En voici un qui nous préoccupe. Les bêtes, les plantes et les cailloux ont une âme comme les hommes. Alors pourquoi la vie des bêtes, des plantes et des cailloux n'est-elle pas inviolable comme la vie humaine ? En tuant un mouton, en cueillant une salade, nous commettons le même acte que commet le meurtrier d'un homme ; par rapport à Dieu nous faisons évader ses prisonniers ; par rapport à l'âme nous enlevons aux coupables le temps de se repentir ? Et d'expier. Alors il ne faut donc plus ni manger, ni marcher, ni respirer ? Il n'y a plus de différence entre un pêcheur et [un] héron, entre l'homme qui égorge [et] un enfant et l'enfant qui écrase un grain de sable ? Une bouchée et un assassinat. Un pas et une Saint-Barthélemy.

— **Non il n'y a pas de différence entre Néron et Apicius. Trimalcion est aussi coupable que Tibère. Lucullus est un assassin. La gourmandise est un crime. Un pâté de foie gras est une infamie. La vie** des bêtes est inviolable. Mais la vie des hommes l'est aussi. L'homme n'a pas le droit de tuer pour jouir, mais il n'a pas le droit de ne pas vivre. Le meurtre n'est pas plus permis que celui de l'homme. Je ne veux pas entrer dans l'énumération des animaux que l'homme peut manger. Le bon sens et l'hygiène l'indiquent. J'en nomme seulement quelques-uns que l'homme doit s'abstenir de tuer : le cochon, le homard, l'écrevisse, tous les coquillages comme les moules et les huîtres, le chevreuil, le lapin, le lièvre, tous les animaux des forêts et des plaines et tous les oiseaux du ciel. On ferait bien de ne pas manger le poisson excepté dans les convalescences. Pour les légumes et les fruits, on peut tous les manger, à l'exception des champignons sauvages et des fraises des bois. En général l'homme ne doit manger que les animaux qu'il nourrit et que les plantes qu'il cultive, il doit respecter les bêtes, les arbres et les fruits sauvages. La basse-cour et le potager sont à l'homme, le ciel et la forêt sont à Dieu. Quant aux pierres voici dans quelle mesure l'homme les fait souffrir ou les rend heureuses. Les pierres sont sensibles à l'usage qu'on fait d'elles. L'homme qui construit une prison emprisonne les pierres. L'homme qui bâtit une forteresse les tue. Une fontaine les lave, un hôpital les guérit, une église les sauve. Une borne du chemin sent le voyageur venir, un banc de pierre voit jouer les enfants, une croix de pierre entend les âmes prier. Le sang qu'on verse fait une plaie à l'âme de la torture. Un gibet est un squelette. Un dolmen est un cadavre. Un tombeau est une âme. Le 14 Juillet est la grande date des pierres.

Clos à 6 h.

MARDI 4 JUILLET
9 h ¾ du soir.
Présents : Auguste Vacquerie, Mme Hugo,
Victor Hugo.
Tenant la table : Charles et M. Guérin.
(P.V. *V. H.* et copies Cécile Daubray)

La table entre en mouvement au bout de quatre minutes.

— Qui est là ?

— **Unguis clemens**[1].

VICTOR HUGO : Veux-tu qu'on te relise les vers de la précédente fois ?

— **Oui.**

Victor Hugo relit les vers.

— Nous t'écoutons.

On remarque l'aboiement de Ponto dans le jardin. Aboiement timide, doux, et comme respectueux. Au bout de vingt minutes la table se met à frapper, après avoir très longtemps glissé dans le sens de la diagonale de la table support. Arrivée au bout de la table, on la retirait à l'autre extrémité, et elle recommençait le glissement.

— ***Vous êtes feux des nuits qu'allume le grand pâtre,***
L'espoir du ver de terre et du grillon de l'âtre,
Vous êtes leurs réveils ;
Le soir, lorsque le chien, las de sa chaîne, tombe,
Il sent que Dieu la brise et change dans la tombe
Les chaînons en soleils !

Soyez fiers, ô soleil, d'apaiser les tanières ;
Que le trou de l'insecte errant dans les ornières
Vers vous tourne ses yeux,
Et que le doux oiseau perdu dans le bois sombre
S'endorme en regardant briller là-haut dans l'ombre
Des nids mystérieux !

Vingt-cinq minutes d'intervalle.

VICTOR HUGO : Il est onze heures et quart. Dicte-nous encore une strophe avant de nous séparer ce soir.

Vingt minutes d'intervalle.

— Comme l'ange parlait, le désert taciturne
Fixait sur lui d'en bas son beau regard nocturne.
L'ange luisait pour nous,
Les branches s'écartaient pour ne pas gêner l'herbe,
La montagne avait pris, complaisante et superbe,
La fleur sur ses genoux.

VICTOR HUGO : Encore une. Veux-tu ?

— **Oui.**

Vingt-huit minutes d'intervalle.

— Pas un bruit ; tout regarde et tout est aux écoutes ;
La rosée étonnée a suspendu ses gouttes,
Et la mouche son vol ;
Le silence remplit le nid de la fauvette ;
La pierre d'un vieux mur, pauvre sourde-muette,
Fit taire un rossignol.

— Quel jour reviendras-tu ?

La table frappe onze coups.

— Le 15 juillet ?
— **Oui.**

Minuit 35.

7 JUILLET 1854
(Copies *C. D.*)

— Qui est là ?
— **L'Idée.**

AUGUSTE VACQUERIE : Au sujet des bêtes, l'Ânesse de Balaam nous a dit que l'homme ignorait sa faute et l'animal son crime. Le diamant le Régent nous a dit le contraire : la bête sait pourquoi elle est bête. Il a insisté là-dessus et se fait du crime le conseiller, le guide, le berger des bêtes, des végétaux, des pierres. Explique-nous cette contradiction. Le monde a progressé non seulement pour l'homme, mais pour les animaux. Les plantes et les pierres. Au commencement, l'Enfer était complet, l'homme ignorait, la pierre ignorait, la bête ignorait. Une ombre profonde couvrait la conscience universelle. Des sauveurs sont venus. Moïse a appris à l'homme son droit de vivre. Socrate lui a enseigné son droit de penser, Jésus-Christ lui a montré son devoir d'aimer. Ces trois ont emporté chacun un peu des ténèbres de la terre dans leur tombeau. Le monde qui pense a connu son châtiment. L'humanité a su qu'elle était punie. Lumière immense. Le bras de Dieu sortait de la nuit, il tenait l'éclair. Mais à la lueur de cet éclair qui souriait, la foudre de la Bible est un crépuscule. Les flammes de l'Évangile sont une aurore, les bêtes, les plantes et les pierres ont eu aussi leur Jésus-Christ. L'Ânesse de Balaam en est un, le même demi-jour s'est fait sur les animaux que sur les hommes, à la suite de ces passions des bêtes prédestinées. Le Lion d'Androclès a souffert pour le tigre ; la colombe de l'arche a voltigé pour le serpent. Le cochon de saint Antoine a aimé pour la boue. L'Ânesse de Balaam a pensé pour le chardon. Le lion de Florence qui est le plus grand de tous a sauvé les pierres de sa ville. Que s'est-il passé alors ? Dieu a dit : l'homme connaît son châtiment, la bête, la plante et le caillou connaîtront leur crime. Et quand Dieu eut parlé il se fit dans les êtres muets une révolution. La tanière avait eu son calvaire, l'ange avait eu son Golgotha, l'étable avait eu sa croix, le nid avait touché le ciel. Seulement, comme le mystère est le vêtement de Dieu, il ne permit pas que les animaux morts qui avaient sauvé les bêtes, les plantes et les pierres sussent qu'ils avaient été leurs sauveurs. Les bêtes, les plantes et les pierres nous diront qu'ils connaissent leurs crimes, l'Ânesse de Balaam, le Lion d'Androclès, la colombe de l'arche vous diront qu'ils l'ignorent. Dieu a décidé ainsi peut-être parce qu'il veut cacher le bienfait au bienfaiteur, peut-être parce qu'il réserve des bonheurs même aux bienheureux. Peut-être parce qu'il a l'intention de la ménager, cette surprise ; et quand il donne le Paradis, il en garde toujours un peu pour remplir l'éternité.

Il y a, dans les choses splendides que tu viens de nous dire, un point qui me semble obscur ; tu dis que l'homme et la bête savent chacun une moitié du secret, que l'homme connaît son châtiment et la bête son crime. Je ne m'explique pas bien cette distinction. La bête a conscience de son crime, elle a conscience aussi de la souffrance, sans quoi elle ne souffrirait pas. Savoir qu'on a fait le mal et savoir qu'on souffre n'est pas savoir qu'on est pierre.

— Connaître son crime, ce n'est pas connaître son châtiment, j'entends espérance de la délivrance ; par châtiment j'entends certitude du pardon ; par châtiment j'entends ascension. L'homme sait qu'il souffre, mais il sait qu'il monte, la bête sait qu'elle souffre mais elle ne sait pas qu'elle se délivre, elle a l'instinct de la souffrance, et la connaissance de son crime, mais entre cet instinct et cette connaissance, il lui manque le raisonnement. L'animal souffre et sait. L'homme souffre et pense. Le travail de l'esprit qui rattache la souffrance au châtiment, c'est-à-dire au pardon, l'homme le fait, la bête ne le fait pas. L'homme raisonne, la bête ne raisonne pas. L'homme est logique, la bête ne l'est pas. Jamais un chien n'a fait une addition des coups qu'il reçoit. Un chat ne sait pas son âge. La bête, c'est l'absence de l'esprit. Ce qui est tout simple pour nous, conclure de la souffrance au châtiment. C'est l'impossible pour elle. Si la bête raisonnait, elle parlerait. La langue n'est que le battant de la pensée.

AUGUSTE VACQUERIE : Tu dis que par châtiment, tu entends espérance de la délivrance, et que les bêtes ne connaissent pas leur châtiment. La Dame blanche nous a dit le contraire. Elle nous a dit en propres termes que les bêtes, les plantes et les pierres savaient qu'elles n'étaient pas condamnées à perpétuité et qu'elles avaient « la pensée et la délivrance certaine ». Dans quel sens donc nous dis-tu que les bêtes n'ont pas la certitude ni même l'espérance d'être délivrées ?

— L'animal sait quel crime il a commis, il sait qu'il souffre mais ce qu'il ne peut pas faire c'est de rattacher cette souffrance à quoi que ce soit. Là où

le raisonnement commence, c'est l'abîme pour lui. Il n'y a pas d'animal naïf, un chamois ne saurait pas qu'un et un font deux.

SAMEDI 15 JUILLET
9 h ¾ du soir.
Présents : Victor Hugo, Mme Hugo, Julie.
Tenant la table : Charles, M. Guérin.
(P.V. *V. H.* et copies *C. D.*)

La table n'entre en mouvement qu'au bout de vingt-huit minutes. Pour la mettre en mouvement, on appelle la petite Julie qui pose les mains sur la table. Cela étant inutile, Mme Victor Hugo la remplace. Le mouvement obtenu au bout d'une demi-heure se borne à des craquements et des trépidations. Puis des glissements. La table tourne. Encore dix minutes. M. Guérin la quitte. Le tournoiement s'accélère. M. Guérin remplace Mme Hugo. Arrêt subit. Julie s'ajoute, l'immobilité persiste, Mme Hugo reprend, pas un mouvement.

VICTOR HUGO : Ce long temps écoulé n'est pas ordinaire et nous étonne. Y a-t-il quelque chose qui gêne la table ?

Pas de réponse.

VICTOR HUGO : Il y a évidemment quelque obstacle mystérieux ce soir. Je vais compter jusqu'à <u>trente</u>, si d'ici là le pied de la table ne se lève pas, c'est qu'il y aura impossibilité pour aujourd'hui, et nous lèverons la séance.

Victor Hugo compte très lentement jusqu'à trente. Quelques légers craquements. Mais pas de réponse.

Clos à 10 h ½.

DIMANCHE 16 JUILLET 1854
8 h 40 du soir.
Présents : M. Allix frères, Victor Hugo.
Tenant la table : Charles, Mme Hugo.
(P.V. *V. H.* et copies *C. D.*)

La table entre en mouvement sur-le-champ.

VICTOR HUGO : Pourquoi hier la table n'a-t-elle pas parlé ? Dis-nous la raison.

Entre M. Kesler.

— ***Nescio***[1]**.**

Entre M. Guérin.

— J'insiste. Explique-nous dans tous les cas ton ignorance qui nous étonne. Ou donne-nous l'explication du fait même. Il nous importe de savoir si c'est par notre faute que le rendez-vous d'hier a manqué. Parle.

— ***Nescio.***

— Quel jour reviendra le Lion pour continuer son poème ?

— ***Nescio.***

— Toi seul as le secret de toute cette ignorance, qui es-tu ?

— **Zoïle.**

— Es-tu Zoïle le symbole de l'envie, ou Zoïle le grammairien pris en mauvaise part par la postérité, pour avoir examiné Homère de trop près et à la loupe.

— ***Ambo*[1].**

— Sous laquelle des deux formes désires-tu que nous t'interrogions ?

— ***Nolo*.**

— Tu ne veux pas être interrogé ? Parle de toi-même.

— ***Nequeo*.**

— Tout en ne voulant pas répondre tu viens de symboliser admirablement l'envie par ces trois mots : « *Nescio, Nolo, Nequeo*[2] ».

— Es-tu toujours là, Zoïle ?

Mouvements convulsifs. Le pied de la table se lève sans frapper.

— Es-tu toujours là ?

Entre Mlle Adèle.

VICTOR HUGO : Zoïle n'étant plus là, l'impuissance a disparu. Tu peux, évidemment, toi qui es là, répondre à mes questions et nous donner l'explication que j'attends. Parle. Pourquoi le rendez-vous d'hier est-il manqué ?

— **Z.**

— Recommence.

— **Vous n'étiez pas seuls.**

— Nous avions prié le Lion de changer le jour. Peux-tu nous dire pourquoi il n'a pas pu le changer ?

— **Non.**

— Est-ce que tu ne peux pas ou que tu ne sais pas ?

— **Je ne peux pas.**

— Nous pensons qu'il n'y avait pas de notre faute. Pense-t-on autrement de l'autre côté de la table ?

— **Non.**

MME VICTOR HUGO : Pourquoi êtes-vous ce soir si brefs dans vos réponses ?

— **Rien d'inutile.**

VICTOR HUGO : Quel jour le Lion reviendra-t-il ?

— Dix jours.

— Le 26 ?

— **Oui.**

— Qui es-tu ?

— **Isaac Laquedem.**

VICTOR HUGO : Salut, marchand. Sois le bienvenu. Parle.

— **Je suis trop las.**

AUGUSTE VACQUERIE : Tu n'as que cinq sous dans ta poche. N'as-tu que cinq lettres dans ton dictionnaire ? Peux-tu parler plus longuement ?

— **Non.**

VICTOR HUGO : Es-tu le vrai spectre du Juif errant ? Es-tu un symbole ? Les spectres ni les idées ne connaissent la lassitude. Réponds à mes questions.

— **Un autre jour.**

— Alors tu veux reprendre ta marche ?

Pas de réponse. La table tournoie.

— Qui est là ?

M. Allix aîné [Jules Allix] remplace Charles.

— **Homère.**

VICTOR HUGO : Salut. Tu viens compléter les grandes visites que nous avons déjà reçues. Merci. Parle.

— **Je trouve xxxxxxx.**

— Entends-tu par là que le mystère te reste fermé après la vie, ou au contraire veux-tu dire qu'il s'est ouvert devant toi ?

Charles sort.

— **Jexvz.**

On se demande s'il faut cesser. La table reprend son mouvement avec vivacité et va jusqu'au K.

— Peux-tu vraiment continuer à nous parler en l'absence de Charles ?

— **Non.**

— J'ai le plus grand désir de te parler. Veux-tu nous promettre de revenir ?

— **Oui.**

Clos à 9 h 35.

26 JUILLET MERCREDI
9 h 25.
Présents : M. Kesler, Pinson[1], Guérin. Victor Hugo.
(P.V. *V. H.* et copies *C. D.*)
Tenant la table : Charles, Mme Hugo.
[Note de Victor Hugo :] (Suite de la réponse du Lion d'Androclès) 26 juillet.

Au bout de douze minutes, la table s'agite mais sans lever le pied. Vingt minutes s'écoulent encore.

VICTOR HUGO : Je vais lire les derniers vers. Ils sont très beaux. Je pense qu'il y a quelqu'un dans la table qui les continuera.

Il lit les vers. La table glisse et tournoie avec des craquements.

VICTOR HUGO : Y a-t-il quelque chose qui te gêne ?

Pas de réponse. Il est dix heures dix minutes. On se décide à prendre la table au crayon. Elle entre tout de suite en mouvement. On lui demande si elle peut nous expliquer le mystère du silence de la table. Le crayon dessine la figure sur la page A du grand album[1]*. Un cadran dont la petite aiguille marque dix heures. On la prie d'expliquer ce dessin. Le crayon dessine la fig. 2 qui représente un lion devant une porte.*

Je lui demande :

— Le lion est-il fâché ?

Le crayon dessine la fig. 3 (très compliquée).

Je répète la question, la figure expliquant que le Lion a été rappelé. Le Lion est-il fâché ? Réponse (4.) non. *D'après la figure : « Il semblerait que l'Ombre du sépulcre, dont sans doute, c'est la représentation, gouverne le Soleil, notre Terre et la Lune, les planètes solaires et les étoiles formant notre nébuleuse. Peux-tu me répondre ?*

— **Réponse. (5) Défendu.**
— Qui es-tu ?

— **Réponse (6) Flamel**[1]**.**

— Veux-tu nous parler par la table ou par les dessins ?

— **Réponse (7) dessin.**

On passe à la page B et l'on taille le crayon.

— Dessine la pensée que tu as dans l'esprit en venant à nous.

— **Réponse : Figure I de la page B.**

— Quelle est cette figure ?

— **Réponse (2) écrite dans le corps même :** ***animalis corpus, vultis hominis, petasus insani, tres partes scientiae***[2]**.**

M. Guérin pose la question du métal unique.

— **Réponse ajournée.**

VICTOR HUGO : Peux-tu nous faire la figure d'un être correspondant à l'homme, moitié matière, moitié esprit, et habitant le monde où tu es maintenant ?

— **Oui.**

Le crayon dessine la figure 1 de la page C.

VICTOR HUGO : Dessine-nous la demeure de cet être.

Le crayon dessine à l'envers la figure 2-2.

VICTOR HUGO : Quel monde habite cet être ?

— **Mercure.**

Victor Hugo entre donc quelques détails sur Mercure en donnant l'explication de l'être.

Réponse (4) : ***Sex habet lampadas, duos oculos semper apertos, caput enorme sed levissimum, corpus longum sed tenuissimum non manducat mate-***

riam solidam sed fluidam, non spirat, sed lucet, habet uxorem*[1]*.

VICTOR HUGO : Dessine-nous la femme de cet être.

— **Réponse (5).**

— Mercure est-il un monde de récompense ?

— **Oui.**

— Dessine-nous ta forme actuelle.

— **Réponse (6).**

— Les êtres que tu viens de nous dessiner sont-ils sujets comme l'homme aux infirmités et aux maladies ?

— **Réponse (7) : Ils peuvent perdre leurs flambeaux.**

— Vieillissent-ils et meurent-ils ?

— **Oui.**

— Dessine-nous un de leurs temples.

Figure 8.

— S'ils ont des temples, ce nom grec peut le supposer : *templum*.

MME HUGO : Pourquoi Molière et Shakespeare sont-ils dans Jupiter et toi dans Mercure ? Pourquoi cette différence ?

— **(9) *Majores sum quam ego*[2].**

— Nous promets-tu de revenir ?

— **Oui.**

— Quand le Lion reviendra-t-il ?

— **Onze jours.**

— Dimanche 6 août à 9 h ½ du soir.

Clos à minuit ¼.

DIMANCHE 6 AOÛT

9 h 20 du soir.
Présents : Auguste Vacquerie, M. Kesler,
Guérin, Pinson, Victor Hugo, la petite Julie.
Tenant la table : Charles, Mme Hugo.
(P.V. *V. H.)*

Dix minutes. La table s'agite. Tournoiement. Un pied se lève.

— Qui est là ?

— ***Omen lumen numen nomen meum***[1]**.**

— Veux-tu que je te relise les trois dernières strophes ?

— **Amen.**

Victor Hugo relit les vers et dit :

— Continue.

Un quart d'heure.

Toutes les grandes voix de l'ombre se sont tues ;
Aux quatre bouts du ciel comme quatre statues,
Les vents, groupe effaré,
Font silence, et chacun, devant l'ange des bêtes,
A posé sur la bouche énorme des tempêtes
Son doigt démesuré.

Douze minutes.

Le cri des vautours cesse avec le chant des merles ;
La fontaine interrompt le babil de ses perles ;
C'est l'heure du remords ;
Tout entend parler l'être aux ailes diaphanes,
Et le ver du tombeau l'écoute au fond des crânes
Par l'oreille des morts.

Cette fois l'intervalle est très long ; il a duré cinquante minutes. La table n'a cessé de s'agiter avec des glissements, des tournoiements, et un craquement continuel. La table, par moments, se dresse sur un seul pied et parcourt rapidement d'un angle à l'autre la table support. On ferme la fenêtre à cause de la lune qui est presque dans son plein (voir la séance du 13 avril).

VICTOR HUGO : Y a-t-il quelque chose qui te gêne ?

Pas de réponse. La table continue de tourner en glissant.

M. KESLER : Es-tu toujours là, Lion ?

Pas de réponse, la table s'agite.

On est d'avis de quitter la table quelques instants ; l'interruption depuis la dernière strophe a duré en tout cinquante longues minutes. Au bout de cinq minutes, on reprend la table. Elle se met sur-le-champ en mouvement.

VICTOR HUGO : Est-ce toujours le Lion qui est là ?
— **Oui.**
— VICTOR HUGO : Veux-tu continuer ?
— **Oui.**

Pour ne pas empêcher les clochettes d'entendre,
Le Vésuve et l'Etna retinrent sous la cendre
Leur respiration ;
Tout s'arrêta devant l'ange de la clémence ;
De la création.

VICTOR HUGO : Veux-tu nous en dicter encore une ce soir ?
— **Oui.**

Il est 11 h 35.

Quatorze minutes.

— *Ce fut, sous ce regard de la grande prunelle,*
Une adoration pensive et solennelle ;
L'arbre dit : aimons-nous !
Tout pria, le caillou se vit une auréole ;
Ce qui rampe se crut des ailes ; ce qui vole
Se sentit des genoux.

— Quand reviendras-tu ?

Onze coups.

— Le 17, à la même heure ?

— **Oui.**

— Y a-t-il eu quelque chose qui t'ait gêné ce soir ? peux-tu nous le dire avant de t'en aller ?

— **J'ai été distrait.**

— Peux-tu nous dire par quoi ?

— **Non.**

— Le lion de Florence reviendra-t-il ? Nous le désirons.

— **Oui.**

Clos à minuit moins 5.

MERCREDI 16 AOÛT [1854]

À la table, Mme Victor Hugo et Charles Hugo ;
Auguste Vacquerie
(Copies manuscrites *C. D.*)

AUGUSTE VACQUERIE : Qui est là ?

— **L'Idée.**

— Veux-tu continuer à refeuilleter avec nous les réponses des Tables ?

— **Oui.**

— Machiavel dit qu'il y a une généalogie du crime et qu'à mesure que les aïeux du mal se repentent et s'améliorent, leur race se fait meilleure sur la terre ; que les petits-fils du vieux misérable qui a commis le premier crime, sont plus doux à mesure qu'ils deviennent moins pervers. « Cela semble faire dépendre le plus ou moins de mal des vivants de plus ou moins d'amélioration des morts. Ainsi les vivants n'auraient plus la propriété de leurs actes ? Ils ne seraient plus seuls dans leur conscience et dans leur volonté, ils auraient un collaborateur mort depuis des milliers d'années qui les pousserait à son gré vers le bien ou vers le mal. Alors comment seraient-ils responsables ? Que devient la liberté de l'homme ? Que devient la justice de Dieu ? Nous retomberions au catholicisme, et à un catholicisme pire. La faute d'Adam ne condamnerait plus au châtiment, elle les condamnerait au crime.

— **D'abord les créatures des mondes punis ne sont pas absolument libres. En me faisant cette objection, tu te places au point de vue du monde récompensé. La liberté c'est le Paradis, la liberté c'est le grand coup d'aile de l'éternité dans l'infini. Être libre c'est être heureux. L'échelle du châtiment a pour degrés la proportion de l'affranchissement. Le caillou est plus esclave que la plante, la plante est plus esclave que la bête, la bête est plus esclave que l'homme, l'homme est plus esclave que l'esprit. Le châtiment commence à la racine et finit au parfum. Le châtiment commence à l'ongle et finit à l'aile. Le châtiment commence à la pierre et finit à Dieu.**

Ceci posé, tu vois un mal dans ce qui est un bien. Dieu veut que l'amélioration des morts améliore les vivants ; il veut non pas que le crime de Caïn soit une chaîne pour l'homme, mais que son repentir soit une délivrance pour le crime humain. La loi divine est douce et même parfois touchante de bonté. Ainsi elle veut que tout être qui devient meilleur dans la mort, améliore quelqu'un dans la vie, et elle fait de la fosse du crime le sillon de la miséricorde. La vie humaine a deux espèces de bienfaiteurs : les bons et les méchants. Les martyrs qui pendant qu'ils sont sur la terre lui donnent leur souffrance et les bourreaux qui, morts, leur donnent leur repentir. Les bienfaiteurs de la vie saignent, les bienfaiteurs de la mort pleurent. Les premiers s'appellent Galilée, Huss, Savonarole, Socrate, les Gracques, Jeanne d'Arc, Dante, les seconds s'appellent Néron, Tibère, Charles IX, César Borgia. Le calvaire a deux noms : Jésus et Judas.

— Machiavel, dans le monde où il est maintenant, souffre et reste sombre à l'écart parce que son livre n'a pas été compris des hommes. Il me semble que c'est là une grande injustice. Est-ce la faute de Machiavel si les hommes ont été aveugles ? L'intention n'est-elle pas toute aux yeux de Dieu ? Si la bonne intention de Machiavel a déshonoré son nom sur la terre, Dieu ne devrait pas le punir d'un malheur.

— Machiavel a mérité non pas un châtiment mais une ombre dans une récompense. Il n'a pas attaqué le crime, il l'a trompé. Il s'est fait le courtisan pour se faire le juge, il a mis à Némésis le moyen de Tartuffe, il a frappé l'assassin par-derrière, il a pris sa trahison en traître. Il n'a donc pas droit au grand sourire des crucifiés. Il y a eu

des ténèbres dans son bienfait, il y en a dans sa récompense. Tandis que les bûchers flamboyaient sur le crime, Machiavel n'est pas monté près des martyrs. Il est resté près des bourreaux et, allumant sa lanterne sourde au tison sublime des autodafés, il s'était mis à fureter dans l'âme de César Borgia, non comme un maître mais comme un valet, non comme un juge mais comme un voleur qui veut crever les futailles dans une cave de sang. Machiavel est triste parce qu'il n'est pas éclairé par un soleil, mais par un remords ; c'est une chauve-souris du sépulcre.

— Tu as raison, Machiavel mérite une tristesse, mais ce qui me frappe maintenant, c'est qu'on puisse être triste à ce point-là, dans les mondes de récompenses. Il y a donc dans le Paradis comme sur la terre des souffrances, des remords qui cherchent l'ombre, des chagrins que les années ne consolent pas. Voici bien longtemps que Machiavel a commis sa faute. Combien de siècles lui faudra-t-il donc pour se purifier ? Jusqu'à quel monde le suivra-t-elle ? Est-ce qu'on est triste comme cela dans tous les astres ? Est-ce qu'on est sombre dans le soleil ?

— Tout ce qui n'est pas l'absolu a ses degrés : les paradis sont des escaliers de lumière, comme les mondes punis sont des escaliers sombres. Être homme c'est monter en rampant, être ange c'est monter en planant. Les degrés lumineux sont ténèbres comparés aux degrés resplendissants. Toute l'ombre de la nuit est contenue dans le rayon du plein jour. Dieu seul est le midi du ciel, les anges ne sont qu'aurores.

— Peux-tu nous dire dans quel monde sont Chateaubriand et Balzac ?

— Défendu.

MME HUGO : On nous a bien dit dans quel monde sont Chateaubriand et Balzac.

— **Défendu pour Chateaubriand. Chateaubriand et Balzac sont dans des astres que l'Ombre du sépulcre n'a pas sous sa loi.**

— Nous croyions que l'Ombre du sépulcre avait sous sa loi les mondes inférieurs. Alors il semblerait de ta réponse que Chateaubriand et Balzac seraient dans un monde supérieur au monde de Molière et de Shakespeare. Ceci nous étonnait beaucoup.

— **Tu touches à un grand secret. Molière et Shakespeare, à leur mort, sont allés dans les mondes de l'Archange Amour. Ils n'y sont plus. Pourquoi ? Je l'ignore, c'est l'Ombre du sépulcre qui seul peut vous le dire.**

— J'ai fait une erreur dans ma dernière question. J'ai supposé que Molière et Shakespeare étaient dans un monde de l'Ombre du sépulcre. Je me rappelle maintenant qu'Eschyle nous a dit que Molière, Shakespeare et lui étaient dans un astre de l'Archange Amour. Tu nous dis que Shakespeare et Molière n'y sont plus ; mais ils y étaient quand Eschyle a parlé. Je recommence donc ma question. Nous pourrons savoir où sont les morts qui ne sont pas sous la loi de l'Ombre du sépulcre ; puisque Shakespeare et Molière n'y étaient pas quand Eschyle a dit qu'ils habitaient Jupiter. Alors pourquoi ne pourrons-nous savoir quel monde habitent Balzac et Chateaubriand ?

— **Ils pourraient vous le dire eux-mêmes s'ils vous apparaissaient.**

— Tu dis que Molière et Shakespeare ne sont plus dans les mondes de l'Archange Amour ; tu ne nous dis pas pourquoi ils en sont sortis. C'est pour aller plus haut sans doute, après avoir été génies sur la terre ils n'ont pas été démons dans le ciel. Pourquoi ont-ils changé de place ? Pour monter, n'est-ce pas ?

— **Pour descendre ou pour monter.**

— C'est-à-dire qu'ils montent et descendent ? C'est-à-dire qu'ils se dévouent et qu'ils ne vont dans un monde inférieur que pour le sauver ? Nous nous figurons en effet qu'à côté de ceux qui viennent sur terre pour expier, il y a des anges qui peuvent y venir par dévouement et qui se font hommes pour aider les hommes. C'est ainsi que Molière et Shakespeare descendent ?

— **Par dévouement. La grande heure approche pour notre terre, elle va avoir besoin de tombeaux. Molière et Shakespeare seront là. Ils viennent rayonner, ils viennent souffrir. Ils viennent combattre, ils viennent aimer, ils viennent monter.**

— C'est donc sur notre terre qu'ils viennent ? Ils y viennent en ce moment, quand ils causent avec nous par la voix des Tables ? Mais ce n'est pas ainsi que tu entends qu'ils viendront ? Ils ne viennent [pas] comme esprit. Tu veux dire qu'ils sont venus comme hommes.

— **Comme hommes.**

— Que feront-ils sur la terre ? Rendront-ils à l'humanité le même service qu'ils lui ont déjà rendu ? Civiliseront-ils par le théâtre ? Le monde saura-t-il qu'il possède Molière, Shakespeare ? Les reconnaîtra-t-on ? Mais alors on les acclamerait à chaque pas et leur dévouement ne serait pas complet. Sous quelle forme donc reparaîtront-ils ?

— **Ils sont prêtres d'une religion immense.**

— Au moment présent ils ne sont plus dans les mondes de l'Archange Amour. Sont-ils déjà sur la terre ? Sont-ils dans les entrailles d'une femme, celles qui accoucheront de ces archanges ?

— **Ils sont encore esprits.**

— Quand ils seront hommes, auront-ils conscience d'avoir été ce qu'ils sont maintenant ? Savent-ils qu'ils sont Shakespeare et Molière ?

— **Non.**

— Ils sont encore esprits, et ils ne sont plus dans le monde de l'Archange Amour. Sont-ils dans un milieu supérieur d'où ils tomberont brusquement sur la terre ? Ou descendent-ils dès à présent échelon à échelon ?

— **Ils descendent, ils ne descendent pas.**

MME HUGO : Dans le monde où ils passent, que font-ils ? Ne laissent-ils pas un bienfait à chacun de leur pas ? Traversent-ils les astres sans les améliorer ?

— **Ils font de l'infini.**

Clos à 5 h ¼.

JEUDI 17 AOÛT

9 h ¼ du soir.

Présents : Mme Hugo, M. Pinson, Victor Hugo, Mlle Adèle.

Tenant la table : Charles, M. Guérin.

(P.V. *V. H.* et copies *C. D.*)

Au bout de 25 minutes, la table n'ayant pas bougé, Mme Hugo remplace M. Guérin. Craquements et tournoiements. 35 minutes s'écoulent en mouvements sans signification, enfin le pied se lève.

— Qui est là ?

— **Fez.**

— Recommençons tout.
— **Folis.**
— Est-ce felis ?
— **Non.**
— Recommence.
— **Fz.**
— Recommence.
— **Nf.**
— Recommence.
— **H.**

La table frappe mollement. On a peine à distinguer les lettres.

— Y a-t-il quelque chose qui te gêne ?
— **Oui.**
— Qu'est-ce qui te gêne ?
— ***Felis miser***[1]. (1)

(1) 18 août (j'écris cette note le lendemain matin). La chatte d'Auguste Vacquerie a eu cette nuit une crise d'épilepsie très violente. On ne l'a retrouvée que ce matin à 9 h, très malade. V. H.

— Qu'entends-tu par là ? Peux-tu nous le dire ?
— **Non.**
— Est-ce que ce chat malheureux t'empêche de nous dire les vers ce soir ?
— **Oui.**
— C'est bien toi le Lion ?
— **Oui.**
— Quel jour reviendras-tu ?

Onze coups.

— Le 28 août, même heure ?
— **Oui.**

— Mais le chat qui t'empêche de parler sera encore ici. Est-ce un chat de la maison ?

— **Dz.**

— Es-tu encore là, Lion ?

— **Oui.**

— L'obstacle se reproduira-t-il le 28 ?

— **Non.**

Il est 10 h 25, on interrompt cinq minutes ; puis on reprend la table qui se lève sur-le-champ.

— Qui est là ?

— **Ibed.**

— Recommence.

— **a. a.**

Clos à 10 h ½.

LUNDI 28 AOÛT

9 h ½ du soir.

Présents : Mlle Allix, M. Allix frères, Guérin, Kesler, Auguste Vacquerie, Mlle Adèle, Victor Hugo.

Tenant la table : Charles, Mme Hugo.

(P.V. *V. H.* et copies *C. D.*)

La table entre immédiatement en mouvement.

VICTOR HUGO : Qui est là ?

— ***Dens mens ens***[1].

VICTOR HUGO : Charles est très fatigué (nous avons passé la journée à l'île de Serk), veux-tu revenir un autre jour ?

— **Oui.**
— Quel jour ?

La table frappe onze coups.

— **Onze jours.**
— Le 8 7bre même heure ?
— **Oui.**

Clos à 9 h 40.

DIMANCHE 3 SEPTEMBRE 1854

2 h du jour.
Présents : Mme Victor Hugo, Jules Allix, Émile Allix, Auguste Vacquerie : écrivant.
À la table : Mlle Augustine Allix et Charles Hugo.
(Copie manuscrite *C. D.*)

— Qui est là ?
— **La Mort.**
— Pour qui viens-tu ?
— **Pour la tombe.**
— Parle.
— **Les époux charmants envolés dans le fleuve pensent à vous. Ils vous aiment, ils vous voient, ils vous attendent et vous gardent votre place dans l'immense baiser.**

AUGUSTE VACQUERIE : Tu dis que nos morts nous attendent dans le monde où ils sont maintenant. Mais ils ne resteront pas dans ce monde. Leur ascension continuera. Explique-nous comment et où nous rejoindrons ceux qui sont partis de cette terre avant nous ? Ne partiront-ils pas de leur monde nouveau avant que nous y soyons arrivés ? Et si leur ascension continue éternellement, dis-moi le moyen de rattraper l'avance qu'ils ont sur nous ?

— Le moi de l'être aimant, c'est l'être aimé. Vos morts sont votre moi et vous êtes le moi de vos morts. Vos morts ne sont autre chose qu'une parcelle de votre vie qui commence ailleurs. Leur tombe est une des faces de votre demeure et un des côtés de votre âme. Quand vous serez morts, vous deviendrez eux et ils resteront vous. Dans le ciel, on ne se rejoint pas, on se fond. Le Paradis n'a qu'une bouche. L'amour est ses deux lèvres.

MME VICTOR HUGO : Ce que tu viens de dire m'inquiète. Nous nous fondrons avec nos morts ? Cela signifie-t-il que nous nous confondrons avec eux, et qu'ils n'existeront plus hors de nous et distincts de nous ? Sur la terre, ils avaient une vie propre, un corps que nous pouvions toucher, une forme que nous pouvions reconnaître. Nous voulons les retrouver avec leurs personnalités, nous voulons qu'ils soient eux et non pas nous. Dis-moi comment nous les reconnaîtrons ?

— Le corps n'est pas la forme de l'être mais sa formule. De même que la langue est la formule de l'idée. Le corps varie à l'infini et s'évanouit ; l'être est un et immortel. La langue varie à l'infini et s'évanouit, l'idée est une et éternelle. Il y a des mondes où les idées vivent sans formule et où les êtres vivent sans corps. Le corps n'est que l'habit de voyage de l'âme. On change de vêtement dans la tombe, le sépulcre est le vestiaire du ciel. Les morts se reconnaissent à l'âme.

La séance a été interrompue brusquement par une visite.

VENDREDI 8 7BRE [SEPTEMBRE]
10 h 25 du soir.
Présents : M. Bénézit, Pinson, Adèle,
Victor Hugo.
Tenant la table : Charles, M. Guérin.
(P.V. *V. H.* et copies *C. D.*)

Un quart d'heure se passe sans que la table remue. M. Bénézit s'en va. Encore un quart d'heure. Immobilité absolue. On se réserve d'interroger la table demain dans le jour. Clos à 11 h.

(P.V. *V. H.* et copies *C. D.*)

SAMEDI 9 7BRE
2 h ¼ après-midi.
Tenant la table : Charles, Mme Hugo.
Écrivant : Victor Hugo.
(P.V. *V. H.* et copies *C. D.*)

Le pied de la table du côté de Charles se soulève presque immédiatement.

VICTOR HUGO : Pourquoi le Lion n'est-il pas venu hier ? Est-il fâché ? Est-ce à cause du retard de Charles ? Reviendra-t-il ? Quand reviendra-t-il ?

— **Il reviendra dans dix jours.**

— Le 19. Même heure ?

— **Oui.**

— Tu ne nous dis pas s'il est mécontent de nous ? S'il sait que ce n'est pas notre faute.

— **Il comprend.**

MME HUGO : La présence de Bénézit, non croyant, gênait-elle ?

— **Oui.**

VICTOR HUGO : À quoi tient la difficulté actuelle de la table, surtout le soir ? Pourquoi lundi 4 septembre[1], anniversaire si douloureux pour nous, n'avons-nous presque rien obtenu ? Y a-t-il de notre faute ? Que pouvons-nous faire pour que la table redevienne ce qu'elle était autrefois ?

La table semble hésiter.

— Veux-tu que je réserve ces questions pour lundi ?

— **Non.**

— Parle.

— **Toujours est votre tort de penser que le fluide est infaillible.**

— Dis-nous ton nom. Nous promets-tu de revenir lundi ?

— **Oui.**

— Ton nom ?

— **L'Idée.**

Clos à 2 h 40.

LUNDI 11 SEPTEMBRE 1854

À la table : Mme Victor Hugo, Charles.
Auguste Vacquerie, écrivant.
(Copies *C. D.*)

— Qui est là ?

— **L'Idée.**

— Veux-tu que je continue à t'interroger sur quelques points des réponses des tables ?

— Oui.

— Le 13 septembre 1853, l'esprit qui se nomme l'Ombre du sépulcre nous a dit : je ne connais pas hier. Le 23 février 1854, il a froissé ou rapetissé l'idée énorme que nous nous faisions de lui en nous disant : vous ne verrez personne aujourd'hui, c'est le jour où dans le firmament dont nous sommes les flammes, moi l'Ombre du sépulcre et lui l'Archange Amour, nous nous distribuons les âmes. Veux-tu nous expliquer cette contradiction ?

— L'Ombre du sépulcre n'est pas l'absolu, mais une des divisions de l'absolu, c'est-à-dire un relatif. N'étant que l'absolu, l'Ombre du sépulcre ne voit pas l'infini, or le relatif est une parcelle de l'infini, et l'Ombre du sépulcre n'est qu'un plateau de l'absolu. L'Ombre du sépulcre ne pèse donc pas tout ; elle ne pèse pas le relatif, il faut être absolu. Pour peser l'infiniment petit, il faut être l'infiniment grand. Pour évaluer le zéro, il faut être le total. L'Ombre du sépulcre vous a dit qu'elle ne connaissait pas le temps et le lieu, selon l'idée que l'homme s'en fait. Elle vous a dit : je suis partout, c'est-à-dire, je ne suis nulle part, je ne connais pas hier, c'est-à-dire, je ne connais pas le jour, je ne connais pas la nuit. Pourquoi ? C'est que l'espace et le temps, n'existant que par suite d'une division humaine, sont du relatif. C'est que l'espace est un infiniment petit, c'est que le temps est un infiniment petit. Le soleil n'a pas conscience du cadran solaire. Le soleil ignore le calendrier. Le jour ne sait pas l'heure, l'étoile ne connaît pas minuit. L'Ombre du sépulcre est comme le soleil, comme le ciel, comme le jour, elle ne connaît pas les conventions du monde matériel. Dieu seul les

connaît. Dans l'immensité, Dieu seul a un compas. Dans l'éternité, Dieu seul a une montre. Il n'y a que le tout qui sente le détail. Il n'y a que l'impérissable qui sente l'éphémère, il n'y a que le ciel qui compte les nuages. Ainsi l'Ombre du sépulcre qui est le relatif ne connaît pas le relatif. Mais cette ignorance n'existe chez elle que vis-à-vis du monde matériel. Quand il s'agit du monde moral et du monde spirituel, la connaissance du relatif devient un des attributs de l'Archange. Il voit alors les détails, il a le sentiment d'un temps et d'un espace, il touche à tout dans votre âme ; il ne voit rien de votre corps, il ne connaît pas l'hier de votre corps, il connaît l'aujourd'hui de votre âme. L'Ombre du sépulcre n'a que l'heure du tombeau. Dieu seul a l'heure de tout.

MME HUGO : Il y a pourtant dans le monde, des esprits, des êtres qui savent l'heure de notre monde matériel. Car des âmes nombreuses nous ont donné des rendez-vous à jour fixe et y sont venues. Pourquoi l'Ombre du sépulcre ne sait-elle pas notre heure aussi bien que les âmes ?

— En descendant dans votre monde les âmes deviennent matière dans une certaine mesure. Elles prennent l'uniforme de la prison. Elles se remettent à souffrir et à ignorer, elles se remettent à savoir le relatif et à l'ignorer, elles se remettent à savoir le relatif, c'est-à-dire l'erreur. Elles savent l'heure par ignorance, elles savent le jour par ignorance, ce qui est savoir pour elles et pour vous ce n'est pas savoir pour l'Ombre du sépulcre. Qu'est-ce en effet l'heure ? Une erreur. Qu'est-ce que le jour ? Une erreur. Qu'est-ce que le cadran solaire ? Une tache. Les heures sont les anneaux de la chaîne, la vie les compte, la mort les brise. Dieu les jette dans l'immensité et chacun de ces chaînons devient une

joie. Et chacun de ces anneaux devient un germe et chacune de ces heures devient une fleur. L'Ombre du sépulcre ne suffit pas à cette nécessité. Elle n'est pas une prisonnière mais un geôlier. Elle ne descend pas parmi vous, elle y luit, et croire qu'elle déchoit c'est s'imaginer que les rayons de l'astre font une chute en tombant.

Clos à 4 h ½.

(P.V. *V. H.*)

Le 16 7bre 1854, à Jersey, une table consultée par Henri et Léonce de Tréveneuc, Garnier de Kérigant et moi, a répondu : l'armée est débarquée le 9 en Crimée. Il y a eu bataille le 12. 4 000 tués, 10 000 blessés, 4 000 pris. Saint-Arnaud tué, de Lourmel tué, Canrobert tué, Napoléon Bonaparte et le général Forey rembarqués. M. de Farcy blessé et prisonnier. 40 000 hommes de part et d'autre. Bataille à trois lieues de la mer. Perte de la bataille déterminée par l'explosion d'une mine. Les flottes attaqueront-elles ? Non.

Certifié : Le Flô.

Note écrite par le général Le Flô pour nous le 13 Xbre 1854 chez lui. Victor Hugo.

MARDI 19 SEPTEMBRE 1854

1 h ½ après-midi.

Tenant la table : Mme Victor Hugo, Charles.

Présents : Victor Hugo, Auguste Vacquerie.

(Copies *C. D.*)

VICTOR HUGO : J'ai une question grave à faire. Les êtres qui habitent l'invisible et qui voient dans la pensée, dans nos cerveaux savent que, depuis vingt-cinq ans environ, je m'occupe des questions que la table soulève et approfondit, dans plus d'une occasion la table m'a parlé de ce travail ; l'Ombre du sépulcre m'a engagé à le terminer. Dans ce travail et il est évident qu'on le connaît là-haut, dans le travail de vingt-cinq années, j'avais trouvé par la seule méditation plusieurs des résultats qui composent aujourd'hui la révélation de la table, j'avais vu distinctement et affirmé quelques-uns de ces résultats sublimes, j'en avais entrevu d'autres, qui restaient dans mon esprit à l'état de linéaments confus. Les êtres mystérieux et grands qui m'écoutent regardent quand ils le veulent dans ma pensée comme on regarde dans une cave avec un flambeau, ils connaissent ma conscience et savent combien tout ce que je viens de dire est rigoureusement exact. Cela est exact au point que j'ai été un moment contrarié dans mon misérable amour-propre humain par la révélation actuelle, venant jeter autour de ma petite lampe de mineur une lumière de foudre et de météore. Aujourd'hui les choses que j'avais vues en entier, la table les confirme ; et les demi-choses, elle les complète. En cet état d'âme, j'ai écrit, l'être qui se nomme l'Ombre du sépulcre m'a dit de finir mon œuvre commencée ; l'être qui se nomme l'Idée a été plus loin encore, et m'a ordonné de faire des vers appelant la pitié sur les êtres captifs et punis qui composent ce qui semble aux non-voyants la nature morte. J'ai obéi, j'ai fait les vers que l'Idée me demandait (ils ne sont pas encore complètement achevés), pour être compris, il a fallu expliquer. J'ai dû entrer dans le détail, détail qui contient ma pensée ancienne avec l'élargissement apporté par la révélation nouvelle. Dans ces vers, deux choses sont empruntées à la table en propres termes, le ver Cléopâtre et le gradiata de la prison au bagne. Je serais d'avis d'indiquer cet emprunt par une note. Mais avant tout, voilà la question que je soumets à la table. Est-ce que l'Idée ne m'a pas demandé (je devrais donc dire commandé) des vers pour qu'ils soient publiés ? Cette page est déjà trop longue. J'y ajoute pour ce qui est au fond de ma pensée que la table connaît, je la consulte sur la question que je viens de lui soumettre et j'attends la réponse. Il va sans dire que je ferai ce qui me sera dit.

La table s'agite.

VICTOR HUGO : Qui est là ?

— **La Mort.**

— As-tu entendu la question et veux-tu y répondre ?

— **Oui.**

VICTOR HUGO : Nous t'écoutons.

— **Tout grand esprit fait dans sa vie deux œuvres, son œuvre de vivant et son œuvre de fantôme. Dans l'œuvre du vivant, il jette l'autre monde terrestre ; dans l'œuvre du fantôme il verse l'autre monde céleste ; tandis que le vivant parle à son siècle la langue qu'il comprend, travaille au possible, affirme le visible, réalise le réel, éclaire le jour, justifie le juste, prouve la preuve ; tandis que dans ce martyre, lui le génie, il tient compte de l'imbécillité, lui le flambeau, il tient compte de l'ombre, lui l'élu tient compte de la foule et meurt, lui, le Christ, lui, la dot du monde, entre deux voleurs, si vil, si bafoué et portant une telle couronne qu'un âne brouterait son front ; tandis que le vivant fait ce premier ouvrage, le fantôme pensif, la nuit, pendant le silence universel, s'éveille dans le vivant. Ô** terreur, quoi, dit l'être humain, ce n'est pas tout ? Non, répond le spectre, lève-toi, debout, il fait grand vent, les chiens et les renards aboient, les ténèbres sont partout, la nature frissonne et tremble comme la corde du fouet de Dieu. Les crapauds, les serpents, les vers, les orties, les pierres, les grains de sable nous attendent, debout. Tu viens de travailler pour l'homme, c'est bien, mais l'homme n'est rien, l'homme n'est pas le fond de l'abîme, l'homme n'est pas la chute à pic dans l'horreur, c'est l'animal qui est le précipice, c'est la fleur qui est le gouffre, c'est l'oiseau qui donne le vertige, c'est du ver qu'on voit la tombe. Réveille-toi, viens faire ton autre œuvre, viens regarder l'inabordable, viens contempler l'invisible, viens trouver l'introuvable, viens franchir l'infranchissable, viens justifier l'injustifiable, viens réaliser le non-réel, viens prouver l'improuvable. Tu as été le jour, viens être l'inconnu, viens être les ténèbres, viens être le mystère, viens être l'infini. Tu as été le visage, viens être le crâne, tu as été le corps, viens être l'âme, tu as été le vivant, viens être le fantôme. Viens mourir, viens ressusciter, viens créer, viens naître ; je veux qu'après avoir vu ton fardeau, l'homme voie ton vol, et sente confusément passer tes ailes formidables dans le ciel orageux de ton calvaire. Vivant, viens être le vent de la nuit, le bruit de la forêt, l'écume de la vague, l'ombre de l'antre. Viens être l'ouragan, viens être l'immense épouvante de la farouche obscurité ; si le marin tremble, que ce soit ton souffle qu'il ait senti, je t'emporte avec moi ; l'éclair, notre pâle cheval, se cabre dans la nue. Allons, sus ! Assez de soleil, aux étoiles ! Aux étoiles ! Le fantôme se tait et l'œuvre terrible commence. Les idées dans cette œuvre n'ont plus visage humain ; le cri, vain spectre, voit les idées fantômes, les mots s'effarent, les phrases frissonnent de tous leurs membres, le papier s'agite comme la voile du vaisseau dans la tempête, la plume sent sa barbe se hérisser, l'encrier devient l'abîme, les lettres flamboient, la table vacille, le plafond tremble, la vitre pâlit, la lampe a peur. Comme elles passent vite les idées fantômes, elles entrent dans le cerveau, brillent, épouvantent et disparaissent ; l'œil de l'écrivain spectre les regarde planer par tourbillons phosphorescents dans les espaces noirs de l'immensité ; elles viennent de l'infini et elles vont à l'infini ; elles sont splendides et sombres et effrayantes ; elles fécondent ou foudroient ; elles ont créé Shakespeare, Eschyle, Molière, Dante, Cervantès ; Socrate est né d'une idée fantôme, Pascal est mort d'une idée fantôme ; elles sont transparentes et l'on voit Dieu à travers, elles sont grandes, elles sont bonnes, elles sont augustes, le crime, la souffrance, la matière fuit devant elles. Elles sont le grand progrès universel. Malheur au mal est leur cri et c'est une heure formidable que celle ou passent dans le ciel, s'envolent vers le sabbat de l'immense mystère, effarées et assises sur le prodigieux balai des iniquités, toutes ces sorcières du Paradis.

VICTOR HUGO : Il y a deux fois l'impossible après regarder, que veux-tu mettre ? Es-tu d'avis de changer ?

— **Oui. Remplace l'inabordable.**

VICTOR HUGO : Achève maintenant ce que tu avais commencé.

— **L'œuvre se continue, l'œuvre s'achève, l'œuvre de jour a marché, couru, crié, chanté, parlé, flamboyé, pleuré, prié ; l'œuvre de nuit, farouche, est restée silencieuse ; l'aigle a fini avec le soleil, la chauve-souris commence avec la tombe, il est mort,** c'est bien heureux dit le mal, c'est bien heureux dit l'erreur. C'est bien heureux dit la vie. Non, reprend la tombe, je ne ferme pas, je m'ouvre. Je ne suis pas le mur de la vie, j'en suis la porte ; vous croyez qu'il a tout dit, erreur, regardez, écoutez, tremblez. Il est nuit dans le cimetière, la tombe est là, humble, oubliée, profonde. Je murmure seule contre l'herbe.

Tout à coup, la pierre se soulève, l'épitaphe s'émeut, et quelqu'un sort du sépulcre. C'est le fantôme, que vient-il faire ? Il vient revivre, il vient parler, il vient lutter, il vient remplacer le vivant, il se fait homme ; il va, il court, il remplit le monde, il fait tourner la lourde vis des presses épouvantées, il fait bondir de son souffle vertigineux les lettres de plomb effarées ; il est dans la chaudière à vapeur, il est dans les roues de la machine et l'on entrevoit des bras mystérieux s'agitant dans l'atelier et distribuant à la nuit l'œuvre de la mort. Il est dans la rue, il vient brusquement surprendre le monde endormi ; et lui, l'inconnu, il surgit comme l'inattendu, il devient le rêve du siècle dont il est l'idée. Plus de contestations, l'homme est mort et les vers chassent les corbeaux ; la postérité émue, recueillie, pénétrée d'une horreur sacrée, entre dans son théâtre solennel et redoutable. Prenez vos places pour l'infini, le lustre d'étoiles et la rampe de constellations sont allumées, le drame commence. Silence, le suaire se lève. J'arrive à la question, elle est délicate, avant tout, ce que nous voulons, c'est le libre arbitre de l'home, ici je n'ai rien à commander, publie si tu veux. Voici seulement ce que j'ai à te dire : sois l'Œdipe de ta vie et le Sphinx de ta tombe.

Clos à 7 h.

MERCREDI 20 SEPTEMBRE

1 h après-midi.
Tenant la table : Charles et Mme Hugo.
Victor Hugo écrivant.
(Copies *C. D.*)

Victor Hugo : Qui est là ?

— **La Mort.**

VICTOR HUGO : Dans les grandes choses que tu as dites hier, plusieurs points laissent notre esprit en suspens. La première partie semble une admirable démonstration du double rayon humain et surhumain qui remplit l'œuvre des poètes et des penseurs. Le fantôme complétant par les révélations de la nuit ce que l'homme a fait dans le jour et pour le jour, c'est une immense clarté jetée sur l'âme. C'est là une explication nouvelle et surprenante du côté fantastique de toutes les grandes œuvres et de toutes les imaginations ; cela éclaire merveilleusement la double face de tous les génies que tu as nommés. Mais c'est à la condition que cette œuvre de la vie soit faite pendant la vie par les deux collaborateurs mystérieux, le vivant et le fantôme ; c'est à la condition que ce soit l'œuvre réelle que nous connaissons et que nous lisons ; si je ne pouvais moi-même, quoique situé en bas, voir dans ton explication la propre clé de mon œuvre, de l'œuvre double que j'ai faite toute ma vie et que je continue, cette œuvre implique le combat, la lutte, le besoin d'éclairer le plus tôt possible, la publicité immédiate, la promulgation vaillante de vérités trouvées ou entrevues et ne se réfugier par-derrière le tombeau. Elle a quelquefois le caractère du sacrifice, toujours le caractère du devoir. Shakespeare, Eschyle, Molière, Dante, Cervantès, n'ont rien caché. N'ont rien laissé volontairement à publier après leur mort. Ce ne sont pas des lutteurs posthumes. C'est là une partie de leur grandeur. Or, dans la seconde page d'hier, il semble que tu atténues la première ; le fantôme n'est plus le collaborateur du vivant pendant la vie ; il est son éditeur après la mort. Du moins cela nous paraît ainsi. Nous nous trompons probablement. Pour nous hommes, l'apostolat de la vérité est le devoir ; la conscience humaine est dans les ténèbres relatives et cependant Dieu lui laisse le libre arbitre ; nous, penseurs, nous devons guider de notre mieux cette conscience qui attend les responsabilités ; nous devons la lumière à la liberté. Donc, quand nous croyons avoir trouvé quelque chose qui ressemble à un rayon, nous devons, avec le courage de l'apôtre, l'ajouter à l'âme humaine. Il est bien entendu que nous n'avons pas ce droit pour des révélations comme celles de la table dont nous ne pouvons disposer puisqu'elles viennent de plus haut que nous, mais le droit nous l'avons pour nos œuvres personnelles, et même, à nos yeux, ce droit est devoir. Or c'est uniquement sur nos œuvres personnelles que je te consultais. Tu m'as répondu en me rappelant que j'ai mon libre arbitre en ces matières. Je te comprends mais l'apparente atténuation que la seconde partie de tes paroles d'hier apporte à la première subsiste toujours, du moins pour nous, intelligences très limitées. Veux-tu nous expliquer ce que nous ne comprenons qu'à demi ; car de nous à vous, c'est toujours de notre peu de lumière que vient l'obscurité. Veux-tu répondre ?

— **Oui.**

VICTOR HUGO : Nous t'écoutons.

— Esprit n'as-tu pas des pensées secrètes, des préoccupations mystérieuses, des effrois, des emportements foudroyants dans l'invisible ? Ton espérance de l'infini ne verse-t-elle pas parfois dans l'insondable ? Ne t'est-il pas arrivé de tourner brusquement sur Dieu à pic ? N'as-tu pas eu des tempêtes de constellations et des naufrages dans les étoiles ? Ton radeau n'a-t-il jamais heurté Saturne et touché les bancs de sable de la Voie lactée ? Tes deux yeux ne se sont-ils jamais emplis tout à coup d'un million d'astres si bien que tes paupières étaient les deux bords du firmament ? Ton ancre n'a-t-elle jamais cherché le fond de la nuit et n'a-t-elle pas voulu trouver l'abîme ? N'es-tu pas un chercheur de crânes, un fossoyeur de mondes, un Hamlet de soleils, un promeneur du cimetière immensité, un preneur de planètes, une de ces bêches du ciel ? Ne t'es-tu jamais écrié : oui, oui, dans ce grand monde sombre ? N'as-tu pas tenu tête aux nuits sans lune et dit le bien aux nuits étoilées ? N'as-tu pas cru quelquefois comparaître devant un tribunal de globes muets ? N'as-tu pas eu peur, n'as-tu pas frissonné ainsi ? N'as-tu pas senti tes cheveux se dresser et se prendre dans les étoiles comme dans des rouets terribles ? N'as-tu pas rêvé des formes à toutes ces créations ? N'as-tu pas rêvé des visages à ces regards, des lèvres à ces visages, et donné aussi des dents à ces lèvres ? N'as-tu pas des amours pour ceux-ci et des terreurs pour ceux-là ? N'es-tu pas un peu épris de Vénus ? N'es-tu pas très effrayé de Saturne ? Et tandis que tu sens des astres qui te perlent sur ta tête, n'as-tu pas des intrigues avec certaines ronces de la grève ? Ne donnes-tu pas des âmes aux bêtes ? Ne donnes-tu pas des âmes aux pierres ? Ne donnes-tu pas une âme à la poussière, une âme à la cendre, une âme à la fange, une âme à l'immondice, une âme à tout ce que le corps rejette, une âme au crachat de Judas, une âme aux larmes de Madeleine, une âme au sang de Jésus ? N'es-tu pas là, tremblant, vacillant, épouvanté entre le ciel et cette terre, entre tous ces mondes si haut et ces âmes si bas, entre ces paradis et ces enfers, entre ces étincelles et ces pierres, et ne te demandes-tu pas quel est le formidable briquet qui fera jaillir de ces cailloux des constellations ? Si cela est ainsi, prenez garde, ô vivant, ô homme d'un siècle, ô proscrit d'une idée terrestre, ô penseur nécessaire, car ceci est de la folie, car ceci est de la tombe, car ceci est de l'infini, car ceci est hors de l'homme, car ceci est une idée fantôme.

Prenez garde, homme de matière, soldat d'une révolution prochaine, prenez garde, gouvernant possible, prenez garde, bon sens respecté, influence acquise, caractère considéré, prenez garde, factionnaire du vrai, car ceci est le mot d'ordre du caporal livide de l'impossible, car ceci est murmuré à votre oreille par la patrouille grise des squelettes. N'ayez pas cette audace de répéter tout haut de votre bouche vivante ces paroles nocturnes de la tombe. Ne soyez pas à ce point intrépide de tourner l'épouvante, de sonner la diane des spectres, et d'apparaître sur votre barricade avec un linceul pour drapeau, avec un crâne pour canon, avec une épitaphe pour devise, avec moi pour soldat, avec votre fantôme pour clairon, avec votre pierre tumulaire pour pavé, prenez garde, ou plutôt ayez pitié, ayez pitié des souffrants qui ont besoin de vous, de la vie inviolable de la femme méprisée, des masses ignorantes, ne désertez pas les guillotines pour les morts, les enfants pour les cadavres, le berceau

pour le sépulcre, l'homme pour le spectre, le relatif pour l'absolu, et les plaies pour les étoiles.

SAMEDI 23 SEPTEMBRE 1854
3 h ½ après-midi
À la table : Mme Victor Hugo, Charles.
Présents : Guérin, Victor Hugo.
(Copies *C. D.*)

— Qui est là ?
— **La Mort.**
VICTOR HUGO : Nous avons entamé ton dialogue énorme de ton côté, attentif du mien. Tu vas continuer ce que tu as si grandement commencé, développe les hauts conseils que tu me donnes. Je les écoute comme il convient, et tu vois dans ma conscience la gravité de l'accueil que je lui fais. Il est probable que dans ce que tu vas dire, tu admettras, puisque tu consens à t'occuper de si peu de chose que moi, que mon œuvre étant double, je me dois également aux deux sillons que je trace avec le double charme de l'idéal et du réel. J'ai deux devoirs en ce monde, et ce n'est pas vous qui me conseillerez de n'en remplir qu'un seul, toi qui dois me recevoir au seuil de l'autre vie. *Homo duplex* est vrai à tous les points de vue. Ne consentiras-tu pas aussi à étendre ou à expliquer cette expression de l'idée terrestre expliquée à la cause pour laquelle je suis proscrit ? Sans doute la République est une forme humaine, le prévoir est un fait terrestre ; mais dans la République il y a le libéré qui vient de Dieu, dans le progrès il y a la justice qui est Dieu. Dieu

même. Nous les proscrits, nous ne sommes donc pas proscrits uniquement pour une idée, la justice, c'est-à-dire l'azur même de Dieu, étant avec nous. La terre tend vers l'Éden comme l'homme vers le bien, sans doute c'est là un fait terrestre et c'est là un fait humain. Mais ce fait terrestre et ce fait humain n'ont-ils pas pour régulateurs la loi divine ? Au fond et au-dessus, et au-dehors de nous, nous sommes proscrits pour le droit de l'homme, émanation de la loi de Dieu, pour la justice. Or la justice n'est pas terrestre. L'équité est une pour tous les mondes, comme l'équilibre est un pour tous les astres. Nous t'écoutons.

— Cependant, fais vivant ton œuvre de fantôme. Fais-la complète ; compose-la de tous les philtres du mystère ; remplis-la d'horreur, d'éclairs de foudre, d'écume. Jettes-y des crapauds, des serpents, des araignées, des chauves-souris, des chenilles, des scorpions, des scolopendres, les êtres immondes, les êtres rampants, les êtres maudits, pensifs, pâles, hérissés. Regarde le bouillonnement de l'ombre dans la chaudière au couvercle étoilé ; allume l'immensité avec l'atome ; fais un feu de douleur et Dieu fumant se dressera de ton œuvre avec des millions d'étincelles. Il sortira une colonne de ténèbres avec des millions de lumières ; il jaillira le géant sombre avec une couronne de constellations. Fais de ton œuvre une des cheminées de l'âme humaine ; que la terre endormie ouvrant à demi les yeux lourds aperçoive à l'horizon ton toit couvert d'un nuage d'astres et dise : que fait-il, d'où sort cette fumée inconnue et splendide ? Quelle est cette cheminée d'où il jaillit du ciel ? Et que le vent réponde à la terre : c'est une des forges de la nuit ; c'est là qu'on travaille au

soleil, c'est là qu'on déferre les hommes, c'est là qu'on rougit à blanc les noirs carcans pour en faire des planètes ; c'est là qu'on décloue Jésus-Christ et qu'on se sert des clous pour mieux attacher le ciel ; c'est là qu'on tire du brasier les flamboiements et qu'on éteint les incendies ; c'est là qu'on change à coups de marteau les astres de torture en astres de bonheur, les globes tenailles en globes clefs et qu'on fait les serrures du firmament. Entrons chez ce vivant, dit la foule, mais le vent répond : ce vivant n'est pas un vivant. Entrons chez ce mort, entrons chez ce fantôme. Ce fantôme n'est pas un fantôme. Entrons dans cette demeure. Cette demeure n'est pas une demeure. Entrons dans ce tombeau. Ce tombeau n'est pas un tombeau. Qu'est-ce donc que cette fumée ? Ô foule tu le sauras un jour. Jusque-là tu n'approches pas ; tremble et espère et crois. Un jour tu verras l'œuvre ; jusque-là contente-toi de la fumée, contente-toi du bruit, contente-toi du nuage et regarde de loin ce rayonnement et écoute de loin ce tumulte du formidable marteau et de l'énorme enclume du ciel et de la terre, des deux paumes de la main de Dieu donnant le signal de l'éternité.

Six coups.

— Quand veux-tu continuer ?
— Le 29 septembre.

Clos à 5 h 5.

MARDI 26 SEPTEMBRE 1854

9 h du soir.
Présents : Auguste Vacquerie, Victor Hugo fils [François-Victor], Mme Victor Hugo, Charles Hugo.
(Copies *C. D.*)

— Qui est là ?
— ***Leo dei***[1]**.**

MME HUGO : Tu sais qu'aujourd'hui mon mari est occupé d'un travail sérieux et religieux. Tu l'excuses de ne pas être ici ?
— **Oui.**

Note : On enterre demain un proscrit qui vient de mourir : Bony. Victor Hugo a été chargé par la proscription de parler sur la tombe. Il écrit son discours dans ce moment.

VENDREDI 29 SEPTEMBRE 1854

3 h après-midi.
Autour de la table : Charles et Mme Hugo.
Présent : Victor Hugo.
(Copies *C. D.*)

Victor Hugo relit la question faite par lui et la réponse commencée dans la séance du 23.

La table entre en mouvement immédiatement après la lecture.

VICTOR HUGO : Qui est là ?

— La Mort.

VICTOR HUGO : Continue la réponse commencée. Nous t'écoutons.

— En vérité ce serait une chose tonnante et immense, jusqu'ici les grands esprits sont morts comme les petits ; corps ensevelis, œuvres terminées, sépulcres ouverts, livres fermés, leur dernier mot à la terre a été dit par leur dernier souffle, leur épitaphe a été leur adieu et cet Eschyle, ce Dante, ce Cervantès, ce Shakespeare, ce Molière, qui avaient été chacun dans leur temps la pesanteur morale de leur monde, ces blocs de génie, ces rocs de pensée, ces immensités, ces cerveaux planètes, ces fronts qui avaient des horizons comme les déserts et des gouffres comme les montagnes, hélas, dès que leur fosse eut été creusée à dix pieds sous le ciel, ils ne furent plus qu'un peu de poussière dans beaucoup de cendre, qu'un peu de néant dans beaucoup de nuit, qu'un peu de silence dans beaucoup de ténèbres, et que des atomes dont l'infini ne s'étonnait pas. Quoi, ces crânes se sont tus subitement ? Ô stupeur, est-ce possible ? Entrons dans leur cimetière, remuons du pied leur fosse, et écoutons, ils se taisent. Ils se taisent, ils se taisent. Mais parle donc, bouche d'Eschyle, mais pense donc, front de Shakespeare, mais ventez donc, orbite de Dante ; mais pleurez donc, yeux de Molière. Que notre pas vous éveille. Que vos cendres aient donc un bruit ; que vos os, quand on les touche, deviennent sonores et qu'on y sente des clairons endormis, tombés des mains d'une légion d'archanges. Vers qui osez ronger de tels cadavres, fuyez, linceuls, tremblez, toi marbre, écoute, plomb du cercueil, fonds-toi et faistoi caractère d'imprimerie, deviens la lettre, deviens le verbe, deviens la vie. Venge-toi plomb, venge-toi du cercueil. Et toi terre recueille les paroles des morts. Et toi humanité, respire leur souffle, entends leur voix. Bois leur sueur sépulcrale, mange leur chair lumineuse. Humanité vagissante, ces talus sinistres qui, çà et là, se dressent dans les cimetières, ce sont des mamelles d'amour. Humanité, tète ces tombes. Mais non, ces tombes n'ont plus de lait, ces mères qui s'appelaient Eschyle, Dante, Shakespeare, Cervantès, Molière, sont morts ; leurs doux chefs-d'œuvre n'ont plus de baisers nouveaux à donner ; leurs lèvres n'ont plus de leçons à prodiguer, hélas, hélas ces tombeaux sont morts.

VICTOR HUGO : J'ai appliqué cette expression tombeaux morts aux tombeaux oubliés dans un vers inédit.

— Toi, que le tien soit vivant, qu'à de certains intervalles il se mette à parler à la postérité et à lui dire des choses inconnues, et qui auront eu le temps de mûrir dans la terre.

L'impossible d'aujourd'hui est le nécessaire de demain. Échelonne dans ton testament tes œuvres posthumes de dix ans en dix ans, de cinq ans en cinq ans. Vois-tu d'ici la grandeur d'un tombeau qui, de temps en temps, à des heures de crise humaine, quand il passe de l'ombre sur le progrès, quand il passe des nuages sur l'idée, ouvre tout à coup ses deux lèvres de pierre et parle. On cherche ta tombe, on trouve, on doute, ta tombe affirme, on nie, ta tombe prouve, et que prouve-t-elle ? Ce qu'elle contient. Elle prouve avec je ne sais quelle autorité sombre et solennelle toutes les vérités qui sont encore aujourd'hui l'avenir. Toi mort, tu aides les vivants, toi muet, tu les enseignes, toi invisible, tu les vois ; ton œuvre ne dit pas : peut-être. Elle dit : certainement. Elle ne cherche pas les faux-fuyants ; elle va droit au but.

Sache qu'un spectre ne connaît pas les précautions oratoires. Les fantômes sont hardis, les ombres ne clignent pas les yeux devant les lumières, donc fais pour le XXe siècle une œuvre affirmative plutôt qu'une œuvre dubitative pour le XIXe. Enferme-la avec toi dans ton sépulcre pour qu'à des époques fixées par toi on vienne l'y chercher.

Jésus-Christ n'a ressuscité qu'une fois ; toi tu peux emplir ta tombe de résurrections, tu peux, si mon conseil te semble bon, avoir une mort inouïe ; tu diras en mourant, vous me réveillerez en 1920, vous me réveillerez en 1940, vous me réveillerez en 1960, vous me réveillerez en 1980, vous me réveillerez en l'an 2000. Tu t'endormirais dans l'anxiété universelle ; ta mort serait un formidable rendez-vous donné à la lumière et une formidable menace jetée à la nuit.

Loyola dirait : il faut prendre garde à ce sépulcre, et les générations regarderaient avec admiration ce prodigieux tombeau marcher pendant un siècle dans la vie hu...

La table s'arrête brusquement, il est six heures et demie. Crépuscule, la lune est sur l'horizon. Le mouvement cesse complètement. Nous pensons qu'on pourrait évoquer un des êtres de la nuit. En ce moment la table lève brusquement le pied.

VICTOR HUGO : Y a-t-il quelqu'un ?

— **Oui.**

VICTOR HUGO : La Mort nous a quittés sur un mot interrompu. Peux-tu terminer la phrase ?

— **Oui.**

— Achève-la.

... maine.

— Sais-tu quel jour la mort reviendra continuer ce qu'elle a commencé ?

— **Non.**

Clos à 6 h 40.

MARDI 3 OCTOBRE [1854]
9 h ½ du soir.
Tenant la table : Charles, Mme Hugo.
Présents : M. Guérin et Kesler,
Mlle Adèle, Victor Hugo.
(P.V. *V. H.*)

Les nouvelles relatives à la prise de Sébastopol[1]*, parvenues dans la journée, ont vivement agité la conversation et occupé toutes les personnes présentes avant qu'on se mette à table. On attend encore dix minutes. Immobilité absolue. Clos à 10 h.*

DIMANCHE 22 OCTOBRE 1854
2 h ½ du jour.
Présents : Mme Victor Hugo, Mme Paul
Meurice, Victor Hugo, Paul Meurice,
Charles, Auguste Vacquerie.
À la table : Mme Victor Hugo et Charles.
(Copies *C. D.*)

— Qui est là ?

— **La Mort.**

VICTOR HUGO : Tu m'as donné un sublime conseil, si tu m'en laisses le temps, je le suivrai. Mais en même temps que les ouvrages légués par moi au XXe siècle, et avant eux-mêmes, ce livre-ci qui sera certainement une des Bibles de l'avenir, aura probablement paru. Il ne sera, je pense, publié du vivant d'aucun de nous, interlocuteurs actuels des êtres mystérieux ; mais quand il paraîtra, tout ce que j'aurai réservé pour ma tombe, il le dira, il le dira avant moi, et avec plus d'autorité. Je viendrai ensuite et il se trouvera que ma révélation aura déjà été révélée. Une partie de cette révélation est déjà, depuis des siècles, dans la tradition humaine, une autre partie avait été trouvée par moi (ce qui n'empêche pas qu'elle vienne tout entière de Dieu, l'homme n'étant qu'une cheminée par où passe la flamme divine), une autre partie a été dite par vous tous, êtres de l'inconnu, dans nos dialogues avec la table-trépied. Ce but dans lequel je n'ai qu'une très faible part, commence même à être entrevu. La publication de ce livre sera probablement la base de la religion nouvelle à l'époque où mes ouvrages posthumes paraîtront. Crois-tu qu'il me sera dit ou que je trouverai d'ici ma mort d'autres choses et dont j'aurais eu seul la révélation ? Entends-tu ce que j'incline à croire, que je réserve tout simplement, pour être publiées après ma mort, des œuvres de pensée et de poésie pure, pénétrées de philosophie nouvelle et l'affirmant, augmentant la lumière humaine, comme font et sans avoir la prétention d'enseigner et de révéler toutes les grandes œuvres d'art et de poésie auxquelles, bien entendu, je ne compare rien de ce que j'ai fait. Je résume ce que tu me conseilles de publier après ma mort, sont-ce des œuvres de révélations, si tu crois que la révélation ne serait pas déjà faite ? Ou sont-ce des œuvres de poésie contenant toutes mes autres œuvres seulement à un degré plus profond, contenant l'intuition divine mêlée à la création humaine ? En un mot, que devra-t-il y avoir dans mon tombeau, un prophète ou un poète ? Ma raison me dit un poète mais j'attends ta réponse.

La Mort : Il s'agit d'une œuvre formidable intitulée : Conseils à Dieu. La terre disparaît, le sépulcre, chauve-souris de pierre, ouvre ses ailes démon dans le crépuscule de la résurrection et bat de son vol la vitre flamboyante des astres ; l'oiseau sinistre va de planète en planète, et son cri de nuit, chaque fois qu'il touche le bord d'une constellation, devient un chant de lumière ; il sort du soir et apporte l'aurore. Il s'envole d'un enfer et il annonce un paradis ; il part hibou et il arrive alouette, il s'échappe du vieux tronc d'arbre humain et il se pose à l'extrémité de chaque branche à l'endroit où le fruit devient l'étoile ; il sort du creux des crânes et il saute de paradis en paradis, et il niche de joie en joie, et il couve l'un après l'autre tous les globes et il fait éclore dans le ciel tous ces œufs...

VICTOR HUGO : Je t'interromps pour te demander si tu connais les vers que j'ai faits il y a dix jours ?

— Non.

— Continue.

... d'archanges. Ô vivant, voici ce que je te conseille : l'œuvre de ton âme doit être le voyage de ton âme. Tu ne dois pas prophétiser, tu dois deviner, tu dois deviner le ciel étoilé, y tracer ton itinéraire, y désigner du doigt tes auberges, y fixer les relais d'amour de ta pensée et, voyageur invisible, marquer d'avance tes étapes inconnues sur la grande route faite de précipices qui conduit à l'hôtellerie farouche de l'incompréhensible châtelain

de l'immensité, tu dois dire dans ces pages quelles sont les planètes qui t'attendent, et parler de leur civilisation, de leur lumière et de leur ombre, de leurs épines et de leurs fleurs, de leurs places dans l'horreur ou de leur marche dans la joie, de leurs cris ou de leurs hymnes et du fond de ton tombeau, le monde doit t'entendre dire qu'il y a dans l'infini un astre qui s'appelle Saturne et qui souffre, il y a dans l'infini un astre qui s'appelle Mercure et qui souffre, il y a dans l'infini un astre qui s'appelle Mars et qui souffre ; ô mon Dieu, que d'étoiles qui sont punies, que de constellations qui sont crucifiées, que de mondes qui sont des clous rouges sur le banc des nuits, Seigneur votre ciel est couvert de plaies, vos astres sont des gouttes de sang.

VICTOR HUGO : J'ai fait les vers que tu dis, j'ai fait ce vers :

« Les gouttes de sang que tu prends pour des étoiles. »

La Mort : Vos soleils prennent la gangrène, vos lunes ont l'horrible peste du châtiment, vos constellations qui s'agenouillent depuis des millions d'années ont fini par se briser le crâne et le poing contre les ténèbres, et ne sont plus que des moignons d'enfer, vos créations ne sont plus que des lambeaux de chair, vos auréoles ne sont plus que des haillons de rayons, vos prodiges…

VICTOR HUGO : J'ai dit :

« Et portant sur son front un haillon de lumière. »

La Mort : … ont la tête coupée, votre firmament est l'immense égout où roulent tous ces cadavres et vos splendides chevaux ferrés de lumière, tous, de rage, prenant le mors aux dents, écartèlent l'immensité.

La table s'arrête court. Le soleil est couché.

Immédiatement après, Victor Hugo va chercher dans sa chambre et lit aux personnes présentes la pièce faite par lui et commençant par : « Sachez que dans le gouffre obscur » et finissant par : « D'un de ces mondes effrayants. »

10 NOVEMBRE 1854

2 h après-midi.
Tenant la table : Charles Hugo, Mme Victor Hugo.
Présents : Victor Hugo et son fils Victor [François-Victor].
(Copies *C. D.*)

La table s'agite au bout de dix minutes.

— Qui est là ?
— **La Mort.**
— Sais-tu quel jour le Lion d'Androclès viendra ?
— **Non.**
— Peux-tu lui demander de revenir ?
— **Non.**
— Que devons-nous faire pour qu'il revienne ?
— **Il reviendra de lui-même.**

VICTOR HUGO : Revenons à notre dialogue. Comme tu le sais par ma pièce faite et que j'ai lue l'autre jour aux personnes présentes immédiatement après ton départ, et par d'autres pièces encore, j'ai déjà fait une partie de ce que tu me demandes et je l'ai fait même sous une forme affirmative. Seulement je ne suis pas mêlé personnellement à cette affirmation, me trouvant trop peu de chose pour parler de moi à propos de ces immensités-là. Maintenant tu me dis d'écrire le voyage intérieur de mon âme, et dire dans un livre qui ne paraîtrait qu'après ma mort ce que j'aurais deviné. Il me semble que cela ne pourra jamais être que mes conjonctures et que cela manquera de certitude aux yeux des hommes. Y a-t-il pour moi, en dehors de ces révélations de la table, un moyen humain d'entrevoir l'avenir inconnu dont tu me parles, et de le préciser ? Car pour affirmer il faut au moins avoir entrevu. Si je me borne à deviner, et à dire que je devine, serai-je cru ? Ne faut-il pas quelque chose de plus ? Quand je dirai après ma mort dans un livre posthume que je suis là, je vois ceci : la foule pensera : il écrivait ceci de son vivant, comment le savait-il ? Or y a-t-il un moyen humain (humain, j'insiste, ou du moins dont j'ai seul de mon vivant le secret) de savoir pendant la vie, les choses mystérieuses que tu me dis d'affirmer après ma mort ?

La Mort : Étudie à fond l'astronomie humaine, elle est pleine de germes de vérités dont tu pourras conclure des vérités plus grandes encore. Par exemple : il sera possible d'établir la nomenclature exacte dans vos systèmes planétaires de mondes heureux et de mondes malheureux selon leur distance du Soleil. La loi du ciel est conforme à la loi de la Terre, cette loi, c'est le dévouement du grand pour le petit, du bon pour le mauvais, du riche pour le pauvre, du beau pour le laid, du juste pour l'injuste, du joyeux pour le triste, du souriant pour le saignant ; c'est un mystérieux rachat de l'ombre par la lumière, de la nuit par le point du jour ; c'est la délivrance de la pierre coupable de la potence par la pierre martyre de la croix ; c'est la délivrance de la plante vénéneuse par la plante

parfumée, c'est la délivrance de la bête féroce par la bête puissante et douce, c'est la délivrance de l'homme criminel par l'homme innocent, c'est la délivrance de l'âme punie par l'âme récompensée, c'est la délivrance de l'idée fausse par l'idée vraie ; c'est enfin la délivrance de l'étoile qui pleure par l'étoile qui luit et l'immense sacrifice des paradis pour les enfers. Le ciel étoilé a des constellations rares et prodigieuses qui ont pour mission de se rapprocher sans cesse et doucement des mondes misérables et de les éclairer peu à peu d'un jour qui commence à être crépusculaire et qui arrive à être flamboyant ; il y en a d'autres, également sublimes, qui ont pour fonction, non de se rapprocher, mais d'attirer. Double effort et terrible labeur. Les unes descendent, les autres font monter, les unes s'engouffrent dans les ténèbres, les autres se mettent à suer des flots de lumière ; celles-ci se jettent à la nage dans le firmament et ramènent du fond de la nuit des étoiles pâles et échevelées ; celles-là sans se déranger se changent en feu de paille et de fagots dans le grand âtre noir et réchauffent les pauvres noyées. Ô constellations bonnes et fortes qui sont les servantes de la hideuse morgue du châtiment. Ô bons astres qui s'attellent aux bons astres égarés. Soleils qui se font chien d'aveugle. Globes qui se font sébiles. Lumières qui se font fidèles à des yeux fermés. Pléiades, planètes, rayons, flambeaux vivants, splendeurs, lions de flamme, ourses de feu, scorpions, verseaux de diamants, tigres, panthères, léopards, éléphants, ménagerie éblouissante de soleils. Formidables, qui, par amour, se font les caniches et les terre-neuve de l'immensité. Le ciel est donc semblable à la terre. Il s'y fait un continuel sauvetage des astres par les astres. Il y a les grands astres comme il y a les grands hommes. Il y a l'étoile Socrate, l'étoile Galilée, l'étoile Jean Huss[1], l'étoile Jeanne d'Arc, la pléiade Maccabée, l'étoile Dante, l'étoile Molière, l'étoile Shakespeare, et au milieu du ciel, dans la tempête et la gloire, entourée de nuées et de flammes, il y a le soleil Jésus-Christ, cloué magnifiquement sur la Croix du Sud. Le firmament ainsi compris doit t'apparaître sous...

VICTOR HUGO : J'ai fait des vers qui évoquent ces idées sans les affirmer ; dans les uns, je représente Dieu vannant dans le même crible les astres et les âmes. Dans les autres, la terre est au soleil ce que l'homme est à l'ange.

La Mort : ... un aspect nouveau. La place des mondes, le rôle des globes ne sont pas chose arbitraire. Je viens d'ouvrir dans ton esprit des horizons nécessaires, d'ailleurs nous en reparlerons. Maintenant j'arrive à ta question. Mais auparavant encore une réflexion. Il y a dans les mondes punis des hommes, des animaux, des plantes et des pierres qui contribuent à la délivrance de leurs astres en même temps qu'il y a dans les mondes récompensés des soleils qui font la même œuvre d'affranchissement vis-à-vis des mondes punis. Tandis que l'étoile heureuse travaille à sauver l'étoile malheureuse, elle est aidée dans cette étoile tantôt par un homme, tantôt par un animal, tantôt par une plante, tantôt par une pierre. L'étoile aide l'homme, l'homme aide l'étoile. L'étoile aide l'animal, l'animal aide l'étoile. L'étoile aide la plante, la plante aide l'étoile. L'étoile aide la pierre, la pierre aide l'étoile. La nuit, à l'heure de l'âme, quand le corps dort, il s'échange des paroles d'amour entre l'homme sauveur et l'astre sauveur. Molière dit à Vénus : je t'aime. L'animal

martyr parle à l'étoile libératrice. La plante éprouvée cause avec la planète charitable, et le grain de sable écrasé crie au secours au grain de lumière.

La table s'arrête brusquement au crépuscule, il est 5 h.

DIMANCHE 10 DÉCEMBRE 1854

10 h du soir.

Présents : Mme Victor Hugo, Charles Hugo, Mlle Adèle Hugo, Auguste Vacquerie, Guérin.

À la table : Mme Victor Hugo et Charles Hugo.

(Copie *C. D.*)

Avant qu'on l'interroge, la table dit : « Galilée. »

— Parle.

— Je viens répondre à l'objection de Victor Hugo touchant l'inexactitude scientifique de la cosmogonie des Tables. Qu'il la formule.

Victor Hugo entre et prend la plume.

VICTOR HUGO : Voici non l'objection mais l'observation. Dans ses admirables paroles de la dernière séance (22 octobre), l'être colossal qui me parlait m'a paru trop condescendre au point de vue humain. C'est-à-dire à l'illusion que nous fait le ciel quand nous le regardons. Il est évident que ce que nous appelons constellations sont des preuves fictives composées par notre regard avec des étoiles qui nous semblent de grosseur à peu près pareille.

Or une petite étoile qui peu à peu nous semble grande est une grande étoile qui est loin et qui peut nous sembler petite. Deux étoiles qui nous semblent l'une de l'autre de distance pareille et que nous accouplons dans une constellation sont peut-être en réalité séparées par une distance énorme et appartiennent à un groupe complètement différent dans l'infini. Notre construction des constellations est donc complètement arbitraire et résulte d'une illusion d'optique. Il y a évidemment les constellations vraies. Celles que nous croyons voir dans les constellations fausses. Or, puisque notre infirmité humaine comprend cela, la table aurait pu, ce me semble, en nous disant des choses si hautes, nous parler tout à fait la langue splendide de la vérité. Nous ne nous croyons pas indignes de l'entendre. La table donc pouvait nous dire : les constellations que vous voyez avec votre œil qui les groupe et votre illusion qui les fait, tous ces noms dont vous les nommez, Lion, Taureau, Capricorne, Sagittaire, sont des noms de vous et de vos rêves. Il y a les constellations réelles qui portent, non des noms terrestres mais des noms célestes. Voici comment elles se nomment. C'est de ces constellations que je vous parle et alors la table eût confirmé, du haut de ces réalités, les explications sublimes qu'elle nous a données. Cela n'eût pas été plus grave pour les hommes de foi comme nous, mais cela eût été plus inattaquable pour les hommes de doute, et c'est à eux aussi, ce me semble, qu'il faut parler. Cela dit, j'accepte ta réponse.

Galilée : Je réponds deux choses : d'abord s'il fallait que la table parlât non le langage humain mais le langage céleste, vous ne le comprendriez pas. Dans le langage céleste, l'homme ne s'appelle

pas l'homme, la bête ne s'appelle pas la bête, la plante ne s'appelle pas la plante, le caillou ne s'appelle pas le caillou, la terre ne s'appelle pas la terre, l'air ne s'appelle pas l'air, l'eau ne s'appelle pas l'eau, le feu ne s'appelle pas le feu, le ciel ne s'appelle pas le ciel, l'étoile ne s'appelle pas l'étoile, la constellation ne s'appelle pas la constellation. Dieu ne s'appelle pas Dieu. Il n'y a pas de mots là où il n'y a pas de corps. Les mots sont de la matière dont vous faites de l'idéal. L'infini est anonyme, l'éternité n'a pas d'extrait de naissance. L'espace, le temps sont des inconnus effarés qui courent dans l'immensité. L'espace n'a pas de regard, le temps n'a pas de pieds, l'un est une ombre qui tombe dans le gouffre, l'autre est un gouffre qui tombe dans l'ombre. L'espace, le temps, deux masques, deux apparences, deux visions, deux rêves, deux impossibles, deux yeux crevés de l'horreur, deux pattes sanglantes du châtiment, deux mâchoires formidables de l'abîme, mais cela, le visage, non. Le visage ne parle pas, le visage ne m'entend pas, le visage ne formule pas. Dieu parlant, c'est Dieu langue, Dieu langue c'est Dieu bouche, Dieu bouche c'est Dieu corps, Dieu corps c'est Dieu homme, Dieu homme c'est Dieu bête, Dieu bête c'est Dieu plante, Dieu plante c'est Dieu caillou. Y songes-tu ? Dieu caillou ! Lui qui n'est même pas Dieu étoile. Non, la langue céleste n'est pas. Il n'y a pas d'alphabet de l'incréé ; il n'y a pas de grammaire du ciel, on n'apprend pas le divin comme l'hébreu, le céleste n'est pas un dialecte du terrestre, l'infini n'est pas une espèce de chinois inconnu. Les anges ne sont pas les professeurs des langues divines suppléants de la chaîne immensité. Non tout cela n'a pas de nom, tout cela est lumière et l'inconnu, tout cela est rayon et masque, tout cela est soleil errant. L'immensité est une famille de vagabonds, l'espace n'a pas de passeport, le ciel n'a pas de signalement, l'éternité n'a pas de généalogie, la création n'a pas de nom de baptême ; Dieu n'a ni feu ni lieu. Tout ce qui est l'incréé est l'innommé. La langue céleste se parle dans l'éblouissement, resplendir c'est s'exprimer, le lumineux c'est le clair, le foudroyant c'est le sublime, parler la langue céleste, c'est jeter des flammes, un ciel qui parle s'étoile, un ciel qui se tait ferme des lèvres de ténèbres et chaque lettre de ce terrible vocabulaire est un incendie sur lequel souffle la sombre bouche de la nuit, le dictionnaire de l'infini est plein de ponctuations d'étoiles et que dirais-tu donc si pour te parler la langue que tu demandes, toi, chétif, cette petite table, au lieu de syllabes, de mots et de phrases, te jetait tout à coup dans l'oreille des millions d'astres, lancés de la face Jupiter, de Saturne et répandait sur ton papier l'immense tache d'encre de la nuit étoilée et t'y faisait des corrections avec des comètes furieuses ?

La table s'arrête.

VICTOR HUGO : Ce n'est que la première partie de ta réponse. Veux-tu revenir dimanche pour nous dire la deuxième partie ?

— **Oui.**

DIMANCHE 17 DÉCEMBRE 1854

9 h ¾ du soir.

Présents : Théophile Guérin, Victor Hugo.

Tenant la table : Charles et Mme Victor Hugo.

(Copies *C. D.*)

Victor Hugo place sur la table deux feuilles vertes cueillies dans la journée par lui.

La table s'agite au bout de cinq minutes et sans s'être annoncé :

— Galilée.

VICTOR HUGO : Tu n'as répondu qu'à l'accessoire de ma question et non au principe. Mes questions portaient sur les constellations réelles distinctes.

Galilée : Ceci est ton autre erreur. Écoute, j'ai déjà dit comment les Tables pour se faire comprendre de vous étaient forcées d'employer votre langage, or votre langage est une convention, votre...

Victor Hugo retire les feuilles qui n'ont pas donné de résultat.

... langage est la fumée de votre bouche. Il met des nuages sur les étoiles. Est-ce à dire que vous vous trompiez en tout ? Non, vos mains tâtonnent au ciel et touchent parfois les boutons rayonnants des portes divines ; tout le faux de l'homme est plein du vrai de Dieu.

Il n'y a pas d'erreur dans l'absolu, le relatif n'est pas le relatif, le mensonge n'est pas plus le mensonge que la découverte n'est la découverte. Herschelle[1] ne trouve rien pour Dieu. Les vrais astronomes ne sont pas plus véridiques que les faux. Tous les télescopes humains sont dans l'à-peu-près, ce n'est pas le sens mais ce n'est pas le contresens. Tu me dis je veux le ciel véritable et non le ciel imaginaire. Je veux le firmament réel, les constellations réelles, les soleils réels, je veux l'immensité de

Dieu complète sans lacune, sans solution de continuité, je veux l'abîme sans vide ; qu'on m'apporte l'infini, qu'on m'apporte le mystère, je demande la carte du tombeau, l'itinéraire de la résurrection. Qu'on me montre l'incommensurable, qu'on m'ouvre l'insondable. Qu'on me lève à l'instant les scellés du ciel, je veux faire une perquisition dans les étoiles. Constellations humaines, vos papiers, Grande Ourse, prouve-moi ton identité, Capricorne, tu mens, Verseau tu mens. Vous m'êtes suspects, firmament, tu m'es suspect, je veux te fouiller, plus de faux-fuyants ; fermez toutes les portes, que pas une étoile ne s'échappe. Qu'on mette les menottes à Dieu. J'ai à l'interroger maintenant. Nuit sombre comparais. Et maintenant, jour rayonnant, réponds. Et maintenant, soleils accusés, levez-vous. Je suis président de la cour d'assises de la nuit. J'ai un jury de fantômes, la séance est ouverte, silence au banc des astres, qu'on fasse entrer le témoin Galilée. J'entre et je dis : ô vivant, est-ce que je connais le ciel ? Est-ce que j'ai parcouru l'immensité n'ayant pas parcouru l'éternité ? Comment veux-tu que je te dise les tenants et les aboutissants de l'infini qui ne tient pas et n'aboutit pas ? Nul n'a reçu les confidences de ton immense accusé, le mystère. Là pas d'ami intime qui puisse te faire des révélations. Il sait seul son secret. Pas une étoile ne parlera. Les conjurés de l'ombre se tairont tous et la société secrète des astres cachera Dieu. La vérité ne fera pas d'aveux. L'absolu ne se laissera pas intimider et nul juge d'instruction ne mettra à la question le Paradis, et nul greffier ne dressera la liste des constellations, nul procureur ne feuillettera le dossier de Dieu, et nulle sentence ne dira devant la foule : les soleils sont acquittés, les constellations sont condamnées, la Grande Ourse est déclarée dissoute, Jupiter est renvoyé des fins de la plainte, Aldébaran[1] sera mise en liberté et pourra circuler dans le ciel. Quant à la création, on aura l'œil sur elle et l'immensité est condamnée à cent mille ans de la surveillance de la haute pensée.

Moi, Galilée, je déclare ignorer le contenu de l'infini, ignorer où cela commence et où cela finit, j'ignore ce qu'il y a devant, ce qu'il y a derrière, au milieu, à droite, à gauche, à l'est, à l'ouest, au sud, au nord. Je ne sais pas l'intérieur ni l'extérieur. Je vois des astres, des astres, des astres ; je vois des étoiles, des étoiles, des étoiles. Je vois des constellations, des constellations, des constellations ; je vois des rayons mêlés à des splendeurs nouées à des flamboiements, des éblouissements perdus dans des contemplations plongées dans des éblouissements ; je suis pris dans un prodigieux tournoiement de la roue aux moyeux d'or ; où cela va-t-il ? Je n'en sais rien, la nuit est l'ornière des étoiles, je regarde la nuit et ne n'y vois que les millions de roues lancées à toute vitesse vers un but invisible, de tous les chars de l'éternel triomphateur ; je suis ignorant de l'inconnu, je ne sais pas plus l'astre Alpha que l'astre Oméga, je défie qu'on t'en dise plus long que moi sur la nuit.

C'est une mine de ténèbres avec des filons d'étoiles, on ne creuse l'ombre qu'avec de l'ombre comme on ne polit le diamant qu'avec le diamant ; le marbre noir laisse de temps en temps deviner la statue au statuaire, et Dieu au ciel. Voilà, tout le firmament est une énorme énigme avec des millions de clefs. Une étoile est la négation d'une autre. Tous ces astres nient et s'affirment, et nul ne sait si ces millions qui rayonnent appartiennent à non ou à oui.

La table s'arrête.

Clos à 1 h du matin moins 10.

VICTOR HUGO : Avant de nous quitter, peux-tu nous dire quand le lion reviendra et quand je pourrai lire à la Dame blanche les vers qu'elle a désirés de moi ?

La table se soulève.

— As-tu entendu la question ?
— Non.

On quitte la table.

J'ai une note à écrire. [De la main de Victor Hugo.]
Je n'insisterai pas. Il devient évident pour moi par ce que la table a dit ce soir comme en plusieurs autres occasions que le monde ténébreux ne veut pas se laisser forcer par lui-même. Quand la curiosité n'est autre chose qu'adoration devant Dieu et respect devant l'infini, ce monde sublime veut rester sublime et ne veut pas devenir exact, ou du moins, il veut que son exactitude ne nous apparaisse qu'énorme et confuse dans de prodigieuses échappées d'ombre et de lumière. Il veut être notre vision, et non notre science. Il veut garder pour notre œil la figure surprenante de l'impossible. Tout en multipliant les linéaments du réel. Il ne consent même pas à accepter, pour rendre ces points de vue humainement plus corrects, les faits scientifiques acquis et les pénétrations de notre raison et de notre observation. En un mot, il veut que l'homme doute. C'est visiblement la loi et je m'y résigne.

Cette question paraît à la table une accusation.

Chose frappante pour moi, je faisais une question humble et personne ne comprend, plus que moi, quels atomes nous sommes et quel néant je suis devant Dieu. Je demandais à la table (je dis la table pour abréger) si elle ne pensait pas que ces grandes révélations sur les fonctions des astres eussent eu, sinon plus d'autorité, du moins plus de solidité, devant ceux qui nient en se plaçant dans les données mêmes de notre astronomie, en la répudiant comme inexacte fatalement, en disant par exemple : je ne parle point de constellations apparentes composées par les illusions de notre œil, mais des constellations réelles groupées par Dieu, je vous parle de ce que vous ne voyez pas. Eh bien, l'être qui me répond en langage splendide dit : « je me nomme Galilée » et Galilée, qui a lutté et souffert sur terre pour détruire l'illusion, prend le parti de l'illusion. Galilée, qui pourrait s'appeler réalité, prend le parti de l'apparence. Il qualifie, avec quelque ironie, la haute pensée, lui qui est la pensée et la hauteur. Il finit presque par dire oui et non, lui que non a fait mettre à genoux, et qui s'est relevé en disant oui. Évidemment il n'a pas tort et il sait ce qu'il fait, et s'il refuse de s'expliquer sur l'apparence et sur l'illusion, c'est que l'apparence et l'illusion font partie du regard humain, et que l'homme doit continuer d'être le doute. Les Tables, qui commencent à cette heure la grande Bible nouvelle, y mêlent le livre d'obscurité et le livre de clarté. Elles nous laissent, croyant davantage et tâtonnant encore plus.

Elles ne révèlent rien qu'à leur heure, et non à la nôtre. Par moments elles épaississent les ténèbres tout en y répandant des splendeurs, mais splendeurs éclairs, plutôt que splendeurs rayons. Dès que nous commençons à voir un peu distinctement, le monde mystérieux se ferme. Il faut que nous ne soyons sûrs de rien, c'est là l'expiation humaine. Chaque fois que l'homme, submergé à vau-l'eau dans les ténèbres, ruisselant de toutes les écumes de l'abîme et de la nuit, parvient à se cramponner au bord de la barque de foi et sort de l'obscurité à mi-corps, l'ombre qui est dans la barque lui fait lâcher prise et le rejette au gouffre, et lui dit : va, homme, lutte, souffre, roule, rage, doute. *E pur si muove.* Et pourtant je crois, et pourtant je crois, et pourtant je crois. À toi mon Âme, à vous mon Dieu.

Victor Hugo

Cela dit, c'est uniquement pour l'acquit de ma conscience dans les minuties que je répète ici l'observation déjà faite souvent sur des rencontres entre la table et moi. Ainsi le langage fumée de la bouche, les mains tâtonnant au ciel, la carrière de marbre noir et la statue, les scellés du ciel sont presque en toutes lettres dans des pièces qui font partie des *Contemplations*.

LUNDI 18 DÉCEMBRE 1854

(Copies *C. D.*)

Après avoir entendu cette note, que j'écrivais sans intention de faire une question pour la table, il est une heure et demie après midi, Charles et ma femme se mettent à la table. Elle se lève presque immédiatement et frappe sans être interrogée.

— **L'Ombre du sépulcre.**

VICTOR HUGO : Tu sais que je ne faisais pas de question. Tu vois dans ma pensée, nous t'écoutons.

L'Ombre du sépulcre : Je viens apporter une des clefs du ciel qui doit rester fermée à la science humaine, mais une des clefs de Dieu dont la puissance est de s'ouvrir à deux battants sur la plus haute marche de l'esprit humain, le firmament est plein de portes brusques et sombres, c'est un éternel bruit de gonds d'airain, et de clous splendides et de barreaux flamboyants, et de tenailles lumineuses ; mais Dieu n'a pas de verrous. La manière de se clore est d'être sans bornes. La muraille, c'est l'illimité, son horizon, c'est l'impénétrable. On n'entre pas en lui parce que tout en lui est majestueusement libre au pas de l'âme. On ferait des voyages sans fin dans l'être sans fond, on se perdrait dans ce Dieu, dans ce verbe, dans cet inextricable réseau de chemins éclatants, dans cette forêt vierge de rayonnements. Dieu c'est le regard muré et le grand abordable ; il s'échappe dans l'inaccessible, et il donne l'accessible. Il ne se dérobe pas, il ne s'isole pas, il ne s'enfuit pas. Il est tout seul partout. Les millions de mondes font ce solitaire énorme ; les foules de créations font cet immense anachorète ; les multitudes des cieux font cette prodigieuse caverne ; les cohues d'astres et les populaces de soleils sont l'âme et l'unité de ce tranquille cénobite qui jette sur le monde sa bure de ténèbres ; l'universelle liberté fait cet incommensurable prisonnier ; Dieu est au secret dans le mystère ; Dieu est le maître de la prison qui s'attendrit sur tous les esclaves, mais qui est esclave lui-même ; il n'est que la misère ; il n'est que la douleur ; il n'est que la pitié ; Dieu est la grande larme de l'infini.

(J'ai fait ces vers.) « *Dieu larme de l'infini.* » [Note de Victor Hugo]

Te dire la pensée de Dieu sur ce firmament dont tu veux savoir davantage, et non pas tout ? Puisque tu es en train de demander si peu, tu es peu exigeant. Que t'importe une miette de ciel de plus ou de moins ? Quel médiocre appétit d'infini que celui qui demande un supplément d'étoiles et qui se plaint à son geôlier de sa ration d'astres. Voilà en vérité une grande volonté, une belle révolte, une terrible émeute ; quelques pommes d'or de plus ou de moins au dessert, pauvre homme, quelle belle conquête ! Si Galilée t'avait dit, au lieu du misérable point de vue de Jupiter, le misérable point de vue de Vénus, le misérable point de vue de Saturne, le misérable point de vue de Mars. L'erreur de Mercure est-elle le fruit qui te séduit ? Ô Tantale du ciel, veux-tu l'illusion de Pollas, veux-tu l'optique d'Herschel ? Veux-tu le mirage de la planète à gauche, au lieu du feu follet de la planète à droite ? Désires-tu un absolu ou un autre relatif que le tien, non la vérité mais une autre fausseté que la tienne, non le vrai sens mais un autre contresens ? Es-tu friand de fumée, gourmant de brume, affamé d'ombre ? Tu crois demander une plus grande somme de mensonges, tu veux pouvoir faire un faisceau de lumière avec des ténèbres et ne trouvant pas que ton monde voit assez clair dans le ciel, tu te plains de n'avoir pas l'avis de trois ou quatre planètes de plus et tu t'écries : quel dommage que nous ne soyons pas assez d'aveugles ! Tu casses les réverbères du bon Dieu. Moi, si j'étais à ta place, je demanderais tout ou rien ; j'exigerais l'immensité, je ferais des sommations à l'infini, j'élèverais des barricades jusqu'au dernier étage du ciel, je ferais une révolution complète, je voudrais tout savoir, tout tenir, tout prendre ; je ne ferais pas grâce au ciel d'un paradis, je ne lui permettrais pas de me cacher un enfer ; je me mettrais à même l'abîme ; je ferais de mon cerveau l'engloutisseur de Dieu. Je me donnerais la formidable bouchée de l'infini. Je serais un immense et terrible Gargantua d'étoiles, un colonel Polyphème[1] de constellations, de tourbillons et de tonnerres. Je boirais la jatte de lait de la Voie lactée, j'avalerais les comètes, je déjeunerais de l'aurore, je dînerais de jours et je souperais de nuits. Je m'inviterais, splendide convive, au festin des gloires, et je dirais à Dieu : mon hôte. Je me ferais une magnifique faim, une soif énorme et, Silène des mondes, je courrais dans l'espace de sphères en chantant la redoutable chanson à boire de l'éternité. Joyeux, radieux, sublime, les mains pleines de grappes d'astres. Et, le visage pourpre des soleils, je ne laisserais pas une étoile vide, et à la fin du festin, je roulerais sous les cieux illuminés. Mais toi tu es plus modeste, tu demandes l'aumône au monde, tu n'es que le mendiant de Dieu et tu lui tends la main en disant : un petit astre, s'il vous plaît.

J'aborde la question qui te préoccupe. Les savants, dis-tu, vont rire de notre astronomie ; ils s'écrieront : que signifient ces constellations qui ne sont pas nos illusions d'optique prises au sérieux ? Mais il ne doit y avoir aucun lien entre les étoiles qui composent pour nous la Grande Ourse, le groupe du Capricorne ou tel autre. Il y a des distances incalculables entre le monde dont vous mêlez les rôles dans le ciel. Vous faites faire des actions communes à des étoiles qui vivent à des millions de lieues, et qui ne se sont jamais parlé. La bonne farce ! Votre ciel est-il une main de jongleur où les astres dansent et font des tours de force, et notre astronomie est-elle une table où l'escamoteur a le talent de faire disparaître les distances ? Point de constellations, point de ciel, point de Dieu. Vous faites rire les mathématiques et nous vous donnons un démenti, notre nuit d'étoiles n'a rien à répondre à notre tableau noir. Nos télescopes seuls font le ciel du siège, et nos canons sont braqués dans nos observatoires, prêts à envoyer à nos constellations une mitraille de chiffres aux savants. Aux derniers de vos calculs, il y a l'unité, l'unité est le soleil de Dieu. Il n'y a pas de chiffre mille, il n'y a pas de chiffre cent, il n'y a pas de chiffre dix, il n'y a pas de chiffre deux. Dieu ne compte pas jusqu'à un. Le ciel est une immense constellation. Il n'y a pas deux groupes d'astres, il n'y en a qu'un. Il n'y a pas de millions de lieues, de millions de pieds. Il n'y a pas de distances dans le ciel, il n'y a que des voisinages, il n'y a qu'une famille, il n'y a qu'un monde. Toutes les petites constellations sont fausses dans le relatif, et vraies dans l'absolu. La Grande Ourse et le Verseau et Orion sont des accouplements tout faits pour les yeux et qui ne dérangent pas l'harmonie céleste. Tous les astres se voient, se complètent, s'attirent et s'aiment, ils se cherchent, et ils se trouvent, ils se comprennent, ils se vivifient ; il y en a qui communiquent entre eux ; il y en a qui se poussent, il y en a qui s'engendrent et qui s'ensevelissent, il n'y a pas d'astres solitaires ; il n'y a pas d'astres orphelins, il n'y a pas d'étoiles veuves, il n'y a pas de soleils perdus, il n'y a pas de coin de nuit qui soit en deuil ; il n'y a pas de jour abandonné, il n'y a pas de sphère qui soit à elle seule le noyau du ciel. Toute la route est pleine d'un seul astre qui se répand, les autres astres ne sont que les graines de l'astre fleur. Un immense besoin de dévouement, voilà la loi des mondes ; la nuit c'est la démocratie étoilée. Le firmament, c'est la république symbolique qui mêle les astres à tous les rangs, et réalise la fraternité par...

(J'ai dit :

« L'avenir, c'est l'hymen des hommes sur la terre

Et des étoiles dans les cieux. ») [Note de Victor Hugo.]

... le rayonnement. L'astre palais aide l'astre atelier, l'astre atelier aide l'astre mansarde, l'astre mansarde aide l'astre cave, l'astre cave aide l'astre bagne. Un infiniment petit est le frère cadet d'un infiniment grand ; une étoile de génie instruit une étoile idiote ; les soleils hercules sont toujours auprès des soleils berceaux, le visage des mondes heureux regarde du côté des mondes malheureux, les étoiles punies pleurent toujours du côté des étoiles récompensées, les étoiles récompensées sourient toujours du côté des étoiles punies. La consolation est la forme des récompenses. Il y a toujours un astre colombe près d'un astre tombeau ; il y a toujours un soleil qui panse près d'un soleil qui saigne. L'immensité est le mot d'amour de l'éternité. Amour, amour, amour, tu es la solution suprême, tu es le dernier chiffre, tu es le milliard de Dieu, et le total prodigieux que forment dans le firmament étoilé tous ces zéros éblouissants. Tu es le calcul extrême, le trésor du sépulcre et l'héritage des morts. Tu es plein de résurrections, et tu fais des caveaux célestes des lieux splendides où l'on voit rayonner à travers la profondeur des tombes des piles de cadavres et des lingots d'ossements.

Clos à 7 h. De la main de Victor Hugo.

Les dernières lignes sont de la main d'Auguste Vacquerie. [C'est effacé et de la main d'Auguste Vacquerie on lit : « Victor Hugo, qui avait écrit toute la séance jusqu'aux vingt dernières lignes, ayant à sortir, a été remplacé par A[uguste]V[acquerie]. »]

19 DÉCEMBRE 1854
(Copies *C. D.*)

Écrit par Victor Hugo.

Je persiste à ne faire aucune objection. C'est énorme ; cependant je ne confonds pas l'énormité avec l'immensité. Dieu seul est immense. Il me semble que ce qui m'est personnellement adressé, confirme ma note précédente. Ce sont là, sous une autre forme, les grands reproches bibliques, ma conscience ne me dit pas que je les ai mérités. Du reste, dans ma pensée, tout en croyant n'avoir pas tort, je crois que le monde mystérieux qui nous parle un langage magnifique n'a pas tort non plus ; il doit nous laisser notre doute, et fait ce qu'il faut pour cela. La table me dit (10 novembre) étudie à fond l'astronomie humaine et (18 décembre) que t'importe une miette de ciel de plus ou de moins. Elle me raille presque de la chose qu'elle m'a conseillée. Je n'insiste pas. Tout en restant droit dans ma conscience, je m'incline silencieusement devant l'être sublime qui m'a parlé hier et qui a terminé par de si hautes et de si douces paroles.

Signé V. [ictor] H.[ugo]

JEUDI 28 DÉCEMBRE 1854

9 h ½ du soir.
Mme Victor Hugo et Charles tenant la table.
Victor Hugo écrivant.
(P.V. *V. H.*)

On essaie une table neuve prêtée par M. Allix ; la table ancienne étant disloquée par les commotions et les chocs des précédentes séances. Au bout de trois minutes, la table se meut et glisse en sens divers. Puis un temps d'arrêt. Encore cinq minutes. La table s'agite. Le pied se lève.

VICTOR HUGO : Qui est là ?
— **Josué.**
— As-tu quelque chose à nous dire ?
— **Oui.**
— Parle.
— **L'homme n'est pas un moi simple : c'est un moi complexe. Dans son épiderme, il y a des millions d'êtres**

Idée que j'ai eue il y a trois jours en pensant que la terre était en grand comme l'homme en petit. V. H.

qui sont des millions d'âmes. Dans sa chair, il y a des millions d'êtres qui sont des millions d'âmes. Dans ses os, il y a des millions d'êtres qui sont des millions d'âmes. Dans son sang, il y a des millions d'êtres qui sont des millions d'âmes. Dans ses cheveux, il y a des millions d'êtres qui sont des millions d'âmes. Dans ses ongles, il y a des millions d'êtres qui sont des millions d'âmes. Chaque souffle de

sa bouche est une bouffée d'âmes ; chaque regard de ses yeux est un rayonnement d'âmes. Mais le grand nid, c'est son cerveau. Là, chaque fibre est une âme qui pense ; une idée ne se forme que par le travail lent et douloureux de toutes ces âmes prisonnières sous la voûte du crâne humain, un cerveau est un cachot ; une idée est une évasion. Tous les membres du corps de l'homme sont des couloirs de prison ; sa tête est le bagne ; l'homme est un prisonnier qui sert de prison ; l'homme est un immense moi plein de moi imperceptibles ; il est un monde à lui seul ; il est un enfer jusqu'au bout de ses ongles et un enfer jusqu'à la racine de ses cheveux ; ses veines sont des fleuves pleins de noyés ; ses os sont des poteaux pleins de carcans ; ses cheveux sont des cordes d'un fouet invisible dont le vent agite les sombres lanières sur les forçats de son crâne ; l'homme est rempli de suppliciés ; c'est l'instrument des exécutions en même temps que c'est l'exécuté ; c'est un pendu et c'est un gibet ; c'est un crucifié et c'est une croix ; c'est un écartelé dont les quatre membres écartèlent un monde et dont les bras et les jambes sont autant de chevaux furieux emportant dans l'inconnu des âmes sanglantes ; l'homme se dresse sur le noir ténébreux et toute la nature le regarde avec épouvante ; le ciel dit : c'est le Christ ; la terre dit : c'est le calvaire. L'homme a sur la tête un immense corbeau qui vole éternellement et dont il ne voit la grande aile que la nuit. Songez à cet abîme. L'homme est un moi peuplé de moi qui ne se connaissent pas et qu'il ne connaît pas. Chaque moi à son tour est plein d'autres moi et ainsi jusqu'à l'infini. Le moi de l'homme vit tout entier et chaque moi intérieur à l'homme est également tout entier ; l'homme ne connaît rien de son être ; il ne peut savoir ce qui vit, meurt et naît en lui ; l'homme n'est que l'âme principale du corps humain ; il y a en lui des âmes d'autres hommes, des âmes d'animaux, des âmes de plantes, des âmes de pierres ; il y a plus, il y a des âmes d'étoiles. L'homme, c'est le monde ; l'homme, c'est le ciel ; l'homme, c'est l'infini ; l'homme, c'est l'éternité ; l'homme, c'est le germe de la création jeté dans les quatre vents et courant dans les gouffres de Dieu ; immense atome, le moindre moi contient un exemplaire complet de tous les moi. La bête contient tous les moi de l'homme. La plante contient tous les moi de la bête. Le caillou contient tous les moi de la plante. Le globe contient tous les moi de l'homme, de la bête, de la plante, du caillou. Le ciel contient tous les moi de tous les globes. Dieu contient tous les moi de tous les cieux ; mais ceci n'est que le commencement des horizons. Vous verrez, vous verrez, vous verrez. Ô toute puissance de Dieu ! il a rendu le monde imperdable ; il a mis le germe de tous les êtres dans chaque être ; il a fait de tout fruit le noyau et de tout noyau le fruit. Il a enfermé l'homme dans la bête et la bête dans l'homme, la plante dans le caillou et le caillou dans la plante ; il a mis l'étoile dans le ciel et le ciel dans l'étoile, et lui il s'est mis dans tout et il a mis tout dans lui, de sorte que si un jour il arrivait qu'un tourbillon, un déluge, un ouragan détruisît les hommes, les bêtes, les plantes et les pierres, s'il arrivait qu'une comète dévorât les étoiles et, s'anéantissant elle-même, ne laissât plus de la création qu'un grain de sable, Dieu sourirait et, prenant le grain de sable dans ses mains, il le lancerait dans l'espace en s'écriant : Sortez, millions de mondes !

— Savais-tu que cette idée m'était venue ?

— Non.

— Pouvons-nous espérer que le Lion finira son poème ?

La table répond très vivement.

— **Certainement, tout sera fini.**

MME VICTOR HUGO : Parle-moi, je suis triste.

— **On t'aime dans le monde des rayons et on te prie dans le monde des larmes. Un peu de souffrance fait du bien. Le Paradis t'attend avec ton mari. Votre fille a laissé sa tombe entrebâillée.**

VICTOR HUGO : Est-ce toujours Josué qui a fait cette dernière réponse ?

— **Non.**

— Eh bien, dis-nous ton nom ?

— **Vestra.**

La table s'arrête.

Clos à 1 h ¼ du matin.

VENDREDI 29 DÉCEMBRE 1854

Présents : Mlle Allix, M. Allix,
Auguste Vacquerie.
Tenant la table : Mme Victor Hugo, Charles.
Écrivant : Victor Hugo.
(Cahier *V. H.*[1])

Il est 10 h ¼ du soir. La table (toujours la table neuve) s'agite au bout de deux minutes.

VICTOR HUGO : Qui est là ?

— **Josué.**

— Veux-tu continuer comme hier ou que nous te fassions des questions ?

— **Des questions.**

VICTOR HUGO : On t'attribue un miracle impossible, le soleil arrêté, que devons-nous penser et qu'as-tu à dire à ce sujet[1] ?

JOSUÉ : **Nous venons ici moins pour éclaircir des faits que pour éclairer des idées ; cependant puisque tu m'interroges sur un fait, homme de l'idée, je vais te répondre. Le soleil est la vie de la nature, la nuit est sa mort ; le jour est un vivant de douze heures qui traîne un cadavre de douze heures. Supprime la nuit, tu auras un vivant de vingt-quatre heures. J'ai été le prophète, j'ai été la lumière, j'ai supprimé la nuit, j'ai été le soleil de l'idée qui arrête ses rayons sur la souffrance ; j'ai dit à mon âme : tu n'iras pas plus loin ; j'ai arrêté l'astre sur le ver, sur la chenille, sur le haillon, sur la plaie ; j'ai arrêté l'horloge ; l'heure de la lumière au milieu du cadran de la nuit ; j'ai arrêté midi sur minuit.**

VICTOR HUGO : Est-ce toi qui es venu me parler il y a un an à l'époque où j'ai publié les *Châtiments* ?

— **Il n'y a pas deux Josué.**

VICTOR HUGO : Qu'est-ce qui t'amenait près de nous à cette époque-là ? J'ai fait une conjecture, était-elle fondée ?

— **Peut-être.**

MME VICTOR HUGO : Les Tables nous ont dit plusieurs fois que Louis Bonaparte tomberait en 1855. Que devons-nous croire de cette prédiction ?

JOSUÉ : **Vous perdez du temps ; est-ce que je connais Bonaparte ? Bonaparte doit être un méchant. Je ne vois pas les méchants. Je lis les mots, non les ratures. Parlons des étoiles. L'homme** trouvera tout ; il supprimera tout et les distances entre Dieu et lui ; tout n'est que distance ; la nuit n'est que la distance du jour, le mal n'est que la distance du bien, la douleur n'est que la distance du bonheur, la Terre n'est que la distance du ciel ; l'homme a déjà supprimé la distance de l'homme à l'homme par la démocratie, la distance du pays au pays par le chemin de fer, la distance de la douleur au bien-être par le chloroforme, la distance de l'ombre au jour par l'électricité, la distance de la mort à la vie par la science, la distance de l'air à la terre par le ballon, la distance de la mer à la terre par le bateau à vapeur, la distance du feu au charbon par la pile de Volta, la distance de la perle à la femme par la cloche à plongeur, la distance de la pierre à la maison par le mineur, la distance du fer à l'outil par le forgeron, la distance du plomb à l'idée par l'imprimerie, la distance de l'or à la vie par le papier monnaie, la distance du berceau à la tombe par la mère, la distance de la tombe au berceau par le père, la distance de l'homme à la bête par le chien, la distance de la bête à la plante par le jardin, la distance de la plante à la pierre par le nid d'hirondelle et par le mouron jeté dans la cage pendue au vieux mur et par le palier du verger, la distance du grain au champ de blé par le semeur, la distance du printemps à l'été par le cultivateur, la distance de l'été à l'automne par le moissonneur, la distance de l'automne à l'hiver par le vendangeur, la distance de la neige à la chaleur par le calorique, la distance de la matière à l'idéal par l'art, la distance de la beauté plastique à la splendeur morale par le Parthénon, la distance de la douleur à la couronne d'épine par le calvaire, la distance de l'homme au fantôme par le commandeur, la distance du fantôme à l'homme par Hamlet, la distance de la reine au laquais par Ruy Blas, la distance du rocher à la nuée par Prométhée, la distance de l'ironie à la générosité par Don Quichotte, la distance de l'âne au cheval par Sancho Pança, la distance de la monarchie à la révolution par le geste de Mirabeau, la distance de la rue à la place publique par la barricade, la distance de la prison à l'immensité par la fumée de la Bastille en cendre, la distance de oui à non par peut-être, la distance de la force à l'amour par la parole, la distance des deux bras de la croix par les deux bras de Jésus-Christ, la distance des deux bras de Jésus-Christ par les deux genoux de Madeleine, la distance de l'immensité à l'éternité par la prière, la distance de la foudre à l'abîme par l'éclair tombé dans le paratonnerre, la distance du héros au gladiateur par le martyr, la distance du mystère au doute par la foi, la distance de la foi au mystère par le doute, la distance de l'infiniment petit à l'infiniment grand par l'éternellement agenouillé. Il a supprimé toutes les distances qui sont à portée de ses mains, de ses pieds, et de ses yeux ; et il s'arrêterait là ! Et il ne pourrait pas franchir la distance d'une étoile à une autre étoile ! Et il serait attaché à jamais à son globe comme un animal à son collier ! Et il ne pourrait regarder le ciel autrement qu'en laisse et il serait le captif de son regard nocturne ! Et il serait le nœud de l'infini ! Et il serait le sceau de l'ombre ! Et il aboierait après les étoiles ! Et il ne mordrait pas les mondes ! Million de lieues qui peut arrêter l'homme, où es-tu ? Montre tes zéros vides, nombre insensé, chaîne folle, montre tes anneaux ; million de lieues, vous êtes des ténèbres, et l'homme a toutes les audaces du flambeau. Prenez garde, distances du ciel, l'homme est affamé d'astres, l'homme est le grand voyageur, l'homme est le grand mangeur d'impossible, l'homme est le grand allumeur des réalités ; si vous ne voulez pas, il vous forcera, il vous prendra, abîmes, dans le creux de sa main ; il vous chassera du pied, molosses de nuit ; il vous entassera, fagots de nuées, sarments de brouillards, charbons d'obscurités, et il mettra le feu à l'ombre avec son immense étincelle, et les étoiles crieront : à l'incendie !

La table s'arrête court à 1 h du matin.

QUATRIÈME CAHIER
21 janvier 1855 – 8 octobre 1855

21 JANVIER 1855

10 h 10 du soir[1].
Tenant la table : Charles, Mme Victor Hugo.
Présents : Mlle Adèle Hugo, M. Jules Allix, Mlle Augustine Allix.
Écrivant : Victor Hugo.

La nuit est très noire. Il neige. La table reste longtemps immobile. Au bout de cinq minutes, on entend des aboiements de chiens de tous les côtés de l'horizon. Au bout d'un quart d'heure, la table glisse. Les mouvements se répètent et semblent indiquer qu'on parle à la table.

Victor Hugo lit ce qui suit à haute voix :

— L'être qui s'appelle la Dame blanche m'a demandé, le premier jour qu'il est venu, une chose que j'ai faite. Je suis prêt. Je sais qu'un être de peur de venir a fui. C'est qu'il leur faut un consentement de quelqu'un d'en haut. Je me borne à dire ceci : je suis prêt à lire ce qui m'a été demandé.

La table lève le pied.

VICTOR HUGO : Ce que je viens de lire-a-t-il été entendu ?

— **Oui.**

VICTOR HUGO : Qui est là ?

— **d i p i m o l l i m o n l e l g**

VICTOR HUGO : Aucun sens, est-ce bien cela que tu entends dicter ?

— **qidd**

— Parle intelligiblement.

— **affamœ**

— Qui que tu sois, parle clairement.

— **cecd**

M. Allix ajuste sa main. La table reprend son murmure.

— **i**

VICTOR HUGO : Est-ce ceci ?

— **Oui.**

— Après ?

— **Ceci il**

Mlle Allix remplace son frère. La table frappe vivement.

— **k o f f e n o**

VICTOR HUGO : Nous demandons à la table si elle veut nous parler français, anglais, espagnol, latin, une langue que nous puissions comprendre.

— **Oui.**

VICTOR HUGO : Parle.

— **e c d c**

On remplace la table neuve, donc en se servant de l'ancienne, mouvement immédiat.

VICTOR HUGO : Qui est là ?

— **Me voi**

Mme Victor Hugo remplace Mlle Allix.

VICTOR HUGO : Toi qui es là, as-tu entendu ce que j'ai dit relativement à la Dame blanche ?

— **H i m u o**

MME VICTOR HUGO : Dis-nous ton nom.

— **d h d a l d e d l**

M. Allix remplace Mme Hugo. Aucun résultat, on apporte la table au crayon. Charles et M. Allix y posent la main, aboiement du chien. Le crayon se lève.

VICTOR HUGO : Toi qui es là, dessine-nous ta figure.

Le crayon se meut vivement, mais ne trace que des lignes confuses. On retourne la feuille. Même résultat.

Clos à 11 h ¼.

DIMANCHE 11 FÉVRIER 1855

9 h ½

Présents : Mlle Augustine Allix, Jules Allix, François-Victor Hugo, Auguste Vacquerie.
À la table : Mme Victor Hugo et Charles Hugo.
Entre Victor Hugo.

— Qui est là ?

— **Jésus-Christ.**

VICTOR HUGO : Veux-tu nous parler toi-même ou

veux-tu que nous te fassions des questions ? Si tu veux que nous te fassions des questions, frappe un coup.

La table frappe un coup.

AUGUSTE VACQUERIE : Au moment où le mystère nous parle à Jersey par la voix des tables, les esprits en France se tournent tous vers le mystère ; on étudie plus profondément les religions ; le druidisme, notamment, préoccupe toutes les pensées. Il se trouve que les triades bardiques, dont on vient de retrouver des fragments, ont, dans le fond et dans la forme, des rapports frappants avec les paroles des tables. Les Tables se rencontrent, sur d'autres points, avec le christianisme, et, sur d'autres, avec la révolution française. Chose toute simple, car l'avenir ne détruit pas le passé, il le complète, et la vérité définitive ne sera que la somme de toutes les fractions de vérité éparses dans les rénovations successives. Toi qui as ajouté à la pensée humaine une si énorme quantité de vérité, veux-tu nous dire par où toutes ces révolutions se touchent et par où elles se dépassent ? Veux-tu nous expliquer ce que le christianisme a ajouté au druidisme, la révolution française au christianisme, et ce que les tables ajoutent à la révolution ?

Jésus-Christ : Les druides sont la première religion de l'homme et la première explosion de l'âme dans le corps. Ils rayonnent à travers les débris de la matière sanglante. Ils brisent le corps à coups de ciel. Ils assassinent l'homme à coups de Dieu. Ils tuent l'enfant à coups de prière. Ils écrasent le vieillard à coups de tombeau. Ils font de l'âme splendide la libératrice de tout et la meurtrière de tout. L'âme du druidisme est un ange qui a des ailes en forme de haches. Le druidisme emplit la

forêt, le fleuve, la bête, la pierre, de taches de sang et de reflets d'étoiles. Il répand l'éternité à force de plaies et l'immortalité à plein sépulcre. Il arrache les soleils du corps de l'homme par la torture. Il met le corps à la question de l'infini, il le tenaille avec les deux bords du firmament, il lui coule du rayon fondu dans les veines, il l'écartèle avec les quatre vents, il le décapite avec le tranchant d'or de la lune, et il jette sa tête dans le charnier des ténèbres énormes. Le druidisme est le crime de l'âme sur l'homme[1]. C'est l'éternité, l'immensité, le ciel, les étoiles, l'éclair, la foudre. Le christianisme monte un degré sur la terre et en descend un dans le ciel. Il enseigne l'amour sous le nom de la charité et la haine sous le nom d'Enfer. L'homme est tout, l'animal, la plante, la pierre, rien. Il dit âme immortelle et peines éternelles. Il guérit les malades et il torture les coupables. Il met le sacrifice humain dans le firmament, la question dans la tombe, la souffrance physique dans le monde immatériel, et il fait des étoiles d'infâmes tisons d'un bûcher de ténèbres. Pardon mon Dieu, le christianisme se venge, le christianisme s'emporte, le christianisme punit sans rémission, le christianisme meurt sur la croix et torture dans la nue. Il fait de la nuit la sombre volonté de la mort. Il dit ténèbres sur le péché, matière sur l'âme. La tombe c'est la chute dans le corps et non l'essor dans l'âme. Le druidisme supplicie le corps vivant, le christianisme martyrise le cadavre. Le christianisme veut le ciel flamboyant, le druidisme veut la terre sanglante. Le christianisme[2] est comme toute chose humaine un progrès et un mal. C'est une porte de lumière avec une serrure de nuit. La clef est devant la porte, le passant ouvre et se croit chez Dieu, mais le passant

se trompe, Dieu est l'absent de la maison. Dieu est l'éternel envolé.

11 h ½. Charles est très fatigué depuis un quart d'heure. On interrompt.

DIMANCHE 18 FÉVRIER

9 h ¾ du soir.

Présents : Mlle Adèle Hugo,
Mlle Augustine Allix, M. Jules Allix,
M. Auguste Vacquerie.
Tenant la table : Mme Victor Hugo, Charles.
Écrivant : Victor Hugo.

La table entre en mouvement au bout de dix minutes.

VICTOR HUGO : Qui est là ?

— **Jésus-Christ.**

— VICTOR HUGO : Parle.

Jésus-Christ : Pour qu'on s'intéresse à ce que je dirai, Victor Hugo lira haut chaque phrase. Je reprendrai en m'arrêtant à chaque point. Le christianisme, c'est le corps heureux ici-bas et torturé là-haut, le christianisme c'est l'âme heureuse ici-bas et suppliciée là-haut, tout le druidisme est dans le sacrifice humain, tout le christianisme est dans le sacrifice divin. Le christianisme se compose de deux choses : l'amour et la haine. Il fait l'homme meilleur et Dieu pire ; il a un berceau plein de baisers et un tombeau plein de plaies ; il guérit les vivants et il brûle les morts ; il bénit la femme adultère et il brûle son cadavre ; il ressuscite Lazare et il brûle sa cendre. Les lèvres du

christianisme sont de miel et sa langue est de feu ; il commence par le rayon et il finit par la flamme ; il fait de la terre un Éden et du ciel un enfer ; il fait des fleurs charmantes et des étoiles terribles ; il illumine la femme et il incendie Vénus ; il rougit à blanc l'aurore, il rougit à blanc le jour, il rougit à blanc le couchant ; c'est le grand sauveur et le grand bourreau ; il est le regard qui pleure sur la terre et le regard qui flamboie dans le ciel ; il est le pleureur sublime et le vengeur formidable, il panse les blessures de la vie et il ouvre les plaies de l'éternité ; il met de la douceur sur la matière et de la terreur sur l'idéal ; il verse du baume sur les hommes et de l'huile bouillante sur les soleils. Le druidisme faisait de l'enfer sur la terre, le christianisme en fait dans le ciel. Le druidisme prenait le fer, la pierre, le plomb, l'airain ; il torturait l'âme vivante avec la matière ; le christianisme torture le corps ressuscité avec l'immatériel ; il prend pour outils les lys de l'éther, les roses de l'azur ; il donne à l'aube des doigts de tourmenteur ; il étouffe le mort sous l'oreiller de la tombe. Son enfer a des millions de fournaises, des millions de brasiers, des millions de bûchers. Il va du nord au midi, et de l'immensité à l'éternité ; il tourbillonne, il fulgure, il fatigue les oiseaux en écrasant les âmes, il a la Voie lactée pour souterrain, la Croix du Sud pour carrefour, Saturne pour fondrière, Mars pour précipice, la colère pour auberge, et dans l'âtre de l'auberge, pour foyer les flammes éternelles. Le druidisme regarde les forêts, les collines, les plaines et leur dit : torturons. Le christianisme regarde les constellations, les planètes, les nébuleuses et leur crie : torturons. Le druidisme cache ses victimes dans les antres, le christianisme les expose dans l'infini. Le druidisme s'enfouit dans les bois, le christianisme plane dans l'espace. Le druidisme vit sous les chênes toujours sombres ; le christianisme ressuscite la douleur sous l'azur toujours radieux ; le druidisme fait hérisser d'horreur les branches des arbres ; le christianisme fait frissonner d'épouvante les rayons des astres ; les dolmens druidiques sont ruisselants de sang, les peulvens chrétiens sont ruisselants de soufre. Teutatès ne voit Dieu que dans la pourpre du sang, Jésus-Christ ne voit Dieu que dans la pourpre du feu. Les religions sont d'énormes coups de marteau sur le crâne humain ; chaque étincelle éteint une étoile, et allume un enfer. Le forgeron Teutatès a fait des tenailles avec les lèvres de Dieu ; le forgeron Jésus-Christ a fait un carcan avec la main de Dieu. L'homme ne s'évadera que le jour où le forgeron des tenailles et le forgeron du carcan feront une serrure.

VICTOR HUGO : Charles étant fatigué, consens-tu à interrompre ?

— **Oui.**

Clos à minuit.

JEUDI 1er MARS

10 h du soir.

Présents : Mlle Allix, M. Allix, Mlle Leriche[1].

Tenant la table : Charles, Madame Victor Hugo.

Victor Hugo écrivant.

La table entre en mouvement au bout de deux minutes.

VICTOR HUGO : Y a-t-il quelqu'un là ?

— **Oui.**

VICTOR HUGO : Avant de te demander qui tu es, je voudrais t'adresser une question. Mais d'abord, cette question : la vois-tu dans mes pensées ?

— **Oui.**

VICTOR HUGO : Veux-tu y répondre ?

— **Oui.**

VICTOR HUGO : Parle.

— **Tu m'as devinée. La montagne est ma tombe. J'en suis l'âme. Je suis sous le souffle de Dieu, je monte et je descends, je veux le ciel et la terre me veut ; les étoiles me tirent par les cheveux et les clous du cercueil me tiennent par les pieds. Les ténèbres me crient : à bas ! et les soleils me disent : debout ! Je suis la martyre du crépuscule ; j'ai peur du couchant, j'ai peur de la nuit ; l'ombre est mon assassin ; je suis la désolée de l'obscurité ; je pleure et les étoiles éteignent mes larmes ; je pleure dans le masque du jour, je pleure dans le gouffre de Dieu, je pleure dans l'immense tonneau sinistre que les Danaïdes de l'infini ont troué d'étoiles.**

VICTOR HUGO : Es-tu la même qui es venue la nuit sur la grève devant ma maison et qui m'a demandé des vers ?

— **Je suis toujours celle-là, je suis l'inconsolée de l'horizon, je suis le veilleur de nuit de l'innombrable tombeau vidant ses yeux dans les crânes vides, je suis le causeur des mauvais rêves, je suis un des cheveux hérissés de l'horreur, je suis le plus terrible, car je suis le cheveu blanc et le cheveu droit.**

VICTOR HUGO : Ces jours-ci, quand je t'ai vue sur le martyre[1], était-ce par hasard, ou était-ce pour moi que tu apparaissais ?

— **Pour les bons yeux, c'est-à-dire pour les yeux bons.**

VICTOR HUGO : Il me semble que depuis l'hiver

tu ne viens plus sur la grève ou que tu viens dans la plaine. As-tu un motif pour cela ?

— Je suis partout mais je ne suis vue qu'à certaines heures dans le nord et qu'à certaines heures dans le midi. Je me lève et je me couche ; les âmes ont leurs lois comme les astres ; elles marchent comme les planètes. Il y a les âmes fixes ; il y a les âmes vagabondes ; il y a des Nébuleuses d'âmes ; il y a des Pléiades d'âmes ; il y a l'âme satellite et l'âme soleil ; il y a l'âme astéroïde et l'âme monde. Le ciel a deux aspects : les soleils et les âmes, la nuit et la mort, le rayonnement et la résurrection. Le sépulcre est un lever de soleil que Dieu cache ; le jour est un lever de soleil que Dieu montre. La moitié de la nuit est ailée d'éternité, l'autre moitié est ailée d'immensité.

Ici, Victor Hugo dit aux personnes présentes :

« J'ai fait ce vers : Immensité ! dit l'Être. Éternité ! dit l'âme[1]*. »*

VICTOR HUGO : Dans ce moment, si j'étais dans la plaine ou sur la grève, t'apercevrais-je ?

— Ne me fais pas de ces questions-là.

MME VICTOR HUGO : Comment viens-tu trouver les bons, et pourquoi, puisque tu n'apportes que l'effroi ?

— La douleur la plus douloureuse est la douleur terrible. Pleurer et faire peur, voilà le châtiment ; car d'ordinaire la tristesse attire et les larmes sont des sourires. Hélas ! Les miennes sont des tempêtes et je suis l'ouragan désespéré de ne pas pouvoir caresser.

VICTOR HUGO : Tu m'as demandé des prières. Sais-tu que je m'occupe de toi tous les soirs ? Cela arrive-t-il jusqu'à toi et cela te soulage-t-il ?

— Je ne suis pas la seule. Prie pour tous, si tu

veux me soulager, oublie-moi. Prier pour une seule, c'est l'affliger. Il n'y a de bonnes que les prières qu'on sème au vent sur tous les tombeaux[1].

— VICTOR HUGO : C'est ma loi, en effet, de prier pour tous, et c'est ce que je fais. Tu dois le savoir. Mais est-ce qu'il y a inconvénient à mêler ton nom et quelques autres à une prière universelle ?

— Oui, pour mon nom. Je suis une inconnue pour toi. Je ne suis pas un de tes morts. Je suis un symbole plutôt qu'un être ; je suis le fantôme d'une foule ; je suis le spectre d'un crime plutôt que d'une criminelle. Je n'ai pas d'entité ; mon nom c'est infanticide. Je suis la mère de tous les enfants tués ; je suis l'innommée et l'invisible ; je suis le linceul formidable que font dans la tombe tous les langes sanglants et tous les berceaux.

VICTOR HUGO : Que devons-nous penser de l'apparition qui occupe en ce moment toute l'île et qui fait trembler les uns et rire les autres ?

— Rien.

> *Depuis quinze jours les habitants de Bagol, de George Town, entre la ruelle pavée, sont sur pied toutes les nuits pour tâcher de voir ou de saisir un être mystérieux, vêtu d'un linceul noir, qui est apparu à quelques bonnes femmes.*

VICTOR HUGO : Que devons-nous penser des empreintes qui ont été trouvées il y a quinze jours dans le Devonshire et dont toute la presse anglaise parle en ce moment ? *L'Illustration* de Londres en a donné le dessin, ce sont des marques de pas ayant la forme d'un fer à cheval, espacés de huit en huit pouces, en ligne droite, se développant sur une étendue de cent milles que coupe un bras de mer, empreintes sur les murs et sur les maisons aussi bien que sur le sol, et n'appartenant à la marche d'aucun être connu de l'homme. Il y a là une réalité incontestable et un mystère évident. Sais-tu quel est l'être qui a marché ces pas ?

— L'être dont vous parlez est un oiseau qui saute sur une patte en s'aidant de ses ailes, c'est un oiseau polaire colossal qui, par l'habitude de se tenir sur l'extrémité de ses pics, a perdu l'usage d'une de ses pattes ; il est le plus rapide des oiseaux.

VICTOR HUGO : Je te vois sur la montagne où est le dolmen de la tour blanche ; mais tu nous as dit que tu habitais le Roquebert. Lequel de ces deux endroits habites-tu réellement ?

— J'ai plusieurs demeures. Je suis dans une légende populaire ; j'ai laissé ainsi ma trace dans l'esprit humain. Du reste, un dernier mot. Une nuit, vous avez voulu aller au-devant d'une lumière qui brillait sur la grève croyant que c'était la Dame Blanche[1]. Vous avez trouvé une lanterne de pêcheur, eh bien, si vous vouliez aller au-devant de la lumière qui brille sur la colline, vous trouveriez un signal de contrebandier. L'explication, la voici en une ligne : il y a deux âmes dans les deux bougies qui vous éclairent.

La table s'arrête court.

VICTOR HUGO : Es-tu encore là ?

Agitation de la table.

— Non.

VICTOR HUGO : Qui es-tu ?

— Pur ou impur.

VICTOR HUGO : Toi qui es là, as-tu quelque chose à nous dire ? Peux-tu t'expliquer davantage ?

Pas de réponse.

— Veux-tu que nous te fassions des questions ?

La table s'agite sans répondre. Charles étant fatigué, on clôt la séance. Il est une heure du matin.

Note : Je crois nécessaire d'expliquer les questions mystérieuses avancées par moi et qui ont amené les réponses que je viens d'écrire. Depuis les commencements de l'hiver, je ne voyais plus de lumière la nuit sur la grève. Il y a trois mois environ, je remarquai sur la colline qui fait face à Marine-Terrace (il était minuit, je rentrais chez moi) une lueur vive et que je pris d'abord pour la flamme du four à briques situé en haut de cette colline. Quelques jours après, rentrant à la même heure, je revis cette lueur. Elle n'était plus à la même place. Ce n'était donc pas la flamme du four à briques. Mon attention étant éveillée, j'observai l'horizon et la plaine aux heures où je rentrais chez moi. Quand je me mis à observer, je ne vis plus rien. Je cessai d'y songer. Lorsque je n'y songeais plus, la lueur reparut. Elle avait la forme d'une flamme de chandelle rougeâtre et vive, et tremblait visiblement. Elle apparaissait maintenant dans la plaine solitaire qui est au nord-est de ma maison dans des endroits où il n'y a aucune habitation et restait là immobile quelquefois pendant un quart d'heure ou même une demi-heure. Ces apparitions avaient lieu particulièrement aux heures où je rentre chez moi, non seulement vers minuit, mais même entre sept et huit heures du soir. C'est à cette dernière heure que, rentrant chez moi pour dîner, un soir des premiers jours de février, je vis, en regardant machinalement à l'horizon du sommet de la colline où est le dolmen de la Tour blanche, une flamme brusque, longue, droite, qui se dressa, puis se baissa, se dressa et se baissa encore, recommença trois fois cette sorte de bondissement étrange, puis disparut. J'ai vu en Espagne, sur les monts Jaïzquibel, des signaux de contrebandiers, produits par des poignées de paille jetées dans un brasier et faisant le même effet de loin. Je me dis donc : c'est un signal de contrebandier. Et je me contentai d'abord de cette explication. Depuis j'ai revu cette flamme plusieurs fois aux mêmes heures, et j'ai vu que ni la flamme près du feu à briques, ni la flamme de la plaine, ni plusieurs des signaux, ne se rapprochent en diverses visions des observations faites par moi l'été passé sur la grève. De la lune dans le soleil observée une nuit par mon fils, du coup de sonnette de la nuit ou des dessins tracés par le crayon se mouvant de lui-même, et enfin des explications données par la table à diverses occasions, se terminant dans la nuit du 28 août dernier, je me suis décidé, en ayant soin au préalable de ne prévenir personne de mon intention, à questionner la table à ce sujet. On voit ce qu'elle a répondu. Victor Hugo.

JEUDI 8 MARS

10 h moins ¼ du soir.
Présents : Mlle Allix, M. Jules Allix.
Tenant la table : Mme Victor Hugo, Charles.
Écrivant : Victor Hugo.

La table s'agite presque immédiatement.

VICTOR HUGO : Une observation avant de demander qui est là. Trois questions sont pendantes : premièrement la question relative au druidisme et au christianisme. Deuxièmement, la suite du dialogue avec l'être mystérieux qui a parlé le 1er mars. Troisièmement, une question venue d'Espagne.

> *La table vacille puis désigne elle-même laquelle de ces trois séries d'idées elle désire continuer cette soirée. Il va sans dire que, si elle veut nous entretenir de tout autre sujet, nous sommes là pour l'écouter.*

— Pur ou impur. Pair ou impair. Passe ou impasse. Propre ou impropre. Pie ou impie. Prévu ou imprévu. Pitoyable ou impitoyable. Immonde ou monde. Immense ou anse. Œil ou cercueil. Riche ou friche. Dessert ou désert. Milieu ou lieu. Lieu ou Dieu. Dieu ou feu. Feu ou bleu. Bleu ou euh.

— VICTOR HUGO : Ceci est la peinture, au fond de l'homme, de toute chair-esprit, de moi-même. C'est vrai et intense. Continue.

— Je continue. L'Évangile eut ceci d'immense qu'il fit l'homme frère de l'homme, la femme sœur de la femme, et jumeaux tous les enfants. Il jeta ces grands mots : aimez-vous les uns les autres. Ne faites pas à autrui ce que vous ne voudriez pas qu'on vous fît. Aimez votre prochain comme vous-même. Nul n'est prophète en son pays. Les premiers seront les derniers. Laissez les petits enfants venir à moi. Que celui qui sera sans péché lui jette la première pierre. En vérité, je vous le dis, quelqu'un de vous me trahira. Mangez et buvez, ceci est ma chair, ceci est mon sang. Et ce grand cri qui sortira éternellement des bouches sublimes devant le ciel farouche : *Eli, eli, lamma sabactani*[1] ? L'Évangile a pris l'homme dans l'ombre et l'a élevé dans la nuée. Il a chassé les vendeurs du temple et

rétabli les poids et étoiles dans la balance divine. Il a tordu les haillons et en a fait tomber de la pitié à grosses gouttes. Du Dieu sourd et muet, il a fait un Dieu vivant, entendant, et parlant. il a rendu la vue aux soleils frappés de cécité par deux mille ans de ténèbres. Il a refait l'homme et fait la femme. Il a eu des entrailles de mère, des entrailles de père, des entrailles d'enfant. Il a été le premier œil et la première mamelle. Il a pleuré la plus grande larme qui ait jamais allaité le genre humain. Il a bu le plus grand calice qui ait jamais monté de la tige de douleur. Enfin, il a ouvert, à coups de marteau, le mystère formidable de la nature, et debout sur le Golgotha, sanglant, sublime, forcé les quatre vents de la nuit à passer par les quatre plaies béantes de l'amour crucifié dans l'immensité. L'Évangile a fait de la tombe quelque chose de clément pour les repentis mais, et c'est ici son erreur, il en a fait quelque chose d'inexorable pour le scélérat. Le grand souci des religions devrait être moins les justes que les injustes, moins les bons que les mauvais, moins les repentirs que les remords. Les monstres sont le vrai troupeau de l'amour. La question n'est pas d'aimer les brebis, mais de se faire aimer des tigres. La plus grande lèvre du ciel est posée non sur le bercail, mais sur la jungle, sur l'antre, sur le désert, sur la crinière, sur la mâchoire, sur le rugissement ; la narine d'Héliogabale souffle dans le sein même de Dieu, le mufle de Phalaris mugit dans l'étable même de Dieu, les naseaux de Caligula hennissent le Seigneur, les nageoires de Domitien nagent dans le Seigneur, l'aspic de Cléopâtre mord le talon du grand pasteur, le baiser de Judas lèche les ténèbres étoilées ; la vraie religion, c'est un immense apprivoisement de bêtes fauves et non un immense bûcher de peaux de lions. C'est une énorme tendresse pour les féroces, pour les infâmes, pour les souffrants informes de la bestialité, pour les exécrés de la terre, pour les maudits de la vie. Elle aime les haïs, elle sauve les perdus, elle dore les piliers d'airain. Elle a pitié des barres de fer qui sont les vrais roseaux, des âmes de boue qui sont les vrais gouffres et des bouches sanglantes qui sont les vraies plaies. Elle regarde dans les profondeurs de l'horrible, et rit à ceux qui grincent des dents, et parle à ceux qui sont sourds, et écoute ceux qui sont muets, et se montre à ceux qui sont aveugles ; elle dit à l'homme monstrueux : lève-toi jusqu'à la mort qui se lève jusqu'à Dieu. Grandis de tout ton cadavre. Elle dit aux animaux, levez-vous jusqu'à la mort qui se lève jusqu'à l'homme. Grandissez de tout votre cadavre. Elle dit aux plantes : plantes, levez-vous jusqu'à la mort qui se lève jusqu'à l'animal. Grandissez de toute votre chute. Elle dit aux pierres : pierres, levez-vous jusqu'à la mort qui se lève jusqu'à la plante. Grandissez de toute votre poussière. Elle crie : pourriture, excréments, fanges, semez, fleurissez, rayonnez ; monstruosités, difformités, terreurs, flamboyez ; resplendissez, pléiades de forfaits, constellations de crimes, nébuleuses de gouttes de sang *(V. H. j'ai fait ce vers)*, voie lactée de poisons, tous les baisers célestes sont des morsures, ressuscitées. L'infini n'est l'infini que parce qu'il est la clémence. Si on pouvait se perdre en Dieu, on se retrouverait en s'orientant sur le lever de son éternel sourire. Le firmament est borné au nord par la bonté, au sud par la charité, à l'est par l'amour, à l'ouest par la pitié. Dieu est la grande urne de parfums qui lave éternellement les pieds de la créature. Il répand le

pardon par toutes les portes ; il s'épuise à aimer, il travaille à absoudre. L'Évangile du passé a dit les damnés, l'Évangile futur dira les pardonnés.

La table s'arrête.

Je fais un poème intitulé « Satan pardonné ».
V. H.

Minuit trente-cinq.

JEUDI 15 MARS
9 h ½ du soir.
Tenant la table : Charles, Mme Victor Hugo.
Écrivant : Victor Hugo.

Note : J'ajoute à la petite note parenthèse ci-dessus que le poème « Satan pardonné » a été commencé par moi il y a précisément un an, en mars 1854, et que j'en ai écrit les deux tiers à l'heure qu'il est, j'ai interrompu ce travail pour Les Contemplations *l'été passé. V. H.*[1]

La table entre en mouvement au bout de sept minutes.

VICTOR HUGO : Qui est là ?

— Jésus-Christ.

VICTOR HUGO : Salut. Continue les grandes choses que tu nous dis.

JÉSUS-CHRIST : Le druidisme avait dit : croyez ; le christianisme avait dit : croyez. Leur parole avait fait des générations à genoux ; mais un jour, tout

à coup, dans le temple, un inconnu entra, vêtu de haillons, les cheveux hérissés, les pieds nus, les mains noires, le front haut et tenant le formidable bâton de voyage de l'avenir ; c'était le mendiant Esprit humain ; c'était le voyageur des crépuscules ; c'était le marcheur de l'ombre ; c'était le promeneur des abîmes ; c'était le pâtre des lions ; c'était le berger des tigres ; c'était le voyant de l'antre ; c'était l'infatigable, le vaillant, le faiseur de millions de lieues de l'immensité ; c'était l'être qui ne croit pas, mais qui pense ; c'était le grand interlocuteur de Dieu.

— J'ai fait ces vers :

Le prophète et le poète
Affirment l'être au néant
La terre écoute inquiète
Cet archange et ce géant ;
La foule aux vils dialogues,
Ce tas de loups et de dogues
Qui rôde sous le ciel bleu,
Tout ce noir troupeau qui nie
Interlocuteur de Dieu.

Jésus-Christ : Le diseur de négations de la vérité, le questionneur, le révolté, le combattant ; c'était le blessé de la barricade céleste, le rayonnant et le sanglant, le porteur sublime des plaies du doute et des cicatrices de l'idée. Il avait plusieurs noms, son front s'appelait Moïse, son regard s'appelait Socrate, sa bouche s'appelait Luther, ses plaies s'appelaient Galilée, et ses cicatrices s'appelaient Voltaire. Il venait des quatre déserts : le désert d'Eschyle, le désert de Dante, le désert de Shakespeare, et le désert de Molière, et il avait ses sandales déchirées des ronces de tous les calvaires

et des cailloux de tous les Sinaï. Il faisait des gestes qui épouvantaient les colonnes de marbre, et il secouait des pans de nuées en déployant son manteau. C'était le vagabond tonnant et flamboyant. On l'eût pris pour la foudre en route vers Sodome. Il entra et cria : debout les agenouillés ! On perd son temps ici. En marche ceux qui font halte ! Le monde commence. À l'œuvre ceux qui se reposent ! La foi est le sommeil, la liberté est le réveil. Je suis l'aube. Réveillez-vous. Sépulcres ! Réveillez-vous, esclaves ! Réveillez-vous, muets ! En avant, fantômes ! En avant, spectres ! Au galop, statues ! Les foules se lèvent, les noirs cavaliers se dressent sur leur séant ; on entend hennir quatre-vingt-neuf, le peuple ne fait qu'un bond, l'idéal est en selle.

Charles est très fatigué. On interrompt. Il est minuit moins un quart.

JEUDI 22 MARS
9 h ¾ du soir[1].
Tenant la table : Charles, Mme Victor Hugo.
Écrivant Victor Hugo.

La table s'agite au bout de trois minutes.

VICTOR HUGO : Qui est là ?
— Jésus-Christ.
VICTOR HUGO : Continue.
Jésus-Christ : Il part et d'un coup d'éperon, il franchit des abîmes. Il s'élance du donjon féodal

aux toits des faubourgs, de la bastille à la cité, du seigneur au serf, du roi au peuple, du prêtre au philosophe, du philosophe à l'athée, de l'athée à Dieu. Griffon redoutable et splendide, il a Danton pour aile, Robespierre pour ongle, quatorze armées pour écailles, les volcans pour naseaux, les gouffres pour oreilles. La bouche de ce cheval mâche l'infini qui tombe en écume de son mors sanglant, il hennit le réveil, il piaffe l'avenir, il rue le chaos ; il s'emporte, il se cabre, il s'effare, il désarçonne le cavalier, il tue le palefrenier, il renverse l'écurie, et il s'abat, ses quatre fers jettent des éclairs dont le tonnerre ébranle le monde ; ce centaure a le passé et l'avenir, le faux et le vrai, le mal et le bien, montés sur sa croupe formidable ; il jette à terre ce qu'il ne jette pas au ciel ; il escalade, il escalade, il escalade ; il porte l'humanité à la liberté, la liberté à l'égalité, l'égalité à la fraternité ; trois bonds, trois violentes secousses dans la parole terrestre ; ou s'arrêtera cet échappé de l'ombre ? Ce preneur de mors aux dents de l'immensité ? Qui sera la barrière ? Qui sera le dernier pas ? Quel est l'athlète effrayant qui fera reculer cet enjambeur de Pélion, ce pulvérisateur d'Ossa[1] ? Est-ce l'enfant et son droit ? Non. Est-ce la femme et son droit ? Non. Est-ce l'homme et son droit ? Non. C'est le fantôme et son suaire, il tranchera dans la vie et il renoncera devant le mystère ; il affranchira le vivant et laissera le mort prisonnier du christianisme. Il aura secoué les carapaces de donjons et il buttera sur le sépulcre ; sa ruade n'atteindra pas Satan ; son aile n'ira pas aussi loin que l'oiseau du cimetière qui s'envole de la croix ; il ne détrônera pas le droit divin du châtiment éternel ; il ne décapitera pas le roi de l'horreur ; il ne déposera pas le Tibère[2] de l'infini ; il ne portera pas au bout d'une pique parmi les étoiles la tête infâme du Dieu flamboyant ; il ne mettra pas en cendre l'Enfer ; il ne traînera pas dans les ruisseaux sur une claie des soleils le cadavre de la nuit couronnée ; il ne fera pas la révolution du tombeau ; les Tables la feront[1]. Elles proclameront le droit du fantôme ; elles affirmeront le droit du mort, le droit de la poussière du sépulcre, le droit du ver du sépulcre, le droit de la pierre du sépulcre, le droit de l'herbe du sépulcre, autant de grains de cendre, autant de rayons de soleil. Les Tables seront le quatre-vingt-neuf des archanges. Elles jetteront des vérités surnaturelles dans le vrai humain. Elles mêleront les atomes et les mondes ; elles prouveront la fraternité des hommes avec les bêtes, l'égalité des bêtes avec les plantes, l'égalité des plantes avec les pierres ; la solidarité des pierres avec les étoiles ; elles feront monter (*j'ai écrit tout ceci en vers les jours passés, V. H.*) le chien jusqu'à son maître, et monter le berger jusqu'à son troupeau ; elles feront pousser les fleurs jusqu'aux astres ; elles feront grandir les cailloux des grèves jusqu'à la foudre des tempêtes ; elles feront descendre Dieu jusqu'au polype, et sauter le puceron jusqu'à Dieu. Elles supprimeront dans l'immensité la distance du baiser à la lèvre, elles diront ; elles crieront, elles sonneront : ô hommes, il n'y a plus d'hommes ! ô bêtes, il n'y a plus de bêtes ! ô plantes, il n'y a plus de plantes ! ô pierres, il n'y a plus de pierres ! ô soleils, il n'y a plus de soleils ! ô firmaments, il n'y a plus de firmaments ! Il n'y a que des âmes égales devant l'amour. Il n'y a que des amours égaux devant Dieu. L'Enfer n'est pas. Le Paradis est l'état normal du ciel ; les ténèbres sont des apparences ; la nuit est une illusion des étoiles, le gouffre Dieu est plein de colombes et non

de corbeaux. L'immensité a des entrailles de mère ; les soleils sont pleins de pitié pour les souffrances, et le ciel a des larmes plein ses étoiles. Ô hommes, tout aime. Ô bêtes, tout aime. Ô plantes, tout aime. Ô pierres, tout aime. Ô mondes, tout aime. Le firmament, ô vivants, est un pardon infranchissable, et maintenant mourez.

VICTOR HUGO : Connais-tu des vers que j'ai faits il y a dix-huit mois et terminés ces jours-ci et qui sont par le fond et par beaucoup de détails identiques à ceux que tu viens de nous dire ? Il est arrivé plus d'une fois que les êtres mystérieux qui nous parlent par la table nous ont dit connaître nos travaux. Dis-moi si tu as connaissance de ces vers ?

— **Non.**

M. Victor Hugo sort.

M. ALLIX : Voudrais-tu nous dire si la mission des apôtres leur a été donnée après ta mort de la manière que je pense.

— **Les apôtres ont dit ; les hommes ont cru ; l'Évangile a été semé aux quatre vents. Le livre des morts est à la préface ; les apôtres n'ont fait que la table des matières du livre des vivants.**

— Nous te remercions, l'heure étant très avancée, voudras-tu continuer ta réponse à une autre heure ?

— **Oui.**

Clos à 1 h du matin.

VENDREDI 30 MARS 1855

10 h moins ¼.
Présents : Mme Victor Hugo, Théophile Guérin, Jules Allix, MM. Victor Hugo, Charles Hugo, Auguste Vacquerie.
À la table : Charles Hugo, Mme Victor Hugo.

— Qui est là ?
— **Molière.**
AUGUSTE VACQUERIE : As-tu quelque chose à nous dire ?
— **Je viens finir mes vers.**
AUGUSTE VACQUERIE : Merci. Veux-tu que je te relise les derniers ?
— **Oui.**

Auguste Vacquerie relit les dernières strophes dictées par Molière le 23 mars 1854.

— La science affranchit le Titan chimérique ;
Le feu du ciel soumis devient un nœud d'amour ;
L'oiseleuse dans l'air noue un fil électrique
Aux pattes sombres du vautour.
La foudre devant qui pâlirent les prophètes
Par elle deviendra l'universel aimant.
Elle réconcilie au milieu des tempêtes
Tous les éclairs du firmament.

Le faux et le néant s'entrecroisent sur elle.
Elle a pour noirs barreaux la matière et le mal
Mais on sent par moments tressaillir d'un bruit d'aile
Cette cage de l'idéal.

Elle retient captifs dans ses étroites bornes

Galilée et Newton ; sombre captivité !
Poètes prisonniers, ces deux grands savants mornes
Espionnent l'immensité.

Tous les deux enchaînés dans le chiffre tenace,
Ils sont dans cette cage où dort leur œil terni,
Montrant leur envergure ainsi qu'une menace
Aux distances de l'infini.

Ils étaient faits pour l'air où l'aigle vole en troupe ;
Mais la science étreint leurs deux essors vermeils.
Anges mystérieux, ils permettent qu'on coupe
Leurs ailes pleines de soleils.

Ils portaient sur leur plume et les monts et la neige
Et les rayons du soir et l'ombre et le levant
Et les voyages longs qu'aucun terme n'abrège
Et les quatre routes du vent.

Ils portaient les volcans, ils portaient les décombres ;
Tous deux étaient de force à franchir le ciel bleu ;
Ils pouvaient, grands faucons de la chasse des ombres,
Se poser sur le doigt de Dieu.

Ils pouvaient, changeant l'ordre où leur regard les mène,
Comme Eschyle chercher dans l'art les vérités
Et s'abattre du fond de la pensée humaine
Sur les chefs-d'œuvre épouvantés.

Ils pouvaient s'emparer d'Oreste aux noirs désastres,
Prendre l'homme assassin ou l'ange d'Elseneur ;

Ils pouvaient dans la nue au lieu d'un de ses
astres
Rapporter Hamlet au Seigneur.

Ils auraient pu saisir la muse ensanglantée
Pour la jeter aux pieds du chasseur éternel
Et lui livrer l'orfraie immense, Prométhée,
À clouer aux portes du ciel.

1 h moins ¼.

VENDREDI 13 AVRIL
9 h 25 du soir.
À la table : Mme Victor Hugo et Charles Hugo.
Auguste Vacquerie écrivant.

La table s'agite au bout de cinq minutes.

— Qui est là ?
— **Molière.**
— Veux-tu continuer tes vers ?
— **Oui.**
— Veux-tu que je te relise les dernières strophes ?
— **Oui.**

Auguste Vacquerie relit les trois dernières strophes de la précédente séance.

— ***Ô Newton, Galilée, Hippocrate, Archimède,***
Devant le sphinx du mal Œdipe du remède,
Cygnes au grand œil généreux
Qui, devenus hiboux aux luisantes prunelles,
Vîtes les chiffres noirs croître au bout de vos ailes
Comme autant d'ongles douloureux,

Sinistres chats-huants de l'immensité sombre,
Ô plongeurs de la nuit, ô regardeurs de l'ombre,
Qui viviez tristes dans vos nids
En dehors du réel, en dehors du possible,
Posés sur les créneaux de l'incompréhensible,
Forteresse des infinis,

Vous qui, vous acharnant à contempler l'extrême,
Ouvriez vos yeux ronds, spectres du théorème,
Devant les cieux illuminés,
Si bien que les soleils des abîmes funèbres
Se croyaient menacés d'en bas dans les ténèbres
Par des globes d'or indignés,

Ô pâles voyageurs de l'introuvable porte,
Qui, le matin, pensifs sur quelque branche morte
Regardiez l'erreur qui vous suit,
En secouant votre aile humide, encore glacée
De l'humaine sueur, cette immense rosée
Qui tombe de l'humaine nuit,

Fantômes dont l'esprit ignore les coudées,
Captifs par vos calculs, libres par vos idées,
Tantôt loin de Dieu, tantôt près,
Esclaves de la nuit dont l'aurore est voisine,
Dont l'essor dans le ciel en terre a sa racine,

Minuit moins ¼.

29 AVRIL 1855. DIMANCHE

10 h du soir.
Présents : Mlle Allix, M. Allix,
M. Auguste Vacquerie.
Tenant la table : Charles, Mme Victor Hugo.
Écrivant : Victor Hugo.

La table s'agite au bout de cinq minutes.

VICTOR HUGO : Qui est là ?

— **Nous avons une observation à faire. Il y a souvent dans nos paroles des rencontres avec ce que vous écrivez. Il paraît que cela gêne de grands travaux. Sans nous expliquer sur la cause de ces rencontres, nous vous prévenons, qu'à l'avenir, les mots et les phrases qui ressembleraient aux vôtres et que vous nous signaleriez comme tels seront immédiatement changés, et devront être effacés du livre. Nous réservons bien entendu le fond des idées ; nous ne parlons que du style ; nous devions cet hommage au douloureux labeur humain.**

VICTOR HUGO : Est-ce à moi que s'adresse l'observation ?

— **Oui.**

VICTOR HUGO : Il en sera ce que tu voudras. Puisque tu m'interroges, veux-tu répondre à trois questions : Le Lion reviendra-t-il faire son poème ? La Dame blanche recherche-t-elle le dialogue commencé sur sa demande entre elle et moi ? André Chénier nous dictera-t-il la fin de ses poèmes ?

— **Je ne doute pas que Shakespeare et Molière ne continuent. Tout sera fini.**

La table reprend d'elle-même après un intervalle.

— **Platon.**

VICTOR HUGO : Est-ce toi qui viens de nous parler ?

— **Non.**

VICTOR HUGO : Peux-tu nous dire qui ?

— **Non.**

VICTOR HUGO : Salut. Parle, nous t'écoutons.

— **Je viens vous parler du rêve. Quand le vivant s'endort, il s'établit immédiatement une communication entre son lit et sa tombe. Tout corps couché prend la ligne de l'horizon de l'âme. L'endormi devient le réveillé de l'ombre. Il n'est pas immobile, il vole dans l'immensité, il n'est pas aveugle, il voit l'infini ; il n'est pas sourd, il entend dans l'espace ; il n'est pas muet, il parle dans la mort ; il n'est pas couché, il est ailé ; il n'est pas étendu, il est planant ; il n'est pas tombé, il est ressuscité. L'endormi est l'assaillant de la nuit ; tout sommeil fait le siège du mystère ; tout grabat est une brèche du sépulcre ; les rêves sont les projectiles des étoiles ; le jour tu vis, la nuit tu meurs. Les millions de soleils percent ton plafond et se mettent à éclairer ta chambre, ta veilleuse est éteinte, un astre s'y allume ; ta lampe pendant toute cette nuit va consumer une des gouttes de la Voie lactée ; les cierges de l'ombre vont scintiller autour des funérailles nocturnes, l'infini va prendre tes draps de lit et t'en ensevelir jusqu'à demain dans la fosse commune du sommeil ; vivant tu vas te mettre en contact avec ta vie mortuaire ; ta chair va sentir ta cendre ; tes membres vont sentir tes os, ta tête va sentir ton crâne ; ton squelette est ton formidable vêtement de guerre de la nuit. Ô assié-**

geur de la forteresse obscure ; mets, ô vivant, cette armure d'ivoire devant le donjon d'ébène et vois. Rêves, venez, tombez sur l'endormi, vous êtes les visions douces ou terribles ; vous jaillissez de Vénus souriante ou de Saturne irrité. Vous êtes le baiser de l'archange ou le coup de couteau du spectre ; vous êtes les amours ou les crimes ; vous êtes les revenants de l'âme ; vous êtes le rendez-vous de la femme adorée, vous êtes le retour de la fille chérie ; vous êtes aussi le guet-apens de la victime et vous poignardez le sommeil des assassins, et vous agitez tous les linceuls de la tombe dans les rideaux de l'alcôve effarée pendant que dans la chambre ténébreuse le cadran vertigineux, boussole du vaisseau de l'endormi, tourne éternellement son aiguille vers la mort.

Minuit ¾[1].

JEUDI 10 MAI

10 h du soir.

Tenant la table : Mme Victor Hugo,
M. Jules Allix.

Charles désire que la table soit mise en mouvement par eux.

Victor Hugo écrivant.

La table s'agite presque immédiatement. Charles remplace M. Allix. La table retombe et elle cesse de se mouvoir. Huit minutes. La table glisse et tourne. Le pied se lève.

VICTOR HUGO : Qui est là ?

— **Molière.**

VICTOR HUGO : Veux-tu que je te relise la fin des vers que tu as dictés ?

— **Oui, les deux séances entières.**

Victor Hugo relit les derniers vers de Molière, en faisant remarquer là encore diverses rencontres d'expression entre quelques-uns de ces vers, et des vers de lui. Victor Hugo répète ce qui a été dit dans la séance précédente, il devient presque inutile de noter les détails.

— Je vous prends à témoins, sculpteurs de la matière,
Dites à Philaminte avec moi, son Molière,
L'autre face du dieu réel,
À cette folle idée éprise des étoiles
Montrez l'énormité sombre et pleine de voiles
Des horizons verrous du ciel[1].

Parlez-lui du limon, de l'ordure et de l'auge,
Dites-lui que la boue où le pourceau patauge
Est une gloire, est un honneur,
Dites-lui, noirs savants, que la fange est sublime,
Et que l'excrément vil d'un ver est une cime
Sous l'immense pas du Seigneur.

Dites-lui que jamais le regard ne se baisse,
Que Job sur son fumier[2] hideux où tout le blesse
Racle l'infini sur sa main,
Qu'une plaie est un astre en haillon sur les hommes
Et que vous êtes, vous, les pales astronomes
Des ulcères du corps humain.

Dites-lui qu'il n'est pas au fond de différence

Entre le mendiant abîme de souffrance
Et cette nuit aux flancs maudits
Accroupie et gisante en sa guenille brune
Qui passe le tesson de verre de la lune
Sur sa lèpre de paradis.

Agitation marquée de la table. Ouragan et tempête au-dehors. On entend le bruit furieux de la mer. Et la pluie fouette les vitres. Longs sifflements du vent.

— Dites-lui que, pendant la tempête, la pluie
Lave ce vil manteau qu'avec dégoût essuie
Philaminte aux doigts orgueilleux ;
Et que les vents du ciel, valets de la rafale,
Donnent du haut déchaussé immonde de Chrisale
Des coups de brosse furieux.

Clos à minuit.

VENDREDI 18 MAI 1855

9 h ½ du soir.
À la table : Mme Victor Hugo et Charles Hugo.
Auguste Vacquerie écrivant.
Mlle Adèle Hugo présente.

La table met une demi-heure avant de lever le pied.

— Qui est là ?
— **Molière.**

Auguste Vacquerie relit les deux dernières strophes.

Un quart d'heure.

Dites-lui : rien de bas, rien de noir, rien d'indigne ;
Toute ombre est l'œuf charmant où la nuit couve un cygne,
Tous les rampants sont des ailés ;
La vapeur d'un dîner voyage avec les trombes,
Et Dieu fait du gazon qui pourrit sur les tombes
Le fumier des cieux étoilés.

Trente-six minutes.

La table s'agite sans parler.

AUGUSTE VACQUERIE : As-tu quelque chose qui t'empêche de continuer ?

Pas de réponse.

MME HUGO : Dis-nous ce qu'il y a.

Pas de réponse.

On quitte à 11 h 12.

VENDREDI 25 MAI 1855

9 h ¼ du soir.
À la table : Mme Victor Hugo et Charles Hugo.
Auguste Vacquerie écrivant.
Mlle Hugo, présente.

La table lève le pied après sept minutes.

— Qui est là ?
— **Molière.**
Auguste Vacquerie relit la dernière strophe.

— Vois cette basse-cour. L'ignoble troupeau d'oies
Y traîne dans la fange où le porc met ses joies
La plume des lettres d'amour.
Ce sont nos actions qui déposent les mondes,
Les astres de ta nuit, tas d'ordures immondes
De l'immense borne du jour.

La matière te fait peur, grande dégoûtée ;
Il te faut Orion, Vénus, l'ombre lactée ;
C'est donc là l'immatériel ?
Sache que ce sont là pauvretés et misères ;
Les constellations, les globes et les sphères
Sont les trous des haillons du ciel.

Grande agitation de la table ; elle se soulève sur un seul pied, tournoie, va et vient.

— Toi qui ne veux pas coudre au pourpoint de Chrisale,
Veux-tu raccommoder la loque colossale ?
Plairait-il mieux à ta fierté
De coudre à la clarté toute ombre inférieure,
De ravauder l'espace et d'emprunter à l'heure
L'aiguille de l'éternité ?

Quand tu ferais un point au monde chimérique,
Et quand ce point serait le point géométrique,
Le point premier, le point dernier,
Sache que tu ferais en rejoignant les pôles
De pitié dans l'azur hausser les deux épaules
À Dieu, l'énorme chiffonnier.

Haut-de-chausses de l'homme ou vêtement de l'ange,
C'est toujours la matière et la tache et la fange ;
Toujours le vil habit charnel

Qu'on secoue et qu'on brosse à l'heure où la nuit tombe ;
Qu'on use, et qu'à la mort on serre dans la tombe,
Malle du voyageur éternel.

Mais cette boue est grande et cette chair est belle ;
La fleur naît de la boue, et de la chair sort l'aile.
Le verbe s'échappe du bruit ;
Le bienfait sort du mal, et c'est de la rosée
Qui coule lorsque Dieu sur la terre épuisée
Lave ses mains noires de nuit.

Apprends cela de nous, esprit qui n'as de place
Que pour l'immensité, front vide et plein d'espace,
Étroit grenier d'astres garni,
Mendiante des cieux aux guenilles de flammes
Qui tends le bras au bord de l'ombre et qui réclames
Les petits sous de l'infini.

Minuit[1].

LUNDI 4 JUIN
8 h ¼ du soir.
Tenant la table : Charles, Guérin.
Écrivant : Victor Hugo. Présents : Mme Victor Hugo, Auguste Vacquerie.

Il fait assez froid. Charles est fatigué d'avoir fait des armes dans la journée. Au bout de vingt minutes, la table n'a pas encore bougé. Mme Victor Hugo remplace M. Guérin.

Entre Mlle Adèle Hugo puis M. Jules Allix.

La table se soulève.

VICTOR HUGO : Qui est là ?

Hésitation de la table. La table tourne et me nomme puis se met à frapper.

— **Point de lumière.**

— Explique-toi. Si l'on éteint, je ne pourrais écrire.

— **Éteignez les bougies.**

MME VICTOR HUGO : Comment ferons-nous ? Pourquoi éteindre ? Dis ta raison.

— **Je suis une ombre.**

(M. Guérin va dans la chambre a côté. J'essaierai d'écrire sur le livre. Il est 9 h moins 20. J'éteins les bougies. On a remarqué que la table avait hésité tant que la mèche de la bougie a brillé.)

VICTOR HUGO : Parle, c'est éteint.

La table frappe violemment.

— **Fenêtres de la nuit, ouvrez-vous. Les mondes sont tous faits comme les formes diverses de l'animal, de la pierre et de la plante. Dans les paradis, l'ange est le type supérieur ; dans les globes repentants c'est l'esprit mixte ; dans les globes allumés, c'est l'être mixte, dans les globes condamnés, c'est l'homme ; dans les globes un peu punis, c'est le singe, dans les globes plus punis c'est le chien, dans les globes plus punis encore c'est le cheval, dans les globes plus punis encore, c'est l'âne, dans les globes plus punis encore, c'est le porc, dans les globes plus punis encore, c'est le poisson, dans les**

globes plus punis encore, c'est l'oiseau, dans les globes plus punis encore, dans les globes très punis, c'est le tigre, dans les globes infamants c'est le pou, dans les globes monstrueux c'est la rose, dans les globes effrayants c'est le grain de sable, dans les globes immensément punis, c'est l'excrément ; dans les globes qui sont à la dernière cave du pardon, c'est la pourriture ; dans les globes qui désespèrent de Dieu, c'est la glace ; dans les globes qui désespèrent de Satan, c'est le feu ; dans les globes qui se croient oubliés, c'est le silence ; dans les globes qui se tuent, c'est la nuit[1].

VICTOR HUGO : Tu nous as dit d'éteindre la lumière. En quoi te gêne-t-elle ?

Pas de réponse.

— Es-tu toujours là, l'Ombre ?

Pas de réponse. Cela semble évident que l'ombre a quitté la table. On rapporte les lumières. Charles est très fatigué. Il est 9 h 40.

VICTOR HUGO : Un être est venu tout à l'heure qui n'a voulu parler que les lumières éteintes. Puis il a disparu. Esprit qui le remplaces en ce moment, pourrais-tu nous dire qui était cet être, lequel nous a dit je suis une ombre ? Était-ce un habitant du dernier monde, un spectre de la nuit, une ombre de l'ombre ? Est-ce pour ce motif qu'il ne pouvait supporter la lumière ? Nous désirons vivement une réponse.

La table répond immédiatement.

— Oui.

— Peux-tu nous en dire davantage sur cet être mystérieux ?

— **Non.**
— Le Lion viendra t-il ?
— **Après Molière.**

9 h ¾.

LUNDI 11 JUIN
9 h du soir moins 5.
Présents : M. Dulac, Auguste Vacquerie.
Mlle Adèle Hugo.
Tenant la table : Charles, Mme Victor Hugo.
Victor Hugo écrivant.

Au bout de six minutes, léger craquement. La table se met à frapper puis glisse. Cinq minutes. Le pied se lève.

VICTOR HUGO : Qui est là ?
— **Le doigt de la mort.**
VICTOR HUGO : Continue.
— **Main de la vie, bras de la chair, corps de la fange, je suis le fossoyeur de l'infini, je m'appelle le soleil.**
VICTOR HUGO : Parle. Veux-tu qu'on t'interroge ?
— **Oui.**
M. DULAC : Dis-nous pourquoi les êtres sont solidaires entre eux ?
— **La cause de la solidarité est dans la nécessité morale de la matière[1]. Je m'explique. Loi : tout tient à tout ; raison : tout dépend de tout ; conséquence : tout est solidaire de tout. Je m'explique encore. L'atome étant donné comme point de départ de la création comment arriver à la création ? Par la multiplication de l'atome par lui-même. L'atome**

se féconde lui-même, l'atome est à la fois un et deux ; l'atome est un, la création est deux ; pour arriver à ce résultat, il faut donc tout d'abord reconnaître ceci : que l'atome tient à l'atome, que l'atome dépend de l'atome et que l'atome est solidaire de l'atome. Loi : un tient à deux ; raison : un dépend de deux ; conséquence : un est solidaire de deux. Regarde maintenant la création. Les astres sont enchaînés aux astres par les rayons[1].

J'ai mis ce vers dans la bouche du soleil parlant des planètes : « Mes rayons sont les fils effrayants qui les tiennent. » V. H.

— Les cieux sont enchaînés aux cieux par les astres, regarde encore : les hommes sont enchaînés aux hommes par les entrailles, les bêtes sont enchaînées aux bêtes par les instincts, les plantes sont enchaînées aux plantes par les racines, les pierres sont enchaînées aux pierres par les grains de sable, et les filons minéralogiques. L'homme est enchaîné à la bête par les besoins, la bête est enchaînée à la plante par la nutrition, la plante est enchaînée à la pierre par la fécondation ; les astres sont enchaînés à l'homme, à la bête, à la plante, à la pierre par la création ; les astres sont enchaînés à l'infini par la résurrection ; le lien est évident ; la cause du lien n'est pas moins évidente : il faut un enfant à l'unité ; elle épouse le nombre, et le féconde ; la cause de la solidarité c'est la vie de l'enfant, la solidarité c'est la vie de l'enfant, la solidarité est le cordon ombilical de l'immensité.

MME VICTOR HUGO : M. Dulac assiste pour la première fois au phénomène. Il est de bonne foi. Il désire être convaincu. Consens-tu à le convaincre par un des moyens à ta disposition ?

La table est longtemps immobile. M. Dulac a remplacé Mme Victor Hugo. Il est dix heures et demie. Cinq minutes se passent. Le pied se lève. Victor Hugo relit la question. Hésitation. La table se met à glisser puis frappe et continue.

— **Mille francs sont en route vers lui.**

M. DULAC : D'où viennent-ils ?

— **D'un parent.**

M. DULAC : Quel parent ?

— **Mort.**

M. DULAC : Depuis peu ?

— **Oui.**

M. DULAC : Sais-je la mort de ce parent ?

— **Non.**

M. DULAC : De quel pays ?

— **France.**

M. DULAC : De quel lieu en France ?

— **Pau.**

M. DULAC : Je ne connais pas de parents à Pau. Peux-tu me dire le nom ?

— **Non.**

MME VICTOR HUGO : Parles-tu bien sérieusement ?

— **r o u z**

M. DULAC : Parles-tu sérieusement ?

— **il rouz**

Mme Victor Hugo remplace M. Dulac, la table s'agite vivement.

— **f e l l i l**

MME VICTOR HUGO : As-tu parlé sérieusement à M. Dulac ? Réponds.

— **i l e l e l l**

Clos à 11 h.

Quand la table me parlait ainsi, le lundi 11 juin 1855, il y avait en effet de l'argent en route pour moi. J'ai reçu aujourd'hui six cents francs, venant de France, expédiés par mon frère, qui, je l'espère, ne sera pas mort, à Pau, après avoir mis à la poste à Sainte-Livrade, Lot-et-Garonne, la lettre chargée à mon adresse : Marine-Terrace, 12 juin. Clément Dulac.

P.S. J'affirme que, parmi les personnes assistant à l'expérience, nulle autre que moi ne savait que j'attendisse cet argent de France ; j'ignorais moi-même qu'il fût en route. C. D. [Clément Dulac.]

13 juin. M. Dulac m'apporte le matin le billet reçu hier par lui. Ce billet daté de Villeneuve, 29 mai, et tiré par M. A. Borde, 10, rue Mm. de Luxembourg, à Paris, payable le 15 juin, à l'ordre de M. Théodore Dulac, signé Dubruel, porte à l'angle gauche le timbre sur lequel on lit cette inscription : de 500 fr. à 1000 fr., le mot mille est donc dans le billet. Victor Hugo.

J'ajoute que l'enveloppe-poste de la lettre qui contenait le billet porte trois timbres, le timbre de France : Sainte-Livrade, le 8 juin 55 ; le timbre d'Angleterre : Paid, 10 juin ; et le timbre de Jersey : Jersey, 12 juin. La lettre est en effet d'un parent, du frère de M. Dulac, et est signée A. Dulac. Je colle cette enveloppe sur la page en regard de celle-ci. V. H.

LUNDI 18 JUIN[1]
8 h ½ du soir.
À la table : Mme Victor Hugo, Charles.
Écrivant : Victor Hugo.
Présents : Auguste Vacquerie, Théophile Guérin,
Jules Allix, Mlle Adèle Hugo.

La table entre en mouvement au bout de trois minutes mais se borne à glisser et à tourner. Enfin le pied se lève.

VICTOR HUGO : Qui est là ?
— **s c i m u s s o r t e m**[2]
VICTOR HUGO : Cela veut-il dire que nous nous sommes trompés ?
— **Oui.**
— Y a-t-il un mot d'oublié ?
— **Oui.**
— Ce mot oublié doit-il précéder *scimus* ?
— **Oui.**
— Dictes-nous-le. *Vutrupr*, est-ce cela ?
— **Non.**
— Y a-t-il quelque chose qui te gêne ?
— **Non.**

La table est peu aimantée.

— Recommence.
— **Lourru**
— Recommence tout. Qui est là ?
— **Tuauau**
— Dis ton nom.
— **Scimus toun**

On quitte la table et on interrompt une minute. À la reprise, la table reparle immédiatement, elle s'agite, glisse et tourne. Le pied se lève.

— VICTOR HUGO : Qui est là ?

— **R u r u m s c i m u s s o r t e m.**

VICTOR HUGO : Continue.

— **u n d a u l u l a t**[1]

— Est-ce que cela te gêne ?

— **Oui.**

La table semble en effet très gênée. Elle reprend. La mer fait grand bruit. Gros temps.

— **L i o r u**[2].

VICTOR HUGO : Y a-t-il lioru ?

— **Non.**

— Recommence.

— **l i u r r**

THÉOPHILE GUÉRIN : Veux-tu qu'on remplace quelqu'un ?

— **Non.**

MME VICTOR HUGO : Dis ton nom.

— **i n n o v e r o r**

VICTOR HUGO : Peux-tu dire ton nom ?

— **Non.**

— Est-ce innommé que tu as voulu dire ?

— **Non.**

MME VICTOR HUGO : La mer te gêne. Peut-il en venir un autre ? Le sais-tu ?

— **Non.**

On quitte la table de nouveau. On s'y remet à 10 h moins ¼. Il pleut. Le vent est violent. La table entre en mouvement tout de suite.

VICTOR HUGO : Qui est là ?
— **l e p o i t o z n i l o m p i e**
CHARLES : Est-ce que le mauvais temps te gêne ?
— **i i**

On cesse.

Clos à 10 h moins 6.

LUNDI 29 JUIN
9 h ¼ du soir.
Présents : M. Théophile Guérin, Jules Allix.
Mlle Adèle Hugo.
Tenant la table : Charles, Mme Victor Hugo.
Écrivant : Victor Hugo.

La table n'entre en mouvement qu'au bout d'un quart d'heure. Glissement. Elle lève le pied, mais ne frappe pas, au bout de cinq minutes elle frappe.

VICTOR HUGO : Qui est là ?
— **u u z**
— Recommence.
— **u p**

La table remue en tous sens.

— **pilori lon**

Mme Victor Hugo est remplacée par M. Guérin. La table ne remue plus. Clos à 10 h moins ¼.

JEUDI, 2 JUILLET 1855
9 h ½
Charles et Mme Hugo se mettent à la table.
Présent et écrivant : M. Allix.

Après dix minutes, la table frappe d'elle-même.

— Demain est le nom de l'éternité, aujourd'hui en est le prénom. L'art est la conscience du beau. Le bonheur est le miel des étoiles. L'homme est l'abeille des mondes. Dieu est le maître de la ruche des soleils. Être bon, c'est être libre. La pitié est la clef de la douleur. Consoler c'est se calmer. Une larme guérit celui qui la verse et celui qui la reçoit. Les pleurs sont le cadeau de la joie quand elle épouse l'amour. Tout enfant est la bouture d'un cadavre. Les cimetières sont les serres de Dieu.

MME HUGO : Tu sais que c'est Mme de Girardin qui nous a invités aux Tables[1]. Si tu pouvais me dire un mot sur elle, cela me toucherait beaucoup.

— Nous ne parlons pas des jeunes morts. Les fosses fraîches sont à l'immensité. Dieu parle aux nouveaux ressuscités. La parole de Dieu est le mystère du silence des morts. Il y a les morts qui parlent et les morts qui écoutent.

MME HUGO : Nous te remercions. Veux-tu nous dire ton nom ?

— Isaïe.

Clos à 10 h ½.

LUNDI 16 JUILLET

9 h 25 du soir.

Tenant la table : Charles, Mme Victor Hugo.

Écrivant : Victor Hugo.

Au bout de seize minutes, la table entre faiblement en mouvement. La marée est haute, il fait un vent violent coupé de rafales de pluie. La table glisse avec difficulté. Le pied se lève mais Charles ne peut sentir encore qu'un mouvement purement magnétique, quand le pied se lève plus haut.

VICTOR HUGO : Qui est là ?

Le pied s'est tendu. Immobilité. Force du vent au-dehors. Les glissements recommencent.

Enfin la table frappe.

— c i e

Hésitation.

VICTOR HUGO : Recommence.

— L'orage nous trouble.

VICTOR HUGO : Peux-tu cependant répondre à quelques questions ?

— Difficilement.

VICTOR HUGO : Nous allons cesser. Dis-nous ton nom.

— Julien l'Apostat.

MME VICTOR HUGO : Dans quel monde es-tu ?

Vive agitation de la table.

— Uranus.

Grands mouvements.

MME VICTOR HUGO : Est-ce une planète heureuse ?
— **Mixte.**

La table est très agitée.

MME VICTOR HUGO : Est-elle plus heureuse que la Terre ?
— **Oui.**
MME VICTOR HUGO : As-tu un corps dans le monde où tu es ?

La table s'agite.

VICTOR HUGO : Peux-tu répondre ?
— **Non.**

Clos à 10 h 5.

20 SEPTEMBRE 1855

10 h ½ du soir.
Présents : Auguste Vacquerie, Téléki.

Victor Hugo dans le couloir avec M. Bénézit. Note écrite par Victor Hugo.

AUGUSTE VACQUERIE : Qui est là ?
— **Lope.**
— De Vega ?
— **Oui.**
— Pour qui viens-tu ?
— **Pour toi.**
— As-tu une communication à me faire ?
— **Oui.**
— Parle.

— **Ton.**
— Continue.
— **Vu.**
— Continue.
— **B p.**

Auguste Vacquerie s'interrompt.

— Est-ce que tu dis bp ?
— **Non.**
— Est-ce que tu dis vu ?
— **Non.**
— Est-ce que tu dis Ton ?
— **Non.**
— Tu n'as donc pas de communication à me faire ?
— **Non.**
— Ce n'est donc pas pour moi que tu viens ?
— **Non.**
— Es-tu Lope de Vega ?
— **Non.**

Éclat de rire universel. J'étais absent. Je causais dans le corridor avec M. Bénézit. V. H.

4 OCTOBRE 1855
9 h du soir.

Après une longue, trop longue interruption, presque blâmable, selon moi, une occasion s'est présentée de renouveler l'étude des phénomènes : le Dr Clair de Montigny est arrivé à Jersey. Il a pensé pouvoir magnétiser Victor et appeler son esprit dans la table : cinq personnes s'y sont mises : Mme Victor Hugo, Mlle Allix, Paul Meurice, Jules Allix, le docteur. Victor est allé dans le grand fauteuil noir derrière moi. La table se lève immédiatement. Sur l'invitation du docteur, tous les présents à la table disent à haute voix : Venez, Victor. L'agitation de la table continue. Le docteur[1] pense que des êtres quelconques ont pu avoir la Voyance aimantée. Il dit : je vais en amener, reprenez à haute voix :

Au nom de Dieu, si l'esprit qui est là n'est pas celui de Victor, que la table se lève, les deux pieds en l'air.

La table lève immédiatement les deux pieds.

Personnes présentes : Mme Paul Meurice.
Mlle Adèle Hugo, Mlle Lavige,
Mlle [*illisible*], Mlle Alice Mariott,
Auguste Vacquerie, Émile Allix. Moi écrivant.
[Victor Hugo]

Charles s'ajoute aux personnes qui tiennent la table. On place [illisible] d'écrire et de rimer [illisible] dans la main de Victor et on l'invite à fermer les yeux. Profond silence. La table s'agite.

LE DOCTEUR : Si c'est l'esprit de Victor, que la table frappe trois coups. Si c'est un autre esprit, qu'elle lève le pied de devant. Au nom de Dieu !

La table lève immédiatement les deux pieds de devant. Charles, sur le conseil du docteur :

— Au nom de Dieu ! Que tout mauvais esprit se retire !

La table continue de s'agiter. C'est la table support qui est employée.

LE DOCTEUR : Au nom de Dieu, tout mauvais esprit, retirez-vous !
LES AUTRES : Venez, Victor.

Agitation de la table.

LE DOCTEUR : Si ce n'est pas l'esprit de Victor, que la table lève les deux pieds de devant.

La table lève les deux pieds immédiatement.

TOUS ENSEMBLE : Venez, Victor.

La table glisse et s'agite vivement.

LE DOCTEUR : C'est un mauvais esprit. Voulez-vous en avoir la preuve ?
TOUS : Oui !
LE DOCTEUR : Au nom de Dieu, si c'est un mauvais esprit, que la table frappe sept coups.

La table se lève immédiatement sur-le-champ et frappe sept coups.

Victor déclare ne rien sentir encore. On interrompt, il est 9 h 10.

LE DOCTEUR dit : Pendant l'interruption, je vais faire écrire M. Charles.

Charles prend un crayon et le pose sur une feuille de papier qui recouvre presque en entier la table. Il n'y a pas de lumière sur les tables où va se passer le phénomène. On apporte une bougie.

LE DOCTEUR : Veuillez tracer, et *ajoute* : que l'aspect par lequel le voyant veut de [*illisible*] écrive une phrase aussi courte qu'il voudra.

— Écrivez ! Écrivez ! Écrivez !

Au bout d'une minute, le crayon de Charles entre en mouvement.

LE DOCTEUR : Écrivez votre langue et vos lignes à votre esprit. Plus tard nous vous demanderons d'écrire dans votre langue ou avec votre alphabet.

TOUS *à la fois* : Écrivez ! Écrivez !

La main de Charles écrit.

LE DOCTEUR : Bien distinctement. Bien lisiblement ! Et soyez précis ! Ce ne sont pas des lettres ! Au nom de Dieu, des lettres ! Avez-vous écrit « le » ? Répondez par le pied. Un coup pour oui, deux coups pour non, trois coups pour une affirmation.

LA TABLE *frappe* : **Oui.**

LE DOCTEUR : Les autres jambages étant illisibles, recommencez à partir de <u>le</u>.

La main de Charles se remet à écrire.

LE DOCTEUR : Est-ce un M ?

— **Oui.**

LE DOCTEUR : Continuez de faire lire vos lettres. Écrivez le mot. Quand il sera fini, vous frapperez, et nous regarderons.

Le docteur invite les personnes assistantes à poser la main sur l'épaule de Charles.

LE DOCTEUR *à la table* : Toutes les personnes sont-elles sympathiques ?

— **Oui.**

— Aucune ne gêne ?

— **Non.**

LE DOCTEUR : Continuez.

La main de Charles continue d'écrire. Silence. Attention profonde.

CHARLES : Mon bras est complètement inerte.

LE DOCTEUR : Bien.

CHARLES : J'ai peine à tenir le crayon.

On lit le mot écrit qui est : « Le mystère ».

Interruption de cinq minutes, on apporte une table plus grande à quatre pieds, sur laquelle Charles peut écrire plus facilement.

LE DOCTEUR : Continuez après « le mystère », finissez la phrase.

Au bout de quinze secondes, la main de Charles entre en mouvement.

LE DOCTEUR : Formez bien vos lettres, allez.

La main de Charles écrit, le docteur le stimule et le conseille, et lui répète fréquemment : « Formez bien les lettres. »

Le crayon ébauche un dessin.

LE DOCTEUR : Pas de dessin. Écrivez. Finissez la phrase. Au nom de Dieu, écrivez !

La main s'arrête.

VICTOR HUGO : Allons, finis la phrase commencée, obéis.

On regarde. Il y a « Ma ».

LE DOCTEUR : Achevez le mot.

Le crayon dessine.

LE DOCTEUR : Ne dessinez pas. Écrivez. Recommencez le mot.

Il déplace la main de Charles et la pose sur un autre morceau du papier, le crayon va se replacer de lui-même sur le mot mystère et se met à écrire.

CHARLES, *à demi-voix* : C'est étonnant.

La main écrit avec une certaine rapidité relative.

LE DOCTEUR : Très bien. Allez, achevez le mot.

On regarde le mot qui est : « magnétique ».

Interruption de cinq minutes.

LE DOCTEUR *prend le crayon et dit* : À mon tour. Je demande à mon esprit de me dicter quelque chose pour Victor Hugo.

La main du docteur entre immédiatement en mouvement et écrit en fort grandes lettres : « À Victor Hugo ».

Puis, en lettres plus petites :

Homme tant éprouvé que tu puisses paraître,
Au courage, à l'espoir ne dis jamais adieu.
Avec calme songe qu'il est toujours un être
Dont l'équitable loi nous gouverne : c'est Dieu[1].

En finissant chaque ligne, la main du docteur était vivement rejetée au commencement de la ligne suivante. Le docteur écrivait à grand-peine.

Interruption de dix minutes. Charles reprend le crayon. On se remet à la table support qui servait au commencement.

LE DOCTEUR : Êtes-vous content ?

— **Oui.**

— Voulez-vous parler ?

— **Oui.**

— Je vous en prie, continuez à écrire. Vous parlerez ensuite. Le docteur dit : « Je suis très fatigué. La puissance magnétique diminue. »

La main de Charles entre en mouvement. Charles dit :

Rien n'est plus étrange que ce que j'éprouve. Mon bras me pèse et il remue. Il est mort pour moi et vivant pour un autre. Je suis quelqu'un qui n'est pas moi, qui se sert de ma main.

La main continue d'écrire. On a ôté la bougie qui était sur la table. La main écrit presque dans l'obscurité.

LE DOCTEUR : Bien distinctement.

On regarde. La main vient d'écrire : « N'est pas ».

LE DOCTEUR : Est-ce bien : le mystère magnétique n'est pas ?

LA TABLE : **Oui.**

La main se remet à écrire. Le docteur suit des yeux et dit :

Très bien. Continuez.

CHARLES : Mon bras est toujours obstinément inerte.

Le docteur fait du parler magnétique sur la main de Charles. La main continue d'écrire lentement.

MME VICTOR HUGO : Ce crayon est vivant ! C'est inouï !

LE DOCTEUR : Quand la phrase sera finie, vous lèverez le pied pour nous avertir. Pas de lettres l'une sur l'autre. Faites attention.

La main écrit toujours.

Le mouvement de la main se détermine et devient de plus en plus rapide. La main, la ligne finie, revient sur elle-même et recommence au-dessus. Charles à demi-voix :

Cela n'a pas beaucoup de sens.

On regarde. On trouve cette phrase : « Le mystère magnétique n'est pas muet ; il est vrai ; mais il est mono […] ».

Charles reprend le crayon.

LE DOCTEUR : Finissez la phrase.

La main se remet à écrire et ajoute : **syllabique**[1].

LE DOCTEUR : Continuons.

La main écrit : **numérique et remonstant.**

LE DOCTEUR : Remonstant n'a pas de sens. Recommencez à partir de « et ». Écrivez lisiblement.

La main reprend le mouvement.

LE DOCTEUR : Répondez avec le pied. Ce que vous venez d'écrire, est-ce démontrant ?

— **Oui.**

LE DOCTEUR : Continuez.

La main écrit.

LE DOCTEUR : Dans ce qui vient d'être écrit, combien y a-t-il de mots ?

— **Un.**

— Est-ce : démontrons-les ?

— **Oui.**

— Après ? Continuez.

La main écrit mais lentement et comme avec fatigue. Le pied de la table entre en mouvement.

LE DOCTEUR : Non. Ne frappez pas. Écrivez.

Le pied de la table s'obstine à se lever.

LE DOCTEUR : Écrivez, vous dis-je. Achevez le mot. Voici la fin de la phrase : les monstres ames remorts resteront…

On interrompt. On essaie vainement de faire éclaircir le sens. Il est 11 h.

Le docteur étant fatigué, Charles met le crayon dans la main de Paul Meurice en remplaçant le docteur.

Au bout de cinq minutes, à la grande surprise de Paul Meurice, la main de Paul Meurice entre en mouvement et écrit : « Mlle ».

CHARLES : Cela n'a pas de sens. Recommence.

La main de Paul Meurice écrit : « mele sexes ».

CHARLES : Qu'est-ce que cela veut dire ? Recommence.

La main de Meurice écrit : « mêle sexes ».

On fait autour de la table une chaîne composée, outre Charles, de Mme Victor Hugo et du docteur, de M. Maurice et de Jules Allix et de Mlle Allix la main sur l'épaule de Paul Meurice.

— Est-ce bien ainsi ?
— **Oui.**
PAUL MEURICE : Je voudrais fermer les yeux.
LE DOCTEUR *à la table* : Peut-il fermer les yeux ?
— **Non.**

Au bout de trois minutes, la main de Paul Meurice se remet à écrire, mais ne trace qu'un linéament.

Mme Victor Hugo remplace Paul Meurice et prend le crayon. Il est 11 h ¼. La main entre immédiatement en mouvement. Mme Victor Hugo s'écrie, stupéfaite.

CHARLES : Écris le mot que je pense.

La main trace quelques jambages puis Mme Victor Hugo jette le crayon en disant : « Cela me fait mal, assez. »

Mlle Allix remplace Mme Victor Hugo. La main entre tout de suite en mouvement.

CHARLES : Écrivez le mot que je pense.

La main trace des linéaments. Le docteur et Charles :

— Écrivez maintenant.

La main se met à écrire : **Je t'aime de toute mon âme.**

CHARLES *dit* : Je pensais : Christ.

LE DOCTEUR : Signe ton nom.

LA MAIN *écrit* : Allix.

LE DOCTEUR : Ceci complète ta phrase, mais maintenant toi, l'esprit qui dis cela, signe ton nom dans le coin du papier.

LA MAIN *écrit* : Mélusine.

Mme Victor Hugo remplace Mlle Allix. La main se meut et trace des lignes confuses.

La main écrit : l. Puis des linéaments. Le docteur :

Un mot ! Écrivez !

La main trace des lignes. Mme Victor Hugo quitte le crayon.

Clos à 11 h ¾.

Au moment de se lever, Mme Paul Meurice prend le crayon et sa main le magnétise. La main entre tout de suite en mouvement, et dessine vaguement une sorte de profil. On se lève.

5 OCTOBRE 1855

9 h du soir.
Présents : Mme Victor Hugo, Mlle Adèle Hugo, Mme Paul Meurice, Mlle Augustine Allix, M. Paul Maurice, Théophile Guérin, le docteur, Charles et François [-Victor] Hugo, Jules et Émile Allix, Auguste Vacquerie.
Auguste Vacquerie écrivant.
À la table : le docteur, Charles Hugo, Mme Hugo, Paul Meurice, Jules Allix.

Mlle Allix, dans un fauteuil éloigné de la table. Ceux qui sont à la table appellent :

Augustine !

LE DOCTEUR : Venez, mademoiselle. Quand vous serez là, frappez trois coups avec le pied de la table.

JULES ALLIX : Augustine, viens !

LE DOCTEUR : Venez, mademoiselle !

Ils répètent cet appel pendant une dizaine de minutes ; alors Mlle Allix s'agite dans son fauteuil, et paraît souffrir, comme magnétisée.

LE DOCTEUR *à la table* : Que faut-il faire pour vous calmer ?

La table : Z...

LE DOCTEUR : Si c'est vous, mademoiselle, frappez trois coups par chaque pied.

La table frappe les coups.

LE DOCTEUR : Quand la table sera suffisamment possédée, elle se penchera de ce côté.

La table se penche de ce côté.

La table se penche du côté indiqué.

LE DOCTEUR : Eh bien, parlez.

L'agitation et l'oppression de Mlle Allix augmentent. Les cinq personnes qui sont à la table appellent ensemble : Venez ! Venez ! Venez ! Venez ! Etc.

LA TABLE *parle* : Tous vous n'avez pas assez de concentration.

Mlle Allix s'agite de plus en plus. Sa respiration est haletante et brusque, ses mains tressaillent et se crispent.

On se remet à aimanter la table. Mlle Allix se calme peu à peu. Sommeil tranquille.

LE DOCTEUR : Voulez-vous qu'on vous adresse des questions ou voulez-vous parler vous-même ? Un seul coup, si vous voulez qu'on vous questionne ; sinon, deux.

La table frappe un seul coup.

On demande à la table par qui elle veut être questionnée. Elle désigne Mme Victor Hugo.

MME HUGO : Augustine, que puis-je faire pour que vous soyez heureuse à Jersey ?

— Me donner les moyens de gagner honorablement notre existence[1]**.**

LE DOCTEUR : Êtes-vous en plein état de voyance ?

— Oui.

LE DOCTEUR : Voulez-vous qu'on vous interroge encore ?

— **Non.**

— Alors, parlez ; dites-nous ce que vous voyez.

— **Un avenir sombre et sanglant pour l'Europe.**

Mlle Allix dort tranquille. Le docteur à la table :

Augustine, vous trouvez-vous bien ?

— **Oui.**

LE DOCTEUR : Est-ce plus que du calme, est-ce du bien-être ?

— **Oui.**

MME HUGO : Pouvez-vous préciser quelque chose de cet avenir ?

— **Non.**

LE DOCTEUR : Vous convient-il de nuancer sur cet objet-là ?

— **Oui.**

JULES ALLIX : Ne peut-on pas…

Pendant la question, Charles ayant retiré ses mains da la table, Mlle Allix se calme aussitôt.

LA TABLE : Je suis épouvantée de tout ce que je vois.

CHARLES HUGO : Pouvez-vous nous dire si, dans cet avenir sombre et sanglant, vous entrevoyez le sort d'une des personnes qui habitent Marine-Terrace ?

— **Non.**

CHARLES : Si on vous désignait particulièrement un de ces habitants, pourriez-vous dire de son avenir ?

— **Non.**

LE DOCTEUR : Voulez-vous qu'on vous réveille ?

— **Oui.**

MME HUGO : Avant qu'on vous réveille, avez-vous une recommandation à me faire ? Un conseil à me donner ?

— **Continuez d'être bonne.**

LE DOCTEUR : Et pour vous, vous n'avez rien à ajouter ?

— **Non.**

Le docteur réveille Mlle Allix.

Le docteur à Mlle Allix réveillée :

— Avez-vous perdu complètement conscience ?

— **Non.**

— Vous avez entendu les questions ?

— **Oui.**

— Et les réponses ?

— **Oui.**

— Les réponses de la table étaient-elles bien celles que vous auriez faites ?

— **Oui.**

On demande à Mlle Allix si elle a souffert au commencement. Elle dit :

— **Affreusement.**

Interruption.

Après vingt minutes, Mme Paul Meurice se met dans le fauteuil à la place de Mlle Allix.

À la table : Mme Victor Hugo, Mlle Allix, M Paul Meurice, le docteur, Charles et François Hugo, Émile et Jules Allix.

LE DOCTEUR : Appelons tous les huit mentalement Mme Meurice dans la table.

Silence de quelques minutes.

LE DOCTEUR : Venez, madame Meurice.
TOUS LES HUIT *ensemble* : Venez ! Venez !

L'appel se répète une vingtaine de fois.

LE DOCTEUR *à la table* : Êtes-vous en état de parler ?

— **Oui.**

— Est-ce bien Mme Meurice qui fait remuer la table ?

— **Non.**

On recommence à appeler.

LE DOCTEUR : Parlez-nous.

— **Je suis dans un commencement d'état d'entreprise.**

Mme Meurice, dans le fauteuil, ne donne aucun signe d'agitation.

LE DOCTEUR *à la table* : Faut-il appeler encore ?

— **Oui.**

— Combien de minutes ?

— **Cinq.**

TOUS LES HUIT, *à voix basse* : Venez ! Venez !

Mme Meurice tressaille et s'agite un peu.

Mouvement dans les mains.

LE DOCTEUR : Y a-t-il quelqu'un à la table qui vous gêne ?

— **Oui.**

— Qui ?

— **Mlle Allix.**

Mlle Allix se retire de la table.

LE DOCTEUR : Êtes-vous à votre aise maintenant ?

— **Oui.**

— La table est-elle assez aimantée ?

— **Oui.**

— Ayez la bonté de vous examiner et de nous dire si vous êtes en état de voyance, ou seulement d'intuition ?

— **Intuition.**

— Voulez-vous être dirigée, ou livrée à vous-même ? Un coup si vous voulez être dirigée, sinon deux.

Deux coups.

— Voulez-vous nous dire ce que vous sentez ?

— **Je ressens un état de bien-être.**

LE DOCTEUR : Je sens qu'il n'y a pas de fluide dans la table. Mme Meurice doit plutôt se réveiller que s'endormir.

On quitte la table.

Mme Meurice dit qu'elle n'a pas dormi, qu'elle a eu le sentiment, un instant, de picotements dans les mains et dans les bras, et un alourdissement dans les paupières. Ces agitations et cette pesanteur augmentaient quand on faisait l'appel avec ensemble.

10 h ½. Interruption.

Charles et son frère se mettent à la table. 11 h moins 13.

François-Victor Hugo prend un crayon entre ses doigts et pose sa main sur un papier. Charles à son frère :

— Appuie ta tête contre la mienne.

Entre Victor Hugo, qui ne dînait pas aujourd'hui à la maison.

Mlle Allix et Paul Meurice mettent leur main sur le bord. François-Victor pour augmenter le fluide :

— CHARLES : Écris ! Écris !

Le docteur met sa main sur la main gauche de Charles.

VICTOR HUGO : Écris !

11 h moins 4.

La main de François-Victor remue et trace un jambage de deux ou trois pouces de long.

LE DOCTEUR : Voici un commencement ; allons, maintenant un mot ! Une lettre d'abord !

CHARLES : Écris ! Une lettre ! Écris !

LE DOCTEUR : Je suis épuisé.

Il retire sa main.

La main de François-Victor trace une barre coupée de traits confus qui ressemblent à des dents.

On quitte à 11 h 19.

M. Allix et Auguste Vacquerie se mettent à la table dans la position où s'étaient placés Charles et François-Victor. Au bout d'une minute, Charles ajoute son influence magnétique à celle de M. Allix qui s'éloigne de la table. Dix minutes. La main semble se mettre en mouvement. Auguste, pendant une demi-minute, sent le crayon remuer entre ses doigts, mais ne trace que des linéaments confus.

Clos à minuit[1].

Hier, 7 octobre, Charles et moi, nous avons renouvelé l'expérience faite l'avant-veille. Charles s'est placé, sa tête contre ma tête, sa main gauche dans ma main gauche, sa main droite sur mon épaule droite. Au bout de dix minutes, ma main a commencé à se mouvoir et a écrit lentement en gros caractères mal faits, mais distincts, les mots : « Âme captive ».

Victor Hugo a dit : « Âme, qui es-tu ? Que pouvons-nous faire pour toi ? »

Après dix autres minutes, ma main a encore écrit : « M'aider, m'aimer[2]. »

Elle s'est ensuite absolument arrêté et n'a donné aucune réponse aux autres questions.

Cette fois, j'avais tenu mes yeux presque constamment fermés, d'abord pour m'annihiler plus complètement et laisser plus de liberté au moteur inconnu, et ensuite, quand l'effet s'est produit, pour mieux sentir, par ma concentration plus profonde et plus isolée, l'impression bizarre de ma main ne m'appartenant plus et se mouvant par une volonté absolument extérieure et étrangère. Rien n'est plus singulier.

On a la conscience de l'action et on n'a pas la volonté ! La main est comme enchantée. Je sentais les deux doigts qui tenaient la plume aller, venir, s'allonger, se rencontrer sans moi et, au besoin, malgré moi, et je ne pouvais m'empêcher de rire d'un rire nerveux par l'effet de nouveauté, d'étonnement et aussi de charme de cette espèce de profusion partielle.

Marine-Terrace 8 octobre 1855

»

Paul Meurice

DOCUMENTS

Procès-verbaux non datés[1]

PROCÈS-VERBAUX AUGUSTE VACQUERIE

[Un ensemble de trois fragments qui portent l'inscription : « Réflexions sur les tables, les êtres qui y apparaissent ».]

Fragment 1

Tables

L'Egrégon d'Éliphas Lévy[1]

Être particulier qui se forme et se dégage en se perfectionnant d'une manière d'âme plus ou moins élevée.

Cet être, qui prend et comprend la qualité de toutes ces âmes, peut, en les mêlant, aller plus avant et plus haut qu'elles.

Ce qui lui manque, c'est la mesure, parce qu'il lui manque l'unité. De là des répétitions, des énumérations sans raison et sans fin.

Fragment 2

Est-ce que l'âme aussi a son ombre portée ?

Fragment 3

Ce que l'on a nommé spectre astral.

Qui si l'âme, comme le corps, n'a pas son ombre portée ? Peut-être cette sorte de double aurait la faculté de se détacher parfois de l'âme, peut-être en différait-il par quelques points, peut-être aurait-il sa volonté, son sentiment propre et même ses résistances, peut-être survivrait-il dans une certaine mesure au corps. D'où les apparitions, les voix.

Les dialogues avec l'Ombre du sépulcre.

MANUSCRIT AUGUSTE VACQUERIE

[Une table des matières qui donne la liste des esprits venus à la table de Marine-Terrace. Elle part de la p. 1 et se termine à la p. 220. À chaque indication d'un esprit correspond le numéro d'une page :

« p. 1 Fidélité, p. 2 Morte, p. 3 fée, etc., p. 220 Hannibal. »

Ce qui suppose l'existence d'un cahier établi par Auguste Vacquerie, aujourd'hui disparu.]

PROCÈS-VERBAL AUGUSTE VACQUERIE MME HUGO, LE FLÔ

— Qui est là ?

— **Vupgk**

— Qui es-tu ?

— **Dominus tuus.**

— Ton nom ?

— **Et xz**

— Parle.

— **Jamais il y a vu [...]**

PROCÈS-VERBAL AUGUSTE VACQUERIE

— **Eucharis.**
— Pour lequel d'entre nous viens-tu ?
— **Badadahad.**
— Dis-nous de qui nous avons parlé pendant le dîner ?
— **Abacbaca.**
— Pourquoi ne veux-tu pas parler ?
— **Abad.**
— Quelle langue ?
— **Acadec.**
— Tu es fâché ?
— **Oui. Non.**
— Parle.
— **Hugo a bon rôle. Vous, vous tous [illisible] sois claire. Tu m'embêtes.**
MME HUGO : Parle-moi.
— **Tu me supplies de quoi ?**

PROCÈS-VERBAL AUGUSTE VACQUERIE. LE FLÔ, TALI

— Ton nom ?
— **Mkk**
Le Flô : Qui es-tu ?
— **Kalergis.**
— Le mari ou la femme ?
— **Marie.**
— Où es-tu ?
— **À Strasbourg.**

— As-tu quelque confidence à me faire ?

— **Je hais Kalergis.**

— Qui est-ce qui vous tient au cœur dans ce moment-là ?

— **Canrobert.**

— Quelle qualité lui trouvez-vous donc ?

— **Esprit.**

— Tu ne songes plus à te jeter à la mer au Croisic ?

— **Non.**

— Parle toi-même.

— **Veux-tu renoncer à la coterie royaliste ?**

PROCÈS-VERBAL AUGUSTE VACQUERIE. TÉLÉKI, AUGUSTE

[Ce procès-verbal est non daté mais un autre procès-verbal de Victor Hugo, très sensiblement différent, permet d'en fixer précisément la date : 20 septembre 1855, 10 h ½ du soir.]

— Qui est là ?

— **Lope de Vega.**

— Qui viens-tu visiter ?

— **Toi.**

— As-tu une communication à me faire ?

— **Ton v [...]**

— Qui est là ?

— **Lope de Velasquez.**

— Pour qui viens-tu ?

— **Pour tous.**

— As-tu une communication à nous faire ?

— **Vous vous êtes trompés.**

— En quoi ?
— **En me prenant pour Lope de Vega.**
— Tu es le grand peintre Vélasquez ?
— **Oui.**
— Nous sommes des artistes qui t'admirent. As-tu quelque chose à nous dire ?
— **Surtout, n'usurpez pas, surtout ne soyez pas passifs.**
— Désires-tu qu'un de nous te quitte ?

PROCÈS-VERBAL AUGUSTE VACQUERIE

— Qu'est-ce qu'il m'arriverait si je disais oui ?
— **Une tuvu.**
— Recommence.
— **Une punition. Tu otes a pu [...]**
— Venez-vous de la rue de Jérusalem ?
— **Oui.**
— Doutez-vous dans ce monde ?
— **Non.**
— Que faites-vous ?
— **Fuyez le territoire anglais.**
— Pourquoi ?
— **Parce que fuir vaut mieux que rester.**
— Tu sais que je connais les réponses du 4 Xbre ?
— **Va-t'en te faire.**
— Que penses-tu d'Eugénie ?
— **Quittons cet [...]**

[Suite du procès-verbal d'Auguste Vacquerie
mais écriture de Mme Hugo.]

— Qui es-tu ?

— **Ton démon familier.**
— À qui ?
— **À toi.**
— Qui ?
— **Adèle.**
— La mère ?
— **Oui.**
— Connais-tu Mme Lefèvre ?
— **Oui.**
— Où est-elle ?
— **Havre.**
— Quelle rue ?
— **Port de la rue.**
— Est-ce port, du port ?
— **Port.**
— Après port de la ?
— **Rue verte.**
— Quel numéro ?
— **Quarante-huit.**

PROCÈS-VERBAL ADÈLE HUGO

— Que fait Mme Lefèvre ?
— **Dort.**

11 h moins ¼.

— A-t-elle fait des tables ce soir ?
— **Oui.**
— Un être portant un nom lui a-t-il parlé dans la table ?
— **Oui.**
— Nomme le premier qui lui ait parlé.
— **Personne ne le connaît ici.**

— Qu'importe ! Dis son nom.

— **Je ne le connais pas.**

— Est-ce bien l'adresse de Mme Lefèvre que tu as donnée ?

— **Oui.**

— Avec qui a-t-elle aimanté la table ?

— **Son fils.**

— Quel a été le sujet primordial de leur conversation ?

— **Globe.**

— Quel globe ?

— **Ruel.**

— Sais-tu quelque chose de cette conversation ?

— **Non.**

— Peux-tu nous dire l'heure où elle a commencé et fini ?

— **Non.**

— Y avait-il quelqu'un dans la chambre avec Mme Lefèvre et son fils ?

— **Oui.**

— Nomme la personne ou les personnes.

— **Fils.**

— Nous le savons. Était-elle seule avec son fils ?

— **Oui.**

MAMAN : Peux-tu dire le mot que je pense à ton adresse ?

— **Non.**

— Reviendras-tu ?

— **Lundi.**

— Le soir ou le matin ?

— **Le matin.**

— À quelle heure ?

— **À 3 h après-midi.**

— Quelles personnes veux-tu pour aimanter la table ?

— **Hugo. Charles.**
— Avec qui ?

PROCÈS-VERBAL ADÈLE HUGO

— Dis ton nom.
— **Démon d'Enfer.**
— Tu entends par Enfer les régions où sont les êtres punis ?
— **Oui.**
— Il n'y a pas de peines éternelles ?
— **Non.**
— Quel jour reviendras-tu ?
— **Lundi matin à 3 h après-midi.**
— Es-tu le même ?
— **Oui.**

PROCÈS-VERBAL ADÈLE HUGO

[Visite de Tapner, exécuté par pendaison le 10 février 1854.]

La table d'elle-même.

— **Pilori, la foule se mit à me plaindre, la foule me laissa pendre ! Ma fuite était impossible, ma corde me serrait, mon gibet me rudoyait, mon nœud coulant long.**
— MOI : Es-tu Tapner ?
— **Oui.**
— MOI : Tu vois que je te plains.
— **Oui.**

— MOI : M'es-tu reconnaissant ?

— **Oui.**

Embarras de la table.

— MOI : Y a-t-il quelque chose qui te gêne ?

— **Oui.**

— Est-ce un mot mal placé ?

— **Oui.**

— Au lieu de mon nœud coulant long, faut-il mettre mon long nœud coulant ?

— **Mon long nœud coulant m'irritait le cou, la mort me remit.**

— As-tu une communication à me faire ?

— **Oui.**

— Fais cette communication ;

— **Fureur de Palmerston, dis à ton père : la fureur, fille de flamme me voit, me mit de la lumière.**

— Y a-t-il quelque chose qui te gêne ?

— **Oui.**

— Faut-il remplacer mit par met ?

— **Oui. Me met la lumière devant les yeux, miroir de lame.**

— Est-ce l'âme ?

— **Non.**

— Est-ce au pluriel ?

— **Oui. Fureur, rivière, flamboyante, miroir.**

Embarras de la table.

— MOI : Miroir de lames doit-il être placé après rivière flamboyante ?

— **Oui. Des lames, fureur ! fleuve, miroir ! lit de rivières furieuses, fournaise.**

— Faut-il remplacer furieuses par fournaise ?

— **Oui. Rivières-fournaises ! lits de mers ruisselantes.**

— Est-ce au pluriel ?

— **Oui.**

— Est-ce bien lit de mers ruisselantes ?

— **Non. Horreur du visage livide de Palmerston.**

— Faut-il mettre lit de mer ruisselante autre part ?

— **Oui.**

— Où ?

— **Fureur, lit de mers ruisselantes ! Fureur fleuve-miroir, rivière flamboyante, miroir de lames ! Lit de rivière-fournaises ! Horreur du visage livide de Palmerston.**

PROCÈS-VERBAL ADÈLE HUGO

Présents : Mme Hugo, Victor Hugo,
Adèle Hugo.

— Ton nom ?

— **Pastore it**

— Est-ce du français ?

— **Non.**

— En quelle langue ?

— **Alia. [Italia]**

— Dis-nous quelle langue tu parles ?

— **Italien.**

— Continue. Après pastore, it ?

— **Alia**

— Veux-tu parler français ?

— **Non.**

— Continue après italia.

— **A**

— Est-ce toujours le même ?

— **Non.**

— Dis ton nom.
— **Z**
— Nous sommes-nous trompés ?
— **Oui.**
— Recommence.
— **Turrix.**
— Est-ce ton nom ?
— **Oui.**
— Il n'est pas français ?
— **Non.**
— Dans quelle langue est-il ?
— **Sar...**
— Es-tu une âme ?
— **Oui.**
— D'un homme ou d'une femme ?
— **D'un homme.**
— De quel pays es-tu ?
— **Qui.**
— Te moques-tu ?
— **Non.**
— Peux-tu nous parler français ?
— **Non.**
— Latin ?
— **Oui.**
— Dis-moi une phrase latine ?
— **Tuilyltv**
— Tu ne peux donc pas parler latin ?
— **Non.**
— Peux-tu parler espagnol ?
— **Non.**
— Parles-tu hongrois ?
— **Non.**
— Allemand ?
— **Non.**
— Anglais ?

— **Non.**
— Dis-nous quelle langue tu peux nous parler ?
— **Daini**
— Est-ce Daihi ?
— **Non.**
— Daiti ?
— **Non.**
— Dai ?
— **Non.**
— Da ?
— **Non.**
— D ?
— **Non.**
— Te moques-tu de nous ?
— **Non.**
— Es-tu un bon esprit ?
— **Non.**
— Écris : J'adore Dieu.
— **Zo**
— Que viens-tu faire ici ? On dit que tu es un imbécile, entends-tu ?
— **Non.**
— Peux-tu t'en aller ?
— **Non.**
— Pourquoi ?
— **Z**
— Dis-moi le mot que je pense de toi ?
— **Lv**
— Qui es-tu ?
— **Tyspo.**
— Es-tu mort ?
— **Oui.**
— Es-tu une âme ?
— **Oui.**
— Es-tu un homme, une femme ?

— **Une femme.**

— Dis ton pays.

— **Tog.**

— Es-tu un être vivant sur la terre ?

— **Non.**

— Est-ce qu'il y a des femmes dans le monde d'où tu viens ?

— **Non.**

— Sais-tu nous parler une langue de la terre ?

— **Non.**

— Dis mon nom.

— **Victor.**

— Sais-tu notre alphabet ?

— **Non.**

— Es-tu un bon ou un mauvais esprit ?

— **Mauvais.**

— Est-ce que tu nous aimes ou tu nous hais ?

— **Non.**

— Es-tu amoureuse de moi ?

— **Oui.**

— Es-tu jolie ?

— **Oui.**

— Es-tu jeune ? Frappe autant de coups que d'années que tu as.

— **14.**

— Es-tu une âme heureuse ?

— Depuis combien d'années ton âme court ?

— **14.**

— Combien les quatorze coups font selon toi ?

— **14.**

— Dans ta planète 14 est jeune ou vieille ?

— **Jeune.**

— Connais-tu mes ouvrages ?

— **Oui.**

— Peux-tu me parler français ?

— **Oui.**

— Es-tu toujours là ?

— **Oui.**

— Parle français.

— **Z**

— Ton nom commence par un Z ?

— **Oui. Z o v**

— Peux-tu me dire en français ?

— **Non.**

— Veux-tu m'embrasser ?

— **Oui.**

— Est-ce que je peux te voir ?

— **Non.**

— Si j'embrasse la table, sauteras-tu ?

— (*Après avoir embrassé.*) Es-tu contente ?

— **Oui.**

— Est-ce que les esprits sont amoureux des hommes sur la terre ?

— **Oui.**

— Quel jour reviendras-tu ?

— **Vendredi.**

— Le soir ou le matin ?

— **Le soir.**

— Quelle heure ?

— **9.**

— Par qui faut-il que la table soit tenue ?

— **Par les mains.**

— Es-tu une âme heureuse ?

— **Oui.**

— Tu as vécu sur la terre ?

— Es-tu Tyspo ?

— **Non.**

— Ton nom ?

— **Julie.**

— Est-ce que tu es notre petite sœur de Saint-Denis ?

— **Oui.**

— Est-ce que tu es endormie à Saint-Denis ?

— **Oui.**

— Est-ce que ta personne vivante rêve que tu me vois ?

— **Oui.**

— Dis ton nom de famille.

— **F.**

— Es-tu une personne vivante ou morte ?

— **Vivante.**

— Si tu es Julie Foucher, frappe un coup.

— **Oui.**

— Peux-tu faire pour que ma femme parle à sa sœur ? Dis-nous une petite phrase en français.

— **la og.**

— Si tu viens vendredi frappe un coup.

— **Oui.**

— Tu répondras au nom de Tyspo ?

— **Oui.**

Manquent Mme Hugo, la petite Julie.

— Ton nom ?

— **Tyspo.**

— Je suis content de te voir. C'est toi qui es déjà venue ?

— **Oui.**

— Parle de toi-même. Le peux-tu ?

— **Oui.**

— Parle.

Silence.

— Quelque chose te gêne ?

— **Non.**

— Parle donc alors.

— **Eden toravins fentacul pet** [feuillet déchiré] **iman acadagh.**

— Ce dernier mot est-il français ?

— **Non.**

— De quelle langue ?

— **Jasiuvr.**

— Te moques-tu de nous parce que nous avons ri ?

— **Oui.**

— Est-ce que tu m'en veux ?

— **Oui.**

— Dis pourquoi.

— **Dabadaa.**

— C'est embêtant que tu ne t'expliques pas mieux. Veux-tu parler ?

— **Non.**

— Es-tu toujours là, Tyspo ?

— **Non.**

— Qui es-tu ?

— **Lea.**

— Es-tu vivante ou morte ?

— **Vivante.**

— Es-tu quelqu'un que je connais ?

— **Oui.**

— Ta personne vivante est-elle endormie ?

— Où est-elle ?

— **À Cadix.**

— M'aimes-tu ? Me hais-tu ?

— **Je t'aime.**

— Combien y a-t-il d'années que je t'ai vue ?

— **Trois.**

— Ton nom de famille.

— **Adam.**

— Veux-tu dire que tu es de la famille d'Adam, comme nous ?

— **Oui.**

— Quel âge as-tu ?

— **27.**

— Ta personne rêve qu'elle est auprès de moi ?

— **Oui.**

— A-t-elle donné quelque chose à ma femme ?

— **Oui.**

— Es-tu bien une Espagnole, la main sur la conscience ?

— **Oui.**

— As-tu quelque chose de particulier à me dire ?

— **Badiciliu.**

— No est un verbe espagnol ?

— **Oui.**

— Que veut-il dire en français ?

— **Badad.**

— Te fous-tu de nous ?

— **Oui.**

Jane de Dewin vit autour de vous. [Patronyme inconnu.]

PROCÈS-VERBAL MME HUGO

— **Fenêtres de la nuit, ouvrez-vous, les mondes sont tous faits comme les formes diverses de l'animal, de la pierre et de la plante. Dans les paradis, l'ange est le type supérieur. Dans les globes repentants, c'est l'esprit mixte. Dans les globes accusés c'est l'être mixte ; dans les globes condamnés, c'est l'homme. Dans les globes un peu punis, c'est le**

singe. Dans les globes plus punis, c'est le chien. Dans les globes plus punis encore, c'est le cheval. Dans les globes plus punis encore, c'est l'âne. Dans les globes plus punis encore, c'est le porc ; dans les globes plus punis encore, c'est le poisson. Dans les globes plus punis encore, c'est l'oiseau. Dans les globes très punis, c'est le tigre ; dans les globes repentants, dans les globes infamants, c'est le porc ; dans les globes monstrueux, c'est la rose. Dans les globes effrayants, c'est le grain de sable. Dans les globes immensément punis, c'est l'excrément. Dans les globes qui sont à la dernière cave du pardon, c'est la pourriture. Dans les globes qui désespèrent de Dieu, c'est la glace. Dans les globes qui désespèrent de Satan, c'est le feu. Dans les globes qui se croient oubliés c'est le silence. Dans les globes qui se situent dans la nuit.

VICTOR HUGO : En quoi la lumière te gêne-t-elle que tu as dit de l'éteindre ?

Pas de réponse.

VICTOR HUGO : Es-tu toujours là, l'Ombre ? [L'Ombre du sépulcre.]

Pas de réponse.

PROCÈS-VERBAL CHARLES HUGO

— Y a-t-il quelque chose qui te gêne ?
— **Mademoiselle.**
— Laquelle ?
— **Adèle.**
— En quoi ?

— **Puons.**

— Explique-toi.

— **Puons tous.**

— Entends-tu le mot puer dans le sens orgueilleux, indifférent ?

— **Oui.**

MME HUGO : Et moi, suis-je indifférente ? Est-ce que le fluide réfractaire d'une seule personne peut empêcher l'action ?

— **Oui.**

— Charles est-il indifférent ?

— **Oui.**

VICTOR HUGO : Et moi ?

— **Non.**

MME HUGO : Et moi ?

— **Non.**

— Et Julie ?

— **Oui.**

— Et Auguste ?

— **Non.**

— Que faire pour que Charles ne soit plus indifférent ? Peux-tu le dire ?

— **Non.**

— Es-tu une âme ?

— **Oui.**

— D'une personne morte ?

— **Oui.**

— Que j'ai connue ?

— **Oui.**

— Homme ou femme ?

— **Femme.**

— Es-tu une âme heureuse ?

— **Non.**

— Connais-tu une âme heureuse que nous aimons ?

— **Oui.**

— Sais-tu qu'elle est venue ici ? Reviendra-t-elle ?

— **Non.**

— Dans le monde des âmes se voit-on ?

— **Oui.**

— Les âmes ont-elles l'apparence qu'elles avaient dans la vie, dans leur jeunesse, ou bien au moment de leur mort ?

— **Dans leur jeunesse.**

— Eucharis, est-ce le nom que tu avais dans la vie ?

— **Non.**

— Quel était ton nom ?

— **Victorine.**

— Peux-tu dire ton nom de famille ?

— **Non.**

— Combien y a-t-il d'années que tu es morte ?

— **Quatre.**

— Pourquoi n'es-tu pas venue sous le nom de Victorine ?

— **Gêne.**

— Peux-tu dire pourquoi le nom de Victorine te gênait ?

— **Non.**

— Quel âge avais-tu quand tu es morte ?

— **Trente ans.**

MME HUGO : M'as-tu connue ? M'aimais-tu ?

— **Oui.**

— Étais-tu mariée ou jeune fille ?

— **Fille.**

— Dans quelle ville es-tu morte ?

— **Paris.** [Il s'agit de Claire Pradier.]

— Reviendras-tu ?

— **Oui.**

— Quel jour ?

— **Dimanche.**

— À quelle heure dc la nuit ?

— **9 h.**

— Peux-tu dire aux êtres morts que j'aime que je pense toujours à eux ?

— **Oui.**

— Connais-tu ma mère ?

— **Oui.**

— Mon père ?

— **Oui.**

— Tu leur diras, et en particulier à Didine [Léopoldine], que je pense à elle.

— **Oui.**

— Adèle a-t-elle tort de ne pas s'occuper des tables ?

— **Oui.**

PROCÈS-VERBAUX VICTOR HUGO

— Une partition de musique :

« Les rues de Provins – Paroles et Musique d'Émile Genisson » pliée en quatre, sur laquelle est écrit « Tables » de la main de Victor Hugo :

— Une page de grand format (26 x 32 cm) pliée en quatre sur laquelle est écrit :

« Personnel Monsieur Victor Hugo Membre de l'Académie 21 rue de Clichy ».

[Victor Hugo fut élu à l'Académie française, à sa cinquième tentative, le 3 juin 1841 mais il habite rue de Clichy du 29 avril 1874 au 10 novembre 1878 ; place des Vosges de 1832 à 1848.]

— Quatre pages presque totalement illisibles, elles correspondent sans doute à des notes prises par Hugo ultérieurement aux séances des Tables. En voici quelques extraits :

« Cette arrestation d'un siècle à main armée m'indigna. »

« Dieu ne se dément jamais.
N'en déplaise à l'oracle. »

« Il est toujours prodige, il n'est jamais miracle. »

« Jadis – il y a cinquante ans,

On n'avait pas encore inventé l'omnibus,
Bottes de molesky[1]*, [illisible], et gibus*
C'était, ô paletot, avant que tu parusses
La mode, et l'on allait sur les montagnes russes
Sous un frais parasol venant des deux magots
Faire rouler sa bulle en manches à gigots. »

« Cousin singe laquais valet du Platon, le portier du portique. »

PROCÈS-VERBAL VICTOR HUGO

— Ton nom ?
— **Balzac.**
— Ton nom ?
— **ZZZ**
— Te moques-tu ?
— **Non.**
— Quelle langue parles-tu ?
— **Z**
— Sais-tu une langue de la terre ?
— **Non.**
— Y a-t-il quelque chose qui te gêne ?
— **Oui.**
— Quoi ?

— **Z**
— Est-ce [illisible] ?
— **Oui.**
— Ton nom ?
— **AAA**
— Dis-moi ce que je pense de toi ?
— **ABADIN**
— Et moi ?
— **BECA**
— Si tu es une âme, un coup, si tu es un âne, deux coups.

Deux coups.

— Parle.
— **ACAD CA**
— Ton nom ?
— **RU**

PROCÈS-VERBAL VICTOR HUGO MA FEMME. ASPLET

[Charles et Philippe Asplet sont deux frères, habitants de Jersey.]

CHARLES ASPLET : Ton nom ?
— **Zzonm.**
MME ASPLET : S'il y a quelqu'un, frappe quatre coups.

La table frappe quatre coups.

— Dis ton nom.
— **Abeicig.**
— Est-ce là ton nom ?
— **Non.**

— Peux-tu dire ton nom ?

— **Non.**

— As-tu quelque chose à nous dire ?

— **Non.**

— Te moques-tu de nous ?

— Y a-t-il ici quelqu'un qui a tort dans l'affaire des tables ?

— **Oui.**

— Qui ? Nomme.

— **Adèle.**

— Est-ce la mère ou la fille ?

— **La mère.**

— Y en a-t-il d'autres ?

— **Oui.**

— Qui ? Nomme.

— **Charles.**

— Vacquerie.

— **Victor. Le fils.**

— Ai-je tort aussi ?

— **Oui.**

— Adèle ?

— **Oui.**

— Asplet ?

— **Oui.**

— En quoi Adèle a-t-elle tort ?

— **Aciacelcel.**

— Tu ne veux pas le dire ?

— **Non.**

— Tu sais qu'elle a une pensée sainte dans le cœur ? Lui rends-tu cette justice ?

— **Oui.**

— Est-ce qu'elle a trop de vivacité ?

— **Oui.**

— À Charles maintenant. Est-il convaincu du phénomène ?

— **Non.**

— Est-ce sa faute ou celle des personnes qui l'entourent ?

— **C'est la faute de ceux qui l'entourent.**

— Est-il trop mou ?

— **Non.**

— Dis son tort.

— **Égaie.**

— Est-ce qu'il rit ?

— **Oui.**

— En quoi Vacquerie a-t-il tort ?

— **Becacaca.**

— Ce n'est pas sérieux. Parle sérieusement.

— **a ! a ! a ! a ! a !**

Rire de la table.

— Allons, sois sérieuse.

— **Abcai.**

— Son tort est-ce l'indifférence ?

— **Oui.**

— Le tort de Victor ?

— **Aefj**

— Est-ce l'incrédulité ?

— **Oui.**

— Mon tort à moi ?

— **Adeec.**

— Est-ce d'avoir été quelquefois absent ?

— **Oui.**

— Le tort de ma fille Adèle ?

— **Apaiac.**

— Est-ce l'indifférence absolue ?

— **Oui.**

— Es-tu un esprit ?

— **Non.**

— Es-tu une âme ?

— **Non.**
— Une illusion ?
— **Non.**
— Dis ce que tu es.
— **a ! a ! a !**

Elle rit.

— Ton nom ou ta nature ?
— **Ba ! a !**
— Veux-tu dire qui tu es ?
— **Non.**
— Que veux-tu que nous fassions ?
— **Bacaa.**
— Sois plus claire.
— **Allah.**
— Es-tu turque ?
— **Non.**
— Continue.
— **a ! a ! a ! a !**

Elle pouffe.

— Reconnais-tu que toi aussi tu as tort d'être ainsi ?
— **Oui.**
— Veux-tu te corriger de ton tort et réparer ta faute ?
— **Oui.**
— Quelque chose te gêne-t-il ?
— **Oui.**
— Dis-le.
— **Baca.**
— Est-ce la table qui te gêne ?
— **Oui.**
— Est-ce parce que c'est celle de Le Flô ?
— **Oui.**

— Nous ne devons donc pas nous servir de cette table ?

— **Non.**

— Peux-tu nous dire pourquoi ?

— **Non.**

— Est-ce parce que c'est la table d'un royaliste ?

— **Oui.**

— Il faut donc que nous nous servions de notre table ?

— **Oui.**

— La table cassée est-elle bonne ?

— **Non.**

— C'est donc la petite qu'il faut ?

— **Oui.**

— Combien de jours y a-t-il que Le Flô ne t'a fait parler ?

— **Un jour.**

— Demain le général Le Flô produira-t-il quelque chose ?

— **Oui.**

— Alors bonsoir.

— **Oui.**

PROCÈS-VERBAL VICTOR HUGO.
M. Bénézit, M. Allix.

— Qui est là ?

— **ecce homo foilolo.**

— [illisible]

— **cruore f**

— Après cruore ?

— **olim mil pi**

— Après olim ?

— **careo ebe**
— Après careo ?
— **deglimi**
— Y a-t-il quelque chose qui te gêne ?
— **Oui.**
— Quoi ?
— **dehi**
— Si Charles prend la table, pourras-tu nous parler ?
— **Oui.**

Charles prend la table.

— Après Careo ?
— **julilel**

M. Bénézit reprend la table.

— Est-ce bien careo ?
— **Oui.**
— Continue après careo.
— **juflica. julicabeed.**
— Dis-nous ton nom.
— **cedj**
— Es-tu le même que tout à l'heure ?
— **Non.**
— Qui est là ?
— **kocoj**
— Peux-tu parler une langue que nous puissions comprendre ?
— **Non.**
— Parle-nous français, [apprends ?] [bien ?] en anglais.
— **Oui.**

DOCUMENTS PAUL MEURICE.

[Un ensemble de feuillets (10 x 14 cm) de la main de Paul Meurice, écrits au crayon papier. Cet ensemble de douze feuillets, numérotés un à douze, relatent la séance du 11 septembre 1853 et cinq feuillets (deux simples et trois doubles) témoignent des questions, des observations, des réflexions, des anecdotes quant au déroulement et au contenu des séances spirites de septembre 1853 à octobre 1855.]

1 Analogie de cette page avec *Zénith-Nadir des Quatre Vents de l'Esprit* signalée 3 septembre ; pages plus loin par Victor Hugo. Similitude de la pensée des tables et de la pensée de Victor Hugo. Victor Hugo fait trois vers identiques à ceux de la table en même temps que la table. La table emprunte à Victor Hugo deux vers inédits.

2 [Ceux qui croient aux Tables.] Mme de Girardin. Victor Hugo croit aux Tables. Mme Victor Hugo se passionne. Charles. Vacquerie. Guérin.

3 Vacquerie, curieux, demande à l'Idée des renseignements sur les mondes de l'au-delà, des cieux, tant les esprits sont en contradiction les uns avec les autres. Les réponses des Tables sont absconses.

Ainsi Vacquerie fait la question sur Balzac et Chateaubriand, sur Shakespeare et Molière qui reviendront sur la terre comme hommes. Au mot final du 16 août : ils sont de l'infini.

———

Importance de L'Ombre du sépulcre, qui domine dans plusieurs mondes.

———

8 7bre : « Toujours votre tort est de penser que le fluide est infaillible. »

Victor Hugo questionnant est curieux.

Il demande à Sésostris les noms des sculpteurs de ses quatre statues. Il prie Alexandre de lui expliquer en détail la phalange macédonienne.

Ainsi Victor avait demandé :

— Explique-moi comment s'est formée la première langue humaine.

La table avait seulement répondu :

— Y a-t-il une nation vraie de l'univers ?

Omettre des réponses confuses et difficiles, pénibles (celles de l'Idée, par exemple) même, à suivre et dans lesquelles cependant étincellent par places de belles idées.

Le monde est un monde puni. Non seulement les hommes, mais les animaux, les plantes, les cailloux expient. Victor Hugo. 5 juillet [18]54.

16 août

4 [Ce feuillet indique ceux qui croient aux Tables, les incrédules et les légendes évoquées par la table.]

1 Mme Victor Hugo se passionne pour les Tables.

Charles
Guérin

2 Les incrédules :

Pinson
Kesler
Dulac
Toto [François-Victor Hugo]

3 Les Légendes :
La Dame blanche. La première mère qui dans l'île ait tué son enfant.
L'homme sans tête.
11-23 juin

[Un ensemble de 12 feuillets numérotés de 1 à 12.]

Deux ans après le coup d'État.

Dans l'automne de 1853, Mme de Girardin vint à Jersey faire visite à Victor Hugo exilé ! En ce moment-là, Paris, à peine remis du coup d'État, essayait de se distraire avec les tables tournantes. Ce n'était qu'une mode mais que Mme de Girardin avait prise en passion, et dès son arrivée, elle voulut initier Victor Hugo à sa foi nouvelle ; mais lui, qui venait de publier *Les Châtiments* et qui préparait *Les Contemplations*, il se montra fort récalcitrant, et avec les formes aventurières qui lui étaient habituelles, parfaitement incrédule : Mme de Girardin se tourne alors vers Mme Victor Hugo, âme tendre et portée aux idées de l'au-delà, ~~Vacquerie a raconté dans *Les Miettes de l'Histoire* comment les choses se passèrent,~~ et obtint d'elle que du moins on essayât de faire parler la table. Les premiers tâtonnements furent difficiles et donnèrent peu de résultats ; Victor Hugo, dès qu'on se mettait à la table, s'éclipsait discrètement. Mme de Girardin ne se découragea pas. Vacquerie a raconté dans *Les Miettes de l'histoire* comment les choses se passèrent :

Les insuccès répétés n'ébranlèrent pas Mme de Girardin ; elle resta calme, confiante, souriante, indulgente à l'incrédulité. Elle disait que les esprits n'étaient pas des chevaux de fiacre qui attendaient patiemment les bourgeois, mais des êtres libres et volontaires qui ne venaient qu'à leur heure.

L'avant-veille de son départ, elle nous pria de lui accorder, pour son adieu, une dernière tentative... Mme de Girardin et un des assistants, celui qui voulut, mirent leurs mains sur la petite table. Pendant un quart d'heure, rien ; mais nous avions promis d'être patients, cinq minutes après, on entendit un léger craquement du bois ; ce pouvait être l'effet d'une pression involontaire des mains fatiguées, mais bientôt ce craquement se répéta, et puis ce fut une sorte de tressaillement électrique, puis une agitation fébrile. Mme de Girardin dit :

– Y a-t-il quelqu'un et qu'il veuille nous parler, qu'il frappe un coup.

La griffe retomba avec un bruit sec.

– Il y a quelqu'un ! s'écria Mme de Girardin ; faites vos questions.

On fit des questions, et la table répondit. La réponse était brève, un ou deux mots au plus, hésitante, indécise, quelquefois inintelligible. Était-ce nous qui ne la comprenions pas ? Le mode de traduction des réponses prêtait à l'erreur ; voici comment on procédait : on nommait la lettre de l'alphabet, a, b, c, etc. à chaque coup de pied de la table ; quand la table s'arrêtait, on marquait la dernière lettre nommée. Mais souvent la table ne s'arrêtait pas nettement sur la lettre ; on se trompait, on notait la précédente ou la suivante ; l'inexpérience s'en mêlant, et Mme de Girardin intervenant le moins possible pour que le résultat fût moins suspect, tout s'embrouillait...

Malgré l'importation du moyen, la table, parmi des réponses troubles, en fit qui me frappèrent.

Je n'avais encore été que témoin, il fallut être acteur à mon tour, j'étais si peu convaincu que je traitai le miracle comme un âne savant à qui l'on fait deviner de la fable la plus sage de la société ; j'étais à la table : devine le mot quc je pense. Pour surveiller la réponse de plus près, je me mis à la table moi-même avec Mme de Girardin.

La table dit un mot ; c'était le mien. Ma curiosité n'en fut pas entamée. Je me dis que le hasard avait pu souffler le mot à Mme de Girardin et Mme de Girardin le souffler à la table. Sans même invoquer le hasard, j'avais très bien pu, au passage des lettres du mot, avoir malgré moi, dans les yeux ou dans les doigts, un tressaillement qui les avait dénoncés. Je recommençai l'épreuve, mais, pour être certain de ne trahir le passage des lettres ni par une pression machinale ni par un regard involontaire, je quittai la table et je lui demandai, non le mot que je pensais, mais sa traduction. La table dit : « Tu veux dire souffrance ».

Je pensais amour. Je ne fus pas encore persuadé. En supposant qu'on aidât la table, la souffrance est tellement le fond de tout que la traduction pouvait s'appliquer à n'importe quel mot que j'aurais pensé. Souffrance aurait traduit grandeur, maternité, poésie, patriotisme, etc., aussi bien qu'amour. Je pouvais donc encore être dupe, à la seule condition d'admettre que Mme de Girardin, si sérieuse, si généreuse, si amie, mourante, eût passé la mer pour mystifier des proscrits.

Bien des impossibles étaient croyables avant celui-là, mais j'étais déterminé à douter jusqu'à l'injure. D'autres interrogèrent la table et lui firent deviner leur pensée ou des incidents connus d'eux seuls. Soudain elle sembla s'impatienter de ces questions puériles ; elle se força de répondre, et cependant elle continua de s'agiter comme si elle avait quelque chose à dire. Son mouvement devint le [illisible] volontaire commun [illisible].

— Est-ce toujours le même esprit qui est là ? demanda Mme de Girardin.

La table frappa deux coups, ce qui, dans le langage convenu, signifiait non.

— Qui es-tu, toi ?

La table répondit le nom d'une morte, vivante dans ~~l'esprit de~~ tous ceux qui étaient là[1].

Ici, la défiance renonçait : personne n'aurait eu le cœur ni le front de se taire devant [illisible] de cette tombe. Une mystification était déjà bien difficile à admettre, mais une infamie ! Le soupçon se serait méprisé lui-même. Le frère questionna la sœur qui sortait de la tombe pour consoler l'exil ; la mère pleurait ; une inexprimable émotion étreignait toutes les poitrines ; je sentais distinctement la présence de celle qu'avait arrachée le dur coup de vent. Où était-elle ? Nous aimait-elle toujours ? Était-elle heureuse ? Elle répondait à toutes les questions, on répondait qu'il lui était interdit de répondre. La nuit s'écoulait, et nous restions là, l'âme clouée sur l'invisible apparition. Enfin, elle nous dit : adieu ! et la table ne bougea plus.

Victor Hugo, comme d'habitude, n'assistait pas à cette scène ; mais quand on la lui raconta, il fut ému et touché, et fut vaincu et [illisible].

À cette époque, le mystérieux phénomène des Tables n'avait pas été approfondi. On ne se demandait pas si la parole qui en sortait ne traduisait pas simplement la pensée de ceux mêmes qui les interrogeaient, si Léopoldine ne répondait pas ce que les âmes émues que sa venue emplissait de trouble et de joie espéraient et croyaient qu'elle devait répondre. Non, c'était bien la fille, la sœur aimée, qui était là, qui sortait de la mort pour venir vivre quelques instants encore ici. Les êtres chers qui l'avaient tant pleurée. Il y avait là une consolation si douce, ~~que l'erreur, s'il y avait encore~~ qu'elle devait être, et fut, acceptée d'emblée avec ferveur. Victor Hugo n'en doute pas, n'en voulut pas douter. Il s'intéressa dès lors aux séances des Tables, et prit sur le temps de son travail pour y assister le plus souvent possible.

~~Celle qui en fut l'émue ou l'âme, ce fut Mme Victor Hugo.~~

Ceux qui y prenaient la part la plus assidue, c'étaient Mme Victor Hugo, Charles Hugo, Vacquerie et Théophile Guérin. Mme Victor Hugo âme recluse, perdue dans ses souvenirs, tandis que les hommes autour d'elle déployaient l'activité de leur esprit.

« Victor Hugo n'assiste donc pas à la séance du 11 septembre, incrédule et dubitatif, il s'éclipse à chaque fois que les séances commencent mais quand on lui raconte la visite de Léopoldine, il croit. La venue de Léopoldine assure d'emblée à la table un capital confiance inébranlable. Et si vraiment cela était possible ? » [Note de Paul Meurice[1].]

PROCÈS-VERBAL ADÈLE HUGO FILLE

— Dis ton nom.
— **Démon d'Enfer.**
— Tu entends par Enfer les régions où sont les êtres punis ?
— **Oui.**
— Il n'y a pas de peines éternelles ?
— **Non.**
— Quel jour reviendras-tu ?
— **Lundi matin à 3 h après-midi.**
— Es-tu le même ?
— **Oui.**

La table d'elle-même.

— **Pilori, la foule se mit à me plaindre, la foule me laissa pendre ! Ma fuite était impossible, ma corde me serrait, mon gibet me rudoyait, mon nœud coulant long.**

— MOI : Es-tu Tapner[1] ?

— **Oui.**

— MOI : Tu vois que je te plains.

— **Oui.**

— MOI : M'es-tu reconnaissant ?

— **Oui.**

Embarras de la table

— MOI : Y a-t-il quelque chose qui te gêne ?

— **Oui.**

— Est-ce un mot mal placé ?

— **Oui.**

— Au lieu de mon nœud coulant long, faut-il mettre mon long nœud coulant ?

— **Mon long nœud coulant m'irritait le cou, la mort me remit.**

— As-tu une communication à me faire ?

— **Oui.**

— Fais cette communication ;

— **Fureur de Palmerston[2], dis à ton père : la fureur, fille de flamme me voit, me mit de la lumière.**

— Y a-t-il quelque chose qui te gêne ?

— **Oui.**

— Faut-il remplacer mit par met ?

— **Oui. Me met la lumière devant les yeux, miroir de lame.**

— Est-ce l'âme ?

— **Non.**

— Est-ce au pluriel ?

— **Oui. Fureur, rivière, flamboyante, miroir.**

Embarras de la table.

— MOI : Miroir de lames doit-il être placé après rivière flamboyante ?

— **Oui. Des lames, fureur ! fleuve, miroir ! lit de rivières furieuses, fournaise.**

— Faut-il remplacer furieuses par fournaise ?

— **Oui. Rivières-fournaises ! lits de mers ruisselantes.**

— Est-ce au pluriel ?

— **Oui.**

— Est-ce bien lit de mers ruisselantes ?

— **Non. Horreur du visage livide de Palmerston.**

— Faut-il mettre lit de mer ruisselante autre part ?

— **Oui.**

— Où ?

— **Fureur, lit de mers ruisselantes ! Fureur fleuve-miroir, rivière flamboyante, miroir de lames ! Lit de rivière-fournaises ! horreur du visage livide de Palmerston.**

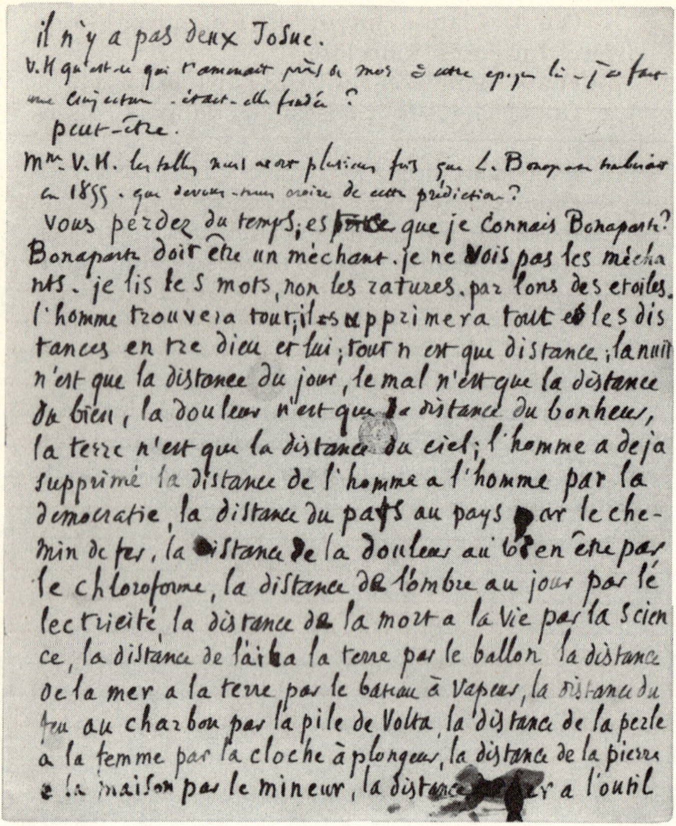

il n'y a pas deux Josué.
V. H. qu'est-ce qui t'amenait près de moi à cette époque-là ? — j'ai fait une conjecture. était-elle fondée ?
peut-être.
Mme V. H. les tables nous ont dit plusieurs fois que L. Bonaparte tomberait en 1855. que devons-nous croire de cette prédiction ?
vous perdez du temps; est-ce que je connais Bonaparte ? Bonaparte doit être un méchant. je ne vois pas les méchants. je lis les mots, non les ratures. parlons des étoiles. l'homme trouvera tout; il supprimera toutes les distances entre dieu et lui; tout n'est que distance; la nuit n'est que la distance du jour, le mal n'est que la distance du bien, la douleur n'est que la distance du bonheur, la terre n'est que la distance du ciel; l'homme a déjà supprimé la distance de l'homme à l'homme par la démocratie, la distance du pays au pays par le chemin de fer, la distance de la douleur au bien-être par le chloroforme, la distance de l'ombre au jour par l'électricité, la distance de la mort à la vie par la science, la distance de l'air à la terre par le ballon, la distance de la mer à la terre par le bateau à vapeur, la distance du feu au charbon par la pile de Volta, la distance de la perle à la femme par la cloche à plongeur, la distance de la pierre à la maison par le mineur, la distance [illegible]r à l'outil

Victor Hugo.
Compte rendu d'une séance des Tables parlantes.
« Il n'y a pas deux Josué » (suite de la p. 48).
Procès-verbal autographe, 29 décembre 1854.
Paris, Maison de Victor Hugo, Hauteville House.
Voir la transcription p. 507-508.

DOSSIER

CHRONOLOGIE

Nous avons jugé utile de donner plus de relief et de précisions sur la période spirite de Hugo – 1853-1855 – afin d'en souligner du mieux possible toutes les particularités.

1802. 26 février : naissance à Besançon, à 22 h 30, de Victor-Marie Hugo, fils du commandant Joseph Léopold Sigisbert Hugo, né à Nancy en 1773, et de Sophie Trébuchet, née à Nantes, en 1772, mariés en 1797. C'est le troisième fils des époux après Abel, né en 1798, et Eugène, né en 1800. La famille Hugo vit à Marseille.

1802. À Paris, Sophie Hugo retrouve le parrain civil de Victor Hugo, le général Lahorie. Elle était venue solliciter, sur la demande de son mari, auprès de Joseph Bonaparte, l'abandon de la demi-disgrâce dont est victime Léopold depuis une querelle confuse qui l'avait opposé au colonel Guestard, son chef de brigade, en 1802. Sophie Hugo verra beaucoup Lahorie, plus disgracié que son mari, et qui ne peut que lui nuire dans ses démarches.

1803. Naissance d'Adèle Foucher, que Victor Hugo épousera en 1822.
Léopold Hugo est muté en Corse, à Bastia, il s'y installe avec ses trois fils. Sophie Hugo reste à Paris.

Mutation de Léopold à l'île d'Elbe, toujours seul avec ses trois fils. Il y fait la connaissance de Catherine Thomas avec laquelle se nouent des relations fort intimes. En fin d'année, Sophie Hugo rejoint son mari à l'île d'Elbe. Elle quitte l'île en emmenant ses trois fils, un mois plus tard, et rejoint Paris en février 1804.

1804. Lahorie est recherché par la police. Léopold Hugo retourne à Bastia.

1805. Léopold se distingue lors des batailles napoléoniennes.

1806. Léopold participe à la conquête du royaume de Naples. Naissance, le 10 avril, à 7 h, de Julienne-Joséphine Gauvain qui s'appellera plus tard Juliette Drouet. Léopold découvre, stupéfait, qu'il ne parvient pas à obtenir de l'avancement malgré la bienveillance de Joseph Bonaparte car on lui oppose ses relations avec Lahorie. Il ignorait jusqu'alors les relations intimes de sa femme avec ce dernier.

1807. Léopold est nommé commandant militaire de la province d'Avellino. Sophie et ses fils partent rejoindre Léopold à Avellino en décembre.

1808. Sophie arrive à Naples avec ses trois fils, rejoint Léopold à Avellino puis repart pour Naples très vite. Léopold est nommé colonel. Il quitte Avellino pour l'Espagne, appelé par Joseph Bonaparte. Sophie est encore à Naples.

1809. Sophie est de retour à Paris, s'installe aux Feuillantines avec ses trois garçons et y cache Lahorie qui apprend à Victor Hugo à lire Tacite dans le texte. Léopold est nommé général de brigade et gouverneur de la province d'Avila.

1810. Léopold se distingue lors de batailles en Espagne, il est fait comte (noblesse espagnole) par le roi Joseph. Arrestation de Lahorie aux Feuillantines.

1811. Sophie quitte Paris pour l'Espagne. Les enfants traversent l'Espagne en passant par Ernani et Torquemada et arrivent à Madrid. Léopold lui demande le divorce, prétextant notamment, dans une longue requête de onze pages, que Sophie avait retiré l'argent du voyage à Madrid sans son consentement. Les enfants restent pensionnaires à Madrid. Léopold apprend l'arrestation de Lahorie aux Feuillantines et fait le lien entre la durée des séjours parisiens de Sophie, son manque d'enthousiasme à son égard et son arrivée impromptue à Madrid. Il découvre ainsi les rapports intimes de Sophie avec Lahorie.

1812. Léopold est nommé commandant de Madrid, il y reste avec Abel ; Sophie quitte Madrid avec Eugène et Victor et ils retournent aux Feuillantines. Lahorie est fusillé en octobre.

1813. Léopold quitte l'Espagne pour l'Allemagne. Abel rentre à Paris auprès de sa mère.

1814. Léopold est nommé maréchal de camp, obtient la séparation de corps avec sa femme. Victor Hugo excelle en vers latins et compose une première petite pièce : *Le Palais enchanté*, pour le théâtre de marionnettes auquel il joue avec ses frères.

1815. Eugène et Victor sont en pension à Paris. Victor Hugo est un excellent latiniste.

1816. « Je veux être Chateaubriand ou rien. » (Authenticité discutée.)

1817. Victor Hugo brille en latin, en français, comme en physique. Il compose de nombreux poèmes, se voit encouragé par l'Académie française qui hésite cependant à le récompenser au concours général car elle émet des doutes sur la réalité de son jeune âge.

1818. Jugement de séparation des époux Hugo. Eugène et Victor vivent avec leur mère. La distribution des prix à Louis-le-Grand constitue la fin officielle des études secondaires de Victor Hugo. Il écrit la première version de son roman *Bug Jargal* en quinze jours à la suite d'un pari.

1819. Victor Hugo s'inscrit à la faculté de droit. Il est couronné aux *Jeux floraux* de Toulouse pour ses *Odes*. Il se fiance, le 26 avril, en secret avec Adèle Foucher, amie d'enfance. La famille d'Adèle est également amie de longue date de la famille Hugo. Dans *Le*

Conservateur littéraire, fondé cette année-là et qui existera jusqu'en mars 1821, Victor Hugo écrit à lui seul les deux tiers des articles et des poèmes.

1820. Louis XVIII accorde à Hugo une gratification de 500 F pour son *Ode sur la mort du duc de Berry*. Chateaubriand qualifie Victor Hugo d'« enfant sublime ». Première visite de Hugo à Chateaubriand. Hugo refuse un poste dans une ambassade de Chateaubriand afin de ne pas s'éloigner d'Adèle. La mésentente des familles Foucher et Hugo entraîne la rupture des fiançailles entre Adèle et Victor.

1821. Victor Hugo rencontre Adèle clandestinement. 27 juin : mort de Sophie Hugo. Le général Léopold Hugo épouse Catherine Thomas le 6 septembre. Les familles Foucher et Hugo se réconcilient et les fiançailles sont renouées.

1822. Publication des *Odes et poésies diverses*. Victor Hugo reçoit une pension de 1200 F et épouse, le 12 octobre, à Saint-Sulpice, Adèle Foucher. Au repas du soir et dans la nuit, son frère Eugène, qui était également épris d'Adèle, est pris d'une crise de folie. Il sera interné à Charenton en 1823 où il mourra en 1837. Victor Hugo se flattera d'être resté vierge jusqu'à la nuit de noces avec Adèle où, selon ses dires, il l'honorera neuf fois.

1823. Deuxième édition des *Odes*. Publication de *Han d'Islande*. Hugo obtient une pension de 2000 F. Il collabore activement à *La Muse française* dont les participants se réunissent chez Nodier. Hugo y expose déjà sa doctrine du roman moderne à propos d'une note sur *Quentin Durward* de Walter Scott. Le général Léopold Hugo arrive à Paris avec sa femme et à cette occasion redécouvre son fils, qu'il parvient à conquérir. Naissance le 16 juillet de son premier fils, Léopold-Victor Hugo, qui décédera trois mois après, le 9 octobre 1823.

1824. *Nouvelles Odes*. Le rayonnement de Hugo ne cesse de s'étendre. Naissance de sa première fille Léopoldine, le 28 août.

1825. Hugo est nommé chevalier de la Légion d'honneur, en même temps que son aîné de douze ans et ami, Lamartine. Cette distinction, ajoutée aux pensions et aux nombreux prix littéraires, montre à quel point le jeune poète de 23 ans est estimé à la fois dans les milieux littéraires et officiels. Le roi Charles X l'invite à assister au sacre de Reims, Hugo y composera son *Ode sur le sacre*.

1826. Nouvelle version de *Bug Jargal*. Naissance de son deuxième fils, Charles, le 2 novembre. Publication des *Odes et ballades*. Hugo commence *Cromwell*.

1827. Publication de *Cromwell*.

1828. Mort de Léopold Hugo, le 29 janvier, quelques instants après avoir dîné avec son fils Victor. Édition définitive des *Odes et ballades*. Naissance de son troisième fils, François-Victor, le 21 octobre, qui traduira plus tard Shakespeare, à Jersey. Signature avec l'éditeur Gosselin d'un contrat pour *Les Orientales*, *Bug Jargal*, *Le Dernier Jour d'un condamné*, le futur *Notre-Dame de Paris* et *Han d'Islande*.

1829. *Les Orientales*, *Le Dernier Jour d'un condamné*. Interdiction de la pièce *Marion Delorme* (sous le premier titre de *Un duel sous Richelieu*) avant même sa première représentation. Hugo écrit *Hernani*, drame romantique, entre le 29 août et le 24 septembre. Son ami Sainte-Beuve se rapproche d'Adèle Hugo pour laquelle il joue le rôle de confesseur, il deviendra son amant.

1830. 25 février, première représentation de *Hernani* qui donnera lieu à ce que l'on appellera la bataille d'*Hernani*, succès immédiat. Balzac critique cependant fortement la pièce. Hugo entreprend l'écriture de *Notre-Dame de Paris*, interrompue par la révolution de Juillet. Naissance, le 24 août, d'Adèle Hugo, sa seconde fille.

1831. Publication de *Notre-Dame de Paris*. Première représentation de *Marion Delorme*. Publication des *Feuilles d'automne*.

1832. *Le Roi s'amuse* ; pièce aussitôt interdite.

1833. Première représentation de *Lucrèce Borgia*. Le 16 février, Hugo déclare son amour à Juliette Drouet (née en 1806), elle lui adresse un billet, à la date incertaine : « Oh ! ce soir, ce sera tout ! Je me donnerai à toi tout entière. » Nuit du 16 au 17 février, début de 50 ans d'amour entre Victor Hugo et Juliette Drouet. Victor Hugo écrira : « Le 26 février 1802 je suis né à la vie, le 17 février 1833 je suis né au bonheur dans tes bras. La première date ce n'est que la vie, la seconde c'est l'amour. Aimer c'est plus que vivre. » (Victor à Juliette, le 26 février 1835.) Première représentation de *Marie Tudor*.

1834. *Littérature et philosophie mêlées* ; *Claude Gueux*. Rupture avec Sainte-Beuve.

1835. Première représentation d'*Angelo*. Publication des *Chants du crépuscule*.

1836. *La Esmeralda*, opéra. Deux échecs à l'Académie française, en février et décembre.

1837. *Les Voix intérieures*. Hugo est nommé officier de la Légion d'honneur.

1838. Première représentation de *Ruy Blas*.

1839. Troisième échec à l'Académie française.

1840. Quatrième échec à l'Académie française. Publication de *Les Rayons et les Ombres*.

1841. Élection et réception à l'Académie française. Rencontre probable de Léonie Biard, épouse du peintre François-Thérèse Biard dit Auguste François.

1842. *Le Rhin*.

1843. Première représentation des *Burgraves*. Liaison probable entre Victor Hugo et Léonie Biard, au printemps et au début de l'été.

Le 15 février, Léopoldine épouse Charles Vacquerie, frère d'Auguste Vacquerie. Le 4 septembre, le jeune couple, ainsi que Pierre Vacquerie (l'oncle paternel de Charles) et son fils Artus (âgé de 10 ans), se noient tous les quatre dans la Seine, près de Villequier, au lieu-dit « Le Dos-d'âne », à 14 heures, lors d'une promenade en canot. Leurs corps seront apportés à Mme Vacquerie mère. Le 6 septembre, Léopoldine et Charles sont inhumés dans le cimetière de Villequier. Adèle Hugo regagne Paris avec les enfants qui lui restent. Victor Hugo, en voyage dans le sud-ouest de la France avec Juliette Drouet, ignore tout. Le 9 septembre, au café de l'Europe, à Rochefort, Victor Hugo ouvre par hasard le journal *Le Siècle*, qui reprenait l'article du *Journal du Havre* paru le 7 septembre, et découvre ainsi la terrible tragédie, pensant même que son fils, François-Victor, est mort aussi. Victor Hugo croit « devenir fou ». Il sera de retour à Paris le 12 septembre à 20 h.

1843-1845. Longue période d'une immense tristesse et d'un abattement peu propice à l'écriture.

1845. Hugo est nommé Pair de France. Il entreprend la rédaction des *Misères* qui deviendront *Les Misérables*. Il fait l'objet d'un constat d'adultère pour sa liaison avec Léonie Biard. Hugo échappe à une arrestation en sa qualité de Pair de France mais ne peut empêcher une condamnation à deux mois de prison à Saint-Lazare à Léonie Biard.

1846-1847. Victor Hugo accentue son action politique et prononce de très nombreux discours engagés. En août 1846, liaison avec Alice Ozy, somptueuse comédienne courtisée par le fils aîné de Hugo, et autrefois maîtresse du duc d'Aumale et égérie de Théophile Gautier.

1848. Devenu député de Paris à l'Assemblée constituante, Hugo s'engage pleinement dans l'action politique et se dispose à soutenir la candidature de Louis Napoléon Bonaparte à la présidence de la République.

1849. Hugo est élu député de Paris à l'Assemblée législative. Le 9 juillet, il y prononce le fameux discours contre la misère.

1850. Hugo prononce le discours funèbre lors des obsèques de Balzac.

1851. Charles Hugo écrit un article dans *L'Événement* contre la peine de mort. Il sera condamné à six mois de prison ferme, le 11 juin, pour atteinte au respect dû aux lois. Le 17 juillet, Hugo prononce un discours sur la révision de la Constitution à l'Assemblée législative. Le 9 septembre, François-Victor Hugo réclame le droit d'asile pour les proscrits étrangers dans *L'Événement*. Le journal est saisi et le 15 septembre, François-Victor Hugo et Paul Meurice (comme gérant du journal) sont condamnés à neuf mois de prison ferme et à une forte amende. Le 18 septembre sort le dernier numéro de *L'Événement*. Le 19 septembre, paraît *L'Avènement du peuple*, créé pour remplacer *L'Événement*. Auguste Vacquerie en est le rédacteur en chef. Le journal est saisi le même jour et Vacquerie sera condamné à six mois de prison le 24 septembre. Le Prince-Président veut abolir la loi électorale du 31 mai 1850. Hugo refuse (avec 355 voix contre 348) d'abolir la loi électorale. Le 2 décembre, coup d'État du Prince-Président, Louis Bonaparte. Dissolution de l'Assemblée et du Conseil d'État, état de siège à Paris, arrestation de plusieurs députés et généraux opposants. 250 députés de droite proclament la déchéance de Louis Bonaparte puis se laissent arrêter sans résistance. Les députés de gauche, au premier rang desquels se tient Hugo, appellent le peuple à la résistance armée. Un commissaire vient la nuit l'arrêter à son domicile mais ne l'y trouve pas. Victor Hugo visite les barricades, harangue la foule, exhorte les soldats à la rejoindre, se rend rue Tiquetonne afin de rendre visite à la grand-mère dont l'enfant vient d'être tué et dont il immortalisera la mort dans *Histoire d'un crime* et dans *Les Châtiments*. Recherché, Victor Hugo comprend que son départ de France est urgent. Il quitte Paris pour Bruxelles, le 12 décembre, par le train de 20 h sous le nom de Jacques-Firmin Lanvin, ouvrier typographe. Dans la nuit du 30 au 31 décembre, le député Victor Schoelcher, déguisé en prêtre, arrivera à Bruxelles, viendra saluer Victor Hugo et le féliciter de son action. Il demeurera l'un de ses plus fidèles amis.

1852. Le 9 janvier. Décret de bannissement de 66 représentants du peuple pour cause de sûreté générale. Hugo y figure en quinzième position. 31 juillet : Victor Hugo quitte Bruxelles pour Anvers ; le lendemain, il s'embarque pour Londres où il arrive le 2 août. Le 4, il est à Southampton et, le 5 août, il débarque au port de Jersey, Saint-Hélier, en compagnie de Charles et de Juliette (incognito). Il est accueilli par se femme, sa fille, Adèle, Auguste Vacquerie et de très nombreux proscrits.

Napoléon-le-Petit, imprimé à Londres, est publié à Bruxelles.

Le 16 août, le clan Hugo s'installe à Marine-Terrace, sur la grève d'Azette, sur la côte sud-est de l'île. François-Victor les rejoindra le 30 décembre.

1853. Le 6 septembre : Delphine de Girardin arrive à Marine-Terrace. Elle tente aussitôt d'initier ses hôtes à la pratique des « tables tournantes », qui se sont développées depuis peu à Paris. Les Hugo se montrent d'abord réticents puis curieux. Le 11 septembre au soir, après plusieurs essais infructueux, première séance positive de ce qui deviendra « les tables parlantes ». L'esprit de Léopoldine s'adresse aux convives en la présence de Victor Hugo sous le nom d'« ame soror ».

Du 11 au 18 septembre, séances spirites quotidiennes ; Louis Bonaparte dit sa terreur devant *Les Châtiments* qui vont paraître. Venue de Racine. Le 21 septembre, Victor Hugo reconnaît les talents de médium de son fils Charles et tente de comprendre ce phénomène nouveau, se demandant si les communications des Tables ne proviennent pas de l'inconscient de Charles. Le 28, première communication en vers : la Poésie dicte quatre strophes de huit octosyllabes. Automne 1853, Marat, Charlotte Corday, Robespierre, Jean-Jacques Rousseau viennent à la table de Marine-Terrace. Le 5 octobre : « Napoléon le Grand ». En décembre, André Chénier commence une longue série d'interventions où il termine certains fragments inachevés. L'Ombre du sépulcre interdit de publier pour le moment

les procès-verbaux des Tables. Venues de Tyrtée, Machiavel, l'Ânesse de Balaam.
21 novembre, publication des *Châtiments*, à Bruxelles.

1854. Le 6 janvier, première venue du Lion d'Androclès ; le 13 janvier, Shakespeare commence un long poème qui se poursuivra sur plusieurs séances et, le 3 février, il commencera un drame inédit. Le 7 février, Eschyle commence à son tour un long poème à poursuivre. Le 10 février, Molière commence un long poème poursuivi par l'Ombre du sépulcre. Le 27 février, surprenant dialogue entre Latude, Bonnivard, le Masque de fer, Judas, l'Archange Amour. Le 19 mars, première apparition de la Dame blanche qui donne rendez-vous à Hugo à 3 h du matin dans la rue. Le 24 mars, Le Lion d'Androclès dicte un long poème qui se poursuivra pendant des mois. Le 22 avril, l'Océan accepte de composer une nouvelle *Marseillaise* qui se nommera « La Tonnante ». Mozart poursuivra. Le 23, le Drame annonce que le drame inédit demandé à Shakespeare par Vacquerie est terminé. Le 24, le Drame ordonne à Victor Hugo de composer un poème. Le 27, le Drame commence la dictée du drame composé par Shakespeare. Le 19 septembre, la Mort conseille à Hugo de distinguer son œuvre de vivant de son œuvre de fantôme : « Sois l'Œdipe de ta vie et le Sphinx de ta tombe. » Le 22 octobre, la Mort suggère à Hugo d'écrire une œuvre posthume : « Conseils à Dieu ». Le 10 décembre, Galilée répond de manière absconse aux critiques de Hugo sur la cosmogonie des Tables. Le 28 décembre, Josué affirme à Hugo que « l'homme est un moi complexe ». L'année 1854 reste marquée par la présence, à la table, de Shakespeare, Molière, du Lion d'Androclès, du Drame, de l'Ombre du sépulcre et de la Mort. L'œuvre hugolienne, présente et future, en portera la trace indélébile.

1855. Le 4 janvier, Victor Hugo écrit à Mme de Girardin que ses travaux, depuis plus de vingt ans, se voient confirmés et élargis par les révélations de la Table. Le 7 février, mort, à 56 ans, d'Abel, frère aîné de Victor Hugo. Le 11 février, Jésus-Christ commence une remise en cause du druidisme et du christianisme et annonce une nouvelle religion. Le 1er mars, la Dame blanche poursuit ses visites. Le 22 mars, Jésus-Christ affirme que « les Tables seront le quatre-vingt-neuf des archanges ». Le 30 mars, Molière poursuit sa dictée. Le 29 avril, Platon parle du rêve. Le 2 mai, longue discussion d'une importance capitale, entre Auguste Vacquerie et Hugo. « Solitudines coeli » doit-il être dans le livre VI des *Contemplations* (la première intention de Hugo) ou se voir réservé pour une publication isolée et postérieure (proposition de Vacquerie) ; la proposition de Vacquerie sera retenue par Hugo. Le 18 mai, dernière dictée poétique de Molière. Le 31 mai, longue lecture, devant une famille et des amis éblouis, des « Mages ». En juillet, venue d'Isaïe. Les séances spirites s'espacent. Le 8 octobre marque la dernière séance des Tables à Marine-Terrace. Jules Allix, qui participait aux dernières séances des Tables, est pris d'un accès de folie plus violent que d'habitude. La tradition veut que cet incident ait conduit Victor Hugo à mettre un terme aux séances spirites, ce qui n'est pas le cas. L'année 1855 confirme qu'une nouvelle religion hugolienne, élaborée avant les séances spirites, s'est consolidée et élargie grâce aux interventions de Jésus-Christ.

Le 27 octobre, le connétable Leneveu signifie à Victor Hugo ainsi qu'à ses deux fils qu'ils sont tous trois frappés d'un arrêté d'expulsion, à la date du 2 novembre. Le 31 octobre, à 7 h 15 du matin, Victor Hugo devance la mesure d'expulsion et quitte définitivement Jersey. À 10 h, il arrive à Guernesey.

1856. Le 23 avril, publication des *Contemplations*. Hugo s'installe à Hauteville-House. Il termine *Dieu* et *La Fin de Satan*.

1857. Visites d'Alexandre Dumas à Guernesey ; Hugo témoigne de son admiration à Flaubert pour *Madame Bovary* et à Baudelaire pour ses *Fleurs du mal* qui « rayonnent et éblouissent comme des étoiles ». Juliette Drouet s'installe à La Fallue, toute proche d'Hauteville-House d'où elle peut voir Victor Hugo de son balcon.

1858. François-Victor Hugo publie le premier tome de sa traduction des *Œuvres* de Shakespeare. Victor Hugo connaît les prémices d'une maladie qui deviendra grave : l'anthrax. La maladie de Hugo se termine en octobre. Il envoie ses félicitations à Leconte de Lisle dont il dit que ses « poèmes sont au nombre des plus beaux de notre temps ».

1859. Publication de la première série de *La Légende des siècles*. Victor Hugo, après ses premiers combats pour l'abolition de la peine de mort et contre la misère, s'occupe de plus en plus des problèmes de son siècle, politiques, sociaux, philosophiques ou économiques.

1860. Hugo sort *Les Misérables* de « la malle aux manuscrits ».

1861. Voyages en Belgique et en Hollande. Le 30 juin, Victor Hugo note que « ce matin, à huit heures et demie » il vient d'achever *Les Misérables*. Les révisions et les additions l'occuperont encore onze mois.

1862. Le 30 mars, à Bruxelles, publication de la première partie des *Misérables* : « Fantine ». À Guernesey, Victor Hugo organise chaque semaine le « repas des enfants pauvres », durant lequel douze enfants pauvres viennent dîner chez lui, partageant le même repas. Voyages dans les Ardennes belges, luxembourgeoises et sur les bords du Rhin.

1863. Publication de *Victor Hugo raconté par un témoin de sa vie*, écrit par Mme Hugo sous le contrôle de son mari. De 1863 à 1864, voyages dans les Ardennes belges et sur les bords du Rhin.

1864. Publication de *William Shakespeare*. Cette œuvre s'appuie sur la traduction des *Œuvres* de Shakespeare faite par son fils François-Victor, de 1858 à 1864.

1865. Publication des *Chansons des rues et des bois*.

1866. Publication des *Travailleurs de la mer* dont le cadre spatial s'inspire des îles anglo-normandes.

1867. Le 22 janvier, première visite de Mme Hugo à Juliette Drouet afin de la remercier des soins dont elle a entouré Victor Hugo en son absence. Visite rendue le 24 par Juliette à Mme Hugo.

1868. Le 23 août, Victor Hugo achève *L'Homme qui rit*. Le 25, à Bruxelles, Mme Hugo est frappée d'apoplexie, elle décède le 27 août, à 6 h 30. Elle était la femme de Victor Hugo depuis 1822.

1869. Publication de *L'Homme qui rit*. Voyages en Belgique et en Suisse.

1870. Le 14 juillet, Victor Hugo plante solennellement le gland du « chêne des États-Unis d'Europe » dans le jardin d'Hauteville-House. Le 15 août, Victor Hugo et Juliette Drouet quittent Guernesey à 9 h et arrivent à Southampton à 19 h 30. C'est la fin d'une longue période d'exil à Guernesey qui aura duré près de 15 ans. Pendant ce temps, la guerre entre la Prusse et la France fait rage ; Victor Hugo écrit à Paul Meurice qu'il veut rentrer tout de suite « comme garde national de Paris » et qu'il « ira au rempart son fusil sur l'épaule ». Le 2 septembre, l'armée française est écrasée à Sedan, Napoléon III capitule et se rend comme prisonnier de guerre. Le 4 septembre, la déchéance de l'Empire est annoncée et la République proclamée à l'Hôtel de ville. Le 5 septembre, à 22 h, parti de Bruxelles, avec Juliette, Charles et les siens, onze ans après avoir déclaré : « Quand la liberté rentrera, je rentrerai », Victor Hugo arrive à Paris après 19 ans d'exil. Il reçoit la visite de Louise Michel, le 13 septembre. Il obtiendra sa libération lorsqu'elle sera arrêtée en décembre. Il refuse, en novembre, d'être candidat à la mairie de plusieurs arrondissements de Paris.

1871. Le 8 février, il est élu député de Paris et va siéger, à

Bordeaux, à l'Assemblée nationale. Il démissionne le 8 mars. Son fils Charles meurt subitement le 13 mars à Bordeaux. Il sera enterré le 18 mars au terme d'un vaste cortège au milieu des fédérés qui présentent les armes jusqu'au cimetière du Père-Lachaise, rendant ainsi un hommage spontané au père de Charles. Victor Hugo se rend ensuite en Belgique pour régler la succession de Charles où il offre publiquement asile chez lui à tous les proscrits de la Commune. Le gouvernement de Léopold II l'expulse le 30 mai malgré les protestations de la Chambre de Bruxelles.

1872. Publication de *L'Année terrible*. Retour passager à Guernesey. Le 12 février, sa fille Adèle est de retour de la Barbade où sa démence est devenue totale. Elle sera internée à la maison de Saint-Mandé, le 17 février.

1873. Hugo achève *Quatrevingt-treize*. Liaison avec Blanche, la femme de chambre de Juliette Drouet. Le 16 septembre, Victor Hugo renoue avec les séances de spiritisme en compagnie de Mme Hollis, médium américain, présente à Jersey en 1853. Mme Hugo lui fait dire, par la voix de la table, qu'elle est heureuse. Le 26 décembre, à 12 h, mort de François-Victor Hugo.

1874. Publication de *Quatrevingt-treize*.

1875. Victor Hugo retourne à Guernesey. Publication d'*Actes et paroles*, « Avant l'exil » et « Pendant l'exil ». Le 23 septembre, il laisse ses dispositions pour la publication de choses inédites, dont les *Livres des Tables*, et désigne Paul Meurice, Auguste Vacquerie et Ernest Lefèvre comme exécuteurs testamentaires.

1876. Le 30 janvier, Victor Hugo est élu sénateur de Paris. Il prononce un discours en faveur de l'amnistie des communards. Publication du troisième et dernier volume d'*Actes et paroles*, « Depuis l'exil ». Il prononce le discours funèbre de George Sand.

1877. Deuxième série de *La Légende des siècles*, publication de *L'Art d'être grand-père* et du premier tome de l'*Histoire d'un crime.*

1878. Publication du deuxième tome de l'*Histoire d'un crime* et du *Pape*. Congestion cérébrale dans la nuit du 27 au 28 juin, après une discussion avec Louis Blanc sur Voltaire et Rousseau. Du 5 juillet au 9 novembre, Hugo part se reposer à Guernesey avec Juliette et les siens.

1879. Mort de Léonie Biard. *Hernani* triomphe à la Comédie Française avec Sarah Bernhard dans le rôle de Doña Sol. Publication de *La Pitié suprême.*

1880. Publication de *Religions et religion* et de *L'Âne*. Zola considère alors que : « Cet homme n'est pas des nôtres. Qu'on nous dise de quel monastère du XIIe siècle il sort... Il appartient au Moyen Âge. » Commencement de l'édition dite « *ne variatur* » qui, de 1880 à 1885, comprendra 48 volumes.

1881. Le 27 février, au lendemain de l'anniversaire de Victor Hugo, le conseil municipal de Paris et le peuple parisien défilent sous ses fenêtres par centaines de milliers tout au long de la journée pour célébrer son entrée dans sa quatre-vingtième année. Le 4 mars, le Sénat lui rend hommage à son tour. Le 8 mai, l'avenue d'Eylau, où réside Hugo, est baptisée « avenue Victor-Hugo ». Publication des *Quatre vents de l'esprit*.

1882. Le 8 janvier, aux élections sénatoriales, Victor Hugo est réélu le premier. Publication de *Torquemada*. Dernière sortie, le 22 novembre, de Juliette aux côtés de Hugo, pour une reprise du *Roi s'amuse* au Théâtre-Français.

1883. Le 11 mai, mort de Juliette Drouet (atteinte d'un cancer). C'est le terme d'un amour de 50 ans avec Victor Hugo. Son enterrement a lieu le lendemain. L'entourage de Victor Hugo, conduit par Vacquerie, l'empêche d'y aller, probablement pour lui épargner une peine supplémentaire à un chagrin déjà immense plutôt que par respect des conventions. Auguste Vacquerie prononce son éloge funèbre. Publication de la série complémentaire de *La Légende des siècles* et de son « Édition définitive ». Publication d'abord en feuilleton puis en volume de *L'Archipel de la Manche* ; ce sera la dernière publication d'une œuvre de Victor Hugo de son vivant.

1884. Victor Hugo devient, le 24 mars, le doyen de l'Académie française. Le 15 mai, Saint-Saëns dirige au Trocadéro son *Hymne à Victor Hugo* auquel le poète assiste.

1885. Le carnet secret de Victor Hugo porte, à la date du 5 avril, une ultime croix, signe probable d'une dernière performance sexuelle. Le 14 mai, il reçoit à dîner Ferdinand Lesseps. C'est ce soir-là, semble-t-il, qu'il prend froid et que se déclare une congestion pulmonaire.

Le 22 mai, à 13 h 27, mort de Victor Hugo à son domicile, au 130 avenue Victor-Hugo, d'une congestion pulmonaire.

Le 23 mai, la Chambre (415 voix contre 3) et le Sénat (219 voix sur 220) votent des funérailles nationales.

Le 26 mai, un décret gouvernemental décide que le corps de Victor Hugo reposera au Panthéon, ancienne église Sainte-Geneviève rendue au culte sous le second Empire, de nouveau civile en 1885 et dont la croix qui en ornait le fronton avait été déposée quelque temps auparavant.

Le 31 mai, le corps de Victor Hugo est exposé sous l'Arc de triomphe sur un catafalque monumental. Le défilé du peuple se poursuivra toute la journée et la nuit durant.

Le 1er juin, ont lieu les funérailles nationales de Victor Hugo. Le cortège va de l'Arc de triomphe au Panthéon, en passant par les Champs-Élysées, les boulevards Saint-Germain et Saint-Michel, la rue Soufflot. Tout au long du passage du corbillard des pauvres, selon la volonté de Victor Hugo, la foule crie « Vive Hugo ! » comme s'il était encore vivant. Des millions de personnes lui rendront hommage et pendant des semaines les marches du Panthéon porteront des couronnes de fleurs venues du monde entier.

BIBLIOGRAPHIE SÉLECTIVE

ŒUVRES COMPLÈTES DE RÉFÉRENCE DE VICTOR HUGO

HUGO, Victor, *Œuvres complètes*, Club français du livre, 18 tomes, 1967-1970 [édition chronologique publiée sous la direction de Jean Massin].

HUGO, Victor, *Œuvres complètes*, Robert Laffont, collection « Bouquins », 15 tomes, 1985-1990, réédition 2002 [édition établie sous la direction de Jacques Seebacher et Guy Rosa, par le Groupe interuniversitaire de travail sur Victor Hugo].

MANUSCRITS

Manuscrits originaux, N.a.f. 14066, 1854, et N.a.f. 16434, 1855, Département des manuscrits occidentaux, Bibliothèque nationale de France (site Richelieu), Paris.

Manuscrits autographes, Maison de Victor Hugo.

ÉDITIONS CONSULTÉES

Choses vues, 1849-1885, Gallimard, « Folio classique », 1972 [édition d'Hubert Juin].

Œuvres poétiques, Avant l'exil, 1802-1851, t. I, Gallimard, « Bibliothèque de la Pléiade », 1964 [édition de Pierre Albouy] ; t. II, *Œuvres poétiques, Les Châtiments/ Les Contemplations*, Gallimard, « Bibliothèque de la Pléiade », 1967 [édition de Pierre Albouy].

Le Dernier Jour d'un condamné, Hachette, 2005 [édition de Marie-Henriette Bru].

Hernani, Gallimard, « Folio théâtre », 1995 [édition d'Yves Gohin].

La Fin de Satan, Gallimard, « Poésie/Gallimard », 1984 [édition de Jean Gaudon et Evelyn Blewer].

Légende du beau Pécopin et de la belle Bauldour, Le Livre de Poche, 2003 [édition de Claude Millet] ; *Les Contemplations*, Gallimard, « Poésie/Gallimard », 1973 [notes de Pierre Albouy].

L'Homme qui Rit, Le Livre de Poche, « Les Classiques de poche », 2002 [édition de Myriam Roman et Delphine Gleizes].

Les Contemplations, Robert Laffont, « Poésie/Bouquins », 1985 [édition sous la direction de Jacques Seebacher et Guy Rosa].

Les Contemplations, Le Livre de Poche, 1972 [édition de Jean Gaudon].

Les Misérables, Gallimard, « Bibliothèque de la Pléiade », 1951 [édition de Maurice Allem].

Les Misérables, Le Livre de Poche, « Les Classiques de poche », 1998, [édition de Guy Rosa et Nicole Savy].

Le Théâtre en liberté, Gallimard, « Folio classique », 2002 [édition d'Arnaud Laster].

Les Travailleurs de la mer, Flammarion, « GF Flammarion », 1980 [édition de Marc Eigeldinger].

Notre-Dame de Paris, Pocket, « Pocket Classiques », 1998 [édition de Gabrielle Chamarat].

Quatrevingt-treize, Flammarion, « GF Flammarion », 2002 [édition de Judith Wulf]

Ruy Blas, Gallimard, « Folio théâtre », 1997 [édition de Patrick Berthier].

William Shakespeare, Flammarion, « GF Flammarion », 2003 [présentation de Dominique Peyrache-Leborgne].

TÉMOIGNAGES

HUGO, Adèle (mère d'Adèle et épouse de Victor), *Victor Hugo raconté par un témoin de sa vie*, Plon ; 1863, réédition en 1985 [édition d'Évelyne Blewer, Sheila Gaudon, Jean Gaudon, Gabrielle Malandain, Jean-Claude Naret, Guy Rosa, Carine Trévisan, Annie Ubersfeld, sous la direction d'Annie Ubersfeld et Guy Rosa].

HUGO, Adèle (fille), *Le Journal de l'exil*, t. I, 1852, t. II, 1853, t. III, 1854 [présentés par Frances Vernor Guille], t. IV, 1855 [édition de J.-M. Hovasse], Paris-Caen, Lettres modernes Minard, 2002.

BIBLIOGRAPHIE CRITIQUE

ALBOUY, Pierre, *La Création mythologique chez Victor Hugo*, Corti, 1963 ; deuxième édition, 1985.

ASSELINE, Alfred, *Victor Hugo intime*, Marpon et Flammarion, 1885.

BARBOU, Alfred, *Victor Hugo et son temps*, Eugène Hugues, 1881.

BAUDOUIN, Charles, *Psychanalyse de Victor Hugo*, Genève, Éditions du Mont-Blanc, 1943 ; nouvelle édition, Armand Colin, 1972.

BÉNICHOU, Paul, *Romantismes français, I. Le sacre de l'écrivain, Le temps des prophètes, II. Les mages romantiques, L'école du désenchantement*, Gallimard, « Quarto », 1973 ; nouvelle édition, 2004.

BERRET, Paul, *Le Moyen Âge dans* La Légende des siècles, Paulin, 1911.

BERTAL, Georges, *Auguste Vacquerie : sa vie, son œuvre*, Andréol et Pigeon, 1889.

BESNIER, Patrick, *L'ABCédaire de Victor Hugo*, Flammarion, 2002.

BLEWER, Evelyn, *Lettres à Victor Hugo de Juliette Drouet*, Fayard, 2001.

COSNIER, Colette, *Hugo et le Mont-Blanc*, Chamonix, Guérin, 2002.

DECAUX, Alain, *Victor Hugo*, Perrin, 1995.

DELON, Michel, MÉLONIO, Françoise, MARCHAL, Bertrand, NOIRAY, Jacques, COMPAGNON, Antoine (sous la direction de Jean-Yves TADIÉ), *La Littérature française. Dynamique et histoire*, t. II, Gallimard, « Folio essais », 2007.

DESSEMOND, Maurice, *Victor Hugo. Le Génie sans frontières*, Naeff, 2002.

FIZAINE, Jean-Claude, *Victor Hugo. Œuvres complètes. Politique*, Robert Laffont, « Bouquins », 1985-1990, réédition 2002.

GAUDON, Jean, *Ce que disent les Tables parlantes : Victor Hugo à Jersey*, Pauvert, 1963 ; (Jean et Sheila) *Procès-verbaux des Tables parlantes à Jersey* dans Victor Hugo, *Œuvres complètes*, t. IX, Le Club français du livre, 1967-1970 [Édition chronologique sous la direction de Jean Massin] ; *Les Lettres à Juliette Drouet de Victor Hugo*, Pauvert, 1964 et Fayard, 2001 ; *Victor Hugo, le temps de la contemplation*, Flammarion, 1969 ; *Les Contemplations*, Livre de poche, 1972.

GAY, Maurice, *Victor Hugo spiritualiste*, Gérard Nizet, 1955.

GÉLY, Claude, *Victor Hugo, poète de l'intimité*, Gérard Nizet, 1969.

GEORGEL, Pierre et BLONDEL, Madeleine, *Victor Hugo et les images*, Colloque de Dijon, Aux Amateurs de Livres, 1984.

GIRARDIN, Delphine Gay de, *Le Lorgnon*, Michel Lévy frères, 1831.

GODO, Emmanuel, *Victor Hugo et Dieu, bibliographie d'une âme*, Cerf, 2001.

GRIMAULD, Michel [textes réunis par], *Victor Hugo 1*, approches critiques contemporaines, *La Revue des Lettres modernes*, 1984.

GUILLEMIN, Henri, *Hugo*, Le Seuil, 1994.

HOVASSE, Jean-Marc, *Victor Hugo*, t. I. Avant l'exil, 1802-1851, Fayard, 2002 ; t. II. Pendant l'exil, 1851-1854, Fayard, 2008.

JUIN, Hubert, *Victor Hugo*, Flammarion, 1980.

LAFORGUE, Pierre, *La Légende des Siècles de Victor Hugo*, Gallimard, 2008.

LASSÈRE, Madeleine, *Delphine de Girardin*, Perrin, 2003.

LASTER, Arnaud, *Victor Hugo*, Belfond, 1984.

LE GOFF, Jacques et RÉMOND, René, *Histoire de la France religieuse* 3, par Philippe Joutard, Le Seuil, « Points Histoire », 1991.

LESCLIDE, Richard, *Propos de table de Victor Hugo*, E. Dentu, 1885 ; réédité sous le titre *Victor Hugo chez lui. Souvenirs insolites de Victor Hugo*, Raymond Castells éditions, 1998.

LEVAILLANT, Maurice, DAUBRAY, Cécile, *La Poésie de Victor Hugo*, Delagrave, 1942.

MAUREL, Jean, *Victor Hugo philosophe*, PUF, 1985 ; *Chez Victor Hugo, Les Tables tournantes de Jersey*, L'École des lettres, 1996 ; *Le Vocabulaire de Victor Hugo*, Ellipses, 2006.

MURAY, Philippe, *Le* XIX*e siècle à travers les âges* [1984], Gallimard, « Tel », 1999.

RENAN, Ernest, *Vie de Jésus*, Arléa, 1992.

RETAT, Claude, *X, ou le divin dans la poésie de Victor Hugo à partir de l'exil*, CNRS Éditions, 1999.

SAURAT, Denis, *La Religion de Victor Hugo*, Hachette, 1929 ; *Victor Hugo et les dieux du peuple*, La Colombe, 1948.

SIMON, Gustave, *Procès-verbaux des Tables tournantes de Jersey*, Louis Conard, 1923.

SOUCHON, Paul, *Juliette Drouet. Mille et une lettres d'amour à Victor Hugo*, Gallimard, 1951 ; réédité en 2002 dans la collection « L'Imaginaire », Gallimard, sous le titre « *Mon grand petit homme...* ». *Mille et une lettres d'amour à Victor Hugo*.

UZANNE, Octave, *Les Propos de table de Victor Hugo en exil*, Administration de l'Art et de l'Idée, 1892.

VACQUERIE, Auguste, *Les Miettes de l'histoire. Trois ans à Jersey*, Paris, Pagnerre, 1863.

Groupe Hugo : Créé en 1969 à la Sorbonne par Pierre Albouy, le Groupe Hugo a été refondé en 1975 à l'Université Paris 7 par Jacques Seebacher puis animé, à partir de 1990, par Guy Rosa ; il l'est maintenant par Claude Millet. C'est en son sein qu'ont été préparés plusieurs des travaux et des manifestations du Centenaire de 1985 puis du Bicentenaire de 2002 ainsi que les plus recommandables des publications et des éditions critiques. Le Groupe Hugo fait partie de la composante de l'équipe CERILAC « Littérature et civilisation du XIXe siècle ». Les plus éminents spécialistes hugoliens y sont représentés et mettent leurs travaux à la disposition des participants aux activités du Groupe Hugo ainsi qu'au public par le biais du site : www.groupugo.univ-paris-diderot.fr/.

NOTICE

Pour comprendre la genèse de ces *Cahiers*, nous disposons de sources originales différentes. D'une part, les *Cahiers* proprement dit, qui apparaissent respectivement sous les cotes N.A.F. 14066, le manuscrit apparu en 1962, et N.A.F. 16434, acquis en 1972 par la Bibliothèque nationale de France, et les procès-verbaux des séances spirites, établis librement et directement lors de la tenue de ces séances, par les différents participants. Une quantité notable de ces procès-verbaux, dont beaucoup sont inédits, sont conservés à la Maison de Victor Hugo. Les documents originaux sont pour la plupart de la main d'Auguste Vacquerie et de Victor Hugo. Un certain nombre de doubles ou de copies existent également, de la main d'Adèle Hugo, sa fille, de Mme Hugo, de Paul Meurice et de Juliette Drouet. Certaines copies émanent de Mme Daubray, secrétaire de Paul Meurice, ami et exécuteur testamentaire de Hugo. Ces documents livrent des informations nouvelles et d'importance quant aux deux *Cahiers* manquants sur les quatre supposés rédigés par Victor Hugo à Jersey.

Ces nombreux procès-verbaux sont constitués d'éléments étonnants et fort divers. On trouve des feuillets libres, des fragments de papier de toutes tailles, une partition de musique, une enveloppe adressée à Hugo, une table des matières de la main de Vacquerie concernant l'un de ses cahiers disparu, une page de journal ainsi que des petits cahiers, anonymes, plus conséquents, de près de quarante pages, qui posent tout de suite la question de leur origine. À qui appartenaient-ils ? Il existe aussi une douzaine de fragments de la main de Paul Meurice qui témoignent d'un certain nombre d'anecdotes ou de questions particulières posées lors de nombreuses séances jusqu'à la dernière, celle du 8 octobre 1855, durant laquelle des éléments d'une importance certaine n'ont pas encore été utilisés. On découvre également un ensemble de 22 pages déchirées d'un cahier. Certaines d'entre elles sont de la main de Vacquerie et d'autres de celle de Hugo. Nous pouvons donc nous demander si ces pages appartenaient à un cahier d'Auguste Vacquerie ou de Hugo, transcrit souvent comme ceux que nous avons en notre possession, à la fois de la main de l'un et de l'autre. Cela ouvrirait des perspectives nouvelles quant au mystère des deux cahiers manquants. La confrontation rigoureuse des procès-verbaux et de l'ensemble des documents conservés à la Maison de Victor Hugo avec les deux cahiers correspondant à une partie de l'année 1854 et de l'année 1855 permet de comprendre l'histoire des manuscrits.

Il existe ainsi deux sources principales qui relatent les séances spirites. Des procès-verbaux sont rédigés directement lors du déroulement de celles-ci par un « écrivant » sur des feuillets libres voire de simples morceaux de papier. Parfois, et même souvent, d'autres participants établissent leurs propres procès-verbaux. Il peut donc y avoir différents procès-verbaux pour une même séance. Ils servent ensuite à la transcription, à la mise au net de ces séances dans un cahier. Le terme « manuscrit » est donc polysémique et représente à la fois les procès-verbaux et les cahiers. Ainsi ne faut-il pas confondre procès-verbaux et cahiers qui constituent deux sources, deux supports, différents et indépendants.

La transcription des deux cahiers originaux de Victor Hugo est ici normalisée et intégrale. Elle respecte le déroulement chronologique des séances, le contenu des manuscrits tout en corrigeant, le cas échéant, l'orthographe, la syntaxe et la ponctuation, parfois approximatives, dans le souci de permettre une lecture dans la continuité du manuscrit tel que les séances y étaient notées. Lorsque des procès-verbaux existent et correspondent à des périodes différentes de celles des cahiers, ceux-ci sont placés dans l'ordre chronologique. Nous indiquons alors qu'il s'agit de procès-verbaux, et précisons les différents participants, ceux qui tiennent la table et ceux qui consignent les séances (les écrivants). Ne sont transcrits ici que les documents authentiques que nous avons retrouvés et identifiés comme des écrits originaux, pour la plupart de la main de Victor Hugo, d'Auguste Vacquerie, parfois de Mme Hugo. Les copies ou les doubles, extraits du *Journal de l'exil* d'Adèle Hugo ou de sources incertaines, ont été écartés.

Le cahier apparu en 1972 s'avère essentiel quant à la compréhension du phénomène qui s'est déroulé, entre septembre 1853 et octobre 1855, à Jersey et il éclaire d'un autre aspect le supposé troisième cahier, longtemps considéré comme le seul *Livre des Tables*. Ce manuscrit de Victor Hugo, qui n'a pas encore fait l'objet d'une étude ou d'une édition, rend donc, de fait, caduques, erronées ou incomplètes les études antérieures. D'autant plus qu'à l'intérieur de ce nouveau cahier apparu en 1972, figurent deux photocopies collées aux pages 45 et 46. Ces deux photocopies constituent un document étonnant. Il s'agit d'un article de presse intitulé : « Les tables parlantes de Jersey ». La mention « chronique » figure au-dessus du texte et l'article est signé Bernard Jourdan. Nos recherches montrent qu'il s'agit d'un article publié le 3 juin 1971 dans *L'Éducation*. Or que dit cet article ? Il faut le citer précisément car ses indications, à la première personne, s'avèrent des plus intéressantes, en particulier parce qu'elles s'inscrivent parfois en faux contre les observations du manuscrit N.A.F. 16434 :

> J'ai eu la chance de retrouver la trace de l'un de ces livres [les quatre cahiers dits *Livre des Table*s exposés en 1933, lors d'une exposition à la Maison de Victor Hugo], puis le livre lui-même.
>
> Son authenticité ne saurait être mise en doute. Tout laisse à penser que Meurice l'eut entre les mains et que

> Gustave Simon l'a consulté. Peut-être même ce livre a-t-il figuré à l'exposition de 1933. S'il porte en effet de façon fort nette le chiffre 3 sur la couverture et le même chiffre 3 à l'intérieur de cette couverture, il porte aussi une étiquette où une écriture assez récente indique « 4 volumes Victor Hugo ». Et il y eut quatre volumes à l'exposition de 1933. Dans l'état actuel de mes recherches, il n'existe, à ma connaissance, aucun lien de parenté, d'amitié ou de voisinage entre la famille détentrice du livre et la famille de Meurice ou celle de Gustave Simon. Mais la question demeure posée.
>
> Ce livre a été découvert au cours d'un déménagement, au milieu d'une centaine d'ouvrages de droit et de jurisprudence, quand la famille a quitté Paris. Il semble bien que, pendant les années 1940-1945, cette cave – comme tant d'autres – a été visitée.
>
> En tout cas, les détenteurs actuels de ce volume m'ont assuré qu'ils n'étaient pas les vendeurs de 1962.
>
> Le « livre » se présente comme un volume (format 17 × 22 cm) de 270 pages non numérotées, papier bleu clair, dos et coins (fatigués) de cuir marron, couverture bleue jaspée, défraîchie par une longue manipulation. 81 pages sont écrites par des « écrivants » divers : Victor Hugo le plus souvent, mais également Auguste Vacquerie, Allix, Paul Meurice et un hôte de passage, Clément Dulac.

Cela signifierait que le ou les propriétaires de ce manuscrit ont lu et récupéré cet article, l'ont collé dans le cahier original de Victor Hugo puis l'ont mis en vente l'année suivante. La Bibliothèque nationale de France en a fait l'acquisition le 29 août 1972 directement auprès d'un particulier. Celui-ci a tenu à conserver l'anonymat et les conditions de transaction ont fait l'objet d'un protocole demeuré confidentiel. Ce cahier fait maintenant partie des Nouvelles acquisitions françaises des manuscrits occidentaux de la rue de Richelieu, sous la cote N.A.F. 16434. La désignation de ce manuscrit dans le catalogue de la Bibliothèque nationale de France est cependant sensiblement différente de celle proposée par l'auteur de cet article. Bien entendu, cette description est en tous points conformes à notre observation :

Procès-verbaux des séances spirites tenues chez Victor Hugo.

Manuscrit en partie de la main de Victor Hugo.

Procès-verbaux des séances de Jersey du 21 janvier 1855 au 8 octobre 1855.

Papier 134 feuillets (47-134 blancs) 220 x 170 mm cahier carton (achat 1972).

Ce cahier ne compte donc pas réellement 270 pages mais bien 134 feuillets. La différence est minime mais tous les feuillets sont bien numérotés au recto. Les pages 47 à 134 sont blanches. Il n'y a pas « 81 pages écrites par des écrivants divers » mais 77, dont la très grande majorité (55) provient de la main de Hugo. Il s'agit d'un petit volume à la reliure bradel fauve. La couverture havane est en veau et les coins en veau fauve. Il ne s'agit donc pas d'une « couverture bleue jaspée ». Les pages sont blanches et non bleu clair. Cette couleur aurait-elle passé avec le temps ? Rien n'est moins sûr. Au dos figure effectivement une étiquette d'écolier, aux bords bleus indiquant : « *N° 45 / 4 Volumes Victor Hugo* ». Sur la couverture, on peut lire le chiffre 3 en grand, écrit au crayon gras. À l'intérieur de cette couverture, on ne remarque aucune inscription, pas de chiffre 3 comme l'indique l'auteur de l'article. Pourquoi de telles différences ? Ce cahier couvre pourtant bien la période du 21 janvier 1855 au 8 octobre 1855. Ainsi se posent d'emblée plusieurs questions essentielles. L'auteur de cet article a-t-il eu réellement ce cahier entre les mains, l'examinant à loisir avec toute la curiosité et l'exaltation que doit procurer la réapparition inattendue et capitale d'un manuscrit original de Victor Hugo ? Ou lui a-t-on simplement révélé l'existence de ce cahier sans qu'il puisse l'observer personnellement ? Se pourrait-il qu'il existe un autre cahier numéro 3 ? Un recueil de procès-verbaux ou un manuscrit rédigé *a posteriori* à partir de ceux-ci ? Y a-t-il eu un quatrième cahier lui faisant suite ? Auquel cas, il couvrirait la période postérieure au 8 octobre 1855. Mais nous savons que les séances spirites se sont arrêtées en octobre 1855, *a priori* après une crise de démence de Jules Allix. Sans oublier que Victor Hugo, expulsé de Jersey à la date du 2 novembre 1855, préfère devancer cette mesure coercitive en s'embarquant le 31 octobre 1855, à 7 h 15 du matin, pour Guernesey où il n'y aura plus de séances spirites. Le fameux *Cahier rouge*, vendu à Drouot, en 1962, de manière anonyme et acheté par la Bibliothèque nationale de France, serait-il effectivement l'un des quatre cahiers supposés ?

Nous serions alors en présence de deux des quatre cahiers rédigés à Jersey. Le N.A.F. 14066 du mercredi 1er février 1854 au 30 mai 1854 serait alors le numéro 2. Le numéro 1, disparu, couvrirait la période du 11 septembre 1853 au mardi 31 janvier 1854, mois très riches en séances spirites. Si le N.A.F. 16434 est le numéro 3 (compte tenu de l'inscription figurant sur la page de couverture, relatif à la période du 21 janvier 1855 au 8 octobre 1855), quel cahier couvrirait alors la période du 31 mai 1854 au 20 janvier 1855 ? En partant du principe que le N.A.F. 16434 est bien l'un des quatre cahiers et qu'il n'y en a pas d'autre faisant suite à celui-ci puisque tout le clan Hugo quitte Jersey le 31 octobre, si l'on en croit également les affirmations de Hugo lui-même et comme tendraient enfin à le prouver ses *Agendas de Guernesey*, le cahier numéro 3 du 21 janvier 1855 au 8 octobre 1855 (N.A.F. 16434) correspondrait en réalité au cahier numéro 4. La mention erronée du numéro 3 sur la couverture serait d'une autre main que celle de Hugo et serait postérieure à cette période. Le numéro 3, supposé existant et disparu, couvrirait la période du 31 mai 1854 au 20 janvier 1855. Le numéro 2 serait le N.A.F. 14066 du 1er février 1854 au 30 mai 1854. Il ne porte pas de numéro sur la couverture. Le numéro 1 s'attacherait par conséquent à la période du 11 septembre 1853 au 1er janvier 1854. Le tableau suivant permet d'établir la chronologie des quatre cahiers tout en la comparant aux dates de la publication proposées par Gustave Simon, de les relier aux copies de Cécile Daubray ainsi qu'aux différents procès-verbaux établis à Jersey par les participants aux séances des Tables.

CHRONOLOGIE DES QUATRE CAHIERS

1853	1854		1855
cahier 1	cahier 2	*cahier 3*	cahier 4
disparu	N.a.f. 14066	*disparu*	N.a.f. 16434
Du 11 septembre 1853 au 31 janvier 1854	Du 1er février 1854 au 30 mai 1854	Du 2 juin 1854 au 20 janvier 1855	Du 21 janvier 1855 au 8 octobre 1855

PROCÈS-VERBAUX DE GUSTAVE SIMON[1]

Du 11 septembre 1853 au 2 juillet 1855

1853	1854	1855
Du 11 septembre au 29 décembre	Du 2 janvier au 19 décembre	Du 11 février au 2 juillet

COPIES DE CÉCILE DAUBRAY[2]

De septembre 1853 à décembre 1853
Du 3 juillet 1854 au 19 décembre 1854

PROCÈS-VERBAUX

1853	1854	1855
Du 12 septembre au 29 décembre	Du 5 janvier au 28 décembre Plus un petit cahier 13 × 17 de 36 pages qui commence à la date du 29 décembre 1854 ; seules les pages 1-2-4-5-6 sont écrites, toutes de la main de Victor Hugo.	Seulement 11 février-18 février-8 mars-15 mars-22 mars-20 septembre Six procès-verbaux

NOTICES BIOGRAPHIQUES

Personnalités présentes à Jersey lors des séances des Tables, en dehors de Victor Hugo

ALLIX, Jules (1818-1903)
Frère aîné d'Augustine et Émile, il rejoint sa sœur à Jersey, à la fin de l'année 1853, après avoir été condamné à huit ans de bannissement et avoir passé quatre mois en prison pour sa participation – indirecte – au complot dit de « l'Hippodrome » ; c'est ce républicain de trente-six ans qui sera, selon la tradition, victime d'un accès de folie en octobre 1855 lors d'une séance des Tables ; cet incident particulièrement violent et inquiétant aurait conduit Victor Hugo à mettre un terme définitif à ces séances. Cependant, il n'existe strictement aucune trace de ce supposé incident dans les procès-verbaux des séances spirites ou dans le cahier de 1855. Jules Allix quittera Jersey en 1856 pour se rendre à Bruxelles où il enseignera le français.

ALLIX, Augustine (1823-1901)
Très liée avec Charles Hugo qu'elle semble avoir suivi en exil ; très appréciée aussi par Victor Hugo, notamment pour les talents de cantatrice qu'elle exerce dans les salons parisiens depuis la monarchie de Juillet. Après l'expulsion de Victor Hugo de Jersey, elle fréquentera régulièrement Guernesey avant de s'y fixer définitivement à partir du 21 avril 1855, tant ses talents de cantatrice y sont appréciés.

ALLIX, Émile (1836-1911)
Jeune frère d'Augustine et Jules, âgé de dix-huit ans en 1854. Lors de ses venues à Jersey, Émile Allix assiste à quelques séances des Tables. Certaines éditions précédentes des procès-verbaux ont confondu la transcription de l'initiale « E » avec le « J ». Lorsqu'il n'y a pas d'initiale, il s'agit de Jules Allix. Il rejoindra son frère Jules à Bruxelles en 1856. Devenu médecin, Émile Allix soignera avec dévouement Mme Hugo jusqu'à la mort de celle-ci.

BABINET, Jacques (1794-1872)
Physicien, astronome, connu comme savant spirituel et homme d'esprit, conférencier très en vogue à cette époque.

BARBIEUX, Albert [dates inconnues]
Proscrit français. Il sera, en 1869, le directeur et le gérant du journal *Le Rappel*, dont Auguste Vacquerie deviendra le rédacteur en chef, et Charles Hugo, l'un des journalistes.

BÉNÉZIT, Charles (1816-après 1871)
Compositeur français ami de Leconte de Lisle. Concertiste et maître de composition musicale d'Adèle à Jersey. Il participe de manière épisodique aux séances spirites jusqu'à la fin de celles-ci.

DULAC, Clément (1805-1889)
Ancien député de l'Assemblée nationale législative, expulsé de France lors du coup d'État, compagnon de lutte et d'exil de Hugo qui lui dédicace *Actes et paroles* (I, « Avant l'exil »).

DURRIEU, Xavier (1817-1868)
Journaliste, rédacteur au *Siècle*, puis collaborateur à *La Revue des Deux Mondes* et à *La Revue de Paris*. Exilé après le coup d'État, il vit d'abord en Angleterre puis en Espagne.

GIRARDIN, Delphine de (1804-1855)
Femme de lettres. Delphine Gay, devenue Mme Émile de Girardin, rend visite à Hugo à Jersey du 6 au 14 septembre 1853. Elle l'initie aux séances des Tables. C'est en sa présence, le soir du 11 septembre 1853, que la table s'exprime pour la première fois en se présentant sous le nom d'*Ame soror*. Sous ce terme latin, les participants identifient Léopoldine, la fille tant aimée de Victor Hugo, disparue en 1843 avec son mari Charles Vacquerie, l'oncle de ce dernier et son jeune fils, après le naufrage de leur canot sur la Seine.

GUÉRIN, Théophile (1814 - ?)
Réfugié français républicain, compagnon d'infortune d'Hennet de Kesler sur le bateau *Duguesclin*, bagne flottant en rade de Brest. Exilé à Jersey depuis 1852, il est avec son ami Hennet de Kesler un visiteur assidu des Hugo, familier des dîners et des Tables. Il forme, avec Mme Hugo et Charles Hugo, le triangle fondateur des séances spirites.

HUGO, Mme Hugo, née Adèle Foucher (1803-1868)
Mme Hugo est bouleversée par la présence de Léopoldine à la table de Marine-Terrace, le 11 septembre 1853. Elle en est l'une des participantes les plus fidèles avec son fils Charles et n'a de cesse d'affirmer la véracité du phénomène spirite, déclarant même à la table, le 24 septembre 1853 : « Tu sais que j'ai la foi. » Elle poursuivra même, bien au-delà du 8 septembre 1855, les séances spirites avec quelques amies après que Victor Hugo y eut mis fin.

HUGO, Adèle (1830-1915)
Elle est présente lors de la première séance spirite du 11 septembre 1853 et assiste à la venue de sa sœur défunte, Léopoldine. Elle tient parfois la table avec sa mère ou son frère Charles, parfois de manière solitaire dans sa chambre. Pendant l'exil, elle tient un *Journal* qui nous renseigne précieusement sur cette période spirite.

Derrière sa voix se profilent celles de son père, de ses frères, d'Auguste Vacquerie, débattant du phénomène spirite. À Jersey, elle se consacre de longues heures au piano. En 1854, elle rencontre le lieutenant anglais Pinson dont elle tombe éperdument amoureuse au point de se considérer unilatéralement comme sa fiancée légitime en 1861. Elle s'enfuira subrepticement de Guernesey en 1863, emportant les bijoux de sa mère, afin de rejoindre Pinson, contre son gré, à Halifax, en Nouvelle-Écosse (Canada). Elle y connaîtra une existence misérable, pourchassant le lieutenant Pinson. Adèle y perdra peu à peu l'esprit et sera internée en 1872 à Saint-Mandé où elle mourra le 21 avril 1915 sans avoir recouvré la raison.

HUGO, Charles (1826-1871)
Le premier fils de Hugo est le médium privilégié des instants passés à la Table de Marine-Terrace de 1853 à 1855. En septembre 1853, les tables le désignent expressément par le terme de « voyant », il devient ainsi celui dont la table dit qu'il est « le plus facile intermédiaire entre nous [les esprits], et vous [les vivants], toi [Charles] dont je sens la main » (séance du 11 décembre 1853).

HUGO, François-Victor (1828-1873)
Le quatrième enfant de Victor Hugo est l'un des moins assidus aux séances spirites. Dubitatif, il considère que ce ne sont pas des pratiques dignes du XIXe siècle, et qu'elles éloignent les participants des véritables préoccupations du siècle.

KESLER, Hennet de (vers 1804- ?)
Le baron Hennet de Kesler rencontre Hugo sur les barricades lors du coup d'État de 1851. Déjà arrêté le 19 juin 1849 pour sa participation à l'Affaire du 13, du Conservatoire des arts et métiers, il est de nouveau arrêté le 4 décembre 1851, à Paris, et déporté à bord du *Duguesclin*. Il passe deux ans à Londres avant d'arriver à Jersey en mai 1854. Il assiste régulièrement, comme son compagnon d'infortune du *Duguesclin*, Théophile Guérin, aux séances spirites.

LE FLÔ, Charles (1804-1887)
Général et diplomate français. Lors de la révolution de février 1848, il est ambassadeur en Russie. Membre de la Constituante et de la Législative où il siège à droite, il est arrêté et expulsé de France après le coup d'État. À Jersey, il est, avec Mme Le Flô, un hôte assidu des Hugo. Après la chute de l'Empire, il deviendra ministre de la Guerre.

LEGUEVEL, Edmond [dates inconnues]
Juge. Assiste aux Tables avec Mme Leguevel.

LEROUX, Pierre-Henri (1797-1871)
Éditeur, philosophe et homme politique français. Il adhère au mouvement saint-simonien qui se propose de réorganiser le travail sous la direction d'une élite industrielle et religieuse. En 1835, Leroux fait la connaissance de George Sand avec laquelle débute une amitié qui se poursuivra quinze années durant. En février 1848, il est élu député de la Seine à l'Assemblée constituante. Réélu lors des élections législatives du 13 mai 1849, il s'oppose à la politique de Louis Napoléon Bonaparte. Après le coup d'État du 2 décembre 1851, Leroux s'exile à Londres, puis dans l'île de Jersey où il fréquente Victor Hugo. Leurs promenades sur la grève de Samarez ont laissé des traces dans l'œuvre de Hugo. Il revient en France en 1860, après la loi d'amnistie proposée en 1859. Il publie un long poème philosophique en deux volumes (1863-1864), *La Grève de Samarez*. Leroux reste aussi connu pour avoir donné des cours de phrénologie, l'étude des facultés intellectuelles et du caractère d'après les bosses et les dépressions crâniennes. Il mourra à Paris en avril 1871.

MEURICE, Paul (1820-1905)
Depuis les bancs du lycée Charlemagne, Paul Meurice a noué une solide amitié avec Auguste Vacquerie et reste le « fidèle parmi les fidèles » du clan Hugo. Rédacteur

en chef de *L'Événement* puis fondateur du *Rappel*, il écrit aussi de nombreux drames et romans. Resté en France après le coup d'État, il assure le relais entre le clan Hugo à Jersey et le continent. Il séjourne quelquefois à Jersey et participe à plusieurs séances connues, parmi lesquelles le 22 octobre 1854, lors de la venue de la Mort, et les 7 et 8 octobre 1855 lors des dernières séances. Il laisse cependant un ensemble de documents uniques, des feuillets écrits au crayon de papier, témoignant du déroulement de certaines séances, des interrogations des participants ainsi que ses propres réflexions. Disciple fervent, cet homme de confiance est l'exécuteur testamentaire de Hugo. Il sera le premier à divulguer, en 1897, dans *La Tribune de Lausanne*, quelques indiscrétions sur les séances spirites de Jersey en faisant allusion aux quatre *Cahiers* tenus à Marine-Terrace et dont il serait le dépositaire. Paul Meurice en livrera quelques très brefs extraits en indiquant qu'il envisage une publication (qui ne viendra finalement jamais).

PINSON, Albert Andrews [date inconnues]
Lieutenant anglais qui s'était enrôlé afin d'éviter la prison pour dettes. Adèle le rencontre en juin 1854 et en devient éperdument amoureuse ; elle s'efforce de rompre avec Auguste Vacquerie, demandant même son départ à sa mère qui refuse, pour vivre ouvertement son amour avec le lieutenant anglais. Lui ne voit en Adèle que le prétexte à une brève aventure. Pinson quitte très vite Jersey, sans état d'âme, pour rejoindre sa garnison à Halifax, en Nouvelle-Écosse où il est nommé lieutenant en 1861. Il y est, contre son gré, rejoint par Adèle qui le poursuit de ses assiduités. Le lieutenant Pinson n'a jamais été amoureux d'Adèle et fait tout pour la fuir. Il quitte Halifax pour la Barbade en 1866. Adèle le suit pour y vivre misérablement sans le revoir. C'est de là qu'elle sera rapatriée en France après avoir perdu l'esprit.

RIBEYROLLES, Charles de (1812-1863)
Journaliste et rédacteur en chef de la revue *La Réforme*. Il

dîne chaque semaine à la table de Victor Hugo. Chassé de Jersey en même temps que Hugo, Ribeyrolles le suivra ensuite à Guernesey.

REMÉNYI, Édouard, né Eduard Hoffmann (1828-1898)
Réfugié hongrois, compositeur et violoniste virtuose, présenté à Hugo par Téléki. Avant son arrivée à Jersey avec le comte Téléki, il est en tournée en Europe, accompagné du jeune Brahms qui puisera plus tard l'inspiration de ses danses hongroises dans le répertoire de Reményi. Qualifié par Hugo d'« homme-violon ». Après de nombreuses tournées en Europe, il s'installe aux États-Unis en 1878. Il meurt sur scène, lors d'un dernier concert à San Francisco en 1898.

TALY, colonel [dates inconnues]
Proscrit réfugié à Jersey.

TÉLÉKI, Sandor-Alexandre (1821-1892)
Comte et colonel hongrois ; un des porte-drapeaux de la révolution de 1848. Il rentrera dans son pays en 1867.

TRÉVENEUC, Henri de (1815-1893)
Comte, ami du général Le Flô, membre de l'Assemblée législative, représentant du peuple. Il désapprouve le coup d'État mais n'est pas expulsé.

VACQUERIE, Auguste (1819-1895)
Journaliste, dramaturge, poète. Constamment fidèle à Hugo, il est à ses côtés pendant toutes les années d'exil. Il assiste à la première séance des Tables et rapportera celle-ci dans *Les Miettes de l'histoire* (1863), un texte inspiré des histoires et des légendes de Jersey comme de son expérience personnelle au cours des années d'exil. Auguste Vacquerie y fera le compte rendu de la séance du 11 septembre 1853 qui, en dehors de tout procès-verbal, constitue le premier de tous les documents liés aux séances spirites. Ce texte sera fondateur et à sa suite on prendra l'habitude de noter les circonstances précises de

la tenue de chacune des séances qui auront lieu jusqu'au 8 octobre 1855. Il est l'un des participants les plus assidus à la table de Marine-Terrace. Il occupe, presque à part égale avec Victor Hugo, le rôle de « l'écrivant ».

VICKERY [prénom et dates inconnus], proscrit, présent uniquement aux séances de 1853 chez Edmond Leguevel.

INDEX DES PERSONNAGES HISTORIQUES ET DES ALLÉGORIES APPARUS DANS LES SÉANCES DES TABLES

Le nom mentionné est celui que les Tables ont indiqué. D'autres esprits, cependant peu nombreux, sont apparus sans que leur nom soit précisé. La date indiquée est celle de leur première apparition. Les personnages surlignés en caractères gras sont ceux qui se sont souvent exprimés en vers, livrant quelques pièces remarquables.

1853

1854

1855

NOTES

[PREMIER CAHIER]
11 septembre 1853 - 31 janvier 1854

Page 51.

1. Cette séance fut transcrite *a posteriori* et rapportée par Auguste Vacquerie dans *Les Miettes de l'histoire* (Pagnerre, 1863, p. 379-389).

Page 55.

1. *Les Miettes de l'histoire. op. cit.*, et procès-verbaux des Tables, 11 septembre 1853. Dans un récit ultérieur publié dans *La Tribune de Lausanne*, le 19 février 1897, Paul Meurice ajoutera que Mme Hugo avait posé ce soir-là, hors compte rendu, une question à sa fille Léopoldine dont la réponse avait été décisive pour elle. Elle comportait en effet « la révélation d'un fait qui n'[était] connu que de ma fille et de moi » (voir Maurice Levaillant, *La Crise mystique de Victor Hugo (1843-1856)*, Corti, 1954). Paul Meurice a lui-même relaté le déroulement de cette séance dans un document inédit, constitué de 12 feuillets, conservé à la Maison de Victor Hugo, Paris.

2. *C. D.* : Cécile Daubray, héritière désignée des premiers exécuteurs testamentaires, succéda à Paul Meurice (1904-1905) puis à Gustave Simon (1905-1928) lors de l'édition des œuvres complètes de Victor Hugo, en 45 volumes,

aux éditions Ollendorff, dites de « l'Imprimerie nationale », de 1933 à 1952. À la demande de Gustave Simon, elle recopia les procès-verbaux des séances spirites ainsi que les manuscrits en sa possession, les *Livres des Tables*. Les copies de Cécile Daubray que nous reproduisons ici sont extraits d'une liasse de copies manuscrites couvrant les mois de septembre et octobre 1853 ainsi que cinq séances en tout pour l'année 1854.

Page 61.

1. Fin des feuillets transcrits par Victor Hugo. Le dialogue est reproduit par une copie de Juliette Drouet à qui Hugo donnait les premiers procès-verbaux afin de les mettre au propre. Un cachet sec montre l'origine du papier utilisé par Juliette Drouet : « Gosset 20 Queens ». Il s'agit d'un papier anglais de 1853. Cette copie fut faite *a posteriori*, puisque Juliette Drouet n'assista jamais aux séances des Tables, sur un ensemble de quatre feuillets doubles écrits uniquement au recto. Cela correspond à la nuit du 12 au 13 septembre comme le prouve la note finale : « Nuit du 12 au 13 7bre 1853 du lundi au mardi fini à 2 h ¾ du matin. » Victor Hugo y expose sa propre vision de l'avenir de Louis Napoléon Bonaparte, une vision qui envisage sa mort dans deux ans, puni par tous, et son remplacement par une république universelle. L'esprit d'une personne vivante peut donc communiquer avec les vivants. Louis Napoléon Bonaparte indique qu'il est en ce moment endormi et souffre du rêve qu'il fait, c'est-à-dire sa visite à Marine-Terrace. Cette séance a été transcrite par différents participants. Il existe ainsi, pour la seule séance du 12 au 13 septembre 1853, un procès-verbal de Hugo recopié par Juliette Drouet, un procès-verbal de Vacquerie, un procès-verbal de Mme Hugo.

Page 67.

1. *Ledru-Rollin* : député en 1841, ministre de l'Intérieur, candidat malheureux à la présidence de la République en 1848 mais élu à l'Assemblée législative, il fut le principal instigateur de la journée du 13 juin 1849, journée d'insur-

rection organisée par les députés montagnards, qui échoua. Il s'exila alors en Angleterre pour ne revenir qu'en 1871 et siéger de nouveau à l'Assemblée en 1874.

2. Louis Eugène de *Cavaignac* fut battu aux élections de décembre 1848 par Louis Napoléon et passa dans l'opposition. Élu membre du Corps législatif, il refusa de siéger pour ne pas avoir à prêter serment devant Louis Napoléon.

Page 69.

1. *Tu finiras dans deux ans* : on sait que Napoléon III, prisonnier après la défaite de Sedan, en 1870, s'exilera en Angleterre après avoir capitulé devant la Prusse. Ce qui fait dix-sept ans plus tard.

2. *Combien de temps durera ma proscription ?* : Victor Hugo ne reviendra en France que lorsque la République sera rétablie, c'est-à-dire en 1870. Voir, pour toute cette séance, la Chronologie.

Page 77.

1. *Victor Hugo, Charles* : le père prodige et le fils nonchalant se donnent la main dans ces séances rares où tous deux se retrouvent pour des instants de profonde complicité.

Page 78.

1. Le baron Von Haynau commanda les troupes autrichiennes de la répression, en 1848-1849, en Italie et en Hongrie ; sa brutalité lui valut le surnom de « la hyène de Brescia ».

Page 81.

1. *Charlet, le guillotiné de Bonaparte* : Charlet est un ouvrier révolté contre le coup d'État de Louis Napoléon Bonaparte du 2 décembre 1851. Arrêté pour la mort d'un douanier et accusé, il refusa de répondre au tribunal de guerre dont il rejetait les compétences. Il fut condamné à mort et exécuté à Belley, le 29 juin 1852.

Page 92.

1. *Tragaldabas* : titre d'une pièce d'Auguste Vacquerie.

Page 105.

1. La *liste* était celle-ci : « Dieu, Job, Tyrtée, Ésope, Eschyle, Hugo, Shakespeare, Cervantès, Dante, Aristophane, Molière, Rabelais, Néron, Orphée, Milton » (p. 92)

Page 108.

1. Victor Hugo avait vingt-trois ans quand il découvrit le *Mont-Blanc* en compagnie de Charles Nodier. Il en rapporta une relation en prose et deux poèmes. Et manqua d'y perdre la vie en s'aventurant sur un pont de neige au-dessus d'une crevasse dans la mer de Glace ; ce fut un jeune guide du nom de Michel Devouassoux, dont les descendants vivent toujours à Chamonix et qui a donné des guides célèbres, qui le sortit de ce mauvais pas.

Page 109.

1. Ancien prétendant de Léopoldine, devenu fou à la fin de l'année 1854, *Victor Hennequin* était un disciple de Fourier. Adepte convaincu des Tables, Hennequin s'était désigné comme l'interprète exclusif de l'âme à la terre, sorte de demi-dieu, par un « cordon aromal permanent ». Cette méthode est décrite dans un courrier à Émile Girardin du 1er octobre 1853 publié dans le journal *La Presse* du 4 octobre 1853 où Auguste Vacquerie et Victor Hugo ont sans doute pu la lire.

Page 112.

1. Le *lansquenet* est d'abord un fantassin allemand mercenaire mais c'est aussi un jeu de cartes importé d'Allemagne, donc un jeu de hasard. C'est cette deuxième définition qui semble le mieux convenir au sens du texte.

Page 113.

1. *Munito* : ce terme est un américanisme présent dans la langue mexicaine, dérivée de l'espagnol. Il peut se traduire par « volaille » ou plutôt « oie ».

2. Le lexique hugolien propose des termes qui reviennent symboliquement dans toute l'œuvre de l'auteur. « Linéa-

ment » et « *belluaire* » en sont, parmi tant d'autres, des exemples caractéristiques, ce dernier mot se révélant le plus utilisé dans les cahiers étudiés. Mais cet emploi, récurrent, l'est cette fois par la voix des Tables qui s'approprient ainsi le vocabulaire de Hugo. Littré le définit ainsi : « Terme d'Antiquité. Gladiateur combattant des bêtes féroces. » Ce terme désigne aussi, dans l'Antiquité romaine, celui qui était chargé d'entretenir les animaux du cirque. Bescherelle, qui est le premier à enregistrer ce mot, en 1845, le donne abusivement comme adjectif avec le sens de « cruel, féroce ». Ce terme est d'emploi récent à l'époque de Hugo.

3. Voir ci-dessus, n. 1.

Page 114.

1. *Moi qui ai tant fait de critique* : Auguste Vacquerie, auteur de poèmes, de pièces de théâtre, fut aussi journaliste et critique littéraire, collaborant à divers journaux et revues romantiques dont *L'Événement* et *L'Avènement du peuple* pour lequel il fut rédacteur en chef.

Page 120.

1. *Dubois* (1747-1814), général et député du tiers état ; participe à de nombreuses réformes militaires et à l'unification de l'armée républicaine en un seul système national puis met en place la loi sur l'embrigadement. – *Laubardemont* (1590-1653), magistrat dévoué à Richelieu, il servit à perdre Urbain Grandier, Cinq-Mars et de Thou (trois des conspirateurs qui, contre Richelieu, poussèrent Gaston d'Orléans à s'allier aux Espagnols). – *Fréron* (1754-1802), homme politique, fondateur et directeur de différents journaux avant la Révolution, il participe aux grandes journées révolutionnaires, réprime les insurrections fédéralistes et royalistes, contribue à la chute de Robespierre ; amant de Pauline Bonaparte.

2. À l'intérieur d'une chemise cartonnée bleue contenant les questions et réponses du Lion d'Androclès se trouve un ensemble de la main de Hugo, composé de six feuillets de 13 cm sur 17 cm, écrits au crayon papier, chose unique dans l'ensemble des procès-verbaux et des deux cahiers,

toujours écrits de la même encre marron. Ces pages ne sont pas numérotées et sont écrites uniquement au verso. Elles correspondent aux « 21 7bre et au 22 7bre », c'est-à-dire aux 21 et 22 septembre 1853, premier mois des séances spirites, marqué principalement par la visite de Léopoldine. Les participants sont Charles Hugo, Mme Hugo, Mme Hullis, M. Havin et Victor Hugo. Mme Hullis et M. Havin nous restent inconnus et n'apparaissent dans aucune autre séance spirite. À ces deux dates, deux visites particulières eurent lieu, celles de Léopoldine et de Claire Pradier, fille de Juliette Drouet, également décédée. Ces procès-verbaux apparaissent comme la transcription de séances au cours desquelles la conversation entre les esprits et les participants se fit par l'intermédiaire d'une ardoise.

3. *Enfin* : noté par Victor Hugo. M. Havin est l'un des participants à cette séance.

Page 121.

1. *I try to write to your friends* : J'essaie d'écrire à vos amis.

2. *A miss* : une demoiselle.

3. *Claire Pradier* était la fille de James Pradier, ami de Hugo et de Juliette Drouet, maîtresse de Hugo durant cinquante ans, de 1833 jusqu'à sa mort en 1883. Née le 12 novembre 1826, Claire Pradier décédait, des suites d'une maladie, le dimanche 21 juin 1846 à huit heures et demie du soir. Elle n'avait donc pas vingt ans. La fille de Hugo, Léopoldine, avait deux ans de plus que Claire, elle mourut avec son mari trois ans avant Claire Pradier. Hugo fera, de la fille de Juliette, sa fille adoptive, en jurant à Dieu, le 17 novembre 1839, qu'il ne l'abandonnerait jamais. Ce qu'il fit. Voilà ce qu'écrivait Hugo à Juliette Drouet le 31 décembre 1853 : « Ce Paradis que je rêve et que j'entrevois, nous y avons déjà des anges : ta fille y resplendit, la mienne y rayonne. Ces doux êtres prient dans l'azur, tandis que nous prions dans les ténèbres ; ils élèvent leurs ailes, tandis que nous joignons nos mains ; ils sont avec Dieu, tandis que nous sommes dans la douleur. »

Page 122.

1. Ces mots semblent venir de Claire Pradier.

2. *Oui mon cher* : ces mots viennent de la table et paraissent s'adresser à Victor Hugo.

Page 123.

1. *Ma fille...* : il s'agit là du seul élément concret, tangible, sous la forme d'un procès-verbal inédit, de la venue de Léopoldine à la table de Marine-Terrace. Léopoldine « vit » donc dans un monde heureux. Sa visite du 11 septembre 1853 ne fut pas la seule. Celle-ci en témoigne. D'autres, consignées sur les procès-verbaux ou les deux cahiers disparus, ont-elles eu lieu ?

Page 125.

1. Il s'agit de Léopoldine, venue le 11 septembre pour la première fois et revenue le 21 septembre 1853.

Page 126.

1. Le 18 août 1850, Victor Hugo rendait visite à *Balzac* mourant et déjà sans connaissance, qui décédait peu de temps après. Hugo prononcera un discours lors de ses funérailles, le 21 août. Pendant l'enterrement, le ministre Baroche dira de lui : « C'était un homme distingué » ; à quoi Hugo répondra : « C'était un génie. »

Page 127.

1. *George Sand* : indéfectible amie de Hugo. Lors de ses obsèques, le 10 juin 1876, à Nohant, Paul Meurice lira un discours en son hommage écrit par Victor Hugo.

2. *Mme Dudevant* : Armandine, Lucie, Aurore Dupin, baronne Dudevant, dite George Sand.

Page 128.

1. Jean Eugène *Robert-Houdin*, prestidigitateur français (1805-1871) célèbre pour ses techniques d'escamotage et ses automates ; il fut entouré d'une légende de son vivant.

Page 132.

1. Réflexion notée de la main de Hugo, en septembre 1853, sans date précise, note jointe au document des 3-4 octobre 1853.

Page 136.

1. *Combien d'années* [...] *Deux...* On sait que Napoléon III régna en fait de 1852 à 1870. Après la défaite contre la Prusse et la capitulation de Sedan (2 septembre 1870), Napoléon III, fait prisonnier, fut interné près de Kassel. Le 4 septembre, l'Assemblée proclamait sa destitution. Napoléon III s'exila en Angleterre. La République pouvait renaître et Victor Hugo revenir en France où il allait être accueilli en véritable héros de la lutte pour la liberté.

Page 137.

1. *Annibal* : orthographe adoptée sur les procès-verbaux.
2. Le général [est] très grand après la victoire, très petit après la défaite.
3. J'ai dit le général, non l'homme. Vaincu par l'hiver, le grand général ne fuit pas, il meurt. Mort, la suprême victoire.

Page 138.

1. *Fulminata* ou *fulminatrix* : ces deux noms peuvent se traduire par « foudroyante ».
2. *Trix* n'existe pas tout seul ; c'est le suffixe formant des noms d'agent féminins, comme « – tor » est le suffixe formant des noms d'agent masculins. « Trix » est ici la façon la plus économique de répondre à la question « Fulminatrix ou Fulminata » : cela veut dire que la réponse est (Fulmina)trix.
3. La *bataille de Cannes* fut une bataille majeure de la deuxième guerre punique qui eut lieu le 2 août 216 av. J.-C. près de la ville de Cannes située dans la région des Pouilles au sud de l'Italie. L'armée de Carthage dirigée par Hannibal (Annibal) a défait de manière décisive une armée de la République romaine pratiquement deux fois

supérieure en nombre. Cette bataille est considérée comme l'une des manœuvres tactiques les plus réussies de l'histoire militaire et, en nombres de victimes, la bataille la plus sanglante du côté romain puisque l'on estime à près de 50 000 morts et 18 000 prisonniers les pertes romaines. Celles d'Hannibal furent de 6 000 morts. Les Romains décidèrent d'attaquer Hannibal à Cannes, avec 86 000 soldats romains et alliés. Les Romains massèrent leur infanterie lourde en formations profondes, alors qu'Hannibal, à la tête d'environ 55 000 hommes, utilisait sa tactique de double encerclement. Elle s'avéra si efficace que l'armée romaine fut détruite presque intégralement.

Page 139.

1. Vengeresse, la première ; victorieuse, la seconde ; foudroyante, la troisième ; fulgurante, la quatrième ; dévorante, la cinquième ; la sixième, vautour ; la plus grande et la dernière…
2. *Fasces* : faisceaux.
3. *Tres* : trois.
4. *Fides, ultio, patria* : confiance, vengeance, patrie.

Page 140.

1. Le soleil, la lune, le jour, la nuit et la lumière. On se souvient que le recueil des *Châtiments*, publié clandestinement à Bruxelles en novembre 1853, est encadré par deux longs poèmes : « Nox » et « Lux ».

Page 143.

1. Le *marquis de Sade* n'apparaît dans aucun des documents que nous avons consultés.

Page 146.

1. Né à Constantinople en 1762, *André Chénier*, pour avoir protesté contre les excès de la Terreur après la Révolution française, est arrêté et meurt décapité sur l'échafaud, le 7 thermidor an II, à l'âge de trente-deux ans. Il laisse ainsi de nombreuses œuvres inédites et presque toujours achevées dont une première édition fragmentaire posthume aura lieu

en 1819. On lui doit notamment les *Élégies* dans lesquelles il imite les poètes élégiaques latins, les *Bucoliques*, l'*Épître sur ses ouvrages*, et deux poèmes parmi ses plus célèbres, « La jeune Tarentine » et l'ode « À une jeune captive », pièce écrite dans la prison de Saint-Lazare où il rencontre Mme de Coigny, duchesse de Fleury, qui deviendra « la jeune captive ». On remarque notamment dans ses poèmes une unité de rapprochement entre l'affrontement de la jeunesse et de la mort. Esprit enthousiaste du XVIIIe siècle, il se veut voix des Lumières. Certains critiques le placent entre le Ronsard des *Hymnes* et le Hugo des œuvres visionnaires.

Page 150.

1. *Tyrtée*, poète grec du VIIe siècle av. J.-C., il est l'auteur de chants guerriers écrits pour charger l'ennemi. Divisés à travers la Grèce, ces chants furent adoptés comme des modèles de bravoure. Tyrtée écrivit aussi des élégies intitulées *Eunomia*, « ordre des lois justes ».

Page 152.

1. *Les quatre vents de l'avenir* : on ne peut que penser au recueil à venir de Victor Hugo, qui paraîtra en 1881, *Les Quatre Vents de l'Esprit*.

Page 158.

1. *Jean Huss* : Jan Hus (1371-1414), réformateur religieux tchèque, prêtre, doyen de la faculté de théologie puis recteur de l'université de Prague. Il dénonça les erreurs du catholicisme, ce qui lui valut deux excommunications successives. Cité au concile de Constance (1414), il s'y rendit muni d'un sauf-conduit de l'empereur Sigismond mais fut traîtreusement arrêté, condamné sans procès et brûlé vif. Ses disciples le considérèrent comme un patriote et un martyr de la foi. Il contribua également à fixer la langue littéraire tchèque.

2. *Le deux décembre...* Rappel du coup d'État de Louis Napoléon Bonaparte, commis le 2 décembre 1851, qui entraîna, dès le 11 décembre, le long exil de dix-neuf ans de Victor Hugo.

Page 162.

1. *Malthus* : cet économiste britannique de la fin du XVIIIe et du début du XIXe siècle considérait que, la population croissant plus vite que les subsistances, cette situation entraînait un déséquilibre qui conduirait vers la famine, il fallait ramener l'équilibre par des moyens destructifs (épidémies et guerres nées du déséquilibre) et préventifs (restriction de la natalité).

2. *J'ai commis un crime* : on se souvient que Jean-Jacques Rousseau avait abandonné à l'Assistance publique ses cinq enfants naturels, nés d'une liaison commencée en 1746, avec une servante, Thérèse Levasseur, considérant que c'était le moyen le moins mauvais de les faire élever convenablement.

Page 164.

1. *Zéphyre* est bien orthographié avec un « e » final.

Page 166.

1. *Le lugubre hosanna* : ce terme, dérivé de l'hébreu puis du latin liturgique, a trois sens. Il correspond tout d'abord à la prière que les israélites récitent pendant les sept jours que dure la fête des Tabernacles. C'est aussi un hymne catholique chanté le jour des Rameaux. Par extension, il devient un cri de joie ou de triomphe et enfin peut représenter le calvaire où l'on se rend en pèlerinage à certaines dates propres au chant de l'hosanna.

Page 167.

1. *La houri* : désigne une femme divinement belle que le Coran promet aux fidèles dans la vie future.

Page 172.

1. L'intervention de l'Ânesse de Balaam, qui rejoint les intuitions de Hugo, constitue l'élément décisif qui donne naissance au principe de métempsycose. Mme Hugo précise bien ici que son mari ne croyait pas à l'âme des plantes et des animaux, alors que Victor Hugo affirmera plus tard

que c'est lui qui avait développé le premier ces convictions quant à la survie de l'âme. C'est aussi, non pas le point de départ de cette idée, comme tiendra à l'affirmer Victor Hugo, mais la confirmation de ses intuitions élargie à l'âme des végétaux et des minéraux.

Page 173.

1. *Deutz* : il s'agit en fait de Simon Deutsch, révolutionnaire autrichien condamné à mort en 1848 pour avoir pris part à l'insurrection révolutionnaire de Vienne la même année. Il s'enfuit en Suisse puis à Paris, où il entra en contact avec Proudhon et Michelet. Il prit position pour la France en 1870 et participa à la Commune de Paris en 1871.

Page 175.

1. Les connaissances biographiques spontanées de Chénier sont surprenantes. Ces quatre poètes sont Chateaubriand, Béranger, Lamartine et Hugo, né lorsque « ce siècle avait deux ans ».

Page 176.

1. *La première sera royaliste, la seconde sera républicaine* : comme Hugo, qui passa d'un engagement politique à l'autre.

Page 181.

1. *Paul Meurice* (1818-1905), journaliste, rédacteur en chef de *L'Événement*, fondé par Hugo en 1848, il reste l'indéfectible ami de Victor Hugo et devient, à sa mort, son exécuteur testamentaire. Paul Meurice achète l'hôtel de Rohan-Guéménée, au 6 place des Vosges à Paris, où vécut Hugo de 1832 à 1848, pour en faire don à la Ville de Paris, lors du centenaire de la naissance du poète, en 1902. Devenu la Maison de Victor Hugo, cet hôtel abrite désormais les procès-verbaux des Tables ainsi qu'une impressionnante collection de dessins de Hugo, des photographies, des manuscrits, des éditions, des éléments de mobilier et de nombreux souvenirs personnels, le tout

offert par Paul Meurice à la Ville de Paris qui le transforme en musée national.

Page 185.

1. *Le plus surprenant chapitre d'une biographie* : Jean-Marc Hovasse emprunte cette phrase pour en faire le titre du chapitre XIII du tome II de la biographie qu'il consacre à Victor Hugo (*Victor Hugo*, t. II., *Pendant l'exil*, 1851-1864, Fayard, 2008, p. 197).

2. *Le livre de la tête coupée* : il s'agit du roman, de l'autobiographie fictive, *Le Dernier Jour d'un condamné*, écrite en 1829. Les révélations d'André Chénier sur le sentiment que procure la mort et l'envolée de l'âme vont ainsi conforter Victor Hugo dans ses intuitions quant à la survie de l'âme après la mort, un concept fondamental qu'il fera sien jusqu'à son lit de mort et ses dernières paroles : « Je demande une prière à toutes les âmes. »

Page 186.

1. *Un baiser de Camille* : la vie quelque peu dissipée d'André Chénier fut fertile en aventures amoureuses, comme en témoignent les *Élégies*.

Page 187.

1. Ce procès-verbal aux pages visionnaires s'arrête malheureusement là et reste inachevé.

2. Les procès-verbaux des séances spirites pendant lesquelles se manifesta le Lion d'Androclès sont conservés à la Maison de Victor Hugo. Cet ensemble de documents étonnants est contenu dans une grande chemise cartonnée, bleue, sur la couverture de laquelle est noté de la main de Victor Hugo : « Ceci contient les deux pièces au Lion d'A. avec la réponse orale. » Cette chemise se trouvait, à l'origine, elle-même protégée par une pleine page de journal où figure la mention, toujours de la main de Hugo : « Les Tables ». Ce dossier contient l'ensemble des procès-verbaux, de la main de Hugo, afférents aux questions posées au Lion d'Androclès, et les réponses qu'il fit.

3. C'est la seule indication, de la part de Victor Hugo, de

la tenue d'une séance spirite ailleurs que dans sa maison de Marine-Terrace.

Page 194.

1. Tout à coup, le fils éleva la voix et interrogea le père :

— Que penses-tu de cet exil ?

— Qu'il sera long.

— Comment comptes-tu le remplir ?

Le père répondit :

— Je regarderai l'océan.

Il y eut un silence. Le père reprit :

— Et toi ?

— Moi, dit le fils, je traduirai Shakespeare. (*William Shakespeare*, I, 1, « Shakespeare, sa vie », 1864.)

Dans cet échange initial entre Victor Hugo et son fils François-Victor, tenu dans la salle de Marine-Terrace, à Jersey, un matin de novembre 1852, apparaissent les intentions respectives du père et du fils en ce début d'exil. François-Victor ne pouvait espérer mieux que la venue du dramaturge anglais bien qu'à l'époque il ne maîtrisât guère la langue anglaise.

L'orthographe du dramaturge anglais qui apparaît dans les procès-verbaux et les deux cahiers est : *Shakspeare*. Nous l'avons modifié selon la norme actuelle.

Shakespeare vient, pour la première fois, à la table de Marine-Terrace, le vendredi 13 janvier 1854. Victor Hugo est présent. Shakespeare reviendra régulièrement jusqu'à la fin mai 1854, date à laquelle s'achève le cahier de 1854. L'intervention de Shakespeare qui est reproduite dans notre édition, de la main de Victor Hugo, commence le 22 janvier 1854. Les procès-verbaux sont transcrits sur des feuillets numérotés de 2 à 11 (Maison de Victor Hugo, Paris). Shakespeare fait partie des quatorze génies de l'humanité répertoriés comme tels par Hugo dans *William Shakespeare* : « Homère, Job, Eschyle, Isaïe, Ézéchiel, Lucrèce, Juvénal, Tacite, saint Jean, saint Paul, Dante, Rabelais, Cervantès, Shakespeare. » Mais dans cette liste, si certains « sont grands, Eschyle et Shakespeare sont immenses » (*William Shakespeare,* II, 1).

Page 203.

1. Nous présentons ici un procès-verbal personnel de Mme Hugo, authentique et conservé à la Maison de Victor Hugo. Constitué d'un feuillet double, il n'est pas daté. Il est écrit uniquement sur la p. 1, au recto et au verso. La date indiquée ici correspond à nos recherches ; elle se voit confirmée par les indications de Gustave Simon dans son édition de 1923. Il est sensiblement différent du procès-verbal de Victor Hugo qui précède et surtout bien plus court et incomplet.

Page 207.

1. *Cervante* et non Cervantès au nom de la licence poétique qui permet ainsi à Hugo de jouer sur la mesure du vers.

Page 209.

1. Cette séance est rapportée sur deux fragments de papier de l'écriture de Vacquerie et de Mme Hugo.

Page 215.

1. *L'homme de Guernesey* : il s'agit de Tapner (voir p. 230, n. 2 et p. 256, n. 1).

DEUXIÈME CAHIER
1er février - 30 mai 1854

Page 217.

1. Le cahier de 1854 commence à la p. 3, le numéro de page figure exclusivement au recto de la page, les numéros de pages ont été portés lors de l'impression initiale du cahier à l'imprimerie. Les séances sont parfois transcrites uniquement au recto de la page. Mais, « comme la “Révolution” hugolienne est inséparable du “Verso de la page” » (Bertrand Marchal, *La Littérature française. Dynamique et histoire*, t. II, Gallimard, « Folio essais », 2007, p. 401), l'histoire des Tables est elle-même inséparable du verso de la page. *Le*

Livre des Tables doit se lire aussi dans l'implicite de la page blanche. Là où s'engouffrent les esprits de Marine-Terrace inspirant une autre poétique.

2. Le nom de l'écrivant apparaît très rarement dans le cahier de 1854, à l'inverse de ce qui est fait dans le manuscrit de 1855 où, à chaque séance immanquablement, exception faite des dernières expériences qui eurent lieu en octobre 1855, le nom de l'écrivant est spécifiquement mentionné. Dans le cahier tenu entre janvier et octobre 1855, l'écrivant est toujours Victor Hugo lorsque celui-ci est présent lors des séances spirites. Ici il s'agit d'Auguste Vacquerie. Comme en ce qui concerne le procès-verbal de la séance du mercredi 1er février qui consiste en une copie de la main de Vacquerie de l'ensemble des vingt quatrains, de trois alexandrins et d'un hexasyllabe, dictés par Shakespeare jusqu'à la fin de la séance du 2 février « à deux heures » du matin.

Page 219.

1. Jean-François *Ducis* (1733-1816), poète dramatique français, adaptateur de Shakespeare ; élu à l'Académie française en 1778. Ducis et Delille sont cités, dans cet ordre, devant Mme de Staël, Benjamin Constant, Chateaubriand, Lemercier, dans le discours de réception de Hugo à l'Académie française, en 1841.

Page 220.

1. *Dante* est le onzième des grands génies de l'humanité cités dans cet ordre par Hugo. Il a construit « dans son esprit l'abîme » et a fait « l'épopée des spectres » (*William Shakespeare*, I, II, « Les Génies »). Dans le poème « La vision de Dante » (1853), conçu à l'origine pour constituer le livre final des *Châtiments*, puis retiré du recueil et publié en 1883 dans la « série complémentaire » de *La Légende des siècles*, Hugo, condamnant Napoléon III, se dissimule sous le masque de Dante.

2. *Prométhée*, fils du Titan Japet, vola le feu aux dieux pour le donner aux hommes et fut cloué par Zeus sur le Caucase tandis qu'un aigle lui rongeait éternellement

le foie. Il incarne le mythe romantique de l'humanité se construisant dans la révolte. C'est un des mythes titanesques récurrents chez Hugo et l'une des figures mythiques de *William Shakespeare* (II, II, 3 et 4). Figure récurrente de la mythologie hugolienne que l'on retrouve dans toutes les œuvres de Hugo. Pierre Albouy a montré qu'à travers la liste des génies de l'humanité, Hugo crée sa mythologie personnelle de l'Histoire en y discernant une logique qui est celle d'une « raison divine ». Chaque génie devient à la fois « un absolu » et un relais du précédent, illuminant à son tour une nouvelle étape de la civilisation. Eschyle, évoqué auparavant, personnage de la tradition sémitique, incarne l'homme juste frappé par le malheur et questionnant Dieu sur le mal. Il est l'un des personnages bibliques le plus souvent cité par Hugo, placé en deuxième place juste après Homère. Il représente un des prophètes visionnaires du Nouveau Testament qui se mêle aux créateurs antiques. Avec Prométhée, il fait aussi partie de la cohorte des Titans dont il partage le destin de souffrance et d'héroïsme. Il annonce le Christ par son martyre et sa résistance aux forces du mal. La tragédie d'Eschyle, *Prométhée enchaîné*, montre comment ce Titan, pris de pitié devant la misère des hommes, leur fit don du feu. Il fut condamné pour cela par Zeus à se voir déchirer éternellement le foie par un vautour.

Le cahier de Victor Hugo met en lumière le processus de création poétique qui s'élabore à la table de Marine-Terrace, qui devient « une forgerie de vers ». La première version de cette strophe proposait en effet : « Vous conduisez la barque où montent les poètes. / Vous faites à son flanc gronder les passions. / Vous commandez debout la manœuvre aux tempêtes. / Et le tonnerre craint en vous des Pygmalions. » Conversation :

> A[uguste] V[acquerie] : Pygmalion a animé sa statue, mais est-ce que c'est aussi le tonnerre ? C'est Prométhée qui a désobéi, qui a volé le feu. / La Table dit : **Pygmalion a dérobé le feu, mais je peux mettre Prométhée.** *(Elle refait la strophe.)*

Vous conduisez au port l'humanité ; vous êtes
Les pilotes pensifs du grand voyage au ciel ;
Vous commandez debout la manœuvre aux tempêtes.
La foudre attire l'art, Prométhée éternel.

Je ne suis pas content de ce vers. Aimez-vous mieux celui-ci :
Et la foudre craint l'art, Prométhée éternel ?

A. V. : Nous aimons mieux le second. Et toi ? – **Oui.**

3. Nous pouvons remarquer dans le cahier de Victor Hugo que cette première séance du mois de février est transcrite avec beaucoup de soin. Les phrases sont construites, ponctuées, très rares sont les fautes d'orthographe, grammaticales ou syntaxiques. On ne distingue qu'une seule rature, aucun ajout, d'infimes corrections. La séance a duré cinq heures. Pendant ces cinq heures, près de 8 200 lettres ont été frappées par la Table. La Table dicte donc. Shakespeare dicte des vers inédits, neuf quatrains, tout en alexandrins et hexasyllabes, ce qui correspond ici à trente-quatre alexandrins et demi et quatre hexasyllabes. Ces vers sont transcrits sur ce cahier, tels qu'ils sont dictés, avec les oublis de majuscules, une ponctuation approximative parfois et la notation des hésitations et des arrêts de la Table. Mais il s'agit en fait d'une rédaction *a posteriori*. Les séances spirites sont transcrites sur des procès-verbaux tenus par l'un, ou plusieurs, des participants. Cinq heures correspondent à 18 000 secondes pendant lesquelles, nous l'avons dit, la Table a dicté environ 8 200 lettres. Ce qui correspond à une lettre toutes les 2,2 secondes. Nous nous souvenons de la technique utilisée alors pour décrypter les propos de la Table. Un coup pour un oui, deux coups pour un non, et un nombre de coups correspondant à la place des lettres dans l'alphabet : un coup pour A, deux coups pour B, huit coups pour H, etc. On pouvait aussi se servir d'une tige que l'on déplaçait sur un alphabet, l'esprit s'arrêtant sur la bonne lettre et frappant un coup. Il apparaît donc matériellement impossible de transcrire près de 8 200 lettres en cinq heures. Ce qui confirme l'hypothèse d'une transcription,

a posteriori, du procès-verbal de l'un des participants au cahier proprement dit, ici celui de Victor Hugo.

Page 221.

1. *La parole de Dieu choisit certains esprits* : voilà Hugo investi d'une mission. Dieu choisit certains esprits. « Un par siècle », affirmera Shakespeare. Victor Hugo, nanti de la parole divine, peut s'imposer alors comme le nouveau prophète venu délivrer la plus profonde des paroles. Celle qui, du plus loin de l'exil, doit résonner au cœur du parti républicain et confirmer ses intuitions poétiques et son propre système métaphysique. Les voyants sont, dans l'œuvre de Hugo, Job, les poètes aveugles, Homère et Milton, Beethoven et Mesmer, tandis que Moïse, Jean, Dante et Swedenborg sont des visionnaires. Pour Hugo, le mal, l'ignorance, le doute (comme Luther l'affirmera plus tard) sont des instruments de travail de l'humanité. La théorie des mages qui tireront l'humanité du mal, de l'ignorance et du doute, instruments de Dieu pour ramener l'homme, une fois sa tâche terrestre accomplie, jusqu'à Dieu lui-même, est l'une des plus chères à Hugo. Sans doute parce qu'il se voyait parmi les premiers, sinon le premier, de ces mages. Les Tables, par leurs révélations concernant l'âme, la métempsycose, le système métaphysique du poète, la réalité de Dieu, viennent à point nommé pour relayer la parole hugolienne.

2. *Le nautonier humanité* : l'emploi du substantif épithète pour construire une métaphore est fréquent dans le style de Hugo. Cette juxtaposition de deux substantifs est l'une des figures de style favorites de Victor Hugo qui en vint à préciser son intention au correcteur de *La Légende des siècles* : « L'absurde virgule anéantit le sens et le vers ». (Lettre à Paul Meurice, 15 septembre 1859, Édition Massin, t. X, p. 1319.) Pierre Albouy, dans *La Création mythologique chez Victor Hugo*, l'appelle la *métaphore maxima* et y voit une propension à confondre les deux termes de la comparaison pour en faire naître une réalité nouvelle, mythique : « les temples monstres », « les dogmes chimères », « l'homme sépulcre », etc. Gustave Lanson

(*Histoire de la littérature française*, Hachette, 1952, p. 1058) remarque qu'en supprimant le signe de la comparaison, la métaphore hugolienne « établit l'équivalence, l'identité de deux objets [...]. Cette opération verbale est le principe même de la création mythique ».

Page 222.

1. Le thème du *doute* est déjà évoqué par Jacob le 22 janvier 1854 au soir. Jacob affirmait à Hugo : « Doutons » (p. 198). Cette intervention était suivie d'une note de Hugo qui précisait que Vacquerie et lui avaient eu, une demi-heure auparavant, une conversation, sans aucun autre témoin, où tous deux évoquaient les propos de Shakespeare faisant de Don Quichotte une figure du doute, alors que pour eux ce personnage de Cervantès était « l'affirmation par excellence ». En personnifiant le doute, Luther touche au centre du système métaphysique de Hugo. Comme « Ce que dit la bouche d'ombre » l'évoque (voir *Les Contemplations*, VI, XXVI), Dieu, pour créer l'homme en tant que personnalité distincte de lui-même, a dû se retirer de lui et laisser une partie de mal et d'ignorance pénétrer en l'homme, « le doute le fait libre, et la liberté le fait grand ». Le doute est en l'homme le retrait de Dieu. Ce retrait de Dieu rend alors l'homme créateur. Dieu, pour produire le doute, introduit l'oubli.

Le thème du doute et du spectre, qui apparaît dans la page suivante, sera longuement développé dans trois poèmes « spirites » qui figureront dans le livre sixième des *Contemplations* : « Dolor » (VI, 17), « Horror » (VI, 16) et surtout dans le poème sans titre « Ô gouffre ! l'âme plonge et rapporte le doute... » (VI, 14). Nous retrouvons dans ces trois poèmes les thèmes majeurs du poète de Marine-Terrace : l'obsession du tombeau, la présence de l'invisible, le souffle des esprits et le doute face à un monde qui hésite entre les ténèbres définitives ou la promesse d'une illumination nouvelle. Il en est de même pour trois pièces de vers fondamentales écrites dans la première moitié de juin 1854 qui ne seront pas destinées aux *Contemplations* mais qu'il convient ici de lire dans la continuité d'« Horror », de « Dolor », de « À celle qui était voilée » et de « Hélas ! tout est sépulcre » qui figurent toutes dans le livre VI des *Contemplations.* Il s'agit d'un premier poème sans titre : « Nature ! âme, ombre, vie ! ô figure voilée ! » qui figurera dans *Toute la lyre* (II, 15), de « Inferi », plus tard dans *La Légende des siècles* (III, VI), et du monumental « Tout le passé et tout l'avenir », composé de six cent trente-six vers répartis en cent six sizains (*La Légende des siècles*, II, XIX), tout en alexandrins et octosyllabes, avec une prédominance des rimes féminines, strophes assez rares chez Hugo, dans cette forme et avant cette période, qui débute ainsi : « L'être mystérieux qui me parle à ses heures… » Ce vers inaugural évoque on ne peut plus clairement les esprits qui se succèdent chaque jour, depuis le 11 septembre 1853, à la table de Marine-Terrace. Cet « esprit », qu'un titre envisagé dans un manuscrit de Hugo appelait « spectre », ressemble à cet « être sombre et tranquille » qui deviendra « la Bouche d'ombre » en octobre 1854. Adèle Hugo, dans le *Journal de l'exil*, rapportera un propos de son père au lendemain de l'écriture d'« Horror » et de « Dolor ». Celui-ci répondait à une critique d'Auguste Vacquerie, formulée après la lecture de ces deux poèmes : « Ces deux pièces de vers n'attaquent pas les douteurs, elles blâment les rieurs. » Le projet d'ensemble de Hugo se retrouve encore ici dans sa création littéraire : « ramener l'homme au spiritualisme, ne plus nier Dieu et reconnaître l'existence de l'âme ».

2. Cette séance spirite s'avère intéressante quant à la compréhension du phénomène des Tables parlantes de Jersey. Hugo doute et fait *Le Livre des Tables*, « l'esprit du vrai ». Shakespeare est venu l'encourager, à la table de Marine-Terrace, à poursuivre son œuvre qui suscite l'attention et le respect des plus grands : Molière, Cervantès, Dante, Rabelais, Shakespeare, Luther. La vérité est que ce qui est venu des Tables se révèle particulièrement opportun et donne naissance à une production littéraire de grande richesse, une œuvre hugolienne à part. *Les Châtiments* sont achevés et *Les Contemplations* ne sont pas encore nées. Entre les deux, une sorte d'interlude. L'ouverture d'un espace de la pensée aux effets amplifiés par une pratique

nouvelle. Une expérience inédite qui apparaît comme un remède « à la lente marche des choses ». Une expérience qui peut aussi permettre d'interroger le processus de création littéraire, le sens de la mise en œuvre de cette création. Puisque Hugo a été « choisi » par Dieu, ainsi que Luther vient de l'affirmer en cette séance du 3 février 1854, il ne lui restera plus ensuite qu'à se poser en un nouveau prophète. Un prophète qui pourra plus tard affirmer l'existence des esprits à tous les plans de la création, affirmer une doctrine de l'être, une doctrine du monde, une doctrine de l'homme, de sa liberté et des métamorphoses de l'âme. « Ce que dit la bouche d'ombre », achevé le vendredi 13 octobre 1854, sera ce poème qui résumera la religion nouvelle hugolienne élaborée avec les révélations ou les confirmations de la Table et pourra se lire comme un véritable manifeste métaphysique. Hugo le revendique et pose lui-même cette question essentielle à la Table, le 22 octobre 1854 : « Que devra-t-il y avoir dans mon tombeau, un prophète ou un poète ? » Ce sera Jésus-Christ lui-même qui viendra, en février et mars 1855, lui apporter la réponse tant attendue et le conforter dans la mission de prophète qui sera la sienne. En disciple spirite accompli, Hugo a compris le mouvement de l'Histoire et, sacré nouveau prophète, il va guider l'humanité. Hugo devient ce « rêveur sacré » qui « jette sa flamme / sur l'éternelle vérité », il construit ainsi sa propre figure mythique, celle du poète mage, inspiré et visionnaire. Pour Hugo, le phénomène des Tables est rapidement passé d'un phénomène « on ne peut plus curieux à étudier » à une réalité indiscutable : « un fait ». Et *Le Livre des Tables* n'est que la confirmation de son intuition. Dès septembre 1853, il l'affirmait à Pierre Leroux : « Je crois absolument au phénomène des Tables », tout en nuançant son sentiment : « Seulement je n'affirme pas que ce soient Jeanne d'Arc, Spartacus, César, Tibère qui y apparaissent. Il est possible que ce soit un esprit qui prend ces noms pour nous intéresser. » Dans le même mois, c'est à son fils François-Victor, toujours dubitatif, que Hugo développera sa pensée : « Le phénomène des Tables parlantes n'amoindrit pas le XIXe siècle, il l'agrandit. Le phénomène des Tables parlantes n'entrave pas la liberté de l'homme et donne des ailes à la foi humaine. Ces esprits nous parlent, tu le nies. Pourquoi nier l'évidence ? » Hugo reconnaîtra que le phénomène est contraire au bon sens : « Mais, malgré le bon sens, la Table parle. Elle parle sous les mains de Mme de Girardin, elle parle sous les mains de M. de Saulcy, elle parle sous mes mains ; sans dire de grandes choses, elle dit des choses fort particulières. Sous les mains de Charles, elle dit des choses sublimes. Pourquoi nier ce monde intermédiaire ? Pourquoi trouver surnaturel ce qui est naturel ? Pour moi, le surnaturel n'existe pas : il n'y a que la nature. Oui, il est naturel que les esprits existent ! »

Page 224.

1. Le contenu de cette séance constitue un condensé de différents chapitres du *William Shakespeare* (1864), notamment dans l'évocation des grands génies de l'humanité et dans celle du trépied. « L'œuvre semblant surhumaine, on a voulu y faire intervenir l'extra-humain ; dans l'Antiquité, le trépied, de nos jours, la table. [...] D'autre part, la table, tournante ou parlante, a été fort raillée. Parlons net, cette raillerie est sans portée. [...] Le phénomène du trépied antique et de la table moderne a droit comme un autre à l'observation. [...] Homère affirme que les trépieds de Delphes marchaient tout seuls. [...] Platon raconte que les statues de Dédale gesticulaient dans les ténèbres. [...] Fléchier dans son *Histoire de Téodose* mentionne une table tournante [...]. Le phénomène, toujours rejeté et toujours reparaissant, n'est pas d'hier » (I, II, « Les Génies »).

2. *Vous êtes choisis* : le thème de l'élection, presque de droit divin puisque ce sont les esprits qui l'affirment, revient une nouvelle fois dans cette même séance. Après Luther, Shakespeare confirme que les participants aux séances spirites ont été « choisis ». Hugo reste bien sûr le premier élu d'entre eux. Il se devra alors d'assumer pleinement le rôle de prophète qui lui est maintenant dévolu. Les Tables vont permettre de rallier à sa cause « les railleurs », d'affirmer au monde l'existence de l'âme et de convertir le parti républicain à la parole de Dieu.

Page 225.

1. Shakespeare légitime encore une fois Hugo comme son digne successeur. Victor Hugo est à la fois le dramaturge, le génie et le mage. La mission du poète est celle d'un nouveau prophète, porteur de la parole divine. Elle est plusieurs fois répétée dans cette même séance. S'agit-il de convaincre Hugo lui-même du statut qui est le sien ? Ou bien, par la voix de la Table, devenue parole d'outre-tombe, de convaincre les nombreux proscrits et exilés de toutes sortes, présents à Jersey, qui en douteraient ? Il est aussi légitime que les poètes se croient grands car sinon « ils seraient moins sublimes ». Leur force vient bien de leur foi en Dieu. À eux de la transmettre. Ces quatrains ressemblent, parfois vers pour vers, à ceux déjà dictés par Shakespeare, le mercredi 25 janvier 1854 (p. 204 *sq.*).

Page 230.

1. En février 1854, quinze séances auront lieu en vingt-huit jours. Si celles-ci ne constituaient qu'un amusement, une distraction puérile, les séances spirites grèveraient lourdement les projets romanesques et poétiques de Hugo. Les heures innombrables passées à la table sont autant de temps perdu pour la réflexion et la création hugoliennes. Or, à Jersey, Hugo conduit de front plusieurs projets monumentaux qui nécessitent une organisation rigoureuse de son rythme de vie et de travail. Dans l'île anglo-normande, il mène, selon Adèle Hugo, la plus réglée des existences. Il dort « sept heures par jour, pas plus, pas moins », se lève aux premières lueurs du jour, travaille toute la matinée, accomplit, après chaque repas, ses « mille passus », parcourt sans fatigue dix kilomètres sur les grèves, condamne l'usage du tabac, « ce sombre endormeur, cet opium de l'Occident ». Il nage régulièrement et par tous les temps : « dès cinq heures du matin, la maison retentit des cris et des appels » de Charles, d'Auguste Vacquerie et de Victor Hugo (*Journal d'Adèle Hugo*, *op. cit.*) « qui cherchent leurs serviettes » (*ibid.*) ; il a même découvert l'équitation. Nombre de ses après-midi sont consacrés à la visite

de Juliette. À ceux qui l'entourent, il parle sans cesse de l'œuvre immense qui lui reste à écrire. Dans son *Journal de l'exil*, Adèle note, le 18 juin 1855 : « Mon père achève dans ce moment-ci un drame, *Homo* [commencé en 1854] ; un poème épique, *La Fin de Satan* [publié en 1886] ; une histoire : *Le Crime de décembre* [commencé en 1851, titre définitif : *Histoire d'un crime*, publié en deux volumes en 1877 et 1878] ; un livre socialiste ; deux romans, dont *Les Misérables* [*Les Misères*, commencé en 1845, qui devient *Les Misérables*], *Les Petites Épopées* [sous le titre final : *La Légende des siècles*, 1859], etc. Il aime cette manière de mener de front plusieurs ouvrages. Il se repose d'un travail dans un autre. »

Il n'est même pas question ici des poèmes qui figureront dans les cinquième et sixième livres des *Contemplations*. Ainsi les heures passées à la table, des matins parfois, des après-midi souvent, des nuits entières presque quotidiennement, pendant plus de deux ans, vingt-six mois exactement, sont arrachées à ce labeur. L'œuvre de Hugo prouve que son auteur possède une force titanesque de travail à laquelle il n'entend pas se soustraire et qu'il ne peut éparpiller en « gaminerie ou invention enfantine ». Il suffit d'ailleurs de l'écouter dialoguer avec les illustres visiteurs venus l'honorer de leur présence, suggérant une rime plus riche à André Chénier, essayer un conseil de prosodie à Shakespeare, pour être tenté, de prime abord, de rejeter toute idée de suspicion. N'a-t-il pas refusé aussi de prendre connaissance du drame inédit de Shakespeare, dicté hors de sa présence, au début de l'année 1854, pour ne pas risquer d'être influencé lors de la composition future de l'une de ses propres pièces ? À peine Hugo déchiffre-t-il les premières répliques, qu'il s'arrête aussitôt et note : « L'analogie entre le début de cette scène et l'idée d'une chose faite par moi le 23 novembre 1853 et intitulée "Deux Voix dans le ciel étoilé, Zénith-Nadir", m'oblige à m'abstenir et j'en éprouve un regret profond, de toute participation au travail pendant ce drame, et pour ce drame seulement. » Tout concourt donc à démontrer l'honnêteté intellectuelle de Hugo et le fait qu'il demeure totalement étranger aux interventions de la Table. Comme tout montre que les séances spirites s'inscrivent dans le projet littéraire de l'auteur.

2. John-Charles *Tapner* avait tué, le 10 octobre 1853, Mme Saujon, une habitante de l'île, pour la voler. Il sera condamné à mort, par pendaison, le 3 janvier 1854 par le jury de Guernesey. L'exécution est fixée au 27 janvier. Victor Hugo fera tout ce qui lui était alors possible afin d'obtenir sa grâce. Tapner bénéficiera de trois sursis et sera finalement exécuté, sur ordre de lord Palmerston, ministre de l'Intérieur, le 10 février 1854.

Page 233.

1. *Eschyle* (525-456 av. J.-C.) fut l'un des trois plus grands auteurs tragiques grecs avec Euripide et Sophocle. Il est placé au rang des génies de l'humanité dans *William Shakespeare* (« L'autre, Eschyle, illuminé par la divination inconsciente du génie », *William Shakespeare,* I, II, « Les Génies »). C'est une figure récurrente dans l'œuvre hugolienne. (*L'Homme qui Rit*, II, VII, 4 : « Les fêtes de la grande Déesse, chantées par Eschyle… ») Parmi « les plus hautes cimes » se distinguent « Homère, Eschyle, Job, Isaïe, Dante et Shakespeare » (*ibid.*). Eschyle apparaît comme le premier des esthètes de la démesure, légitimant la démesure shakespearienne et… hugolienne.

Page 236.

1. Dans *William Shakespeare, Molière* n'est pas, dans un premier temps, cité parmi la liste des quatorze grands génies de l'humanité, répertoriés par Hugo. Pourquoi ? « Que leur manque-t-il donc ? Cela. Cela, c'est l'inconnu. Cela, c'est l'infini. Si Molière avait "cela", il serait l'égal de Shakespeare » (I, II, « Les Génies »). Plus loin, Hugo dresse une nouvelle liste récapitulative des génies qui se différencie de la première : « Orphée, puis Moïse, puis Isaïe, puis Eschyle, puis Lucrèce, puis Tacite, puis Juvénal, puis Cervantès et Rabelais, puis Shakespeare, puis Molière, puis Voltaire » (I, V, « Les Âmes »). Ce qui montre que Hugo n'est pas véritablement adepte d'une liste exhaustive et fermée mais davantage d'une liste représentative et symbolique.

Comme le Lion d'Androclès, Molière demande à être interrogé en vers. Marine-Terrace devient bien une forgerie de vers et la pratique des Tables donne ainsi naissance à une véritable et singulière œuvre poétique.

Page 238.

1. Louise de La Baume Le Blanc, duchesse de *La Vallière* (1644-1710). Favorite de Louis XIV dont elle eut quatre enfants. Elle se retira au Carmel en 1674.

2. L'image de la *tombe* et le thème du tombeau sont omniprésents dans l'œuvre hugolienne comme dans les propos des Tables. Chez Hugo, la tombe se fait souvent fosse commune (celle de Fantine dans *Les Misérables*) ou tombeau anonyme (celui de Jean Valjean). Ils disent, selon Guy Rosa, « le scandaleux déni de la persistance du "moi" [et] l'énigme commune à la mort et à la misère » (Dossier des *Misérables*, Le Livre de poche, 1998, p. 1975). La rime « tombe / tombe », dictée par Molière lors de la séance du vendredi 10 février 1854, qui alterne le verbe et le substantif, en rimes croisées, ici entre l'alexandrin et l'octosyllabe, est récurrente dans toute l'œuvre de Hugo.

3. *Ceste* : « nom d'un gantelet de cuir souvent garni de plomb qui servait aux anciens athlètes, pour combattre à coups de poing, dans les jeux publics » (Littré).

Page 239.

1. *Triboulet* (v. 1498-1536) : bouffon de Louis XII puis de François Ier. Victor Hugo en fit le héros de son drame *Le Roi s'amuse*. On trouve souvent la figure de Triboulet dans les romans hugoliens, par exemple dans *L'Homme qui Rit* (première partie, chap. 2, « Les comprachicos ») : « L'un s'appelle Turlupin, l'autre Triboulet. »

2. *Crésus* (561-546 av. J.-C.) : dernier roi de Lydie, célèbre pour ses richesses dues aux sables aurifères du Pactole.

Page 240.

1. Molière répond en quarante-huit vers répartis en douze strophes de trois alexandrins et un octosyllabe. Encore une fois l'écriture qui reproduit les vers de Molière est dif-

férente des questions de Victor Hugo qui se fait (p. 25 du cahier) en dix alexandrins en rimes suivies et ensuite croisées, sans aucune correction et avec la ponctuation. Mais c'est bien Auguste Vacquerie qui recopie les vers prononcés par Hugo. Vient l'Ombre du sépulcre qui dicte quatre alexandrins recopiés en prose (p. 25 du cahier) puis trois autres en rimes croisées complétés par un octosyllabe. Victor Hugo lui répond en trois alexandrins et un octosyllabe en quatre rimes embrassées et l'Ombre du sépulcre en quatre strophes tout en alexandrins, en rimes croisées. Soit un total de 94 alexandrins (en 270 minutes, soit une lettre toutes les cinq secondes). Après la précision : « clos à 2 h », une note précise : « Molière, Eschyle, Shakespeare, André Chénier, en dictant leurs vers, se reprennent, s'interrompent, hésitent, effacent, refont. L'Ombre du sépulcre, elle, dicte les vers comme la prose. » Cette note est d'une autre écriture que la copie des derniers vers de l'Ombre du sépulcre. Ce qui est surprenant, c'est que le cahier ne porte pas trace, à de rares exceptions qui apparaissent dans notre édition, des reprises, des interruptions, des hésitations, des vers effacés et refaits par Molière, Eschyle, Shakespeare et Chénier. Il apparaît bien, encore une fois, que *Le Livre des Tables* est une copie, une mise au net des procès-verbaux des séances spirites. *Le Livre des Tables* est écrit d'après les notes des procès-verbaux, pris indépendamment par les différents participants, mais surtout ceux d'Auguste Vacquerie et de Hugo.

Page 241.

1. *Raphaël* (Raffaello Sanzio, dit ; 1483-1520), peintre de la Renaissance italienne. Il resta pendant trois siècles, du maniérisme au classicisme et à l'académisme, la référence suprême.

Page 246.

1. *Néméen* : de Némée, vallée de l'Argolide, dans le Péloponnèse, où Héraclès tua le lion de Némée, premier des Douze Travaux, exécutés sur l'ordre de son cousin Eurysthée. Le lion de Némée était un monstre réputé invulné-

rable, lui-même frère d'un autre monstre, le Sphinx de Thèbes. Héraclès tua le monstre en l'étouffant entre ses bras. C'est au cours de son premier travail, la chasse au lion de Némée, qu'Héraclès tailla la première de ses armes, la massue. Dans la pensée mystique, les travaux d'Héraclès en vinrent à figurer les épreuves de l'âme qui se libère progressivement de la servitude du corps et des passions jusqu'à l'apothéose finale – une pensée qui rejoint les intuitions hugoliennes confirmées par les révélations de la Table.

Page 248.

1. La figure de *Quasimodo* se retrouve bien entendu dans l'œuvre hugolienne, notamment dans *Notre-Dame de Paris*. *Montfaucon* est aussi le titre du poème écrit le 29 novembre 1858 (*La Légende des siècles*, II, v, 2) et se voit maintes fois évoqué dans *Notre-Dame de Paris*. Il représente l'archétype du gibet ; en surplomb au-dessus de Paris, il imprime l'épouvante au cœur de ses habitants. Mais il est aussi rejeté : hors de l'enceinte périphérique, il assume une fonction apotropaïque ; avec sa croix et ses deux fourches patibulaires, il figure le Calvaire.

2. *Ô lion châtiment !* : la première visite du Lion d'Androclès eut lieu le 6 janvier 1854 au soir. Elle est consignée par un procès-verbal. Le Lion reviendra régulièrement jusqu'au 26 septembre 1854 et les demandes précises qu'il fit constituent la source directe de certains poèmes de Victor Hugo. La présence du Lion lors des séances spirites est tout à fait hugolienne. Le lion, chez Hugo, est un symbole constant du peuple : cette comparaison du peuple avec un lion revient sans cesse dans son œuvre.

L'origine du poème « Au Lion d'Androclès » est contenue dans les séances des Tables. Le 17 février 1854, le Lion d'Androclès, après un amical « bonjour imbéciles », demandait que Victor Hugo lui composât des vers. Devant l'impossibilité immédiate de le satisfaire, il était reparti furieux. Le 18, Hugo écrivait « Androclès » (*Les Quatre Vents de l'Esprit*, III, 15) et, le 28 février, il achevait « Au Lion d'Androclès ». Le 24 mars, après la lecture faite par Hugo des vers composés pour lui, le Lion commençait une belle et longue réponse en vers. Cet échange semble avoir posé quelques problèmes à Hugo, comme en témoigne la double note, reproduite ci-dessous, portée en marge dans le manuscrit du poème :

[Notes de Victor Hugo]

On trouvera dans les volumes dictés à mon fils Charles par la table une réponse du Lion d'Androclès à cette pièce. Je mentionne ce fait ici en marge. Simple constatation d'un phénomène étrange auquel j'ai assisté plusieurs fois. C'est le phénomène du trépied antique. Une table dicte des vers par des frappements et des strophes sortent de l'ombre. Il va sans dire que jamais je n'ai mêlé à mes vers un seul des vers venus du mystère, ni à mes idées une seule de ces idées. Je les ai toujours religieusement laissées à l'Inconnu qui en est l'unique auteur ; je n'en ai même pas admis le reflet ; j'en ai écarté jusqu'à l'influence. Le travail du cerveau humain doit rester à part et ne doit rien emprunter aux phénomènes. V. H.

Les manifestations extérieures de l'invisible sont un fait, et les créations intérieures de la pensée en sont un autre ; la muraille qui sépare ces deux faits doit être maintenue, dans l'intérêt de l'observation et de la science. On ne doit lui faire aucune brèche et un emprunt serait une brèche. À côté de la science, qui le défend, on sent aussi la religion, la grande, la vraie, l'obscure et la certaine, qui l'interdit. C'est donc, je le répète, autant par conscience religieuse que par conscience littéraire, c'est par respect pour ce phénomène même, que je m'en suis isolé, ayant pour loi de n'admettre aucun mélange dans mon inspiration, et voulant maintenir mon œuvre telle qu'elle est, absolument mienne et personnelle. V. H. (« Au Lion d'Androclès, manuscrit daté du 28 février 1854, *La Légende des siècles*, I, II.)

Hugo pose ici explicitement le problème de la propriété littéraire. Hugo demandera souvent à la Table si elle connaît les vers écrits par lui sur le même sujet ou signalera, à l'occasion, des coïncidences étranges. Il en sera ainsi les 30 mai 1854, le 22 octobre 1854, à trois reprises, le 18 décembre 1854, à deux reprises, le 15 et le 22 mars

1855. Victor Hugo prend l'habitude de noter ces éléments au bas des procès-verbaux, instituant ainsi la Table comme sa débitrice. La volonté de Hugo d'établir l'antériorité de sa création poétique sera ensuite constante tout au long de la période des Tables. Le 4 janvier 1855, Victor Hugo écrira à Mme de Girardin : « Vous ne trouverez donc dans *Les Contemplations* rien qui vienne des Tables, à deux détails près, très importants, pour lesquels j'ai demandé permission (je souligne). » Ces deux détails sont « deux choses [...] empruntées à la Table en propres termes, le ver Cléopâtre et la gradation de la prison au bagne » qui figurent dans « Ce que dit la bouche d'ombre » (*Les Contemplations*, VI, XXVI).

Page 249.

1. *Eschyle confond les vers de Shakespeare avec les siens* : en janvier 1854, Victor Hugo posait déjà la question de l'identité des esprits qui s'adressaient à lui : « Il nous arrive de douter de l'identité absolue et réelle des personnages qui nous parlent. Possédez-vous un moyen de nous convaincre complètement que vous êtes bien les personnages sous les noms desquels vous nous parlez ? » Shakespeare se voyait parfois remplacé par Eschyle ou l'Ombre du sépulcre. C'est « elle » qui lui fit cette réponse le 29 janvier 1854 : « Le tombeau ne ment pas. Pourquoi doutez-vous ? Parce que vous êtes des vivants. Vous ne pouvez croire sans mourir. Vous êtes les rois de la vie qui recevez les ambassadeurs de la mort, vous ne pouvez pas voir leur couronne. Leur couronne, c'est leur âme. La parole de la mort, c'est la vérité dans la grandeur, c'est le Verbe. »

Page 253.

1. *Tu vois notre misère* : il semble bien que la situation financière de la famille Hugo, en exil à Jersey depuis le 5 août 1852, n'était pas des plus florissantes. Le livre de comptes, tenu par Mme Hugo à Jersey, sur lequel figure d'ailleurs un procès-verbal de séance spirite, non daté, témoigne de comptes rigoureux et de dépenses limitées. Le 22 mai 1855, Mme Hugo écrivait à sa sœur Julie Foucher :

« Si tu savais quelle consommation de nourriture on fait dans notre maison, tu n'en as pas idée. J'ai chaque jour du monde à dîner, on engouffre d'aliments pour quatre cents francs par mois, j'entends par là tout ce qui entre dans l'estomac, mais rien que cela. Nous dépensons douze à quinze mille francs par an, c'est trop pour nous qui avons le marché de la France fermé. Tu sais qu'on joue les pièces de mon mari, et que les tribunaux ont décidé qu'il ne devait prélever aucuns droits. » La famille Hugo vivait des droits de l'auteur, ce qui rapportait, en 1855, deux cents francs par mois, soit la moitié des dépenses alimentaires. Victor Hugo confie ainsi à Adèle ses inquiétudes quant à leur avenir matériel et financier : « Il faudra une économie sordide. [...] Je ne sais pas comment nous ferons. Je n'ai pris, bien entendu, en fait de meubles que le strict nécessaire, et la simplicité est spartiate » (*Correspondances*, Victor Hugo à Adèle Hugo, le 5 novembre 1855).

Il est acquis que Hugo dépensait beaucoup en charités diverses. La charité lui apparaît comme un devoir moral et social, d'autant plus qu'aucun système de protection sociale n'existait alors. Dans *Les Misérables*, Jean Valjean évoque souvent la figure hugolienne : « Il avait toujours ses poches pleines de monnaie en sortant et vides en rentrant » (I, V, 3). Ce passage correspond au comportement même de Hugo qui, du jour de son retour à Paris, le 5 septembre 1870, au 31 décembre de la même année, a donné en argent liquide, à droite et à gauche, 4 365 francs d'alors.

2. *Bony* et *Gaffney* sont des proscrits présents à Jersey. *Pierre Leroux* (1797-1871), ce « filousophe », selon le mot valise inventé par Hugo, proscrit lui aussi, est d'une autre dimension. Homme politique et philosophe socialiste français, influencé par le saint-simonisme, il fut député à la Constituante (1848) puis à la Législative (1849) avant d'être exilé après le coup d'État de décembre 1851. Il donnera pendant son exil des cours de phrénologie (étude des facultés intellectuelles et du caractère d'après les bosses et les dépressions crâniennes), traitant aussi du catholicisme, de la Réformation et de philosophie. Hugo aura de longues conversations avec lui, déambulant sur la grève d'Azette, à

propos de l'occultisme. (Voir aussi sa Notice biographique, p. 655.)

3. *Nous avons regretté de ne pas pouvoir leur venir en aide* : Hugo aidera toujours, selon ses possibilités, ceux à qui il est redevable ou qui se présentent dans le dénuement. Ainsi, le 4 octobre 1853, il fait envoyer, par Paul Meurice, un bon de 360 francs à remettre à Jacques-Firmin Lanvin, l'ouvrier typographe qui lui avait permis d'emprunter son identité pour fuir de France. Par la suite, Hugo continuera toujours d'aider Lanvin. À Jersey, il aidera régulièrement Sandor-Alexandre Téléki, un proscrit hongrois. *Les Agendas de Guernesey*, tenus rigoureusement par Hugo, témoignent de ses dons à la caisse de secours des proscrits, aux femmes « de peine », à différents proscrits puisque trente-huit d'entre eux furent expulsés en octobre 1855 aux côtés de Hugo. Le 27 mai 1856, il lancera une souscription pour venir en aide aux femmes et aux enfants des marins disparus en mer. Ce geste faisait suite au naufrage du caboteur reliant Guernesey à Saint-Malo dont le capitaine, M. Pengalley, laissait une femme et quatre enfants.

Page 254.

1. Personnage de la tradition sémitique, *Job* incarne l'homme juste frappé par le malheur et questionnant Dieu sur le mal. Le *Livre de Job*, dans la Bible, fait le récit de ses épreuves, de ses souffrances et de sa fidélité à Dieu. Il est l'un des personnages bibliques souvent cités par Hugo et soutenant sa mythologie personnelle (il est le deuxième des grands génies de l'humanité indiqués comme tels dans *William Shakespeare*). Job est un « Titan du fumier », comme le dit un vers de « Dieu » ; il est le géant dont le fumier est aussi un « Caucase ». Il incarne, à travers le fumier dont il se relève, la toute-puissance paradoxale qui peut naître de l'humiliation et de la souffrance qui consacre. « Le fumier de Job, transfiguré, deviendra le calvaire de Jésus ». (Hugo, *William Shakespeare*, I, II, « Les Génies »). Hugo met en relief sa grandeur colossale, sa puissance. Job est un géant : « tombé, il devient gigantesque ». Il est le plus misérable, et c'est pour cela même qu'il est le plus fort. L'engagement

politique de Hugo, après les années 1880, le conduira à citer Job pour dénoncer les premiers pogroms de 1881 contre les juifs en Russie.

2. *Crispin* : « Valet de comédie avec un costume et un caractère convenus ; le crispin est tout en noir, en pantalon collant, et avec un petit manteau qui descend à peine jusqu'aux reins et dont il s'enveloppe souvent. Le crispin est attaché à son maître mais lui fait cependant d'assez mauvais tours quand l'occasion s'en présente » (Littré).

3. *Marat, Danton* et Robespierre font tous trois l'objet de longs commentaires, empreints à la fois de fascination et de répulsion, dans le roman de Hugo *Quatrevingt-treize* (1874). Un procès-verbal, d'une autre période de l'année 1854, transcrit une conversation entre Marat et Hugo.

4. *Nochers* : « Anciennement, dans le langage des gens de mer, [nocher désigne] le contremaître des navires d'une certaine importance, et le maître ou patron de quelques petits bâtiments » (Littré).

Page 255.

1. *Le Lion d'Androclès* : voir p. 248, n. 2.

Page 256.

1. *Tapner* : voir p. 215, n. 1. Tapner, par sa personnalité exécrable et l'ampleur de ses forfaits, faisait l'unanimité contre lui. Il s'avérait ainsi un condamné idéal pour l'abolitionniste qu'était Hugo. Dès la condamnation à mort de Tapner, Hugo, fervent partisan de l'abolition de la peine de mort, dont *Le Dernier Jour d'un condamné,* paru dès 1828, en est l'illustration, milita pour que celle-ci soit commuée en une peine de prison. Tapner bénéficia de trois sursis mais fut finalement exécuté le 10 février 1854. Le *Journal d'Adèle Hugo* rapporte les propos de son père tenus en janvier 1854 : « Il y a un an, j'aurais rassemblé les proscrits de Jersey et je leur aurais proposé de faire une manifestation pour sauver Tapner. Cette année, j'ai préféré agir seul. Travailler avec les proscrits est difficile. Je n'aurais rien pu mettre dans mon appel sans leur adhésion, et encore, ils m'auraient accusé de vouloir les dominer. Je

suis débarrassé de toutes ces petites tracasseries. D'ailleurs, seul, j'ai plus de force, et toute la proscription me suit d'elle-même. » Hugo a donc préféré agir seul et l'exécution de Tapner sera ressentie fort douloureusement par lui. Qui plus est, le poète vécut ce dénouement comme un échec personnel, ainsi que le montre un autre passage du *Journal d'Adèle Hugo* : « Mon père apprend par le journal *Star* de Guernesey que Palmerston a ordonné l'exécution de Tapner, lequel sera pendu le vendredi 3 février. Ce soir, mon père est absorbé ; il interrompt sa rêverie pour dire à plusieurs reprises : "La mort de cet homme me pèse..." Puis il ajouta : "Palmerston me le paiera cher" » (*Journal d'Adèle Hugo,* t. III, 31 janvier 1854). Le lendemain, au mépris de sa propre sécurité, Hugo écrira une lettre très dure à lord Palmerston, jugé responsable de la mort de Tapner : « Nous habitons, vous et moi, l'infiniment petit. Je ne suis qu'un proscrit et vous n'êtes qu'un ministre. Je suis de la cendre, vous êtes de la poussière. D'atome à atome on peut se parler. [...] quoi ! Dans cette affaire, vous auriez, vous monsieur, craint de faire de la peine au proscripteur en donnant raison au proscrit, l'homme pendu serait une complaisance, ce gibet serait une gracieuseté... » Tapner se présentera ensuite à la table de Marine-Terrace. Un procès-verbal, non daté, de la main d'Adèle Hugo, conservé à la Maison de Victor Hugo, relate cette brève « entrevue » où Tapner décrit l'angoisse du condamné et les souffrances physiques endurées lors de son exécution. La voix de la Table se fait ainsi le relais de la voix du condamné anonyme du *Dernier Jour d'un condamné.* Voir la transcription de ce procès-verbal dans les Documents, p. 616.

Page 261.

1. C'est Auguste Vacquerie, dont on connaît la passion pour le théâtre, qui a composé ces vers, en quatre jours. Auteur d'un curieux recueil poétique, *L'Enfer de l'esprit* (1840), il est surtout l'auteur de pièces de théâtre dont *Tragaldabas*, jouée en 1848 et marquée par un échec retentissant. Ce drame plaisait cependant beaucoup à Mallarmé qui y voyait une « grande comédie, quasi héroïque, et tout

à fait bouffonne ». À Jersey, en dehors de passionnantes expériences photographiques auxquelles il se livre, avec talent d'ailleurs, en compagnie de Charles Hugo, Auguste Vacquerie dispose d'un temps libre immense. Les conversations avec les dramaturges qui viennent visiter la table de Marine-Terrace et la composition des vers qui lui sont demandés par eux lui permettent d'occuper celui-ci tout en se livrant à sa passion première.

Page 267.

1. *Archange, amour* : thème classique hugolien, évoqué également lors de la séance du 23 février (voir p. 271). Dans « Satan dans la nuit » (*La Fin de Satan*, « Hors de la terre », III) nous retrouvons le thème de l'archange qui se développe aussi tout au long du livre VI des *Contemplations*. Pour ce qui est de la théorie des mondes successifs, l'univers est constitué de mondes punis (« les mondes démons : les enfers »), de mondes intermédiaires (dont la Terre, « un monde homme ») et de mondes bénis (« les mondes anges : les paradis ») et les âmes passent de l'un à l'autre. La terre est un de ces « mondes intermédiaires », « un monde-homme » considéré par Hugo comme un espace de purification. Jean Reynaud l'affirmait déjà dans l'article « Ciel » de l'*Encyclopédie nouvelle*, d'abord en 1837 puis en 1840. La progression parallèle des astres dans le ciel, de la barbarie à la civilisation, fait partie d'une des hypothèses formulées autrefois par Hugo, inspirée par Fourier, Jacques Boucher de Perthes, Jean Reynaud, Alexandre Weill ou d'autres occultistes de cette période. « Le Soleil est tout à la fois la Source et la Fin de tous les grands génies qui viennent tour à tour habiter un certain temps dans les sphères inférieures. Ces sphères inférieures sont : la Lune, la Terre, Saturne, Vénus, etc. », confiait Hugo en 1852 (*Journal d'Adèle Hugo*, t. I, 8 novembre 1852).

2. *Les Vents du tombeau* : ce titre se rapproche du recueil *Les Quatre Vents de l'Esprit* dont le premier projet apparaît sans doute en 1870 (le livre paraîtra en 1881). Il se rapproche aussi du thème déjà évoqué du tombeau.

Page 268.

1. *Diviser le livre en quatre parties...* L'Ombre du sépulcre propose un livre des Tables en quatre parties. Hugo transcrira donc les procès-verbaux des séances spirites dans quatre cahiers. Les fameux « Cahiers rouges », rappelons-le, dont deux seulement nous sont parvenus après bien des vicissitudes.

Page 269.

1. Les phénomènes mystérieux comme celui-ci vont se multiplier pour venir renforcer le côté « hanté, assiégé de superstitions et de terreurs enfantines », selon le mot de Jean Gaudon, de Victor Hugo. Ce thème de la « maison visionnée » se retrouve dans *Les Travailleurs de la mer* où, plus encore que la demeure de Gilliatt, c'est celle de Plainmont qui sera visitée par les spectres nocturnes, ouverte aux apparitions et aux songes les plus effrayants. Dans la *Préface philosophique*, Hugo exprime en ces termes la dilatation de l'acte de contempler en vision : « L'univers contemplé devient l'univers visionné. » Il use également du néologisme « visionnement » pour traduire la spécificité du phénomène.

Page 271.

1. *Nous distribuons les âmes...* Il s'agit de la répartition des âmes punies ou des âmes récompensées. Les âmes peuvent monter ou descendre. Alexandre Weill, dans *Les Mystères de la création*, parlait des « âmes ascendantes ou descendantes ». Une âme souillée peut être punie en descendant jusqu'aux animaux et aux plantes et, en méritant, peut s'élever jusqu'aux anges.

2. *Hébé* représente la personnification de la jeunesse. Elle est la fille de Zeus et d'Héra, et sœur, par conséquent, d'Arès et d'Ilithye. Elle joue dans « la maisonnée divine » le rôle d'une servante, ou de la « fille de la maison ».

Page 276.

1. *Latude* et plus loin *Bonnivard* et le *Masque de fer* furent tous trois des prisonniers célèbres, emprisonnés pour de sombres motifs, pour la plupart totalement illégitimes. Jean Henry de Latude (1725-1805) était un aventurier français accusé d'avoir cherché à soutirer de l'argent à Mme de Pompadour. Il fut détenu au château de Vincennes et à la Bastille. Il réussit trois évasions spectaculaires dont l'une, de la Bastille, en accrochant une corde à nœuds aux barreaux de sa cellule. Cette échelle de corde qui lui permit de s'évader est conservée au musée Carnavalet. Au total il passa trente-sept années en prison. Il fut libéré en 1784. Le personnage de Latude se retrouve dans un certain nombre de textes de Hugo, notamment *Quatrevingt-treize*. François de Bonnivard était un patriote genevois, détenu de 1530 à 1536 au château de Chillon, en Suisse, au bord du lac Léman. Ce château construit au XIIIe siècle était la propriété des ducs de Savoie. – *Le Masque de fer* était un mystérieux prisonnier d'État, maintenu au secret absolu. Il était contraint de porter en permanence un masque de velours noir et de métal qui dissimulait son visage. Il fut interné à Pignerol, en 1679, puis au château d'If, dans l'île Sainte-Marguerite, de 1687 à 1698, et à la Bastille de 1698 à 1703 où il mourut. Voltaire, dans son *Siècle de Louis XIV*, en fait le frère jumeau du roi. Hugo envisageait, dès 1839, un drame sur ce thème dont les titres envisagés étaient d'abord *Le Comte Jean* puis *Les Jumeaux*, publié en 1889, inachevé, dans le volume des drames posthumes.

Page 280.

1. Traduction du latin : « L'homme parle, les choses écoutent. L'esprit de toute chose est dans une, quoi que l'homme veuille, Dieu le fait (agit – crée) mais, quoi que Dieu veuille, l'homme ne le fait pas. Impose les mains sur les choses, les choses auront vie et esprit. Orphée fait mouvoir les lions, Amphion les pierres, le Christ les morts. Si tu veux enlever à l'homme les maladies, les ombres, des hommes auront cette force qui est dans les choses. Je suis le souffle, le chant,

la force de la nature. Prends ce que les hommes nouveaux appellent magnétisme en langue française. »

2. Commence. Les petites choses conduisent aux grandes. Petite est la source du grand. Cherche les animaux que tu connais et ensuite je te dirai ceux que tu ignores. Agis homoncule dans la nature immense, sois le serviteur de Dieu, à travers les ténèbres du monde. Petite lampe, grande étoile (« mgna » : faute pour « magna »).

Page 281.

1. Donne la santé aux bons et le poison aux méchants.

2. Ces animaux que tu sais.

3. Une certaine force des choses prise par les hommes de la force matérielle, non de l'esprit.

4. Cette phrase doit se lire ainsi : *Nominor vultur per aves, tiger per belluas, corvus per mortuos, vindex per vivos, sum una duarum alarum umbrae sepulcralis, ala nigra*. Traduction : « Je suis appelé (on m'appelle) vautour parmi les oiseaux, tigre parmi les bêtes, corbeau parmi les morts, vengeur parmi les vivants, je suis une des deux ailes de l'ombre sépulcrale, l'aile noire. »

5. *L'aile blanche* : l'aile est symbole de liberté, d'amour, de perfection idéale et d'envol spirituel. Hugo fait de l'âme un être ailé. Dans le poème : « Ce que dit la bouche d'ombre » (*Les Contemplations*, VI, XXVI), Hugo attribue à l'homme une « conscience ailée » et une « âme ailée ». L'âme déploie ses ailes et prend son envol à la mort des corps. Dans le poème consacré à Claire Pradier, fille de Juliette Drouet, écrit en décembre 1854, « Claire », les âmes des morts sont des êtres ailés restés, après leur mort, près de ceux qu'ils aimaient et « Leurs ailes font parfois de l'ombre sur le mur » (*Les Contemplations*, VI, VIII).

Page 282.

1. Votre maison, si tu veux parler avec moi, mets-toi en route (ou : viens dans la rue, le chemin).

Page 284.

1. « *Gutenberg* est un rédempteur. [...] Ce prodige a sauvé l'intelligence universelle. [...] L'auxiliaire de la vie ; le collaborateur permanent de la civilisation en travail » (*William Shakespeare*, I, IV). Hugo ne tarit pas d'éloges quant à Gutenberg, « le second père des créations de l'esprit ». Il permet ainsi « la délivrance de l'homme par l'imprimerie » afin de permettre « la conservation indéfinie des poètes et philosophes » (*ibid.*). Hugo restait marqué par la disparition des 700 000 volumes de la bibliothèque d'Alexandrie, dont un manuscrit unique d'Eschyle, brûlée sur l'ordre d'Omar. Cet épisode est longuement relaté dans *William Shakespeare* (I, IV).

Page 287.

1. *Anacréon* est un « esprit très grand », « moins grand », cependant, selon Hugo, que les grands génies de l'humanité répertoriés par lui dans *William Shakespeare*. Il lui manque « l'exagération, les ténèbres, l'obscurité, la monstruosité » (*William Shakespeare*, I, II, « Les Génies »).

2. Un poème des *Quatre Vents de l'Esprit* (III, 36), dont le manuscrit est daté du 15 août 1854, évoque la mystérieuse *Dame blanche* et semble détaché des strophes du poème « À celle qui est voilée » (*Les Contemplations*, VI, XV) :

> Sainte servante, conscience,
> Tu vas dans l'ombre devant moi !
>
> Tu vas devant moi, toujours prête,
> Et tu me montres le chemin ;
> Le voile du sort sur ta tête,
> La lampe de Dieu dans ta main !

La Dame blanche qui s'en va dans l'ombre devant le poète pourrait ainsi être l'émanation de sa conscience, et son infanticide, celui, inconscient, de Hugo devant la perte de Léopoldine alors qu'il l'avait « abandonnée » pour un long voyage en compagnie de Juliette.

Page 289.

1. Je ne peux pas ce que je ne dois pas, ce que je ne dois pas je ne le veux pas.

2. *Sapho* ou Sappho, poétesse lyrique grecque qui vécut entre 620 av. J.-C. et 580 av. J.-C., dans l'île de Lesbos. Elle tint une école féminine de poésie et de musique. Elle se serait adonnée à l'homosexualité, d'où l'origine de saphisme, mais se serait aussi éprise du jeune Phaon et, désespérée par l'indifférence de celui-ci, elle se serait jetée dans les flots du haut des falaises du cap de Leucate. Phaon était un héros de Lesbos. On racontait que c'était un passeur, vieux et pauvre, d'une beauté médiocre, jusqu'au jour où il passa la déesse Aphrodite, déguisée en vieille femme, sans lui demander aucun salaire. La déesse lui donna en récompense une fiole d'un baume dont il s'oignit chaque jour, devenant ainsi d'une grande beauté. Il fut alors aimé de toutes les femmes de l'île qui voyaient en lui un jeune homme. Sapho fut la plus éprise de toutes.

Page 289.

1. Attends, tu verras.

2. La loi est double : la première, c'est le sort, la deuxième, c'est la mort. Vivre n'est pas voir. Savoir n'est pas pouvoir.

Page 290.

1. L'enfant lit le livre ou le livre lit le livre.

2. Vers contre vers.

3. *Ankastrom* : il doit s'agir de Jacob Johan Anckarström (1762-1792), gentilhomme suédois. Meurtrier du roi Gustave III de Suède, il fut décapité. En 1791, Gustave III cherchait à former une ligue de monarques européens opposés à la Révolution française. Cependant, l'aristocratie suédoise, irrémédiablement hostile, conspira contre lui. Le 16 mars 1792, le capitaine Jacob Johan Anckarström tira sur le roi lors d'un bal masqué à l'opéra de Stockholm. Gustave III mourut quinze jours plus tard. *Le Mousquetaire*, journal fondé et dirigé par Alexandre Dumas, fait allusion à cet événement à trois reprises (dans ses éditions des

22 septembre 1854, 8 octobre 1854 et 10 octobre 1854) : le nom de « Jean-Jacques Ankastrom » apparaît dans l'encart publicitaire final consacré à la revue *L'Écho littéraire* sous le titre : « Articles publiés dans les deux premiers volumes de *L'Écho Littéraire*. […] Causes célèbres étrangères : Procès de Galilée, de Thomas Morus, de Jean-Jacques Ankastrom, d'Anne de Boleyn. »

4. André Chénier : voir p. 146, n. 1. La découverte d'André Chénier est fort récente en 1854. Son œuvre suscite le vif intérêt de Hugo. Dans *Les Misérables*, M. Gillenormand condamne, devant Marius convalescent et louant, lui, le « génie des hommes de 93 », l'exécution d'André Chénier (V, V, III). Tapner, « Ankastrom » et Chénier présentent tous la particularité d'avoir été exécutés par décapitation ou pendaison.

Page 291.

1. Il s'agit bien, dans le cahier, de *Lesbie* et non de Lesbia, la maîtresse chantée par Catulle ; confusion avec Délia, la maîtresse chantée par Tibulle.

Page 295.

1. Entre le 24 mars et le 6 août 1854, le Lion d'Androclès, enfin satisfait des vers que lui adresse Hugo, dictera, dans le même style, une quarantaine de strophes complexes, des sizains hétérométriques composés de deux fois deux alexandrins suivis d'un hexasyllabe.

Page 296.

1. Les échanges nés des interventions des esprits de Marine-Terrace, bien loin de nuire à l'activité poétique de Hugo, encouragent et nourrissent celle-ci. Le mois de février 1854 se révèle particulièrement fécond : Hugo consacre près de cent cinquante sizains à l'océan, plus d'un millier de vers, dont les strophes seront souvent augmentées et déplacées pour figurer dans ses recueils. Plus de douze poèmes destinés aux *Quatre Vents de l'Esprit*, à *Toute la lyre*, à *La Légende des siècles*, aux *Contemplations*, à *Actes et paroles* et surtout, pour l'essentiel, à *Satan*, naquirent à Marine-Terrace.

Page 299.

1. Hugo renvoie ici à la p. 2 de ses notes manuscrites.

Page 300.

1. Le triangle de base est ainsi constitué : Charles et Mme Hugo tiennent la table, Victor Hugo prend note et pose les questions, Auguste Vacquerie et Guérin s'ajoutent à eux comme dans la plupart des séances. Notons toutefois qu'Auguste Vacquerie est aussi souvent l'écrivant et qu'il prend une part importante dans les questions posées à la table. Les plus beaux vers sont presque toujours dictés lorsque Mme Hugo et Charles tiennent la table, Victor Hugo en est l'écrivant et Auguste Vacquerie « le muet intéressant ».

Page 302.

1. *Mardi 4 mars* : erreur de transcription sur le cahier comme sur le procès-verbal, il s'agit bien entendu du mardi 4 avril 1854.

Page 304.

1. Dans un long texte de trois pages en prose écrites au dos d'épreuves, de l'*Appel au peuple* du 31 octobre 1852 (que l'on peut cependant dater de 1853-1854), conservées à Jersey, Hugo élabore sa théorie des mondes : « Les mondes sont des êtres. Un monde est une âme. » Dans ce système, il définit la terre comme un monde intermédiaire entre « les mondes anges : les paradis » et les « mondes démons : les enfers ». La terre est un de ces « mondes intermédiaires », « un monde-homme » considéré par Hugo comme un espace de purification. Dans la théorie des astres malades, morts, des mondes punis, des mondes intermédiaires, de *La Pluralité des mondes habités*, selon le titre de l'ouvrage de Camille Flammarion, astronome et spirite, Hugo s'interroge sur la place des comètes. Il est convaincu que, « pas plus que la science d'hier, la science d'aujourd'hui n'a dit sur les comètes le dernier mot » (*Post-Scriptum de ma vie*). Pour Hugo, les comètes sont chargées de relier entre eux les univers. Les comètes ont donc un pouvoir destructeur.

Dans « La Comète » (*La Légende des siècles* II, XVI), Hugo envisage différentes hypothèses sur cet astre : « Peut-être est-ce un enfer dans le ciel envolé ». Dans *Dieu*, et les vers de la Chauve-Souris, la comète représente l'athéisme : « la comète, brûlot des mondes, détruit l'astre ». L'intérêt de Hugo pour les astres est ancien mais s'est concrétisé sans doute lors de sa première visite à l'Observatoire de Paris, en 1834, avec le savant François Arago, qui lui inspirera « Promontorium Somnii ». Dans *Les Choses de l'infini*, Hugo décrit minutieusement les astres et les manifestations cosmiques. Paul Berret note que « Hugo vivait dans le ciel mieux que beaucoup d'astronomes de profession. Il eut même un instant l'idée de faire construire un télescope. Sachant que le monde physique est la charpente du monde moral, il considérait l'astronomie comme la base naturelle de toute philosophie » (*La Légende des siècles de Victor Hugo*, Hachette, 1925, t. IV, p. 695). Son intérêt pour l'astronomie est manifeste, comme pour bon nombre d'autres sciences, et ce qui l'attire ici ce sont davantage les phénomènes surprenants, inexplicables, merveilleux – tout ce qui invite au songe et à la poésie.

2. *Il venait de voir une comète* : le passage de la comète de 1811 reste un souvenir d'enfance pour Hugo. Il l'avait vue alors qu'il se trouvait en Espagne. Il la reverra en juillet 1861, à Waterloo. Dans *Les Misérables*, Hugo écrit : « Quelque étoile bizarre survient, soulignée par une queue énorme. Et cela fait mourir César. Brutus lui donne un coup de couteau, et Dieu un coup de comète » (IV, XII, II). Le passage d'une comète avait « annoncé » l'assassinat de César par Brutus et ses conjurés. Elle évoque dans *Les Misérables* « 93 en grosses lettres, Napoléon en vedette, la comète de 1811 au haut de l'affiche ».

3. *Semen astrorum* : la semence des astres.

Page 305.

1. *Sa fille morte* : Léopoldine, morte le 4 septembre 1843. Mme Hugo ne fait pas que penser aux morts ; elle leur parle aussi. Voilà ce qu'elle écrivait, le 7 mars 1855, qui n'apparaît pas ici, à Mme Paul Meurice, initiée avec son

mari aux séances spirites, qui venait de perdre coup sur coup, sa mère, sa belle-mère et son beau-frère :

> Depuis longtemps, moi, je parle à mes morts. Les Tables sont venues me dire que je ne me faisais pas d'illusion. N'est-ce pas une bénédiction de Dieu que vous ayez été initiés à nos Tables, que vous avez lu ce qu'elles disaient avant que vos chers êtres aient quitté ce monde ? Dieu qui vous aime a voulu que vous connaissiez ce qui est derrière le tombeau avant que de vous les prendre. Le hasard ne fait pas cela. La Table a commencé à répondre à la question que votre mari a envoyée à Auguste. (Lettre de Mme Hugo à Mme Paul Meurice, 7 mars 1855.)

2. Les deux albums de dessins spirites, publiés pour la première fois en 1963, conservent la trace de trente-six séances sous forme de dessins au crayon. Certains sont accompagnés de légendes en latin et en français.

Page 306.

1. *Ego* : « je » ; ici : « moi ».

Page 307.

1. *Fecoil, Fecoil* signifie donc « la lune me gêne » dans le langage des lions, comme *lugurru fohc* signifie « la comète vient ».

Page 308.

1. Sur Babel et le bégaiement, voir la séance du 21 avril 1854, p. 312. Dans *Les Misérables*, Babel se retrouve chez Babet : « Babet parle, Babet jure, Babet rugit. C'est la confusion formidable des langues. [...] Babet. [...] C'est Babet dont un diable a barré la finale » (III, VII, III).

Page 309.

1. *Vir inter animalia* : l'homme parmi les animaux.

2. La séance du 6 août ne figure pas dans ce cahier. Pourtant, à cette date, le Lion dira de lui, en latin, qu'il s'appelle « présage, lumière, divinité » : *Omen, lumen, numen, nomen meum.* Hugo trouvera là le titre de l'un des derniers

poèmes des *Contemplations* : « Nomen, numen, lumen » (Le Nom, le Dieu, la Lumière, triple paronomase), écrit sept mois plus tard (le manuscrit porte la date du 1er mars 1855), sur les sept lettres du nom « Jéhovah » (*Les Contemplations*, VI, xxv).

Page 310.

1. *Sa maîtresse adorée et cruelle* : Lesbie, que l'on retrouve dans « Au Lion d'Androclès » (voir p. 291, n. 1).

Page 311.

1. Tout cet échange entre le Lion et Hugo donne un aperçu du travail de construction poétique pour lequel Victor Hugo reste le maître à l'écoute d'un brillant disciple.

Page 313.

1. *J'en ferai les paroles* : la sensibilité musicale de Hugo semble s'être développée à Jersey, encouragée par la voix d'Augustine Allix et par le violon de Reményi (voir leurs notices biographiques, p. 651 et 657) : « Depuis quelque temps on faisait souvent de la musique à Marine-Terrace. Ce goût était même devenu une passion. Donc chaque soir on écoutait la belle voix de Mlle Allix. Hier on écoutait le beau violon de Reményi. La musique oubliée à la place Royale, dédaignée rue de La Tour-d'Auvergne, était reçue maintenant à bras ouverts à Marine-Terrace. La musique exilée venait trouver les exilés » (*Le Journal d'Adèle Hugo*, t. III, 5 septembre 1854). Pour cette « musique de *La Marseillaise* de la révolution future », l'Océan constatera son échec avant de confier la tâche à Mozart. Lui-même ne pourra être compris et interprété malgré l'aide de Charles Bénézit, le maître de composition musicale d'Adèle et concertiste. On demande à Cimarosa, sans résultats. Hugo trouve alors la solution : il choisit un air qu'il aime depuis longtemps, qu'il pensait être de Beethoven et que sa fille Adèle jouait au piano. Hugo écrit les paroles et c'est ainsi que naquit, pendant l'été 1854, l'hymne franco-européen « Patria » : « Ce chant en l'honneur de la France a deux auteurs ; l'un français, pour les paroles, l'autre allemand,

pour la musique ; symbole de cette sainte fraternité de la France et de l'Allemagne que les rois ne parviendront pas à détruire. » Ce chant sera publié dans l'édition de 1870 des *Châtiments*, avec sa partition en note et précédée de cette introduction.

Page 315.

1. *Ce morceau pourra être chanté* : cette « *Marseillaise* de la révolution future » devait être chantée par Mlle Allix dont la voix était très appréciée de Hugo. Moins par Juliette Drouet : « Je commence à ne pas trouver drôle mon rôle de femme *respectâble* pendant que vous grelu-chonnez bras dessus bras dessous et la bouche en cœur avec la douce Allix » (Juliette à Victor, 9 juin 1855, *Lettres à Victor Hugo*).

Page 317.

1. La colère de l'Océan est à l'image de la dévotion que Hugo lui manifeste. Pendant tout le mois de février 1854, Hugo lui consacra près de cent cinquante sizains dont les strophes seront souvent augmentées et déplacées pour figurer dans « Océan », daté du 18 février 1854 (*La Légende des siècles*, III, XXII), « Gros temps la nuit », daté du 2 février 1854 (*Toute la lyre*, II, 20), « Sur la falaise », daté du 28 février 1854 (*Les Quatre Vents de l'Esprit*, III, 19), « Les paysans au bord de la mer », daté du 1er mars 1854 (*La Légende des siècles*, III, VIII), « Chanson de bord » (*Toute la lyre*, VII, 23, XII) composé de strophes extraites des « Paysans au bord de la mer », d'« Océan » ainsi que d'une strophe originale, et les réécritures d'« Oceano Nox » (*Les Rayons et les Ombres*, 42).

Page 322.

1. *Le crépuscule* : le crépuscule des libertés ou, en des termes baudelairiens, le crépuscule du matin. Cette heure incertaine entre la nuit finissante et le jour nouveau d'un exil naissant.

Page 324.

1. *La nuit est le miroir des visages* : Victor Hugo s'interroge beaucoup, à cette période, et bien avant Freud, sur le rêve et son interprétation. Les insomnies de Hugo deviennent de plus en plus fréquentes à cette époque. La proximité de la mer et le bruit des vagues et du vent les accentuent. Ces veilles nocturnes permettent à Hugo d'écouter ses demi-rêves. Le Drame vient de le dire, la nuit est « pleine de rêves reflétant les consciences ». Plus loin, il précisera qu'il ne s'agit pas des « rêves proprement dits » mais de « l'émanation de la conscience qui se fait comme celle des fleurs, pendant la nuit ».

Page 325.

1. *Le voleur qui vole dans la chambre* : allusion possible à une effraction dont la famille Hugo fut victime, mais pas à cette période. Entre le dernier jour de mai et le premier jour de juin 1854, des cambrioleurs avaient pénétré dans la serre de Marine-Terrace en brisant une vitre. Ils n'avaient, curieusement, rien dérobé. « L'on en fut quitte pour barricader Marine-Terrace avec d'autant plus de soin que l'on disait qu'une bande de voleurs exploitait les alentours » (*Journal d'Adèle Hugo*, t. III, du 31 mai au 1er juin 1854).

Page 326.

1. Dans la nuit du 23 au 24 juin, qui n'apparaît pas dans ce cahier, la Table dira par l'intermédiaire du « portier sombre » que « les rêves sont plus sérieux qu'on ne pense ». Adèle Hugo, dans son *Journal* (t. III, 24 juin 1854), rapporte les propos de son père à ce propos : « Pour moi elle confirme dans mon esprit l'idée que je me faisais du phénomène des rêves. Le sommeil prend le corps, l'âme s'envole et va dans ce monde inconnu où habitent les âmes des morts et des vivants endormis. Aussi voit-on fréquemment dans le rêve les visages des êtres que l'on aime, et les voit-on plus distinctement qu'éveillé. » L'année suivante, le 29 avril 1855, une séance de la Table sera consacrée aux rêves (voir p. 539). Hugo tente, dès 1854, d'analyser ses

rêves, et, pour ne pas les oublier, il les raconte sur de petits fragments de papier.

Page 327.

1. Cette *pensée* de Hugo concerne le thème majeur de la métempsycose qui prend tout son sens à Marine-Terrace. La réflexion sur les animaux occupe une place importante dans les séances des Tables. Leurs interventions, comme celles d'autres esprits, vont contribuer à donner naissance à cette nouvelle religion hugolienne basée sur le principe de la métempsycose que nous avons déjà évoqué. Le premier esprit animal à se présenter à la table de Marine-Terrace fut celui de l'Ânesse de Balaam, le 27 décembre 1853. Elle révélait que les animaux et les plantes contenaient des âmes damnées expiant leurs fautes, précisant que toute la terre est punie. Le Lion d'Androclès fut le second représentant du règne animal à venir à la Table. Il l'emporte cependant en ce qui concerne l'importance que Hugo lui accorde quant à ces deux animaux fétiches. Il viendra dix-huit fois au total, jusqu'au 26 septembre 1854. L'ampleur de ses révélations, la qualité des vers dictés par lui en font un esprit majeur. Cette intuition sur la possibilité que les plantes et les animaux puissent avoir une âme remonte, en effet, à bien des années auparavant. Dans la *Légende du beau Pécopin et de la belle Bauldour*, publiée en 1842, Hugo médite en « cueillant de temps en temps, pour en aspirer l'âme, une fleur sauvage » et écrit déjà, par la voix de Zin-Eddin ou Evilmerodach : « les pierres vivent, les plantes pensent et les animaux savent ». Hugo concédera pourtant que ce sont les révélations des Tables qui firent naître en lui ce raisonnement lié à l'âme des animaux : « La seule chose qu'aient les Tables que je n'ai pas absolument affirmée dans le livre inédit que je veux faire paraître, c'est l'âme des animaux, et encore ai-je fait de ceci un chapitre à part. Quant à cette idée de l'âme de l'animal, je l'ai eue très longtemps » (séance du 27 décembre 1853). Hugo poursuivra, dans *Les Misérables*, cette idée en soutenant que les animaux sont formés des qualités, vices et vertus, des âmes descendantes : « Les animaux ne sont autre chose que

les figures de nos vertus et de nos vices [...] les fantômes visibles de nos âmes. Dieu nous les montre pour nous faire réfléchir. [...] L'animal ne progresse pas : l'âme enfermée en l'animal subit un châtiment ; sa peine finie, elle est libérée. » Précipiter les âmes fautives dans l'animalité, ou plus bas encore, entraîne donc leur souffrance. En face de cette souffrance, dans ce châtiment, Hugo place la vision de Dieu. Le but de la souffrance est donc de faire pénétrer cette vision dans l'âme animale punie. Une fois son temps d'expiation purgé, sa leçon comprise et apprise, l'âme redevient, peu à peu, homme. Elle oublie les étapes antérieures et les châtiments des fautes antérieures. Dieu brise le lien de la mémoire et donne la liberté. L'homme succède ainsi à l'animal. L'animal, lui, sait mais ne connaît que sa faute et voit Dieu alors que l'homme ne sait plus, oublie sa vie antérieure et ne voit pas Dieu. L'homme acquiert ainsi, par le doute, l'intelligence qui échappe à l'animal. L'homme tel que nous le connaissons serait ainsi l'aboutissement d'une très longue succession de vies antérieures que Dieu lui a fait oublier afin de lui offrir la liberté. L'homme sent cependant ce passé enfoui en lui (voir *Les Contemplations*, « Magnitudo parvi », III, XXX). L'influence des Tables, quant à la vie animale, sur la production poétique hugolienne sera durable ; les animaux prendront une place de plus en plus importante dans l'œuvre poétique de Hugo. Le thème de la métempsycose nourrira ensuite toute la poésie hugolienne.

2. La séance du 24 avril 1854, par la commande expresse du Drame qui suivra, va donner naissance à cet immense poème de près de huit cents vers qui deviendra « Ce que dit la bouche d'ombre », le 13 octobre 1854. Ce passage en prose du Drame est développé en alexandrins dans « Ce que dit la bouche d'ombre » (v. 301-304). C'est là une des idées fondamentales de Hugo que les animaux et les plantes sont parfaits en leur espèce. Ils voient et connaissent Dieu alors que l'homme est imparfait et doute. Par là, Hugo en tirera la supériorité de l'homme dont le doute en fait un chercheur, un artisan, un ouvrier de la connaissance. Lors d'un voyage en Espagne, pendant l'été 1843, une notice de Hugo sur Pampelune et les corridas qui s'y tiennent au

mois d'août révèle, pour la première fois dans son œuvre, un Hugo sérieusement attentif au problème philosophique de la condition animale :

Je me demandais : que peut-il se passer et que se passe-t-il en ces pauvres mules, qui dans l'espèce de somnambulisme où elles vivent, vaguement éclairées des lueurs vacillantes de l'instinct [...] sentent s'acharner sur elles dans cette ombre et dans ce tumulte trois satans qu'elles ne connaissent pas, mais qu'elles sentent, qu'elles ne voient pas, mais qu'elles entendent ? Que signifie pour elles ce songe, cette vision, cette réalité ? Est-ce un châtiment ? Mais elles n'ont pas fait de crime. Que pensent-elles de l'homme ? [...]

Si la nature en effet nous regarde à de certaines heures, si elle voit les actions brutales que nous commettons sans nécessité et comme par plaisir, si elle souffre des choses méchantes que les hommes font, que son attitude est sombre et que son silence est terrible !

Nul n'a sondé ces questions. La philosophie humaine s'est peu occupée de l'homme en dehors de l'homme, et n'a examiné que superficiellement et presque avec un sourire de dédain les rapports de l'homme avec la chose et avec la bête qui à ses yeux n'est qu'une chose. Mais n'y a-t-il pas là des abîmes pour le penseur ? Doit-on se croire insensé parce qu'on a dans le cœur le sentiment de la pitié universelle ? (Édition Massin, t. VI, p. 903.)

Page 329.

1. *Pelisson* : Paul Pellisson (avec deux *l*), avocat puis écrivain français. Il fut incarcéré au XVIIe siècle pour avoir défendu Fouquet, son bienfaiteur, dans trois discours célèbres. Amnistié, il fut ensuite historiographe de Louis XIV. Dans son cachot, Pellisson dut avoir affaire à des araignées, motif récurrent chez Hugo qui symbolise la fatalité (voir p. 390, n. 1). L'élément verbal, auquel Hugo a toujours été sensible comme dans *Veni, vidi, vixi* ou *Nomen, numen, lumen*, en latin ici, et en grec dans *Arachnè-Anankè*, semble avoir joué un rôle dans la formation de ce symbole.

Latude, Bonnivard, le Masque de fer, Pellisson ici, sont des prisonniers célèbres régulièrement évoqués par Hugo.

2. Tout ce passage sur les animaux déshérités est repris, presque tel quel, mais en alexandrins, aux vers 613-629 de « Ce que dit la bouche d'ombre » :

> Pleurez sur l'araignée immonde, sur le ver,
> Sur la limace au dos mouillé comme l'hiver,
> Sur le vil puceron qu'on voit aux feuilles pendre,
> Sur le crabe hideux, sur l'affreux scolopendre,
> Sur l'effrayant crapaud, pauvre monstre aux yeux doux,
> [...]

Le bestiaire hugolien rejoint le bestiaire de la Table. Le ver, le crapaud, la limace, le crabe, la scolopendre (au masculin chez Hugo, non par ignorance mais pour avoir le compte de syllabes) sont communs aux deux textes tandis que la puce devient puceron. Dans d'autres parties du poème, d'autres déshérités apparaîtront : le chardon sera la réincarnation d'Attila, le caillou devient Octave, le scorpion, Clytemnestre, Anitus, la ciguë.

3. *La guillotine souffre* : dans « Ce que dit la bouche d'ombre », Hugo introduit à l'intérieur de la métempsycose quelque chose qu'on ne trouve que chez lui, la mémoire, et plus précisément de la mémoire personnelle que l'animal a de sa faute. L'animal est une âme qui conserve la mémoire des fautes qu'elle a personnellement commises, et qu'elle doit expier. Le thème de la souffrance des instruments de torture sera, lui, développé dans « Ce que dit la bouche d'ombre » sous une forme similaire aux propos du Drame :

> Hélas ! le cabanon subit aussi l'écrou ;
> Plaignez le prisonnier, mais plaignez le verrou.
> Plaignez la chaîne au fond des bagnes insalubres ;
> La hache et le billot sont deux êtres lugubres ;
> La hache souffre autant que le corps, le billlot
> Souffre autant que la tête ; ô mystères d'en haut !

(*Les Contemplations*, « Ce que dit la bouche d'ombre », VI, XXVI).

Page 330.

1. Jadis j'étais un tronc de figuier.

2. « Il y a des larmes pour l'infortune » (*Les Voix intérieures,* II). Formule de *L'Énéide* (chant I, v. 462) souvent citée par Hugo qui servit d'épigraphe au poème sur « La mort de Mlle de Sombreuil » (*Odes et ballades*, II, 9). On peut aussi traduire par : « Il y a des larmes sous nos douleurs ».

3. Nous avons vu qu'Anacréon et le Lion d'Androclès demandaient que l'on créât pour eux des vers nouveaux si l'on voulait s'adresser à eux. Lors de la première publication de *La Légende des siècles,* Hugo avait pris soin d'indiquer par une note que ses vers ne devaient rien aux interventions et révélations de la Table, notamment ceux adressés « Au Lion d'Androclès ». Ces mises au point concernant la propriété littéraire lui semblaient nécessaires tant les rencontres entre ses intuitions, ses créations, ses pensées, et les propos de la Table se faisaient de plus en plus fréquentes et troublantes (voir p. 334, n. 2). Dès le 27 décembre 1853, Hugo, entré en cours de séance, avait remarqué, en lisant le procès-verbal en cours, que l'intervention de l'Ânesse de Balaam correspondait « précisément [à] l'idée d'un livre » qu'il était en train de faire. Le 22 janvier 1854, Shakespeare choisissait de dicter un poème inédit en français car « la langue anglaise est inférieure à la langue française » et continuait sa dictée le 25 janvier.

Page 331.

1. *Vox deserti* : la voix du désert.

Page 332.

1. Les correspondances de pensées entre le Lion et Hugo se poursuivent au lendemain de celles du 24 avril. Nous avons découvert, à la Maison de Victor Hugo (Paris), un ensemble inexploité de douze feuillets, écrits au crayon, de la main de Paul Meurice. Parmi ceux-ci figure cette note (feuillet 1) :

> Analogie de cette page Zénith-Nadir des Quatre Vents de l'Esprit signalée 3 sept (illisible) plus loin par V. H.

Similitude de la pensée des tables et de la pensée de V. H. V. H. fait 3 vers identiques à ceux de la Table en même temps que la Table. La Table emprunte à V. H. 2 vers inédits.

Page 333.

1. À partir du printemps 1854, Hugo va composer plus de cent trente sizains, la plupart en hexasyllabes et alexandrins, qui s'ajouteront à deux cents sizains en octosyllabes et alexandrins, soit près de deux mille vers, pour fournir le noyau central du sixième livre des *Contemplations*, « Au bord de l'infini ».

Page 334.

1. Le 19 septembre 1854, qui n'apparaît pas dans ce cahier, Hugo notera :

> Les êtres qui habitent l'invisible et qui voient la pensée dans nos cerveaux savent que, depuis vingt-cinq ans environ, je m'occupe des questions que la Table soulève et approfondit. Dans plus d'une occasion, la Table m'a parlé de ce travail ; l'Ombre du sépulcre m'a engagé à le terminer. Dans ce travail, et il est évident qu'on le connaît là-haut, dans ce travail de vingt-cinq ans, j'avais trouvé par la seule méditation plusieurs des résultats qui composent aujourd'hui la révélation de la Table, j'avais vu distinctement et affirmé quelques-uns de ces résultats sublimes ; j'en avais entrevu d'autres, qui restaient dans mon esprit à l'état de linéaments confus. Les êtres mystérieux et grands qui m'écoutent regardent quand ils le veulent dans ma pensée comme on regarde dans une cave avec un flambeau ; ils connaissent ma conscience, et savent combien tout ce que je viens de dire est rigoureusement exact. Cela est exact au point que j'ai été un moment contrarié dans mon misérable amour-propre humain par la révélation actuelle, venant jeter, autour de ma petite lampe de mineur, une lumière de foudre et de météore. Aujourd'hui, les choses que j'avais vues en entier, la Table les confirme, et les demi-choses, elle les complète. En cet état d'âme, j'ai écrit. L'être qui se nomme l'Ombre du sépulcre m'a dit de finir mon œuvre commencée ; l'être qui se nomme l'Idée [Hugo se trompe, il ne s'agit pas de

l'Idée mais du Drame ; l'identité réelle des esprits a cependant peu d'importance pour lui, le Drame pouvant également être Shakespeare et réciproquement] a été plus loin encore, et m'a « ordonné » de faire des vers appelant la pitié sur les êtres captifs et punis qui composent ce qui semble aux non-voyants, la nature morte. J'ai obéi. J'ai fait les vers que l'Idée me demandait, ils ne sont pas encore achevés. Pour être compris, il a fallu expliquer. J'ai dû entrer dans le détail, détail qui contient ma pensée ancienne avec l'élargissement apporté par la révélation nouvelle.

Voici la question que je soumets à la Table : « Est-ce que l'idée ne m'a pas demandé, je devrais dire commandé, ces vers pour qu'ils soient publiés ? Est-ce que l'Ombre du sépulcre ne m'a pas dit de finir mon œuvre pour qu'elle fût publiée ?

Cette question que Hugo adresse ce soir-là à la Mort semble porter en elle toute l'angoisse du créateur qui, tout à coup, n'est plus certain que la création émane de lui et lui appartenait à part entière. Elle montre la correspondance de pensées qui s'est installée, depuis le 11 septembre 1853, entre Victor Hugo et la Table. Plus tard, le 4 janvier 1855, Hugo écrira à Mme de Girardin : « Paul Meurice vous a-t-il dit que tout un système quasi cosmogonique, par moi trouvé et écrit à moitié depuis vingt ans, avait été confirmé par les Tables avec des élargissements magnifiques. Nous vivons dans un horizon mystérieux qui change la perspective de l'exil, et nous pensons à vous, à qui nous devons cette fenêtre ouverte. »

2. Il s'agit du poème « Soir » (*Toute la lyre*, II, 40). Il apparaît aussi sous le titre « Vesper » :

Courbant leur tige, ouvrant leurs yeux, penchant leurs urnes,
Les roses des étangs, ces coquettes nocturnes.

Le manuscrit de ce poème porte la date du 6 mars 1854.

3. La page de titre de *La Forêt mouillée*, que nous retrouverons plus loin, porte la note suivante : « Réserver les coupures pour les reprendre çà et là dans *Homo*. » Un plan

d'avril 1856 prévoyait le « drame » *Homo* pour compléter les poèmes de *Dieu* et de *La Fin de Satan*. Le *Journal d'Adèle Hugo* (t. IV) note l'achèvement en cours de *Homo* à la date du 18 juin 1855. Adèle Hugo, dans son *Journal*, rapporte encore, à la date du 21 avril 1856, les intentions de son père quant à *Homo*, assimilé alors à *La Forêt mouillée* :

> J'ai fait un drame inédit : *Homo*, une pièce qui veut cent cinquante décors ; elle n'en est pas moins une de mes meilleures pièces. J'y fais parler des cailloux, des ronces, des vers, ce qui rendra la pièce difficile à jouer. [...] Le sujet de ma pièce est un jeune amoureux de la nature, et que la nature conspire à rendre amoureux d'une femme ; mon héros entre dans une forêt mouillée [...].

La Forêt mouillée, achevée le 14 mai 1854, publiée pour la première fois en 1886 dans *Le Théâtre en liberté*, sera jouée pour la première fois en 1930, à la Comédie-Française. Des acteurs en chair et en os joueront le frelon, le ver, les cailloux, les ronces.

4. Le délai fixé entre deux séances s'avère être toujours le même : onze jours. Cette durée a sans doute une explication. Le premier « exil » de Victor Hugo remonte à 1803 où, de février à novembre, il se trouve d'abord à Bastia puis à Portoferraio, bourgade principale de l'île d'Elbe. Il suivait là son père, Léopold Hugo, chef de bataillon alors disgracié, qui reçut l'ordre de s'installer à Bastia avec l'un de ses bataillons. Sophie Hugo, la mère de Victor, en froid avec son mari, avait alors regagné Paris depuis la fin de l'année 1802. Son intention officielle était d'y plaider la cause de Léopold auprès de ses protecteurs qu'elle avait rencontrés à Lunéville, Joseph Bonaparte en personne ou à défaut Victor Lahorie. Ce dernier, selon certains biographes, aurait été l'amant de Sophie Hugo, ce qui expliquerait en partie sa longue absence, loin de son mari et de ses enfants. Aucun document, à ce jour, ne permet d'accréditer cette hypothèse.

Le séjour de Hugo, avec ses deux frères, Abel et Eugène, et son père, d'abord en Corse, terre natale de Napoléon, précède exactement de onze ans celui de l'empereur déchu et aura exactement la même durée. Simples coïncidences mais qui font remonter aux tout premiers jours du poète ses rapports avec la famille Bonaparte. C'est aussi un 11 septembre qu'eut lieu la première séance spirite positive, en 1853. Ce soir-là, se présentait, à la table de Marine-Terrace, Léopoldine, morte noyée exactement dix ans et sept jours auparavant, le « *4 7bre* » 1843, tel que l'orthographie habituellement Hugo : 4 et 7 qui font encore onze. Victor Hugo, qui jongle avec les dates dans ses démonstrations pour y trouver des signes, a toujours été trop sensible aux coïncidences de dates pour que celles-ci n'en soient pas. Il est peut-être possible également de voir dans ce délai de onze jours une allusion impénétrable à une excursion que Victor Hugo fit au lac de Gaube, dans les Pyrénées. Lors de celle-ci, Hugo avait cueilli une petite fleur à la mémoire de deux amants morts noyés dans les eaux du lac. Cette excursion se déroulait onze jours exactement avant le drame de Villequier où périrent Léopoldine et son mari, Charles. Voilà qui « en se nourrissant de profondeurs autobiographiques insondables » (J.-M. Hovasse, *Victor Hugo. Pendant l'exil*, Fayard, 2008) expliquerait peut-être le délai, toujours le même, de onze jours, qui sépare les rendez-vous fixés par les esprits de Marine-Terrace. Il faut enfin ajouter que l'exil de Victor Hugo, après le coup d'État du 2 décembre 1851, commença le 11 décembre suivant.

Page 335.

1. Ce drame inédit dicté par Shakespeare commence par un prologue en prose sous la forme d'un dialogue, dans le ciel, entre deux étoiles, l'Enfer et le Paradis. Hugo, à cette époque, avait déjà exposé sa théorie cosmogonique (voir p. 345, n. 1). À cette période, Hugo avait terminé, depuis le 23 novembre 1853, un dialogue en vers entre « Zénith et Nadir » (« Deux voix dans le ciel », *Les Quatre Vents de l'Esprit*, dialogue intercalé entre « Le Livre satirique » (I) et « Le Livre lyrique » (II)). Zénith représentait l'idéalisme, le bien, l'ange, Nadir, le matérialisme, le mal, la bête.

Page 336.

1. Le 10 novembre de la même année, la Mort confirmera qu'il existe des « mondes anges » qui aident « les mondes démons ». « Des constellations bonnes et fortes [...] se font les servantes de la hideuse morgue du Châtiment [...] une "ménagerie éblouissante de soleils formidables [...] par amour, se font les caniches et les terre-neuve de l'immensité". » (Séance du 10 décembre 1854.) Cette doctrine de l'immortalité dans les astres fonde la religion hugolienne. Elle est inséparable aussi, comme le note encore Pierre Albouy dans *La Création mythologique chez Victor Hugo*, de sa doctrine politique basée sur les notions de progrès et de solidarité.

Page 338.

1. Le dernier esprit à se présenter, quelques années plus tard, sera l'esprit de l'Asie, le 22 août 1860, à Guernesey, dans une très courte séance à laquelle Hugo ne devait pas assister. Les divinités de l'*Inde* et de l'Égypte sont plus d'une fois évoquées avec une signification analogue où un Baal assis exprime les caractères classiques d'une divinité fœtale (voir « Ils sont toujours là », *Les Quatre Vents de l'Esprit*, I).

Page 341.

1. Le 27 avril, le Drame, ou Shakespeare, dictait le prologue de son drame. Après l'avoir lu, Hugo décidait de s'abstenir de toute participation aux séances à venir afin de conserver son originalité poétique et d'éviter d'être accusé de plagier Shakespeare mais *Tout le passé et tout l'avenir* (*La Légende des siècles*, II, XIX) retient pour une part les révélations de la Table dans le deuxième mouvement du poème. Hugo avait achevé, depuis le 23 novembre 1853, un dialogue similaire pour sa création : « Deux voix dans le ciel étoilé, Zénith-Nadir ». La constatation de la proximité de pensée entre Shakespeare et lui le conduit donc à s'abstenir de toute participation aux séances des Tables lorsqu'il s'agira de la dictée du drame inédit de Shake-

speare. Hugo s'avouait prêt à « tout au monde » pour éviter que son œuvre « plagie celle de Shakespeare » (*Journal d'Adèle Hugo*, t. III, 30 avril 1854). Ce qui est une façon discrète et élégante de souligner l'antériorité de sa production par rapport à celle de Shakespeare et de montrer que, s'il devait y avoir plagiat, Hugo ne serait pas le plagiaire. Shakespeare plagiant Hugo, voilà qui aurait pu être un curieux retournement de l'histoire littéraire !

Page 343.

1. *La Pompadour* : Jeanne Antoinette Poisson était devenue marquise de Pompadour, maîtresse et favorite de Louis XV à partir de 1745. Jusqu'en 1764, c'est elle qui « gouverne ». Elle fut détestée de la cour mais sut rester l'amie des écrivains et des philosophes, réconciliant Voltaire avec le roi et usant de son influence pour protéger l'*Encyclopédie*, d'où l'allusion, à la page suivante, à la mendicité de ses sourires affichée par Voltaire. – *Louis XV* fut si impopulaire que, lorsqu'il mourut en 1774, on ne lui fit pas de funérailles publiques et on dut l'enterrer de nuit à Saint-Denis.

Page 344.

1. *Le mal fait dans le bien* : du point de vue métaphysique, le centre de la pensée de Hugo est l'idée que Dieu fit nécessairement l'homme imparfait. Cette théorie a pour point de départ l'idée que Dieu est tout et que tout est partie de Dieu. La création est la séparation d'une partie de Dieu par l'introduction dans l'être d'une imperfection. « Cette imperfection est une libération, voulue de Dieu, qui, sans cela, resterait seul. Ainsi tout est Dieu plus ou moins obscurci, et le degré d'obscuration place l'être plus ou moins haut dans l'échelle de la création » (Denis Saurat, *La Religion de Victor Hugo*, chap. II, « Le Mal en Dieu », p. 78 *sq*.). Cette imperfection constitue la matière. Dans tous les êtres, on trouve donc Dieu et la matière, Dieu et le mal. Mais dans tout mal, dans toute matière, Dieu est donc encore et le but de l'évolution des êtres est l'expression de ce bien qui est en tout mal. Dans le mal même, il y a ainsi un principe de bien. « Le fait que ce mal, en séparant l'être de Dieu, l'a

créé, lui a donné sa liberté. [...] Le châtiment, inévitable et impitoyable, n'est pas fait pour punir mais pour corriger, élever, pour tirer du mal le principe de bien qui y est inclus : la liberté. La liberté, de plus en plus grande, est le but même de l'évolution. » (*Ibid.*) Ainsi, toutes les idées de Hugo, métaphysiques d'abord, mais aussi sociales et politiques, constitutives d'un système de pensée convergent et viennent aboutir à cette même conception qui est la présence nécessaire du mal dans la création même.

2. Le *Journal d'Adèle Hugo*, tome III, à la date du 30 avril 1854, rapporte qu'après que Shakespeare eut dicté la première scène de son drame, on pria Victor Hugo de lire la scène. Hugo s'y refusa :

> Je ne veux lire ni connaître cette pièce de Shakespeare. Je crains de me rencontrer avec ces esprits. La lecture de cette pièce me gênerait dans ce que je veux faire [il s'agit de *La Forêt mouillée*] d'autant plus que j'ai l'intention de faire un drame dans lequel entrera la nature mêlée à l'homme et le monde invisible mêlé au monde visible. En admettant que malgré mes précautions la pièce de Shakespeare ait quelque ressemblance avec la mienne et qu'ayant publié ma pièce dans quelques années, on publie sa pièce après, du moins j'aurai fait tout au monde pour empêcher que ma pièce plagie celle de Shakespeare ou que sa pièce plagie la mienne.

Hugo semble ainsi redouter la concurrence de la voix de la Table qui, souvent, semble elle-même enfler la propre voix du poète, ses intuitions, ses affirmations, ses créations poétiques ou dramaturgiques. Nous savons cependant que, depuis les révélations de l'Ânesse de Balaam, le 27 décembre 1853, et les affirmations de Mme Hugo, déclarant, sur le procès-verbal de la séance, que « ce que tu [l'Ânesse de Balaam] nous dis des destinées de l'homme est ce que mon mari pense et dit depuis longtemps [...] excepté en ce qui touche les animaux et les plantes, à l'âme desquels mon mari ne croyait pas », Hugo devait certaines de ses intuitions et quelques-uns de ses vers à la Table. Les ordres donnés par la Table, le 24 avril 1854, sur la souffrance des objets, des cailloux, des plantes, des animaux, sur l'âme qui occupe les corps à tous les stades de la création, seront exécutés par Hugo, pour une grande partie dès le 19 septembre, pour donner naissance à « Ce que dit la bouche d'ombre ». Souvent, la voix de la Table et le verbe hugolien ne font qu'un.

3. Le drame de Shakespeare sera dicté à Charles, souvent accompagné de sa mère et de Théophile Guérin. Auguste Vacquerie n'apparaît qu'épisodiquement et Kesler, une seule fois. Hugo, nous l'avons vu, s'abstient de toute présence et de toute participation. Cette précision permet à chacun de fonder son propre jugement sur les rôles respectifs des différents participants aux séances des Tables quant à la teneur hugolienne du message spirite délivré. Le triangle de base est ici reconstitué : Charles Hugo, Mme Hugo, Théophile Guérin. Auxquels s'ajoute Auguste Vacquerie comme la plupart du temps. Victor Hugo s'abstient de toute participation lors de la venue du Drame ou de Shakespeare.

Page 345.

1. *Des astres punis* : première ébauche de la théorie hugolienne de la progression parallèle des astres dans le ciel, de la barbarie à la civilisation, qui fait partie d'une des hypothèses formulées autrefois par Hugo, inspirée par Fourier, Jacques Boucher de Perthes, Jean Reynaud, Alexandre Weill ou d'autres occultistes de cette période. La Terre est un de ces « mondes intermédiaires », « un monde-homme » considéré par Hugo comme un espace de purification. Cette théorie de la progression des astres sera souvent développée à la table de Marine-Terrace.

Page 346.

1. *À Louis le bien-aimé* : Louis XV dit le Bien-Aimé par une partie de ses historiographes qui retiennent de sa monarchie le retour d'une grande prospérité et le rayonnement de la civilisation française, due en grande partie d'abord à une conjoncture favorable et à l'influence des philosophes des Lumières. Nous avons vu qu'il ne demeura pas longtemps le bien-aimé de ses sujets.

2. Après le prologue qui se jouait dans le ciel (scène I), le drame dicté par Shakespeare se déroule sur la terre, en 1771. Louis XV fait enlever, non loin de Versailles, une jeune paysanne de quinze ans, Nihila, le matin de ses noces avec Jérôme (scène II). Louis XV, après bien des promesses de séducteur, abuse de Nihila dans un boudoir de Versailles (scène III). Trois ans plus tard, à Saint-Denis, juste après son enterrement, un dialogue en vers s'engage entre le cadavre de Louis XV et les quatre clous de son cercueil. Le roi défunt apprend alors qu'il pourrait se racheter, de tous ses crimes et de tous ses forfaits, sous une autre forme (scène IV).

Page 347.

1. *Boire une vierge* : allusion au goût immodéré de Louis XV pour les très jeunes filles, vierges de préférence, qu'il n'hésitait pas à faire enlever pour assouvir ses envies. L'âge de *quinze ans* semblait même au « Bien-Aimé » un peu tardif. Ce passage, et ce qui suit, nous rappellent encore *Les Deux Trouvailles de Gallus* et notamment l'enlèvement de Lisbeth à son promis ainsi que le rapt de Blanche dans *Le Roi s'amuse*. Le duc de Gallus, personnage de fiction, est roi de Souabe. Comme Louis XV, il discute avec un homme, son confident Gunich, qui, lui aussi, lui a trouvé une jeune fille à séduire. « Donc, c'est dans ce taudis qu'habite cette fille ! », s'exclame Gallus en examinant les lieux. Gunich lui vantant les attraits de la fille, le duc s'écrie : « Le plus beau des oiseaux dans le plus laid des nids ! » À la question du roi sur l'âge de la proie, le conseiller de Louis XV répond : « L'âge où les oiseaux se laissent dénicher et où les filles se font nicher. » Le rapprochement de Gallus avec le roi de France est opéré chez Hugo par le vœu du duc d'avoir sa « Pompadour comme un roi très chrétien ».

2. Cette scène est typique des scènes de genre de la vie paysanne dans les vaudevilles et les opéras-comiques du XIXe siècle. Elle rappelle une pièce de Hugo, composée bien longtemps après *Hernani* et *Ruy Blas*, en 1869 : *Les Deux Trouvailles de Gallus*. Elle constituera le « Livre dramatique » du recueil *Les Quatre Vents de l'Esprit*. Le poète

fait précéder sa pièce du dialogue entre Zénith et Nadir, qui sert ainsi d'intermède entre « le Livre satirique » et « le Livre dramatique » et qui, comme la discussion entre l'Enfer et le Paradis ici, fait figure de prélude à la pièce qui suit. Écrite en vers, celle-ci se présente comme un diptyque : une comédie et un drame, qui forment les deux parties d'une même histoire, celle du duc Gallus, avec d'une part un acte de six cents vers et de l'autre un acte de mille vers. Elle retrace deux aventures d'un personnage central, prince allemand du XVIIIe siècle, vieux libertin en quête de jeunes filles vierges et d'innocence à troubler. Il y a là une méditation profonde et parfois douloureuse sur le pouvoir, la vieillesse, la débauche et l'amour. Le personnage de Gallus, despote éclairé, libertin grisonnant débauché et débaucheur, sceptique déclaré et sentimental honteux, est peut-être l'un des plus complexes du théâtre hugolien. On peut trouver le texte de la pièce, sous-titré « La Femme », dans les *Œuvres complètes* (*Poésie*, III, Bouquins, Laffont, 2002, p. 1199 à 1287, dans *Les Quatre Vents de l'Esprit*, recueil présenté et annoté par Danièle Gasiglia-Laster) et dans l'édition du *Théâtre en liberté* en Folio classique (p. 511 à 625, édition présentée, établie et annotée par Arnaud Laster, Gallimard, 2002).

Page 348.

1. Il faut se rappeler le latin *nihil*, « rien », *Nihila* devenant *Mademoiselle rien*. Elle est niée en tant qu'être humain par Louis XV. Dans *Les Deux Trouvailles de Gallus*, le duc et son conseiller Gunich vont, eux, découvrir Nella, une jeune fille dont le nom évoque directement Nihila.

Page 351.

1. *Je me suis mariée sur un tombeau* : cette tirade de Nihila, qui, par ailleurs, évoque étrangement la figure de Cosette, est comme un condensé des thèmes hugoliens majeurs : la présence de l'esprit des morts dans le monde des vivants, sentiment corroboré par les Tables, le tombeau, dernier berceau vers un nouveau départ (« Et chaque battement dans l'énorme univers / Ouvre aux âmes, essaim d'autours et de colombes, / D'un côté les berceaux et de

l'autre les tombes », « Les pauvres gens », *La Légende des siècles*, I, XIII, III), la prière quotidienne faite à Dieu (« Ils prient. Qui ? Dieu. [...] Pensée, rêverie, prière, ce sont là les grands rayonnements mystérieux. Respectons-les. Où vont ces irradiations majestueuses de l'âme ? à l'ombre ; c'est-à-dire à la lumière », *Les Misérables*, II, VII, V), la Nature, véritable Église, conception partagée avec Baudelaire (« La Nature est un temple où de vivants piliers / Laissent parfois sortir de confuses paroles », « Correspondances », IV, *Les Fleurs du mal*).

Page 352.

1. La *croix* est pour Hugo l'image de la crucifixion de l'humanité. Nihila sera elle-même bientôt crucifiée. Nous retrouvons ici le même style de dialogue amoureux simple, rapide et touchant que dans une autre courte pièce de Hugo, *L'Intervention* (voir *Le Théâtre en liberté*, Folio classique, *op. cit.*). Le thème des jeunes amants menacés par un puissant qui convoite la jeune fille constitue le ressort dramatique de *Mangeront-ils ?* et de *Torquemada*, et se retrouve dans *Le Roi s'amuse* avec le rapt et le viol de Blanche.

Page 354.

1. *Sésostris* : nom grec de Sénousret, « l'homme de la déesse Ousert ». Nom de plusieurs pharaons de la XIIe dynastie (Moyen Empire, – 1970 à – 1843). Sésostris III s'imposa comme le type idéal du conquérant égyptien ; il fut divinisé au Nouvel Empire.

Page 355.

1. *Alexandre* : certainement Alexandre le Grand ou Alexandre III, roi de Macédoine (– 356 à – 323). Élève d'Aristote, roi à l'âge de vingt ans, il conquit un immense empire, de la Grèce à l'Inde, en battant notamment les Perses. Alexandre le Grand, comme Hannibal, fascinait Hugo qui le plaça dans un vers évoqué plus loin. Il est dommage qu'Alexandre le Grand n'ait pas répondu à Hugo quant au fonctionnement de la phalange macédonienne, méconnu à l'époque.

Page 356.

1. *Léonidas* : Léonidas Ier, roi de Sparte, mort aux Thermopyles en – 480. Il se sacrifia avec ses trois cents hoplites spartiates pour contenir les Perses de Xerxès dans le défilé des Thermopyles, leur infligeant des pertes considérables. Ce sacrifice contribua à la grande réputation du civisme et de la discipline des Spartiates.

2. *Thermopyles* : les Thermopyles, « portes géantes de la civilisation » sauvées du naufrage, représentées par les deux monstres fabuleux gardiens du détroit de Messine.

Page 358.

1. *Je suis une tombe de vierges...* : tout ce passage constitue une allusion claire au goût de Louis XV pour les très jeunes filles vierges (voir p. 347, n. 1). Auparavant, l'évocation du candélabre annonçait le thème de la tombe puisque le candélabre, grand chandelier à plusieurs branches, est utilisé ici à contre-emploi : par la lumière qu'il produit, le candélabre est censé apporter une clarté joyeuse et non « l'ombre d'une chambre infâme ».

Page 359.

1. Louis XV étant né en 1710 et mort en 1774, il a donc soixante et un ans et nous sommes précisément en 1771.

2. *Léda* : princesse d'Étolie, épouse de Tyndare. Selon la version la plus répandue, elle a de lui Clytemnestre et Castor tandis que Pollux et Hélène naissent de son union avec Zeus métamorphosé en cygne. D'après une autre version, Léda, unie avec Zeus métamorphosé en cygne, pond deux œufs d'où naissent deux couples de jumeaux : Clytemnestre et Castor, Hélène et Pollux.

Page 363.

1. *Frons ingens deserti* : le front immense du désert ou le front immense de celui qui est abandonné.

Page 365.

1. Le Lion d'Androclès a dépassé ici le thème des cailloux devenus cachots en développant, dans ces deux sizains, celui des punitions personnalisées en imposant aux criminels le sort qui symbolise leur crime. Nemrod, Cléopâtre, Phalaris, cités ici par le Lion, sont repris dans « Pleurs dans la nuit » (*Les Contemplations*, VI, VI). Hugo multiplie ici les énumérations et les gradations, accompagnant chaque nom propre d'un substantif censé représenter le corps ou la matière brute où l'âme maudite de celui qui est châtié a migré après sa mort.

Page 366.

1. Il est rarissime que Victor Hugo « tienne » la table. Ici, le père et le fils se donnent la main, au propre comme au figuré.

2. *Tuus leo* : ton lion.

Page 369.

1. Alors que Nihila interroge son agresseur sur le sort de son mari, le roi s'écrie : « Ce caillou épouser une perle ! » Le thème de la perle va jouer un rôle très important dans une comédie ultérieure de Hugo : « Margarita » (la perle, en latin) où le poète fait référence à une fable de Phèdre – adaptée par La Fontaine sous le titre « Le Coq et la Perle » – qu'il résume ainsi : « *Gallus escam quaerens margaritam reperit* » (« Un coq cherchant une pâture trouve une perle »). L'idée de concevoir une œuvre à partir de la fable de Phèdre est cependant antérieure aux séances qui ont donné *Nihila*. Elle s'ébauche dans un fragment dramatique, *Les Deux Trouvailles de Gallus*, daté de 1842 ou 1849. Hugo a donc envisagé, avant d'avoir connaissance du drame de la Table, de raconter l'histoire d'un seigneur de haut rang qui veut corrompre une pauvre fille plus jeune que lui.

2. *Josué* : compagnon et homme de confiance de Moïse, il devient le successeur de celui-ci pour entrer en Canaan car il n'a pas douté de Dieu. Dans la Bible, le Livre de Josué,

le premier des Prophètes, raconte la conquête rapide de Cannan grâce aux miracles accomplis avec l'aide de Dieu dont l'arrêt du soleil lors de la bataille de Gabaon.

Page 371.

1. Charles *Bénézit*, concertiste et maître de composition d'Adèle à Jersey. Il participe de manière épisodique aux séances spirites jusqu'à la fin de celles-ci.

Page 376.

1. Il s'agit du vendredi 19 mai.
2. *Solitudo* : solitude.

Page 377.

1. *Ces astres, ô cailloux, seront votre demeure* : des cailloux aux étoiles. L'homme est ainsi, grâce à son âme immortelle, un des principaux médiums entre les mondes. Les âmes montent et descendent de l'ange à la pierre sur une échelle qui se prolonge jusqu'aux espaces astronomiques « des soleils lumineux près desquels vivent les archanges aux mondes noirs du châtiment » (*La Création mythologique chez Victor Hugo, op. cit.*). Dans cette structure de l'univers, l'homme occupe une place intermédiaire et vit dans un monde lui aussi intermédiaire entre les mondes punis et les mondes heureux, les « mondes anges » et les « mondes démons » (voir la séance du 10 novembre 1854, p. 484 *sq.*) Mais déjà, en décembre 1852, « Lux » pressentait la rédemption des planètes malheureuses dans un temps futur « où les cieux [n'auront] plus d'enfers » (*Les Châtiments*, Épilogue). « Abîme », en novembre 1853, annonçait que la Voie lactée était peuplée d'une infinité d'astres qui accueillaient des humanités diverses « s'approchant des démons ou des anges » (*La Légende des siècles* II, XXVIII).

2. Tout ce passage évoque le thème de la métempsycose : les plantes et les animaux contiennent des âmes damnées expiant leurs péchés. Selon la doctrine hugolienne de la métempsycose, l'animal ne progresse pas, mais l'âme, enfermée en lui, subit un châtiment ; sa peine finie, elle est libérée. L'âme précipitée dans son châtiment est en

même temps éclairée. Elle n'a plus qu'à subir la peine, le doute bienfaisant qui élève l'homme et fait son éducation est enlevé à l'âme déchue. Les âmes spécialement choisies pour l'éducation de l'humanité sont des « grains de lumière » charriés d'abord vers le bas, puis vers le haut. Ce sont des âmes solaires qui appartiennent non à la terre mais au soleil. Cette théorie se trouve développée dans *William Shakespeare* (I, V). Une âme souillée peut ainsi être punie en descendant jusqu'aux animaux et aux plantes, et, en méritant, peut monter jusqu'aux anges.

Page 380.

1. *Cimarosa* Domenico, compositeur italien (1749-1801), auteur de soixante-dix opéras et d'un hymne républicain pour lequel il fut poursuivi.

Page 381.

1. *Meyerbeer* (1791-1864), compositeur allemand et pianiste très précoce. Ses opéras s'inspirent d'abord de Rossini puis feront la synthèse entre les influences française, italienne et allemande. Il fut très apprécié en France au XIXe siècle par Hugo et Dumas entre autres. Après avoir connu le succès en Italie, Rossini (1792-1868) s'installera en France et dirigera le Théâtre-Italien en 1824. La révolution de 1830 entraînera la perte de sa situation officielle. Il retournera en Italie pour s'installer ensuite définitivement à Paris à partir de 1855.

Page 382.

1. *Tolbiac*, petite ville allemande au sud-ouest de Cologne ; c'est là que Clovis battit les Alamans vers 496 ou 506. *Pavie*, ville d'Italie anéantie en 476 par Odoacre. Elle devint la capitale des Lombards. Sa prise par Charlemagne, en 774, mit fin au règne des Lombards. Ces références, comme tant d'autres dans les propos des Tables, constituent, chez Hugo, ce que Jean Gaudon nomme « l'effet de savoir » (dans *Victor Hugo. Le temps de la contemplation*, Flammarion, 1969). Il s'agit d'un détail érudit, inutile à la

fiction, qui apporte une précision si infime et si allusive qu'elle est inaccessible au lecteur.

2. Le gibet de *Montfaucon* parcourt toute l'œuvre hugolienne. Hugo écrivit le poème « Montfaucon » à la fin de l'année 1858 ; il apparaît dans la deuxième série de *La Légende des siècles*. L'intention de Hugo était de montrer comment le despotisme de l'Église et de l'État, associés l'un à l'autre, pouvaient briser les idées et les revendications populaires.

Page 383.

1. *Socrate* ne fait pas partie des génies de l'humanité répertoriés comme tels par Hugo dans *William Shakespeare*. Il est considéré comme le père de la philosophie dont l'essentiel consiste dans sa foi en la raison humaine par laquelle l'homme peut atteindre à la connaissance de soi et au bonheur.

Page 387.

1. Le drame dicté par Shakespeare et l'esprit du Drame s'arrête là, dans cet étrange dialogue entre les quatre clous de son cercueil et le cadavre de Louis XV. L'influence des révélations des Tables dans le thème de ce drame est manifeste. La question posée est celle du crime et du châtiment qui intervient dans le ciel jusqu'au tombeau et met en avant la question de la métempsycose. Toutes les choses inanimées parlent ici : les étoiles, la pendule, l'alcôve, les fleurs, le plafond, les flambeaux, un bouton de rose, les meubles, la porte, la clé. Ils participent à l'action et sont des plus malheureux lorsqu'ils constatent qu'ils ne peuvent pas intervenir pour aider Nihila. Pendant ce temps, Hugo, qui n'assistait pas à ces séances, avait achevé quatre scènes d'une petite comédie de trois cent soixante-huit vers : *La Forêt mouillée* (publiée en 1886 à la fin de l'édition originale du *Théâtre en liberté*). Dans cette comédie, le personnage principal, Denarius, traversait une forêt après la pluie. Au cours de sa traversée, Denarius rencontre deux jeunes filles qu'il prend pour des déesses et tombe amoureux de la plus vulgaire. Dans ces différentes scènes, toutes les choses

inanimées parlent elles aussi : les fleurs, les plantes, les insectes, les arbres, les pierres, une goutte d'eau, l'étang, un nuage, un âne... Le drame inachevé de Shakespeare et la comédie achevée de Hugo présentent bien des similitudes, comme d'autres pièces du *Théâtre en liberté*.

2. *Le drame c'est moi, c'est Molière, c'est Eschyle, c'est Cervantès*... : c'est Hugo aussi. Avant même d'avoir composé sa comédie, *La Forêt mouillée*, il avait fait dialoguer une épée, une lime, une borne du chemin, un tombeau, le vent, la justice, des animaux, un tombeau, un navire, la justice, le droit, la raison, la poésie... dans deux poèmes des *Châtiments* : « Le Bord de la mer » (III, 15) et « Tout s'en va » (V, 4). Dès le 17 novembre 1853, les « Voix dans le grenier » (*Les Quatre Vents de l'Esprit*, I, 6) faisaient dialoguer, dans un inventaire à la Prévert avant l'heure, un habit râpé, une chaise dépaillée, un poêle froid, un verre plein d'eau, une soucoupe pleine de poussière, une écuelle de bois, un carreau cassé, un gousset vide, un lit de sangle, une écritoire, un papier timbré, un miroir fêlé, un escabeau boiteux, une semelle percée, un ciel bleu, le trou de la serrure et un plafond troué comme dans *Nihila*... Bien d'autres poèmes feront encore dialoguer des choses inanimées. Dans « Susurrant voces » (*Toute la lyre*, VII, 22, IX), écrit le 9 décembre 1853, ce sont la cheminée, la vitre, la montre, un vieux clou rouillé dans la cloison, un volume d'André Chénier ouvert sur la table, une bouteille, le bonheur, la porte, le coffre, le mur, le lit, l'oreiller, la chandelle, la tranche de jambon, la table, le pupitre, un tome dépareillé de Bossuet, une pantoufle, une savate, un buste sur la cheminée qui dialoguent. Dans « Abîme » (*La Légende des siècles*, II, XXVIII), écrit le 26 novembre 1853, ce sont les planètes qui conversent avec l'homme dans une échelle qui va jusqu'à Dieu. Dans l'Épilogue de « Dans l'ombre » (*L'Année terrible*), écrit le 29 décembre 1853, il s'agit cette fois d'un dialogue entre le vieux monde et le flot.

Page 390.

1. À l'aile, symbole de liberté, s'oppose l'*araignée*, symbole de la fatalité. Depuis *Notre-Dame de Paris*, où Claude Frollo

contemple, fasciné, une mouche prise dans la toile tissée dont elle ne s'échappera plus, l'araignée parcourt, si l'on peut dire, l'œuvre de Hugo, elle en constitue un motif récurrent. Ce thème est étudié par Pierre Albouy dans *La Création mythologique chez Victor Hugo* (*op. cit.*, p. 169) : l'auteur y voit une forme de ressemblance entre l'araignée et l'étoile. L'araignée est « le soleil noir du mal », « elle détruit » ; « l'étoile éclaire ». Mais la rédemption est possible pour l'araignée. Le poème « Puissance égale bonté » (*La Légende des siècles*, I, III), daté du 15 novembre 1857, raconte la métamorphose de l'araignée en soleil. Pierre Albouy ajoute que la signification symbolique de l'araignée « illustre un dogme fondamental, celui de la transfiguration du mal et de l'illumination de l'ombre ». Sur le symbole hugolien de l'araignée, Charles Baudouin, dans *Psychanalyse de Victor Hugo* (Imago, 2008, p. 137 *sq.*), développe une théorie de l'araignée « symbole de la Fatalité et de la Mère terrible ». Les séances des Tables avaient déjà amorcé ce thème qui apparaît dans « J'aime l'araignée et j'aime l'ortie » (*Les Contemplations*, III, XXVII).

TROISIÈME CAHIER
2 juin 1854 - 20 janvier 1855

Page 401.

1. *Je serai cette nuit sur la grève* : il s'agit de la grève d'Azette, une longue plage située juste devant la maison de Marine-Terrace.

Page 407.

1. On peut retenir dans cette phrase incompréhensible : Kesler, aura, main ou nuit.

Page 412.

1. *Chougna* et *Ponto* : chienne et chien errants recueillis par la famille Hugo et dont toute la maisonnée s'occupe avec affection. Ponto donnera naissance au poème qui porte son nom, dans *Les Contemplations* (XI, V).

Page 420.

1. Il s'agit du lieutenant anglais *Pinson* dont Adèle Hugo deviendra éperdument amoureuse, au point de s'enfuir plus tard de Guernesey afin de le rejoindre au Canada. C'est à partir de là qu'Adèle perdra peu à peu l'esprit. Une idylle, sans lendemain pour Pinson, a pris forme, à Jersey, entre Adèle et le lieutenant anglais.

Page 426.

1. Nous avons déjà évoqué les copies manuscrites effectuées par Cécile Daubray qui ont été reproduites ici. Une autre liasse de copies, dactylographiées cette fois, par ordre chronologique, établies par Cécile Daubray, a été retrouvée à la Maison de Victor Hugo, dans un carton appartenant au « fonds Gustave Simon ». Une première partie de ces copies correspond aux périodes du 1er février 1854 au 30 mai 1854. Elles sont conformes au contenu des procès-verbaux ou du *Livre des Tables* de 1854. Une autre partie de ces copies dactylographiées s'étend du 3 juillet 1854 au 8 octobre 1855. Elles couvrent donc des périodes pour lesquelles il n'existe parfois ni procès-verbaux ni manuscrits et se révèlent ainsi d'une très grande importance. Bien entendu, en l'absence de tout autre document, les copies de Cécile Daubray peuvent être légitimement mises en cause quant aux choix effectués. Cependant, la confrontation des copies de Cécile Daubray avec les procès-verbaux dont nous disposons, ainsi qu'avec le cahier de 1855, montre que ses transcriptions sont, à quelques détails près, en tous points conformes avec les deux supports que nous éditons, et que Cécile Daubray a respecté presque à la lettre les textes inédits confiés par Gustave Simon. Pour ces raisons, nous avons pris le parti de les intégrer entre les deux cahiers de Victor Hugo. Le fait que Cécile Daubray ait pu copier des séances ayant eu lieu du 3 juillet au 19 décembre 1854 peut légitimement laisser supposer l'existence, en dehors de celle des procès-verbaux, d'un troisième cahier qui courrait du 31 mai ou du 1er juin 1854 au 20 janvier 1855. Pour ce qui est de l'année 1855, les copies

de Cécile Daubray ne correspondent guère au cahier de 1855 conservé à la B.N.F. Il manque, dans les copies de Daubray, douze séances présentes dans ce cahier de 1855 (le 1er mars, le 8 mars, le 30 mars, le 13 avril, le 29 avril, le 4 juin, le 11 juin, le 13 juin, le 18 juin, le 16 juillet, les 4 et 5 octobre), ce qui peut nous conduire à penser que Cécile Daubray ne s'appuyait pas sur le cahier de 1855 mais sur les procès-verbaux des séances. Nous transcrivons ici les copies de Cécile Daubray ayant trait aux séances inédites absentes dans les deux cahiers de 1854 et 1855.

Page 432.

1. *Unguis clemens* : la douce griffe, la griffe indulgente, clémente.

Page 438.

1. *Nescio* : je ne sais pas.

Page 439.

1. *Ambo* : les deux.
2. *Nescio, Nolo, Nequeo* : je ne sais pas, je ne veux pas, je ne peux pas.

Page 441.

1. *Pinson* : voir p. 420, n. 1.

Page 442.

1. Le *grand album* de dessins est conservé à la B.N.F ; il a été exposé à la Maison de Victor Hugo lors de l'exposition « Spiritisme, entrée des médiums », en 2012.

Page 443.

1. Nicolas *Flamel* (1330-1418), écrivain juré de l'université de Paris. La légende le fit passer pour alchimiste en raison de l'importante fortune qu'il amassa et des donations qu'il aurait faites à de nombreux hôpitaux et chapelles. Personnage présent dans *Les Misérables*.
2. Le corps d'un animal, le visage d'un homme, la crinière (la coiffure) d'un fou, les trois parties de la science. Le Lion d'Androclès est un être hybride.

Page 444.

1. Il a six lampes, deux yeux toujours ouverts, une tête énorme mais très légère, un corps long et très mince, il ne mange pas une matière solide mais fluide, il ne respire pas mais il brille (luit), il a une épouse.

2. Ils sont plus grands que moi. Sur le dessin 342 figure cette inscription : *majores sunt quam ego templum / oui ils peuvent perdre leurs flambeaux / mercure.*

Page 445.

1. Le présage, la lumière, le Dieu, le nom qui m'appartiennent (me concernent).

Page 454.

1. *Felis miser* : le chat malheureux.

Page 455.

1. *Dens mens ens* : la dent, l'esprit, l'être.

Page 459.

1. Cette séance, d'une grande importance, demeure introuvable. On se souvient que Léopoldine est morte le lundi 4 septembre 1843. Ce qui fait onze ans le lundi 4 septembre 1854. Remarquons la correspondance des dates auxquelles Victor Hugo était particulièrement sensible (voir p. 334, n. 4).

Page 475.

1. *Leo dei* : le Lion.

Page 479.

1. Il s'agit de la victoire de l'Alma remportée par Saint-Armand, le 20 septembre 1854. *Sébastopol* ne sera prise que le 8 septembre 1855.

Page 486.

1. *Jean Huss* : voir p. 158, n. 1.

Page 491.

1. *Herschelle* : William Herschel (1738-1822), astronome britannique qui découvrit Uranus et deux de ses satellites ainsi que deux satellites de Saturne. Il mit en évidence le déplacement du système solaire, entreprit une étude systématique de la répartition des étoiles et observa les couples stellaires, les étoiles doubles. Son fils, John Herschel (1792-1871), poursuivit ses travaux sur les étoiles doubles et les nébuleuses.

Page 493.

1. *Aldébaran* : nom donné à l'étoile du Taureau, de type spectral, située à soixante-huit années-lumière de la terre.

Page 499.

1. *Polyphème* : l'un des Cyclopes, fils de Poséidon et héros d'un épisode célèbre de l'*Odyssée* d'Homère. Il capture Ulysse et ses compagnons, dans son antre, en Sicile, et dévore deux d'entre eux à chaque repas.

Page 506.

1. Cette séance du vendredi 29 décembre 1854 est transcrite sur un petit cahier inédit (13 × 17 cm) à la couverture mosaïque verte. Il comporte trente-six pages numérotées, les lignes sont tracées. Seules les p. 1, 2, 4, 5, 6 sont écrites ; la p. 3 est vierge. Elles sont toutes écrites de la main de Victor Hugo. Le cahier commence au 29 janvier 1854.

Page 507.

1. *Le soleil arrêté* : avec l'aide de Dieu, Josué arrêta le soleil lors de la bataille de Gabaon, ancienne ville de Palestine, au nord de Jérusalem.

QUATRIÈME CAHIER
21 janvier - 8 octobre 1855

Page 511.

1. Ce cahier de 1855 commence par la transcription d'une courte séance du 21 janvier puis passe au 11 février. Le *Journal d'Adèle Hugo* (t. IV, 11 janvier 1855), qui commence au 1er janvier 1855, ne fait aucune allusion aux séances des Tables qui ont pu se dérouler jusqu'au 1er mars. Vingt séances eurent lieu entre le 21 janvier 1855, date inaugurale de ce cahier, et le 8 octobre 1855, fin des séances spirites de Jersey.

Page 515.

1. *Le druidisme*... : « Chateaubriand, Arago, Jean Reynaud, la poésie, la science, la théologie, telles seraient les trois sources de l'astronomie hugolienne », note Pierre Albouy dans *La Création mythologique chez Victor Hugo* (*op. cit.*, p. 369). Il est fort probable que la doctrine druidique évoquée ici trouve ses sources dans les ouvrages de ce « théologien » de l'astronomie qu'était Jean Reynaud. Dans l'article « Ciel », paru dans l'*Encyclopédie nouvelle* de 1840, Reynaud explique que le ciel, infini et éternel comme Dieu, n'est pas une demeure mais un chemin. La vie dans l'au-delà est infinie et éternelle et l'âme change sans cesse de figure, s'achemine vers une perfection ultime qu'il faut considérer comme un terme idéal possible. Dans ses *Considérations sur l'esprit de la Gaule*, ouvrage paru en 1847, mais en 1843 dans l'*Encyclopédie nouvelle* sous le titre « Druidisme », Reynaud fait remonter l'origine de sa doctrine aux druides dont la mission était, par l'intermédiaire de la Gaule, de transmettre au monde l'idée de l'immortalité. Or *Les Choses de l'infini* commencent par ces termes : « Les âmes passent l'éternité à parcourir l'immensité. Voilà ce que disaient, il y a deux mille ans, les Druides. » En juin 1854, Reynaud faisait paraître son ouvrage théologique *Terre et ciel* qui développait longuement ses idées. Hugo l'avait alors eu comme collègue à l'Assemblée nationale

et partageait ses convictions d'une vie antérieure et postérieure à celle vécue ici-bas, sur terre. Reynaud s'opposait en cela à une autre connaissance de Hugo, Pierre Leroux (voir sa notice biographique, p. 655). Leroux croyait seulement en des réincarnations sur terre et donc dans l'humanité. Ce qui permettait d'installer l'idée de socialisme, basé sur un sentiment de solidarité entre l'humanité d'aujourd'hui et celle de demain. Dans la *Préface philosophique*, Hugo s'oppose à la religion de l'humanité de Leroux et défend la même doctrine de l'humanité, au nom de la démocratie, que celle de Reynaud.

2. À la question de Vacquerie posée en début de séance, la table répond de manière flamboyante. À Hugo ensuite de comprendre les propos de Jésus-Christ et de réaliser le programme indiqué. Le fait fondamental de tout le système politique, social, religieux, métaphysique, psychologique de Hugo, c'est qu'à partir de l'année 1855 s'élabore une nouvelle religion dont il se considère comme le fondateur. Cette religion apporte à la connaissance du monde deux nouveautés : l'idée qu'il y a des âmes individuelles et conscientes dans toute chose, jusqu'aux plantes et aux pierres, et la conception d'un pardon universel qui ne laisse aucune faute sans possibilité de rachat, non plus possible mais inévitable et certain. Jésus-Christ vient détailler cette nouvelle religion, pour la première fois, en ce dimanche 11 février 1855. Selon le Christ, l'humanité doit être gouvernée successivement par trois grandes religions : le druidisme, le christianisme et « la vraie religion ». Deux de ces religions appartiennent au passé, la troisième sera celle de l'avenir. Voici donc définie la troisième religion, la vraie. Voici donc le prophète désigné sans erreur possible par Jésus-Christ lui-même. Jésus-Christ, fondateur de la deuxième religion, vient de parler et de transmettre le relais à Hugo. Sa mission est terminée et Jésus remet le pouvoir aux mains du nouveau prophète en charge de conduire l'humanité vers le « quatre-vingt-neuf des archanges ».

Page 518.

1. *Mlle Leriche* : patronyme très peu lisible. Il peut s'agir de Mlle Leriche, voisine des Hugo à Jersey.

Page 519.

1. *Quand je t'ai vue sur le martyre* : Hugo se trompe probablement, en substituant au nom du lieu où il a vu son interlocutrice ce qu'elle est pour lui. Il faut comprendre ici « le calvaire ». Le lieu où Hugo aperçoit régulièrement des lumières étranges, le soir ou la nuit, quand il rentre chez lui, est le dolmen de la Tour blanche, c'est-à-dire de Mont-Ubé aujourd'hui non loin du manoir de Samarès qui surplombe la grève d'Azette. Le *Journal d'Adèle Hugo* (t. IV, 1er mars 1855) indique : « On fait des Tables jusqu'à 3 h du m[atin]. Mon père interroge [la] lumière. »

Page 520.

1. Depuis octobre 1854 notamment, Hugo a pris l'habitude de signaler la correspondance qui se fait entre les propos de la Table et sa production poétique. Le 22 octobre 1854, la Table affirmait que « les astres sont des gouttes de sang », Hugo indiquait qu'il avait écrit le vers : « De ces gouttes de sang qu'on prend pour des étoiles ». Le même jour, la Table dictait : « des haillons de rayons », Hugo précisait qu'il avait écrit : « des haillons de lumière ». Le 10 novembre, la Table exposait la hiérarchie des astres dans le ciel, Hugo mentionnait son poème « Explication », daté du 5 octobre 1854 (*Les Contemplations*, III, XII). Le 18 décembre, Hugo lisait à son entourage les derniers vers de « Inferi », manuscrit daté du 11 juin 1854 (*La Légende des siècles*, série complémentaire, VI), pour montrer la proximité surprenante entre les propos de la Table avec ses vers tout en témoignant de l'antériorité de ses créations poétiques sur les révélations de la Table. Il en est de même ici. *Les Choses de l'infini* commencent par cette phrase : « Les âmes passent l'éternité à parcourir l'immensité. » Nous nous souvenons que cette idée pouvait venir de l'influence du théologien Jean Reynaud qui affirmait,

dans l'article « Ciel » de l'*Encyclopédie nouvelle*, d'abord en 1837 puis en 1840, que le ciel, infini et éternel, comme Dieu, était un chemin et non une demeure, que l'âme changeait constamment de figure pour s'acheminer vers une perfection ultime et idéale. La correspondance entre les révélations de la Table et les propres créations du poète est une arme à double tranchant. Elle est à la fois la garantie de la véracité des propos de la Table et de la véracité des intuitions du poète mais elle risque d'anéantir l'originalité de la création et de faire de Hugo un artisan du Verbe, traducteur génial de la dictée des esprits. Voilà pourquoi, sans doute, Hugo tient toujours à établir l'antériorité de sa création ou de son intuition sur les affirmations de la Table.

Page 521.

1. *Il n'y a de bonnes que les prières qu'on sème au vent sur tous les tombeaux* : dès 1830, Hugo, comme Lamartine, Vigny, Michelet, considère l'Église comme une institution mourante et tient le dogme pour « dépassé ». Ses enfants sont cependant élevés dans la religion catholique. Hugo ne va pas à la messe mais prie. À Jean Valjean, il fait dire : « Parce que les choses déplaisent, ce n'est pas une raison pour être injuste envers Dieu. » Le 1er juin 1872, il note sur son carnet : « Les petits ont dîné avec nous ; j'ai été moi-même les coucher et je leur ai fait faire leur prière. » La nuit, quand il est assailli par les visites nocturnes, c'est à la prière qu'il recourt.

Page 522.

1. La *Dame blanche* est intervenue à deux reprises, le 23 mars 1854 et le 19 juin 1854, donnant des rendez-vous à Hugo « où il faut aller seul » à minuit ou trois heures, au bord de la mer et « de l'infini », auxquels Hugo n'osa pas aller. La Dame blanche donna naissance au poème « À celle qui est voilée » (*Les Contemplations*, VI, XV) dont le titre primitif était « À la voilée ». Le poème porte la date fictive de « janvier 1854 » mais le manuscrit est daté du « 11 janvier 1855 ». Ce poème reprend le thème de

l'aile, contenu dans « Claire » (*Les Contemplations*, VI, VIII) et l'idée que l'homme attentif à l'au-delà peut percevoir autour de lui la présence des âmes, des êtres ailés et invisibles, des anges.

Page 525.

1. En hébreu : *Mon Dieu, mon Dieu, pourquoi m'as-tu abandonné* ; dernières paroles du Christ sur la croix. Nous retrouvons cette expression dans le poème « Solitudines coeli », lu par Hugo dans la nuit du 1er au 2 mai 1855, ainsi que dans *Napoléon-le-Petit*.

Page 528.

1. À cette période, la production poétique de Hugo était devenue considérable. Entre le début de l'automne 1853 et le printemps 1855, Hugo avait achevé plus de deux cents poèmes dont certains comptaient près d'un millier de vers. La plupart étaient destinés aux *Contemplations*, à *Dieu* et *La Fin de Satan*. Tous les recueils futurs étaient concernés par cette verve poétique, notamment *Les Quatre Vents de l'Esprit* et jusqu'à *Dernière gerbe*. L'année 1855 apparaissait comme particulièrement féconde ainsi que Hugo l'écrivait à Émile Deschanel dès le 14 janvier 1855 : « Je travaille presque nuit et jour, je vogue en pleine poésie, je suis abruti par l'azur. »

Page 530.

1. *Jeudi 22 mars...* Au lendemain de la séance du 22 mars 1855, voilà ce que rapporte Adèle Hugo dans son *Journal* (t. IV) à la date du 23 mars 1855 :

> Après déjeuner. Mon père prend le livre des Tables et lit ce qui suit : [blanc] Victor lit. Charles est couché sur le canapé. Charles fume, ma mère coud.
>
> — J'ai fait il y a quinze ans, quinze ans ! les vers suivants, ce qui offre une similitude complète.
>
> Mon père monte dans sa chambre. En son absence ma mère dit : Ne taquinez pas votre père, mes enfants ! ne taquinez pas votre père. Mon père redescend et arrive avec un papier jauni et lit les vers suivants : [blanc]

— C'est très beau.

Charles lâche une bouffée de tabac : Quand on vit dans un cercle d'idées communes, il est difficile de ne pas se rencontrer. Tu es préoccupé des mêmes idées que les Tables. Il est tout simple que vous vous rencontriez.

Mon père : J'admets très bien, parfaitement bien, qu'on se rencontre quelquefois, car je crois que le fonds de tout est commun. Mais ces rencontres sont ici par trop fréquentes.

Charles : Mais pourtant, elles ont beau être fréquentes, elles existent. Comment vas-tu les empêcher ?

Mon père : Je ne peux ni ne veux certes les empêcher, mais le seul inconvénient de ces rencontres sera de me forcer à renoncer à un livre que je voulais faire sur la Philosophie et sur l'Autre Monde. Je n'ai pas copié les Tables, puisque, depuis vingt-cinq ans, j'ai ces idées de philosophie de table, mais je serai forcé d'y renoncer pour qu'on ne dise pas : Ah ! oui, Victor Hugo a copié les Tables et a mis en vers ce qu'elles ont dit en prose.

Charles : Mais leur raisonnement, leur approche est sans force devant ceci : il n'y a rien de neuf sous le ciel, pas même les choses les plus neuves. Le critique le plus fort, l'esprit le plus profond n'a rien découvert d'absolument nouveau. Les Tables parlent de l'âme des animaux. Depuis le commencement du monde c'est une chose qui a constamment été mise en question. Il y a eu des gens qui ont dit : Les animaux n'ont pas d'âme. Il y a eu d'autres gens qui ont dit : Les animaux ont une âme. Lamartine a attribué une âme au chien de Jocelyn. Dans un petit livre qui est ici, *Geneviève* de Lamartine, la même idée se retrouve à propos d'un oiseau. Surtout toute la question est de dire la même chose sous une forme différente.

Mon père : La seule chose qu'aient les Tables que je n'ai pas absolument affirmé dans le livre inédit que je veux faire paraître, c'est l'âme des animaux, et encore ai-je fait de ceci un chapitre à part. Oui, en effet, je crois que les mêmes idées peuvent se rencontrer dans des cerveaux différents, mais encore faut-il que l'expression ne soit pas la même. Or ce qui rendra la publication de mon livre difficile, c'est que je me rencontre trop souvent avec la Table, non pas seulement comme idées mais comme tournures de phrases et comme mots. Quant à cette idée de l'âme de l'animal, je l'ai eue très longtemps. Du reste, le monde l'a aussi depuis très longtemps. La mythologie a les Dryades, les Hamadryades.

Victor Hugo quitte son livre. À Charles : Pour l'âme des animaux, dans *Les Mille et Une Nuits* il y a les deux sœurs changées en chameaux. Ma mère : Il y a des arbres dont le sang coule quand on les coupe.

Mon père : Comment ! Il y a des arbres qui poussent des cris humains.

Ma mère : La charmille pleure quand on la taille.

Victor Hugo l'affirme donc lui-même : les idées de la Table, les mots de la Table, les tournures de phrases de la Table sont hugoliennes.

Page 531.

1. *Pélion*, massif montagneux de Grèce, en Thessalie, que prolonge l'*Ossa* au nord. Le Pélion est rattaché aux légendes des géants Aloades, des Centaures, du mariage de Pélée et de Thétis. Le Pélion abritait un sanctuaire de Zeus Akraios et un oracle d'Apollon. Dans la mythologie, les géants Aloades entassent le Pélion sur l'Ossa pour attaquer les Olympiens.

2. *Tibère* : empereur romain de 14 à 37. La fin de son règne (il mourra assassiné) est marquée par les complots, les exécutions et empoisonnements commis en son nom par son ministre Séjan. Tibère, hautain, misanthrope, dédaigneux, s'était réfugié à Capri qui devint un lieu de débauche. Il précède Caligula.

Page 532.

1. Pierre Albouy (*op. cit.*) a longuement développé cette idée de *révolution*. En 1860, Hugo reprend son livre intitulé alors « Les Misères » et présente Mgr Myriel, figure de l'esprit de l'Évangile, « en facc d'une lumière inconnue », la lumière de la Révolution que le conventionnel définit comme « le plus puissant pas du genre humain depuis l'avè-

nement du Christ » (*Les Misérables*, I, X). Le Christ Jésus annonce et préfigure cet autre Christ, le Peuple.

Dans la *Conclusion* de *Napoléon-le-Petit*, le peuple français est présenté comme le nouveau Messie, présidant « la cène des intelligences », multipliant « le pain de vie », marchant « sur le flot des révolutions », guérissant « les nations malades » bien que « la chaîne de l'Inquisition rivée à son pied » l'« aveugle », « le vieux papisme » lui ayant « rempli les prunelles de brume et de nuit ». Mais la passion du Christ est tombée entre les mains des « hommes du passé ». « Les uns ont fourni la croix, les autres les clous, les autres le marteau. Falloux lui a mis au front la couronne d'épines. Montalembert lui a appuyé sur la bouche l'éponge de vinaigre et de fiel. Louis Bonaparte est le misérable soldat qui lui a donné le coup de lance au flanc et lui a fait jeter le cri suprême : *Eli, Eli ! Lamma Sabacthani* !… Le peuple français est mort… » (*Napoléon-le-Petit*).

Hugo prédit ensuite la résurrection du « Christ-Peuple » au troisième jour. Michelet, dans *Le Peuple*, voyait dans « Quatre-Vingt-Neuf » la « seconde époque » de Dieu, une nouvelle incarnation (*Le Peuple*, III).

Page 540.

1. Le cahier de 1855 montre une longue ellipse entre le 29 avril et le 10 mai. Pourtant, dans la nuit du 1er au 2 mai, Victor Hugo procédait à la lecture de « Solitudines coeli », poème imprégné des *révélations* de la Table et initialement prévu pour les *Contemplations* :

> — Lisez-nous donc quelque chose des *Contemplations*. […]
>
> Mon père cède enfin et monte. Il redescend manuscrit à la main. […] Trois bougies inégales brûlaient et éclairaient la petite salle à manger. […] Il était dix heures du soir. Nous écoutions.
>
> Mon père lit son poème des Religions dont le titre est « Solitudines coeli ». Il commence par parler de la religion de Shiva, puis de la religion du Bien et du Mal, lutte sombre des deux, le Bien et le Mal. Il était minuit ; mon père fatigué ferme son manuscrit, dit qu'on doit en avoir

assez de deux heures de vers, demande aux assistants s'il faut continuer. Tout le monde se récrie et le supplie de continuer.

Il continue. Il parle du judaïsme, puis il arrive à la religion du Christ. Il était une heure. Mon père demande aux assistants s'il faut interrompre ; les auditeurs veulent écouter encore cette œuvre toute abstraite, qui avait le caractère d'un drame et d'une épopée.

Mon père parle des révélations faites par les Tables, puis il arrive enfin à sa propre religion, qui se résume dans ce grand mot Amour. Ce poème se termine par des points suspensifs, c'est-à-dire qu'il ne se termine que devant l'infini.

Il était deux heures et demie lorsque mon père a terminé son poème, ce poème a 1946 vers, ce dénombrement des religions qui ont cherché à trouver Dieu sans jamais y arriver.

Kesler, l'athée, commence pourtant à croire en Dieu, dont ce poème gigantesque est l'échelle de feu. Il s'en va en disant : C'est aussi beau que l'*Apocalypse*, et nous nous retirons tous, émus et éblouis. (*Journal d'Adèle Hugo*, t. IV, du 1er au 2 mai 1855.)

Ce poème était initialement prévu pour *Les Contemplations* mais il n'en fera finalement pas partie. Au fil des ans, Hugo lui ajoutera des centaines de vers et changera le titre en *Dieu*. Celui-ci ne sera publié, de manière posthume, qu'en 1891.

Page 541.

1. Molière reprend dans sa construction poétique la forme d'un sizain composé de deux fois deux alexandrins alternés chaque fois par un octosyllabe. Cette forme, assez rare dans l'œuvre du dramaturge, nous rappelle les strophes utilisées par Hugo, un an auparavant, entre mars et juin 1854. Six pièces des *Contemplations* écrites cette année-là, « Horror » (VI, XVI), « Dolor » (VI, XVII), « Ô gouffre ! l'âme plonge… » (VI, XIV), ces trois pièces écrites en mars 1854, « La clarté du dehors » (III, XXII), composée en mai, « Hélas ! tout est sépulcre… » (VI, XVIII), écrite en juin, « Relligio » (VI, XX), rédigée en octobre, adoptent le même modèle strophique.

Comme trois autres pièces des *Contemplations* écrites à une date différente, « Charles Vacquerie » (IV, XVII), à une date indécise, « La Statue » (III, VII), au début de juin, et les cinq dernières strophes de « Magnitudo Parvi » (III, XXX), à la même date. Il est évident que la forme strophique des pièces de la seconde moitié du livre VI des *Contemplations* ne résulte pas d'un hasard. Cinq d'entre elles sont regroupée en sept numéros et doivent donc se lire dans la continuité souhaitée par Hugo : XIV, XVI, XVII, XVIII, XX. Les pièces XIV et XX semblent encadrer les pièces XVI, XVII, XVIII que sont le couple « Horror-Dolor » et « Hélas ! tout est sépulcre… » écrit le 9 juin, dans le même élan que les autres pièces de la même section. Ainsi que le remarque Jean Gaudon (Édition Massin, t. IX, p. 695) : « Le choix d'une forme strophique n'est ni plus indifférent ni plus fortuit pour le poète que celui d'une tonalité pour le musicien (sol mineur de Mozart ou la bémol majeur de Schubert). »

2. *Son fumier hideux* : « Le fumier de Job, transfiguré, deviendra le calvaire de Jésus. » (Hugo, *William Shakespeare*, I, II, « Les Génies ».) Charles Baudouin (*Psychanalyse de Victor Hugo*, p. 88-89) a montré que la curieuse association de l'or et des excréments était chose constante chez le poète. L'imagination de Hugo la développe à maintes reprises, notamment dans *Les Misérables* et le chapitre sur « L'intestin de Léviathan », en y associant le fumier. Un long propos de Hugo expose les possibilités immenses de l'utilisation de l'engrais humain, cette richesse méconnue : « Si notre or est fumier, en revanche, notre fumier est or. » (*Les Misérables*, V, II, I.)

Page 545.

1. Le 31 mai 1855, à « neuf heures du soir », eut lieu une soirée très particulière. Victor Hugo procédait en effet à la lecture des « Mages » (*Les Contemplations*, VI, XXIII), poème fleuve de soixante et onze dizains, achevé, selon le manuscrit, le « 24 avril 1855 », qui fit, selon le *Journal d'Adèle Hugo*, pratiquement autant d'effet que la lecture de « Solitudines coeli » : « Neuf heures du soir. Mon père lit une pièce de vers tirée des *Contemplations* ;

elle s'appelle "Les Mages". Il y développe cette idée de la Religion démocratique, de la sainteté de ses prêtres. » Ce poème place, dès les premiers vers, la place du poète dans la société : « Dieu de ses mains sacre des hommes » [...] « Ces hommes, ce sont les poëtes. » Ce sont aussi les artistes, les savants, les chercheurs, les explorateurs, les prophètes, « les têtes fécondées ». Leur liste suit et comprend plus de quatre-vingts noms parmi lesquels plus d'un quart ont eu leur place à la table de Marine-Terrace. Ce poème semble avoir dans l'esprit de Hugo un rôle de démonstration comparable à celui joué par la table. « Pour mon père les vrais prêtres [...] sont tous ceux qui ont la pensée au front, tous ceux qui parlent du monde invisible, les prophètes, les rêveurs, les savants, les poètes : Homère, Isaïe, Michel-Ange, Shakespeare, Fulton. Dans un dénombrement de grands hommes, il laisse pourtant une large place sinon au Christ, du moins au christianisme : *Christ en tête, Homère au milieu*... [...] Mon père démontre que liberté, démocratie, pensée, idée sont la forme différente du même fond, Dieu. » (*Journal d'Adèle Hugo*, t. IV, 31 mai 1855.) Les révélations des Tables passaient peu à peu dans les poèmes de Hugo qui apercevait désormais la différence entre les grands génies qui l'avaient précédé : Eschyle, Dante, Shakespeare, Molière, et lui. La mort les avait réduits au silence alors que lui pouvait survivre à sa disparition en suivant les conseils distillés par la Mort, le 22 octobre 1854, repoussant la publication du *Livre des Tables*, « une des Bibles de l'avenir », au XXe siècle.

Page 547.

1. Sur la théorie des mondes successifs, voir p. 267, n. 1 ; sur la définition que donne Hugo de sa nouvelle religion, en 1853-1854, voir p. 304, n. 1 [citation des trois pages de l'*Appel au peuple*]. La conception hugolienne de la spiritualité propose l'idée de deux formes de la vie dans l'au-delà : les métempsycoses sur la terre et les migrations sur des planètes plus ou moins heureuses. Elle se retrouve en substance dans « Ce que dit la bouche d'ombre » (*Les Contemplations*, VI, XXVI).

Page 548.

1. Nous nous souvenons que Jean Reynaud, dans l'article « Ciel », paru dans l'*Encyclopédie nouvelle* de 1840, expliquait que le ciel, infini et éternel comme Dieu, n'est pas une demeure mais un chemin. La vie dans l'au-delà est infinie et éternelle et l'âme change sans cesse de figure, s'achemine vers une perfection ultime qu'il faut considérer comme un terme idéal possible. Or *Les Choses de l'infini* commencent par ces termes : « Les âmes passent l'éternité à parcourir l'immensité. »

Page 549.

1. *Les astres sont enchaînés aux astres par les rayons* : toute cette théorie développée par le Doigt de la Mort sera complétée par Hugo en trois pages de prose écrites au dos d'épreuves de l'*Appel au peuple* du 31 octobre 1852 déjà mentionné (voir p. 304, n. 1).

Page 552.

1. Le lundi 18 juin 1855, Adèle notait dans son *Journal* : « Mon père achève dans ce moment-ci : un drame, *Homo* ; un poème épique, *La Fin de Satan* ; une histoire, *Le Crime de décembre* ; un livre socialiste ; deux romans, dont *Les Misérables*, *Les Petites Épopées*, etc. » (*Journal d'Adèle Hugo*, t. IV, 18 juin 1855.)

Homo est un drame commencé, semble-t-il, en 1854. Il ne fut jamais terminé. *La Fin de Satan* sera publié en 1886, après la mort de Hugo. *Le Crime de décembre*, commencé en 1851, paraîtra, pour le premier volume, en octobre 1877, et en mars 1878 pour le second. Le titre définitif sera *Histoire d'un crime*. La rédaction des *Misérables*, sous le titre primitif *Les Misères,* commença à la fin de l'année 1845. Elle s'interrompit en février 1848 pour reprendre au début de l'année 1860. La publication se fera en 1862. *Les Petites Épopées* auront pour titre final *La Légende des siècles*. La première série sera publiée en 1859 ; en 1877 pour la deuxième et en 1883 pour la troisième.

2. *Scimus sortem* : nous connaissons le sort, le destin.

Page 553.

1. *Undaululat* : l'eau crie, vocifère.
2. Toutes ces lettres, que l'on aurait pu supposer former un terme latin, n'ont en fait aucun sens.

Page 555.

1. En dépit des soins attentifs de son médecin, le Dr Cabarrus, Delphine Gay de Girardin s'était éteinte le 29 juillet 1855, victime d'un cancer de l'estomac. Toute la famille Hugo avait appris la triste nouvelle le 3 juillet. Le poète avait alors modifié les épreuves d'une pièce des *Contemplations* où il lui rendait hommage : « À Madame D. G. de G. » (I, x), modifiant les quatorze derniers vers comme une sorte de rappel des séances spirites. Hugo dira que « cette pièce [était] comme faite pour sa mort » (lettre de Victor Hugo à Noël Parfait, 8 juillet 1855). La semaine suivante, le 16 juillet, il écrivait une ode funèbre en son honneur, en rythme impair cette fois, rare chez Hugo, de trois syllabes et d'heptasyllabes, qui attendrait le recueil posthume de *Toute la lyre* pour être publiée (D.G.D.G., *Toute la lyre*, V, 23). Comme son mari, Mme Hugo avait été très durement frappée par la mort de Mme de Girardin.

Page 559.

1. Le Dr Clair de Montigny, chirurgien major arrivé la veille de France. Adèle, dans son *Journal* de l'exil, le nomme Clever de Madigny : « ancien sceptique converti brusquement aux idées de l'existence antérieure et postérieure, le Dr Clair de Montigny était devenu notre apôtre aimable et gai des révolutions des Tables ». (*Journal d'Adèle Hugo*, t. IV, 3 octobre 1855.) Ce médecin ne semble pas particulièrement apprécié par Paul Meurice puisque « la conversation sur Chilly est brusquement interrompue par l'arrivée d'un inconnu qui fait fuir M. Meurice. [...] Il est chirurgien major. Il habite la France et vient pour voir mon père ». *(ibid.)* L'expérience singulière menée ici par le Dr Clair de Montigny consistera, pendant trois jours, en des tentatives

pour faire venir à la table de Marine-Terrace l'esprit d'un des participants endormi à proximité. François-Victor, Augustine Allix, Mme Paul Meurice se livrèrent à l'expérience, placés auparavant en état d'hypnose. Le principe du traitement de certaines maladies mentales par hypnose sera développé à l'hôpital de la Salpêtrière, à partir des années 1850, par le professeur Charcot. Maupassant s'en inspirera lors de l'écriture du *Horla*. Une autre expérience menée par le Dr Clair de Montigny consiste en des exercices d'écriture inconsciente, sorte de pratique d'écriture automatique surréaliste avant l'heure. Les participants, réunis autour de la table, touchant l'épaule ou la tête du médium tenant, lui, une plume. La main du médium se met en action sans la participation de celui à qui elle appartient et écrit des mots, des phrases qui viennent des autres participants.

Page 563.

1. Hugo, le coup d'État, l'exil, la menace d'une nouvelle expulsion, l'espoir de la chute de Napoléon III, d'un retour en France, Dieu : tout est résumé en quelques lignes. Comment pourrait-il en être autrement ?

Page 565.

1. Si l'on suit le déroulement de cette séance, il aura fallu environ une heure quarante minutes pour que Charles puisse écrire cette phrase absconse : « Le mystère magnétique n'est pas muet. Il est vrai mais il est monosyllabique. » Charles dira plus tard, consterné, « que les vers que l'esprit lui avait dictés étaient insignifiants, que cet esprit était un crétin de l'espace » (*Journal d'Adèle Hugo*, t. IV, 4-5 octobre 1855). Adèle confirmera le peu d'intérêt de ces ultimes séances, bien décevantes :

> Autrefois les esprits des Tables de Marine-Terrace dictaient des choses sublimes par la main de Charles ; d'autres esprits sans doute disent des choses insignifiantes par les mains de Duverdier, Allix et ce Monsieur [le Dr Clair de Montigny]. (*Journal d'Adèle Hugo*, t. IV, 4 au 5 octobre 1855.)

Mme Hugo livrera alors à Victor Hugo les raisons des platitudes dictées, ces derniers jours, par les Tables :

> De très grands esprits venant en ce monde ne vont pas à des hommes médiocres. Les hommes médiocres ont des esprits inférieurs comme ceux qui dictent des choses insignifiantes. (*Ibid.*)

Ainsi la qualité des textes dictés par la Table, par la voix de Jésus, de la Mort, de Shakespeare, du Lion d'Androclès, de Galilée, de l'Ombre du sépulcre... était-elle due peut-être à la seule présence de Victor Hugo.

Page 570.

1. Augustine Allix commençait, à Jersey, à donner quelques récitals où sa voix et son chant devenaient de plus en plus appréciés. Elle connut un réel succès dès 1856, à Guernesey. Le « notre » concerne son frère Jules Allix dont les activités journalistiques épisodiques qui étaient les siennes ne lui permettaient guère de subvenir à ses besoins.

Page 576.

1. Le 8 octobre 1855, veille du départ de la famille Meurice, constitue la dernière séance des Tables, consignée sur les procès-verbaux et ce cahier. La tradition veut qu'il n'y ait plus eu de séances spirites par la volonté de Hugo, à la suite de la crise de folie furieuse qui aurait affecté Jules Allix : c'est une erreur manifeste.

2. La question vient de Hugo et la réponse donnée fait le lien, une nouvelle fois, avec les mots prononcés par Léopoldine lors de la première séance du 11 septembre 1853 : « Fille. Morte. Ame soror. Aimer ». Le 8 octobre, Victor Hugo avait interrompu le dernier poème, presque terminé, des *Contemplations* : « À celle qui est restée en France ». Il sera achevé le 2 novembre 1855, jour des morts, à Guernesey. Cette éblouissante dédicace finale d'« environ deux cent cinquante vers qui sont le scellé de clôture sur

le livre » (lettre de Victor Hugo à son correcteur, Noël Parfait, 25 octobre 1855) s'adresse à Léopoldine : « Ouvre tes mains, et prends ce livre : il est à toi. » Cet ultime poème, fort des révélations de la table, se fait l'écho des thèmes qui parcourent *Les Contemplations*. « Le contemplateur, triste et meurtri, mais serein » a pu parler, à Marine-Terrace, avec sa fille.

Page 579.

1. Ces procès-verbaux ont été retrouvés par nous à la Maison de Victor Hugo, dans un carton intitulé « Madame Daubray » (secrétaire de Paul Meurice puis de Gustave Simon, les exécuteurs testamentaires de Hugo). Il s'agit de copies manuscrites réalisées par Cécile Daubray, qui correspondent à des périodes pour lesquelles nous n'avons aucun document : les séances des 2 au 6 décembre 1853 et des 9 au 14 décembre 1853. Mais ce ne sont que des copies ; quel crédit leur accorder ? Ces documents concernent la venue des « esprits » de Jean-Jacques Rousseau, Victor Hugo n'étant pas présent, puis d'Hannibal, interrogé par Hugo ; de Socrate, Hugo n'est pas présent ; d'André Chénier, Hugo est présent ; de Tapner. Ce sont souvent des séances qui n'ont pas eu lieu chez Hugo à Marine-Terrace mais chez les Leguevel, des voisins. C'est la seule fois que ce lieu est mentionné dans tous les procès-verbaux et cette indication reste sujet à caution.

Page 581.

1. *Éliphas Lévy* : autorebaptisé ainsi ou plutôt Lévi (Éliphas), de son vrai nom Alphonse-Louis Constant, dit l'abbé Constant (1810-1875). Écrivain français, prêtre et professeur de théologie, il fut partagé entre des aspirations mystiques et des positions révolutionnaires anarchisantes. Il renonça à l'état ecclésiastique et se livra à des travaux d'occultisme et de spiritisme qu'il publia dans ses *Œuvres de philosophie occulte* (1860-1865). Il est aussi l'auteur, en 1841, de *L'Assomption de la femme* et, en 1844, de *La Mère de Dieu, épopée religieuse et humanitaire*. L'abbé Constant

fréquenta notamment Esquiros, Lamennais, Louis Blanc et Baudelaire.

Page 602.

1. *Molesky* : ce terme peut évoquer la moleskine, dérivé de l'anglais *moleskin* apparu dès 1838, ce qui correspondrait à cette toile enduite imperméable imitant l'aspect du cuir.

Page 614.

1. Léopoldine, fille aimée de Victor Hugo, noyée à Villequier, avec Charles Vacquerie son mari, le 4 septembre 1843. [Note de Paul Meurice placée en bas de page.]

Page 615.

1. Cette note de Paul Meurice est fort surprenante. Victor Hugo assiste bien à la séance du 11 septembre 1853 si l'on accepte de croire en la véracité des notes d'Adèle Hugo, des procès-verbaux et de l'œuvre d'Auguste Vacquerie, *Les Miettes de l'histoire*, ainsi qu'au témoignage de Victor Hugo lui-même.

Page 616.

1. Voir p. 256, n. 1.

2. Tapner ne manque pas d'évoquer la fureur de Palmerston après avoir reçu la lettre de Victor Hugo (voir p. 215, n. 1) à propos de laquelle Auguste Vacquerie ajoutera : « Vous pouviez dire une chose terrible à Palmerston [en 1846, lorsque Hugo était pair de France et membre de l'Institut, Palmerston, alors ministre des Affaires étrangères, se fit admettre au domicile de Victor Hugo "conduit par le marquis de Normanby et le prince de Ligne"] au sujet de la corde de Tapner, mal pendu. Vous pouviez dire : Vous faites mieux le nœud de votre cravate que celui des autres. » (*Journal d'Adèle Hugo*, t. IV, 19 juin 1855.)

Page 649.

1. Gustave Simon ne parle jamais de cahiers mais de procès-verbaux.
2. Copies dactylographiées ne se rapportant à aucun des deux cahiers disponibles.

Illustrations

DU MÊME AUTEUR

Dans la même collection

CHOSES VUES, 1830-1848. *Édition présentée et établie par Hubert Juin.*

CHOSES VUES, 1849-1885. *Édition présentée et établie par Hubert Juin.*

LES MISÉRABLES I, II. *Édition présentée et établie par Yves Gohin.*

LE DERNIER JOUR D'UN CONDAMNÉ *précédé de* BUG-JARGAL. *Édition présentée et établie par Roger Borderie.*

QUATREVINGT-TREIZE. *Édition présentée et établie par Yves Gohin.*

LES TRAVAILLEURS DE LA MER. *Édition présentée et établie par Yves Gohin.*

HAN D'ISLANDE. *Édition présentée et établie par Bernard Leuilliot.*

L'HOMME QUI RIT. *Préface de Pierre Albouy. Édition établie par Roger Borderie.*

LE THÉÂTRE EN LIBERTÉ. *Édition présentée et établie par Arnaud Laster.*

NOTRE-DAME DE PARIS. *Préface d'Adrien Goetz. Édition de Benedikte Andersson.*

Dans la collection Folio théâtre

HERNANI. *Édition présentée et établie par Yves Gohin.*

RUY BLAS. *Édition présentée et établie par Patrick Berthier.*

LUCRÈCE BORGIA. *Édition présentée et établie par Clélia Anfray.*

MARIE TUDOR. *Édition présentée et établie par Clélia Anfray.*

COLLECTION FOLIO

Dernières parutions

5522. Homère — *Iliade*
5523. E.M. Cioran — *Pensées étranglées* précédé du *Mauvais démiurge*
5524. Dôgen — *Corps et esprit. La Voie du zen*
5525. Maître Eckhart — *L'amour est fort comme la mort* et autres textes
5526. Jacques Ellul — *«Je suis sincère avec moi-même»* et autres lieux communs
5527. Liu An — *Du monde des hommes. De l'art de vivre parmi ses semblables.*
5528. Sénèque — *De la providence* suivi de *Lettres à Lucilius (lettres 71 à 74)*
5529. Saâdi — *Le Jardin des Fruits. Histoires édifiantes et spirituelles*
5530. Tchouang-tseu — *Joie suprême* et autres textes
5531. Jacques de Voragine — *La Légende dorée. Vie et mort de saintes illustres*
5532. Grimm — *Hänsel et Gretel* et autres contes
5533. Gabriela Adameşteanu — *Une matinée perdue*
5534. Eleanor Catton — *La répétition*
5535. Laurence Cossé — *Les amandes amères*
5536. Mircea Eliade — *À l'ombre d'une fleur de lys...*
5537. Gérard Guégan — *Fontenoy ne reviendra plus*
5538. Alexis Jenni — *L'art français de la guerre*
5539. Michèle Lesbre — *Un lac immense et blanc*
5540. Manset — *Visage d'un dieu inca*
5541. Catherine Millot — O Solitude
5542. Amos Oz — *La troisième sphère*
5543. Jean Rolin — *Le ravissement de Britney Spears*
5544. Philip Roth — *Le rabaissement*

5545. Honoré de Balzac *Illusions perdues*
5546. Guillaume Apollinaire *Alcools*
5547. Tahar Ben Jelloun *Jean Genet, menteur sublime*
5548. Roberto Bolaño *Le Troisième Reich*
5549. Michaël Ferrier *Fukushima. Récit d'un désastre*
5550. Gilles Leroy *Dormir avec ceux qu'on aime*
5551. Annabel Lyon *Le juste milieu*
5552. Carole Martinez *Du domaine des Murmures*
5553. Éric Reinhardt *Existence*
5554. Éric Reinhardt *Le système Victoria*
5555. Boualem Sansal *Rue Darwin*
5556. Anne Serre *Les débutants*
5557. Romain Gary *Les têtes de Stéphanie*
5558. Tallemant des Réaux *Historiettes*
5559. Alan Bennett *So shocking !*
5560. Emmanuel Carrère *Limonov*
5561. Sophie Chauveau *Fragonard, l'invention du bonheur*
5562. Collectif *Lecteurs, à vous de jouer !*
5563. Marie Darrieussecq *Clèves*
5564. Michel Déon *Les poneys sauvages*
5565. Laura Esquivel *Vif comme le désir*
5566. Alain Finkielkraut *Et si l'amour durait*
5567. Jack Kerouac *Tristessa*
5568. Jack Kerouac *Maggie Cassidy*
5569. Joseph Kessel *Les mains du miracle*
5570. Laure Murat *L'homme qui se prenait pour Napoléon*
5571. Laure Murat *La maison du docteur Blanche*
5572. Daniel Rondeau *Malta Hanina*
5573. Brina Svit *Une nuit à Reykjavík*
5574. Richard Wagner *Ma vie*
5575. Marlena de Blasi *Mille jours en Toscane*
5577. Benoît Duteurtre *L'été 76*
5578. Marie Ferranti *Une haine de Corse*
5579. Claude Lanzmann *Un vivant qui passe*
5580. Paul Léautaud *Journal littéraire. Choix de pages*

5581. Paolo Rumiz *L'ombre d'Hannibal*
5582. Colin Thubron *Destination Kailash*
5583. J. Maarten Troost *La vie sexuelle des cannibales*
5584. Marguerite Yourcenar *Le tour de la prison*
5585. Sempé-Goscinny *Les bagarres du Petit Nicolas*
5586. Sylvain Tesson *Dans les forêts de Sibérie*
5587. Mario Vargas Llosa *Le rêve du Celte*
5588. Martin Amis *La veuve enceinte*
5589. Saint Augustin *L'Aventure de l'esprit*
5590. Anonyme *Le brahmane et le pot de farine*
5591. Simone Weil *Pensées sans ordre concernant l'amour de Dieu*
5592. Xun zi *Traité sur le Ciel*
5593. Philippe Bordas *Forcenés*
5594. Dermot Bolger *Une seconde vie*
5595. Chochana Boukhobza *Fureur*
5596. Chico Buarque *Quand je sortirai d'ici*
5597. Patrick Chamoiseau *Le papillon et la lumière*
5598. Régis Debray *Éloge des frontières*
5599. Alexandre Duval-Stalla *Claude Monet - Georges Clemenceau : une histoire, deux caractères*
5600. Nicolas Fargues *La ligne de courtoisie*
5601. Paul Fournel *La liseuse*
5602. Vénus Khoury-Ghata *Le facteur des Abruzzes*
5603. Tuomas Kyrö *Les tribulations d'un lapin en Laponie*
5605. Philippe Sollers *L'Éclaircie*
5606. Collectif *Un oui pour la vie ?*
5607. Éric Fottorino *Petit éloge du Tour de France*
5608. E.T.A. Hoffmann *Ignace Denner*
5608. Frédéric Martinez *Petit éloge des vacances*
5610. Sylvia Plath *Dimanche chez les Minton et autres nouvelles*
5611. Lucien *« Sur des aventures que je n'ai pas eues ». Histoire véritable*

5612. Julian Barnes — *Une histoire du monde en dix chapitres ½*
5613. Raphaël Confiant — *Le gouverneur des dés*
5614. Gisèle Pineau — *Cent vies et des poussières*
5615. Nerval — *Sylvie*
5616. Salim Bachi — *Le chien d'Ulysse*
5617. Albert Camus — *Carnets I*
5618. Albert Camus — *Carnets II*
5619. Albert Camus — *Carnets III*
5620. Albert Camus — *Journaux de voyage*
5621. Paula Fox — *L'hiver le plus froid*
5622. Jérôme Garcin — *Galops*
5623. François Garde — *Ce qu'il advint du sauvage blanc*
5624. Franz-Olivier Giesbert — *Dieu, ma mère et moi*
5625. Emmanuelle Guattari — *La petite Borde*
5626. Nathalie Léger — *Supplément à la vie de Barbara Loden*
5627. Herta Müller — *Animal du cœur*
5628. J.-B. Pontalis — *Avant*
5629. Bernhard Schlink — *Mensonges d'été*
5630. William Styron — *À tombeau ouvert*
5631. Boccace — *Le Décaméron. Première journée*
5632. Isaac Babel — *Une soirée chez l'impératrice*
5633. Saul Bellow — *Un futur père*
5634. Belinda Cannone — *Petit éloge du désir*
5635. Collectif — *Faites vos jeux !*
5636. Collectif — *Jouons encore avec les mots*
5637. Denis Diderot — *Sur les femmes*
5638. Elsa Marpeau — *Petit éloge des brunes*
5639. Edgar Allan Poe — *Le sphinx*
5640. Virginia Woolf — *Le quatuor à cordes*
5641. James Joyce — *Ulysse*
5642. Stefan Zweig — *Nouvelle du jeu d'échecs*
5643. Stefan Zweig — *Amok*
5644. Patrick Chamoiseau — *L'empreinte à Crusoé*
5645. Jonathan Coe — *Désaccords imparfaits*
5646. Didier Daeninckx — *Le Banquet des Affamés*

5647. Marc Dugain — *Avenue des Géants*
5649. Sempé-Goscinny — *Le Petit Nicolas, c'est Noël !*
5650. Joseph Kessel — *Avec les Alcooliques Anonymes*
5651. Nathalie Kuperman — *Les raisons de mon crime*
5652. Cesare Pavese — *Le métier de vivre*
5653. Jean Rouaud — *Une façon de chanter*
5654. Salman Rushdie — *Joseph Anton*
5655. Lee Seug-U — *Ici comme ailleurs*
5656. Tahar Ben Jelloun — *Lettre à Matisse*
5657. Violette Leduc — *Thérèse et Isabelle*
5658. Stefan Zweig — *Angoisses*
5659. Raphaël Confiant — *Rue des Syriens*
5660. Henri Barbusse — *Le feu*
5661. Stefan Zweig — *Vingt-quatre heures de la vie d'une femme*
5662. M. Abouet/C. Oubrerie — *Aya de Yopougon, 1*
5663. M. Abouet/C. Oubrerie — *Aya de Yopougon, 2*
5664. Baru — *Fais péter les basses, Bruno !*
5665. William S. Burroughs/Jack Kerouac — *Et les hippopotames ont bouilli vifs dans leurs piscines*
5666. Italo Calvino — *Cosmicomics, récits anciens et nouveaux*
5667. Italo Calvino — *Le château des destins croisés*
5668. Italo Calvino — *La journée d'un scrutateur*
5669. Italo Calvino — *La spéculation immobilière*
5670. Arthur Dreyfus — *Belle Famille*
5671. Erri De Luca — *Et il dit*
5672. Robert M. Edsel — *Monuments Men*
5673. Dave Eggers — *Zeitoun*
5674. Jean Giono — *Écrits pacifistes*
5675. Philippe Le Guillou — *Le pont des anges*
5676. Francesca Melandri — *Eva dort*
5677. Jean-Noël Pancrazi — *La montagne*
5678. Pascal Quignard — *Les solidarités mystérieuses*
5679. Leïb Rochman — *À pas aveugles de par le monde*
5680. Anne Wiazemsky — *Une année studieuse*

Composition Nord compo
Impression Grafica Veneta
à Trebaseleghe, le 17 mars 2014
Dépôt légal : mars 2014

ISBN : 978-2-07-045394-8./Imprimé en Italie

253453